Die deutsche Literatur seit 1945

Die deutsche Literatur seit 1945
Herausgegeben von Heinz Ludwig Arnold

»Draußen vor der Tür«
1945 – 1948 (12081)

»Doppelleben«
1949 – 1952 (12082)

Im Treibhaus
1953 – 1956 (12083)

Die Wunderkinder
1957 – 1960 (12084)

Geteilte Himmel
1961 – 1966 (12369)

Die deutsche Literatur seit 1945

Geteilte Himmel
1961 – 1966

Herausgegeben von Heinz Ludwig Arnold

Deutscher Taschenbuch Verlag

Originalausgabe
Mai 1997
Der Deutsche Taschenbuch Verlag dankt den Autoren und
Verlagen für die freundlich gewährten Abdruckgenehmigungen.
Die Copyright-Vermerke sind im Anhang des Bandes zu finden.
© für die Ausgabe: 1997 Deutscher Taschenbuch Verlag, München
Umschlaggestaltung: Balk & Brumshagen
Umschlagbild: Paul Wunderlich, Separated, Lithographie 1961
(© Paul Wunderlich)
Satz: Wallstein Verlag, Göttingen
Druck und Bindung: C. H. Beck'sche Buchdruckerei, Nördlingen
Printed in Germany ISBN 3-423-12369-9

Inhalt

Vorwort 11

1961
PETER WEISS: Abschied von den Eltern 15
DAGMAR NICK: Erinnerungsland 18
HILDE DOMIN: Lieder zur Ermutigung 18
NELLY SACHS: Im Lande Israel 20
JOHANNES BOBROWSKI: Bericht 21
HEINZ VON CRAMER: Die Konzessionen des Himmels 21
HERMANN LINS: Vor den Mündungen 24
HANS ERICH NOSSACK: Nach dem letzten Aufstand 27
SIEGFRIED LENZ: Zeit der Schuldlosen 32
HELMUT HEISSENBÜTTEL: Politische Grammatik 37
INGEBORG BACHMANN: Undine geht 38
PETER HAMM: Erinnerung an Paris 45
PETER GAN: Mystisches Liedchen 46
LUDWIG GREVE: Katja im Spiegel 47
HANS-JÜRGEN HEISE: Selbst die Zweige der Apfelbäume . . . 47
MANFRED PETER HEIN: Litanei des Sommers 48
PETER HUCHEL: Sibylle des Sommers 48
JOHANNES BOBROWSKI: Gegenlicht 49
GEORG MAURER: Letzter Strahl 50
WERNER BRÄUNIG: Wir gehen über den Rummelplatz 50
GÜNTER SEUREN: Kirmes 50
HANS PETER KELLER: Mode 51
GÜNTER GRASS: Fotogen 51
JOSEF W. JANKER: Das Telegramm 52
BERND JENTZSCH: Blaue Stühle im Café 55
BRIGITTE REIMANN: Ankunft im Alltag 56
MANFRED BIELER: Wostok 64
KARL MICKEL: Dresdner Häuser
    (Weißer Hirsch und Seevorstadt) 65
ALFRED KANTOROWICZ: Deutsches Tagebuch 66
UWE JOHNSON: Das dritte Buch über Achim 74

1962

PETER RÜHMKORF: Anode	85
WOLFGANG BÄCHLER: Bürger	86
VOLKER VON TÖRNE: Einer äfft die Obrigkeit und klagt	88
HANS PETER KELLER: jemand	89
MARIE LUISE KASCHNITZ: Seenot	89
HEINZ CZECHOWSKI: Unsere Kinder werden die Berge sehn	90
JOHANNES BOBROWSKI: Holunderblüte	91
PETER RÜHMKORF: Aussicht auf Wandlung	91
ALEXANDER KLUGE: Ein Liebesversuch	92
JAKOV LIND: Es lebe die Freiheit	95
MARTIN WALSER: Eiche und Angora	103
PETER HUCHEL: Soldatenfriedhof	106
ERNST MEISTER: Atem der Steine	107
ROLF HAUFS: Straße nach Kohlhasenbrück	107
JOSEPH BREITBACH: Bericht über Bruno	108
ERNST AUGUSTIN: Der Kopf	113
HERMANN LENZ: Frau im Dornbusch	119
ILSE AICHINGER: Mein grüner Esel	124
INGE MÜLLER: Die Radfahrer	126
HARTMUT LANGE: Senftenberger Erzählungen 1947	131
FRIEDRICH DÜRRENMATT: 21 Punkte zu den Physikern	134
REINHARD LETTAU: Die literarischen Soiréen des Herrn P.	136
PAUL PÖRTNER: Tobias Immergrün	138
ROLF DIETER BRINKMANN: Kulturgüter	142
CHRISTOPH MECKEL: Gedicht über das Schreiben von Gedichten	142
MARIE LUISE KASCHNITZ	
Niemand	144
Spring vor	144
WILHELM LEHMANN	
Fallende Welt	145
Unendliches Ende	145
KARL ALFRED WOLKEN: Beim Anblick des Himmels	146
PETER RÜHMKORF: Variation auf »Abendlied« von Matthias Claudius	146
KARL KROLOW	
Stelldichein	148
Für einen Augenblick	148

INHALT

1963
REINER KUNZE
    Der Vogel Schmerz 149
    In meiner Sprache 149
WOLFGANG WEYRAUCH: Die Zerstörung der Fibeln 150
PAUL WIENS: Vermächtnis 150
MARTIN GREGOR-DELLIN: Östliche Elegie 151
GÜNTER GRASS: Hundejahre 151
PAUL CELAN: Huhediblu 156
NELLY SACHS
    Nichtstun 158
    Wir winden hier einen Kranz 158
    Schnell ist der Tod aus dem Blick geschafft 159
ROLF HOCHHUTH: Der Stellvertreter 159
WALTER HELMUT FRITZ: Auf dem jüdischen Friedhof
    in Worms 170
PETER HUCHEL: Chausseen 170
HEIMITO VON DODERER: Die Wasserfälle von Slunj 171
THOMAS BERNHARD: Frost 178
HEINZ PIONTEK: Hetäre auf dem Lande 181
MARLEN HAUSHOFER: Die Wand 190
CHRISTA WOLF: Der geteilte Himmel 194
MAX VON DER GRÜN: Irrlicht und Feuer 199
ERWIN STRITTMATTER: Ole Bienkopp 206
RAINER KIRSCH: 2005 216
HEINRICH BÖLL: Ansichten eines Clowns 216
RAINER BRAMBACH: An der Plakatwand 220
WALTER HELMUT FRITZ: Heute abend 220
PAUL NIZON: Canto 221
HUGO LOETSCHER: Abwässer 222
FRIEDRICH DÜRRENMATT: Herkules und der Stall des Augias . 225
KONRAD BALDER SCHÄUFFELEN: üb immer treu 229
HELMUT HEISSENBÜTTEL
    1 mann auf 1 bank 230
    Rede die redet 230
TANKRED DORST: Der gestiefelte Kater
    oder wie man das Spiel spielt 230

1964

EDGAR HILSENRATH: Nacht 233
CHRISTA REINIG: Gesang auf die Benommenheit im Wind . . 241
ERNST MEISTER: Von Steinen erzogen 241
HILDE DOMIN: Alternative 242
KARL KROLOW: Grau 243
GÜNTER BRUNO FUCHS: Villons Herberge 243
GÜNTER EICH: Die Herkunft der Wahrheit 243
ADOLF ENDLER: Als der Krieg zu End war 244
ALEXANDER KLUGE: Schlachtbeschreibung 244
GERHARD ZWERENZ: Auch ein Gebet wollte ich sprechen 245
GÜNTER KUNERT: Seit dem 42. Jahr des Jahrhunderts 248
ERICH FRIED: Die Händler 248
HANS MAGNUS ENZENSBERGER: blindenschrift 249
PETER WEISS: Die Verfolgung und Ermordung
    Jean Paul Marats dargestellt durch die
    Schauspielgruppe des Hospizes zu Charenton
    unter Anleitung des Herrn de Sade 249
HANS MAGNUS ENZENSBERGER: zweifel 254
HEINAR KIPPHARDT: In der Sache J. Robert Oppenheimer . . 256
VOLKER BRAUN: Kommt uns nicht mit Fertigem 259
ERIK NEUTSCH: Spur der Steine 260
OTTO JÄGERSBERG: Weihrauch und Pumpernickel 269
ROBERT WOLFGANG SCHNELL: Geisterbahn.
    Ein Nachschlüssel zum Berliner Leben 271
WOLF BIERMANN: Berlin 275
VOLKER BRAUN: Unsere Gedichte 275
ERICH FRIED: Gegengewicht 276
HELMUT HEISSENBÜTTEL: Gedicht über Gefühl 277
FRANZ MON: sehgänge 278
JÜRGEN BECKER: Felder 279
ARNO SCHMIDT: Die Abenteuer der Sylvesternacht 283
WOLFGANG BAUER: Richard Wagner 285
H. C. ARTMANN: das suchen nach dem gestrigen tag
    oder schnee auf einem heißen brotwecken 288
KONRAD BAYER
    georg, der läufer 292
    thorstein 293
PETER HÄRTLING: Niembsch oder Der Stillstand 294
VOLKER VON TÖRNE: Ankündigung des Paradieses 296
GISELA ELSNER: Der Knopf 297

INHALT 9

HANS MAGNUS ENZENSBERGER: middle class blues 301
PETER BICHSEL: Der Milchmann 302
MAX FRISCH: Mein Name sei Gantenbein 303
THOMAS BERNHARD: Amras 306
ROR WOLF: Fortsetzung des Berichts 309

1965
EUGEN GOMRINGER: das stundenbuch 313
BARBARA KÖNIG: Die Personenperson 314
WALTER HELMUT FRITZ: Abweichung 317
HERMANN PETER PIWITT: Liegende Männer 2 318
PETER O. CHOTJEWITZ: Hommage à Frantek 321
ROLF DIETER BRINKMANN: Das Lesestück 325
HUBERT FICHTE: Das Waisenhaus 333
HANS ARP: Um den Menschen handelt es sich 340
JOHANNES BOBROWSKI: Mäusefest 341
MICHAEL HAMBURGER: Abschied 343
PETER WEISS: Die Ermittlung 344
ROSE AUSLÄNDER: Israel 350
HELGA M. NOVAK: Ballade von der reisenden Anna 351
HORST BIENEK: Unsere Asche 353
WERNER DÜRRSON: Gesagt getan 354
GEORG BRITTING: Alle neun 355
GÜNTER KUNERT: Ikarus 64 356
SARAH KIRSCH: Kleine Adresse 357
PETER HACKS: Moritz Tassow 358
HEINER MÜLLER: Der Bau 362
HERMANN KANT: Die Aula 365
GÜNTER KUNERT: Sprüche 370
HELMUT HEISSENBÜTTEL: die Zukunft des Sozialismus . . . 370
MARIE LUISE KASCHNITZ: Mein Land und Ihr 372
FRIEDRICH CHRISTIAN DELIUS: Hymne 372
HORST BINGEL: Fragegedicht (Wir suchen Hitler) 373
ELIAS CANETTI: Aufzeichnungen 1942 – 1948 375
ELISABETH BORCHERS: Nachrichten nach Moabit 378
WOLFGANG HILDESHEIMER: Tynset 379

1966
ROLF DIETER BRINKMANN: Vogel am leeren Winterhimmel . 382
GÜNTER EICH: Hilpert 382
FRITZ RUDOLF FRIES: Der Weg nach Oobliadooh 386

MARTIN WALSER: Das Einhorn 390
HEINRICH BÖLL: Ende einer Dienstfahrt 394
GÜNTER GRASS: Die Plebejer proben den Aufstand 399
PETER HANDKE: Publikumsbeschimpfung 404
FRIEDERIKE MAYRÖCKER: Himmelfahrten süsze soledades . . 409
ERNST JANDL
    piano 410
    falamaleikum 411
    zweierlei handzeichen 411
    lichtung 411
REINHARD PRIESSNITZ: p.a.ß. 411
GÜNTER EICH: Halb 412
INGE MÜLLER: Das Gesicht 413
WALTER HELMUT FRITZ: Windungen der Dunkelheit 414
GÜNTER HERBURGER: Wenn ich im Wasser der Flüsse lag . . 414
NICOLAS BORN: Liebesgedicht 415
KARL KROLOW: Vergänglich 416
MARIE LUISE KASCHNITZ: Ein Tamburin, ein Pferd 416
GABRIELE WOHMANN: Ich Sperber 420
MARTIN SPERR: Jagdszenen aus Niederbayern 424
WALTER E. RICHARTZ: Meine vielversprechenden Aussichten. 427
DIETER WELLERSHOFF: Ein schöner Tag 430
GÜNTER WALLRAFF: Im Akkord 436
KARL MICKEL: Odysseus in Ithaka 439
HEINER MÜLLER
    Tod des Odysseus 441
    Philoktet 1950 441
GÜNTER KUNERT: Auf unzeitgemäß verfertigtem Papier . . . 442
HEINZ PIONTEK: Deutschland 442
GÜNTER GRASS: Ja 443
VOLKER BRAUN: Die Mauer 444
WOLFDIETRICH SCHNURRE: Wahrheit 446
HEINZ PIONTEK: Um 1800 447
GÜNTER KUNERT: Film – verkehrt eingespannt 447
KARL KROLOW: Militärstück 448
DIETER SÜVERKRÜP: Vietnam-Zyklus 449
ERICH FRIED: Preislied für einen Freiheitskrieger 453

Editorische Notiz 455
Nachweise 457

Vorwort

Die anthologische Dokumentation zur *deutschen Literatur seit 1945* setzt unter diesem Titel die 1995 erschienenen vier Bände »Die deutsche Literatur 1945 – 1960« fort: zunächst, bis 1989/90, mit Texten aus der alten Bundesrepublik und der DDR, ergänzt um jene Texte aus Österreich und der deutschsprachigen Schweiz, die für den Entwicklungsprozeß der deutschen Literatur wichtig waren und sind.
  Dieser Prozeß wird, das ist der grundlegende Impuls dieser Dokumentation, chronologisch, in der Spannung seiner Texte, in Spruch und Widerspruch, und mit ihrem Zeitgeist vorgeführt. Ein Zeitroman soll entstehen, in wachsenden und sich verändernden Bezügen und Verflechtungen.
  Dieses opulente Lesewerk ist, so schon die Maßgabe für die ersten vier Bände, eine »Mischung, gewonnen aus subjektiver Einschätzung und objektivem Anspruch, ein Querschnitt, der keinen literarischen Kanon vorstellen, aber doch auch bis in kleinere Verästelungen des literarischen Entwicklungsprozesses hinein repräsentativ sein will«. Doch wird sich der subjektive Anteil dieser Mischung vermehren, je näher die auszuwählenden Texte heranrücken an die Gegenwart.

*

In den ersten vier Bänden bietet diese Dokumentation eine literarische Breite und Fülle, die sich vor allem dadurch erklärt, daß viele Texte, die in den vierziger und fünfziger Jahren den Entwicklungsprozeß der Literatur beförderten, vergessen waren oder in Gesamtausgaben begraben liegen. Das hat mit dem besonderen Charakter dieses Prozesses zu tun: Erneut mußte die Literatur eine Moderne formulieren und erobern, die schon einmal Literatur geworden war und dann von der reaktionären Literaturpolitik der Nationalsozialisten liquidiert wurde – erneut mußten die kritischen Texte die apologetischen, die modernen Formen die traditionellen überwinden. Diese Ablösung vollzog sich langsam, bis ins dritte Drittel der fünfziger Jahre. Am Ende dieses Jahrzehnts war zumindest in der Bundesrepublik das etabliert, was gemeinhin die *neue* deutsche Literatur genannt wurde.

In den sechziger Jahren entwickelte diese neue Literatur virtuos die vielen zuvor entfalteten Formen ihres sprachlichen Spiels mit der ›erfundenen Authentizität‹, und fast immer war die Literatur, auch als Fiktion, an die individuelle *und* gesellschaftliche Wirklichkeit gebunden (bis später in den achtziger Jahren individuelle und gesellschaftliche Wahrnehmung auseinanderfielen). Diese Literatur der sechziger Jahre präsentierte ihre Wirklichkeit, indem sie sie überhöhend (ab)bildete – und wurde repräsentativ als Literatur ihrer Zeit.

Gegen solche Repräsentativität der ›literarischen Authentizität‹ wurden wiederum literarisch motivierte Einsprüche als praktizierte Literatur formuliert: von der Wirklichkeit her durch die Dokumentarliteratur und von der Sprache her durch die sprachdemonstrative Literatur (auch in ihrer Spielart der ›konkreten Poesie‹). Auch so nämlich teilten sich die literarischen Himmel in den frühen sechziger Jahren.

Die Literatur der Jahre 1961 bis 1966, die in diesem fünften Band dokumentiert wird, steht im Spannungsfeld dieser formalen und sprachlichen Souveränität und der beiden genannten literarischen Einsprüche gegen ihre repräsentative Selbstgewißheit; die folgenreicheren Zweifel, jene am politischen und kulturellen *status quo* der westdeutschen Gesellschaft, kündigen sich hier erst (oder schon) an.

Die andere, die nationale und gesellschaftliche Teilung, die durch den Berliner Mauerbau auf zugleich so widerliche und kleinliche Weise praktiziert wurde, prägt natürlich auch diesen Band: Unverkennbar sind die Texte aus der DDR bezogen auf deren propagierte mehr denn realistische ›Wirklichkeit‹. Die künstlerische Produktion – nicht nur nach Maßgabe des ›sozialistischen Realismus‹, der aber doch immer bloß ein ›sozialistischer Utopismus‹ war – sollte sich nun, nach dem Mauerbau, allein auf den eigenen Staat bezogen und unabhängig von westlichen Einreden, freier denn zuvor entfalten (so dachten viele Intellektuelle). Aber es wuchsen nur umso subtiler der innere Druck und die Formulierungszwänge einer Literatur, die im Dienst einer doch erst entworfenen Zukunft, faktisch aber im Dienst einer real existierenden totalitären Partei stand, die ihre Schriftsteller hätschelte oder unterdrückte, mit Privilegien versorgte oder zum Schweigen brachte, je nach deren Verhalten. Umso erstaunlicher, wie komplex bei aller Trivialität, wie widerständig bei allem grundlegenden Einverständnis manche Texte aus der DDR sich im Zusammenhang dieser Dokumentation ausnehmen. Immer stehen sie im Spannungsverhältnis ihrer eigenen Widersprüche und in jenem des grundsätzlichen ›Antagonismus‹ zur Literatur des ›Klassenfeindes‹. Für die Schriftstellerinnen und Schriftsteller in der DDR war die Machtfrage zwischen ihnen und der Staatspartei geklärt. Für ihre westdeutschen Kolleginnen und Kollegen stellte sich am Ende der von diesem Band bezeichneten Zeit diese Machtfrage neu: für die meisten freilich lediglich zwischen sich und der (abwählbaren) Administration, nicht zwischen sich und der staatlichen Verfassung.

Der Titel »Geteilte Himmel«, den sich dieser Band von Christa Wolfs erster großer Erzählung leiht, meint also mehr als nur den geteilten Himmel von Berlin. Er bezeichnet auch die oberflächlich unsichtbaren, aber in Psyche und Mentalität gegrabenen Trennungen und die generationsbedingten Teilungen der deutschen Gesellschaft.

*

Auch dieser Band wird keine interpretierenden Kommentare oder gar verständnisheischenden Erklärungen des Herausgebers zu den einzelnen Texten oder ihrer Auswahl anbieten (wie es einige Kritiker der ersten vier Bände gefordert haben); denn ein solcher Kommentar müßte Literatur-, Mentalitäts-, Gesellschafts- und Politikgeschichte in einem sein. Die Texte sollen für sich selbst sprechen – der Herausgeber hat sich schon durch ihre Auswahl und ihr Arrangement erkennbar als Kommentator der Literatur dieser Zeit eingemischt.

Göttingen, im Dezember 1996 Heinz Ludwig Arnold

Peter Weiss
Abschied von den Eltern

Ich habe oft versucht, mich mit der Gestalt meiner Mutter und der Gestalt meines Vaters auseinanderzusetzen, peilend zwischen Aufruhr und Unterwerfung. Nie habe ich das Wesen dieser beiden Portalfiguren meines Lebens fassen und deuten können. Bei ihrem fast gleichzeitigen Tod sah ich, wie tief entfremdet ich ihnen war. Die Trauer, die mich überkam, galt nicht ihnen, denn sie kannte ich kaum, die Trauer galt dem Versäumten, das meine Kindheit und Jugend mit gähnender Leere umgeben hatte. Die Trauer galt der Erkenntnis eines gänzlich mißglückten Versuchs von Zusammenleben, in dem die Mitglieder einer Familie ein paar Jahrzehnte lang beieinander ausgeharrt hatten. Die Trauer galt dem Zuspät, das uns Geschwister am Grab überlagerte und das uns dann wieder auseinandertrieb, ein jedes in sein eigenes Dasein. Nach dem Tod meiner Mutter versuchte mein Vater, dessen ganzes Leben unter dem Zeichen unermüdlicher Arbeit gestanden hatte, noch einmal den Anschein eines Neubeginnens zu wecken. Er begab sich auf eine Reise nach Belgien, um dort, wie er sagte, Geschäftsbeziehungen anzuknüpfen, im Grunde aber, um wie ein verwundetes Tier im Versteck zu sterben. Er reiste als Gebrochener, konnte sich nur mit Hilfe zweier Stöcke mühsam bewegen. Als ich, nach der Mitteilung von seinem Tod in Gent, auf dem Brüsseler Flugplatz gelandet war, durchlebte ich beklommen den langen Weg, den mein Vater, mit seinen von Blutstockungen erschlafften Beinen, treppauf, treppab, durch Hallen und Korridore, hatte zurücklegen müssen. Es war Anfang März, ein klarer Himmel, ein scharfes Sonnenlicht, ein kalter Wind über Gent. Ich ging die Straße am Bahndamm entlang, auf das Hospital zu, in dessen Kapelle mein Vater aufgebahrt lag. Auf den Geleisen, hinter den kahlen, gestutzen Bäumen, rangierten die Güterzüge. Die Wagen rollten und klirrten oben auf dem Bahndamm, als ich vor der Kapelle stand, die einer Garage glich, und deren Türflügel mir eine Schwester öffnete. Darinnen lag, neben einem mit Blumen und Kränzen bedeckten Sarg, mein Vater auf einem tuchverhangenen Gestell, gekleidet in seinen schwarzen Anzug, der ihm zu weit geworden war, in schwarzen Socken, die Hände auf der Brust gefaltet, und im Arm das eingerahmte Foto meiner Mutter. Sein gemagertes Gesicht war entspannt, das kaum ergraute, dünne Haar lag in einer weichen Locke um seine Stirn, etwas Stolzes, Kühnes, das ich früher nie an ihm wahrgenommen hatte, prägte seine Züge. Vollendet waren seine Hände, mit den ebenmäßigen, bläulich schimmernden Muscheln der Fingernägel. Ich strich über die kalte, gelbliche, straffe Haut der Hand, während einige Schritte hinter mir die Schwester draußen in der Sonne wartete. Ich erinnerte mich an meinen Vater, so wie ich ihn zuletzt gesehen hatte, unter einer Decke auf dem Sofa im Wohnzimmer liegend, nach der Beerdigung meiner Mutter, sein Gesicht grau und undeutlich, von Tränen verwischt, sein Mund den Namen der Verstorbenen stammelnd und flüsternd. Ich stand gefroren, spürte den kalten Wind, hörte Pfiffe und Dampfstöße vom Bahndamm her, und vor mir war ein Leben völlig abgeschlossen, ein ungeheurer Aufwand von Energien zu Nichts zerflossen, vor mir lag der Leichnam eines Mannes in der Fremde, nicht mehr erreichbar, in einem Schuppen am Eisenbahndamm, und im Leben dieses Mannes hat es Kontorräume und Fabriken, viele Reisen und Hotelzimmer gegeben, im Leben dieses Mannes hatte es immer große Wohnungen, große Häuser gegeben, mit vielen Zimmern voller Möbel, es hat im Leben dieses Mannes immer die Frau gegeben, die ihn erwartete im gemeinsamen Heim, und es hat die Kinder im Leben dieses Mannes gegeben, die Kinder, denen er immer auswich, und mit denen er nie sprechen konnte, aber wenn er außer Hauses war konnte er vielleicht Zärtlichkeit für seine Kinder spüren, und Verlangen nach ihnen, und immer trug er ihre Bilder bei sich, und sicher betrachtete er diese abgegriffenen, zerknitterten Bilder abends im Hotelzimmer wenn er auf Reisen war, und sicher glaubte er, daß er bei seiner Rückkehr Vertrauen finden würde, doch wenn er zurückkam gab es immer nur Enttäuschung und die Unmöglichkeit gegenseitigen Verstehens. Es hat im Leben dieses Mannes ein unablässiges Mühen um die Erhaltung von Heim und Familie gegeben, unter Sorgen und Krankheiten hat er, gemeinsam mit seiner Frau, sich am Besitz des Heims festgeklammert, ohne je ein Glück unter diesem Besitz zu erfahren. Dieser Mann, der jetzt verloren vor mir lag, hatte nie davon abgelassen, an das Ideal des bestehenden Heims zu glauben, doch seinen Tod hatte er fern von diesem Heim, allein in einem Krankenzimmer, erlitten, und als er die Hand im letzten Atemzug zur Klingel ausstreckte war es vielleicht, um irgend etwas herbeizurufen, irgendeine Hilfe, irgendeine Erleichterung, angesichts der plötzlich aufsteigenden Kälte und Leere. Ich blickte in das Gesicht meines Vaters, ich lebte noch und bewahrte in mir das Wissen um die Existenz meines Vaters, sein Gesicht im Schatten wurde jetzt fremd, mit dem Ausdruck von Zufriedenheit lag er in seiner Entrücktheit, und irgendwo stand noch ein letztes großes Haus, über und über mit Teppichen, Möbeln, Topfgewächsen und Bildern gefüllt, ein Heim das nicht mehr atmete, ein Heim das er durch die Jahre der Emigration hindurch, durch ständige Übersiedelungen, Anpassungsschwierigkeiten und den Krieg hindurch, gerettet hatte. Später an diesem Tag wurde mein Vater in einen einfachen braunen Sarg, den ich bei der Begräbnisfirma gekauft hatte, gelegt, und die Schwester sorgte dafür, daß das Bild seiner Frau in seinem Arm stecken blieb, und zwei Dienstmänner trugen den Sarg, nachdem der Deckel festgeschraubt worden war, unterm unaufhörlichen Rollen und Scheppern der Güterzüge, zum Leichenwagen, dem ich in einem gemieteten Auto nachfuhr. Hier und da am Rand der Landstraße nach Brüssel zogen Bauern und Arbeiter, beleuchtet von der Nachmittagssonne, ihre Mütze vor dem schwarzen Wagen, in dem mein Vater zum letzten Mal durch ein fremdes Land reiste. Der Friedhof mit dem Krematorium lag auf einer Anhöhe außerhalb der Stadt, und die Grabsteine und kahlen Bäume waren von kaltem Wind umfahren. Im kreisrunden Saal der Andachtsstätte wurde der Sarg auf einen Sockel gestellt, ich stand daneben und wartete, und am Harmonium in einer Nische saß ein älterer Mann, mit dem Gesicht eines Trinkers, und spielte eine Psalmmelodie, und dann öffnete sich plötzlich im Mittelteil der Wand eine Schiebetür, und unmerklich hatte sich der Sockel mit dem Sarg in Bewegung gesetzt und glitt langsam, auf kaum sichtbaren, in den Boden eingelassenen Schienenstreifen, in die viereckige, kahle Kammer hinter der Tür, die sich wieder lautlos schloß. Zwei Stunden später holte ich die Urne mit der Asche vom Leib meines Vaters ab. Ich trug den mit einem Kreuz gekrönten, nach oben zu sich erweiternden Kasten, in dem die Urne klapperte, an den befremdeten Blicken von Personal und Gästen vorüber, in mein Hotelzimmer, wo ich ihn zuerst auf den Tisch stellte, dann auf das Fensterbrett, dann auf den Fußboden, dann in den Schrank und schließlich in die Garderobe. Ich ging hinab in die Stadt, um mir in einem Warenhaus Papier und Schnur zu kaufen, verpackte dann den Kasten und verbrachte die Nacht im Hotel, mit den Überresten meines Vaters in der Garderobe versteckt. Am nächsten Tag traf ich im Elternhaus ein, wo mich meine Stiefbrüder und deren Frauen, mein Bruder und seine Frau, meine Schwester und ihr Mann zur Beerdigung, Testamentsvollstreckung und Verteilung des Inventars erwarteten. In den folgenden Tagen vollzog sich die endgültige Auflösung der Familie. Eine Schändung und Zerstampfung fand statt, voll von Untertönen des Neides und der Habgier, obgleich wir nach außen hin einen freundlich überlegenen Ton besten Einvernehmens zu wahren suchten. Auch für uns, obgleich wir uns längst davon entfernt hatten, besaßen alle diese angesammelten Dinge ihren Wert, und plötzlich war mit jedem Ding eine Fülle von Erinnerungen verbunden.

DAGMAR NICK
Erinnerungsland

Lass uns den Garten verwüsten,
ausreißen die Wurzeln
und Minen legen,
wo ich gegangen bin.
Laß uns den Vogel fangen,
der da sitzt, hochschultrig,
auf den Erinnerungsbäumen;
in seiner Kehle
jubelt der Tod.
Laß uns die Brunnen
zuschütten mit Schlaf.
Wer sie zuerst öffnet und trinkt,
wird daran sterben,
denn ich habe sie alle
vergiftet
mit meiner Liebe.

HILDE DOMIN
Lieder zur Ermutigung

I

Unsere Kissen sind naß
von den Tränen
verstörter Träume.

Aber wieder steigt
aus unseren leeren
hilflosen Händen
die Taube auf.

II

Lange wurdest du um die türelosen
Mauern der Stadt gejagt.

Du fliehst und streust
die verwirrten Namen der Dinge
hinter dich.

Vertrauen, dieses schwerste
ABC.

Ich mache ein kleines Zeichen
in die Luft,
unsichtbar,
wo die neue Stadt beginnt,
Jerusalem,
die goldene,
aus Nichts.

III

Diese Vögel
ohne Schmerzen,
diese leichtesten goldenen
Vögel
dahintreibend
über den Dächern.

Keiner
nach dem andern
fragend.

Ohne Bitte,
ohne Sehnsucht,
sich mischend, sich trennend.

Wir,
unter den Dächern,
uns anklammernd.

Sieh,
die Sonne kehrt
wieder
als goldener Rauch.
Die fallende steigt.
Steigt aus den Dächern Hiobs.
Es tagt
heute
zum zweiten Mal.

NELLY SACHS
Im Lande Israel

Nicht Kampfgesänge will ich euch singen
Geschwister, Ausgesetzte vor den Türen der Welt.
Erben der Lichterlöser, die aus dem Sande
aufrissen die vergrabenen Strahlen
der Ewigkeit.
Die in ihren Händen hielten
funkelnde Gestirne als Siegestrophäen.

Nicht Kampflieder
will ich euch singen
Geliebte,
nur das Blut stillen
und die Tränen, die in Totenkammern gefrorenen,
auftauen.

Und die verlorenen Erinnerungen suchen
die durch die Erde weissagend duften
und auf dem Stein schlafen
darin die Beete der Träume wurzeln
und die Heimwehleiter
die den Tod übersteigt.

Johannes Bobrowski
Bericht

Bajla Gelblung,
entflohen in Warschau
einem Transport aus dem Ghetto,
das Mädchen
ist gegangen durch Wälder,
bewaffnet, die Partisanin
wurde ergriffen
in Brest-Litowsk,
trug einen Militärmantel (polnisch),
wurde verhört von deutschen
Offizieren, es gibt
ein Foto, die Offiziere sind junge
Leute, tadellos uniformiert,
mit tadellosen Gesichtern,
ihre Haltung
ist einwandfrei.

Heinz von Cramer
Die Konzessionen des Himmels

Im dritten Sommer nach dem großen Kriege, der dreißig schlimme Jahre währte, also im Jahre des Herrn 1651, ist ein Stamm von Ägyptern, das heißt von fahrenden Zigeunern, nach Altdorf im Nürnbergischen gekommen und hat um die Erlaubnis ersucht, sich einige Tage vor den Toren des Ortes aufhalten zu dürfen. Die Erlaubnis ist ihnen, wenn auch mit Sorge und Widerstreben, erteilt worden; und wider alles Erwarten führten sich die Fremden wie ordentliche Christenmenschen auf und gaben keinen Grund zur Klage. Die Frauen boten Stoffe feil und dergleichen Waren, und die Männer verdingten sich als Hufschmiede und Kesselflicker.

Da in den Kriegswirren sehr viele Bauern ums Leben gekommen waren und es an Kräften fehlte, die Ernte von den Feldern einzubringen, hat dann der Gemeinderat beschlossen, die Fahrenden im Ort zu behalten und auf den verlassenen Höfen vor der Stadtmauer anzusiedeln. Die Fahrenden haben sich diesem Beschluß nicht gleich fügen wollen, so mußten sie mit Gewalt zu den Häusern geführt werden.

Obzwar die meisten Höfe nur wenig zerstört waren, haben sie die Häuser nicht aufbauen wollen, sondern sind allesamt in eine Mühle gezogen, wiewohl der ganze Stamm mehr als vierzig Seelen zählte. In dieser Mühle hat es eine große Unordnung gegeben, wie Augenzeugen berichteten, und es hat dort ausgesehen wie eben in einem Zigeunerlager. Die meisten Bewohner des Ortes haben aber einen großen Bogen um diesen Platz gemacht. Und bald ist er, ohne daß man recht sagen könnte warum, in den übelsten Ruf geraten.

Damit sich die Ägypter, oder Zigeuner, jeden Gedanken ans Weiterziehen aus dem Kopfe schlügen, hat der Gemeinderat ihre Wohnwagen, die sie vor dem Tore abgestellt hatten, eines Nachts verbrennen lassen. Wie es scheint, haben die Fremden diese Maßnahme mit Gleichmut hingenommen, denn es ist nichts von Unruhen oder einer gewissen Mißstimmung unter ihnen bekannt geworden. Sie wohnten dem Vorgang widerspruchslos bei, und sind hernach, ohne den Versuch, Gewalt anzuwenden, in ihre Mühle zurückgekehrt.

Allerdings haben sie nicht verstanden, es wohl auch gar nicht versucht, das Vertrauen der eingesessenen Bevölkerung zu gewinnen. Ebenso schien es ihnen unmöglich, sich den allgemeinen Bräuchen in einer auch nur erträglichen Weise zu fügen. Die Leute des Ortes mußte es befremden, daß allein die Frauen zur Arbeit aufs Feld gingen, während die Männer sich weigerten, einer solchen Beschäftigung, die sie als unehrenhaft und erniedrigend bezeichneten, ohne Not nachzugehen. Auch soll von der Mühle oft eine Musik gekommen sein, die den Leuten des Ortes sinnverwirrend und mit zauberischen Kräften begabt erschien.

Schließlich ist behauptet worden, daß mehrere Stück Vieh, von diesem Gesang und Geigenspiel verhext, tot niedergefallen seien. Und in der Tat hat es um diese Zeit ein allgemeines Viehsterben gegeben. So nahm das Gerücht seinen Umlauf, die Zigeuner sännen auf Rache am Ort, weil man sie mit Gewalt am Weiterziehen gehindert hatte. Abordnungen von wohlbeleumdeten, sonst ruhigen Bürgern suchten den Gemeinderat auf und wollten Beweise haben, daß die Ägypter überall in der Gegend Stechapfelsamen gesät hätten, die giftigste Pflanze, die es gäbe, und daß diese schon an allen Ecken und Enden ins Kraut zu schießen begänne. Es wollte auch dem Bürgermeister nicht gelingen, sie zu beruhigen. Und der gesamte Ort Altdorf ist endlich in der Umgebung ins Gerede gekommen.

Immer wieder hieß es, die Fremden wären Ungläubige; obwohl die Ägypter selber bei Gott beschworen, getauft und christlichen Glaubens zu sein. Den Beweis ihres Heidentums aber sahen viele darin, daß die Fremden nicht wie alle ordentlichen Christenmenschen des Sonntags zur Kirche gingen. Deshalb hat der Bürgermeister einen Gemeindediener zur Mühle geschickt und die Fremden aufgefordert, zu ihrem eigenen Besten an Feiertagen den Gottesdienst zu besuchen, vor den Augen der Öffentlichkeit die Predigt zu hören und sich überhaupt wie gute Lutheraner zu benehmen.

So sind die Ägypter eines Sonntags alle zusammen, der ganze Stamm, in den Ort gekommen. Die Frauen, die sich sonst nur in Lumpen sehen ließen, gar noch ein Kind auf den Rücken gebunden, waren in kostbare seidene oder golddurchwirkte Gewänder gehüllt, die bis zum Boden hinabfielen, und sie bewegten sich stolz mit der Haltung von Königinnen. Die Kinder waren sauber und hübsch gekleidet; und die Männer trugen Festtagsanzüge mit großen bunten Schärpen um Brust und Hüften, und runde schwarze Hüte auf den Köpfen, an die manch einer eine Feder gesteckt hatte. An der Spitze schritten die Alten rüstig aus, ernst und mit Würde.

Als sie den Ort betraten, standen die Leute in Reihen an der Straße und starrten sie an, die wahrhaftig dem Zug der Weisen aus dem Morgenlande glichen, wie er auf den Bildern dargestellt ist. Da sie den Kirchplatz überquerten, begannen viele ihren Unwillen zu äußern. Aber niemand hat gewagt, die Hand gegen sie zu erheben. Vor dem Kirchportal haben sie sich verneigt und fromm bekreuzigt, dann sind sie eingetreten.

In der Kirche hat es keinen Laut gegeben, nur sind die Reihen, wo die Zigeuner sich niederließen, von den andern Leuten schweigend geräumt worden, auch die Bänke davor und dahinter. Die Orgel hat nicht zu spielen angefangen, und der Chor hat nicht singen wollen, bis der Geistliche auf die Kanzel gestiegen ist und gesagt hat, daß die Kirche eine heilige Stätte wäre, die nicht verunreinigt und entweiht werden dürfte durch gottloses Gesindel, und daß der Gottesdienst nicht eher beginnen würde, als bis die Christenmenschen wieder unter sich wären. Da sind die Zigeuner aufgestanden und haben die Kirche verlassen.

Draußen auf dem Platz aber, für das Volk, gab es kein Halten mehr. Sie sind über die Fremden hergefallen, haben sie geschlagen bis aufs Blut, durch die Straßen getrieben mit Steinwürfen und schließlich aus dem Ort gejagt wie räudige Hunde. Vor der Stadtmauer, auf freiem Felde, sind die Zigeuner niedergekniet und haben gebetet. Aber auch von dort sind sie bald vertrieben worden.

Nachdem dies geschehen war, hat der Gemeinderat beschlossen, die Ägypter von nun an durch die Stadtsoldaten bewachen zu lassen; und zwar nicht nur in der Mühle, wo sie hausten, sondern auch auf den Feldern, wo sie arbeiteten. Jedoch weniger wegen der Unruhe unter der Bevölkerung, sondern vielmehr weil befürchtet wurde, die Fremden könnten den erlittenen Unbill nachtragen auf Zigeunerart; hauptsächlich vor Brandstiftung war man auf der Hut.

In dieser Zeit ist ein anderes Zigeunervolk nach Altdorf gekommen, hat vor den Toren gehalten und um die üblichen drei Tage Rasterlaubnis nachgesucht. Obwohl sie mit einer langen Kette von Wohnwagen herangezogen kamen, waren es dann nur wenige Menschen, ein Dutzend Männer und nicht einmal soviel Weiber. Sie gaben an, aus Spanien zu kommen und den größten Teil ihrer Leute durch Krankheit und die Kriegsläufte verloren zu haben.

Da sie wenig vertrauenerweckend schienen, beschloß der Gemeinderat, ihnen die Rast zu verweigern. Aber als der Büttel sie hat abweisen wollen, stellte sich heraus, daß sie einen Toten bei sich hatten. So erhielten sie einen Tag Frist, um die Beerdigung zu vollziehen. Allerdings wurde ihnen nicht erlaubt, den Toten auf dem Friedhof des Ortes oder auf Gemeindeboden zu bestatten. Und es wurde ihnen streng untersagt, bei Todesstrafe, den Ort selber zu betreten, da man allgemein besorgte, sie könnten eine fürchterliche Seuche, gar die Pest, mit sich tragen. Denn es hieß immer wieder, daß Ratten und Zigeuner diese Heimsuchung verbreiteten. Darum mußten sie sich drei Meilen aus dem Ortsbereich halten. Und so kehrten sie mit ihren Wagen um und schlugen ihre Zelte, weit entfernt, am Waldrand auf.

Hermann Lins
Vor den Mündungen

Mein Name ist Przestačuk, Leutnant Przestačuk. Welcher Art aber die Interessengruppen oder Truppenteile sind, zwischen denen ich »die Verbindung aufrechterhalten« sollte, ist mir während der atemlosen Tage meines Lebens niemals deutlich mitgeteilt worden. Man sagte mir, ein Soldat frage nicht nach der Farbe des Befehlshabers, sondern führe den Befehl aus. Ich führte ihn so lange aus – wie einen Hund an der Leine, stolz auf meinen einzigen Besitz – ich führte ihn so lange aus, daß ich jetzt, drei oder vier Tage vor seiner Beendigung, beinahe nichts mehr von ihm sehe. Wind und Sonne haben ihn abgenagt. Ich führe nur noch ein Gerippe mit mir, vielleicht ist es nur noch ein einzelner Knochen, der traurig hinter mir im Sande einherschleift – – ich weiß es nicht, ich sehe nur noch selten zurück.

Sie werden vielleicht nicht wissen, wie mein Name auszusprechen ist. Sie werden es vielleicht von vielen Namen nicht wissen. Es macht nichts, sprechen Sie sie so, wie es Ihrer Eigenart angemessen ist. Nur sollten Sie daran denken, daß es tatsächlich eine einzige und allein gültige Aussprache gibt. Und lassen Sie sich durch nichts von der Zuversicht abbringen, daß Sie diese gültige Aussprache irgendeines Tages wissen werden.

Ich habe übrigens meinen Namen einem Baum in die Haut geritzt; der Baum steht auf jener Stätte, wo einst die Altvorderen den Göttern weiße Pferde zum Opfer brachten. Ich habe sehr lange zugesehen, wie die Buchstaben allmählich verzerrt wurden, wie sie sich längten, kürzten, schrägten, und wie sich die Linienführung bis zur Unleserlichkeit veränderte – die gewalttätige Kraft des Wachstums unterwarf sich die gefügte Form der Schrift. Aber ist das denn ein Verlust? Jedes Molekül im Lebenssaft des Baumes ist stärker, besser, wichtiger als tote Zeichen für tote Worte jemals sein können: das Molekül kommt auf kürzerem Weg zur Sonne. Von Anfang an bin ich den Bäumen, diesen Riesenlungen mit gewaltigem Atem, in ehrfürchtiger Scheu begegnet. Ich habe immer zu ihnen gesagt: »Gestatten Sie, daß ich mich in Ihren Schattenkreis stelle?« In meiner Heimat gab es nämlich nur zwei, die Macht hatten: die Sonne und das kurze graue Gras.

Meine Eltern lebten in Zelten und zogen ihren Herden nach. Als Kind führte ich Gespräche mit einem Grashalm, einem Regentropfen, einer Ameise. Und ich lauschte den Liedern der Steppe. Wer könnte sie jemals vergessen? Die Lieder, die von den Bewohnern gebirgiger Länder gesungen werden, sind eng und sammeln alles ein in ihre Enge, um es ein für allemal zu bewahren. Jene Leute leben zwischen den Wülsten der Erdhaut, in der Geborgenheit kleiner Kammern eines kleines Hauses. Die Bewohner der Steppe haben schweres Blut; ihre Lieder vergeuden sich, verstreuen sich über die Ebene und schlagen Brücken zum Horizont; es bleibt zum Schluß auch nicht ein Akkord mehr übrig, der sich geschont hätte und heil geblieben wäre. Diese Lieder (ich höre sie noch) erscheinen mir heute als Sinngesänge meiner weiträumigen freien Heimat, denn keine Melodie kann noch in Moll eine so ungezähmte Kraft ausdrücken wie dieses Land. Es heißt, auf großen Ebenen leben mache den Menschen schwarzen Geist. Aber es sollte nicht vergessen werden: Weite bewirkt nicht nur, daß der Glaube an Ende und Anfang verlorengeht ... – Weite macht reißende Zähne und erzieht Wölfe.

So war auch ich schon früh mit den Beherrschern der Steppe bekannt, nahm ihre Gangart an und ihre Methode, das Wild zu hetzen, und war ihr Kumpan bei Spiel und hitziger Jagd. Später ging ich in die Städte und brachte es zu einer fadenscheinigen Seßhaftigkeit. Es war dies die Zeit, in der ich meinen Rang und Auftrag erhielt. Von da an stand ich zwischen den Fronten und hatte Freunde hüben wie drüben, bis ... bis ich mich verlor in aberwitzige Liebe zu der einen dunklen Göttin, um die sich die Wimmelnden mit viel Aufwand bewarben und auf die jene Mächtigen unnachgiebig Anspruch erhoben. Die Beansprucher, die Herren der Steppe, sahen meine Neigung als mir nicht zukommende Vermessenheit an und mich selbst als größenwahnsinnigen Weichling. Sie drohten mir mit Ausschluß aus dem Bund. Die Bewerber aber ließen mich wissen, daß sie mir das Recht des Aufenthaltes auf ihrem Territorium verweigern würden. Beide Parteien sahen in mir den Verräter ihrer Sache. Ich aber betete weiterhin die dunkle Herrin aller Geschöpfe an und war wohl nicht mehr ich selbst.

Da wurde ich von den einen aus dem Bund ausgeschlossen, von den anderen des Territoriums verwiesen.

Seitdem halte ich mich im Niemandsland auf. Ich muß aus eindeutigen Anzeichen schließen, daß die Gewaltigen mich zum Tode verurteilt haben, wegen Unzuverlässigkeit. Diese gilt ihnen, wie alle angeborenen, nicht korrigierten Mängel, als Kapitalverbrechen. Ich weiß, daß sie das Urteil unweigerlich vollstrecken werden, es ist nur eine Frage der Zeit, der Zeit, die sie brauchen, um mich zu finden – und sie *werden* mich finden (wer in der Mitte steht, ist des Todes). So stehe ich auf meiner Insel zwischen den Strömen, ein Freund der Brandung, und achte auf Ebbe und Flut.

Die Stunden, die noch zu meiner Verfügung sind, will ich damit verbringen, daß ich Sie anrede (wer schweigt, ist schon tot und erledigt). Fürchten Sie nicht, daß ich Sie mit brünstigen Liedern belästige. Es gelüstet mich jetzt nicht nach Liebesgedanken, höchstens später. Bis dahin aber will ich Ihnen Bericht erstatten von denen, die stark, unruhig vor Kraft und übermächtig, sowohl am Anfang wie am Ende stehen (ich gehörte zu ihrem Bund). Und ich will berichten von denen, die zwischen Anfang und Ende, beengt und bedrängt wie sie in dieser Spanne nun einmal sind, sich einzurichten versuchen. Die meisten von ihnen wissen nicht genau, ob sie zurückgehen sollen zum Beginn oder bewußt weiter vorwärts in Richtung auf das Ende. Und verlieren bei dieser Unsicherheit des Geistes sich selbst aus den Augen. Kein Wunder, daß ihre Wege im Sande verlaufen. Sie gehen und gehen und gehen, aber ... – Es wird sich hier zwar herausstellen, daß eine einzige Wurzel tatsächlich eine genügend lange Zeit im Grund bleibt, daß ein einziger trigonometrischer Punkt seine Maß und Richtung gebende Kraft behält – – jedoch: »was ist das für so viele?!« Für so viele ist allein das Anpeilen dieses Punktes ein Unternehmen, das ihrer Ausdauer Grenzen setzt. Viel weniger könnten sie veranlaßt werden, nach dem Leitpunkt die öde Fläche ihrer Zeit tatsächlich zu vermessen, ihre Größe und Gestalt zu berechnen und sie aufzuteilen in Plangebiete, die streng nach der Ordnung zu bewirtschaften sind, auf daß man gute Ernten erziele. Statt dessen stehen sie, Hände auf dem Rücken, um entdeckte Vermessungspunkte herum – meistens rohe Feldsteine mit sonderbaren Meißelzeichen – und staunen; neugierig, verächtlich, resignierend – wie es sich trifft, und oft jahrelang.

Kameraden, Genossen, Freunde, auf alles das kommt es nicht an, sondern auf den Mut zur Vermessung!

Hans Erich Nossack
Nach dem letzten Aufstand

»(...) Wir waren sehr befreundet. So wie in allen Schulen der Welt zwei junge Menschen befreundet sind. Wir sonderten uns ab und hielten uns natürlich für etwas Besonderes. Die anderen sprechen nicht unsere Sprache, sagten wir; es lohnt sich nicht einmal, unsere Gedanken in ihre Sprache zu übersetzen. Mit den anderen meinten wir unsere Eltern, von den Lehrern gar nicht zu reden. Nachmittags und abends waren wir meistens zusammen; wir machten Pläne und besprachen die Zukunft. Gewöhnlich ging ich zu ihm, denn er hatte ein eigenes Zimmer, in dem wir allein sein konnten, während ich mit einem älteren Bruder zusammenwohnte. Alberts Vater war Jurist, Landgerichtsrat, glaube ich. Vermutlich leben seine Eltern noch, und man könnte sich bei ihnen erkundigen. Doch wozu? Wir wollten alles anders machen als unsere Umgebung. Wir lasen die Bücher, über die man nichts in der Schule oder zu Hause erfährt, und glaubten zu erkennen, daß die Leute, die die Bücher geschrieben hatten, alles schon von jeher genau wußten, viel deutlicher und viel ehrlicher und ohne alle Umschweife wie es heute üblich ist, daß sich aber noch nie jemand danach gerichtet hatte, obgleich es die Wahrheit war. Das hielten wir für eine Schande und nahmen uns vor, endlich so zu sein, wie es in den Büchern stand, und alles durchzuführen. Es kam uns nie ein Zweifel, daß das möglich sei. Wir hielten es für unsere Pflicht. Dies Leben, das uns umgibt, sagte Albert, und das man uns beizubringen versucht, lohnt sich nicht. Bringe mir einen einzigen, winzigen Beweis, daß es sich lohnt, dann werde ich den Mund halten und mich nicht mehr dagegen auflehnen, sondern dies Leben führen, auch wenn es mich langweilt. Natürlich konnte ich ihm den Beweis nicht erbringen. Es ist auch kein Leben, sagte Albert, es ist ein Rückfall, weiter nichts. Man will uns zwingen zurückzufallen. Die, die uns zwingen wollen, haben nur den Beweis der Ordnung für sich. Der Beweis aber beruht auf einem Denkfehler, auf der dialektischen Vertauschung von Ordnung und Leben. Diese ihre Ordnung ist das Gegenteil von Leben, sie ist etwas Abstraktes, eine Art Totenreich. Nun gut, wenn man das erkannt hat, muß man auch die Konsequenzen ziehen, sonst hat man nicht das Recht, einen solchen Gedanken zu äußern. Für uns gibt es nur zwei Alternativen, nicht mehr. Ich habe lange darüber nachgedacht. Man darf nichts übersehen. Es wäre lächerlich, einen voreiligen Schritt zu machen, nur weil einem die augenblickliche Situation nicht paßt. Das wäre eine Stimmungshandlung, nichts weiter. Nein, an dem Punkt, an dem wir uns befinden, müssen wir glasklar entscheiden, erbarmungslos gegen uns. Denn es kommt allein auf uns an, nicht auf die anderen und ihr sogenanntes Leben. Hast du das begriffen? Daß es allein auf uns ankommt? Da liegt nämlich der Unterschied. Das ist der einzige Gedanke, den es zu Ende zu denken lohnt. Bist du dir darüber klar? Das einzig Menschenwürdige sozusagen, obwohl das ein abgedroschener Ausdruck ist. Ja, wenn man sich zu diesem Gedanken bekennt, gibt es nur zwei Alternativen. Die eine ist: sofort, am besten noch heute nacht, Schluß zu machen. Nicht aus Sentimentalität, wie irgendein verlassenes Mädchen, und nicht aus Protest. Wozu denn gegen etwas protestieren, was nicht wirklich existiert? Das hieße ihm so viel Wirklichkeit zuzubilligen, daß es die Macht hat, unsern Protest hervorzurufen. Nein, Schluß machen als die ganz nüchterne, schlichte Konsequenz einer Erkenntnis. Das wäre eine positive Handlung, denn es hieße, einen Gedanken zu Ende zu denken.

Einige haben es getan, sagte Albert und zeigte auf die Bücher. Man will uns weismachen, sie wären krank gewesen, wir aber wissen, daß sie gesund waren. Das sind unsere Blutsverwandten, fügte er leiser hinzu. Du mußt Tag und Nacht an sie denken, weil sie eine Sache richtig gemacht haben. Wahrscheinlich gibt es sehr viel mehr von ihnen, als uns bekannt ist. Auch an die Unbekannten muß man Tag und Nacht denken. Aber laß uns die andere Alternative betrachten. Auch dafür gibt es genügend Beispiele. Was mich stutzig macht und der einzige Grund, weshalb ich noch zögere, Schluß zu machen, ist, daß wir ihre Stimme hören. Über die Bedeutung dieser Tatsache bin ich mir nicht klar. Auch andere hören ihre Stimme, aber sie legen sie falsch aus und erklären sie für ihre Zwecke. Das geht uns nichts an. Aber wie kommt es, daß wir ihre Stimme hören, als ob es unsere Stimme wäre? Sollte es so sein, daß wir ihnen schon näher stehen, als wir selber wissen? Aber wenn das der Fall sein sollte, wo denn stehen sie und wo stehen wir? Und wie kommt es, daß wir ihre Sprache verstehen, obwohl sie in der Sprache der Zeit, in der sie lebten, sprechen? Daß wir die fremden Vokabeln, derer sie sich bedienten, sofort und ohne uns daran zu stoßen, als das begreifen, was wir in unsern Vokabeln sagen wollen? Und zu wem reden sie denn? Sie wissen nichts von uns, sie schauen sich nicht um; es ist ihnen nicht wichtig, daß jemand sie hört, und sie reden doch und ihre Stimme bleibt über die Zeit hinaus hörbar. Ich frage mich, und das läßt mich dies Leben vorläufig noch ertragen, ob es sich nicht vielleicht lohnt, zu ihnen zu gehören. Doch wie kommt man dahin? Und haben wir die Kraft dazu?

So oder ähnlich sprach Albert damals mit mir. Ich bin Journalist geworden, und er ging in die Fremdenlegion und ist nun vermißt. Ich sagte schon, ich weiß den Grund dafür nicht, doch sicher wird Albert ganz präzise Absichten gehabt haben. Überhaupt war er mir weit überlegen; ich bewunderte ihn sehr. Aber er ließ mich seine Überlegenheit nicht spüren. Mit der Großmut der Jugend behandelte er mich wie einen Gleichberechtigten. Oder auch nur aus dem Bedürfnis, jemanden zu haben, mit dem er ›seine‹ Sprache sprechen konnte. Ich werde kaum mehr gewesen sein als sein Echo, an dem er sein Dasein feststellte. Ein allzu williges Echo und immer ein wenig nachklappend. Wenn ich zu Haus bei uns etwas äußerte, das ich von ihm gehört hatte, machte man sich über mich lustig. ›Das hast du wohl wieder von deinem Albert‹, hieß es. Daher gewöhnte ich mir an, alles zu verschweigen, was ich bewunderte, um es unbeschädigt für mich behalten zu können, doch auch das gefiel ihnen nicht. In der Wohnung von Albert war es viel ruhiger als bei uns. Seinen Vater bekam ich kaum zu Gesicht, entweder war er auf dem Gericht oder er saß über seinen Akten. Auch seine Mutter ließ sich selten sehen. Es gab da nie ein lautes Wort oder ein Türzuschlagen. So als ob da jemand schliefe, und alle nahmen sich sehr in acht, ihn nicht zu wecken. Albert war es nicht anders gewohnt. Auch ich machte mir damals keine Gedanken deswegen, ich nahm es so hin. Es fällt mir jetzt erst auf; denn bei uns zu Haus wurde immer laut gestritten und keiner nahm Rücksicht auf den anderen. Auch die Eltern stritten sich bei Tisch, und wir meinten, es müsse so sein. Das alles ist nicht wichtig, verzeihen Sie. Es ist so wie überall. Es hat nichts mit Albert zu tun.

Ach so, ja. Natürlich wollte ich eine Zeitlang Dichter werden. Was ich mir darunter vorstellte, kann ich nicht sagen. Doch auch das ist nichts Besonderes. Viele junge Leute wollen Dichter werden, sie halten es für einen Ausweg. Selbstverständlich sprach ich auch mit Albert davon und sicher habe ich ihm etwas von meinem Zeug vorgelesen. Aber er riet mir davon ab; in dieser Hinsicht äußerte er sich sehr entschieden. Du bist verloren, sagte er, wenn du so weiter machst. Das ist der verfluchte Weg nach innen, zu dem sie uns verlocken wollen. Ich widersprach ihm, da ich sehr verliebt in die Idee war, ein Dichter zu werden. Ich wies auf die Bücher hin, aber er sagte: Das waren keine Dichter. Nur in der Literaturgeschichte werden sie so genannt, und dafür genügt es. Sie hielten es nur manchmal für nötig, sich dichterisch zu äußern. Damit täuschten sie die Leute. Die blieben ganz betäubt bei dem Gedicht stehen und versuchten es auswendig zu lernen und zu erklären. Sie selber waren längst ein paar Schritte weitergegangen und niemand achtete darauf, wohin sie gegangen waren. Das ist nur Abfall, sagte Albert, für die Leute mag es genügen, aber nicht für uns. Man darf sich nicht von Abfall ernähren. Ich stimmte nicht mit Albert überein, ich verstand ihn nicht, aber eines Tages mußte ich ihm recht geben. Ich schrieb heimlich ein Tagebuch. Das hielt ich sogar vor ihm geheim, da ich auch über ihn darin schrieb und mich vor ihm schämte. Ich schrieb darin, wenn niemand mich beobachten konnte. Das war gar nicht so leicht bei uns in der Wohnung; bei uns gab es keine Geheimnisse und man durfte sich nicht absondern. Sobald ich Schritte auf dem Korridor hörte, erschrak ich so sehr, daß mir das Herz stockte. Ich warf das Tagebuch in die Schublade meines Tisches und tat so, als ob ich Schularbeiten machte. Doch mein Bruder muß etwas gemerkt haben. Er war zwei Jahre älter als ich.

Ich hatte die Tischschublade abzuschließen vergessen, und mein Bruder fand das Tagebuch. Beim Abendessen, als die ganze Familie dabei war, sagte er ein paar Sätze, die nur ich kennen konnte, und lachte in roher Weise dazu. Ich mochte nicht mehr weiteressen. Ich stand vom Tisch auf und sie fragten: Was ist denn mit dir los? Ich wurde sehr dafür getadelt, daß ich sie bei ihrem Abendessen allein ließ, ohne mich zu entschuldigen. Ich nahm das Tagebuch und ging damit in den Keller. Es war ein Etagenhaus und wir hatten Zentralheizung, deshalb mußte ich in den Keller, um das Tagebuch ins Feuer zu werfen. Dann ging ich zu Albert. Ich wollte ihm nichts davon erzählen, aber er merkte, daß mir etwas passiert war. ›Man darf nichts von sich aufschreiben!‹ tadelte er mich. ›Nicht einmal in Geheimschrift, denn auch das läßt sich entziffern. Und dann fallen sie über uns her und haben uns da, wo sie uns haben wollen. Wenn du wirklich das Schreiben nicht lassen kannst, dann mußt du nur Lügen hinschreiben. Lauter Dinge, die nichts mit dir zu schaffen haben. Dann halten sie dich für klug.‹ Wir waren siebzehn oder achtzehn Jahre, als er mir das riet.

  Er wollte mich hart machen, das begreife ich jetzt. ›Weißt du denn nicht, warum dein Bruder dich ausgelacht hat?‹ sagte er. ›Weil er sich für einen Realisten hält, und das ist das absolute Ende. Das Ende jeder Wirklichkeit. Er hat so gelacht, wie nur einer lachen kann, der noch nach dem Ende da ist. Er ist schon längst nicht mehr dein Bruder, es gibt ihn bereits nicht mehr. Er wird ein Mädchen heiraten, das schon darauf wartet, es werden ein, zwei, drei Kinder daraus entstehen, das ist das Ende. Die Natur will es so, sagen sie und nennen es Realismus. Wie denn? Wenn die Natur das Ende ist, lohnt es doch nicht, auch nur eine Minute auf das Ende zu warten. Darüber muß man sich klar sein. Das heißt, du und ich, wir müssen uns darüber klar sein. Zuerst wird man traurig davon und schreibt Tagebuch. Auch ich wurde traurig davon, ich wollte aus dem Fenster springen, denn wozu sollte ich noch weiter da sein und auf das Aufhören des Endes warten? Aber man darf kein Mitleid mit sich haben, auch mit den anderen nicht, die nach dem Ende noch da sind und ihren Zustand für Leben halten. Vor dem Mitleid müssen wir uns hüten. Es ist unsere Schwäche, die sie ausnutzen wollen. Sie haben unser Mitleid gar nicht nötig, sie haben ihren Realismus und ihr System und das, was sie Natur nennen. Sie predigen Mitleid, weil es in ihr System paßt, und um uns damit zu vernichten.‹«

Siegfried Lenz
Zeit der Schuldlosen

Erster Teil

Ein kahler, vergitterter Raum, der den Eindruck einer Behelfszelle macht. Unentschiedenes Licht. Neun Männer stehen zusammen, gewissermaßen ein repräsentativer Querschnitt der Bevölkerung – was sich auch an der Kleidung erkennen läßt. Die Männer führen ein leises, ungeduldiges Gespräch. Sie erscheinen wie Leute, die man gerade verhaftet hat. Vor dem primitiv vergitterten Raum, eine Lederpeitsche im Arm, steht ein schäbig uniformierter Wächter. Alles, was sein Gesicht verrät, ist Interesselosigkeit. Er blickt zu Boden. Schräg hinter ihm führt eine knapp geschwungene Eisentreppe nach oben.

Der Hotelier löst sich aus der Gruppe, lauscht plötzlich und sagt:
HOTELIER Still! Es kommt jemand den Gang hinab.
INGENIEUR Es wird Zeit. Ich habe nichts getrunken seit heute morgen.
Der Bankmann tritt an das primitive Gitter und wendet sich an den Wächter.
BANKMANN Wächter! Wächter!
Der Wächter hebt müde den Kopf.
WÄCHTER Ja, Herr?
BANKMANN Ich muß telefonieren. Niemand weiß, wo ich bin. Meine Frau muß Bescheid wissen und die Bank. Sie müssen es erfahren.
WÄCHTER Ich sehe es ein, Herr.
KONSUL Sein Fehler ist, daß er alles einsieht, aber nichts unternehmen kann – wie der Kummerkasten vor unserer alten Kirche: die Leute schreiben immer noch ihre Sorgen auf Zettel und werfen sie in den Schlitz, aber es gibt niemanden mehr, der den Kasten leert.
HOTELIER Die Schritte kommen näher.
Alle treten näher an das Gitter heran, stehen im Licht einer nackten elektrischen Birne, blicken erwartungsvoll auf die Eisentreppe.
BANKMANN Wir müssen darauf bestehen, daß man unsere Angehörigen informiert. Sie müssen wissen, wo wir sind und was uns zugestoßen ist. Das ist das Wichtigste.
INGENIEUR Noch wichtiger ist, daß wir etwas zu trinken bekommen.

BAUER Es muß ein Irrtum sein.
KONSUL Heute gibt es keine Irrtümer mehr, zumindest ist die Regierung dieser Ansicht, wenn sie über die Schuld des Menschen befindet. Heute gibt jeder einen prächtigen Schuldigen ab.
HOTELIER Sparen Sie sich Ihren Zynismus, Konsul. Wir alle hier sind unschuldig, das wissen Sie genau. Man hat es uns sogar zugesichert.
KONSUL Aber nur mündlich. Ich wäre froh, wenn es auch in meinen Papieren stünde, vielleicht als Berufsangabe – unschuldig.
LASTWAGENFAHRER Ich habe einen vollen Laster draußen stehn. Sie warten im Hafen auf die Ladung.
BANKMANN Still!
Die Schritte zweier Männer sind deutlich zu hören, dann wird eine Tür aufgestoßen, und auf der Treppe erscheinen: Sason, ein junger, blasser, magerer Mann, der die Spuren der Folter an sich trägt; hinter ihm der Major, ein Offizier von eleganter Brutalität. Beide kommen die Treppe herab, der Wächter nimmt Haltung an. Sason bleibt stehen. Bevor der Major sich an die Eingeschlossenen wendet, spricht der Hotelier.
HOTELIER Ich muß protestieren, Major. Ich bin unabkömmlich in meinem Hotel. Sie können mich hier nicht festhalten. Der Gouverneur war oft mein Gast.
MAJOR Ich weiß, doch jetzt sind Sie sein Gast.
BANKMANN Wir bestehen darauf, daß unsere Angehörigen informiert werden. Außerdem muß man an unseren Arbeitsplätzen Bescheid wissen. Wir sind fast einen Tag hier.
Mehrere der Eingeschlossenen rufen rasch hintereinander.
BAUER Es ist ein Irrtum!
HOTELIER Ich protestiere!
INGENIEUR Wann gibt es etwas zu trinken?
BANKMANN Wir sind unschuldig!
MAJOR *lächelt gelassen – tritt an das Gitter heran, seine Figur strafft sich, er sagt in einem Tonfall von Verbindlichkeit* Meine Herren – niemand ist von Ihrer Unschuld mehr überzeugt als wir selbst. Wir wissen auch, daß wir Mühe hätten, in dieser Stadt Bürger zu finden, die so frei von Makel sind wie Sie. Doch das ist gerade der Grund, warum wir Sie hier zusammengebracht haben. Wir hätten niemanden ausgesucht, von dem wir gewußt hätten, daß er sich je etwas hat zuschulden kommen lassen. Auch wenn es Sie in Erstaunen setzen wird: diesen Zwangsaufenthalt ver-

danken Sie nur Ihrer vollkommenen Schuldlosigkeit. Es ist eine Idee des Gouverneurs.

Unter den Eingeschlossenen tritt eine begreifliche Ratlosigkeit und Unruhe ein. Sie schieben sich näher heran.

BANKMANN Niemand weiß, wo wir uns befinden.

MAJOR Sie haben es in der Hand, diesen Zustand zu beenden. Der Gouverneur hat eine Bitte an Sie.

HOTELIER Warum läßt er uns dann in den Kerker bringen?

Der Konsul ist der einzige, der sich nicht ganz nach vorn geschoben hat.

KONSUL So fällt ihm die Bitte leichter. Es ist eine kleine Vorsichtsmaßnahme, vermute ich: der Gouverneur könnte es sich nicht erlauben, erfolglos zu bitten.

MAJOR *blickt den Konsul zurechtweisend an* Schweigen Sie! Der Gouverneur hat das Recht, die Bürger gelegentlich mit einer Bitte anzugehen, und zwar jedermann, der den Schutz und die vielfältigen Vorzüge des Staates genießt. Worum er Sie bittet, ist lediglich eine Gefälligkeit, die nur verweigern wird, wer den stillschweigenden Pakt übersieht, den jeder von uns mit der Regierung schließt. An diesen Pakt gegenseitiger Dienstleistung möchte der Gouverneur Sie erinnern – Sie, meine Herren, von deren absoluter Schuldlosigkeit er am tiefsten überzeugt ist.

HOTELIER Morgen beginnt der Kongreß der Zahnärzte. Fast alle Delegierten wohnen in meinem Hotel. Ich muß die Arbeitsessen arrangieren. Wissen Sie, was das bedeutet?

MAJOR Der Gouverneur weiß es einzuschätzen.

LASTWAGENFAHRER Mein Laster steht genau vor einem Kino, da, wo Sie mich rausgeholt haben.

MAJOR Es liegt nur an Ihnen, meine Herren. Sie haben die Möglichkeit, die bescheidene Bitte des Gouverneurs in einer halben Stunde zu erfüllen; danach wird diese Tür augenblicklich geöffnet werden, und Sie können zu Ihren Angehörigen zurückkehren und zu Ihrer Arbeit.

BANKMANN Was verlangt er von uns? Heute haben wir Revision in der Bank.

MAJOR Der Name des Gouverneurs wird Sie hinreichend entschuldigen.

BAUER Meine Ziege, Herr, sie steht immer noch angebunden, und jetzt müßte sie schon zum zweiten Mal gemolken werden.

KONSUL Der Name des Gouverneurs wird ihr über alle Schwierigkeiten hinweghelfen.

MAJOR Hören Sie zu, um was der Gouverneur Sie bittet. Ich bringe Ihnen einen Mann. Diesen hier. *Er zeigt auf Sason, der reglos während der ganzen Zeit neben dem Major steht.* Er wurde vor zwei Tagen verhaftet – nach dem mißglückten Attentat auf die Familie des Gouverneurs. Dieser Mann war an dem gemeinen Attentat beteiligt. Er hat es bereits zugegeben, und er hat auch gestanden, daß er selbst auf den Wagen schoß. Doch er ist nicht bereit, seine Komplizen zu nennen, die Hintermänner dieses Verbrechens. Er ist ebensowenig bereit, seine Überzeugungen aufzugeben, die ihm dieses Verbrechen erleichterten. Er hat ein Geständnis ohne Reue abgelegt, und er war hochmütig genug, uns zu sagen, daß er, sobald ihm nur die Möglichkeit dazu gegeben sei, ein neues Attentat vorbereiten werde. Ich hoffe, damit sind Sie über Ihren Nachbarn im Bilde.
Entgeisterung und Verblüffung auf den Gesichtern der Eingeschlossenen.
HOTELIER Was haben wir damit zu tun?
MAJOR Der Gouverneur bittet Sie um Ihre Mitarbeit. Er hatte die Idee, diesen Mann – er heißt Sason und ist schuldig – Ihnen zu überantworten, neun ausgesuchten, ehrenwerten Bürgern dieser Stadt, deren Schuldlosigkeit außer Zweifel steht. Der Gouverneur gibt Ihnen freie Hand, mit diesem Mann zu tun, was Sie für nötig halten, damit er Ihnen die Hintermänner dieses Attentats nennt oder sich bereiterklärt, seine Überzeugungen aufzugeben und für uns zu arbeiten. Wir haben es versucht, doch es ist uns nicht gelungen. Der Gouverneur glaubt, daß es Ihnen eher gelingt. Sobald Sie es erreicht haben, wird sich diese Tür öffnen und Sie können gehen, wohin Sie wollen. Rufen Sie den Wächter, wenn es soweit ist. Dieser Mann hier weiß, daß Sie unschuldig sind und nur seinetwegen diesen Zwangsaufenthalt auf sich nehmen. Wir hoffen, es wird ihm zu denken geben. *Der Major dreht sich um, er glaubt genug gesagt zu haben.*
BANKMANN Und wenn er sich weigert? Es kann lange dauern – und wir haben Revision in der Bank ...
MAJOR Der Gouverneur hat so viel Vertrauen zu Ihnen, daß er Ihnen jede Entscheidung überläßt.
Ratlosigkeit, die bis zur leisen Empörung geht. Die Eingeschlossenen flüstern. Der Major ruft den Wächter.
WÄCHTER Ja, Herr?
MAJOR Bring ihn rein zu den andern.

WÄCHTER Ja, Herr. *Der Wächter sperrt gleichgültig die Tür auf, schiebt Sason in den vergitterten Raum zu den andern.*
Der Major verschwindet über die Eisentreppe. Die Eingeschlossenen stehen Sason gegenüber, sehen ihn teils befremdet, teils verwundert an wie eine Kuriosität. Sason steht unentschlossen neben der einzigen Pritsche im Raum. Der Arzt geht auf ihn zu.
ARZT Ihr Rücken blutet.
SASON Ja?
ARZT Legen Sie sich auf die Pritsche. Haben Sie Schmerzen? Wurden Sie gefoltert?
SASON Ich kann stehen, es geht schon wieder.
ARZT Legen Sie sich hin. Es sind nur Platzwunden.
SASON Sie stammen aus der Unterhaltung mit Julius.
KONSUL Julius? Bei der letzten Umfrage wählte man ihn zum beliebtesten Polizisten.
ARZT Platzwunden und Blutergüsse. *Der Arzt hilft Sason, der sich auf der Pritsche ausstreckt. Die Eingeschlossenen lösen sich in Gruppen auf.*
KONSUL Die Polizei weiß, wie weit sie gehen darf, ohne an Beliebtheit einzubüßen.
HOTELIER *gereizt* Hören Sie doch auf, Konsul. Offenbar sind Sie der einzige, dem unsere Lage Vergnügen macht. Wenn Sie sich schon nicht betroffen fühlen, dann nehmen Sie zumindest Rücksicht auf uns – und wir vermissen das Unterhaltsame dieser Situation.
BANKMANN *geht auf und ab* Wir hätten ihn nicht fortlassen dürfen. Es ist phantastisch: auf dem Weg zur Arbeit, am Tag der Revision, wird man aufgegriffen, in eine Zelle geschleppt und soll etwas übernehmen, was seit je zu den Spezialitäten der Polizei gehört. Was gehen mich die Hintermänner des Attentats an und die Überzeugungen dieses Mannes, der dabei war?
BAUER Wir haben nichts damit zu tun. Es wird bestimmt ein Irrtum sein.
STUDENT Es ist kein Irrtum. Es ist ihre neue Methode. Sie haben sie auf unserer Universität ausprobiert, als sie bei einigen Studenten Waffen fanden. Sie haben diese Studenten nicht selbst zur Verantwortung gezogen, sondern übergaben sie Unschuldigen. Die Unschuldigen wurden gezwungen, ein Urteil zu fällen.
BANKMANN Welches?
STUDENT Das gleiche, das wir fällen werden.
BANKMANN Sie sind wahnsinnig.

HOTELIER Was will der Gouverneur mit diesem Trick erreichen?
STUDENT Es ist kein Trick. Es ist eine neue Möglichkeit zu töten. Wahrscheinlich hat er erkannt, daß er sich den Anschein eines anderen Lebens verschafft, indem er die Art zu töten wechselt. Er überläßt es Schuldlosen, zu tun, was er für richtig hält.

HELMUT HEISSENBÜTTEL
Politische Grammatik

Verfolger verfolgen die Verfolgten. Verfolgte aber werden Verfolger. Und weil Verfolgte Verfolger werden werden aus Verfolgten verfolgende Verfolgte und aus Verfolgern verfolgte Verfolger. Aus verfolgten Verfolgern aber werden wiederum Verfolger [verfolgende verfolgte Verfolger]. Und aus verfolgenden Verfolgten werden wiederum Verfolgte [verfolgte verfolgende Verfolgte]. Machen Verfolger Verfolgte. Machen verfolgende Verfolgte verfolgte Verfolger. Machen verfolgende verfolgte Verfolger verfolgte verfolgende Verfolgte. Und so ad infinitum.

Weder Verfolgte noch Nichtverfolgte verfolgen weder Verfolger noch Verfolgte. Sind weder Verfolger noch Nichtverfolger von Verfolgern wie Verfolgten. Weder Verfolgte noch Nichtverfolgte außerhalb des grammatischen Zirkels verfolgen das Verfolgen. Verfolgen das Verfolgen in Verfolgern wie Verfolgten. In verfolgten Verfolgern wie in verfolgenden Verfolgten. In verfolgenden verfolgten Verfolgern wie in verfolgten verfolgenden Verfolgten. Indem sie das Verfolgen verfolgen verfolgen sie auch das Nichtverfolgen [das Nichtverfolgen des Verfolgens]. Weder Verfolgte noch Nichtverfolgte wären so die eigentlichen Verfolger.
  Als Verfolger des Verfolgens in Verfolgern wie Nichtverfolgern werden sie verfolgt von Verfolgern wie Verfolgten. Als Verfolger des Nichtverfolgens des Verfolgens werden sie verfolgt von Nichtverfolgern wie Nichtverfolgten. Verfolger des Verfolgens und Nichtverfolgens wären sie die eigentlich Verfolgten. Nicht verfolgende Verfolgte und verfolgte Verfolger. Sondern Verfolger und Verfolgte zugleich.

INGEBORG BACHMANN
Undine geht

Ihr Menschen! Ihr Ungeheuer!

Ihr Ungeheuer mit Namen Hans! Mit diesem Namen, den ich nie vergessen kann.

Immer wenn ich durch die Lichtung kam und die Zweige sich öffneten, wenn die Ruten mir das Wasser von den Armen schlugen, die Blätter mir die Tropfen von den Haaren leckten, traf ich auf einen, der Hans hieß.

Ja, diese Logik habe ich gelernt, daß einer Hans heißen muß, daß ihr alle so heißt, einer wie der andere, aber doch nur einer. Immer einer nur ist es, der diesen Namen trägt, den ich nicht vergessen kann, und wenn ich euch auch alle vergesse, ganz und gar vergesse, wie ich euch ganz geliebt habe. Und wenn eure Küsse und euer Samen von den vielen großen Wassern – Regen, Flüssen, Meeren – längst abgewaschen und fortgeschwemmt sind, dann ist doch der Name noch da, der sich fortpflanzt unter Wasser, weil ich nicht aufhören kann, ihn zu rufen, Hans, Hans ...
 Ihr Monstren mit den festen und unruhigen Händen, mit den kurzen blassen Nägeln, den zerschürften Nägeln mit schwarzen Rändern, den weißen Manschetten um die Handgelenke, den ausgefransten Pullovern, den uniformen grauen Anzügen, den groben Lederjacken und den losen Sommerhemden! Aber laßt mich genau sein, ihr Ungeheuer, und euch jetzt einmal verächtlich machen, denn ich werde nicht wiederkommen, euren Winken nicht mehr folgen, keiner Einladung zu einem Glas Wein, zu einer Reise, zu einem Theaterbesuch. Ich werde nie wiederkommen, nie wieder Ja sagen und Du und Ja. All diese Worte wird es nicht mehr geben, und ich sage euch vielleicht, warum. Denn ihr kennt doch die Fragen, und sie beginnen alle mit »Warum?« Es gibt keine Fragen in meinem Leben. Ich liebe das Wasser, seine dichte Durchsichtigkeit, das Grün im Wasser und die sprachlosen Geschöpfe (und so sprachlos bin auch ich bald!), mein Haar unter ihnen, in ihm, dem gerechten Wasser, dem gleichgültigen Spiegel, der es mir verbietet, euch anders zu sehen. Die nasse Grenzen zwischen mir und mir ...

Ich habe keine Kinder von euch, weil ich keine Fragen gekannt habe, keine Forderung, keine Vorsicht, Absicht, keine Zukunft und nicht wußte, wie man Platz nimmt in einem anderen Leben. Ich habe keinen Unterhalt gebraucht, keine Beteuerung und Versicherung, nur Luft, Nachtluft, Küstenluft, Grenzluft, um immer wieder Atem holen zu können für neue Worte, neue Küsse, für ein unaufhörliches Geständnis: Ja. Ja. Wenn das Geständnis abgelegt war, war ich verurteilt zu lieben; wenn ich eines Tages freikam aus der Liebe, mußte ich zurück ins Wasser gehen, in dieses Element, in dem niemand sich ein Nest baut, sich ein Dach aufzieht über Balken, sich bedeckt mit einer Plane. Nirgendwo sein, nirgendwo bleiben. Tauchen, ruhen, sich ohne Aufwand von Kraft bewegen – und eines Tages sich besinnen, wieder auftauchen, durch eine Lichtung gehen, *ihn* sehen und »Hans« sagen. Mit dem Anfang beginnen.

»Guten Abend.«
»Guten Abend.«
»Wie weit ist es zu dir?«
»Weit ist es, weit.«
»Und weit ist es zu mir.«

Einen Fehler immer wiederholen, den einen machen, mit dem man ausgezeichnet ist. Und was hilft's dann, mit allen Wassern gewaschen zu sein, mit den Wassern der Donau und des Rheins, mit denen des Tiber und des Nils, den hellen Wassern der Eismeere, den tintigen Wassern der Hochsee und der zaubrischen Tümpel? Die heftigen Menschenfrauen schärfen ihre Zungen und blitzen mit den Augen, die sanften Menschenfrauen lassen still ein paar Tränen laufen, die tun auch ihr Werk. Aber die Männer schweigen dazu. Fahren ihren Frauen, ihren Kindern treulich übers Haar, schlagen die Zeitung auf, sehen die Rechnungen durch oder drehen das Radio laut auf und hören doch darüber den Muschelton, die Windfanfare, und dann noch einmal, später, wenn es dunkel ist in den Häusern, erheben sie sich heimlich, öffnen die Tür, lauschen den Gang hinunter, in den Garten, die Alleen hinunter, und nun hören sie es ganz deutlich: Den Schmerzton, den Ruf von weither, die geisterhafte Musik. Komm! Komm! Nur einmal komm!

Ihr Ungeheuer mit euren Frauen!
   Hast du nicht gesagt: Es ist die Hölle, und warum ich bei ihr bleibe, das wird keiner verstehen. Hast du nicht gesagt: Meine Frau, ja, sie ist ein wunderbarer Mensch, ja, sie braucht mich, wüßte nicht,

wie ohne mich leben –? Hast du's nicht gesagt! Und hast du nicht gelacht und im Übermut gesagt: Niemals schwer nehmen, nie dergleichen schwer nehmen. Hast du nicht gesagt: So soll es immer sein, und das andere soll nicht sein, ist ohne Gültigkeit! Ihr Ungeheuer mit euren Redensarten, die ihr die Redensarten der Frauen sucht, damit euch nichts fehlt, damit die Welt rund ist. Die ihr die Frauen zu euren Geliebten und Frauen macht, Eintagsfrauen, Wochenendfrauen, Lebenslangfrauen und euch zu ihren Männern machen laßt. (Das ist vielleicht ein Erwachen wert!) Ihr mit eurer Eifersucht auf eure Frauen, mit eurer hochmütigen Nachsicht und eurer Tyrannei, eurem Schutzsuchen bei euren Frauen, ihr mit eurem Wirtschaftsgeld und euren gemeinsamen Gutenachtgesprächen, diesen Stärkungen, dem Rechtbehalten gegen draußen, ihr mit euren hilflos gekonnten, hilflos zerstreuten Umarmungen. Das hat mich zum Staunen gebracht, daß ihr euren Frauen Geld gebt zum Einkaufen und für die Kleider und für die Sommerreise, da ladet ihr sie ein (ladet sie ein, zahlt, es versteht sich). Ihr kauft und laßt euch kaufen. Über euch muß ich lachen und staunen, Hans, Hans, über euch kleine Studenten und brave Arbeiter, die ihr euch Frauen nehmt zum Mitarbeiten, da arbeitet ihr beide, jeder wird klüger an einer anderen Fakultät, jeder kommt voran in einer anderen Fabrik, da strengt ihr euch an, legt das Geld zusammen und spannt euch vor die Zukunft. Ja, dazu nehmt ihr euch die Frauen auch, damit ihr die Zukunft erhärtet, damit sie Kinder kriegen, da werdet ihr mild, wenn sie furchtsam und glücklich herumgehen mit den Kindern in ihrem Leib. Oder ihr verbietet euren Frauen, Kinder zu haben, wollt ungestört sein und hastet ins Alter mit eurer gesparten Jugend. O das wäre ein großes Erwachen wert! Ihr Betrüger und ihr Betrogenen. Versucht das nicht mit mir. Mit mir nicht!

Ihr mit euren Musen und Tragtieren und euren gelehrten, verständigen Gefährtinnen, die ihr zum Reden zulaßt ... Mein Gelächter hat lang die Wasser bewegt, ein gurgelndes Gelächter, das ihr manchmal nachgeahmt habt mit Schrecken in der Nacht. Denn gewußt habt ihr immer, daß es zum Lachen ist und zum Erschrecken und daß ihr euch genug seid und nie einverstanden wart. Darum ist es besser, nicht aufzustehen in der Nacht, nicht den Gang hinunterzugehen, nicht zu lauschen im Hof, nicht im Garten, denn es wäre nichts als das Eingeständnis, daß man noch mehr als durch alles andere verführbar ist durch einen Schmerzton, den Klang, die Lockung und ihn ersehnt, den großen Verrat. Nie wart ihr mit euch einverstanden. Nie mit euren Häusern, all dem Festgelegten. Über jeden Ziegel, der fortflog, über jeden Zusammenbruch, der sich ankündigte, wart ihr froh insgeheim. Gern habt ihr gespielt mit dem Gedanken an Fiasko, an Flucht, an Schande, an die Einsamkeit, die euch erlöst hätten von allem Bestehenden. Zu gern habt ihr in Gedanken damit gespielt. Wenn ich kam, wenn ein Windhauch mich ankündigte, dann sprangt ihr auf und wußtet, daß die Stunde nah war, die Schande, die Ausstoßung, das Verderben, das Unverständliche. Ruf zum Ende. Zum Ende. Ihr Ungeheuer, dafür habe ich euch geliebt, daß ihr wußtet, was der Ruf bedeutet, daß ihr euch rufen ließt, daß ihr nie einverstanden wart mit euch selber. Und ich, wann war ich je einverstanden? Wenn ihr allein wart, ganz allein, und wenn eure Gedanken nichts Nützliches dachten, nichts Brauchbares, wenn die Lampe das Zimmer versorgte, die Lichtung entstand, feucht und rauchig der Raum war, wenn ihr so dastandet, verloren, für immer verloren, aus Einsicht verloren, dann war es Zeit für mich. Ich konnte eintreten mit dem Blick, der auffordert: Denk! Sei! Sprich es aus! – Ich habe euch nie verstanden, während ihr euch von jedem Dritten verstanden wußtet. Ich habe gesagt: Ich verstehe dich nicht, verstehe nicht, kann nicht verstehen! Das währte eine herrliche und große Weile lang, daß ihr nicht verstanden wurdet und selbst nicht verstandet, nicht warum dies und das, warum Grenzen und Politik und Zeitungen und Banken und Börse und Handel und dies immerfort.

Denn ich habe die feine Politik verstanden, eure Ideen, eure Gesinnungen, Meinungen, die habe ich sehr wohl verstanden und noch etwas mehr. Eben darum verstand ich nicht. Ich habe die Konferenzen so vollkommen verstanden, eure Drohungen, Beweisführungen, Verschanzungen, daß sie nicht mehr zu verstehen waren. Und das war es ja, was euch bewegte, die Unverständlichkeit all dessen. Denn das war eure wirkliche große verborgene Idee von der Welt, und ich habe eure große Idee hervorgezaubert aus euch, eure unpraktische Idee, in der Zeit und Tod erschienen und flammten, alles niederbrannten, die Ordnung, von Verbrechen bemäntelt, die Nacht, zum Schlaf mißbraucht. Eure Frauen, krank von eurer Gegenwart, eure Kinder, von euch zur Zukunft verdammt, die haben euch nicht den Tod gelehrt, sondern nur beigebracht kleinweise. Aber ich habe euch mit einem Blick gelehrt, wenn alles vollkommen, hell und rasend war – ich habe euch gesagt: Es ist der Tod darin. Und: Es ist die Zeit daran. Und zugleich: Geh Tod! Und:

Steh still, Zeit! Das habe ich euch gesagt. Und du hast geredet, mein
Geliebter, mit einer verlangsamten Stimme, vollkommen wahr und
gerettet, von allem dazwischen frei, hast deinen traurigen Geist her-
vorgekehrt, den traurigen, großen, der wie der Geist aller Männer
ist und von der Art, die zu keinem Gebrauch bestimmt ist. Weil ich
zu keinem Gebrauch bestimmt bin und ihr euch nicht zu einem
Gebrauch bestimmt wußtet, war alles gut zwischen uns. Wir liebten
einander. Wir waren vom gleichen Geist.

Ich habe einen Mann gekannt, der hieß Hans, und er war anders als
alle anderen. Noch einen kannte ich, der war auch anders als alle
anderen. Dann einen, der war ganz anders als alle anderen und er
hieß Hans, ich liebte ihn. In der Lichtung traf ich ihn, und wir gingen so fort, ohne Richtung, im Donauland war es, er fuhr mit mir
Riesenrad, im Schwarzwald war es, unter Platanen auf den großen
Boulevards, er trank mit mir Pernod. Ich liebte ihn. Wir standen auf
einem Nordbahnhof, und der Zug ging vor Mitternacht. Ich winkte
nicht; ich machte mit der Hand ein Zeichen für Ende. Für das Ende,
das kein Ende findet. Es war nie zu Ende. Man soll ruhig das
Zeichen machen. Es ist kein trauriges Zeichen, es umflort die
Bahnhöfe und Fernstraßen nicht, weniger als das täuschende Winken, mit dem so viel zu Ende geht. Geh, Tod, und steh still, Zeit.
Keinen Zauber nutzen, keine Tränen, kein Händeverschlingen,
keine Schwüre, Bitten. Nichts von alledem. Das Gebot ist: Sich verlassen, daß Augen den Augen genügen, daß ein Grün genügt, daß
das Leichteste genügt. So dem Gesetz gehorchen und keinem Gefühl. So der Einsamkeit gehorchen. Einsamkeit, in die mir keiner
folgt.

Verstehst du es wohl? Deine Einsamkeit werde ich nie teilen, weil
da die meine ist, von länger her, noch lange hin. Ich bin nicht gemacht, um eure Sorgen zu teilen. Diese Sorgen nicht! Wie könnte
ich sie je anerkennen, ohne mein Gesetz zu verraten? Wie könnte
ich je an die Wichtigkeit eurer Verstrickungen glauben? Wie euch
glauben, solange ich euch wirklich glaube, ganz und gar glaube, daß
ihr mehr seid als eure schwachen, eitlen Äußerungen, eure schäbi-
gen Handlungen, eure törichten Verdächtigungen. Ich habe immer
geglaubt, daß ihr mehr seid, Ritter, Abgott, von einer Seele nicht
weit, der allerköniglichsten Namen würdig. Wenn dir nichts mehr
einfiel zu deinem Leben, dann hast du ganz wahr geredet, aber auch
nur dann. Dann sind alle Wasser über die Ufer getreten, die Flüsse

haben sich erhoben, die Seerosen sind gleich hundertweis erblüht und ertrunken, und das Meer war ein machtvoller Seufzer, es schlug, schlug und rannte und rollte gegen die Erde an, daß seine Lefzen trieften von weißem Schaum.

Verräter! Wenn euch nichts mehr half, dann half die Schmähung. Dann wußtet ihr plötzlich, was euch an mir verdächtig war, Wasser und Schleier und was sich nicht festlegen läßt. Dann war ich plötzlich eine Gefahr, die ihr noch rechtzeitig erkanntet, und verwünscht war ich und bereut war alles im Handumdrehen. Bereut habt ihr auf den Kirchenbänken, vor euren Frauen, euren Kindern, eurer Öffentlichkeit. Vor euren großen großen Instanzen wart ihr so tapfer, mich zu bereuen und all das zu befestigen, was in euch unsicher geworden war. Ihr wart in Sicherheit. Ihr habt die Altäre rasch aufgerichtet und mich zum Opfer gebracht. Hat mein Blut geschmeckt? Hat es ein wenig nach dem Blut der Hindin geschmeckt und nach dem Blut des weißen Wales? Nach deren Sprachlosigkeit?

   Wohl euch! Ihr werdet viel geliebt, und es wird euch viel verziehen. Doch vergeßt nicht, daß ihr mich gerufen habt in die Welt, daß euch geträumt hat von mir, der anderen, dem anderen, von eurem Geist und nicht von eurer Gestalt, der Unbekannten, die auf euren Hochzeiten den Klageruf anstimmt, auf nassen Füßen kommt und von deren Kuß ihr zu sterben fürchtet, so wie ihr zu sterben wünscht und nie mehr sterbt: ordnungslos, hingerissen und von höchster Vernunft.

   Warum sollt ich's nicht aussprechen, euch verächtlich machen, ehe ich gehe.

   Ich gehe ja schon.

   Denn ich habe euch noch einmal wiedergesehen, in einer Sprache reden gehört, die ihr mit mir nicht reden sollt. Mein Gedächtnis ist unmenschlich. An alles habe ich denken müssen, an jeden Verrat und jede Niedrigkeit. An denselben Orten habe ich euch wiedergesehen; da schienen mir Schandorte zu sein, wo einmal helle Orte waren. Was habt ihr getan! Still war ich, kein Wort habe ich gesagt. Ihr sollt es euch selber sagen. Eine Handvoll Wasser habe ich über die Orte gesprengt, damit sie grünen mögen wie Gräber. Damit sie zuletzt hell bleiben mögen.

Aber so kann ich nicht gehen. Drum laßt mich euch noch einmal Gutes nachsagen, damit nicht so geschieden wird. Damit nichts geschieden wird.

Gut war trotzdem euer Reden, euer Umherirren, euer Eifer und euer Verzicht auf die ganze Wahrheit, damit die halbe gesagt wird, damit Licht auf die eine Hälfte der Welt fällt, die ihr grade noch wahrnehmen könnt in eurem Eifer. So mutig wart ihr und mutig gegen die anderen – und feig natürlich auch und oft mutig, damit ihr nicht feige erschient. Wenn ihr das Unheil von dem Streit kommen saht, strittet ihr dennoch weiter und beharrtet auf eurem Wort, obwohl euch kein Gewinn davon wurde. Gegen ein Eigentum und für ein Eigentum habt ihr gestritten, für die Gewaltlosigkeit und für die Waffen, für das Neue und für das Alte, für die Flüsse und für die Flußregulierung, für den Schwur und gegen das Schwören. Und wißt doch, daß ihr gegen euer Schweigen eifert und eifert trotzdem weiter. Das ist vielleicht zu loben.

In euren schwerfälligen Körpern ist eure Zartheit zu loben. Etwas so besonders Zartes erscheint, wenn ihr einen Gefallen erweist, etwas Mildes tut. Viel zarter als alles Zarte von euren Frauen ist eure Zartheit, wenn ihr euer Wort gebt oder jemand anhört und versteht. Eure schweren Körper sitzen da, aber ihr seid ganz schwerelos, und eine Traurigkeit, ein Lächeln von euch können so sein, daß selbst der bodenlose Verdacht eurer Freunde einen Augenblick lang ohne Nahrung ist.

Zu loben sind eure Hände, wenn ihr zerbrechliche Dinge in die Hand nehmt, sie schont und zu erhalten wißt, und wenn ihr die Lasten tragt und das Schwere aus einem Weg räumt. Und gut ist es, wenn ihr die Körper der Menschen und der Tiere behandelt und ganz vorsichtig einen Schmerz aus der Welt schafft. So Begrenztes kommt von euren Händen, aber manches Gute, das für euch einstehen wird.

Zu bewundern ist auch, wenn ihr euch über Motoren und Maschinen beugt, sie macht und versteht und erklärt, bis vor lauter Erklärungen wieder ein Geheimnis daraus geworden ist. Hast du nicht gesagt, es sei dieses Prinzip und jene Kraft? War das nicht gut und schön gesagt? Nie wird jemand wieder so sprechen können von den Strömen und Kräften, den Magneten und Mechaniken und von den Kernen aller Dinge.

Nie wird jemand wieder so sprechen von den Elementen, vom Universum und allen Gestirnen.

Nie hat jemand so von der Erde gesprochen, von ihrer Gestalt, ihren Zeitaltern. In deinen Reden war alles so deutlich: die Kristalle, die Vulkane und Aschen, das Eis und die Innenglut.

So hat niemand von den Menschen gesprochen, von den Bedingungen, unter denen sie leben, von ihren Hörigkeiten, Gütern,

Ideen, von den Menschen auf dieser Erde, auf einer früheren und einer künftigen Erde. Es war recht, so zu sprechen und so viel zu bedenken.

Nie war so viel Zauber über den Gegenständen, wie wenn du geredet hast, und nie waren Worte so überlegen. Auch aufbegehren konnte die Sprache durch dich, irre werden oder mächtig werden. Alles hast du mit den Worten und Sätzen gemacht, hast dich verständigt mit ihnen oder hast sie gewandelt, hast etwas neu benannt; und die Gegenstände, die weder die geraden noch die ungeraden Worte verstehen, bewegten sich beinahe davon.

Ach, so gut spielen konnte niemand, ihr Ungeheuer! Alle Spiele habt ihr erfunden, Zahlenspiele und Wortspiele, Traumspiele und Liebesspiele.

Nie hat jemand so von sich selber gesprochen. Beinahe wahr. Beinahe mörderisch wahr. Übers Wasser gebeugt, beinah aufgegeben. Die Welt ist schon finster, und ich kann die Muschelkette nicht anlegen. Keine Lichtung wird sein. Du anders als die anderen. Ich bin unter Wasser. Bin unter Wasser.

Und nun geht einer oben und haßt Wasser und haßt Grün und versteht nicht, wird nie verstehen. Wie ich nie verstanden habe.

Beinahe verstummt,
beinahe noch
den Ruf
hörend.

Komm. Nur einmal.
Komm.

PETER HAMM
Erinnerung an Paris

wie hast du überlebt

diese nacht die eisbahn paris auf der
wir nocheinmal ausgleiten nocheinmal uns
aufrichten diese eisnacht paris wie sie
bodenlos glänzt nocheinmal unfruchtbar

und unendlich eisworte eiswortfetzen an
denen nocheinmal ausgleiten sich aufrichten
die kamen zu überleben

wie hast du überlebt

nocheinmal zu überleben uns und das
was wir fortnahmen mit uns diese
lächelnden seelen eisseelen lächerlich
bodenlos und doch angepflockt zu der
unendlichen übung ausgleiten und wieder
sich aufrichten zu der eisübung wenn
die chimären mit deinen lippen fragen

wie hast du überlebt

und eine reihe von antworten
eisantworten beliebig »gesagt bei heiterem wetter«

Peter Gan
Mystisches Liedchen

Nicht sinnen, nur sein,
nur atmender leben,
kein ›mein‹ und kein ›dein‹,
kein ›nehmen‹, kein ›geben‹,

nur schaun, so geschieht es:
Gesicht, das sich sieht.
Und bleibt oder flieht es,
das keinem geschieht?

Der also verschwunden,
sich gerne vermißt;
nichts kann ihn verwunden,
der nirgend mehr ist.

LUDWIG GREVE
Katja im Spiegel

Vor aller Welt allein in dem Rahmen,
tritt ihr vor Augen sie, die entwich,
und begrüßt sie ihr glänzendes Ich,
halten beide Abstand wie Damen.

Tauscht ihr Blick die Wärme in eitel
Glas? Die Frau, die sich ruhig schmückt,
ist in das Licht der Frühe entrückt,
zieht als Mädchen wieder den Scheitel.

Stirn und Wangen, die Früchte von Gestern,
spiegeln ihr endlose Gegenwart vor –
Königin, die ihr Land verlor,
aber nicht die glücklichen Schwestern.

Eine, die schönste, bleibt im Rahmen
stehen, sonnt sich in ihrem Namen.

HANS-JÜRGEN HEISE
Selbst die Zweige der Apfelbäume

Selbst die Zweige der Apfelbäume
beugen sich zu dir hinunter
(damit ihnen
keines deiner Worte entgeht).

Dein Mund kann heilen.
Deine Blicke
legen noch den gebrochensten Seelen
Schienen und Wundverbände an.

Aber
deine Fröhlichkeit lügt.

Nur für die anderen
ist der Trost deiner Worte.

Dir selber liegen
tausend zerfallene Friedhöfe hinter der Stirn.

Manfred Peter Hein
Litanei des Sommers

ein verschwiegenes Grün
in der Schwebe gehalten
vom Abend
unter dem sinkenden
Licht

Ein Wort
        gespiegeltes Wasser
ein fliegender Wind

wer ruft uns die Tage
die Tage des Gelben Kaisers
zurück
        vor der Einkehr
der glühenden Einkehr
der Schatten

Peter Huchel
Sibylle des Sommers

September schleudert die Wabe des Lichts
Weit über die felsigen Gärten aus.
Noch will die Sibylle des Sommers nicht sterben.
Den Fuß im Nebel und starren Gesichts
Bewacht sie das Feuer im laubigen Haus,
Wo Mandelschalen als Urnenscherben
Zersplittert im harten Weggras liegen.
Das Schilfblatt neigt sich, das Wasser zu kerben.
Die Spinnen reisen, die Fäden fliegen.
Noch will die Sibylle des Sommers nicht sterben.
Sie knotet ihr Haar in den Bäumen fest.
Die Feige leuchtet in klaffender Fäule.
Und weiß und rund wie das Ei der Eule
Glänzt abends der Mond im dünnen Geäst.

JOHANNES BOBROWSKI
Gegenlicht

Dämmerung.
Wie das Grasland
hertreibt, die breite Strömung,
Ebenen. Kalt, unzeitig
der Mond. Ein Flügelschlag nun.

Auf den Ufern der Ströme,
weit,
als sie der weite
Himmel umarmt hielt,
hörten wir Singen
im Wälderschatten. Der Ahn
ging verwachsenen Gräben nach.

Vogelherz, leicht, befiederter
Stein auf dem Wind.
In die Nebel
fallend. Gras und die Erde
nehmen dich an, eine Spur
Tod, einen Schneckenpfad lang.

Aber
wer erträgt mich,
den Mann mit geschlossenen Augen,
bösen Mundes, mit Händen,
die halten nichts, der dem Strom
folgt, verdurstend,
der in den Regen
atmet die andere Zeit,
die nicht mehr kommt, die andre,
ungesagte, wie Wolken,
ein Vogel mit offenen Schwingen,
zornig, gegen den Himmel,
ein Gegenlicht, wild.

Georg Maurer
Letzter Strahl

Die Sonne streckt das Strahlenbein
ermüdet übern Weg
und schläft auf einer Holzbank ein
und sitzt schon ziemlich schräg.

Schon fällt sie auf das weiche Gras,
das jäh erleuchtet lacht.
Da ist sie von dem Funkelspaß
noch einmal aufgewacht.

Sie schließt die Augen wieder zu.
Das Gras bedauert sehr
die Störung der verdienten Ruh –
und sieht nun auch nichts mehr.

Werner Bräunig
Wir gehen über den Rummelplatz

Gelbflockig kämmt der Wind dein Haar
und deine Augen lachen.
Ein dünner Regen weht uns durch den Boulevard,
und in den Pfützen spiegelt sich ein Liebespaar;
Lichttupfen tanzen, die uns trunken machen.

Das Riesenrad malt bunte Träume in den Wind.
Das Pappmaché quillt in den Wasserlachen.
Ein Ölbaß singt, daß wir jetzt glücklich sind ...

und deine Augen lachen.

Günter Seuren
Kirmes

Du wirst unter die rosa Bären
 fallen, lachend
fährst du dem Mond
 eine Eisenschramme ins Gesicht

mit deiner Gondel,
   deinem geschminkten Karussell,
und alle Puppen lächeln dich an
   wie schlaflose Dollarprinzessinnen.

Die Nacht ist aller Leute Spielzeug
   auf den Schultern
des alternden Negerboxers Hurrikan,
   der seine Schlagkraft schwinden fühlt.

Der Lampion zieht eine Grimasse
   im Kanal;
andere werden kommen und bieten dir mehr
   als Rosen und Schießbudengesichter.

HANS PETER KELLER
Mode

Eine Droschke fährt
eine Leiche spazieren und ich
will mir die Brille putzen.

Indem ich überlege,
musiziert
der Staub auf dem Glas.

Es scheint, Gefühl wird
heut anders getragen und nicht
auf der Hand: eher in der Tasche.

GÜNTER GRASS
Fotogen

Ich ging in den Wald
Fotografierte Eichhörnchen
Ließ den Film entwickeln
Und sah, daß ich zweiunddreißigmal meine
Großmutter geknipst hatte.

Josef W. Janker
Das Telegramm

»Es ist ein Telegramm für Sie angekommen«, sagt mein Gastgeber und deutet, blind vor Eifer und Wohlwollen, mit dem Lötkolben nach oben. »Danke ergebenst!« rufe ich, starr vor Schrecken und Wißbegier, und trete, meinen Hut lüftend, in das altertümliche Vestibül. Aber da stockt mein Atem und Schritt. Vor mir, in der Dämmerschwüle des Augusttags, in Nischen und Winkeln, auf Stufen, Podesten und Balustraden, türmen sich die seltsamen Erzeugnisse der Muße, des Fleißes und jenes erstaunlichen Formwillens, von dem mein Gastgeber gelegentlich gesprochen und die nun, aus unsichtbaren Werkstätten ans Licht gezerrt, aus Leimpfannen, Pressen, Schmelztiegeln und Gebläsen hervorgegangen, durch irgend einen bösartigen Zauber vervielfacht, das Haus überschwemmen. Da ich befürchten muß, daß mein Gastgeber, Erläuterungen gebend und Beifall heischend, mir nachfolgt, strebe ich emsig, umsichtig, geduldig weiter, taub vor Ergebenheit, gewinne so Meter um Meter eines wertvollen Terrains; denn oben unter dem Dach, vier Stockwerke über der erstaunlichen Sammlung, liegt das Telegramm.

Ich kann mir nicht vorstellen, daß irgend etwas Bedeutsames vorgefallen sein soll. Vielleicht die Mitteilung über eine bevorstehende Hochzeit oder die Nachricht über das Begräbnis eines weitläufigen Verwandten. Was wird schon Dringliches geschehen sein? Schwager und Schwester in einem Zustand permanenter Darbnis; Mutter auf Störnäherei, um der Darbnis zu steuern; mein jüngster Bruder, von Klassenabstieg zu Klassenabstieg auf kümmerlicheres Taschengeld gesetzt; Vater schließlich, ein altes, standhaft verschwiegenes Leiden mit sich herumschleppend, das Bett aufsuchend und es wieder verlassend, Vater, dem körperliche Gebrechen ein Greuel sind …

Unverdrossen, aber doch schon etwas besorgt, winde ich mich zwischen topfartigen und flaschenähnlichen Gebilden hindurch. »Ich habe wertvollere Stücke als diese«, argwöhnt die Stimme meines Gastgebers, durch irgend eine Hexerei vergegenwärtigt. »Wenn Sie auf dem nächsten Treppenabsatz auf die Keramiken stoßen, so achten Sie auf die hervorragende Brenntechnik. Sie stammen alle aus der vorletzten Phase meiner bukolischen Periode.« Nicht nur der Treppenabsatz, auch der angrenzende Flur ist voll von diesen Absonderlichkeiten. Noch immer behutsam, eifrig, höflich über Glasgeblasenes und Gebranntes kletternd, fällt mein Blick quer über den Lichthof in das gegenüberliegende Stockwerk. Auch dort entdeckte ich die merkwürdigen Nachbildungen, die an Musik und Anatomie gleichzeitig erinnern. Larynx anthropos! denke ich, während ich benommen, aber zu Höflichkeit und Wohlwollen entschlossen, Stufe um Stufe dieser endlosen Galerie emporsteige.

»Der Professor hat mir erlaubt, daß ich einen Teil seiner Sammlungen säubere«, tritt geharnischt, Staubtuch und Besen schwenkend, die Putzfrau um die Ecke, zwingt mich unter Wolken barbarischen Staubs zur Flucht in ein Nebengelaß. »Wenn Sie die Abgüsse aus meiner heroischen Epoche sehen wollen«, flüstert verschämt eindringlich die Stimme meines Gastgebers, »so brauchen Sie sich nur um diesen Sagittalschnitt herumzubemühen. Es sind kostbare Funde darunter, die mir früh den Ruf eines bedeutenden – –«

»Den Tee können Sie natürlich mit uns einnehmen«, herrscht mich eine trocken-lehrhafte Gouvernantenstimme an. »Mit Vergnügen!« huste ich, Hekatomben ehrwürdigsten Staubs hinunterschluckend, Tagreisen entfernt von der nächsten erfrischenden Oase. »Berichten Sie mir von den Fortschritten Ihrer Studien«, nörgelt die Alterslose hinter verfallenen Zahngehegen, meinem umherirrenden Blick für immer entzogen.

»Sie dürfen mich nach dem gemeinsamen Mittagsmahl in die Städtische Galerie entführen«, lockt die Tischdame, minderjährig, tugendsam aus haushälterischen Erwägungen heraus. »Räumen Sie die Etagere beiseite, heben Sie den Überwurf aus Brokat etwas an und klettern Sie unter diesem Torso hindurch. Vorsicht! Werfen Sie ihn nicht um. Er stammt, wie das meiste hier, aus Vaters empfindsamer Periode.« Gehorsam, unterwürfig, gewissenhaft räume ich die Etagere beiseite, hebe den Überwurf aus zerschlissenem Brokat etwas an und krieche unter den Torso aus Ziegelsplitt. Aber kaum habe ich mich aufgerichtet und meinen Anzug in Ordnung gebracht, albert die Fahrlässig-Zudringliche schon aus einer entgegengesetzten Ecke. »Aber nein doch, diese Ungeschicklichkeit! Ihr Orientierungssinn scheint nicht sehr ausgeprägt. Hören Sie denn nicht, mit was ich Ihnen auf die Spur zu helfen suche?«

»Sie sind zu einfallsreich«, rufe ich, mühsam um Fassung ringend. »Wenn Sie mir den Weg in mein Zimmer zeigen könnten, wäre ich Ihnen sehr verbunden. Ich möchte nicht gern in diesem Aufzug vor Ihnen erscheinen.« Aber die Tollgewordene mißversteht mich gründlich. »Sie Wüstling!« empört sie sich. »Ich heirate keinen Neandertaler.« ›Vielleicht die Mitteilung über eine bevorstehende Hochzeit‹ memoriere ich in einem Anfall von Schwäche und Zerknirschung. Ich werde der Empfänger der Nachricht meiner eigenen Heirat sein. –

»Ich habe mich für unseren ersten gemeinsamen Abend schön gemacht«, flötet die Hausamsel aus ihrer Dufthecke hervor. Unter Flaumgestöber, das mir zeitweilig die Sicht nimmt, zeige ich, wie gerührt ich bin über soviel hartnäckige Anhänglichkeit, beteure aber, daß ich nicht imstande sei, der Einladung Folge zu leisten, da ihr Herr Vater sich ganz offensichtlich den Scherz erlaubt habe, mich in einem Irrgarten künstlicher Kehlköpfe gefangen zu halten.

»Lassen Sie sich durch die Vielfalt der Muster nicht erschrecken, junger Freund!« sonort der Wohllaut meines Gastgebers neben mir. »Wenn Sie auf den Vorplatz hinaustreten, werden Sie erkennen, daß meine Schöpfungen von grandioser Formenfülle, aber auch von großer Sinnfälligkeit zeugen. Alles, was sich hier Ihrem staunenden Auge darbietet, ist instrumentgewordenes Organ, organgewordenes Instrument. Betrachten Sie diese Nachbildung aus Glasguß und getönten Quarzen. Eine frühe Studie aus meiner blauen Periode.«

»Wenn Sie fortfahren, sich im Kreis zu drehen«, sagt die zum Ausgang Gerüstete und trommelt nervös gegen ihr Fischbein-Mieder, »schließt die Galerie. Es bleibt Ihnen dann nur noch die Wahl zwischen einer Abendandacht und dem längst fälligen Besuch bei einer argwöhnischen Tante, die auch nicht den Schatten eines Flirts dulden wird.« Da ich nicht einsehe, warum ich ihr in die Städtische Galerie folgen soll, wo ich mitten unter schlechten Kopien stehe, rufe ich, außer mir vor Zorn und Gereiztheit: »Mit Ihrer gütigen Erlaubnis, die Abendandacht!«

»Wir haben uns erlaubt, in Ihrem Zimmer einige Veränderungen vorzunehmen«, sagt das Zimmerfräulein, anmutig bestürzt, in einer erschreckend makellosen Schürze, als ich keuchend den letzten Treppenabsatz erreiche. Entwaffnet von so viel Charm und Liebreiz, sinke ich gegen das Geländer und schließe die Augen. Es ist zum Steinerweichen! Da spricht das arglose Geschöpf von einigen Veränderungen, während ich mein Zimmer unbetretbar vorfinde, angefüllt mit mannshohen Kehlköpfen, vollgestopft mit dem Plunder eines Besessenen, den Ausgeburten eines Irren, der mich eines Abends nach einer Lesung einlud, in seinem geräumig-heitern und, wie er hinzufügte, ein wenig musealen Hause meinen Studien nachzugehen, beim Schein eines Kaminfeuers vertraulich einige Vitrinen öffnete, von eigenen bescheidenen Versuchen sprach, einer Sammlung, die er unter Opfern aufgebaut und erweitert hätte. Und ich

Unschuldslamm lasse mich überreden, betrete sein gastfreies Haus, beziehe ein Mansardenzimmer, nehme an den gemeinsamen Mahlzeiten teil, lerne Thekla, eine Halbwüchsige mit Hühnerbrust und Garnfingern, kennen, vernehme die respektheischende Stimme einer Bettlägerigen, die niemanden empfängt außer ihrem überfütterten und ewig gelangweilten Pudel, sehe flüchtig in einem abgedunkelten Flur ein besenschwenkendes Faktotum, das Fenster aufreißt und Gardinen aus dem Schlaf scheucht, flüchte vor soviel mißverstandener Gastfreundschaft über zahllose Treppen und Podeste, stehe aufatmend vor dem verführerischen Liebreiz einer Mädchenschürze. Und nun öffnet die Vertrauensselige spaltbreit die Türe und seufzt: »Wir haben uns erlaubt, in Ihrem Zimmer einige Veränderungen vorzunehmen.«

Nach einer unruhigen, von Traumgesichten durchzuckten Nacht erwache ich zuversichtlich unter einem hochgelegenen Fenster. Mich durch das Nadelöhr zwängend, hilflos rudernd zwischen Fußboden und Decke meines unkenntlich gemachten Zimmers, nehme ich in dem undeutlichen Frühlicht die Schemen und verkörperten Alpdrücke wahr, in der beängstigenden Stille eines Museums für Vorgeschichte. Unter Schluckbeschwerden, die Arme aufgestützt, die Beine schräg zwischen der Fensterleibung, lasse ich mich auf eine Kredenz nieder. Mit versagender Kraft, aber unbeirrbar höflich, ducke ich mich unter die Erpresserstimme meines Gastgebers. »Betrachten Sie nun mein Meisterstück! Das unvergleichliche Exemplar eines Larynx anthropos!«

Als es mir am Abend des dritten Tages gelingt, das Telegramm zu öffnen, lese ich ermattet, sanft die nörgelnde Stimme Theklas aussprechend: »halte daher eine Verlängerung Ihres Studien-Aufenthaltes für unangebracht – stop – dachte, Sie brächten etwas Verständnis für die Versuche meines Mannes auf – stop – Ihre Fähigkeit als Erbschleicher mögen ausreichend sein – stop – als Liebhaber meiner Tochter sind Sie eine Zumutung – – «

Bernd Jentzsch
Blaue Stühle im Café

Blaue Stühle im Café und frisch gestrichen
warten auf ein Plauderwort von fünf bis sieben,
leichthin in die Flucht von Stuhl zu Stuhl geschrieben,
wie ein Märchen schwebend über Marmortischen.

Finger spreizen sich barock von Kaffeetassen.
Junge Dichter, die in jungen Rhythmen brennen,
sind verpönt. Die satten Damen rülpsen, nennen
Flaischlen ihren Dichter der Extasen.

Brennt, Poeten, eine Lichtung in die Rüschen!
Sprengt den Gestern-Horizont mit Trommelschlägen
und beginnt den »Ach ja, damals!«-Staub zu fegen
aus den Köpfen und von kaisertreuen Plüschen!

Neben kunstlos nachgeschaffte Kändlerputten
legt die Käte-Kruse-Puppe und die Farben
eines Regenbogens. Aber höhnt nicht. Narben
heilt ihr nicht mit Lachen. In die klaren Fluten
eures Mutes setzt den Kahn der Traditionen.

Geht in Hinterhäuser, weckt die Kaffeedamen!
Keine laßt, begraben unter Trödel, wohnen.
Endet die verborgnen Vater-Zille-Dramen.

BRIGITTE REIMANN
Ankunft im Alltag

Zwölftes Kapitel

I

Der Zug nach D. fuhr in eineinhalb Stunden.

Wenn ich den Wagen hätte, würde ich die hundert Kilometer in einer Stunde runterpeitschen. Wenn ich den Wagen hätte, würde ich ... Gut, daß ich ihn nicht habe. Ich würde ... irgendwas, zum Teufel, ich weiß nicht. Anderthalb Stunden. Den Zug schaffe ich noch ... Curt hatte schon den schweren Lederkoffer aus der Abstellkammer geholt. Er war allein in der Wohnung.

Er riß die Spindtüren auf und zog die Schubkästen aus dem Nachttisch und warf Anzüge und schmutzige Schuhe, die gestärkten Oberhemden und ein paar Bücher in den Koffer. Er hielt sonst mit peinlicher Sorgfalt auf seine Sachen, er dachte jetzt aber nur daran, daß er fort sein müßte, bevor sein rothaariger Nachbar von der Arbeit zurückkäme.

Abmeldung? Ach was, sie werden schon merken, daß ich nicht mehr da bin. Das Geld kann ich überweisen. Er klappte den Koffer zu und zog die gelben leinenen Vorhänge vor dem Fenster zur Straße zusammen und setzte sich auf sein Bett; er fühlte sich auf einmal leer und müde.

Während der halben Stunde Busfahrt vom Kombinat bis hierher in die H.-Straße hatte Curt, von Panikstimmung ergriffen, nicht darüber nachzudenken vermocht, wie es nun weitergehen sollte, nur: Weg. Sofort. Ich lasse mich nicht fertigmachen. Weg, für immer ... Als er jetzt auf dem Bettrand saß und noch einmal das öde, in gelbliches Dämmerlicht getauchte Zimmer überblickte, versuchte er zum erstenmal, weiter als bis zur nächsten Stunde zu denken und sich Mut zu machen und vor sich selbst zu prahlen: Kein Problem. Vater wird mir einen anderen Job verschaffen. Ich kenne ihn. Das Schlimmste, was mir passieren kann: er läuft raus und knallt die Tür zu und würdigt mich drei Wochen lang keiner Anrede ...

Es war leicht, allein für sich und in einem dämmrigen Zimmer, zu prahlen und Illusionen wie bunte Bälle zu jonglieren – draußen aber, im nüchternen Tageslicht und, später, unter den Augen des unbestechlichen Schelle, würde alles ganz anders aussehen.

Dann nahm Curt seinen Koffer und warf den Campingbeutel über die Schulter, und er verließ die Wohnung und das Haus. Er ging die Straße entlang, die um diese Zeit sonnig und still war. Er blieb einen Augenblick vor Rechas Haus stehen (... die Glastür, durch die ich sah, wie sie den Kopf nach mir drehte; ich habe sie im Treppenhaus geküßt, und sie hat mir eine runtergehauen, und dann lief sie die Treppe rauf und drückte ihr Gesicht gegen die Geländerstäbe und lachte ...), und dort war ihr Zimmer, ihr Fenster; abends, wenn es milchiges Licht streute, hatte Curt manchmal Schatten, ihren Schatten, auf dem dünnen Vorhang zu sehen geglaubt. Er dachte: Vorbei. Finger verbrannt. Und, sein geschwollenes Auge betastend: »Finger verbrannt« ist gut. Na dann: Buona sera, Señorita. Good-bye, darling. Ihre Augen ... Ich darf mir ihre Augen nicht vorstellen ... Er lief die Straße hinab, er pfiff gellend.

Der Bahnhof war grau und kalt. Zwischen den Fenstern hingen zerrissene Plakate und der Kinospielplan von der vergangenen Woche. Curt hatte noch eine halbe Stunde Zeit, und er setzte sich in den kleinen Wartesaal, in den Winkel neben der Tür, immer in Furcht, der Zufall könnte ihm in letzter Minute einen seiner ehemaligen Kollegen in den Weg führen. (Und wenn Napoleon mir jemanden hinterhergeschickt hat? Und wenn –?) Die Gardinen waren bräunlich vom Tabakrauch.

An der Theke standen Bauarbeiter. Curt trank einen Kaffee und schnell hintereinander drei Schnäpse, die ihn zuerst angenehm erwärmten und, selbst in diesem kahlen, bierdunstigen Raum, einen trügerischen rosigen Schleier über Dinge breiteten, die Curt zu vergessen oder wenigstens zu verklären wünschte. Später wurde ihm übel, denn er hatte seit dem Morgen nichts gegessen außer dem mürben süßen Apfel von Preuß, und der Wartesaal erschien ihm nun noch abstoßender und bedrückender als vorher. Er zuckte zusammen, als die Lautsprecherstimme seinen Zug ausrief. Er ging zur Sperre.

Schon eingekeilt in den langsam vorrückenden Block von Reisenden, versuchte Curt noch einen letzten Blick zurückzuwerfen auf die Stadt, aber die breite Brust eines Zimmermanns verdeckte ihm die Aussicht auf den heiteren Platz mit seinen Terrassen und den graziösen Balkongittern.

Er stand steif, mit abwesendem Gesicht, auf dem Bahnsteig und blickte gleichgültig über die Wartenden hinweg. Ein Mädchen in flauschigem blauem Kostüm schlenderte an ihm vorbei, dessen Rock fast eine Handbreit über dem Knie abschloß, und er sah ihr ins Gesicht, er dachte aber an Recha, und: Verflucht, du kannst doch nicht dein Leben lang alle Mädchen mit Recha vergleichen.

Der Zug nach D. lief ein. Aber es ist ja zu früh, dachte Curt erschrocken, der Zug kommt ja viel zu früh. Ich dachte, ich hätte noch ein paar Minuten Zeit. Vielleicht – nein, nach den paar Minuten wäre es auch nicht anders ... Die anderen waren schon eingestiegen, und die Leute, die mit dem Zug angekommen waren, hatte der Tunnel verschluckt, und Curt stand noch immer neben seinem Koffer, von einer zitternden Spannung erfüllt, sein Blick hetzte über den Bahnsteig, und plötzlich wußte er, daß er wünschte, irgend jemand käme die Treppe herausgestürzt und riefe ihn – einer, den Napoleon ihm hinterhergeschickt hatte, vielleicht Heinz, vielleicht Nikolaus, dessen Freundschaft er versäumt hatte ... Es kam aber niemand, der Bahnsteig war jetzt fast leer, und die Lautsprecherstimme drängte: »... und die Türen schließen!«

Curt wurde es kalt vor Enttäuschung. Eine unsinnige Idee, Napoleon könnte jemanden auf seine Fährte gesetzt haben (er hat mich *Parasit* geschimpft ... wer läuft denn einem Parasiten nach, Dummkopf?), und die zwei Minuten wilder Hoffnung mußten ausgestrichen werden. Er stieß seinen Koffer in die nächste offenstehende Tür und sprang auf, und als die Tür hinter ihm zufiel, schlug seine Stimmung um: Er triumphierte, er war in Sicherheit; er hatte sich schon eingeredet – wie immer gewandt auf der Grenze zwischen Lüge und Wahrheit balancierend –, er habe niemals ernsthaft damit gerechnet, Napoleon würde ihn durch einen versöhnenden Boten zurückrufen lassen; das Gescheiteste, was er in seiner Lage tun konnte, war, sich leichtherzig und mit seiner geübten Ironie über *diese Leute* und über seine Hoffnung und Angst hinwegzusetzen und so schnell wie möglich die Viertelstunde mit dem plötzlich veränderten, plötzlich fremd gewordenen Hamann zu vergessen. Er ging durch den Wagen, bis er ein Abteil fand, in dem er allein war.

Gegen seinen Willen drehte er den Kopf zum Fenster, als der Bahnhof vorüberglitt, mit winkenden Frauen und dem Gegenzug auf dem zweiten Gleis und mit teerpappegedeckten Schuppen, und dann tauchte hinter entlaubten Bäumen der Wasserturm auf und das wunderliche, ermutigende Nebeneinander von hellen großfenstrigen Wohnblocks und den narbigen Häuschen der Altstadt.

Ich habe immer auf dieses Kaff geschimpft, dachte Curt, und ich habe über die komische Hauptstraße mit ihren engen Läden gelacht. Ein Präriedorf ... Ich glaube wirklich, ich habe mich an mein Präriedorf gewöhnt. Sentimental, mein Freund? Noch was. Du solltest aufatmen, weil du diese ruhmreiche Etappe hinter dir hast ... Aber als ich vorhin durch die Straßen ging, waren schon so viele Erinnerungen da: an der Haltestelle, wo wir zu dritt auf den Schichtbus warteten; im Hauseingang mit dem Glasdach, unter dem wir manchmal standen, wenn es regnete, und meine Eisenbieger ließen ihre Anodenkoffer jaulen, jeder einen anderen Sender. Und – Ach, hör schon auf, darin rumzukramen. Erinnerungen ... nach zwei Monaten, nur zwei von zwölf Monaten.

Er begann sich in seinem Abteil einzurichten; er hatte zwei Stunden Fahrt bis D. Er hängte seinen Mantel auf und holte aus dem Campingbeutel Zigaretten und eine Schachtel Keks und ein Buch über technische Errungenschaften von morgen, das er sich neulich gekauft hatte.

Der Zug holperte über Weichen und wand sich aus dem vielsträngigen Gleisgewebe des Verladebahnhofs, und hier war die Stadt schon zu Ende; verstreute Anwesen noch, Felder, verdorrte Heide, und dann Wald, Kiefern und dazwischen Birken, die Stämme leuchtendweiß wie im Frühling, und die Blätter fielen wie ein braungoldener Regen.

Auf einmal war Curt zumute wie damals im Juni, als er das Abitur hinter sich hatte und nicht mehr zur Schule zu gehen brauchte. Es war wie Ferien und doch ganz anders als Ferien: Er lag bäuchlings im Bett, auf der grünseidenen Steppdecke, es war am frühen Morgen schon drückend heiß, Sonnenlicht fiel streifig durch die Jalousiespalten, und er las oder sah zu, wie die Sonnenstreifen über die Tapete krochen, und dabei wußte er, daß irgend etwas Schönes und Bedeutsames zu Ende gegangen war – nicht für heute und morgen und einen Sommermonat, sondern endgültig und unwiederholbar ...

Er hatte hundertmal geseufzt: Wenn ich bloß endlich aus der Penne raus wäre ... Aber dann war der Tag, an dem er zum letztenmal nach zwölf Jahren die gewichtige Schultür hinter sich zuschlug, nicht leicht und glücklich wie vorher in seinen Phantasien, und an den schwülen Junimorgen, wenn er faul und unruhig durch das Haus streifte oder in seinem Boot auf dem Fluß trieb, dachte er mit Bedauern und Neid an die anderen Schüler, an die »Kleinen«, die in ihren hohen, kühlen Klassenzimmern saßen oder auf dem Schulhof durcheinanderwimmelten, die in der Pause ihre russischen Übersetzungen verglichen oder sich gegenseitig abhörten für die Physikarbeit in der nächsten Stunde.

Aber es stimmt ja gar nicht, es ist ja gar nicht wie nach dem Abi, dachte Curt. Er hauchte gegen die Fensterscheibe und versuchte, den runden, von seinem Atem feucht beschlagenen Fleck blankzureiben, obgleich er wußte, daß man von der Bahnlinie aus die bunte Neustadt und das Kombinat nicht sehen konnte und nicht einmal die schweren graubraunen Rauchwolken, die träge über die große Baustelle zogen ... Immerhin hatte man was zuwege gebracht und glorios das Mündliche hingelegt, und es gab einen ordentlichen Schlußpunkt mit Zeugnis und Händeschütteln und allerlei feierlichem Lärm. Aber heute ... Ach was, denk nicht dran!

Er dachte aber doch daran, auch als er das Buch aufschlug und zu lesen begann oder so tat, als lese er. Er blätterte um und überflog die nächste Seite und blätterte um und wußte nicht, was er gelesen hatte, und er kehrte wieder zur ersten Zeile zurück und betrachtete mit einem Gefühl von Trostlosigkeit und Leere das Feld der schwarzen Buchstaben.

2

Der Zug hielt: eine kleine Station, auf dem Schild der deutsche und der sorbische Name. Ich könnte ja aussteigen. Ich könnte ja noch umkehren, dachte Curt. Er lachte in sich hinein. So verrückt, mein Lieber. Du wirst so verrückt sein und dich fertigmachen lassen, wie …? Warum habe ich Napoleon nicht erklärt, daß ich es nur gut gemeint habe, daß ich Preuß nur die Arbeit abnehmen wollte? Drei Sätze hätten genügt. Hätte, hätte … Ich hätte überhaupt alles ganz anders machen müssen.

Ein Stoß ging durch den Zug, und vorbei die Station, vorbei das Schild mit den beiden Namen und der kurze, unüberdachte Bahnsteig, ein blühendes Beet und die weißen Kieselbuchstaben im Sand: GUTE FAHRT. Vor den Fenstern Wald, der sich plötzlich dunkel und glatt wie eine Mauer gegen eine offene, grasbewachsene Ebene abgrenzte, sumpfiges Land mit trüben Lachen und Tümpeln, umkränzt von winddurchfegtem braunem Schilf; knorrige Weiden bückten sich über das Wasser.

Und dann, fremd und kühn in der schwermütigen Herbstlandschaft, hob sich am Horizont ein Kraftwerk; es war weit weg und deutlich und weiß vor dem wolkigen Himmel, mit Schornsteinen und Kühltürmen. Curt lehnte die Stirn an die schmutzige Fensterscheibe, sein Herz klopfte, er dachte: Es sieht aus wie »Schwarze Pumpe« … Ob sie morgen auf mich warten werden? Napoleon weiß Bescheid, er wird sich Vorwürfe machen, ich gönne es ihm, er hat mich vertrieben … Nein, auf mich wartet niemand. *Und keiner weint mir nach …* Vielleicht ein Achselzucken: Was dachtet ihr denn? Den sind wir los. Na und? Dann wird es wieder wie alle Tage sein.

Er legte das Buch auf die Knie, und zwischen den Zeilen fand er die Gesichter der Leute, vor denen er geflohen war – denn es *war* eine Flucht, die sich nicht nachträglich in einen Protest umlügen ließ oder in dieses »Habe ich das nötig, mich zu verantworten?«

Ich habe es wirklich nicht nötig, mich zu verantworten und Asche auf mein Haupt zu streuen, versicherte sich Curt. Mein Vater – Aber: Hör doch endlich auf, mit deinem mächtigen Vater zu operieren. Neuen Job verschaffen – das glaubst du ja selbst nicht mehr … Er versuchte sich den Augenblick auszumalen, wenn er vor seinem Vater stand; seine prahlerische Zuversicht war schon brüchig geworden. Er holte den Märzabend in sein Gedächtnis zurück, als er bei seiner Mutter auf der Sessellehne gehockt und unbewegt dem Streit seiner Eltern zugehört hatte (»Ich möchte wissen, warum gerade mein Sohn wie ein Kleinbürger reagiert …«), sein Vater hatte dann das Zimmer verlassen, er hatte kapituliert vor dem fremden Jungen und der fremden gepflegten Blondine, die früher einmal seine mutige Gefährtin gewesen war.

Das Bild des müden alten Mannes verblaßte jedoch hinter dem neuen Bild, das Curt gestern gefunden hatte, in dem menschenvollen Hallenschiff, unter den großen getragenen Klängen der Internationale. Er dachte ganz nüchtern: Zwecklos, auf seine Hilfe zu spekulieren. Zum zweitenmal kapituliert er nicht. Er wird mir keinen Unterschlupf in einem anderen Werk verschaffen. Er wird mir nicht mal das Geld geben, das ich ihnen hinschmeißen wollte – und ich bin imstande, ihn dafür zu bewundern ... Und mit einer Zuneigung, wie er sie niemals sonst für seinen Vater empfunden hatte: Er ist in seinem ganzen harten Leben nicht vor Schwierigkeiten ausgerückt. Er verzeiht es mir nicht, daß ich ausgerückt bin.

Er achtete nun nicht mehr auf die Stationen, an denen der Zug hielt, und er blickte auch nicht aus dem Fenster; er saß zurückgelehnt, das aufgeschlagene Buch auf den Knien, und spürte die Schienenstöße im Hinterkopf und hörte den Fahrtwind und das Klirren der Fensterscheiben. Einmal sah er auf die Uhr. Er erschrak, als hätte ihn jemand an der Schulter gepackt. Es war halb vier, und die Schicht ging jetzt zu Ende.

Er wußte mit solcher Sicherheit, was die anderen in diesem Augenblick taten, als stünde er daneben und sähe ihnen zu, wie er ihnen jeden Nachmittag zugesehen hatte. Sie stehen noch ein paar Minuten zusammen und rauchen eine Zigarette – verschwätzte, vertrödelte, bedeutsame Minuten, die manchmal über die Stimmung des ganzen Abends entscheiden –, sie träumen ihren Feierabend vorweg, einen Film, ein Fernsehspiel, den Geburtstag der Frau, und sie erzählen von den Streichen des Fünfjährigen und von den neuen Wohnzimmermöbeln.

Recha streift das rote Kopftuch ab und schüttelt ihr Haar; Hamann geht durch die Halle, mit dem leichten Zehenspitzengang korpulenter Männer, er gibt jedem die Hand, erzählt noch einen Witz, gemächlich und augenzwinkernd, sie lachen; Nikolaus in seinen hohen Gummistiefeln schlappt durch das Tor, neben dem grämlichen groben Lehmann (aber denk auch zurück an die feierlich ergriffene Bewegung, mit der er seine Mütze vom Kopf nahm, als sie im Hallenschiff die Internationale sangen), Preuß läuft herum, eilig und streng, und kontrolliert die Arbeit (er hat ganz lustige Augen, aber in der letzten Zeit, wenn er mit dir sprach, waren sie nicht mehr lustig).

Und ich bin ihnen davongelaufen, dachte Curt. Wenn ich nicht ... Sie hätten mich fertiggemacht, heute abend, auf der Brigadeversammlung. Ich habe Napoleons Gesicht gesehen, ich habe seine Stimme gehört, ich kenne ihre Härte, ihre Unbarmherzigkeit ... Ja, ja, ja, ich habe Angst vor ihnen ... *Trotzdem.*

3

Als der Zug langsamer fuhr und zwei sauber ausgerichtete Zeilen würfelförmiger Häuschen sich am Fenster vorbeidrehten und eine Landstraße und ein Pferdefuhrwerk hinter der geschlossenen Schranke, stand Curt auf und zog seinen Mantel an.

Er steckte das Buch und die Keksschachtel in den Campingbeutel und schnürte ihn zu, und dann hob er seinen Lederkoffer aus dem Gepäcknetz und stellte sich dicht an die Tür, eine Hand auf der Klinke wie einer, der weit gereist ist und die Ankunft nicht erwarten kann.

Er empfand den kurzen Ruck, mit dem der Zug hielt, wie einen freundlich-derben Stoß, der ihn ermutigte auszusteigen. Für die wenigen Sekunden, die er brauchte, um die Tür zu öffnen und auf den Bahnsteig zu springen, war Curt stolz auf sich, und er wünschte, er hätte ein Publikum für seinen Entschluß – oder wenigstens einen einzigen Menschen, der ihn lobte und ihm gut zusprach.

Er wußte nicht, wo er sich befand. Er ging langsam über den kiesbestreuten öden Bahnsteig. Auf dem Schild las er: *Corna Woda*. Schwarzbach. Es war ihm gleichgültig, wie das Dörfchen hieß, er hatte sich die Station nicht ausgesucht, er dachte nur, er müßte so schnell wie möglich weg von hier, ehe es ihm leid tat, daß er ausgestiegen war.

Der Gegenzug fuhr in zwei Stunden; Curt würde zur Brigadeversammlung noch zurechtkommen.

Er setzte sich auf eine Bank am Ende des Bahnsteigs, in die blasse Herbstsonne. Es war kühl und windig, und Curt stellte den Mantelkragen hoch. Er blickte geradeaus, mit kaltem ruhigem Gesicht, auf ein von Weinlaub umranktes Haus, das kümmerliche staubige Weinlaub der kleinen Bahnhöfe, schon versengt vom ersten Frost, und auf die drei oder vier Apfelbäume im Garten, mit feuchten schwärzlichen Ästen, und über die Apfelbäume hinweg auf die Hügel von wildweißen leuchtenden Wolken.

Er holte seine Zigarette aus der Manteltasche und zündete ein Streichholz an, und der Wind blies es aus. Curt starrte auf das angekohlte Hölzchen und auf seine Hände. Er sah verwundert, daß seine Finger zitterten. Er warf das Hölzchen weg und drehte sich langsam seitwärts und legte den Kopf auf die rauhe Banklehne, er dachte: Was soll ich ihnen nur sagen? Und wie soll es dann weitergehen?

Er hatte noch zwei Stunden Zeit, darüber nachzudenken.

Manfred Bieler
Wostok

1

Aus den Ebenen steigt Wostok.
Unter ihm bleiben
die Birken im lila Dunst,
bleiben
die grünen Märkte, die Zwiebeltürme,
bleiben die Hochöfen,
bleiben die Wälder,
die kleinen Straßen mit den wehenden
roten Kopftüchern
im April.

Kosmische Geschwindigkeiten
reißen ihn in schwerelose Schwärze –
bis unter ihm die Kontinente aufgehn,
die blauen Ozeane,
überschaubar.

2

An alle: –
die Söhne der Kolchosen studieren
Astronomie und Kybernetik.
An alle: –
vier Jahrzehnte nach den Schüssen des
Kreuzers Aurora
zwingt der Mensch sich
den zweiten Aufgang der Sonne
in einen Tag.
Telemetrische Systeme funken
an alle: –
den Herzschlag eines Kommunisten.

Mein Flug ist Arbeit.
Dieser Flug ist nichts als Arbeit.
Der Flug verläuft normal.
Ich bin nicht einsam.

Die Heimat hört,
die Heimat weiß:
Ich erfülle meinen Auftrag,
den Auftrag meiner Partei.

3

Der kommandierte Stern
sinkt zur Erde.
Sicher stürzt Wostok
ins Zielgebiet: Union der Sowjets.
Auf seinem Reflektor erscheint
das Bild des veränderten Landes.
Dem Mann im Himmelsoverall
gibt eine Bäuerin
das erste Glas Milch.

4

Wir, die wir auftauchen,
Nachkommen der Armee von Barfüßlern und Proleten,
sehen eine veränderte Welt.

Wir Zeugen der Kriege, Freunde der Mörder,
einsichtig endlich im Wort der Verfolgten,
ändern die sich
mit uns erkennende Welt.

KARL MICKEL
Dresdner Häuser (Weißer Hirsch und Seevorstadt)

I

Seltsamer Hang! Die Häuser stehn, als sei
nie Krieg gewesen, als sei das Mauerwerk
von Regen nur und Winden angegriffen, als
hab nur der Hagel Fenster eingeschlagen.
Die schöngeschnittnen Räume! Ihr Verfall
rührt, scheint es, nur vom ungehemmten
Wachstum wilder Kirschen im Parterre.
Langsam haben, scheint es, die Bewohner
sich eingeschränkt, um endlich nur ein Zimmer

noch einzunehmen mit dem Blick zum Fluß. So
wurde, scheint es, die Ruine langsam
hergestellt für eine blaue, milde, schöne
und müde Landschaft. Die hier wohnten,
hatten zu Füßen die Stadt, gesäumt von
erhabener Natur und großer Industrie.

II
Hier
stehn jetzt Häuser hell auf übergroßen,
nur schwach ergrünten Flächen. Noch kein Baum
ist mehr als mannshoch, da doch vorher hier
Gestein und Fleisch sich zu Gebirgen
zusammenballten, aufgeschichtet wurden, o
in wenig Stunden, einer halben Nacht, hier
stellten sie Ruinen technisch her, hier
war des Todes Fließband, starb man nicht
in müde Landschaft ganz allmählich ein, hier,
wo jetzt Häuser hell auf leicht ergrünten,
übergroßen Flächen stehn, wo man den Umzug
in die neue Wohnung schon beginnt, wenn
noch die Bagger das Geländ aufwühlen.

ALFRED KANTOROWICZ
Deutsches Tagebuch

Berlin, den 22. Februar 1953

Gestern ist die »Vereinigung der Verfolgten des Naziregimes« aufgelöst worden. Da waren wohl zu viele verdächtige Westemigranten und Spanienkämpfer beteiligt. Zudem war die Vereinigung eine Hausmacht des ihr vorstehenden Spanienkämpfers und KZlers Dahlem. Das alles ist nur folgerichtig, wenn so viele Opfer des Faschismus nun abermals geopfert werden sollen.

Berlin, den 24. Februar 1953

Ein bißchen Spaß muß doch dabei sein: Im »Sonntag« las ich einen Bericht über die Tätigkeit des »Amtes für Kunst«. Da hatte jemand dieser hohen Behörde das Programm für eine Kabarett-Aufführung in Leipzig zur Begutachtung und Zensierung eingereicht. Darunter befand sich ein Gedicht eines gewissen Theobald Tiger. Da man von den entscheidenden Herren des Amtes natürlich nicht die Vorkenntnisse eines Sekundaners auf dem Gebiet der Literatur verlangen darf, so erinnerte sich dort niemand, daß Theobald Tiger eines der fünf Pseudonyme Kurt Tucholskys war. Infolgedessen erhielt der Leiter des Kabaretts das Gedicht zurück mit folgendem Vermerk: »Unkünstlerisch. Muß von einem Schriftsteller noch überarbeitet werden.«

Berlin, Mittwoch, den 4. März 1953

Soeben, zwei Uhr mittags, wird über unser Radio die Meldung von einem schweren, mit Lähmungserscheinungen verbundenen Schlaganfall Stalins durchgegeben. Ein bedrohlich klingendes ärztliches Bulletin unterstreicht den Ernst – oder wohl richtiger noch die Hoffnungslosigkeit des Zustandes. Die Meldung sagt, daß für längere Zeit an die Wiederaufnahme der Amtsgeschäfte nicht zu denken sei, und ruft die Völker der UdSSR auf, sich noch fester um Partei und Regierung zu scharen.

Das ist ein geschichtlicher Einschnitt. Die Konsequenzen sind unübersehbar.

Berlin, den 5. März 1953

Stalin liegt im Sterben. Die neue Mitteilung des ZK der KPdSU läßt daran keinen Zweifel mehr. Wie unsicher man hier bei uns ist, zeigt die Aufmachung der weltbewegenden Neuigkeit: eine Notiz nur im Format, das von Zustimmungserklärungen eines Meisterbauern oder verdienten Sportlers zu einer Ulbricht-Rede übertroffen wird. Außer der Wiederholung des Kommuniqués wagt auch das Radio kein weiteres Wort. Die Auguren scheinen wie gelähmt.

Berlin, den 6. März 1953

Gestern zu später Abendstunde starb J. W. Stalin.

Zweifel am Ausgang des Todeskampfes waren schon nach der ersten offiziellen Verlautbarung nicht möglich; wenn anders, hätte man geschwiegen.

Der Rundfunk brachte außer der offiziellen Verlautbarung aus Moskau und dem Text der ersten Beileidskundgebungen bis 6 Uhr abends nur ernste Musik. Dann begann sich auch dort unser Alltag wieder durchzusetzen. Meisterbauern und Bauarbeiter taten grimmig ihre Entschlüsse kund, nun erst recht alle Pläne überzuerfüllen. Nein, länger als acht Stunden darf bei uns nicht geschwiegen werden. Schon werden die Dampfwalzen angekurbelt, Tausende von »Massenkundgebungen« allerorten, die niemanden zur Besinnung und Sammlung kommen lassen werden.

Berlin, den 8. März 1953

Alles geht nach dem Schema. Das Klischee für die Trauerfeierlichkeiten steht fest. Ob Dorf, ob Stadt, ob Walzwerk, ob Hörsaal, ob Wurstgeschäft, ob Atelier – es wird sich um zehn Uhr morgens überall das gleiche vollziehen:

Das Ministerium des Innern gibt bekannt:
Im Zeichen der tiefen Trauer des deutschen Volkes um seinen verstorbenen besten Freund, J. W. Stalin, ruhen am Montag, dem 9. März, am Tage der Beisetzung des großen Führers der gesamten fortschrittlichen Menschheit, von 10.00 bis 10.05 alle öffentlichen Verkehrsmittel. Um 10.00 Uhr ertönen für die Dauer einer halben Minute alle Sirenen. In Betrieben und Institutionen finden im Anschluß kurze Trauerfeiern statt. Der Direktor verliest die Mitteilung des Zentralkomitees der Kommunistischen Partei der Sowjetunion, des Ministerrats der UdSSR und des Präsidiums des Obersten Sowjets der UdSSR. Der Sekretär der Parteiorganisation der SED verliest das Telegramm des Zentralkomitees der Sozialistischen Einheitspartei Deutschlands an das Zentralkomitee der Kommunistischen Partei der Sowjetunion.
     Stoph
     Minister des Inneren.

Berlin, den 9. März 1953

Und so geschah es. Es wurde marschiert, marschiert, marschiert vom Morgen bis in die Nacht. Um von der Universität zur Stalinallee zu kommen, marschierten, trotteten, zuckelten und ruckelten wir fünf Stunden lang um und durch Trümmer und Ruinenstraßen. Auch die Ergebensten, die Gutwilligsten hatten am Ende kein anderes Gefühl mehr, als nur so rasch wie möglich wieder nach Hause, ins Warme, auf einen Sitzplatz zu kommen.

Berlin, den 10. März 1953

Pieck, der nicht nach Moskau gefahren ist, war auch beim feierlichen Staatsakt in der Oper gestern abend nicht anwesend. Die Zeitungen erwähnen seinen Namen gar nicht. Dies Verschweigen beunruhigt mich. Er war ein ausgleichendes, stabilisierendes Element: für mich ein letztes, winziges, fast schon traumfernes Stückchen politischer Heimat; einer von den Alten, dem man hie und da, in Berlin vor 1933, in Paris und wieder bei der Heimkunft 1946 begegnet war.

Berlin, den 12. März 1953

Die Jahrestage mehren sich. Heute sind zwanzig Jahre vergangen, seit ich nach Wochen der Illegalität Hitlerdeutschland entfloh. Die Erinnerungsmale bemessen sich nach Dekaden. Ein Handköfferchen war alles, was ich mit mir nahm. Doch war ich jung, gläubig und hoffnungsvoll – auf längere Sicht.

Berlin, den 24. März 1953

Vor einer Woche ist der »Generalkriegsvertrag«, wie er hier genannt wird, mit ausreichender Mehrheit vom Bonner Parlament gutgeheißen worden. Adenauer hat kundgetan, daß nun wohl den noch widerstrebenden Regierungen anderer westlicher Staaten nichts übrigbleiben werde, als dem Beispiel zu folgen. Deutschland wieder in der Welt voran.

Dazu gehört folgende Meldung: »Der Stadtrat von Osthofen in Rheinhessen hat beschlossen, die Karl-Liebknecht-Straße in Moltkestraße, die Thomas-Mann-Straße in Bismarckstraße umzubenennen. Der Rat der Stadt Peine hat angeordnet, die Carl-von-Ossietzky-Straße wieder in Sedanstraße umzutaufen.« Die Herren haben vergessen, daß die Sedans unseres Jahrhunderts Stalingrad heißen.

Doch von solchen Erinnerungen abgesehen: nur acht Jahre, nachdem sie erfahren haben, in welche Abgründe sie durch Machtpolitik und Militarismus geführt worden sind, vergeuden sie das edelste Kapital, den moralischen Kredit, den Deutschland eben durch deutsche Männer wie Thomas Mann und Carl von Ossietzky in der Welt noch besaß. Die beiden deutschen Nobelpreisträger, um deretwillen man die Völker der Welt mahnen durfte: verwechselt die Deutschen nicht mit den Nazis – der Märtyrer des Friedens,

Ossietzky, und der geistige Repräsentant des anderen, des besseren Deutschland, Thomas Mann, sollen vergessen gemacht werden. Dafür wird als denkwürdiges Kompliment an die Franzosen wieder die Erinnerung an ihre Demütigung durch den deutschen Militarismus bei Sedan wachgerufen. Was Bismarck betrifft, der seine Straßen und Plätze wohl verdient – es müßte nur nicht gerade auf Kosten der größten deutschen Schriftsteller unseres Jahrhunderts geschehen –, so ließ ich mir die Erinnerung an den Staatsmann, der Maß zu halten wußte, der vorurteilsfrei in seinen Entschlüssen war und vor der Überspannung der Kräfte warnte, wohl gefallen; die westdeutschen Herren aber, die mit seinem Namen die Erinnerung an Thomas Mann auslöschen wollen, sehen ihn nur, wie der deutsche Spießer ihn zu sehen gelehrt worden ist, als das, was er nicht war: der »Kanzler von Blut und Eisen«. Wohl bekomm's, ihr Herren. Mischief, thou are afoot. Schon wieder, schon wieder. Ich hätte es so bald nicht für möglich gehalten.

(...)

Berlin, den 23. September 1953
(Herbstanfang)

Von der Germanistentagung in Münster zurück. Es war mein erster Besuch in Westdeutschland seit zwei Jahren. Damals tagten die westdeutschen Hochschulgermanisten in Heidelberg. Der Unterschied ist augenfällig. Die (von uns krampfhaft geleugnete) Prosperität, »Wirtschaftswunder« genannt, beginnt, sobald man die Zonengrenze zwischen Marienborn und Helmstedt überfahren hat: der schuckelnde und ruckelnde Zug fährt auf einmal überraschend sanft und geräuschlos; er fährt auf neuen Schienen in festen Geleisen. Auf dem westdeutschen Grenzbahnhof in Helmstedt wird für die »hungernden Brüder aus dem Osten« guter Kakao ausgegeben von netten, frischen, bescheidenen Jungen und Mädchen – ohne marktschreierische Propaganda; kein Transparent, kein Aufruf, kein Anerbieten, dessen Absicht man verstimmt bemerkte. Paß- und Zollkontrolle im Zug, reibungslos, ohne Aufhebens, rasch und genau einen Stempel in den Interzonenpaß, man merkt es kaum. (Welch beschämender Kontrast zu den widersinnigen bürokratischen Umständen auf unserer Seite in Marienborn!) Man fährt durch wohlbestelltes Land, Dörfer, Städte, die fast neu scheinen. Münster, eine der besonders schwer zerbombten Städte, liegt hell und sauber im Lichterglanz und zeigt seine Fülle; ein elegantes Geschäft neben dem anderen, verlockende, attraktiv dargebotene Textilien, Schuhe, elektrische Geräte, neue Autos; solide Neubauten, fast restlose Enttrümmerung – in der nur die schwer zu restaurierenden Ruinen des Doms wie ein Mahnmal vom Wahnwitz der jüngsten Vergangenheit zeugen. Ich frage mich, ob dies Sinnbild in der selbstzufriedenen, geruhsamen Alltagsatmosphäre, die ich in Münster fand, noch beachtet und verstanden wird. Man lebt der Gegenwart, die wieder bequem geworden ist. Denkt man zurück, dann gewiß nicht an die eigene Verschuldung, sondern an die damals noch größere Macht; denkt man voraus, so gaukelt sich der wieder satte Kleinbürger (ein Großteil der Arbeiterschaft einbezogen) noch mehr Glanz, noch mehr Fülle und Weltgeltung vor. In dieser Neuauflage des Lustrums zwischen 1924 und 1929 erkennt niemand, der sein gutes Auskommen hat, die Unbeständigkeit. Die Saturierten haben weder Erinnerung noch Vision.

Gerade zur Zeit der Tagung, an einem Sonnabend, kam Theodor Heuss nach Münster zu Besuch. Das Ereignis war für uns bestechend. Keine Demonstration, keine Absperrung, die Menschen wogten zwanglos auf den überfüllten Straßen hin und her, nicht ein einziger Polizist war zu sehen, keine Lautsprecherreden dröhnten, irgendwo zwischen der Menge stand der freundliche alte Mann, ein Kinderchor sang, die Bevölkerung schien froh und zufrieden, nicht agitiert, nicht (merklich) gelenkt, nicht zu Treffpunkten für Marschsäulen kommandiert; man flanierte an dem schönen Septemberabend, wie um nur noch ein wenig Luft zu schöpfen und dabei ein behaglich ziviles Schauspiel zu genießen, dem die Anwesenheit des Bundespräsidenten ein heiteres Relief gab.

Auf dem Rückweg mußte ich daran denken, mit Schamgefühl. Schon vor dem Grenzübergang herrschte im Interzonenzug zähneknirschende Panik aller Mitreisenden in Erwartung der beschwerlichen, schikanösen Prozedur, der uns die hier maßgebliche »Demokratie« unterwirft. Am Zonenbahnhof in Marienborn gellten über die Lautsprecher Anweisungen an die Reisenden, mit allem Gepäck den Zug zu verlassen und sich auf dem trostlosen, schmuddeligen Bahnhof innerhalb eines Geheges von rohen Holzlatten aufzureihen wie eine Hammelherde. Im überfüllten Zug stoßen und drängen sich an die 1500 erbitterter Menschen – Mütter mit Säuglingen und Greise über 70 Jahre ausgenommen –, um möglichst rasch und möglichst weit vorn antreten zu dürfen. Ein tragikomischer Wettlauf der unter der Last ihres Gepäcks keuchenden Reisenden beginnt. Dann wird Halt geboten. Die Massen stauen sich innerhalb des Geheges. Die Spitze steht vor einer breiten, steilen Steintreppe von etwa 30 Stufen, die zum Eingang in die hochgelegenen Holzbaracken führt, durch die wir hindurchgeschleust werden sollen, um nach Prüfung unserer Reisepapiere und Personalausweise, der Aufenthaltsgenehmigungen, Sichtvermerke usw. die Einreisestempel zu erhalten, das Westgeld abzugeben, das Gepäck revisionsbereit vorzuweisen. Diese Treppe also gilt es mit allem Gepäck hurtig im Gedränge zu erklimmen. Von oben über dem Eingang in die bürokratische Folterhöhle grüßt die Ankömmlinge ein Transparent mit den sinnigen Worten: »Herzlich willkommen in der Deutschen Demokratischen Republik!«

(...)

Bansin, Ende August 1956

Vor etwa einer Woche ist vom Bundesgerichtshof in Karlsruhe die KPD verboten worden. Das ist für Ulbricht und die Seinen gegenwärtig ein Geschenk des Himmels. Nichts konnte sie in dieser Situation mehr stärken als der Gewaltakt, der widersinnige Gewaltakt gegen die de facto als legale Kraft nahezu inexistente, gerade durch die Ereignisse der vergangenen Monate vermutlich vollkommen zerspellte kleine Partei, die bei den letzten Wahlen kaum noch 2% hat mustern können und bei den nächsten Wahlen bis nahe an den Nullpunkt abgesunken wäre. Jetzt hat man dies verlorene Häuflein zu Märtyrern gemacht. Man hat die wenigen, die sich aus Opposition gegen die Restauration drüben und in Unkenntnis der wirklichen Lage hier noch zu ihrer alten, einstmals so ehrenhaften Kampfpartei bekannten, damit weit eher gestärkt als geschwächt. Von politischer Vernunft, von Zweckmäßigkeit ist bei alledem nicht die Rede. Es ist jener »Haß« im Spiel, zu dem hierzulande Ulbricht tagtäglich aufruft und der auch das alles beherrschende Lebensgefühl seiner Entsprechungen (mit anderen Vorzeichen – mit anderen Vorzeichen?) dort drüben ist.

Selbst im Amerika McCarthys ist die KP niemals offiziell verboten worden. Sie besteht einflußlos und neuerdings fast auseinanderfallend sowohl in den USA wie in England, in Frankreich, in Italien, in Belgien, in Holland, in den skandinavischen Ländern, in Indien, in der ganzen westlichen Welt mit Ausnahme der faschistischen Diktaturen legal weiter. Diese kommunistischen Parteien werden durch das Verbot gestärkt werden. Es ist Wasser auf ihre vertrocknenden Mühlen. Unsere Gewalthaber werden aufatmen.

Sie dürften sich bedanken. Es festigt ihre bereits erschütterte Herrschaft. Sie werden sich erkenntlich zeigen durch äquivalente Gewalttaten, die wiederum die Macht der Scharfmacher, der Hetzer, der Gewalttäter da drüben stärken. Im entscheidenden Zeitpunkt werfen sie einander die Bälle zu.

Wieder kommt mir das in den Tagebüchern schon mehrfach erwähnte Gleichnis in den Sinn von den zwei Anwälten, die sich vor Gericht im scheinbaren Interesse ihrer Mandanten so wütig bekämpfen, aber in der Mittagspause freundschaftlich Arm in Arm den Gerichtssaal verlassen, um sich bei einem guten Essen für die nächste Runde zu stärken, denn sie sind gemäß der zynischen Erklärung eines wissenden Beobachters wie die zwei Klingen einer Schere, die wütig aufeinander zufahren – aber nur was dazwischen ist, wird geschnitten. Dazwischen ist auch in diesem Falle das Menschenrecht, die Menschenwürde, der Humanismus.

Bansin, Anfang September 1956

Ja, das Verbot der KPD hat Ulbrichts Stellung neu gefestigt. Nun hat er es nur noch mit dem »inneren Feind« zu tun.

Im Innern sind es natürlich die »Intellektuellen«, die er fürchtet. »Nur in einzelnen Parteiorganisationen der Hochschulen, Universitäten, Theater, Museen, unter einem Teil der Mitarbeiter der Presse dominierte die Frage des Personenkults über die anderen wichtigeren Beschlüsse des XX. Parteitages und der 3. Parteikonferenz der SED.« Also ließ er sich in seinem Referat auf dem 28. Plenum drohend vernehmen. Wer noch einmal darauf zurückkommen wollte, sein Gewissen zu erforschen, Fragen an sich selber zu stellen, aber auch an die, die mit mörderischer Gewalt ihre Untertanen gezwungen haben, einem blutrünstigen Maniak wie einem Halbgott zu huldigen, aus dem läßt er – berlinisch gesprochen – Hackepeter machen. Und wer erfrechte sich solcher Fragen, wenn nicht die Professoren, Dozenten, Künstler, Studenten, Journalisten, Schriftsteller, kurzum: die Intellektuellen. »Hinweg mit diesem Wort, dem bösen / und seinem jüdisch grellen Schein! / Nie kann ein Mensch von deutschem Wesen / ein Intellektueller sein!« Auch darin, gerade darin, vor allem darin ist der sächsische Pachulke der getreueste Adept des böhmischen Rabauken.

Daß in einer guten Stunde die »Berliner Zeitung« meine Abrechnung mit diesen Schlagetots tatsächlich veröffentlicht hat, stärkt mich für alles Kommende – für das Äußerste, das nun zu erwarten ist.

Uwe Johnson
Das dritte Buch über Achim

Was hatte Achim eigentlich gegen Westdeutschland?

Beschreibbar ist der Vorfall, der vor gewissen Zeiten mit nicht mehr als sieben Zeilen in den westdeutschen oder nicht weniger als siebzig Zeilen in den ostdeutschen Tageszeitungen benutzt wurde für die gleiche Niedertracht von beschimpfender oder verheldender Verleumdung, bevor Achim überhaupt für sich wahrhaben konnte was ihn in der beschriebenen Zeiteinheit anstieß und wegdrückte: zum Ärgernis der Nation? zum Vorbild der Nation? In Ostdeutschland dann wiederholten Zeitungen und Zeitschriften und Rundfunkkommentare und Schriftsteller mit dem Mittel der symptomatischen Erzählung was Achim getan hatte, für einen dokumentarischen Film wurde eine ähnlich umgebende Szene errichtet auf dem Boden des ostdeutschen Staates, aus einheimischen Kehlen erklang die westdeutsche Hymne, Achim verließ den heimatlich gegossenen Betonsockel und strebte im Blick der Kamera so unbeirrt dem umdrängten Kabinenschacht entgegen wie damals unter einem kaum noch erinnerlichen Himmel, mehrmals von neuem mußte er den Sockel erklettern mit seinen Freunden, den Kopf, die Lippen bitte schmaler, herumreißen zu ärgerlichem Getön, die auf den tieferen Sockeln mit der Hand und blickweise anstoßen, bis der Regisseur des Films die Nachahmung lieber endlich glauben wollte. Was seitdem als Achims Größte Tat für die Sache Ostdeutschlands an seinem Namen hing wie eine andere Bezeichnung seiner beruflichen Aufgabe: war sein siegesbewußtes Auftreten auf einem internationalen Sportfest in Österreich zur panischen Überraschung der Veranstalter, die von Ostdeutschland geglaubt hatten daß da die Russen seien und herrschen wie die großen Fürsten, daß es da nicht genug zu essen gebe, daß da allnächtlich viele Leute verhaftet werden wie unterm Hitler, daß es aber auch zu geringe Bodenfläche habe für noch einen selbständigen Staat in Deutschland; und daraus kleinstädtisch fortgesetzte Meinungen anboten, gegen die Achim schon vor dem Start schwitzend und kaum noch geduldig angehen sollte mit der Wahrheit wie sie ihm anders bekannt war. – Sehen wir unterernährt aus? sagte er. – Ja, ihr: wollten die Fragesteller ihm hingehen lassen. – Bin ich nicht auf freiem Fuß: fragte Achim sie. – Ja, hier: schränkten sie ein. – Unsere Rennmaschinen haben wir in Sachsen gebaut ohne fremde Hilfe! sagte er, bekam zur Antwort:

Ja, die –; und konnte das ohnehin linkshändige Interesse der Gastgeber also nicht festbinden an seinen allerdings beidhändig hervorgestoßenen Behauptungen, deren Beweise er schon sämtlich hätte mit sich führen müssen. Vom neugierig umstehenden Mißverständnis und vom schwülen Wetter gelangweilt fuhr Achim den Wettbewerb im Vorgefühl der Heimreise sehr gedankenlos, erkannte hinter träumerischen Schleiern zwei Angehörige seiner Mannschaft und riß sie unnachsichtig mit gegen die Wellen weichen staubigen Windes, bis der mit einem Mal ungeheuer schärfer brannte und fraß und stillstand: da verdutzt hatten sie die ersten drei Plätze und Zeit sich umzuziehen, bis die Ehrung der Sieger nicht mehr von den Einfahrten der weit verbliebenen Nachzügler verstimmt würde. Dennoch demütigte der Anblick ihres Wartens an den Ehrensockeln noch viele, die ihre Lungen zerrissen glaubten vom krummen Hampeln über der bleigewordenen Maschine und nun doch das Rennen beendeten zu der bitteren Zeit, da die Überlegenen bereits gewaschen in trockenen Trainingsanzügen die Aufmerksamkeit des Publikums entwenden. Aus den dickbauchig geschwungenen Sitzreihen des ovalen Gebäus von nahem und von weitem sahen die Zuschauer, aus den überhöhten Glaskabinen überprüften die Rundfunksprecher und übersetzten im Moment des Blicks in die vereinbarten Worte: Daß aus den Lautsprechern dumpf die Ergebnisse der Einzelwertung hallen. Daß die drei tapferen Kämpfer das Podium erklettern, immerhin sind sie alle aus dem Deutschland: sagt die weithin tönende Stimme. Der Inhaber des ersten Platzes, ein magerer sehniger Mann, bückt sich ungeachtet seiner Erschöpfung, hält seinem Kameraden die Hand entgegen, zieht ihn, lachend, auf den Sockel neben sich. Daß dies ein Bild der Kameradschaft darstelle, alle geben sich die Hände, der Große streicht über sein, flachsblondes, Haar; daß aus dem übermenschlichen Rund des Stadions sie Beifall begrüße und würdige vor allen anwesenden Nationen. Während der Leiter der Veranstaltung ihnen die herangereichten Lorbeerkränze um die Hälse hängt, lächelnd beugen sie sich nieder, schon werden die Räder der Sieger herangeführt zur Ehrenrunde. Daß die Nationalhymne Deutschlands erklingt und die vieltausendköpfige Zuschauermenge die Helden mit Schweigen ehre. (Nunmehr alle aus dem Zentrum des Ehrenblocks elektrisch verbunden und angereizt und angetrieben wie angesichts des vorhin beendeten Fußballspiels:) Daß der Große den Kopf wendet, wohin wendet der denn den Kopf. Zum zunächst aufgehängten Lautverstärker. Aus dem, wie erwähnt, die ersten Takte der westdeutschen Hymne dringen, und, sieh an, eckiger als die funeber dahintreibende Melodie hebt der zuoberst Stehende gewinkelte Arme an den Kranz, drückt ihn über den Kopf, berührt mit dem herabgerissenen Gebinde die neben ihm stehenden Genossen, die die Geste dem Takt synchron wiederholen. Daß die sehr kleinen Gestalten an einer Hand flankend oder in schlichtem Absprung die Sockel der Ehrung verlassen, daß von drei Armen hochgeschleuderte Blattringe, deren Schuppen matt die übrigens nachmittägliche Sonne spiegelten, auf den leeren Betonquadern verblieben: einsam oberhalb des zackig quirlenden Balletts, das die aufgestörten Figuren am Podium neben vor hinter den wegschreitenden Gewinnern betrieben quer über die Aschenbahn bis zu den Kabinen, so daß keuchend einkommende Rennfahrer unverständlich wie vom Schicksal sich gehindert sahen am Überfahren der Linie Ziel, die nämlich weiter oben mit weißer Farbe zweifach über die feingemahlene Schlacke gezogen auf sie wartete.

Während weiterhin aus einem stillen fensterlosen Kubus im Innern des schräggeschütteten Walles das vorbereitete elektromagnetische Band laufend das akustische Symbol der zu ehrenden Nation schickte für die verlassenen Kränze (einen dicken, zwei sparsamer gewickelte) und das säuberliche Muster des geometrisch angebrachten Publikums zu kräuseln begann unter dem Blick des Betrachters, traten den fast überwältigten Leitern des Festes in den Räumen der ostdeutschen Mannschaft nur noch deren Funktionäre entgegen, nachdem sie sich von allerdings offenen Koffern aufgerichtet hatten. Die Gastgeber, die seit Monaten Gelder des Staates, ihre freie Zeit, die zartesten Rücksichten aufwandten für einen ungetrübten Durchlauf der Veranstaltung, waren untröstlich daß sie so hervorragende Sportler sollten beleidigt haben, da sie erst später von den Pförtnern erfuhren mit welch spitzbübischem Fingergruß gegen die Schläfe die vier (empörten) Fahrer in diesem Augenblick durch die verdrahteten Einlaßgänge aus dem Stadion getreten waren. Die verstörten Herren nahmen bieder wenn auch beherrscht zur Kenntnis daß die beiden deutschen Staaten eine gemeinsame Hymne nicht besitzen geschweige denn mit einer auskommen könnten. Sie knickten schweigend ein. Da sie aber die andere deutsche Musik weder kannten noch vorrätig hatten, wußten sie kaum wie sich entschuldigen vor dem ostdeutschen Staat, dessen Würde ihnen den Händedruck nunmehr verweigern mußte; für sich allein und verblüfft versuchten sie ein Gespräch, in dem sich alles besänftigen würde, und besänftigten nicht mit ihren herzlichen, betroffenen

Erkundigungen: Wie geht denn die, Ihre eigentliche Hymne? Sie verfügen, in der Tat, über eine eigentümliche Hymne?
 – Meinten es auch noch höflich: sagte Achim im Ton des Reisenden, der in fremden Ländern wenig Kenntnis von der Welt bemerken mußte: ganz anders als zu Hause.
 – Wart ihr nun verabredet? fragte sein Biograph.
 – Was? sagte Achim.
 – Daß ihr die Ehrung geschmissen habt! ergänzte der andere.
 – Die Frage versteh ich gar nicht! sagte Achim.
Ja, war es vielleicht die Melodie, die nicht nach seinem Geschmack zunächst einem Streichquartett des österreichischen Komponisten Joseph Haydn (1732 bis 1809) entwendet worden war um eine Anrufung Gottes zu Gunsten der habsburgischen Dynastie zu unterbauen, dann nach der Flucht des deutschen Kaisertums mit anderen Worten und Reimen zur nationalen Hymne der Weimarer deutschen Republik erklärt, danach aber übernommen wurde von einem Staat, der die Aufforderungen der ersten Strophe zumindest sinngemäß auszuführen dachte mit Deutschland Deutschland über alles von der Etsch bis an den Belt, da sind wir mit zu Bruch gegangen; so daß der später ausgerufene westdeutsche Staat, vorläufig wie er sein sollte, vorläufig die Melodie behielt wenn auch mit den bescheideneren Vorsätzen der dritten Strophe: Einigkeit und Recht und Freiheit immer nach der selben Melodie, die Achim vielleicht mißfiel, musikalisch, ästhetisch, von früher her? Der Meister der Radfahrer wiegte die Frage im Kopf, schüttelte ihn: die Melodie allein sei ihm nicht zuwider. Auf das Streichquartett war er neugierig. Demnach mußte ihm etwas mißfallen haben an dem Land, das unter dieser Hymne lebte.
 Ja was mochte denn da nicht nach seiner Nase sein und was hingegen stieg ihm lieblicher hinein? Was wählte er aus, indem er vergleichen durfte; was machte ihn fromm gegen einen Staat, der ... – Das wollen wir doch mal nicht vergessen! sagte Achim.
 Der doch angefangen hatte mit der Wiedereröffnung des Marktes in Freiheit? da zeigte sich daß das Kapital gut über den Krieg gekommen war und solche Dinge kaufen konnte wie die Arbeitskraft. Da kam auch welches von überm Meer, und gemeinsam schickten sie die Kraft der Geschädigten auf Arbeit, produzierten, verkauften, legten an und zurück unter den Augen der Sieger, die wollten erst einmal sehen auf die Ordnung, die schützte den Besitz und die Freiheit ihn zu verwenden gegen den Unbesitz. Was paßte ihm da nicht?

– Und so ist es doch gar nicht! sagte Karsch.
– Lassen Sie mich mal meine Meinung sagen! forderte Achim, der schon nicht mehr zuhörte:
Und baute der unnachsichtige Wettbewerb der Ansprüche die Gruben des Krieges in wenigen Jahren aus mit Wohnhäusern, denn Fabriken lagen weniger zerstört, mit Straßen, Ministerien, Kasernen, und erzog die abgefundenen Bürger zur Sehnsucht nach immer mehr und besserer Nahrung nach immer mehr und besseren Geräten für den Bedarf des reichlicheren Lebens: was kann einen stören an der wechselweisen Benutzung der Menschen zu unterschiedlichem aber gegenseitigem Vorteil? Sah er denn schon die lebenswerten Früchte der ausbeuterischen Konkurrenz dahinschwinden unter der Zukunft und Wissenschaft der Arbeiterparteien? Oder mochte er nicht leben im abermals reichsten Lande Europas, da es gegründet war auf die wechselhafte Gesundheit des Kapitals; und sah er nicht gern die Alleinherrschaften heranwachsen im Handel wie in der Produktion unanfechtbarer, da die hatten zerschlagen werden sollen nach der Kapitulation und ihm waren wie das Feuer, dem er nicht noch einmal trauen wollte wie ein Kind? Befremdlich sagt er: Das auch; was denn nun noch? Es müssen politische Gründe sein! Also hatten die Armeen des siegreichen Auslands die Erlaubnis gegeben zum Staat, da konnten die Parteien sich einmal nicht kümmern um die Zone sowjetischer Besetzung, da machten sie aus den alten Abmachungen Recht und Gesetz und Verfassung, damit es werde wie früher aber nie wieder Krieg. Ist es nicht recht so? Und mochte er nun nicht den Kanzler der namentlich christlichen Partei regieren, der mit den Machthabern von Industrie und Gewerkschaft und Standesgruppen feilschte und tauschte hinter dem Rücken des Parlaments?
– Das können Sie doch gar nicht wissen! sagte Karsch.
– Doch! widersprach Achim. – Lesen Sie mal die Zeitung, und ich hab sie Jahre lang gelesen, wie kann ich da gut reden von einem, der der das Land mit Militärverträgen festband an den früheren Siegern und die Verfassung doch ändern ließ zur Wehrpflicht des Bürgers gegen die Armee des ostdeutschen Sachwalters? der sich beraten und verwaltet wünschte von einer Person, die schon dem Hitler die noch nicht ganz befriedigende Lösung von sechs Millionen Menschen gerechtfertigt hatte? der Richter Recht sprechen ließ, die Unrecht gesprochen hatten und Tod für die Gegner des Hitler, und denen den Lebensabend dicker versorgte als ihren Opfern? der seine Armee versah mit Generalen Offizieren Admiralen,

die die Hand gehoben hatten vor einem Hitler und ihm dienten länger als er lebte? der seine Minister sonntags hetzen ließ um den Ural und die ehemals deutschen Gebiete im Osten?

– Was ist denn das für eine Zeitung? fragte Karsch.

– Das ist ja klar: sagte Achim: Daß eure nicht schreiben wie der der die Bestechlichkeit seiner Beamten tröstete? der zum Gesicht des Staates vor der Welt einen Irgend bestellte, der nämlich den Bertolt Brecht verglichen hat mit einem Zuhälter und Schläger? der die Meinung der Wähler fälschte mit Renten und Raten vor dem Tag der Wahl? Über den sich ärgern tat er ungerecht: denn der war wieder und wieder gewählt in ungehindert geheimen Kabinen, und abermals lief die namentlich sozialdemokratische Partei ihm nach in die atomare Armee, und die Abgeordneten der westdeutschen Länderunion hatten Übles nicht an dem gefunden in all den Jahren; über so viele wollte er nicht froh sein und die Bürger zudem verachten, weil es ihnen gefiel und sie es bezahlten? Hätt er nicht doch erst versuchen sollen zu leben mit ihnen in Freiheit: mit seiner Arbeit die Dinge des Wohlstands zu kaufen oder nicht, den Kanzler zu loben oder nicht, den Wehrdienst zu leisten oder nicht, der Justiz zu trauen oder nicht, dem Nächsten zu schaden oder nicht so sehr, gegen den Kommunismus zu handeln oder nicht, die Wahrheit zu verleumden oder nicht, und alles ohne Gefahr der strafweisen Einsperrung für mehr als drei Wochen? der Tüchtige schafft es. Gefiel ihm da zu wenig, als daß gleich alles ihm hätte lieb sein dürfen?

Achim zeigte sich betroffen. Öfters verständig nickend räumte er dem Fragesteller einen Platz frei im besprochenen Gelände, an dem der unbehelligt leben mochte in seinem treuherzigen Vertrauen auf die Verabredungen der bürgerlichen Demokratie: vorgebeugt aus starrem Nacken kippte er unbewegtes festlippiges Gesicht dem anderen entgegen, damit der bisherige Nörgelei verrechne mit dem befristeten Anschein von Duldsamkeit, ebenso hätte er mit halber Stimme beiseite sprechen können: Du – wohl; Karsch verstand ihn so friedfertig. Unverzüglich jedoch führte Achim die linke Hand in mäßiger Geschwindigkeit entlang den lahmen Konturen jener Gebärde, die allgemein ist für die schon ermüdete Mißbilligung von irgend etwas (wie oft soll ich dir das noch sagen. Du verstehst mich ja doch nicht. Deine Sorgen möchte ich haben!) und insoweit beschreibbar ist: jenseits ihrer Richtung auf was eigentlich.

Ja aber. Ja aber vielleicht hatte ihn auch nur das Gedächtnis seiner ersten Reise in die westdeutsche Länderunion vom Sockel gestoßen? Die erste Fahrt über die Grenze (und da war gar nicht Grenze zu sehen, und trat kein Unterschied in das Sonderabteil, in dem sie saßen zu sechst und in den stockfleckigen Wiesen den Anfang des Fremden Landes suchten, denn sie hatten die ostdeutschen Kontrollpolizisten von der Lokomotive springen sehen und zurückbleiben immer entfernter in der graufarbig fließenden Märzgegend, so daß sie nun außerhalb waren und ganz allein mit dem dumpfen Hohlraum aus zitternden Nerven oberhalb des Magens. Sie sahen die hölzernen Postenstände auf den langen verwitterten Stelzen, aber sie kannten die toten Scheinwerferaugen und den Umriß einer Uniformgestalt durchstrichen vom queren Gewehr schon längst von Armeegebäuden und Gefangenenlagern: es war noch nicht anders. Sie sahen die losen Verhaue aus stachelbesetzten Drähten vom Einschnitt des Bahndamms aufwärts gezogen zum dunstigen Hügelrand vor dem Himmel: es war noch nicht neu. Sie sahen Hofplätze durchrissen von eingesunkenen Pflugstreifen und verlassene Häuser und Feldwege verregnet mit Leere: es war noch nicht die Fremde. Sehr mühsam und geradezu willentlich mußten sie aus der Oberfläche der Landschaft und den westdeutschen Kontrollbeamten und einem Reklameschild für etwas Unbekanntes und aus rußigen Damm-Mauern und dem Überfahren einer breit durchdrängten Straße aus Marmor und Glas und Licht und aus den veränderten Bewegungen der Fahrt die angesagte Fremde zusammendenken, ehe sie die war, die sagen würde daß sie frei ist wir unfrei: sagt ihnen sie sind nicht frei aber wir. Sie werden sich demokratisch nennen uns eine Diktatur: sagt ihnen wir haben mehr Demokratie als sie denken können. Sie werden ihren Staat ausgeben für allein rechtmäßig und unsern für nicht rechtmäßig: sagt ihnen daß wir das Recht der Arbeiterklasse haben und sie nur die Nachfolge des zerschlagenen Deutschland; sie werden sagen daß sie rüsten weil wir rüsten: sagt ihnen daß wir rüsten weil sie rüsten; sie werden sagen daß wir sie mit Sabotage Spionage überziehen: sagt ihnen daß sie uns mit Sabotage Spionage überziehen; sie werden sagen daß der Tod nur steht für ihren Staat: sagt ihnen es nützt nur zu sterben für unseren freien demokratischen rechtmäßigen Staat, in dem zum Beispiel der Sport, das sehen sie doch, das zeigt ihnen einmal!) war grob zu ihm. Allenthalben griff er ins Leere. Kein Wort und keine Gebärde und nicht ein Lächeln klinkten ihn ein in die freundwillige Umgebung des Besuchs, noch die harte Luft des Frühlings ging ihm fremder auf die Haut als das Trikot, das von zu Hause mitgekommen war. Da der kleinstädtische Radfahrverein sie nicht zu Hotelzimmern hatte einladen können, wurden die Teilnehmer des Wettbewerbs in die Familien der Mitglieder verteilt. Achims weltsicheres Sächsisch traf sich selten mit der norddeutschen Mundart seiner Gastgeber; das Gefühl von Ausland erdrückte ihn übermächtig. In der kahlgescheuerten Küche stand ein Abendbrot gedeckt aus teurer Wurst und seltenem Fisch und echter Butter, aus den glitzernden Wisch-Spuren auf dem Wachstuch ragten Flaschen mit Bier. Im Schaukellicht der Zuglampe sah der Tisch zu klein aus unter dem allen. Und Achim hatte gedacht die Armut sei einig in allen Ländern. Aber die eine Armut war mit Lastentragen und Kindergroßziehen über fünfzig Jahre gekommen, da war nicht viel Zärtlichkeit verbraucht und kam fast ergänzt zu auf die andere, die bisher nur das Radfahren wußte. Da sagte die eine: Jung, nu iß doch. Iß dich doch einmal satt in deinem Leben. Da mußte die andere mit fester Stimme erklären daß sie genug bekam von den ostdeutschen Lebensmittelkarten: und hatte doch reden wollen von der Wiedervereinigung. Ihnen geht es ja auch nicht gut. – Du bist so mager: sagte die Frau, die auf der Stuhlkante saß und die Hände an der Tischecke feststützte, damit sie dem Kind nicht ins Gesicht strichen. – Ja aber hier wird ein Krieg vorbereitet: sagte das Kind den alten Leuten eingeschüchtert, und legte das Brot wieder hin. – Ja: Daß du das auch noch mußt! entsetzten sich die Alten, und erzählten eifriger von den Anfängen des Radfahrvereins. Die Frau hatte immer nur zugesehen. Das war zum Lachen. Die Kinder lebten alle nicht mehr. Sie kamen gar nicht auf den Gedanken daß der Junge sein Land sollte verteidigen wollen. – Bei euch werden doch so viele Leute eingesperrt. Nun iß doch tüchtig. Sie waren breit und langsam geworden, mit ihrem Alter machten sie den Jungen bescheiden. Beide vorgestützt auf die Tischkanten wollten ihm zusehen und ein Fest haben von der Bewirtung. Es ist ihnen kaum aufgefallen daß der Besuch den Blick versteckte und scheu antwortete: schnell wie bedrängt. Man hatte ihm die genaue Zahl der Eingesperrten nicht mitgegeben. Die gutherzige Gastfreundschaft schien zwei Leben lang aufgespart für diesen Abend, gerade die spürbare Anstrengung verstörte den Jungen, denn sein Blut hatte sich nicht bewegen sollen. Er aß zu wenig. Er erkannte sich nicht in dem Bild eines unterernährten Jungen aus dem sowjetischen Deutschland, dessen vorlaute Reden man elternhaft begütigen konnte, denn er kennt ja rein nichts von der Welt. Die Gastgeber hatten seine Zärtlichkeit eben überrumpelt, als er sie anschreien wollte. Er hätte gern laut gesprochen und unwiderlegbar: daß etwas geschah. Auf die Straße gelaufen im feuchten Dunst zwischen den Häusern kam er wieder in das lahm am Nachmittag gefahrene Rennen unter die wunderlichen Spruchbänder, die für den Kauf von Gegenständen geworben hatten und nicht für die Gerechtigkeit des Sachwalters nicht einmal für die des Kanzlers. Womit sind sie hier nur zufrieden, daß sie so leben. Dann verlief er sich. Im nebelnden Wasser des Kanals schwammen weich verzerrte Laternenkuppeln, das Geräusch seiner Schritte blieb bei ihm, er wollte nach Hause. Immer neue Vorgärten und Haustüren, unmerkbar viel Formen von Fahrzeug und Rinnstein und tröstliche Fensterkreuze schickten ihn weg. Die Straßen waren nicht rechtwinklig gezogen nach seiner Gewohnheit. Sie hießen nach Leuten, von denen er nicht gehört hatte. Er stand vor der hellen Tür einer Bierwirtschaft und zählte in der Tasche sein Geld und ging nicht hinein; er dachte ihm sei etwas anzusehen. Mehrmals trat er sich durch Gassen um immer die selbe Kirche, er sah gar nicht mehr in die Höhe. Vor den erleuchteten Schaufenstern am Markt kam er an in gewissenloser Wut: das kann ich mir nicht kaufen. Sonst wollen sie nichts von mir. Dann fand er sein Quartier. Das Bett war in der Küche bereitet. Im Einschlafen gelang ihm an die Mutter zu denken. Am Morgen drückte er sich heimlich aus dem Haus. Er hat sich immer noch mit einer Postkarte entschuldigen und bedanken wollen; dann kam er nicht dazu. Zurückgekehrt war er bereit alles zuzugeben, aber der Jüngste der Mannschaft wurde gar nicht gefragt. Wie wars denn? – Hat mir nicht so gefallen. Schon beim nächsten Rennen in Westdeutschland war er berühmt genug für ein Hotelzimmer. Er glaubte genug begriffen zu haben und stellte keine Fragen mehr. – Eure klerikalfaschistische Regierung, die wäscht euch ja kein Regen ab: sagte er. Auch läßt sich reden über die Technik des Mannschaftsfahrens: Das machen wir anders. Wir machen es so.

– Ich mein doch dabei nicht was Sie meinen! sagte Achim sofort: Und so war es gar nicht. Sie nehmen es viel zu deutlich.

– Und es hat nichts zu tun mit der geplatzten Siegerehrung? vergewisserte sich sein Biograph. Sie waren im Gespräch darüber. Er hatte es weder aufgeschrieben noch konnte er es überdeutlich sehen.

– Nein: sagte Achim, – Das war viel früher. Da hatte ich es längst vergessen.

Ja dann war es vielleicht die ostdeutsche Melodie, die mehr nach seinem Geschmack entnommen war einem trutzigen Film der verbrannten Regierung über die harten Männer der nordamerikanischen Pionierzeit, die etwas verändert dann nicht mehr bedauerte wie schön es war mit uns zwein. Aber leider, aber leider: kann es nun nicht mehr sein – sondern mit edlerer Wortgebärde die Singenden zusammenholte aus den Ruinen und der Zukunft zuwandte überhaupt, so daß dereinst die Sonne schön wie nie über Deutschland scheine, keine Mutter mehr ihren Sohn beweine. Leuchteten ihm diese Forderungen klarer ein, wollte er sie für vernünftiger halten und darum lieber dies Blaskonzert aus den Lautsprechern gehört haben als das andere? Achim gab zu daß ihm der feierliche Schritt seiner eigentümlichen Hymne verständlicher eingehe. Man hat mehr davon. Es ist eben was Neues. Aber wenn ich das nicht so lange kennte, dürfte die Melodie anders sein, meinetwegen. Er mußte eingenommen sein für das Land, das sich zeigen wollte zu dieser Musik. Ja wovon denn? Gefiel ihm da so viel, daß er gleich das Ganze lieben wollte und nicht tauschen, nicht vergleichen? Was mochte ihn besänftigen an einem Staat, der doch immerhin.

Der allerdings den Kommunisten geliehen war über ein Drittel Deutschlands nach dem Krieg, damit sie da zeigten was das ist: Sozialismus, nach diesem Krieg? Da konnte Achim nicht ändern wollen daß die sowjetische Armee noch die großen Ländereien verteilte an arme Bauern und Flüchtlinge für fünfzehn Jahre höchstens, gern sah er die Schulen und Gerichte leerer um die Lügner und Henker des Hitler, da wollte er lieber die zusammengerauften Werke und Geschäfte kleingeschlagen umgeschrieben sehen auf den Namen des Volkes, und mußte verstehen daß die Sieger sie leerräumten und aus. Wollte auch er den Krieg verloren haben? Und gefiel ihm etwa das Wort von der Umschirrung der menschlichen Eigensucht in die Arbeit zu Gunsten aller und nicht der Besitzenden? obwohl nach fünfzehn Jahren noch nicht die Gruben des Krieges zugebaut waren mit neuen Wohnhäusern und Straßen und Eisenbahnen, wenn auch mit Fabriken Kasernen Ministerien Gefängnissen? obwohl die Einwohner des Landes inzwischen erzogen waren zur mangelhaften Versorgung des Alltags mit Nahrung und Kleidung und gegenseitiger Hilfe?

– Nun erklärt man einem alles: sagte Achim, und bitterer: Dann stellt er sich hin und redet!

– Ich erkläre mir das so: sagte der angenommene Karsch:

Wollte Achim die Mißerfolge der Wirtschaft nicht achten, da es um die Wissenschaft ging und die versprochene Zukunft unter der verschönerten Sonne? Es müssen politische Gründe sein! Also gaben die Sieger dem Sachwalter Staat zu bauen nach den Lehren zweier Soziologen aus dem neunzehnten Jahrhundert und dem Vor-

bild der Sowjetunion. Da baute er im ganzen Lande für seinen Verein die Häuser mit Telefon und stellte sich Soldaten auf die Höfe; gemeinsam schickten sie die Kraft der Geschädigten auf Arbeit, produzierten mit ihnen, verkauften ihnen ärmlichen Abschlag, legten an und zurück für die Rüstung gegen die Armee des westdeutschen Kanzlers und für die Ewigkeit ihrer Regierung, damit es nicht werde wie früher und nie wieder Krieg. Hatte er zugestimmt, als sie ihn fragten?
– Ja: sagte Achim.
– Na: sagte Karsch.
– Also was denn! sagte Achim.
Und mochte er arglos den Sachwalter regieren, der den Gewinn der Arbeit insgeheim verteilte und die Arbeitenden büßen ließ für die Lehrgelder seines ungeschickten Vereins? der ihnen vorenthielt was er plante mit ihnen? der sie prügelte in seine Vorschriften anstatt sie zu führen? der sie betrog um Wahlrecht und Mitsprache an der Verwaltung des Staats schlimmer als eine bürgerliche Polizei? der sie hetzte für die Verbreitung von Wahrheit, die ihnen nutzen konnte wider ihn? der sie preßte in seine Armee und sie festband an die andere Seite der Sieger? der sie absperrte vom westlichen Deutschland und sie nicht entlassen wollte in die Wiedervereinigung? der ihr tägliches Leben schändete mit seinen gezinkten Theorien, so daß die Wirklichkeit so erbärmliche Kinder bekam wie schlampige Produktion, Flüchtlingslager, gehorsame Angst vor dem eigennützigen Verein? der Strafe setzte auf Zweifel an seiner Unmenschlichkeit, denn er wollte des Irrtums nicht fähig sein?
– Es ist schofel wie Sie von uns sprechen: sagte Achim.
– Ja von wem spreche ich denn? erkundigte Karsch sich.
– Ihr fragt mich immer nach dem Straßenbild ...
– Sie reden von jemand, zu dem ich Vertrauen habe, der mir ein Vorbild geworden ist! sagte Achim. – Das tut ein Gast nicht. Das ist nicht höflich!
– Ich rede doch nicht von Ihnen: suchte Karsch sich zu entlasten.
– Mich beleidigen Sie aber! schrie Achim.
So ist die Liebe zu dem beschreibbar an einem, der sagt: die Leute haben eine Wirtschaft in den Staat gebaut zum eigentlichen Ruhm des Vereins. Sie begnügen sich mit dem geringeren Anteil, weil sie nicht lassen können vom Antlitz des Sachwalters. Und sie haben ihn wieder und wieder gewählt. Sie halten den Alltag am Gehen, denn sie mögen den Verein nicht beschämen mit dem Streik. Sie sind nicht zu drei Millionen einzeln über die gefährliche Grenze

gegangen, denn darauf steht Gefängnis. Sie stehen nicht auf gegen die Panzer der sowjetischen Armee, nachdem sie erfahren haben was Sozialismus ist nach diesem Krieg: mit dem Lohn die Dinge des Wohlstands nicht zu kaufen, den Sachwalter zu loben, den Kriegsdienst zu leisten, die Justiz zu fürchten, dem Nächsten nicht zu trauen, gegen den Kapitalismus zu handeln, die Wahrheit zu verleumden, und alles in der Gefahr der strafweisen Einsperrung für mehr als drei Jahre manchmal des Todes; also hätte Achim es geschafft.

Und warum nicht? Warum doch, oder ja um jeden Preis? Mochte er lieber leben in Ostdeutschland weil in Westdeutschland kaum so gern? Mochte er nicht leben in Westdeutschland, weil er in Ostdeutschland war? Lebte er da? Was ließ ihn zwei Staaten vergleichen: die Grenzen zwischen ihnen? Beschreibbar ist der Ausdruck, den der Dokumentarfilm zeigt: sehr helle trockene Haare und ultramarine Himmelsfarbe rahmen saubere Empörung. Es ist ein empfindliches Gesicht aber nicht verletzlich in dem Glauben an irgend was, das ist nicht da aber scheint bewußt. Es ist ein Gesicht, mit dem jeder dieses Alters vorkommen wollte in den Träumen seines Mädchens: jung und keiner bösen Regung fähig. Es scheint undenkbar die zu Ausdruck bewegte Haut abzulösen von der Absicht, die das Gehirn zu einer Nationalhymne schaltet. Sie ist selbst nicht aber macht den Betrachter fromm. Und so fort. In Erzählungen Leserbriefen Gedichten ist dieser Augenblick in die Worte Reinheit, zuverlässig, unbeirrbar gesetzt, denen geht der Atem betroffen; und selbst die dabei waren meinen sich dessen so entsinnen zu müssen: entsinnen sich so.

Peter Rühmkorf
Anode

Auf der Höhe des Friedens, aus der Fülle des Fetts,
in den gähnenden Sechzigern dies hier bekundet:
Zu singen wenig, aber zu handeln genug –
nun schick deinen Traum in die Mauser.

Schreib ab, sack ein, gib deine Drosseln in Kauf,
spiel dein gezinktes Herz, laß Rosen karren ...
Wo sich dir, Landsmann, alles zu Golde verkehrt,
pflichte mit Flöten bei, in Deutschland, unter der Sonne.

Hier läßt es sich verkommen, hier siegen heißt:
Oh große Wurstfabrik, ein Lächeln eher,
einen Tag billiger, ein Angebot voraus, den Feind
am Busen sich zu bändigen.

Wer mahlt denn dort so zierlich mit den Zähnen, spricht,
daß ihm in Hunger und Hoffart die leidige Zeit vergeh?!
Der sich die Schande vom Munde abspart, morgen,
Brüder, mit uns auf den nämlichen Unrat vereidigt.

Du, vom Genickschußschlaf unaufgerufen
in unsre Mitte getreten mit kunstlos durchlöchertem Kopf,
sink – sink zurück in Ruh, eh was die Sterne
zu melken kam, sich Billigung erbittet.

Das heckt bald himmelan, wahrlich, ein neuer Wurf,
wo nichts dawider singt und alles spricht dafür,
daß ihm der Faustkeil in der Brust die Herzen
auftut der Fühlenden ...

Daß ihm der goldene Grind zum Heil ausschlägt
und uns, die (schabt den Rüssel miteinand!)
soweit herum-, soweit herunter-
gekommen sind.

Herunter und empor –
Ein guter Wind steht hinter den Bezügen,
wo schön die Nacht ihr Markstück balanciert.
Auf Freunde,
Faktenputzer, Fellabzieher,
den Sarg gesattelt und den Speck geschnürt!
Steigt ein ...

Wolfgang Bächler
Bürger,

nehmt euch in acht vor dem Fremden mit leichtem Gepäck!
Sein Blick durchschneidet die dickste Luft,
sein Blick durchstochert die dunkelsten Gassen,
ein Schabmesser, das an den Hauswänden kratzt,
ein Glasschneider, der die Fenster durchritzt,

eine Klinge, die zwischen Türspalten fährt,
ein Dolch, der aufspießt, was ihm begegnet.

Hütet euch, Kinder, vor seinem freundlichen Wort,
vor seinen Pfiffen, Bonbons und Tricks,
hütet euch vor seiner Flöte!

Nehmt euren Hut vors Gesicht, Bürger,
bevor euch sein Auge trifft,
zieht eure Ohren und Schwänze ein,
haltet den Mund, nicht den Dieb!

Bindet den Hund an die Leine
und fester den Helm, Polizisten!
Doch ich rate euch, nicht seinen Paß zu verlangen,
und macht seinen kleinen Koffer nicht auf!
Laßt ihn laufen, seid froh, wenn er läuft!
Laßt euren Knüppel im Sack!

Bürger, laßt auch den Esel im Stall
und den Tisch ungedeckt, wenn er naht.
Er schnappt euch den Bissen vom Teller,
er schlürft euch den Wein aus der Flasche
und beißt in die Gläser,
er frißt euch die Zeitungen aus der Hand
und kotzt sie zerkaut vor die Füße.

Bietet ihm keinen Stuhl an,
hängt euer Ruhetagsschild vor die Schenken,
Bürger, und staut euch nicht auf dem Steig!
Fallt nicht auf, fallt nicht um,
fallt ihm niemals ins Wort,
nicht in den Arm und nicht in den Schritt,
fallt ihm nur nicht auf die Nerven!

Schont eure Anlagen, Bürger,
besetzt alle Bänke mit strickenden Tanten,
die Blumen mit Wespen,
die Wege mit Schnecken!
Bringt euer Heu ins Trockene,
euer Holz in die Schuppen
und klopft auf die Büsche!

Schont eure Anlagen, Bürger,
laßt eure Steine im Glashaus,
die Katzen im Sack
und schüttet die offenen Gruben zu!

Prüft eure Blitzableiter, die Feuermelder,
prüft eure Leitungen, Drähte und Schläuche,
schaltet den Strom ab, das Gas und das Denken,
dreht eure Hähne zu und verbergt eure Kücken!

Steckt eure Frauen in Lederjacken,
schützt ihre Blusen vor seinem Messer
und rührt euch nicht, wenn es schon schlitzt,
steht still! Aber geht, wenn er geht,
und seht ihm nicht nach, seht ihn nicht an,
aber seht auch nicht auffällig weg!
Vermeidet alles, was provoziert,
tretet leise, fahrt Rad oder Auto,
doch leise – und produziert!

Steigert die Umsätze, Männer,
erhöht die Absätze, Frauen,
setzt eure Männer mit um!
Setzt eure Frauen und Kinder mit ab,
sichert euch Nachlaß, sichert euch Ablaß,
sichert euch und versichert euch
und zahlt die Reststeuer pünktlicher,

        BÜRGER!

VOLKER VON TÖRNE
Einer äfft die Obrigkeit und klagt

Ich will zur Stange halten.
Und geb euch zu: viel Freund viel Ehr,
wenn ich mir meine Flausen scher,
um Haar um Haar zu spalten.

Ich schnall den Gürtel weiter.
Und geb mich auf und setz mich fest
und bleib, solang die Bomb mich läßt,
getrost und grundlos heiter.

Je lieber um so länger.
Ich Bückling, ach, ich Hasenfuß
glasier mein Herz mit Zuckerguß,
hofier euch Rattenfänger.

Gehupft so wie gelogen.
Ich pfeif auf euren Wohlstandsmief
und reih mich aus und leg mich schief
vor eurem Fragebogen.

Ich laß mich nicht verramschen.
Wer hat die Welt bloß so verhunzt?
Ich frag und klag und preis die Kunst,
in Wasser Wein zu panschen.

Hans Peter Keller
jemand

was
ist das für einer: er
stochert im Ameisenhaufen

Hunderte Pupillen die umherirren im Humus ...

blind unter dem
Schock ... ihr

wir

Marie Luise Kaschnitz
Seenot

Wir alle zu Rettende
Verkleidet in brandrote Westen
Zuversichtlich von alther
Aber wer sagt uns
Daß die Matrosen ihr Handwerk verstehen
Daß es ihnen gelingt die Boote aufs Wasser zu lassen

Daß sie schnell genug rudern
Daß nicht das Schiff uns in die Tiefe zieht
Wenn es sich aufbäumt brüllend und hinabfährt
Mit seinem Feuersegel Zeitvorbei
Zu den kalten weißen Korallen.

HEINZ CZECHOWSKI
Unsere Kinder werden die Berge sehn

1

Lange stehn die Berge mit ihren
unerreichbar hohen und schneeigen Gipfeln.
Wir haben sie niemals gesehn.
Wir hatten ihren Namen gelernt
und Bilder von ihnen gesehn: wie sie da standen,
mit ihrem ewig blauen Himmel.

Wir hatten auch einen Himmel, darin
war unsere Sehnsucht zu Ende.
Manchmal, wenn er sehr blau war unser Himmel,
träumten wir.

Aber es standen die Berge. Wir hatten
ihre Namen gelernt, sonst aber
wußten wir wenig von ihnen.
Nur, daß es sehr schön dort sei, hörten wir:
Der Himmel blauer,
der Himmel weiter,
die Bäume in den Tälern grüner und die Straßen
im Tal nicht so grau wie bei uns.

2

Unsere Kinder werden die Berge sehn,
so sagen wir:
Den Himmel blauer,
den Himmel weiter,
die grünen Bäume und die freundlichen Straßen.
Unsere Kinder.

Johannes Bobrowski
Holunderblüte

Es kommt
Babel, Isaak.
Er sagt: Bei dem Pogrom,
als ich Kind war,
meiner Taube
riß man den Kopf ab.

Häuser in hölzerner Straße,
mit Zäunen, darüber Holunder.
Weiß gescheuert die Schwelle,
die kleine Treppe hinab –
Damals, weißt du,
die Blutspur.

Leute, ihr redet: Vergessen –
Es kommen die jungen Menschen,
ihr Lachen wie Büsche Holunders.
Leute, es möcht der Holunder
sterben
an eurer Vergeßlichkeit.

Peter Rühmkorf
Aussicht auf Wandlung

Mein Dasein ist nicht unterkellert;
wer schuf das Herze so quer?
Bei halber Laune trällert
der Mund sein Lied vor mir her.

Ach Liebste, könntest du lesen
und kämst einen Versbreit heran,
da sähest du Wanst und Wesen
für immer im Doppelgespann.

Ich halte der Affen zweie
in den knöchernen Käfig gesperrt;
und ich teil die Salami der Treue
mit ihm, der um Liebe plärrt.

O Herz, o Herz, wen verwunderts,
daß du zerspringen mußt?
Der tragende Stich des Jahrhunderts
geht hier durch die holzige Brust.

Hunger und Ruhe vergällt mir
ein scheckiger Wendemahr!
Zu jeder Freude fällt mir
die passende Asche aufs Haar.

Der Abend, der rote Indianer,
raucht still sein Calumet.
Was scherts ihn, ob ein vertaner
Tag in der Pfeife zergeht ...

Sei, sei der Nacht willfährig!
Steig in den Hundefluß!
Jetzt kommt eine Wandlung, aus der ich
als derselbe hervorgehen muß.

ALEXANDER KLUGE
Ein Liebesversuch

Als das billigste Mittel, in den Lagern Massensterilisationen durchzuführen, erschien 1943 Röntgenbestrahlung. Zweifelhaft war, ob die so erzielte Unfruchtbarkeit nachhaltig war. Wir führten einen männlichen und einen weiblichen Gefangenen zu einem Versuch zusammen. Der dafür vorgesehene Raum war größer als die meisten anderen Zellen, er wurde mit Teppichen der Lagerleitung ausgelegt. Die Hoffnung, daß die Gefangenen in ihrer hochzeitlich ausgestalteten Zelle dem Versuch Genüge leisteten, erfüllte sich nicht.

Wußten sie von der erfolgten Sterilisation?
　Das war nicht anzunehmen. Die beiden Gefangenen setzten sich in verschiedene Ecken des dielengedeckten und teppichbelegten Raumes. Es war durch das Bullauge, das der Beobachtung von außen diente, nicht zu erkennen, ob sie seit der Zusammenführung miteinander gesprochen hatten. Sie führten jedenfalls keine Gespräche. Diese Passivität war deshalb besonders unangenehm, weil

hochgestellte Gäste sich zur Beobachtung des Versuchs angesagt hatten; um den Fortgang des Experiments zu beschleunigen, befahl der Standortarzt und Leiter des Versuchs, den beiden Gefangenen die Kleider fortzunehmen.

Schämten sich die Versuchspersonen?
Man kann nicht sagen, daß die Versuchspersonen sich schämten. Sie blieben im wesentlichen auch ohne ihre Kleidung in den bis dahin eingenommenen Positionen, sie schienen zu schlafen. Wir wollen sie ein bißchen aufwecken, sagte der Leiter des Versuchs. Es wurden Schallplatten herbeigeholt. Durch das Bullauge war zu sehen, daß beide Gefangenen auf die Musik zunächst reagierten. Wenig später verfielen sie aber wieder in ihren apathischen Zustand. Für den Versuch war es wichtig, daß die Versuchspersonen endlich mit dem Versuch begannen, da nur so mit Sicherheit festgestellt werden konnte, ob die unauffällig erzeugte Unfruchtbarkeit bei den behandelten Personen auch über längere Zeitabschnitte hin wirksam blieb. Die am Versuch beteiligten Mannschaften warteten in den Gängen des Schlosses, einige Meter von der Zellentür entfernt. Sie verhielten sich im wesentlichen ruhig. Sie hatten Weisung, sich nur flüsternd miteinander zu verständigen. Ein Beobachter verfolgte den Verlauf des Geschehens im Innenraum. So sollten die beiden Gefangenen in dem Glauben gewiegt werden, sie seien jetzt allein.
Trotzdem kam in der Zelle keine erotische Spannung auf. Fast glaubten die Verantwortlichen, man hätte einen kleineren Raum wählen sollen. Die Versuchspersonen selbst waren sorgfältig ausgesucht. Nach den Akten mußten die beiden Versuchspersonen erhebliches erotisches Interesse aneinander empfinden.

Woher wußte man das?
J., Tochter eines Braunschweiger Regierungsrates, Jahrgang 1915, also etwa 28 Jahre, mit arischem Ehemann, Abitur, Studium der Kunstgeschichte, galt in der niedersächsischen Kleinstadt G. als unzertrennlich von der männlichen Versuchsperson, einem gewissen P., Jahrgang 1900, ohne Beruf. Wegen P. gab die J. den rettenden Ehemann auf. Sie folgte ihrem Liebhaber nach Prag, später nach Paris. 1938 gelang es, den P. auf Reichsgebiet zu verhaften. Einige Tage später erschien auf der Suche nach P. die J. auf Reichsgebiet und wurde ebenfalls verhaftet. Im Gefängnis und später im Lager versuchten die beiden mehrfach, zueinanderzukommen. Insofern

unsere Enttäuschung: jetzt durften sie endlich, und jetzt wollten sie nicht.

Waren die Versuchspersonen nicht willig?
Grundsätzlich waren sie gehorsam. Ich möchte also sagen: willig.

Waren die Gefangenen gut ernährt?
Schon längere Zeit vor Beginn des Versuchs waren die in Aussicht genommenen Versuchspersonen besonders gut ernährt worden. Nun lagen sie bereits zwei Tage im gleichen Raum, ohne daß Annäherungsversuche festzustellen waren. Wir gaben ihnen Eiweißgallert aus Eiern zu trinken, die Gefangenen nahmen das Eiweiß gierig auf. Oberscharführer Wilhelm ließ die beiden aus Gartenschläuchen anspritzen, anschließend wurden sie wieder, frierend, in das Dielenzimmer geführt, aber auch das Wärmebedürfnis führte sie nicht zueinander.

Fürchteten sie die Freigeisterei, der sie sich ausgesetzt sahen? Glaubten sie, dies wäre eine Prüfung, bei der sie ihre Moralität zu erweisen hätten? Lag das Unglück des Lagers wie eine hohe Wand zwischen ihnen?

Wußten sie, daß im Falle einer Schwängerung beide Körper seziert und untersucht würden?
Daß die Versuchspersonen das wußten oder auch nur ahnten, ist unwahrscheinlich. Von der Lagerleitung wurden ihnen wiederholt positive Zusicherungen für den Überlebensfall gemacht. Ich glaube, sie wollten nicht. Zur Enttäuschung des eigens herangereisten Obergruppenführers A. Zerbst und seiner Begleitung ließ sich das Experiment nicht durchführen, da alle Mittel, auch die gewaltsamen, nicht zu einem positiven Versuchsausgang führten. Wir preßten ihre Leiber aneinander, hielten sie unter langsamer Erwärmung in Hautnähe aneinander, bestrichen sie mit Alkohol und gaben den Personen Alkohol, Rotwein mit Ei, auch Fleisch zu essen und Champus zu trinken, wir korrigierten die Beleuchtung, nichts davon führte jedoch zur Erregung.

Hat man denn alles versucht?
Ich kann garantieren, daß alles versucht worden ist. Wir hatten einen Oberscharführer unter uns, der etwas davon verstand. Er versuchte nach und nach alles, was sonst todsicher wirkt. Wir konnten schließlich nicht selbst hineingehen und unser Glück versuchen,

weil das Rassenschande gewesen wäre. Nichts von den Mitteln, die versucht wurden, führte zur Erregung.

Wurden wir selbst erregt?
 Jedenfalls eher als die beiden im Raum; wenigstens sah es so aus. Andererseits wäre uns das verboten gewesen. Infolgedessen glaube ich nicht, daß wir erregt waren. Vielleicht aufgeregt, da die Sache nicht klappte.

Will ich liebend Dir gehören,
kommst du zu mir heute Nacht?

Es gab keine Möglichkeit, die Versuchspersonen zu einer eindeutigen Reaktion zu gewinnen, und so wurde der Versuch ergebnislos abgebrochen. Später wurde er mit anderen Personen wieder aufgenommen.

Was geschah mit den Versuchspersonen?
 Die widerspenstigen Versuchspersonen wurden erschossen.

Soll das besagen, daß an einem bestimmten Punkt des Unglücks Liebe nicht mehr zu bewerkstelligen ist?

JAKOV LIND
Es lebe die Freiheit

Stellen Sie sich nichts vor und erwarten Sie nichts – der Mann, der diese Worte sprach, hieß Leonard Balthasar und wog an die 140 Kilo. Alles an ihm war blaß und fett – sogar der Schnurrbart. Ohne den Schnurrbart hätte man ihn für ein altes, dickes Weib gehalten.

Sie werden meine Frauen treffen, wenn wir uns beeilen. Ja, ich sage Frauen, zwei sind meine Schwestern, eine ist meine Mutter. Wir wohnen da drüben, alle sieben.

Wieso sieben? – fragte der andere Leonard. Er hieß nämlich auch Leonard, und das hatte sich zu beiderseitiger Freude schon nach 20 Kilometern herausgestellt. Der zweite Leonard war dem Dicken tief dankbar. Ohne ihn wäre er nicht mehr aus Lund weggekommen. Jetzt freute er sich auf ein warmes Bett, auf Kaffee und Zigarren und auf ein Frühstück. Tagsüber ging es schwer genug, nachts hielt kein Mensch.

Wieso sieben? – Weil wir drei Kinder haben. Früher hatten wir sieben. Vier haben wir geschlachtet. Schwedischer Humor, sagte sich der zweite Leonard. Er war aber Medizinstudent aus Wien und an allerlei gewöhnt, deshalb fragte er: Und sonst ist bei Ihnen nichts los?

Doch, sagte der Dicke, allerlei. Wir sind Nudisten, im Keller halten wir ein Schwein, und an der Decke hängt der Kadaver eines Pferdes.

Das war schon besser.

Balthasar, sagte der zweite Leonard, ist das schwedisch? – Nein, litauisch, sagte Balthasar, als die Deutschen wegliefen, liefen wir auch. Mein Vater konnte nicht mehr weg, die Onkels auch nicht. 44 Angehörige wurden nach Sibirien deportiert, zwei erschossen. Das sind die Russen, mein Lieber.

Fünfzehn Jahre wohnen wir hier, es ist ein gutes Land, keiner stört den andern. Ein friedliches Land und kultiviert. Jeder ist diskret. Das ist ein Land.

Sie können bei uns bleiben, so lange Sie wollen, aber Zimmer gibt's nicht, wir haben die Wände ausgebrochen, die Stiegen auch. Das gibt Raum, aber Betten haben wir. Sind Sie müde? –

Das schon, sagte der zweite Leonard.

Und studieren?

Medizin. In Wien. – Ah, Medizin – in Wien. Ich kenne Wien. Sechs Monate war ich drüben, das war im Krieg. Schöne Stadt, gute Oper. Ich liebe Musik. Reisen Sie viel? – Ihr Studenten fahrt immer herum. Wenn Sie mal nach Rußland gehen, sagen Sie es mir, ich könnte Ihnen da helfen und Sie mir auch.

In Rußland bin ich in zwei Wochen, sagte Leonard, über Stockholm, Helsinki und Leningrad. Von Helsinki aber mit der Bahn.

So, sagte der Dicke, so, dann kommen Sie mir wie vom Himmel gefallen.

Das Haus stand verlassen in einem Wald, kein dicker Wald zwar, und ein Dorf gab es in zwei Kilometer Nähe. So abgelegen, wie er es sich vorgestellt hatte, war es nicht.

Als die beiden aus dem Auto krochen – helfen Sie mir, junger Mann, schrie Balthasar – war es bereits zwölf. Es rieselte, war aber nicht kalt. Im Haus brannte Licht.

Mutter! rief Balthasar. Die Tür ging auf, und eine dicke Frau stand im Eingang, sie hielt ein Paar Hausschuhe in der Hand. Sonst hatte sie nichts an.

Das Haus war wirklich groß, hoch vielmehr, Türen und Wände gab es nicht, Treppen auch nicht, es war, wie Balthasar gesagt hatte, sehr geräumig. Jetzt ziehen wir uns aus, sagte Balthasar, es ist zu warm drin. – Und wirklich, die steinernen Fliesen dampften geradezu. Es war nicht nur zu warm, sondern heiß. Balthasar nahm ein Kleidungsstück nach dem anderen ab, zuletzt stand er nur in den Hausschuhen, die ihm die alte nackte Frau an die Füße hielt. Von der andern Ecke des Raumes, er war ja riesig und nur spärlich beleuchtet (zwei einfache Glühlampen hingen von einem Draht von ganz oben herunter), hörte man Stimmen, erst eine, dann die andere: Bist du da? – rief eine Frauenstimme, bist du es, Leonard? – rief eine andere.

Ja, ich bin's, rief Balthasar, und ich habe einen zweiten Leonard mitgebracht. Ein Medizinstudent aus Wien, er wird heut nacht hier schlafen.

Von der Wand lösten sich zwei Frauengestalten ab, beide nackt, beide dick. Die eine war vielleicht vierzig und schielte auf dem rechten Auge, die zweite war an die dreißig und hatte schwarzes Haar. Sie sahen ihn von unten bis oben an. Da schämte sich Leonard, denn er merkte, daß er noch angezogen war. Er stellte den Rucksack hin und fing an, sich auszuziehen, nur die Uhr behielt er an. Die Frauen lächelten, das war ein höflicher Gast, dem man nicht erst die Sitte des Hauses zu erklären brauchte. Die Schwarzhaarige ging an einen Wandschrank und kam mit Hausschuhen zurück. – Die werden Ihnen passen, sagte sie. Der Boden ist sonst zu heiß. Leonard stand in den Hausschuhen, warm und gefüttert waren sie, und sah sich um. Es gab zwei Tische und ein paar Stühle, einige Sofas und auch allerlei Schränke, fast die ganze Einrichtung war an den Wänden entlang aufgestellt, das gab den Raum. Ein Fernsehapparat war auch da und sogar ein Klavier. Blumen standen in jedem der acht Fenster.

Es roch nach Blumen, nach Hyazinthen und Jasmin, es roch aber auch nach etwas anderm.

Leonard blickte zur Decke, und tatsächlich, im Gebälk hing es. Ein Pferd. Die Knochen staken bereits aus den Seiten. Die drei Frauen und Leonard Balthasar folgten seinem Blick. Noch drei Jahre, sagte die Frau, die die Tür geöffnet hatte, sie war vielleicht sechzig, und die Brüste hingen ihr schlaff bis an den Nabel (es war die Mutter).

Noch drei Jahre, dann haben wir das Skelett.

Ein litauischer Brauch? – wollte Leonard wissen.

Nur bei den Balthasars, sagte Balthasar, aber setzen wir uns.

Die Kinder schlafen, sagte die Schielende, wir dürfen nicht zu laut reden.

Sie setzten sich alle um einen runden Tisch, der rechts vor den Fenstern stand. Daneben gab es den modernsten Spültisch, Aluminium und Teakholz, einen Kühlschrank, eine Waschmaschine. Töpfe und Pfannen hingen an den Wänden. Sie waren in der Küche. Die Mutter ging zu einem Schrank und kam mit einem großen, steinernen Krug zurück. Wir machen unseren eigenen Kwaß, sagte sie und schenkte ihm einen Becher voll. Dann schenkte sie ihren Kindern ein. Die Töchter tranken nur aus Höflichkeit mit, nur um den Gast näher betrachten zu können.

Heute kommen Sie aus Wien? – fragte die Schielende. Aus Lund, sagte Balthasar. Er ist ein Student der Medizin. Heißt auch Leonard. Ich konnte ihn nicht auf der Landstraße schlafen lassen. Heutzutag ist's gefährlich, sagte die Schwarze, die Zeitungen sind voll davon. Es gibt ziemlich viel Verbrechen in Schweden, das hätten Sie nicht gedacht. Noch vorige Woche, sagte die Mutter, hat man bei Ödeshög einen Radfahrer überfallen, erst ausgeraubt, und dann erstochen. Schweden ist nicht, was es vor dem Krieg war. Wir waren ja oft hier, da waren die Kinder noch klein, aber wer hätte gedacht, daß wir hier noch einmal enden würden? – Meinen Mann haben die Russen deportiert, der ist in Sibirien gestorben, hat Ihnen Leonard davon erzählt? Ja, sagte Balthasar. Er goß den Kwaß hinunter, da ihm heiß war und durstig dazu. Der zweite Leonard konnte nach einem Schluck nicht weiter. Er hätte geschworen, daß das Zeug nach Blut schmeckte, mit Zitronensaft verdünnt.

Ja, die Russen, jammerte die Alte, 44 Angehörige haben sie deportiert, zwei davon erschossen. Der Mann ist tot, das weiß ich. Warum trinken Sie nicht? – Wir machen ihn selber. Er ist frisch.

Ist da Blut drin? – Leonard wollte es eben wissen, wenn auch nur fürs Tagebuch.

Heute angestochen, sagte die ältere Schwester. Einmal in der Woche zapfen wir vier Liter ab. Sie sollten sehen, wie es davon gedeiht, was, Vera? – fragte sie die Schwester.

Da staunen Sie, sagte die Jüngere. Schweinsblut, dem Kwaß beigemischt, macht erst ein Getränk daraus. Mein Bruder hat das hier eingeführt. Von einem Finnen hat er das gelernt, während des Krieges.

Ein Hirte war es, sagte Balthasar, die Hirten haben die Volksweisheit, die haben auch Tradition. Ich fuhr zum Rentierhandel im hohen Norden. Handel war es nicht, Rentiere gab's auch nicht mehr, die hatte die Wehrmacht schon längst verbraucht. Der Hirte, Eino hieß er, lag in einer Hütte, im eigenen Dreck war er beinah erstickt, die Läuse liefen am Boden entlang, wie die Ameisen. Der Kerl war beinah verhungert, er lebte nur von einem Getränk – er nannte es Kwaß – es war reines Blut – Menschenblut, den Tag zuvor hatte er seine beiden Kinder erstochen, weil er den Hunger nicht mehr ansehen konnte. Es war halt Krieg und die Wehrmacht hatte auch nichts, da mußte der Eino vom Blut der Kinder leben. Da sagte er mir: Früher, vor dem Krieg, hätten sie immer Schweinsblut getrunken, der Geschmack störte ihn nicht, nur daß es die eigenen Kinder waren, hat ihn gewurmt. Lange hat er's eh nicht ausgehalten, denn soviel Blut haben kleine Kinder nicht. Ich habe ihm ein Brot geschenkt. Als ich zwei Wochen später zurückkam – ich mußte nämlich ganz hoch bis zur Küste –, da war das Brot unangerührt und der Eino tot.

Schweinsblut trinken wir jetzt auf sein Wohl. Es ist billig und sehr nahrhaft. Prost! – Balthasar goß noch einen Becher voll herunter.

Mutter, bring was zu essen. Die Alte stand auf und ging zum Kühlschrank.

Das mit dem Schwein versteh ich jetzt, sagte Leonard. Als Medizinstudent durfte ihn nichts aus dem Gleichgewicht bringen, das gehörte schon zur Berufsehre, das war er sich selber schuldig, das Pferd aber ... – Wozu das Pferd?

Das erklär ich Ihnen, sagte die Alte. Sie setzte eine Schüssel mit Sülze auf den Tisch. Essen Sie etwas, sie gab ihm ein großes Viereck, es war mit Zwiebel bestreut und schwamm in Essig und Öl. Bald wie zu Hause, dachte sich Leonard, er kostete einen Happen, dann ließ er es bleiben. Er hätte schwören können, daß es Menschenfleisch war. Balthasar aber hatte sich eine Serviette vorgebunden und aß mit Gusto, er konnte den Mund beinah nicht zukriegen, so große Stücke steckte er hinein, die Marinade rann ihm über das Kinn.

Das Pferd ist zum Andenken an die Heimat. Mein Mann war Pferdehändler. Wir mußten alles zurücklassen, den Hof, das Vieh, alles. Nichts konnten wir verkaufen – so schnell waren die Russen da. Das erste, was die getan haben, war, die Pferde zu beschlagnahmen. Einen Zettel haben sie uns dafür gegeben. Die Alte hatte Tränen in den Augen. Wir sind gleich am nächsten Tag weg, mit denen ist nicht zu spaßen, als wir gerade am Wagen saßen, schauten wir zurück, da lag Tina, die Stute kein zehn Schritte vom Hof, die Zunge zum Hals herausgestreckt – erschossen, sie war den Russen weggelaufen und wollte uns nach, zum Einfangen hatten die keine

Zeit, da haben sie sie umgelegt. So sind die Russen, jawohl. Das sind die Befreier.

Vor vier Jahren haben wir uns das Pferd gekauft und hier oben aufgehängt, zum Andenken an Tina, zum Andenken an die Heimat – und wenn es ganz vermodert ist und nur noch das Skelett übrig ist – da ist Litauen wieder ein freies Land – da sind die Russen zum Teufel.

Ja, jetzt warten wir nur noch aufs Skelett, so lang kann das nicht mehr dauern, sagte Balthasar zwischen zwei Bissen.

Wir sind Emigranten, sagte die Schielende und blickte mit dem guten Auge zu dem Pferd hinauf, Emigranten müssen Geduld haben, ist's nicht so? –

Und der Gestank? – fragte der zweite Leonard.

Die Blumen nehmen den weg, sagte die jüngere Schwester, und mit der Zeit gewöhnt man sich dran. Unsere Leute müssen mehr aushalten unter dem russischen Stiefel, dorten stinkt's jetzt zum Himmel vor Korruption und Sklaverei – ein Pferdekadaver im Haus ist noch das Wenigste, was unsereiner für die Heimat tun kann.

Die alte Frau hatte nur Tränen in den Augen. Balthasar hatte zu essen aufgehört und rülpste einige Male als Zeichen, daß es ihm geschmeckt hatte.

Das war die Hedda, sagte er. – Die Hedda ist doch schon längst fertig, sagte die ältere Schwester, das war die Martha. Du kennst nicht einmal das eigene Fleisch. – Es war ein gelungener Witz, denn alle lachten. Den Arno halten wir für Sonntag, die Mutter wird karelische Suppe draus machen. – So gut wie mein Werner, sagte die Jüngere, wird der nicht sein. – Du und dein Werner, fauchte die ältere Schwester. Du und dein Werner, mein Arno war schöner. – Schöner, lachte die Jüngere, die Hasenlippe nicht dazu gezählt. – Kein Wort mehr, schrie die schielende Schwester. Ich lasse nichts auf meinen Buben kommen. – Ruhig, schrie die Alte, so sag' doch was, Leonard.

Leonard Balthasar schlug mit der Faust auf den Tisch. Was soll unser Gast von uns denken, benehmt euch doch, Mädels. Von wem habt ihr die Kinder gehabt? Na, wird's?

Von dir, Leonard, stotterte die Ältere. – Ja, natürlich von dir, sagte die Schwarzhaarige.

Also, sagte Leonard Balthasar und stocherte sich in den Zähnen. Also die Kinder sind alle von mir.

Leonard dem Zweiten wurde es leicht übel, er hatte einen Happen davon gegessen. Menschenfleisch, Kinderfleisch – er mußte brechen. Nein, sagte er sich und holte tief Atem, ein Mediziner darf so was nicht. Ein Philosoph – ja. Ein Mediziner muß sich beherrschen. Aber weg muß ich von hier und zwar sofort. Er stand auf, auch die andern erhoben sich.

Sie gehen aber noch nicht, sagte Balthasar, wo wollen Sie heute nacht noch hin? – Hier ist's ja warm.

Zu warm, sagte Leonard. Er wollte höflich sein, es gelang aber nicht. Ich muß weg. Ihr seid ja Menschenfresser.

Menschenfresser. Er griff nach den Kleidern und zog sich an, so schnell ging das nicht. Balthasar faßte ihn am Arm. Ein kalter Schauer zuckte ihm durch die Knochen.

Sie dürfen so nicht weggehen, sagte er sanft und drohend. Die alte Frau kam dazwischen. Hören Sie doch bitte, Herr Student, wollen wir es ihm doch sagen. Sag's doch, sag's doch, riefen die Schwestern. Wir sind arme Emigranten, sagte die Alte, was Sie hier sehn an Waschmaschinen und dergleichen, haben uns reiche Verwandte in Amerika geschenkt, auch das Auto haben sie uns geschenkt. – Sie weinte wieder. – Alles haben sie uns geschenkt. Nur nichts zum Fressen. Meine Töchter hatten keine Aussteuer, der Sohn keinen Pfennig. Heiraten ging nicht. Kinder will der Mensch aber haben. Zu Fressen haben wir nichts, nur Gemüse und Kartoffeln, die wir hinter dem Haus anbauen.

Ein Stück Fleisch will der Mensch aber haben. Das ist das Schicksal armer Emigranten (jetzt weinten auch die Töchter), die eigenen Kinder auffressen zu müssen.

So weit mußte es kommen.

Na, fahrt doch heim nach Litauen! – Leonard wurde das zu verrückt.

Nach Litauen, zu den Russen? Wissen Sie, was Sie da reden? – 44 Angehörige haben die nach Sibirien verschleppt, zwei haben sie erschossen. Mein Mann ist tot. Nach Litauen fahren wir nach dem nächsten Krieg, wenn das Pferd zum Skelett geworden ist. Sie kennen die Russen nicht, das kann man sehen. – Ja, das kann man sehen, rief jetzt auch die Schielende.

Vom Lärm wachten die Kinder auf, sie sprangen aus dem Bett und drängten sich den Frauen an die Schenkel. Die Kinder waren im Alter von drei bis fünf Jahren, jede der Frauen hob eines auf den Arm, um es zu beschwichtigen. Aus verschlafenen Augen sahen sie mißtrauisch den angezogenen Fremden an. Das jüngste, ein blondes Mädchen von drei Jahren, weinte. Ruhig, sagte Balthasar. Das Kind verstummte sofort. In dem Haus droht man keinen Kindern mit Strafen, dachte Leonard. Die haben Disziplin.

Da standen die sieben nackten Geschöpfe um ihn herum, in den Kleidern war es zum Ersticken heiß, sie hatten alle aufgedunsene, weiße Leiber (und allen Frauen fehlten die Schamhaare, ein anderer litauischer Brauch?), Leonard kam sich vor wie in einem Traum.

Sie taten ihm ein bißchen leid, so wie Wilde, die dem gutgekleideten Safarijäger begegnen, diesem leid tun müssen. Er hätte ihnen gern eine Handvoll Glasperlen geschenkt oder einen Spiegel. Die sind arm und stolz, sagte sich Leonard. Ja, was wußte er denn selber vom kommunistischen Joch – alles nur vom Hören-Sagen. Hier, zum ersten Male, sah er die wirklichen Opfer. Sie rührten ihn fast zu Tränen. Als Mediziner mußte er sich aber beherrschen.

Nackte waren sie zwar, sie fraßen die Kinder, und es stank durchs ganze Haus. Im Paradies der Arbeiter und Bauern, wie seine Zeitung sagte, ging's den Leuten noch schlechter. Und obendrein dürfen sie nicht reisen.

Ich bin in zwei Wochen in Rußland, sagte Leonard, er wollte sich gerne mit Balthasar versöhnen, schließlich hatte er ihn von der Landstraße aufgeklaubt. Daß er ihre Diät nicht vertrug, war doch nicht die Schuld der Hausbewohner.

Ja, sagte Balthasar, deshalb wollte ich noch mit Ihnen reden. Aber ich sehe, Sie haben es eilig. Tun Sie mir nur einen Gefallen, fragen Sie nach dem ersten Litauer, es gibt noch ein paar unserer Leute in Rußland. Und dem ersten Litauer, den Sie treffen, sagen Sie folgendes: Den Balthasars geht es gut, es fehlt ihnen an nichts. Die Balthasars wünschen euch Vertrauen in die Zukunft, in ein paar Jahren ist der Krieg da und das Skelett fertig und Litauen wieder frei.

Bitte, merken Sie sich alles, wenn Sie nach Rußland kommen und jemanden von unseren versklavten Brüdern oder Schwestern treffen.

Leonard versprach es. Um aus der Hölle herauszukommen, versprach er alles.

Die nackten Balthasars winkten ihm noch nach, als er längst im Wald verschwunden war, auf dem Wege zur Landstraße, auf dem Wege nach Rußland. Und, obwohl müde, freute er sich seiner heilen Haut.

So ist der Wahnsinn, dachte Leonard, als er am Straßenrand einschlief, aber keiner meiner Kollegen wird mir ein Wort glauben. Lauter Mediziner.

MARTIN WALSER
Eiche und Angora

3 Eichkopf

Links zieht sich noch Wald herauf. Nach hinten wird das Gelände von einigen Eichen begrenzt. Jenseits dieser Eichen fällt der Berg wahrscheinlich steil ab. Dort muß das Teutachtal liegen. Alois geht mit dem Feldstecher da hinten hin und her und schaut ins Tal hinunter und nach Brezgenburg. Gorbach liegt unter der größten Eiche, die etwas weiter im Vordergrund steht als alle anderen Eichen. Rechts ist eine Waldhütte zum Teil noch sichtbar. An einem Ast hängt der Mantel des Kreisleiters über dem Bügel.

GORBACH Was macht der Feind, Alois?

ALOIS Ach, der Feind, Herr Kreisleiter, nichts macht der. Keine Spur von einem Feind.

GORBACH Und die Unseren, Alois, was machen die? Rücken sie ein in die Stellungen?

ALOIS Frauen. Hitler-Jugend. Und Eisenbahner. Sie liegen herum. Hängen die Füße in die Teutach.

GORBACH *rappelt sich mühsam hoch* Laß sehen! *Nimmt den Feldstecher* Was fällt denen ein! Das ... das ist doch, dem werd ich Mores lehren, dem werd ich was beibringen, Alois! Der unter der Erle, die Knickerbocker verraten ihn, das ist Schmidt, der Studienrat Schmidt, der die Schanzarbeiten leiten soll. Hören einfach auf. Haben wir eine Leuchtpistole, Alois.

ALOIS Die kommt nach.

GORBACH Das ist eine Schweinerei, Alois. Wie soll ich jetzt dem Schmidt ein Zeichen geben.

ALOIS Bei Tag, Herr Kreisleiter, hätte die Leuchtpistole vielleicht ...

GORBACH Red nicht soviel, Alois. Wir müssen handeln. Wenn die Franzosen kommen, ist es zu spät.

ALOIS Dann geht es uns wie in Bremberg.

GORBACH Was war in Bremberg?

ALOIS Da haben sie den Bürgermeister ausgezogen und den nackten Bürgermeister haben sie in den Marktbrunnen geworfen.

GORBACH Ertrunken?

ALOIS Nein, aber er hat sich erkältet. Und den Ortsgruppenleiter, den Gallenberger, den haben sie in den Schweinestall gesperrt.

GORBACH Barbaren.
ALOIS Wenn er Hunger hat, muß er sich was aus'm Trog schöpfen.
GORBACH Und sowas will eine Kultur-Nation sein.
Alois hat begonnen, mit alten Brettern, Zweigen und Steinen zu hantieren. Er sucht zusammen, was er braucht, trägt alles an die vordere Hüttenwand. Offensichtlich will er einen notdürftigen Verschlag bauen. Gorbach atmet die Waldluft ein.
GORBACH Du hast wirklich recht. Alois, unser Wald, das ist schon was.
ALOIS Darum sing ich so gern.
GORBACH Ich sing ja auch gern. Aber nicht soo gern. Dagegen der Wald. *Versonnen schweigt er.*
ALOIS Singen und Wald zusammen, ich glaub das wär's.
GORBACH Weißt du, so eine Eiche.
Pause
ALOIS Eine deutsche Eiche, Herr Kreisleiter.
GORBACH Alois, eine Eiche ist immer eine deutsche Eiche. Oder kannst du dir vielleicht eine italienische Eiche vorstellen?
ALOIS *versucht es* Eine ... italienische ... Eiche ...
GORBACH Gib's auf. Du schaffst es nicht.
ALOIS Ja ... ich schaff es nicht.
GORBACH Woher das bloß kommt? Ist es das Alter dieser Eiche ... die Kraft ... daß der Wind so durch den Baum geht ... ein Raunen ... man spürt es mehr als daß man's hört ... und man weiß: Du kannst nur davorstehen und schweigen. Geht es Dir auch so?
Alois bemüht sich schweigend.
Nicht so ganz, kommt mir vor. Ich will dich nicht zwingen, Alois. Jedes Gemüt reagiert da anders, wenn es vor die Natur tritt. Der eine verstummt, der andere redet einfach weiter, pietätlos. Seltsam ist das. Mir ist, als wenn die Eiche einfach zu mir sagte – *behutsam* sei still. *Ein Flugzeug braust über sie hinweg, sie werfen sich zu Boden.* Siehst du, der Feind will es nicht, daß wir uns der Natur hingeben.
Alois nimmt seine Tätigkeit wieder auf.
Was soll das werden?
ALOIS Im Fall sie eine Beschießung machen, muß ich doch meine Hasen evakuieren, Herr Kreisleiter.
GORBACH Es geht um Brezgenburg, um den Endsieg geht es, und du denkst immer bloß an deine Hasen, Alois! Begreifst du denn überhaupt nicht, was auf dem Spiel steht.

ALOIS *weiter sammelnd und bauend* Der deutsche Mensch, Herr Kreisleiter, der steht auf dem Spiel. Weil doch die Rasse sonst erledigt ist, wenn die Untermenschen uns überwinden. Der Unterscharführer Schöck hat aber gesagt zu uns: dem Alois seine Angorahasen die sind so hoch über einem normalen Hasen wie der deutsche Mensch über dem Untermenschen. Darum hat er extra angeordnet, daß ich die Zuchtpärchen mitnehmen darf aus dem Lager.

GORBACH Warum aber dann die Juden-Namen, Alois? Das paßt doch nicht.

ALOIS Das paßt schon. Insofern wir die Hasen ja umbringen. Und die Wollen nehmen wir ihnen ab, also dienen sie uns. Für das Pfund Angorahaare bekommen Sie heute mehr als für ein goldenes Parteiabzeichen, Herr Kreisleiter. Es muß einer ja zuerst was zum Anziehen haben, sonst kann er das Abzeichen gar nicht anstecken. In die Haut kann er es nicht stecken, das ist ja ganz klar, oder?

GORBACH Natürlich nicht.

ALOIS Das gäb eine schöne Infektion. Und wenn der Franzos nun eine Beschießung macht und rottet mir die Hasen aus, dann ist die Rasse hin. Ich häng halt an der Rasse, Herr Kreisleiter. Der Unterscharführer hat immer gesagt: schaut den Alois an, ein einfacher Mensch, aber die Idee hat er begriffen.

GORBACH Du bist ein Fanatiker, Alois. Seit du im Lager warst. Ich hab anständige Juden gekannt, früher.

ALOIS Herr Kreisleiter, mit Verlaub, Sie machen da einen Fehler. Das ist doch der Trick des Untermenschen, er zeigt Menschenantlitz. Der Unterscharführer Schöck sagt aber: es ist nicht alles ein Mensch, was Menschenantlitz zeigt. Wehe dem, sagt er, der das vergißt. Wehe dem, Herr Kreisleiter. Es ist nicht alles gleich ein Mensch, was aussieht wie einer.

GORBACH Du bist wirklich ein Fanatiker, Alois. Hast du denn gar keine Angst?

ALOIS Wieso jetzt Angst? Wer die Idee begriffen hat, sagt der Unterscharführer, der kommt durch.

GORBACH Es genügt doch, daß du ein guter Deutscher bist, Alois, für deine Verhältnisse.

ALOIS Ich hab meine Schulung und fall auf nichts mehr rein.

Peter Huchel
Soldatenfriedhof

Die Luft ist brüchig.
Fünftausend Kreuze
In Reih und Glied,
Streng ausgerichtet
Auf Vordermann.

Nach dem Abendappell
Gehen sie in die Stadt.
Sie bevölkern Ruinen
Und schwarze Brücken,
Werfen Laub in die Grachten.

Sie besuchen den Dom
Und verdunkeln den Heiland.
Aber es glimmen die silber-
Beschlagenen Ecken des Meßbuchs.
Und das Stigma der Abendröte
Brennt auf den Dächern.

Als Fensterschatten
Lehnen sie an der Wand der Bar.
Sie hauchen Eis in die Gläser.
Sie blicken aus Gitarren
Den Frauen nach.

Kurz vor Mitternacht
Hallt gräberhin
Des Todes Clairon,
Das trostlose Trommeln,
Die große Retraite,
Der Zapfenstreich.

In erster Helle
Stehen sie wieder
Starr im Geviert.
Fünftausend Kreuze.
Streng ausgerichtet
Auf Vordermann.

ERNST MEISTER
Atem der Steine

Ja, sie, die sich vergißt,
wenn der Sturm bricht
aus der steinernen Höhle,
Windgott, geharnischt;
vergessen: Sprache.

Getilgt; und wieder
geerbt in des Lebens
Rede von Traum und Leib ...

Sie aber haben Gespräch:
Steine mit Steinen,
klirrendes, spröde
Lettern, mächtige,
in der Höhle Schlund,

und sie werfen,
was sie selber nicht sind,
Atem jäh
über den Erstaunten.

ROLF HAUFS
Straße nach Kohlhasenbrück

Die Bäume haben weiße Schürzen umgezogen
Gegen den Schmutz den die Autos werfen
Man ist sehr vornehm hier
Zum Telefonieren trägt man einen Zylinder
Die Enten unter der Brücke singen Mozartarien
Besonders schön um Mitternacht
Wenn der letzte Bus verpaßt
Und du mit der Nebelfrau zwischen Bäumen schläfst

Zwischen Bäumen mit weißen Schürzen

Joseph Breitbach
Bericht über Bruno

Die Strafe

Meine Polizei hatte einige Stunden vor dem Beginn jener Jagd entdeckt, daß Bruno politisch gefährlich und dabei sehr listig war. Mit sechzehneinhalb Jahren war er bereits so verschlagen wie der Volksverführer, der er heute ist. Zwei Jahre zuvor hatte ich schon einen anderen abstoßenden Zug an ihm entdecken müssen: Grausamkeit! Und da es für mich Grund gab, gerade darüber mehr erschreckt zu sein, als ich es bei jedem anderen Jungen seines Alters gewesen wäre, fand ich es damals besonders schlimm, daß er die Quälerei eines Hundes obendrein listig benutzt hatte, um die Entlassung seines Hauslehrers herbeizuführen.

Er hatte das arme Tier, einen Zwergteckel, mein Geschenk zu seinem vierzehnten Geburtstag, bei kaltem Märzwetter, trotz der Vorhaltungen unseres Dieners, ein gutes dutzendmal hintereinander in einen Wassergraben geworfen. »Damit das Tier die vielen Flöhe loswird!«

Ich erfuhr davon durch den alten Victor, als ich einige Stunden später zum Wochenende nach Belvedere kam.

Auf meinen Vorwurf, er hätte Bruno das Hündchen wegnehmen müssen, erwiderte der Diener, das habe ja nicht einmal der Erzieher gewagt. Ich wisse doch, wie jähzornig der junge Herr sei.

Ich wußte es nur zu gut. Auch wem er darin nachschlug. Darin und also auch in Schlimmerem. Mit dem Hund fängt das an, dachte ich. Der Vater meines Vaters, in jeder Beziehung das Verhängnis der Familie, war, weil er seine Pferde mißhandelte, aus einem Reiterverein ausgeschlossen und öffentlich angeprangert worden.

Am nächsten Morgen ließ ich den Erzieher kommen. Er war noch in Stiefeln, soeben zurück von dem vorgeschriebenen Frühritt mit Bruno.

Es sei keine schöne Handlung gewesen, räumte er ein, doch habe Bruno das Tier nicht quälen, sondern wirklich nur von den Flöhen befreien wollen. Mit kindlicher Ungeduld.

Ich glaubte es nicht. Welche Strafe er vorschlage?

Keine. Natürlich! Darauf schickte ich nach Bruno und überflog rasch den Bericht, in dem der Erzieher mir jeden Abend melden mußte, wie Bruno den Tag verbracht hatte. Kein Wort über die Mißhandlung des Hundes. Das machte mich stutzig, und als Bruno hereintrat, beobachtete ich scharf, ob und wie er den Erzieher anblicken würde. Aber Brunos Augen waren nur auf mich gerichtet und kühl wie immer.

Eine Besprechung der Einzelheiten erübrige sich, sagte ich ihm. Welche Strafe er selber für angemessen halte?

»Die, welche Sie bestimmen, Großvater.«

»Du fühlst dich also schuldig?«

»Nein.«

Vierzehn Jahre war der Bursche alt! Und verstand es schon, zuerst den fleischgewordenen Gehorsam zu spielen, mir aber gleich darauf mit seinem festen ›Nein‹ zu sagen: »Sie sind ein Tyrann.« Ich blieb ruhig. Wenn er sich nicht schuldig fühle, könne ich ihn nicht bestrafen.

»Großvater, nicht wahr, Sie wünschen, daß ich mich schuldig fühle?«

»Nur wenn du es wirklich bist.«

»Warum sind Sie davon so überzeugt?« fragte er zurück. »Ja, ich habe den Hund so oft ins Wasser geworfen, bis ich keine Flöhe mehr auf ihm fand.«

Warum er das aber so heimlich, vor dem unbewohnten Ostflügel des Hauses, und nicht von der neuen Brücke aus getan habe?

Wegen der Dienerschaft. Er erinnere mich daran, daß er Zuschauer, wobei auch immer, nicht vertrage.

Das war ein Argument. Dem Springunterricht, den ihm ein pensionierter Oberst, der beste Lehrer der Hauptstadt, in unserer Reitbahn gab, durfte ich nie beiwohnen. Auch der Erzieher nicht, obwohl der täglich mit ihm ritt.

Hatte ich zu lange mit meiner Antwort gezögert? Er trat dicht vor den Schreibtisch: »Großvater, da ich Sie nicht überzeugen kann, daß ich kein Tierquäler bin, werde ich, gekleidet wie ich hier stehe, dreizehnmal hintereinander von der alten Brücke ins Wasser springen.«

Eine abgefeimte Bestrafung. Für mich! Aber ich spielte den Dickfelligen: In seinem Vorschlag, so oft ins Wasser zu springen, wie der Hund hineingemußt hatte, wolle ich nicht das Geständnis seines Schuldgefühls sehen, sondern die Einsicht, daß man eine unschöne Handlung nur durch eine freiwillige Buße vor sich selbst aus der Welt schafft. Ich sei also einverstanden, unter der Bedingung, daß er seine Buße an einem Tag ableiste, den ich bestimmen würde.

»Heute haben Sie keine Zeit?«

Mit anderen Worten, er halte mich für so klein, die Ausführung überwachen zu wollen. Das war eine Unverschämtheit! Ich hatte daran gedacht, wie kalt das Wasser war. Aber das sagte ich ihm nicht und schickte ihn fort. Wir würden noch darüber sprechen.

Den Erzieher hielt ich zurück. Ich reichte ihm seinen Bericht. Warum mir Brunos Grausamkeit mit dem Hund darin unterschlagen werde?

Die Sache sei ihm nicht bemerkenswert erschienen, auch schon vorbei gewesen, als Victor ihn geholt habe.

Ich wurde mißtrauisch. Tierquälerei bei einem für seine Jahre so reifen Jungen finde er nicht bemerkenswert? Er wisse doch, warum alles, was Brunos Charakter beleuchte, mir berichtet werden müsse.

»Ich vergesse nicht, warum Bruno seiner Mutter weggenommen wurde, aber Sie sind zu streng mit ihm ...«

Ich beherrschte mich und hieß ihn Platz nehmen. Also zu streng! Woher er denn seine Maßstäbe nehme? Meine Kindheit im Waisenhaus, mein selbstverdientes Studium, mein harter Aufstieg, bis zum Chef der größten Chemischen Werke des Landes, was damit verglichen denn Brunos Prinzenleben sei?!

Schließlich habe ich das Recht, stolz darauf zu sein, daß ich, um meinen Weg zu machen, niemals das Geld anderer, irgendein privates oder staatliches Stipendium, in Anspruch genommen habe.

Doch der Erzieher, obwohl schon ein Vierteljahr im Hause, wußte nur, daß ich oft Minister gewesen und noch immer Abgeordneter war und, wie er sagte, ›etwas Wichtiges in der Industrie‹.

Da ich auf eine Frage zusteuerte, die ihm nur unangenehm sein konnte, gab ich mich vertraulich und warf ihm in Stichworten das hin, was bis dahin noch jedesmal in den Zeitungen gestanden hatte, wenn ich in die Regierung berufen oder sonstwie ausgezeichnet worden war. Ich bin ja der nationale Paradefall für die viel mißbrauchte Maxime, nach der, mit genügend Willen, jeder Laufjunge die höchsten Gipfel des Erfolgs erreichen könne. »Mit dem Willen allein«, sagte ich ihm, »schafft es freilich niemand.« Gesundheit, wache Sinne müsse man mit auf die Welt gebracht haben, und ein Schuß Glück sei ebenso notwendig; dennoch sei mein Weg kein Spaziergang gewesen.

Mein Lebenslauf machte ihm keinen Eindruck. »Ich dachte, Sie seien reich geboren, hier auf Belvedere«, sagte er, »Ihre Familie ist doch schon seit drei Jahrhunderten geadelt. Dem Wappen nach.«

Mir lag daran, die Wahrheit über Bruno zu erfahren; so blieb ich geduldig und erklärte ihm, daß Belvedere bereits von meinem

Großvater bis zum letzten Halm und Ziegel vertrunken und verspielt worden war und daß mein Vater, schon in einer Mietskaserne der Hauptstadt geboren, jung als Trambahnschaffner gestorben war. Es schien den traurigen Menschen sehr zu enttäuschen, daß Belvedere nicht von mir persönlich ›zurückerobert‹ worden war, sondern von den Chemischen Werken, als Ferien- und Wochenendsitz für den jeweiligen Generaldirektor. »Also wird Bruno es nicht erben«, sagte er, »wegen der Leichtfertigkeit seines Urgroßvaters. Da sieht mans.«

Eben! Wo Leichtsinn und schlimmere Eigenschaften in der Familie lägen, könne Bruno also gar nicht sorgfältig genug, das heißt streng genug, erzogen werden.

Nicht Leichtsinn, Jähzorn sei Brunos Hauptfehler.

Wohin der Jähzorn führe, ob er das nie beobachtet habe?

»An Bruno?«

Da erzählte ich ihm, daß mein Großvater, wenn er sich geärgert hatte, in die Ställe gegangen war und die wehrlos in den Boxen eingesperrten Pferde gepeitscht hatte.

»Oh!« entfuhr es ihm, »das gibt der Sache ein anderes Gesicht!«

Ich war am Ende der Geduld und fuhr ihn an: »Also heraus mit der Sprache, wie war das mit dem Hund?«

Endlich erfuhr ich die Wahrheit: Von Victor alarmiert, hatte der Erzieher Bruno nicht mehr an der Zugbrücke gefunden, sondern im Park, wo Bruno, außer sich vor Wut, den nach so vielen Zwangsbädern schließlich durchgebrannten Teckel derart mit der Leine traktierte, daß dieser seinen Quäler plötzlich ins Bein biß. Auf die Vorhaltungen des Erziehers hatte Bruno erwidert, das Tier müsse gehorchen lernen, so wie er es habe lernen müssen, dem Großvater zu gehorchen. »Verstehen Sie, daß ich Ihnen das nicht berichten wollte?«

Nun, ich hatte verstanden, daß ich seinen Tagesberichten nie wieder trauen konnte.

Ich mußte nicht mehr viele Worte mit dem Menschen wechseln. Er hatte schnell eingesehen, daß er sich seine Stellung verscherzt hatte und sich sofort und in meiner Gegenwart von Bruno verabschieden mußte.

Als er Bruno eröffnete, schlechte Nachrichten zwängen ihn, mit dem nächsten Zug nach Hause zurückzukehren, blieb Bruno unbewegt. Er erbot sich nicht einmal, ihn zur Bahnstation zu begleiten. Beim Abschied gab er ihm so gelassen die Hand, daß ich, sobald wir allein waren, fragte, ob er denn gar nicht wissen wolle, was für Nachrichten seinen Erzieher getroffen hatten.

»Die Ihren, Großvater! Sie haben ihn entlassen. Ich weiß es.«
Dann wisse er auch warum.

»Es geschieht ihm kein Unrecht. Er hat die Sache mit dem Hund im Tagesbericht verschwiegen.« Und dann fügte er hinzu, eine Abstandssumme über das zustehende Gehalt brauche man dem ›Menschen‹ nicht zu zahlen.

Ob es ihm denn nicht leid tue, einen Erzieher zu verlieren, der ihm, statt mir, ergeben gewesen sei?

»Mir ergeben! Man muß wissen warum! Weil er nicht viel kann. In Mathematik ist er eine reine Null. Und wie er sich auf dem Pferd hält, das sieht doch selbst einer, der nie geritten hat.«

Mit diesem einen war ich gemeint. »Du bist also froh, daß er weg ist?«

Ja, der Erzieher habe, wenn er bei den Schulaufgaben neben ihm gesessen, unerträglich nach Tabak gerochen; widerlich sei es gewesen, und wenn er dem Menschen Pfefferminzbonbons angeboten habe, sei der Wink nicht verstanden worden. Ich möge doch dem neuen, der komme, das Rauchen verbieten und keinen zu einfältigen nehmen.

Wie er das meine: einfältig!

Einige Minuten später hatte er mir mit einer mich herausfordernden Offenheit gestanden, daß er den Erzieher absichtlich habe gewähren lassen, als dieser ihm tags zuvor gesagt hatte, die Sache mit dem Hund bliebe besser verschwiegen. Der einfältige Mensch habe nicht damit gerechnet, daß der alte Victor klatschen würde, und – noch dümmer – nicht gewußt, daß Unehrlichkeit für mich ein Grund sei, jeden, auch den höchsten Angestellten, zu entlassen.

Im Waisenhaus waren wir ähnlich ausgekochte Taktiker gewesen, wenn es galt, einen unbeliebten Kameraden dem Direktor zur Bestrafung auszuliefern.

Warum er seinen Erzieher derart hereingelegt habe, fragte ich. Daß er nach Tabak gerochen habe, könne doch nicht der wahre Grund sein.

Doch! Und dann sei er fade gewesen, tranig, überhaupt, es sei nichts los mit dem Menschen.

Was war dagegen vorzubringen! Wer hat nicht aus ähnlichem Anlaß Menschen schon gemieden oder verabscheut!

Warum er sich nie bei mir beklagt habe, fragte ich.

Jedesmal, wenn er seine Mutter sehen dürfe, schärfe sie ihm ein: Mißfalle ihm etwas in Belvedere, so solle er sich nie bei mir beklagen ...

Wenn er seine Mutter sehen dürfe! Ich überhörte den kaum versteckten Vorwurf und fragte ihn, ob er einsehe, daß er unmännlich und niederträchtig an dem Erzieher gehandelt habe. Und an dem Hund! Ich wisse jetzt auch, was er im Park gemacht.

Endlich schien er einmal aus dem Sattel geworfen. Er senkte den Kopf und schwieg.

Ich drängte auf Antwort.

Mit dem Hund sei er hart gewesen, er gebe es zu, er habe ihn bestraft, ... aber gequält! ... Niemals!

»Und mit dem Erzieher, war das etwa loyal?«

»War er es mit Ihnen?«

Das sei eine ausweichende Antwort. Doch nicht meinetwegen, um ihn loszuwerden, habe er den Erzieher in die Falle gehen lassen.

»Die hat er sich selber gestellt. Aber Sie haben recht, Großvater, ich sehe es ein, ich bin sehr falsch mit ihm gewesen. Doch hatte er es nicht verdient?«

Eckhoud, der zum Diktat hereinkam, machte dem Gespräch ein Ende.

»Großvater, erlauben Sie mir, Eckhoud trotz des Sonntags etwas zu diktieren«, fragte Bruno plötzlich heiter. Er zeigte auf den Stenogrammblock des Sekretärs, und als ich meine Zustimmung gab, diktierte er Eckhoud den Text einer Annonce, die er sogar im ›Hufeisen‹, seiner Reiterzeitschrift, veröffentlichen wollte: »Erzieher, guter Mathematiker – Nichtraucher Bedingung – für vierzehnjährigen, sehr lernwilligen Jungen auf schön gelegenes Wasserschloß gesucht. Fortgeschrittene Reiter und Crawl-Schwimmer bevorzugt. Alter gleichgültig, aber rüstiger Sportsmann ...«

Eckhoud und ich mußten den Text ziemlich kürzen.

Ernst Augustin
Der Kopf

Erstes Buch: Die Katastrophe

Als er an diesem Morgen die Schule betrat, empfand er ein starkes Schlafbedürfnis, noch ehe er die Vorhalle mit den roten Backsteinsäulen durchquert hatte. Das große Treppenhaus hallte vom Geschrei der Schüler, die vor Beginn des Unterrichts umherrannten und laut klapperten, pfiffen oder brüllten. Manche sahen ihn nicht einmal, nur die ihm unmittelbar entgegenrannten, hielten plötzlich im Brüllen inne und warteten, bis er vorüber war – etwa zehn Schritte lang –, brüllten dann weiter. Asam zog, indem er langsam die Treppe hinaufstieg, diesen gewissen schallverdünnten Raum mit sich, der sehr wichtig für den Lehrer ist, da sein Ausmaß in direkte Beziehung zum Respekt gesetzt werden kann. Asam verbreitete einen vergleichsweise mittelgroßen Raum, der Direktor einen nur wenig größeren, Czibulka gar keinen und Nolde den größten, der sich manchmal über eine ganze Flurlänge erstreckte. Wieso das so war, wußte niemand.

Der erste Flur roch sehr stark nach Knaben. Asam empfand den ersten Flur jeden Morgen als eine niederschmetternde Wirklichkeit, eine Wirklichkeit, ja, tatsächlich. Er fuhr sich mit der Hand über die Stirn und stieg aufwärts. Der zweite Flur war hellblau gestrichen. Hier stand über dem Treppenbogen die Inschrift »nunquam retrorsus«. In der Ecke ragte die Büste eines früheren Direktors.

Um acht Uhr betrat Asam das Klassenzimmer, wo die Tafel mit dem Käfer bereits an der Wand hing. Er legte auf folgendes Wert: die Klasse mußte absolut still auf den Plätzen stehen, und die Tafel mit dem Käfer, der einem aufgeschnittenen Panzerwagen ähnelte, mußte hängen. So hatte er das eingeführt. Eins und zwei uuund drei. Müde sah er vom Pult herab auf die dreißig Gesichter.

»Was war denn aufgegeben? – –« Die dreißig Gesichter standen unverwandt hochgerichtet wie kleine blasse Pilze. Asam suchte sein Zensurenbuch heraus und schritt die Namen mit dem Finger ab. Zwischendurch sah er knapp unter den Brauen hervor, so daß ihm nichts entging. In der dritten Reihe rechts verschwand Exners Gesicht hinter dem Vordermann. Er lief weiter mit dem Finger die Namenreihe ab und hatte sie ganz abgeschritten, ohne jemanden ausgewählt zu haben, denn inzwischen war ihm bereits sein Lieblingsgedanke eingefallen, das Terrarium. Äußerlich war ihm das kaum anzumerken, die dreißig Gesichter warteten weiterhin ängstlich darauf, wen er drannehmen würde. Frau von Selchow wird sich damit abfinden müssen, sie wird nichts sagen können. Zwei mal drei Meter. Na, dachte er, vielleicht ein bißchen zu groß. Einssiebzig mal zweiachtzig. Er nickte und schrieb ins Zensurenbuch: Einssiebzig mal zweiachtzig. Dann radierte er es schnell wieder aus, und die dreißig bemerkten das, wußten aber nicht, was sie daraus entnehmen sollten. Unten mit Zinkblech ausgeschlagen, dachte Asam, wegen der Feuchtigkeit, das muß schon wegen Frau von Selchow so sein, und in der Mitte ein Teich, »für die Tiere«. Er schrieb: »Für die Tiere« und malte einen eiförmigen Umriß. Exner saß genau hinter seinem Vordermann, so genau, daß sich die Köpfe deckten. Exner, dachte er, ich werde dich drannehmen, und in diesem Augenblick schob sich Exner etwas hervor, bis er sich auf einmal zu seinem Erschrecken genau unter den Augen des Lehrers befand. Er hatte ein rotes Wolljäckchen an, und sein rundes Gesicht war weiß und rot wie eine Süßspeise. Asam klopfte mit dem Bleistift auf die Tischplatte, so daß die Knaben sich gerade hinsetzten.

»Exner!« sagte er, »nun sag mal auf, was du gelernt hast.« Exner erhob sich und hing schief in der Bank.

Wie ich es mir vorgestellt habe, dachte Asam, er hat nicht gelernt; nun soll er stehen, damit er sich schämt. Das Terrarium, dachte er und nickte dazu. Dann überlegte er, wie er es bepflanzen sollte. Eine Art Wald mußte es haben, ein Dickicht aus Farnkräutern, in dem die Käfer mühsam herumspazieren würden.

»Nun also, was ist, Exner. – Nichts? Das habe ich mir gedacht.« Exner hing schräg und bohrte mit dem Finger auf dem Pultdeckel herum.

»Komm, stell dich hierher. Nein – nicht so, dreh dich rum, sieh die Klasse an. – Meinst du, die Hausaufgaben sind dazu da, daß man sie nicht erledigt? – – – –«

Jetzt sagt er gar nichts mehr. »Ex-ner!«

Exner stand gut genährt im roten Jäckchen vor dem Katheder und schämte sich. Ein Terrarium, dachte Asam, mit tropischen Temperaturen, jeden Tag Regen. Aber wenn er an dieser Stelle angelangt war, begann er regelmäßig über das Problem des Regens nachzugrübeln, wobei ihm eine Fülle unklarer Technik vorschwebte, feingebohrte Löcher in der Glasplatte etwa, oder dünne Röhren; jedoch wußte er nicht, ob es funktionieren würde.

»Setz dich«, er holte Luft und befahl kurz: »Hefte raus. Oben drüber, Klassenarbeit, Datum – «

Das sah so aus: die dreißig kleinen bleichen Pilze wurden eine Spur bleicher und rückten enger zusammen.

»Abstand«, kommandierte Asam und hieb mit der flachen Hand auf den Tisch.

In der Pause saß er im Lehrerzimmer am Tisch und aß sein belegtes Brot aus der Tüte. Neben ihm saß Nolde, der »ebend« sagte.

»Dann muß die Schule ebend gleich geschlossen werden während der Umbauten. Es geht ebend nicht anders.« Das war seine Eigenheit. Nolde hatte einen kahlen Kopf und litt an der Galle, weshalb er allgemein gefürchtet wurde. Diese Schule war, wie jede andere, ein massiver Backsteinbau mit Korbbogenfenstern, der

Lehrkörper wie jeder andere, nur deshalb eigenartig, weil die dauernde Aufmerksamkeit von fünfhundert Schülern auf ihn gerichtet war. Draußen vor dem Fenster entstand Lärm. Nolde sprang zum Fenster, stieß die Flügel auf: »Es ist jeden Tag dasselbe«, sagte er. Unten hielten sich zwei gepackt und rangen, während der gesamte Schulhof herbeieilte und einen Ring bildete. Hööö. Kollege Czibulka, der die Aufsicht führen sollte, zerteilte den Haufen. Höööö. Aber erst als sie Noldes Gesicht im Fenster sahen, gingen die Schüler auseinander. »Jeden Tag dasselbe«, sagte Nolde drohend.

Dann klingelte es, und die Schüler gingen langsam zurück ins Gebäude. Asam sah, daß sie an der Tür zusammenklumpten, was gegen die Regel war. Er trank seinen Malzkaffee aus und wischte sich mit dem Handrücken altväterisch über den Bart. Nolde und Schirrmacher sahen fort; sie dachten beide gleichzeitig: Man kann es nicht mit ansehen. Böttcher rülpste daraufhin und blickte erstaunt um sich. Als es zum zweiten Male klingelte, mußten auch die Lehrer ihre Pause beenden und sich von den Stühlen erheben.

Dieses Mal stieg Asam noch eine Etage höher und betrat ein schimmelgrünes Klassenzimmer, wo die Schüler stramm neben den Bänken standen und an der Wand zwei Bilder hingen, eines links: Caspar David Friedrichs Domruine im Schnee, eines geradeaus: Hagen von Tronje mit Günther auf dem Ritt nach Worms. Asam setzte sich hin und schlug den Caesar auf, wobei ihn, wie immer in dieser Stunde, ununterdrückbar eine innerliche Kälte beschlich. Ein Landwirtssohn in der vorderen Bank erklärte:

»Vercingetorix erhielt die Nachricht – «

»Tat er das?« »Nein.« »Also!« »Vercingetorix – « »Obwohl!« »Obwohl Vercingetorix die Nachricht erhielt, daß die Legionen – «

Asam dachte, daß das Terrarium auf Füßen stehen müßte wie ein Tisch. »Setzen Sie sich«, sagte er, »Niebert!«

»Obwohl Vercingetorix die Nachricht, daß Caesar die Legionen in schnellen Tagereisen – « Asam nickte und blickte aus dem Fenster. Die Fenster waren alle bis zur Hälfte milchig gehalten, aber jenes zur Seite des Katheders war geöffnet, so daß er hinausblicken konnte. Oder demzufolge er hinausblicken konnte. »Dergestalt, daß die Vorhut nicht den Feind – « «Den Feind?« »– nicht mit dem Feind – « »Also!« Ich werde einen Tischler beauftragen, dachte Asam, der mir das ganze mit Zinkblech ausschlagen soll. Es konnte nicht viel kosten, und die Blumenerde würde er selber kaufen. Dann blickte er wieder aus dem Fenster: Unten vor der Schule standen Else und ihr Vater. »… und schon vier von den fünf Marschsäulen –« Asam setzte sich plötzlich aufrecht hin. Das hatte er erwartet, jawohl, dachte er, so mußte es kommen. »– den fünf –« »Donnerwetter«, brüllte er, »was ist mit den fünf Marschsäulen?« Der Schüler wußte es nicht. Er litt an einer Rachenmandel, weshalb er auch dann, wenn er nicht sprach, den Mund offenhielt, so daß sich im Laufe der Jahre sein Gesicht nach diesem Leiden gebildet hatte. »Noch einmal von vorn.« Der Schüler begann: »Wenn Vercingetorix …«

Else und ihr Vater waren jetzt nicht zu sehen, und Asam überlegte: entweder hatten sie das Schulgebäude betreten und kamen jetzt die Treppe herauf, oder sie waren fortgegangen, was auch nur Aufschub bedeutete. Wie hartnäckig sie sind, dachte er, aber ich habe es nicht anders erwartet.

»… in schnellen Tagereisen, dergestalt daß die Vorhut sich mit dem Feind ins Verhält – in Verhältnis setzen …«

Asam hatte sie gestern gesehen. War aber, wie er glaubte, von ihr nicht bemerkt worden. Im Hotel Oberländer: sie saß mit ihren Eltern nach hinten hinaus im Wintergarten. Sie war, als sie dort saß, so sehr »Else« wie nur je, lächelte, wie er es in Erinnerung hatte – auf dem Tisch standen drei Eisbecher –, sie preßte beim Lächeln die Lippen aufeinander und sah aus wie ein ganzes Leben, wie das Schlafzimmer für tausendzweihundert Mark und jenes Service. Er war sehr erschrocken, als er sie bemerkte, und war auf der Stelle umgekehrt.

»… fünf Marschsäulen – auf dem Fuße folgten, antrieb und selbst stehenden Fußes in die Winterquartiere zu gehen anstrengte –«

»Was ist das für ein Deutsch!«

»Ich meine: Caesar strengte an.«

»Ihre Meinung ehrt Sie.« Gelächter der Klasse.

»Setzen. *Ich* übersetze: – und selbst stehenden Fußes in die Winterquartiere zu gelangen sich bemüßigte, Nachricht erhielt …«

Else, dachte er. Sie bringt es fertig und folgt mir bis in die Schule, oder ihr Vater bringt es fertig.

Als er nach der Lateinstunde ins Lehrerzimmer kam, verlangte man ihn am Telephon. »Ja«, sagte er, »Asam.« Der Pförtner meldete, daß ihn jemand zu sprechen wünsche.

»Wer?«

»Ich weiß nicht, ich hab den Namen nicht gefragt. Ich hab gefragt, ob er wegen einem Schüler kommt, aber er sagte, er wolle Sie nur sprechen.«

Asam setzte sich an den Tisch und versuchte zu essen. Dann kam Nolde herein, der ihm ausrichtete, daß auf dem Flur jemand auf ihn warte, er nehme an, es sei der Vater eines Schülers.

»Ja«, sagte Asam, »ich weiß.« Er ging langsam auf die Tür zu, blieb dann aber vor der Lehrerbibliothek stehen, einem hohen Büchergestell mit Glastüren. Er beugte sich vor und versuchte einen orangeroten Titel durch die Glasspiegelung hindurch zu erkennen, und als er ihn erkannt hatte, legte er den Kopf waagerecht, um einen quergeschriebenen Titel zu lesen: Reisen im südlichen Thüringen. Nolde beobachtete ihn mißbilligend:

»Die Pause ist gleich zu Ende. Wenn Sie draußen noch jemanden sprechen wollen – «

Asam aber schloß eine der Glastüren auf und las weitere Titel. Dann nahm er ein Buch und schlug es auf. Kommunikationssysteme.

»Ja«, sagte er, »sofort.« Es roch nach Staub und altem Papier. Die Abbildungen waren außerordentlich exakte Tiefdrucke von Ludwig Wagner: kommunizierende Röhren, 1895 in Kupfer gestochen. Nolde sah ungehalten zu. Dann klingelte es. »Da, bitte«, sagte Nolde, nahm einen Stoß Hefte und ging hinaus, und Asam mußte nun auch das Lehrerzimmer verlassen. Draußen wartete Elses Vater, im Paletot und mit halbsteifem runden Hut, der oben etwas eingedellt war. Er sieht passabel aus, dachte Asam, er sieht aus, als ob er Geld hätte, er hat aber keines.

»Guten Tag, Friedrich«, sagte Elses Vater, »wie geht's denn so?«

»Jaha«, sagte Asam, »das ist aber eine Überraschung.« Er hielt sich dicht an der Wand, so daß er sich etwas abstützen konnte. »Wie geht's denn Else?« »Danke sehr, danke, sie ist im Hotel. Und selbst?« Du lügst, sie ist nicht im Hotel, sie steht draußen.

»Ja«, sagte Elses Vater.

Asam stützte sich von der Wand ab, und dann federte er etwas, als ob ihm leicht zumute sei.

»Wir sind auf der Durchreise, weißt du, und da dachten wir, weil du und Else – ihr habt euch ja lange nicht gesehen – deshalb dachten wir, hier ein wenig Station zu machen.«

»Ja«, nickte Asam lebhaft.

Elses Vater war von seiner Familie sorgfältig ausgestattet worden, der Mantel war neu und der Hut auch, wahrscheinlich hatte er letzteren nicht einmal selbst wählen dürfen. Asam erschrak zum zweiten Male: Sie hegten wohl wirklich ernste Absichten.

Hingegen sagte er:

»Ja, ich freue mich sehr, daß ihr Station machen wollt. Das ist aber eine Überraschung«, und fügte noch hinzu, »das hätte ich nicht gedacht.« Das hätte ich wirklich nicht gedacht.

»Dann könntest du doch heute abend mit uns essen«, schlug Elses Vater vor. »Wir wohnen im Hotel Oberländer.«

»Selbstverständlich.« Der Schulhausflur war weiß, blau, rot gefliest, speckweiß, schieferblau und ziegelrot. Nun soll ich im Hotel mit ihnen essen, dachte Asam und bedankte sich laut, er freue sich.

»Um acht?« fragte Elses Vater.

»Ausgezeichnet.«

»Um acht im Hotel Oberländer.«

Das Hotel Oberländer war ein vornehmes Hotel, wo nur wohlhabende Leute verkehrten (der Adel allerdings ging zu Wogener); daß Elses Familie im Hotel Oberländer wohnte, war ein weiterer beängstigender Zug, den sich wahrscheinlich Elses Mutter ausgedacht hatte. Asam sah sie deutlich vor sich, wie sie auf dem mittelgrauen Hut bestand: sie sagte ›Konrad‹ und deutete auf den Hut. Ich möchte wissen, was sie Else alles eingeschärft hat, dachte er.

»Bleibt's also dabei?« sagte Elses Vater. – »Da soll ich sicherlich Else einen schönen Gruß bestellen?«

Der Vater traf Else an der Straßenecke. Sie war in einen Mantel mit Schößen gekleidet und sah ihm besorgt entgegen. »Er trägt jetzt einen Vollbart«, sagte er.

HERMANN LENZ
Frau im Dornbusch

Ein kalter Tag mit funkelndem Himmel. Hinter der Tür hatte die Steintreppe löcherige Stufen, aus denen ein Stück ausgebrochen war; sie machte eine Kehre. In die Ecke des kopfhohen Steinschachts wurden trockene Blätter hereingeweht; die Wände waren rauh. Efeuranken, ein dunkles Gehänge mit schlangenbraunen Ruten zeigte dreizackige Zwergenhände. Grüner Schimmel, ein Belag aus Moos, hatte die Wände verfärbt und schien sich ständig auszubreiten oder zu verringern, zusammenzuziehen und zu langen Fransen zu erstarren, je nachdem das Licht sich änderte; denn das Licht war hier das Wichtigste. Ohne das Licht wäre nichts gewesen; die Leute vergaßen immer das Licht und daß es alles hervorlockte, was es gab. Denn die Geschichte spielt in einer Zeit, da alle Menschen verhängt waren, schwarz verhängt. In unserer Zeit spielt sie, jetzt. Passen Sie auf, wie verhängt die Menschen waren, auch die jungen; aber vielleicht werden Sie das gar nicht merken.

Hinter der Treppe mit den löcherigen Stufen, die in einen Vorgarten führte, war ein hoher, dichter und kahler, ein schwarzer Dornbusch in rotbraunem Erdreich festgewachsen. Schlehengebüsch, werden Sie sagen, ach, das kennt man doch. Ja, ein Schlehenbusch, aber ohne Schlehen; die waren alle abgefallen, denn jetzt herrschte grämlicher November.

Im Schlehenbusch lag eine Frau. Wenn sie sich bewegte, stachen ihr Dornen ins Kleid, rissen Fetzen heraus und kratzten sie. Unter ihrem linken Auge stak im Backenfleisch ein schwarzer Dorn, den sie nicht zu spüren schien; sie hätte ihn doch sonst herausgezogen; aber vielleicht konnte sie sich nicht mehr rühren? Einen Schuh hatte sie verloren, und ihre Zehen unterm dünnen Strumpf waren bläulich rot. Ich sollte einen Brief in dem Etagenhaus abgeben bei einem gewissen Doktor Bitter, Frauenarzt.

»Soll ich jemand rufen? Soll ich Ihnen helfen? Kommen Sie allein nicht mehr aus dem Dornbusch heraus?«

Sie sah mich glasigen Blicks an und sagte: »Nicht fragen ... Sie dürfen mir nicht helfen; es nützte nichts, wenn Sie versuchten, mich herauszuholen. Wenn Sie gingen, fiele ich sofort wieder hinein.«

»Von selbst?«

»Jawohl.«

Ich verstand sie nicht, aber wer versteht schon einen andern, und wenn eine Frau im Dornbusch liegen will, ist's schwierig, sie davon abzubringen. Also ging ich in das Etagenhaus hinein, suchte den Doktor Bitter, fand auch die Glastür im ersten Stock, wo das kahle Treppenhaus auffallend üppig verändert war und nach dem ersten Podest auf halber Höhe statt des wackligen Geländers eine armdicke Samtkordel hatte, die von Messingringen gehalten wurde und sich als dunkelrote Girlande an der mit Marmor verkleideten Wand hinaufwand. Die Stufen waren mit Läufern belegt, an der Glastür nahm mir ein Mädchen, das lila Lidschatten und halblanges schwarzes Haar hatte, meinen Brief ab.

Ich ging weg und fand im Schlehenbusch immer noch die Frau; an ihr war nichts verändert, sie lag auf dem Rücken, und unter ihrem linken Arm steckte der lange schwarze Dorn im Fleisch. Vielleicht, daß die Backe praller als zuvor geschwollen war.

»Bitte, stillsein. Sonst geschieht etwas. Tun Sie, bitte, so, als wäre ich nicht da«, flüsterte sie. Aber das konnte ich nicht, es mußte doch etwas geschehen. Freilich, reden nützte nichts; also irgendwo ein

Buschmesser, eine Gartenschere oder wenigstens ein Beil holen, um den Dornbusch umzuhauen und sie herauszuziehen. Und mir fiel ein, im Vorplatz hinter der Glastür des Doktor Bitter über einer Barockkommode zwei gekreuzte japanische Schwerter gesehen zu haben; eines davon hätte genügt, um die Frau zu befreien, aber vielleicht half mir mit dem anderen das Mädchen, das meinen Brief für Doktor Bitter in Empfang genommen hatte. Eine hübsche Person, schlank, schmal, in engen Nietenhosen ... erinnerte ich mich und dachte, Nietenhosen seien die richtige Arbeitskleidung für ein solches Geschäft.

»Überlegen Sie sich nichts. Gehen Sie weg. Los ... schnell«, sagte sie und bekam weite Augen, als sähe sie etwas Bedrohliches. Dann machte sie die Augen zu und ließ den Kopf halboffenen Mundes noch tiefer zurückfallen. Ihr Haar, blond mit rötlichem Hauch, auffallend seidiges, glänzendes Haar, war mit dürren Blättern vermischt, erdschmutzig und verwirrt.

Hinter mir hörte ich Schritte, jemand pfiff durch die Finger, und eine Mädchenstimme lachte. Ein großer, breitschultriger Bursche kam aus dem Haus gelaufen und zog das hübsche Mädchen hinter sich her. Als sie mich sahen, wurden beide still und kamen langsam auf mich zu. Der Bursche hatte ein bleiches Gesicht und stellte sich neben mich. Dann fragte er, die Hände in den Taschen und den Kopf vorstreckend: »Sagen Sie, was wollen Sie eigentlich hier? Aber am besten ist, Sie sagen nichts und gehen still nach Hause.«

»Aber man kann doch die Frau nicht hier liegen lassen.«

»Das müssen wir besser wissen; schließlich sind wir ihre Kinder.« Der Bursche zog einen Revolver aus der Hosentasche, eine große und blanke Waffe, und begann die Trommel zu drehen, daß es leise knackte. Ich sah, daß keine Patronen darin steckten, und sagte: »Sapperlot, ein Smith and Wesson! Woher haben Sie ihn denn?«

»Aus der Altstadt. Sie interessieren sich auch für Pistolen?«

Jetzt wußte ich, daß er mich ›angenommen‹ hatte. Weil ich Bescheid wußte über Revolver und Pistolen, nahm er mich, den Älteren, ernster als zuvor. Aber ich kannte nur einen Smith and Wesson-Revolver, den wir in der Schule hatten abzeichnen müssen, erinnerte mich, im Frankreichfeldzug eine neue belgische Pistole für eine alte Reithose mit Lederbesatz umgetauscht zu haben, wußte notdürftig über die Pistole null acht Bescheid und sah eine Mauserpistole meines Vaters vor mir, als sich der Bursche zur Seite drehte und in den Dornbusch spuckte.

»Wundern Sie sich nicht darüber«, sagte die Frau. »Es ist richtig, daß er das tut. Ich bin schuld daran, daß er im Examen durchgefallen ist und Autoschlosser lernen muß. Auch daß er bis vor kurzem Bettnässer gewesen ist, daran bin ich ebenfalls schuld. Ich habe meinen Kindern nicht die nötige Nestwärme geschenkt. Ich bin eine unfähige, eine launische und nervöse Mutter. Ich habe drauf gedrungen, daß ich von meinem Mann geschieden worden bin, und er sagt deshalb immer: ›*Deine* Scheidung hat mich zuviel Geld gekostet.‹ Mein Mann hat recht. Deshalb liege ich im Dornbusch.«

»Heute abend gehe ich wieder mit Erich fort«, sagte der Bursche und wandte sich mir zu: »Dieser Erich ist nämlich mein Freund. Manchmal bleibt er nachts bei mir. Das quält sie arg«, sagte er und zuckte mit der Schulter zur Frau im Dornbusch. »Aber jetzt kann sie nichts mehr machen. Übrigens: mein Vater gibt mir immer recht, wenn ich ihm erzähle, daß sich die Mama so aufregt. Ach, Sie wissen nicht, was die schon alles angestellt hat, alles wegen mir und Elfi ... Einmal ist sie gar zur Polizei gelaufen, aber das ist nicht das Schlimmste. Wenn sie allein zu Hause sitzt und sich betrinkt, weil wir ihr weggelaufen sind, das ist schon ärger. Was glauben Sie, wie die dann herumtelephoniert und lallend mit ihren Freunden und Freundinnen schwätzt, jammernd lallt sie, mein Herr, stellen Sie sich das bloß vor! Aber sie liebt doch ihre Kinder.«

»Wenn Ihnen das Spaß macht, wenn Sie sich darüber amüsieren, dann lassen Sie sie doch wieder heraus. Als eine, die im Dornbusch liegt, kann sie Ihnen doch wenig Gründe zum Gaudium vermitteln, oder?«

»Sie haben eine Ahnung! Was glauben Sie, was dessentwegen alles passiert ist! Es genügt schon, wenn der Briefträger kommt und sagt: ›Aber Kinder, jetzt seid doch vernünftig und laßt eure Mutter wieder in die Wohnung!‹ Wissen Sie, der Mann hat einen harten Dienst, seine Tasche zieht ihm die Schulter schief, und trotzdem bringt er Mitgefühl ins Haus! Also, ehrlich gesagt, für mich und Elfi ist das komischer, als wenn uns der Herr Pfarrer ins Gewissen redet. Der macht's doch bloß aus beruflicher Routine, der ist nicht engagiert, und insgeheim hab ich ihn im Verdacht, daß er froh ist, wenn er einen Grund hat, seine Amtswürde auszuspielen. Und das ist, weiß Gott, kein gewöhnlicher Grund. So immer zu alten Jungfern gehen, Betstunden halten oder sich überlegen müssen, ob er einen Selbstmörder beerdigen soll, das ist alltäglich; das langweilt den doch längst. Aber so etwas wie hier ... Das ist eine Aufgabe! Da kann er einen tiefen Blick tun in die grausame jugendliche Seele.

Und dieser Blick eröffnet sich doch einem Pfarrer nicht an jedem Tag!«

Der Bursche redete sich in ein seltsames Feuer hinein, er war überzeugt, recht zu haben, und schien sich dabei weder etwas Zynisches noch etwas Grausames zu denken. Und die Frau sagte: »Ja, mein Sohn hat recht. Sie müssen zugeben, daß er im Recht ist. Sehen Sie, ich war eine pflichtvergessene Frau. Oh, Sie können es sich nicht vorstellen, wie sehr ich meinen Kindern geschadet habe durch allzu große Liebe. Ich ließ ihnen alles durchgehen. Und wenn ich beispielsweise meinem Sohn verbot, sein Dolchmesser gegen die Zimmertür zu werfen, daß es dort steckenblieb, lächelte mein Mann und sagte: Mach nur weiter ... So strafte mich mein Mann, der genau wußte, daß es ein Vergehen von mir war, dem Burschen zu verbieten, daß – Aber ich brauche wohl kein Beispiel mehr zu nennen, um Ihnen zu beweisen, wie berechtigt, wie zutiefst in Ordnung es ist, wenn ich hier liege. Also, lassen Sie mich liegen, gehen Sie nach Hause. Sie haben Ihren Beschwerdebrief bei Dr. Bitter abgegeben, aber das ändert nichts an meiner Lage. Wie Sie wissen, bedauerte ich's nur, wenn an ihr etwas anders würde.«

Ich sah mich um. Das Mädchen mit den bläulichen Lidschatten pflückte eine Rose von einem Busch, eine späte Rose; jetzt im November eine Seltenheit. Aber was mich am meisten verwunderte, war dies: das Mädchen brauchte weder eine Schere, um die Rose vom Zweig zu trennen, noch riß es sie mühsam ab, denn Rosen haben zähe Stengel; sie knipste sie mühelos mit ihren langen, an den Rändern wohl geschärften Fingernägeln von der Ranke ab und gab sie mir: »Weil Sie einsichtsvoll sind, weil Sie uns verstehen und Achtung haben vor dem selbstgewählten Martyrium unserer Mutter, das wir nicht stören dürfen«, sagte sie, stellte den Fuß auf den Randstein der zerfallenden Rosenbeete und ließ überm Knie ein Stück Oberschenkel sehen, denn jetzt trug sie einen Rock, der an der Seite tief geschlitzt war.

Ich roch an der Rose, aber sie hatte kaum noch Duft. Dann ging ich fort und dachte, daß die Frau im Dornbusch glücklich sei; denn auch ich war schwarz verhängt.

Zu Hause füllte ich Wasser in eine Vase und stellte die Rose hinein. Da war es keine Rose, sondern ein Knochen.

Ilse Aichinger
Mein grüner Esel

Ich sehe täglich einen grünen Esel über die Eisenbahnbrücke gehen, seine Hufe klappern auf den Bohlen, sein Kopf ragt über das Geländer. Ich weiß nicht, woher er kommt, ich konnte es noch nie beobachten. Ich vermute aber, aus dem aufgelassenen Elektrizitätswerk jenseits der Brücke, von wo die Straße pfeilgerade nach Nordwesten geht (einer Weltrichtung, mit der ich ohnehin nie etwas anfangen konnte) und in dessen verfallener Einfahrt abends manchmal Soldaten stehen, um ihre Mädchen zu umarmen, sobald es finster geworden ist und nur mehr ein schwacher Fetzen Licht über dem rostigen Dach liegt. Aber mein Esel kommt früher. Nicht daß er schon zu Mittag käme oder kurz danach, wenn die Sonne noch grell in jeden einzelnen der verlassenen Höfe drüben sticht und zwischen die Ritzen der vernagelten Fenster. Nein, er kommt mit dem ersten unmerklichen Nachlassen des Lichtes, da sehe ich ihn, meistens schon oben auf dem Steg oder während er die Stegtreppen hinaufsteigt. Nur ein einziges Mal sah ich ihn schon auf der andern Bahnseite über das Pflaster klappern, aber er sah eilig aus, als hätte er sich verspätet. Damals schien es mir übrigens, als käme er geradewegs aus dem halboffenen und in der Hitze stillstehenden Tor des alten Elektrizitätswerks.

Um Bahnbedienstete oder sonst Leute, die die Brücke passieren, kümmert er sich nicht, er weicht ihnen höflich aus, und auch das Stampfen und Pfeifen der Züge, die zuweilen, während er darüber geht, unter der Brücke durchfahren, läßt ihn gleichgültig. Oft wendet er den Kopf seitwärts und schaut hinunter, auch zumeist dann, wenn kein Zug kommt, und nie für sehr lange. Mir scheint es, als wechselte er dann einige Worte mit den Geleisen, aber das ist wohl nicht möglich. Und zu welchem Zweck auch? Ist er jenseits der Mitte der Brücke angelangt, so verschwindet er nach einigem Zögern, ohne umzukehren. Darüber, nämlich über die Art seines Verschwindens, täusche ich mich nicht. Ich verstehe das auch ganz gut, weshalb sollte er sich die Mühe nehmen und umkehren, da er den Weg doch kennt?

Aber wie kommt er, von wo kommt er, wo entsteht er? Hat er eine Mutter oder ein Lager von Heu in einem der stillen Höfe da drüben? Oder bewohnt er eines der ehemaligen Büros und hat darin eine Ecke, die ihm vertraut ist, ein Stück Wand? Oder entsteht er, wie Blitze entstehen, zwischen den ehemaligen Hochspannungsmasten und den herabhängenden Leitungen? Ich weiß freilich nicht genau, wie Blitze entstehen, ich will es auch nicht wissen, außer mein Esel entstünde wie sie. Mein Esel? Das ist ein großes Wort. Aber ich möchte es nicht zurücknehmen. Sicher ist es möglich, daß auch andere ihn sehen, aber ich werde sie nicht fragen. Mein Esel, den ich nicht füttere, nicht tränke, dessen Fell ich nicht glatt reibe und den ich nicht tröste. Dessen Umrisse sich aber gegen die fernen Gebirge so unzweifelhaft abheben wie die Gebirge selbst gegen den Nachmittag. Für meine Augen, mein Esel also. Weshalb soll ich nicht bekennen, daß ich von dem Augenblick lebe, in dem er kommt? Daß seine Erscheinung mir die Luft zum Atem schafft, gerade er, sein Umriß, die Schattierung seines Grüns und seine Art, den Kopf zu senken und auf die Geleise hinunterzuschauen? Ich dachte schon, daß er vielleicht hungrig wäre und nach den Gräsern und spärlichen Kräutern ausschaute, die zwischen den Bahnschwellen wachsen. Aber man soll sein Mitleid bezähmen. Ich bin alt genug dazu, ich werde ihm kein Bündel Heu auf die Brücke legen. Er sieht auch nicht schlecht aus, nicht verhungert und nicht gepeinigt – auch nicht besonders gut. Aber es gibt sicher wenige Esel, die besonders gut aussehen. Ich möchte nicht in die alten Fehler verfallen, ich möchte nicht zuviel von ihm verlangen. Ich will mich damit begnügen, ihn zu erwarten oder vielmehr: ihn nicht zu erwarten. Denn er kommt nicht regelmäßig. Vergaß ich es zu sagen? Er blieb schon zweimal aus. Ich schreibe es zögernd nieder, denn vielleicht ist das sein Rhythmus, vielleicht gibt es so etwas wie zweimal für ihn gar nicht und er kam immer, er kam regelmäßig und wäre verwundert über diese Klage. Wie er auch sonst über vieles verwundert zu sein scheint. Verwunderung, ja, das ist es, was ihn am besten bezeichnet, was ihn auszeichnet, glaube ich. Ich will lernen, mich auf Vermutungen zu beschränken, was ihn betrifft, später auch auf weniger. Aber bis dahin gibt es noch vieles, was mich beunruhigt. Mehr als sein möglicher Hunger zum Beispiel, daß ich den Ort seines Schlafes nicht kenne, seiner Ruhe und damit vielleicht seiner Geburt. Denn er benötigt die Ruhe. Es könnte sogar sein, daß er jedesmal den Tod benötigt, ich weiß es nicht. Ich halte es für anstrengend, jeden Abend so grün wie er über die Brücke zu gehen, so zu schauen wie er und im rechten Moment zu verschwinden.

    Ein solcher Esel braucht Ruhe, viel Ruhe. Und ob ein altes Elektrizitätswerk dazu der richtige Ort ist, ob es genügt? Ob die herabhängenden Leitungsdrähte ihn sanft genug streicheln, sobald er nicht da ist, während seiner Nacht? Denn seine Nacht ist länger als die unsere. Und ob die Umrisse der Berge ihm ihre Freundschaft genügend bezeigen während seines Tages? Denn sein Tag ist kürzer. Wie immer, ich weiß es nicht. Ich werde es auch nicht erfahren, denn mein Ziel kann nur sein, immer weniger von ihm zu wissen, so viel habe ich während des halben Jahres, das er nun kommt, schon gelernt. Von ihm gelernt. Und so werde ich es vielleicht auch ertragen lernen, wenn er eines Tages nicht mehr kommt, denn das befürchte ich. Er könnte vielleicht mit der Kälte ausbleiben, und das könnte ebenso zu seinem Kommen gehören wie sein Kommen selbst. Bis dahin will ich es lernen, so wenig von ihm zu wissen, daß ich auch sein Ausbleiben ertrage, daß ich dann meine Augen nicht mehr auf die Brücke richte.

Aber bis ich soweit bin, träume ich manchmal davon, daß er einen grünen Vater und eine grüne Mutter haben könnte, ein Bündel Heu in einem der Höfe da drüben und in den Ohren das Gelächter der jungen Leute, die sich in die Einfahrt drücken. Daß er manchmal schläft, anstatt zu sterben.

INGE MÜLLER
Die Radfahrer

Auf der Straße zur Hauptstadt fuhr ein Pferdewagen. Seine Räder zogen zwei schwarze Rinnen in den hellen Staub. Hinter dem Wagen, in den Rinnen, fuhren zwei Radfahrer, eine Frau und ein Junge.

»Kauft Vater mir bestimmt ein neues Rad zu Ostern? Hat er was gesagt?« fragte der Junge.

Er sprach sehr laut, um das Quietschen seines Fahrrades zu übertönen, und fuhr näher an die Frau heran. Sie schreckte zusammen und sah verständnislos zu ihm auf. Ohne zu antworten, trat sie schneller. Ihr dunkler Wettermantel bauschte sich an ihr wie eine zweite, zu lockere Haut. Sie tastete hastig darüber hin und zog mit einer vorsichtigen Bewegung die Mantelenden fester über die Knie. Ganz nahe war der Pferdewagen vor ihr. Sie überholte ihn. Der Junge hatte Mühe, ihr zu folgen. Er hob die rechte Hand von der Lenkstange und schob die Träger des Rucksacks auf seinen schmalen eckigen Schultern zur Seite, sie drückten ihn. Er holte die Mutter ein, als sie angestrengt zutrat, um eine Steigung der Landstraße zu überwinden. Sein spitzes gebräuntes Gesicht rötete sich, er kniff die Lippen zusammen und atmete schwer im Takt seiner fester zutretenden Beine. Die Steigung kannte er, wie er die Straße kannte.

Unzählige Male war er sie gefahren, hinauf und hinunter, mit der Mutter und allein. Heute erschien sie ihm besonders steil.

»Mit einem neuen Rad wäre das eine Kleinigkeit«, sagte er.

»Wirst dein Rad schon kriegen, Junge«, antwortete die Mutter.

Sie rückte die große Ledertasche zurecht, die über dem rechten Griff der Lenkstange hing.

»Vater hat gesagt Ostern.«

»Ja. Wenn alles gut geht. Ein Fahrrad kostet Geld. Das muß erst verdient sein.« Die Mutter sah wieder geradeaus, eine steile Falte auf der Stirn.

Alle tun es und verdienen sich was nebenbei, nur du hast hundert Bedenken, hatte ihr Mann gesagt, damals, bevor sie das erstemal fahren mußte. Sie sah sein unzufriedenes Gesicht, den geringschätzigen Blick, sah, wie er zufrieden lächelte, als sie dann heimkam, gleichgültig nach der ausgestandenen Angst, und ihm das Geld brachte.

»Bist doch eine tüchtige Frau«, hatte er gesagt, und sie war hinausgelaufen, weinend, als ob er sie beschimpft hätte.

Später hatte sie nicht mehr geweint, sie hatten nach jeder Fahrt etwas anschaffen können. Ihr kleines Haus, den Garten und den Stall für die zwanzig Hühner hatte sie noch sauberer gehalten als vorher.

Dann, als der Junge mitfuhr, ahnungslos, froh, weil er der Mutter helfen konnte, hatte das ihre Stimme heiser gemacht, wenn sie auf seine Fragen antwortete: sie müßten Pflanzen wegbringen zu einer Bekannten, für einen neuangelegten Garten, oder Sägespäne für die Katze. Das war nur eine halbe Lüge, aber damit wurde es nicht leichter für sie. Vom Erlös der »Pflanzen« und »Sägespäne« hatten sie Bettwäsche gekauft, Tapete fürs Wohnzimmer, und nun, zu Ostern, würde es wohl zu einem Fahrrad für den Jungen reichen. Hundert Mark fehlten noch. Die Mutter trat heftiger zu, als könnten die Räder, schneller kreisend, die Gedanken fortschleudern.

Der Junge blieb neben ihr. Er dachte an das neue Rad, sah die blinkenden Metallteile und hörte nicht mehr das Quietschen des alten, verbrauchten, das unter ihm lärmte.

Die Frau kannte das Schild, das am Kontrollpunkt neben dem Schlagbaum stand, aber als sie es jetzt wieder las, wunderte sie sich, daß da nur die bekannten Worte standen. Am Schlagbaum standen Fußgänger, Radfahrer und Autos.

Wie auf einem Bahnsteig ist das, dachte die Frau: Kommen und Gehen und Warten, und man ist aufgeregt, obwohl man das alles kennt. Der Fahrer eines großen Lastkraftwagens hupte wütend. Die Frau stand mitten auf dem Fahrdamm und starrte auf das Auto. Erst als der Junge sie anrief, führte sie ihr Rad zur Seite.

»Viel Betrieb hier heute«, sagte der Mann mit der Nickelbrille, der ihr in der Fahrradaufbewahrung die Pfandzettel gab. Er musterte, über die Brillengläser weg, die Frau und den Jungen und wandte sich zu den anderen Wartenden.

»Die kleinen Gauner fängt man leichter als die großen«, sagte er und riß den nächsten Schein vom Block.

Die Frau ging über die Straße zur Kontrollstelle. Als sie die Tasche abstellte und den Ausweis herausnahm, fiel aus dem Papier, das um die Pflanzen gesteckt war, ein wenig Erde auf ihre Hand. Hastig wischte sie die braunen Krumen weg und zog das Papier dichter um die Pflanzenballen.

Der Junge war vorausgegangen. »Heute wird es lange dauern«, sagte er, als sie, den Ausweis in der Hand, zu ihm trat. Sie sah schweigend auf die Wartenden. Die Gepäck hatten, mußten zur Warenkontrolle. Der Junge hatte es schon oft gesehen, es langweilte ihn. Er trat aus der Reihe und sah auf die neuankommenden Autos und Fahrräder. Die Mutter wartete mit den andern.

»Schade um die Zeit«, sagte eine Frau neben ihr, sie war klein und dicklich und stieß sie an, als sie ein paar Schritte aufrückten. »Hier hat doch keiner was Verbotenes bei sich. Die Schieber kriegen sie so nicht!«

»Gerade hier wird genug geschoben jetzt vor Ostern«, sagte ein älterer Mann. »An den Eiern, die sie gestern und heute hier beschlagnahmt haben, hätte ein ganzes Dorf genug die Feiertage. Und ich kenne nur den einen Kontrollpunkt. Kein Wunder, daß sie in der Stadt wochenlang kein Ei zu sehen kriegen, und wenn's welche gibt, sind's polnische. Ich weiß, wo unsre bleiben.«

»Gehängt gehört so was«, sagte ein andrer erregt. »Wenn sie ihr Soll abliefern sollen, sagen sie, die Hühner legen schlecht. Aber für Westgeld legen sie immer.«

Die Frau und der Junge gingen zusammen mit dem älteren Mann zur Warenkontrolle. Es war heiß in der Baracke. Die Luft zwischen dem niederen Holzdach und dem staubigen, ausgetretenen Dielenboden roch nach Leim und Kiefernholz. Dem Volkspolizisten am Schreibtisch standen kleine Schweißperlen auf der Stirn. Er fuhr mit der Zunge über die feuchte Oberlippe, bevor er die Frau ansprach. Der Junge ahmte die Mundbewegung unwillkürlich nach, sah dann auf die beiden Männer, die an dem langen schmalen Holztisch das Gepäck des älteren Mannes kontrollierten. Er hörte den Volkspolizisten und die Mutter sprechen, aber er achtete nicht auf die Worte, trat an den Tisch neben die Männer, nahm den Rucksack von den Schultern und rieb mit der Hand die Druckstellen, die die Lederriemen auf seiner Haut hinterlassen hatten. Er sah dabei auf die helle Barackenwand; da war noch immer der dunkle Fleck im Holz, der wie ein Hundekopf aussah, er hatte ihn schon das letztemal gesehen. Im gleichen Augenblick klang ein schriller Laut durch den Raum, der Junge zuckte zusammen und sah erschreckt zur Mutter hinüber. Sie stand, die Hände gegen das Holz gepreßt, vor dem Schreibtisch und sah auf die Pflanzen, die neben den zerbröckelten Erdklumpen, von der Hand des Kontrollbeamten beiseite geschoben, kläglich dürr und schmal wie ein zertretenes Schilf auf der Holzplatte neben ihrer Tasche und einem roten Stempelkissen lagen. In der Hand des anderen Beamten lag, schmutzigweiß, ein Hühnerei. Als der Beamte die anderen Eier aus den Ballen hervorsuchte, preßte sie ihre Lippen aufeinander und sah starr geradeaus.

Der Junge machte eine Bewegung, als wollte er zu ihr gehen, blieb dann aber stehen, sah auf die Mutter, auf den Beamten und mit verständnislosem Blick auf die weißen ovalen Flecken auf der Tischplatte. Er sah nicht die neugierigen Blicke der anderen Frau und des Mannes, sah nicht, daß auch im Rucksack zwischen den Pflanzen Eier gefunden wurden. Und er hörte nicht die Mutter, die, als sie zur Leibesvisitation geführt wurde, rief: »Mein Junge wußte nichts davon! Er wußte wirklich nichts!«

Einer der Beamten trat neben den Jungen und legte ihm die Hand auf den Arm. Er räusperte sich zweimal, sah zu den beiden anderen hinüber und wieder auf den Jungen.

»Deine Mutter kommt gleich wieder«, sagte er. »Setz dich solange.«

Der Junge, von dem Beamten geführt, ging zu der Holzbank neben dem Tisch. Jetzt begriff er, was geschehen war.

»Werden wir verhaftet?« fragte er hastig mit dünner Stimme. Der Kontrollbeamte sah zur Seite. »Nein«, sagte er. »Aber ...«

»Wenn man die Schieber nicht einsperrt, werden sie immer dreister«, tönte die grelle Stimme der anderen Frau dazwischen, die, nachdem ihre Tasche kontrolliert war, noch im Raum stehengeblieben war und zusah. Einer der Beamten hatte den Koffer des Mannes durchgesehn, gab ihn zurück und sagte: »Danke, in Ordnung. Sie können gehen.« Als die beiden an der Tür waren, kam die

Mutter des Jungen zurück. Die Volkspolizistin, die sie begleitete, trat an den Schreibtisch. »Noch zehn Stück, im Mantel eingenäht«, gab sie zu Protokoll.

»Wir werden dafür sorgen, daß die Eier an die richtige Adresse kommen«, sagte der Volkspolizist am Schreibtisch. »Die Höhe Ihrer Geldstrafe wird Ihnen schriftlich mitgeteilt.« Die Frau nickte mit starrem Gesicht, nahm ihre Tasche, die nun leichter war, und ging zu dem Jungen. Bevor sie die Baracke verließen, hob sie den Rucksack auf, den er vergessen hatte, und hängte ihn sich über die Schulter. Als sie in der Fahrradaufbewahrung die Räder abholten, sahen sie einen Menschenauflauf am Rande der Straße. Der Mann mit der Nickelbrille wies mit einer Kopfbewegung hinüber.

»Da verkaufen sie die Eier. Gerade zurecht zu Ostern«, sagte er. Dann stellte er ihre Räder heraus.

Beim Abendessen hatte sie verweinte Augen. Der Mann sprach sehr viel und laut. »Wo ist der Junge?« fragte er. Da kam er herein. Er hielt dem Vater ein Schreibheft hin. »Fertig mit dem Aufsatz.« Der Mann las die Überschrift. »Wie helfen wir beim Aufbau des Sozialismus«. Er legte das Heft zur Seite. »Das hat Zeit«, sagte er. »Jetzt essen wir.« Als die Mutter das Geschirr wegräumte, fiel ihr ein Teller aus der Hand und zerschellte auf dem Fußboden. Der Mann sprang auf. Als er die Tür hinter sich zuschlug, zuckte die Frau zusammen und griff haltsuchend nach dem Tisch. Der Junge ging zu ihr. Unbeholfen strich er rasch über ihre linke Hand, die schwer herabhing, als gehöre sie nicht zu ihr. Dann bückte er sich und sammelte die Scherben auf.

»Du sollst nicht weinen«, sagte er. »Ich verkaufe mein Rad. Wird das Geld reichen für die Strafe? Ich kann ja auch auf deinem fahren. Ich halt's dir schon in Ordnung.«

Da sah die Frau den Jungen an. »Ich geh sie gleich putzen«, sagte er, »sie sind ziemlich dreckig.« Dann ging er hinaus in den Fahrradschuppen.

Hartmut Lange
Senftenberger Erzählungen 1947

Buchhaltung der enteigneten Firma Brack. Stockfleisch, Letter und Regine treten ein. In einer Ecke sitzen zwei Gehilfen.

STOCKFLEISCH Das sind die Räumlichkeiten unserer Buchhaltung. Dort hinten liegt das Büro des ehemaligen Eigentümers, Herrn Brack. Zwei Gehilfen.
LETTER Und wer war sein Buchhalter?
STOCKFLEISCH Das bin ich.
LETTER Gut, dann zeigen Sie uns bitte Ihren Arbeitsplatz.
STOCKFLEISCH Bitte. Ich führe das Tagesjournal, das Konten- oder Hauptbuch. Das Rechnungsausgangsbuch doppelt. Bitte einzusehen. *(Zu Regine)* Sie dürfen auch, wenn Sie möchten.
REGINE *(nachdem sie alles betrachtet hat)* Da finde ich nie durch.
STOCKFLEISCH Es ist auch nicht leicht möglich, weil man dazu besondere Kenntnisse braucht.
LETTER Und wer hat diese Kenntnisse?
STOCKFLEISCH Ich verstehe Sie nicht.
LETTER Gut, dann rufen Sie bitte Ihre beiden Gehilfen. *(Zum ersten Gehilfen)* Sie könnten in diesem Buch lesen und nötigenfalls auch arbeiten?
ERSTER GEHILFE Nein, das kann allein Herr Stockfleisch. Es wäre für mich zu schwierig, weil man dazu besondere Kenntnisse braucht.
LETTER Und Sie?
ZWEITER GEHILFE Ich schreibe Rechnungen ab.
LETTER Dann ist also, wenn ich Sie recht verstanden habe, Herr Stockfleisch in diesem Büro unentbehrlich?
ERSTER GEHILFE Selbstverständlich. Herr Stockfleisch ist eine gelernte Buchhaltungskraft. Ohne seine Anleitung wäre unsere Arbeit undenkbar.
LETTER Und wie lange haben Sie gebraucht, diese Verwirrung zu stiften, die uns von Ihnen abhängig macht?
STOCKFLEISCH Um diese ungewöhnliche Frage zu beantworten: Ich besitze eine praktische Erfahrung von dreißig Jahren. Und sie sind nicht eine Stunde hier.
LETTER Stimmt. Wir vergessen, wie lange Sie gelernt haben und daß Sie kaum eine Stunde Gelegenheit hatten, sich umzuschulen. Ich stelle fest, es ist nur ein Stuhl da!

STOCKFLEISCH Ja. Ich benutze für gewöhnlich nur einen. Besuche wurden von Herrn Brack persönlich abgefertigt.
LETTER Dann muß ich Sie schon bitten, einen zweiten Stuhl zu holen, für diese Genossin hier. Sie wird Sie lehren, wie man sich entbehrlich macht. Und dabei wird sich auch herausstellen, ob Sie ein brauchbarer Buchhalter sind.
STOCKFLEISCH Bitte, ich kann sie nicht daran hindern.
LETTER Nein, Sie werden ihr sogar dabei helfen. Denn ab sofort wird Ihnen von uns nur noch diese eine Tätigkeit bezahlt.
STOCKFLEISCH Dann bleibt für mich zu überlegen, ob meine Fähigkeiten für solche Handreichungen überhaupt ausreichen. Guten Tag. *(Er geht beleidigt aus dem Zimmer.)*
LETTER Keine Angst, er kommt wieder. Das ist ja mein Ärger, daß wir ihn brauchen. Er war Bracks höchstbezahlter Ratgeber. Er verdiente, wie Brack vor Gericht zu stehn. Aber wir überbieten sein altes Gehalt. Damit du ihn für uns okkupieren kannst.
REGINE Er wird mir gegenüber kein Wort über die Lippen bringen, weil er mich verachtet. Du jagst ihn nach diesem Stuhl, aber ich muß mit ihm auskommen.
LETTER Ich weiß. Du wirst es schwerhaben. Aber du wirst dich durchsetzen.
REGINE Du willst mich schon allein lassen?
LETTER *(betreten)* Ich muß zur Bezirksdelegiertenkonferenz. Wir haben Sorgen wegen des Nachwuchses. Ich werde die Delegierten von deinem Mut unterrichten.
REGINE Sage ihnen aber auch, daß er noch nicht sehr groß ist.
LETTER Nein, das sage ich nicht. *(Er geht fort. Regine steht eine Weile ratlos im Zimmer. Herein Stockfleisch, der einen Stuhl bringt.)*
STOCKFLEISCH Wo ist Ihr Chef?
REGINE *(verlegen)* Er läßt Sie grüßen!
(Sie begeben sich auf ihre Arbeitsplätze. Stockfleisch reicht Regine widerwillig die Geschäftsbücher, die sie aufschlägt.)
STOCKFLEISCH *(schließt plötzlich seine Akte und springt auf)* Wissen Sie überhaupt, wieviel Chancen ich Ihrem System gebe? Gar keine! Weil hier etwas verjagt wird, was nicht verjagt werden kann; nämlich der Geldgeber und sein werteschaffendes Kapital. Aber in der Gewalt des Kapitals steht es ja überhaupt, ob gearbeitet wird oder nicht, ob Fabriken gebaut werden, ob sich auch nur ein Rädchen dreht oder nicht, in seiner Gewalt steht es, ob Millionen Menschen hungern müssen oder nicht, ja, ob sie

überhaupt leben können! Und Sie wollen es abschaffen? Sie, wissen Sie überhaupt, was das ist? Das ist ungeheuerlich und natürlich auch ganz unmöglich. Das wäre das Chaos. Da müßte ja unser ganzes bisheriges Leben von Grund auf völlig neu disponiert werden!

REGINE Was heißt disponiert?

STOCKFLEISCH *(wütend)* Geordnet! Gegliedert! Geplant!

REGINE Aha! Danke.

STOCKFLEISCH Was heißt hier überhaupt aha und danke? Ich gebe Ihrem System keine Chance, gar keine, habe ich gesagt! Das Geld, Geld regiert die Welt, habe ich gesagt! Da bewegt sich unser Leben nun nach ehernen Prinzipien, Gesetze genannt, die unersetzbar und undurchschaubar sind, in deren Dienst der menschliche Geist getreten ist, ja treten mußte, und Sie, ausgerechnet Sie wollen alles auf den Kopf stellen und an Stelle dieser Gesetze den menschlichen Verstand setzen?

(Regine nickt eifrig.)

STOCKFLEISCH *(versucht zu lächeln)* Liebes Kind, ich nehme Ihnen Ihre Naivität natürlich nicht übel. Ich klage ja nur den falschen Götzen an, dem Ihre Jugend geopfert wurde. Sie sind jung, Sie sollten sich verlieben, eine Familie gründen, dafür sind Sie geschaffen, anstatt sich in Dinge zu mischen, die Sie nicht begreifen, ja nicht begreifen können, weil Ihre Unwissenheit eben pe-ermaanent ist!

REGINE Was heißt permanent?

STOCKFLEISCH Fortdauernd! Ewig! Unzerstörbar!

REGINE Aha! Danke.

STOCKFLEISCH *(wendet sich von ihr ab)* Und natürlich übernehmen die Dümmsten auch gleich die höchsten Funktionen. Und das in einem Land, das neue staatsmännische Genies und neue Geldgeber nötig hat, weil es in Schutt und Asche versunken ist. Ja, wie soll seine blutende Wirtschaft anders genesen als durch sie? Weil, wo der Geldgeber fehlt, das Kapital fehlt, und wo das Kapital fehlt, der Arbeitsmarkt fehlt und damit überhaupt der Arbeiter. Und fehlt der Arbeiter, fehlt natürlich auch die Arbeit. Fehlt die Arbeit, fehlen die neuen Produkte, und wenn die neuen Produkte fehlen, wird nichts verkauft, und wo nichts verkauft wird, gibt es kein Geld, und wo es kein Geld gibt, gibt es keine Geldgeber, und wo es keine Geldgeber gibt, fehlt das Kapital! ... Ja, wie soll denn da überhaupt gelebt werden, wenn nichts mehr hergestellt werden kann, keine Maschine, kein Stück Brot, kein

Hemd, kein Kamm, keine Bürste ... Das wird das Ende jeglicher Wirtschaft und damit das Ende der Kultur sein! Und das prophezeihe ich, der ich etwas davon verstehe! Wir werden verhungern und erfrieren! Die Wände um uns werden einstürzen, ihre Decken herabstürzen und uns erschlagen. Alles, was der menschliche Geist bisher an Werten geschaffen hat, wird hoffnungslos versinken, versumpfen, versacken, versickern und versanden! Die Firma Brack und ihr Kompagnon! Die freie Konkurrenz und die freie Marktwirtschaft! Die Stadt Senftenberg und die Stadt Kottbus! Alles, habe ich gesagt! Wir brauchen keine Buchhaltung mehr und keine Journale! Und natürlich auch keinen Stuhl! Und Sie, Sie allein sind schuldig, weil Ihr Glaube an diesen Sozialismus so ekelhaft persistent ist!
(*Während seines Monologs läuft Stockfleisch erregt von einer Ecke in die andere, wobei ihm die Gehilfen auf den verzweifelten Wink Regines eifrig den Arbeitstisch nachtragen. Regine verfolgt ihn mit dem Stuhl. Er weicht ihnen immer wieder aus, schleudert die Journale vom Tisch, stößt den Stuhl zur Seite, versucht, ihn zu besteigen, kippelt und so weiter. Zuletzt versucht er, ihn zu zertrümmern; als es mißlingt, läßt er sich schließlich erschöpft und gebrochen darauf nieder. Eilfertig setzen ihm die beiden Gehilfen sofort wieder den Tisch vor und nehmen mit Regine neben ihm Platz.*)
REGINE Was heißt persistent?
STOCKFLEISCH Nicht nachlassen!
REGINE Aha! Danke.
(*Vorhang.*)

FRIEDRICH DÜRRENMATT
21 Punkte zu den Physikern

1
Ich gehe nicht von einer These, sondern von einer Geschichte aus.

2
Geht man von einer Geschichte aus, muß sie zu Ende gedacht werden.

3
Eine Geschichte ist dann zu Ende gedacht, wenn sie ihre schlimmstmögliche Wendung genommen hat.

4
Die schlimmstmögliche Wendung ist nicht voraussehbar. Sie tritt durch Zufall ein.

5
Die Kunst des Dramatikers besteht darin, in einer Handlung den Zufall möglichst wirksam einzusetzen.

6
Träger einer dramatischen Handlung sind Menschen.

7
Der Zufall in einer dramatischen Handlung besteht darin, wann und wo wer zufällig wem begegnet.

8
Je planmäßiger die Menschen vorgehen, desto wirksamer vermag sie der Zufall zu treffen.

9
Planmäßig vorgehende Menschen wollen ein bestimmtes Ziel erreichen. Der Zufall trifft sie dann am schlimmsten, wenn sie durch ihn das Gegenteil ihres Ziels erreichen: Das, was sie befürchteten, was sie zu vermeiden suchten (z. B. Oedipus).

10
Eine solche Geschichte ist zwar grotesk, aber nicht absurd (sinnwidrig).

11
Sie ist paradox.

12
Ebensowenig wie die Logiker können die Dramatiker das Paradoxe vermeiden.

13
Ebensowenig wie die Logiker können die Physiker das Paradoxe vermeiden.

14
Ein Drama über die Physiker muß paradox sein.

15
Es kann nicht den Inhalt der Physik zum Ziele haben, sondern nur ihre Auswirkung.

16
Der Inhalt der Physik geht die Physiker an, die Auswirkung alle Menschen.

17
Was alle angeht, können nur alle lösen.

18
Jeder Versuch eines Einzelnen, für sich zu lösen, was alle angeht, muß scheitern.

19
Im Paradoxen erscheint die Wirklichkeit.

20
Wer dem Paradoxen gegenübersteht, setzt sich der Wirklichkeit aus.

21
Die Dramatik kann den Zuschauer überlisten, sich der Wirklichkeit auszusetzen, aber nicht zwingen, ihr standzuhalten oder sie gar zu bewältigen.

Reinhard Lettau
Die literarischen Soiréen des Herrn P.

Mit seinen vier Dienern war Herr P. jüngst von Java, wo die Spazierstöcke wachsen, zurückgekehrt. Unvergeßlich war allen Anwesenden, wie er in Hamburg dem Flugzeug entstieg, die vier ernsten und großen Männer mit ihren diskreten Gesichtern hinter sich. Sie hatten sich am Flugplatz sogleich in ein Mietauto gesetzt und waren zum Hotel »Esplanade« gefahren. Dort schritten die fünf Männer über ochsenblutfarbene Kokosläufer zum Empfangschef, wo sie einmal »Dichter« und viermal »Diener« sagten und dann den Lift betraten, der sie in zwei Gängen nach oben surrte.

Es erregte überall, wo er hinkam, Erstaunen, daß Herr P. stets vier Diener um sich hatte, denn für gewöhnlich bedarf ein Poet, wie man weiß, nur eines Dieners. Herr P. indessen wußte sie alle auf geniale Weise zu beschäftigen. Er hatte, rundheraus gesagt, eine schreckliche Vorliebe für Diener. Ihre Art, vornehm zu sein, während er selbst sich lässig zeigen konnte, steif hinter ihm zu stehen und ihm, wenn er Lever hielt, literarische Schlagzeilen zu übermitteln, entzückte ihn immer erneut. Gemeinsam hielten sie eine Art literarischer Morgenfeiern ab. Dann standen sie zu viert hinter seinem Sessel und lasen aus dem Börsenblatt für den deutschen Buchhandel oder gaben, auf Anruf, Interpretationen neuer Gedichte. Auch als Musiker waren sie bemerkenswert. Gelegentliche Quartettabende konnte man immer als gelungen bezeichnen. Die Instrumente wurden von vier zu diesem Zweck engagierten Trägern stets mitgeführt. Diese Leute treten in diesem Bericht nicht in Erscheinung. Wir erwähnen sie nur.

An jenem Abend im Hamburger »Esplanade« stand eine Kurzgeschichte auf dem Programm. Herr P. hatte sie vor Jahren geschrieben. Einer seiner Freunde hatte sie damals für das Feuilleton einer großer Pariser Tageszeitung erwerben wollen, aber daraus war nichts geworden, weil Herr P. fand, sie sei noch nicht endgültig ausgereift.

Man denke sich, so etwa begann die Geschichte, man denke sich ein brennendes Haus auf dem höchsten Punkt der Stadt, dort also, wo die Engländer von »up-town« sprechen sollten. Der Feuerwehrschuppen befindet sich nun ausgerechnet »down-town«. Es wird geschildert, wie die Feuerwehrleute ihre Wagen besteigen und quer durch die Straßen der Brandstätte zufahren. Immer bergauf, halten sie endlich vor dem Haus. Die Leitern werden nach oben geschoben, die Schläuche richten sich empor, schleudern ihre Wasser hoch in die Luft. Herr P. betont hier gegenüber den vier Dienern, die Träger sind ja abwesend, daß die dauernde Aufwärtsbewegung im Interesse der Handlung sehr wichtig ist. Man sieht nun, daß sich auf den Giebel des Hauses ein Mann gerettet hat. Er winkt nach unten. Die Feuerwehrleute spannen ein Sprungtuch auf. Der Mann springt, aber er fällt nicht nach unten, wo man ihn erwartet, sondern nach oben, wo die Handlung ihn erwartet. Es ist klar, so endet die Erzählung: das so sinnvoll gewordene Crescendo des Aufwärts durfte durch einen widernatürlichen Sprung in die Tiefe hinab nicht zerstört werden.

Herrn P.s Diener gaben einer nach dem anderen zu bedenken, die Geschichte werde einen noch tieferen Sinn erhalten, wenn erzählt werde, daß sich seit Gründung der Stadt, die am Fuße eines Berges erfolgte, ihre Straßen ständig steigend wie Spiralen den Berg emporgezogen hatten und mit eben jenem Haus gleichsam der Endpunkt eines Korkenziehers erreicht worden sei. Damit, so führten die Diener aus, sei dem Streben der Bürger ein Ende gesetzt gewesen. Sie standen vor der Alternative, sich entweder nach unten, in die Ebene, auszudehnen oder das letzte Haus ständig aufzustocken. Aus diesen Sorgen habe der Brand sie erlöst, der nun von Zeit zu Zeit wiederholt werde, so daß dem ständigen Aufwärts kein Ende gesetzt sei. Durch die Feuersbrünste bohre sich, falls das Bild vom Korkenzieher hier noch einmal benutzt werden dürfe, die an dieser Stelle zugespitzte Gemeinschaft immer wieder in die höchste Höhe, ohne doch in eine neue, verderbliche Größenordnung einzutreten.

Diese Ergänzungen veranlaßten Herr P., exzeptionell kräftig an seiner Pfeife zu saugen. Weil er dauernd rauchte und die Pfeifen kalt bleiben sollten, hatte jeder seiner Diener immer eine Pfeife für ihn in Vorbereitung. Während er die erste rauchte, kühlten sich die drei anderen ab und wurden sachgemäß nachgestopft – ein Verfahren, das sich jeder Raucher zu eigen machen sollte. Den Abschluß der literarischen Soirée des Herrn P. bildete dessen kurze Mitteilung, die Geschichte werde in ihrer neuen, abgerundeten Form demnächst erscheinen.

PAUL PÖRTNER
Tobias Immergrün

Die Freikarte

Die Ausstellung BESSER LEBEN versprach aufzubieten, was man sich nur bieten ließ: Jungbrunnen, Nipptische, Tretmühlen, Wasserspeier, Nasenstüber, Selbstzerstäuber, Einheizer, Enervierer, Gehpendel als Beinersatz, Armstützen als Haushilfen, Falthäuser im Plastikkoffer, Autos zum Abschießen, Transportgeschosse für den Nahschnellverkehr, fliegende Särge, Aufschneider und Übertreiber, Zwitscherhecken.

Als Tobias die Sperre durchschritt, leuchtete ein Blitzlicht auf. Das Drehkreuz blockierte. Tobias stand eingezwängt in die Einlaßmühle, in einem Schub von Nachdrängenden. Drei Wärter stürzten herbei und hievten ihn aus der Klemme. Photographen drängten sich vor, Tobias winkte ab, er kaufe keine Bilder auf der Straße.

Scheinwerfer sprühten auf, Lautsprecher bullerten, eine riesige Störung schien verursacht. Eine Tribüne wurde enthüllt, ein Transparent beleuchtet: Der millionste Besucher.

Sechs Herren in Zylinderhüten redeten gleichzeitig auf Tobias ein, Mikrophone wurden auf ihn gerichtet, Teleobjektive visierten ihn an.

Tobias stand da, benommen, stocksteif, stumm. Er lächelte nicht, er wurde angestrahlt und strahlte zurück, ohne eine Miene zu verziehen. Er tat den Mund nicht auf, er ließ den Redeschwall über sich ergehen. Man sprach von ihm, über ihn, zu ihm, dem verschüchterten, linkischen Dastehenden. Sag ja zum Wohl, Jawohl vor allen Dingen, ja zum Gutenwahrenschönen, ja zum Festpreis, ja zum Wechsel, ja zu deinem Los, ja zum Ja. Tobias wurde durch die Ausstellung geführt, Schritt für Schritt wie ein Blinder. Jedes Wort wurde ihm vorgesprochen und nachgesagt, über Hall geschickt und in Lautsprechern verstärkt. Er hatte stets nur ja zu sagen. Essen Sie schwarze Möhren täglich? Bevorzugen Sie Verpackung oder Ware nackt? Sehen Sie lieber Bilder oder Schilder? Nehmen Sie laufende Meter oder Restposten im Schnitt?

Tobias wurde von Stand zu Stand geführt, auf angekreidete Punkte gestellt und photographiert. Eine Stimme, die für sich sprach, sprach für ihn, sofern er nur den Mund auftat. Auch ich trage Slips aus Gips. Chlorophyll, das ist mein Geheimnis. Seit Jahren erfahren, drum Pollin. Wenn ich nichts anderes im Hause hätte, würde ich täglich Beefsteaks essen. Selbst die Wurst ist dir wurst, wenn du Durst hast. Es muß nicht immer Eintopf sein. Phantasie mit Sauce. Zu Tisch mit Illusionen.

Tobias biß sich durch die Lebensmittelabteilung hindurch, mit Augenrollen und Zähnefletschen das Entzücken im Schlaraffenland mimend. Kostproben wurden am Fließband serviert. Pfennigbrühe, Pferdeschwanzsuppe, hausgemachte Schafskopfsülze, Bartsalat, Dauerkraut, gedörrtes Hirn, Blasenpfeffer, Herz am Spieß, Schweinigelrollbraten, echter falscher Hase, Klapperstorchgulasch, Polizeifinger, blaue Bohnen, Brühwurm im Kartoffelstock, gefüllte Maulaffen, eingemachte Ohrfeigen, Spanferkelspäne, Speichelbaisers, kandierte Augäpfel, Vogelzungenschlagrahm.

Tobias schnupperte, nippte, kostete nur winzige Bißchen. Er atmete auf, als er die Imbißstube hinter sich hatte. Da nahm ihn die Textilbranche unter ihre Fittiche. Er wurde von flinken Händen ausgezogen und neubekleidet, gekämmt, herausgeputzt, wattiert, gepolstert. Er bemühte sich, ein unbeteiligtes Gesicht zu machen und eine konfektionsgerechte Figur abzugeben. Er trug, was ihm angetragen wurde, und paßte sich den verschiedenen Kleidungsstücken in Haltung und Gebaren an.

Windblusen, Wasserstiefel, Wettersweater, Regenhaut, Nesselhemd, Laufhose, Schlafanzug mit Schlummerrolle, Kühlmontur, heizbare Netzjacke mit Batterie, kugelsichere Weste mit Tresortasche, Sparstrümpfe, Gesäßschoner, magnetisch sich anziehende Abendanzüge, Krawatten mit eingenähtem Notvorrat, Schaukelschuhe mit Wippsohlen, Blendbrillen, schalldichte Stülphüte, nahtlose Überzieher, Morgenröcke mit Klimaanlage, vollautomatische Arbeitskleidung, Strapazierhosen. Flüssige Allzweckkleider, die in einem Guß sitzen.

Tobias wurde eingewickelt und ausgewickelt, gewendet wie ein altes Futter, aufgebügelt, massiert, frisiert, auf den Kopf gestellt, gestrafft, standfest und gehweich gemacht. Dann wurde er wieder aufs Fließband geschickt, das ihn weitertrug. Er versuchte sich zu sträuben, stehenzubleiben, aber er wurde sanft weitergeschoben. Achtung Gefahr, nicht von den angewiesenen Stellen weichen, für Eigenmächtigkeiten wird keine Haftung übernommen, Verlustanzeigen sind am Ausgang zu erstatten.

Ein riesiger Kühlschrank öffnete sich. Konservatorium stand auf der Türe. Eisgeigen und Wimmerschinken, Zapfbässe und Brottrommeln, Schmalzharfen und Flaschentrompeten in Eintracht nebeneinander.

Eine Spieluhr tat sich auf, eine große Unruhe pulste, ihr Spiralenlasso schwingend, ihre Federpeitschen, immer neue Anläufe, die nicht von der Stelle kamen, Auftrieb, der in sich zurückfiel, um sogleich wieder aufzubrechen, ausholendes Einholen, Start und Ziel, Kreis, der sich verjüngte und nicht über sich hinauskam, rückläufig blieb, schwindelerregender Überschwang, schwindender Umfang.

Eine Reisebüro tat sich auf und empfing den millionsten Besucher mit Willkommensriten: Indianergeheul, Schiheil, Ahoi, Schiffssirenen, Abfahrtspfeifen, Applaus, Hupen. Teppiche wurden entrollt, Bäuche entblößt, Nasenküsse geboten, Hände geschüttelt, Salz und Brot gereicht, schäumendes Bier aus schäumendem Krug gegossen. Eine Stewardeß reichte Tobias ein Samtkissen mit einem Freifahrschein.

Das Reisebüro war einer Kajüte nachgebildet: Bullaugenfenster, hinter denen Dauerwellen wallten, Aquariumscheiben, hinter denen unermüdliche Unterwasserschwimmerinnenpuppen ihre mechanischen Zeitlupensaltos drehten, mit sprudelndem Perlatem prunkten, ihre Kulleraugen rotieren ließen. Die Wände waren mit Reiseandenken geschmückt: Schiffstrümmer in Goldrahmen, Granatsplitter mit Edelweiß garniert, gepreßte Skorpione und Schlangenhäute. Von der Decke pendelten Mobiles aus Flugzeugschrott.

Der Reisedirektor trat persönlich auf, verbeugte sich dienstfertig vor Tobias, wies mit einer hochherrschaftlichen Handbewegung das übrige Personal in die Schranken. Er war als englischer Matrose gekleidet, blonde Haare wuchsen aus seinem bubenhaft offenen Blusenausschnitt, das weiße aufgeschlagene Faltmützchen saß keck über einem Babygesicht, das Tobias anlachte und spitze Haifischzähne sehen ließ. Der Seemann nahm ein Modellschiffchen vom Bücherbord, setzte es augenzwinkernd in eine Wasserwanne, die als Schreibtisch kaschiert war. Er winkte Tobias näher zu sich, tippte sich an die Stirne, kicherte verschmitzt, stieß seinen Gast biedermännisch in die Seite.

Die Welt in der Nußschale, klein, aber mein. Gemietete Eigentümlichkeiten, ausgewählte Schikanen, Gratisstrapazen, Selbstbedienungswetter. Hier ist die Wolkenmaschine, hier der Gewitterwiderstand. Ein Griff und es donnert, ein Klingelknopfdrückerchen und es blitzt. Hier die Höhensonne, das Windgebläse, der Fön. Mischen Sie sich Ihre Stimmung eigenhändig. Die Wolke im Haus erspart den Regenschirm.

Der Herr der sieben Winde schaltete und waltete über den Wassern, über dem Landkartenteppich, über dem Projektor. Er verspritzte Originalgerüche aus einem Zerstäuber, Neapler Gassendunst, Genueser Hafenluft, Pineda Ravenna, Sennhüttenduft, Zedernholzsoukh, Fischmarkt, Holzkohlenfeuer, Räucherschinken-Brotruch. Er segelte mit seiner handgroßen Spezialjacht auf dem zinngerandeten Maar, hockte vor dem Technicolorhorizont, das Kinn fast im Wasser. Sein runder Kopf hing über dem Seestück wie ein melancholischer Mondkürbis. Er sah verklärt in den Projektor, der seine Prospektbildchen wiedergab. Sehen Sie den Campanile? Er sticht ins Auge, wie? Sie stehen im Freien, windgekämmt, die Schuppen fallen Ihnen von den Augen, Sie sehen den geschuppten Fisch der Wasserstadt, die Schuppendächer, die Schuppen der Stadt, Schuppenleiber, Nixen. Ein Blick wie dieser und Sie haben gewählt. Sehen Sie diese Kuppel zum Beispiel, diese himmelschreiende Domkuppel, sie steigt auf wie ein Warmluftballon. Steigen Sie ein in die Gondel. Fahren wir fort. Gewitter über den Tauern, nein es sind die Vogesen, es könnte allerdings auch der Schwarzwald sein, sehen wir auf der Landkarte nach, präzisieren wir unsere Gefühle mit dem Zeigefinger. Tobias betrachtete den Krokodilrücken des Alpenpanoramas, den Krötenwanst der Erdkarte, die Flußsalamander, die Gipfelgeschwüre, die Wurmfortsätze und Nierenseen und Landzungen. Er las Namen, schwarzgedruckte, rotunterstrichene, fette und dünne Namen, die sich fremd ausnahmen in den verlaufenden Tinten und Tuschen der Aufrisse.

Somali Aabenraa Domodossola Kalamata Ivola Tibidabo Valladolid Yverdon Zakopone. Sollte er Namen nach dem Klang wählen oder Bedeutungen nachgehen? Glücksburg Freudenstadt Mondsee Leiden Orange Singen.

Die Abfertigerin reichte Tobias einen Fahrschein, schrieb ein unleserliches Ziel in die Ortsspalte, signierte und stempelte das Papier und überreichte es dem Reisenden. Tobias machte einen Luftsprung, wieherte vor Freude und biß sich in die Faust. Dann rannte er zum Bahnhof.

ROLF DIETER BRINKMANN
Kulturgüter

Eine Sonate von Stockhausen
drei Preise für Böll
das Dementi von Andersch
zwei Schmierzettel von Fassbinder
Marylin Monroe ist tot
ihre roten Morgenröcke
das Vermächtnis von Borchert
von Bense die Theorie
ein Jahr die Frankfurter
Ohrenschmalz von Enzensberger
die Lyrik Heissenbüttels
ein Fötus in Spiritus

CHRISTOPH MECKEL
Gedicht über das Schreiben von Gedichten

1
Ich wollte schreiben ein Gedicht
das sollte finster sein und licht
ein Phönix, ein Gedicht zuletzt
das Berge in die Luft versetzt,
der jähe Traum zerbrach mir bald
ich fand kein Wort, das Steine trug
hineinzurufen keinen Wald,
da nahm ich Worte, und zerschlug
den falschen Zauber schon im Keim
und schrieb dies Feuerlied im Reim.

2
Kein Füllhorn stand mir zu Gebrauch
vom Feuer blieb mir nur der Rauch
vom Himmel Wind, des Leeren Ruhm
und unbestimmtes Eigentum,
mir deckte Tau den kargen Tisch
mein Herz war leer in meiner Hand
und nur im Traum erschien als Fisch
was mir als Gräte schlug an Land
zu Füßen lag mir nur der Stein
und Träume brachten mir nichts ein.

3
Ich machte Wände um den Tisch
und um die Gräte einen Fisch
und einen Himmel um den Wind
und für den Wind die Augen blind
und machte meinem Faß den Wein
und Trauer meinem schwarzen Kleid
und eine Wüste für den Stein
dem Rauch ein langes Feuerscheit
und nahm mein Haben und mein Soll
und warf mein Füllhorn damit voll.

4
Ich setzte Wort an Wort an Wort
das Wort warf alle Fahnen fort
und hieß sich selber gradestehn
und nüchtern über Träume gehn
das Stumme schlug es in den Bann
und legt es an die Kette laut
und hing sich ihm als Schatten an
und fordert es zur Wette laut
und schickt es vor, und mächtig fängt
es, was des Stummen Platz bedrängt.

5
Das Wort sah mich von oben an:
was schleppst du mir für Zeug heran
das ich mit Klang versorgen soll
ich mache dir dein Glück nicht voll

ich wiege meine eigne Last
und komme nur aus Trümmern her
die du mir zu bereiten hast,
aus Aschen, die nicht schimmern, her
und werfe alle Zweifel um:
du machst mich laut, ich mach dich stumm.

MARIE LUISE KASCHNITZ
Niemand

Wer nirgends ist, ist niemand. Ich
Auf dem soundsovielten Breitengrad
Aber umgeben von nichts als Wasser und Luft
Bin nicht mehr ich.
Mein starkes Schiff Provence
Ist wie jedes ein fliegender Holländer.
Kommt nur in Booten. Klettert über die Bordwand.
Da trinken Herr Niemand Frau Niemand
Da schlafen Herr Niemand Frau Niemand
Kind Niemand sitzt auf dem Holzpferd
Ich Niemand schreib in den Wind.

Spring vor

Für Wilhelm Lehmann
zum 80. Geburtstag

Spring vor, spring zurück,
Umarme den Taustrauch,
Begrüße den Frühmond,
Berühre das Steinherz,
Wo sind wir zuhause
Bei Asche und Streuwind
Im Wolkenrot Mohnrot
Im Hall zweier Stimmen
Im Fall zweier Schritte
Im Nirgends und Immer
Im Überallnie.

WILHELM LEHMANN
Fallende Welt

Das Schweigen wurde
Sich selbst zu schwer:
Als Kuckuck fliegt
Seine Stimme umher.

Mit bronzenen Füßen
Landet er an,
Geflecktes Kleid
Hat er angetan.

Die lose Welt,
Wird sie bald fallen?
Da hört sie den Kuckuck
Im Grunde schallen.

Mit schnellen Rufen
Ruft er sie fest.
Nun dauert sie
Den Zeitenrest.

Unendliches Ende

Die Erde sprudelt den Sperlingshauf,
Ich springe nicht mehr so schleunig auf.
Das Auge müdete und das Ohr,
Doch immer noch singt mir jemand vor.

Es glänzt das Meer, das Thetis gebar.
Sie wollte den Sohn aus der Gefahr.
Sie hat das Kind in den Styx gestreckt,
Da blieb eine Ferse unbedeckt.
Ein Lindenblatt ließ das Schulterblatt bloß,
Das wußte der Speer und tat den Stoß.

Nicht Achilles war ich und Siegfried nicht.
Was den Helden galt, gilt auch dem Wicht.
Und wurde mir Dauer nicht angetan,
Wo ich gegangen bin, wächst Thymian.

Karl Alfred Wolken
Beim Anblick des Himmels

Bitter bin ich und sag Schimmel
zu dem Schnee, der aus den Höhen
fällt wie Federn, um dem Himmel
heimlich aus dem Weg zu gehen.

Meine flügellose Seele
nämlich drängt schon dreißig Jahre
aus der dumpfen Leibeshöhle
schüchtern an das wunderbare

Schneelicht überm Maulwurfshügel,
nach dem Himmel, der den Tauben
und den Raben gleiche Flügel
zusprach und verschiedne Hauben.

Mir sind beides schöne Vögel
und ich will sie beide loben –
nimmt die Krähe auch den Schlegel
einer Taube mit nach oben.

Denn wie ich von Blut nicht sauber,
krächzend in der kalten Höhe,
hackt die Krähe nach dem Tauber –
daß ich auf zum Himmel sehe.

Peter Rühmkorf
Variation auf »Abendlied«
von Matthias Claudius

Der Mond ist aufgegangen.
Ich, zwischen Hoff- und Hangen,
rühr an den Himmel nicht.
Was Jagen oder Yoga?
Ich zieh die Tintentoga
des Abends vor mein Angesicht.

Die Sterne rücken dichter,
nachtschaffenes Gelichter,
wie's in die Wette äfft –
So will ich sing- und gleißen
und Narr vor allen heißen,
eh mir der Herr die Zunge refft.

Laßt mir den Mond dort stehen.
Was lüstet es Antäen
und regt das Flügelklein?
Ich habe gute Weile,
der Platz auf meinem Seile
wird immer uneinnehmbar sein.

Da wär ich und da stünd ich,
barnäsig, flammenmündig
auf Säkels Widerrist.
Bis daß ich niederstürze
in Gäas grüne Schürze
wie mir der Arsch gewachsen ist.

Herr, laß mich dein Reich scheuen!
Wer salzt mir dort den Maien?
Wer sämt die Freuden an?
Wer rückt mein Luderbette
an vorgewärmte Stätte,
da ich in Frieden scheitern kann?

Oh Himmel, unberufen,
wenn Mond auf goldenem Hufe
über die Erde springt –
Was Hunde hochgetrieben?
So legt euch denn, ihr Lieben
und schürt, was euch ein Feuer dünkt.

Wollt endlich, sonder Sträuben,
still linkskant liegen bleiben,
wo euch kein Scherz mehr trifft.
Müde des oft Gesehen,
gönnt euch ein reines Gähnen
und nehmt getrost vom Abendgift.

KARL KROLOW
Stelldichein

Laß sehen, wie das Stelldichein
des Mondes mit der Hauswand
ausgeht! – Die Katzen
halten ihre weichen Kehlen
in die Luft.
Die sophokleischen Nymphen
legen die Hände
auf den blinzelnden Fluß.

Das Licht
ist eine Insel in der Nacht.
Der Schatten eines Mädchens
ist leichter als der Schatten
eines Mannes.

Jeder Laut läßt die Lippen
des Kalks auf der Mauer
bleicher werden.

Mit beiden Füßen
gehen die Toten
an ihr entlang.

Für einen Augenblick

Für einen Augenblick
seine Stimme im Sande
vergraben,
einen Nachfolger suchen,
der in Gestalt eines Vogels
sich ihrer bedient.

Für die künftigen Vokale
sind die Leimruten indessen
schon ausgelegt.

REINER KUNZE
Der Vogel Schmerz

Nun bin ich dreißig jahre alt
und kenne Deutschland nicht:
die grenzaxt fällt in Deutschland wald.
O land, das auseinanderbricht
im menschen …

Und alle brücken treiben pfeilerlos.

Gedicht, steig auf, flieg himmelwärts!
Steig auf, gedicht, und sei
der vogel Schmerz.

In meiner Sprache

Deinen vater verhafteten deutsche.
Du drehtest den zeiger der radioskala,
der auf Moskau stand,
blitzschnell weiter.
Sie schlugen dir dafür zwei schneidezähne aus.
Du haßtest
die sprache der schläger aus deinem mund.

Ich widme dir
die einfache beschreibung deiner tat
in der sprache,
die Walther von der Vogelweide mitten durchs herz ging,
in der Heine weinte
und Brecht wachte.

Zwei worte oder drei
werden neu sein für dich.

Wolfgang Weyrauch
Die Zerstörung der Fibeln

Die Wörter und die Sätze sind im Rauch,
sie brennen wie der Geist im Schierlingsstrauch,
sie haben ihre Unschuld selbst vertan,
und wenn die Fremden mit den Zahlen nahn,
ersticken Wort und Satz. Es weht kein Hauch.

Die Äpfel sind wurmstichig,
wurmstichig, ach, wurmstichig,
in den Betten liegen die Wölfe,
die Christbäume springen auf uns herab,
wem könnten wir dankbar sein,
die Eltern haben uns versprochen,
daß wir uns freuen werden,
aber die Grausamkeit kräht für den Hahn,
die Irrtümer schnappen nach uns,
die Lindenknospen brennen,
die Milch ist in Not,
hinter den Öfen hockt die Pest,
die Ranzen sind voll von Schlangen,
der Tau verzichtet auf uns,
die Welt ist zu Ende,
zu Ende, ach, zu Ende.

Die Wörter und die Sätze sind im Rauch,
sie brennen wie der Geist im Schierlingsstrauch,
sie haben ihre Unschuld selbst vertan,
und wenn die Fremden mit den Zahlen nahn,
ersticken Wort und Satz. Weht einst ein Hauch?

Paul Wiens
Vermächtnis

Das sei unser Vermächtnis:
ein gutes, ein scharfes Gedächtnis –
und unsere Hinterlassenschaft:
ein Sommer voller Licht und Saft,
ein Sommer – windig, aber weich,
tief, tief der Wald, die Äcker reich,

die Straßen um die Erde breiter,
die Leute herzlicher, gescheiter,
Haut und Gedanken ohne Beulen,
Gedichte an den Anschlagsäulen,
mit Liebe jedes Haus umlaubt,
froh jedes Kind – und überhaupt
ein Tröpflein nur des Volkes Bitterkeit,
sein Glück jedoch – wie alle Meere weit!

MARTIN GREGOR-DELLIN
Östliche Elegie

Wenn du kommst, schweigen die Straßen.
Kleide dich in das dunkle Tuch
mit dem die Fenster verhangen werden.

Die Waffen stumpfen und der Haß
wenn in der Zuflucht unsrer Blicke
unverloren Freiheit sich gebiert.

Gieß den Becher Vertrauen aus,
die Waffen stumpfen und der Haß.

Wenn du kommst, schweigen die Straßen.

GÜNTER GRASS
Hundejahre

Es war einmal eine Batterie,
    über der strichen vom ersten bis zum letzten Grau ruhelos und beschäftigt: Krähen. Keine Möwen sondern Krähen. Möwen gab es über dem eigentlichen Kaiserhafen, über den Holzräumen und nicht über der Batterie. Fielen jemals Möwen in das Gelände ein, verdunkelte gleich darauf eine wütende Wolke kurzes Geschehen. Krähen dulden keine Möwen.
    Der Geruch jedoch, der über der Batterie lag, kam weder von den Krähen noch von den Möwen, die ohnehin ausblieben. Während Gefreite, Obergefreite, Hiwis und Luftwaffenhelfer gegen Prämien

Ratten erlegten, hatten die Dienstränge vom Unteroffizier bis zum Hauptmann Hufnagel andere Muße: sie schossen – doch nicht ausgesetzter Prämien wegen, nur um zu schießen und zu treffen – einzelne Krähen aus der Ansammlung Krähen über der Batterie. Dennoch blieben die Krähen und wurden nicht weniger.

Der Geruch jedoch, der über der Batterie lag, der zwischen Baracken und Geschützstellungen, dem Kommandogerät und den Splittergräben stand und kaum das Standbein wechselte, der Geruch, von dem alle und Harry wußten, daß weder Ratten noch Krähen ihn entwarfen, der keinem Gulli und also auch keiner Irre entstieg, diesen Geruch hauchte, ob der Wind von Putzig oder Dirschau, von der Nehrung oder von offener See her arbeitete, ein weißlicher Berg, der hinter Stacheldraht südlich der Batterie vor einer ziegelroten Fabrik lag, die halbverdeckt aus gedrungenem Schornstein schwarzen, in sich wühlenden Rauch entließ, dessen Rückstände auf dem Troyl oder in der Niederstadt ablagern mochten. Zwischen Berg und Fabrik endeten Eisenbahngleise, die zum Werderbahnhof führten. Den Berg, sauber kegelig geschichtet, überragte knapp eine rostige Schüttelrutsche, wie sie auf Kohlenhöfen und neben Kalibergwerken für die Schichtung des überschüssigen Abraumes verwendet wird. Am Fuß des Berges standen auf verlegbaren Gleisen reglos Kipploren. Der Berg glänzte matt, wenn ihn die Sonne traf. Grell ausgeschnitten trat er hervor, wenn der Himmel niederhing und troff. Sobald man von den Krähen absah, die ihn bewohnten, war der Berg reinlich; aber als dieses Schlußmärchen begann, hieß es: Nichts ist rein. Und so war auch der Berg seitlich der Batterie Kaiserhafen bei aller Weiße nicht rein, sondern ein Knochenberg, dessen Bestandteile nach fabrikmäßiger Präparation immer noch bewachsen waren mit Rückständen; denn die Krähen konnten nicht aufhören, auf ihnen zu wohnen, unruhig schwarz. So kam es, daß ein Geruch, der als Glocke, die nicht wandern wollte, über der Batterie lag, in jeder, auch in Harrys Mundhöhle einen Geschmack verbreitete, der selbst nach übermäßigem Genuß saurer Drops nichts von seiner schweren Süße verlor.

Niemand sprach von dem Knochenberg. Aber alle sahen rochen schmeckten ihn. Wer Baracken verließ, deren Türen sich nach Süden hin öffneten, hatte den Berg als Kegel im Auge. Wer, wie Harry, als K 6 erhöht dem Geschütz daneben saß und mit dem Geschütz und der Zünderrichtmaschine bei Übungen nach befehlendem Kommandogerät rundum geschwenkt wurde, wurde immer wieder, als hielten Kommandogerät und Knochenberg Zwiesprache, vor ein Bild geschwenkt, das einen weißlichen Berg mit qualmender Fabrik, untätiger Schüttelrutsche, starren Kipploren und beweglichem Krähenbelag darstellte. Niemand sprach von dem Bild. Wer von dem Berg bilderreich träumte, sagte beim Morgenkaffee, er habe etwas Komisches geträumt: Treppensteigen oder von der Schule. Allenfalls bekam bei den üblichen Gesprächen ein bislang leerverwendeter Begriff vage Fracht, die vom unbenannten Berg hätte stammen können. Worte fallen Harry ein: Ortschaft – Inständigkeit – Nichtung; denn nie schoben Arbeiter tagsüber Kipploren und verringerten die Ortschaft, obgleich die Fabrik unter Dampf stand. Kein Güterwagen rollte auf Gleisen und kam vom Werderbahnhof. Die Schüttelrutsche gab der Inständigkeit am Tage nichts zu fressen. Aber anläßlich einer Nachtübung – die Achtkommaachtrohre mußten eine Stunde lang einem Übungsflugzeug hinterdrein, das vier Scheinwerfer eingefangen hatten – hörten alle und Harry erstmals Arbeitsgeräusche. Zwar blieb die Fabrik verdunkelt, aber auf den Eisenbahngleisen wurden Lampen, rote und weiße, geschwenkt. Güterwagen stießen einander. Gleichbleibendes Scheppern hob an: die Schüttelrutsche. Rost gegen Rost: die Kipploren. Stimmen Kommandos Gelächter: auf dem Gelände der Nichtung herrschte eine Stunde lang Betrieb, während die Übungs-Ju die Stadt abermals von der Seeseite anflog, aus den Scheinwerfern rutschte und neu eingefangen zum platonischen Ziel wurde: Der K 6 bedient die Zünderrichtmaschine, indem er durch Kurbeln mit zwei Folgezeigern zwei Richtzeiger zu decken versucht und das entgleitend Seiende unausgesetzt nichtet.

 Am nächsten Tag wollte allen und Harry, die den Berg aussparten, die Ortschaft erwachsener vorkommen. Die Krähen hatten Besuch bekommen. Der Geruch blieb sich gleich. Aber niemand fragte nach seinem Gehalt, obgleich alle und Harry ihn auf der Zunge hatten.

Es war einmal ein Knochenberg,
 der hieß so, seitdem Harrys Cousine Tulla das Wort in Richtung Berg gespuckt hatte.
 »Das issen Knochenberg,« sagte sie und half mit dem Daumen nach. Viele und Harry widersprachen, ohne genau zu sagen, was südlich der Batterie zuhauf lag.
 »Wetten, daß das Knochen sind? Und zwar Menschenknochen, genau? Das weiß doch jeder.« Tulla bot eher Störtebeker als ihrem Cousin die Wette an. Alle drei und noch andere lutschten Drops.

Störtebekers Antwort lag, obgleich frisch ausgesprochen, schon seit Wochen bereit: »Wir müssen das Zuhauffliegen in der Offenheit des Seins, das Austragen der Sorge und das Ausdauern zum Tode als das volle Wesen der Existenz denken.«

Tulla wollte es genauer wissen: »Und ich sag Dir, die kommen direkt aus Stutthof, wetten?«

Störtebeker konnte sich geografisch nicht festlegen lassen. Er winkte ab und wurde ungeduldig: »Quatscht doch nicht immer mit Euren abgeklapperten naturwissenschaftlichen Begriffen. Allenfalls kann man sagen: Hier ist Sein in Unverborgenheit angekommen.«

Als Tulla jedoch weiterhin auf Stutthof beharrte und die Unverborgenheit beim Namen nannte, entzog sich Störtebeker der ihm angebotenen Wette mit großer, die Batterie und den Knochenberg segnender Gebärde: »Das ist der Wesensraum aller Geschichte!«

Weiterhin wurden nach Dienstschluß und sogar während der Putz- und Flickstunde Ratten erlegt. Die Dienstgrade ab Unteroffizier schossen Krähen. Der Geruch stand in der Batterie und wurde nicht abgelöst. Da sagte Tulla nicht zu Störtebeker, der abseits im Sand Figuren zeichnete, sondern zum Feldwebel, der seinen Karabiner zweimal leergeschossen hatte: »Wetten, daß das richtige Menschenknochen sind, und zwar jede Menge?«

Es war Besuchssonntag. Aber nur wenige Besucher, Eltern zumeist, standen fremd in Zivil neben ihren zu schnell gewachsenen Söhnen. Harrys Eltern waren nicht gekommen. Der November dauerte, und immer hing Regen zwischen niedrigen Wolken und der Erde und ihren Baracken. Harry stand bei der Gruppe um Tulla und den Feldwebel, der seinem Karabiner das Magazin zum drittenmal füllte.

»Wetten, daß ...« sagte Tulla und hielt eine kleine weiße Hand zum Einschlagen hin. Niemand wollte. Die Hand blieb solo. Störtebekers Stock entwarf die Welt im Sand. Auf Tullas Stirn krümelten Pickel. Harrys Hände spielten mit Knochenleimstücken in Hosentaschen. Da sagte der Feldwebel: »Wetten, daß nicht ...« und schlug ein, ohne Tulla anzugucken.

Sofort, wie im Besitz eines fertigen Planes, machte Tulla kehrt und nahm den breiten Unkrautstreifen zwischen zwei Geschützstellungen als Weg. Trotz nasser Kälte trug sie nur Pullover und Faltenrock. Sie ging auf nackten staksigen Beinen, mit Armen, auf dem Rücken verschränkt, mit Haaren strähnig ohne Farbe und weit entfernt von der letzten Dauerwelle. Kleiner werdend ging sie und blieb deutlich in feuchter Luft.

Zuerst dachten alle und Harry: Sie wird, weil sie so fehlerlos geradeaus geht, stockgerade durch den Stacheldrahtzaun schreiten; aber knapp vor den Stacheln ließ sie sich fallen, hob den untersten Draht des Zaunes zwischen Batteriegelände und Fabrikgelände, rollte sich wie mühelos hinüber, stand wieder knietief in braunverschossenem Unkraut und ging abermals, doch nun wie gegen Widerstand, auf jenen Berg zu, den Krähen bewohnten.

Alle und Harry blickten Tulla nach und vergaßen Himbeerdrops am Gaumen. Störtebekers Stock zögerte im Sand. Ein Knirschen nahm zu: das hatte jemand körnig zwischen den Zähnen. Und erst als Tulla winzig vor dem Berg stand, als sich Krähen träg lüfteten, als Tulla sich bückte – sie knickte dabei in der Mitte – erst als Tulla kehrt machte und zurückkam, schneller als alle und Harry befürchtet hatten, verebbte das Knirschen zwischen den Zähnen des Feldwebels; woraufhin Stille ausbrach, ohrenauslöffelnde.

Sie kam nicht ohne zurück. Was sie zwischen zwei Händen trug, rollte mit ihr unterm Draht des Stacheldrahtzaunes aufs Batteriegelände. Zwischen zwei Achtkommaachtrohren, die nach letzter Order des Kommandogerätes genau wie die restlichen beiden Rohre im gleichen Winkel nach Nordnordwest wiesen, wurde Tulla größer. Eine kleine Schulpause dauert so lang, wie Tullas Weg, hin und zurück, dauerte. Während fünf Minuten schrumpfte sie zur Spielzeuggröße und kam wieder auf: beinahe erwachsen. Noch war ihre Stirn pickellos, aber was sie vor sich hertrug, bedeutete schon etwas. Störtebeker begann einen neuen Weltentwurf. Nochmals zerknirschte der Feldwebel Kies, nunmehr groben, zwischen den Zähnen. Die Stille wurde um ihrer selbst willen mit Geräuschen schraffiert.

Als Tulla mit dem Geschenk vor allen und seitlich ihres Cousins stand, sagte sie ohne besondere Betonung: »Was hab ich gesagt? Gewonnen oder nicht gewonnen?«

Des Feldwebels flache Hand traf die linke Seite ihres Gesichtes von der Schläfe übers Ohr bis zum Kinn. Ihr Ohr fiel nicht ab. Tullas Kopf wurde kaum kleiner. Aber den Schädel, den mitgebrachten, ließ sie fallen, wo sie stand.

Mit zwei klammgelben Händen rieb Tulla ihre geschlagene Seite, lief aber nicht davon. Auf ihrer Stirn krümelten genau so viele Pickel wie vorher. Der Schädel war ein Menschenschädel und zerbrach nicht, als Tulla ihn fallen ließ, sondern hopste zweimal im Unkraut. Der Feldwebel schien mehr als nur den Schädel zu sehen. Einige blickten über Barackendächer hinweg. Harry konnte den

Blick nicht lösen. Dem Schädel fehlte ein Stück des Unterkiefers. Mister und der kleine Drescher machten Witze. Viele lachten dankbar an den richtigen Stellen. Störtebeker versuchte Angekommenes im Sand erscheinen zu lassen. Seine engstehenden Augen sahen das Seiende, welches in seinem Geschick an sich hielt, worauf sich jäh und unversehens Welt ereignete; denn der Feldwebel schrie mit gesichertem Karabiner: »Saublase! Los, ab in die Unterkünfte. Putz- und Flickstunde!«

Alle verdrückten sich träge und machten Umwege. Witze froren ein. Zwischen den Baracken drehte Harry den Kopf auf Schultern, die sich nicht mitdrehen wollten: Der Feldwebel stand starr und viereckig mit hängendem Karabiner, bewußt, wie im Theater. Hinter ihm hielt geometrisch still: die Ortschaft, die Inständigkeit, die Nichtung, der Wesensraum aller Geschichte, der Unterschied zwischen Sein und Seiendem: die ontologische Differenz.

Aber die Hiwis in der Küchenbaracke schwatzten überm Kartoffelschälen. Das Radio der Unteroffiziere vermittelte Wunschkonzert. Der Sonntagsbesuch verabschiedete sich halblaut. Tulla stand leicht neben ihrem Cousin und rieb die geschlagene Seite ihres Gesichtes. Ihr Mund, den die massierende Hand verzog, maulte an Harry vorbei: »Dabei bin ich schwanger.«

Natürlich mußte Harry sagen: »Von wem?«

Aber das war ihr nicht wichtig: »Wetten wir, daß ich bin!«

Harry wollte nicht, denn Tulla gewann jede Wette. Vor dem Waschraum wies er mit dem Daumen auf die halboffene Tür: »Dann mußt Du Dir gleich die Hände waschen, mit Seife.«

Tulla gehorchte. – Nichts ist rein.

Paul Celan
Huhediblu

Schwer-, Schwer-, Schwer-
fälliges auf
Wortwegen und -schneisen.

Und – ja –
die Bälge der Feme-Poeten
lurchen und vespern und wispern und vipern,
episteln.

Geunktes, aus
Hand- und Fingergekröse, darüber
schriftfern eines
Propheten Name spurt, als
An- und Bei- und Afterschrift, unterm
Datum des Nimmermenschtags im September –:

Wann,
wann blühen, wann,
wann blühen die, hühendiblüh,
huhediblu, ja sie, die September-
rosen?

Hüh – on tue ... Ja wann?

Wann, wannwann,
Wahnwann, ja Wahn, –
Bruder
Geblendet, Bruder
Erloschen, du liest,
dies hier, dies:
Dis-
parates –: Wann
blüht es, das Wann,
das Woher, das Wohin und was
und wer
sich aus- und an- und dahin- und zu sich lebt, den
Achsenton, Tellus, in seinem
vor Hell-
hörigkeit schwirrenden
Seelenohr, den
Achsenton tief
im Innern unsrer
sternrunden Wohnstatt Zerknirschung? Denn
sie bewegt sich, dennoch, im Herzsinn.

Den Ton, oh,
den Oh-Ton, ah,
das A und das O,
das Oh-diese-Galgen-schon-wieder, das Ah-es-gedeiht,
auf den alten

Alraunenfluren gedeiht es,
als schmucklos-schmückendes Beikraut,
als Beikraut, als Beiwort, als Beilwort,
ad-
jektivisch, so gehn
sie dem Menschen zuleibe, Schatten,
vernimmt man, war
alles Dagegen –
Feiertagsnachtisch, nicht mehr, –:

Frugal,
kontemporan und gesetzlich
geht Schinderhannes zu Werk,
sozial und alibi-elbisch, und
das Julchen, das Julchen:
daseinsfeist rülpst,
rülpst es das Fallbeil los, – call it (hott!)
love.

Oh quand refleuriront, oh roses, vos septembres?

NELLY SACHS
Nichtstun

Nichtstun
merkbar Verwelken
Meine Hände gehören einem fortgeraubten Flügelschlag
Ich nähe mit ihnen an einem Loch
aber sie seufzen an diesem offenen Abgrund –

Wir winden hier einen Kranz

Wir winden hier einen Kranz
Manche haben Donnerveilchen
ich nur einen Grashalm
voll der schweigenden Sprache
die hier die Luft blitzen läßt –

Schnell ist der Tod aus dem Blick geschafft

Schnell ist der Tod aus dem Blick geschafft
Die Elemente machen Aufruhr
doch die knospenden Sphären
drängen schon mit Auferstehung ein
und das Wortlose heilt den erkrankten Stern –

Rolf Hochhuth
Der Stellvertreter

Fünfter Akt
Auschwitz oder Die Frage nach Gott

> Bei schlechtem Wetter oder starkem Wind trieb der Verbrennungsgeruch viele Kilometer weit und führte dazu, daß die ganze umwohnende Bevölkerung von den Juden-Verbrennungen sprach, trotz der Gegenpropaganda von seiten der Partei und der Verwaltungsdienststellen. Weiterhin erhob die Luftabwehr Einspruch gegen die weithin in der Luft sichtbaren nächtlichen Feuer. Es mußte aber auch nachts weiter verbrannt werden, um die eintreffenden Transporte nicht abstoppen zu müssen. Das Fahrplanprogramm der einzelnen Aktionen, das in einer Fahrplankonferenz durch das Reichsverkehrsministerium genau festgelegt war, mußte unbedingt eingehalten werden, um eine Verstopfung und Verwirrung der betreffenden Bahnlinien zu vermeiden, insbesondere aus militärischen Gründen.
>
> Eine junge Frau fiel mir auf, da sie übereifrig half, die Kleinkinder, die älteren Frauen auszuziehen, immer hin und her rannte ... Sie sah ganz und gar nicht nach einer Jüdin aus. Sie drückte sich bis zuletzt um die noch nicht mit dem Auskleiden fertigen Frauen mit mehreren Kindern herum, redete ihnen gut zu, beruhigte die Kinder. Mit den letzten ging sie in den Bunker. Im Türrahmen blieb sie stehen und sagte: »Ich habe von Anfang an gewußt, daß wir nach Auschwitz zur Vergasung kommen, vor der Aussortierung als Arbeitsfähige drückte ich mich, indem ich die Kinder an mich nahm. Ich wollte den Vorgang bewußt und genau erleben. Hoffentlich geht es schnell vorüber. Lebt wohl!«
> *Aufzeichnungen des Auschwitzer Kommandanten Höß*

Den folgenreichsten Ereignissen und Entdeckungen unserer Zeit ist gemeinsam, daß sie die menschliche Vorstellungskraft überfordern. Keine Phantasie reicht aus, um Auschwitz oder die Vernichtung

Dresdens oder Hiroshimas oder Erkundungsflüge im Weltall oder auch nur industrielle Kapazität und Geschwindigkeitsrekorde vor Augen zu führen. Der Mensch kann nicht mehr erfassen, was er fertigbringt.

Daher hat die Frage, ob und wie Auschwitz in diesem Stück sichtbar gemacht werden soll, uns lange beschäftigt. Dokumentarischer Naturalismus ist kein Stilprinzip mehr. Eine so überhöhte Figur wie der Doktor, der keinen bürgerlichen Namen trägt, die Monologe und anderes mehr machen deutlich, daß Nachahmung der Wirklichkeit nicht angestrebt wurde – und auch im Bühnenbild nicht angestrebt werden darf. Andererseits schien es uns gefährlich, im Drama zu verfahren wie etwa Celan in seinem meisterhaften Poem »Todesfuge«, das die Vergasung der Juden völlig in Metaphern übersetzt hat, wie

> *Schwarze Milch der Frühe wir trinken sie abends*
> *Wir trinken sie mittags und morgens wir trinken sie nachts ...*

Denn so groß auch die Suggestion ist, die von Wort und Klang ausgeht, Metaphern verstecken nun einmal den höllischen Zynismus dieser Realität, die in sich ja schon maßlos übersteigerte Wirklichkeit ist – so sehr, daß der Eindruck des Unwirklichen, der von ihr ausgeht, schon heute, fünfzehn Jahre nach den Ereignissen, unserer ohnehin starken Neigung entgegenkommt, diese Realität als Legende, als apokalyptisches Märchen unglaubhaft zu finden, eine Gefahr, die durch Verfremdungseffekte noch verstärkt wird. Hält man sich so weit wie möglich an die historische Überlieferung, so sind Sprache, Bild und Geschehen auf der Bühne schon durchaus surrealistisch. Denn selbst die Tatsache, daß wir Auschwitz heute besichtigen können wie das Kolosseum, kann uns kaum davon überzeugen, daß vor siebzehn Jahren in unserer realen Welt diese riesige Fabrikanlage mit geregeltem Bahnverkehr eigens errichtet wurde, um durch normale Menschen, die jetzt etwa als Briefträger, Amtsrichter, Jugendpfleger, Handelsvertreter, Pensionäre, Staatssekretäre oder Gynäkologen ihr Brot verdienen, andere Menschen zu töten.

1. Szene

Die Bühne ist so dunkel wie möglich. Es wäre gut, wenn die Wachstube im Vordergrund links noch nicht gesehen würde.

Daß die Monologe im Innern eines Waggons gesprochen oder »gedacht« werden, ohne daß die Sprecher selbst hervortreten, merkt

man zunächst durch die Geräuschkulisse: man hört einen fahrenden, dann rangierenden Güterzug. Fahles Morgenlicht erleuchtet
spärlich die Szene, so daß nur die Konturen der Deportierten sichtbar werden, die ganz rechts und weit im Hintergrund dichtgedrängt
zwischen Koffern und Kisten am Boden kauern.
 *Außer dem monotonen Anschlagen der Waggonräder, die auch
während der Monologe hörbar bleiben, vorerst keine realistischen
Effekte wie Kinderweinen, Sprechen und so weiter.*

Die Monologe

DER ALTE
 Nicht im Waggon sterben, nicht vor den Augen der Enkel.
 Längst hat die Angst ihr Gesicht ausgewischt,
 Ihre Fragen erstickt. Sie spüren, was ich nun weiß:
 Das Ende der Fahrt ist auch unser Ende. –
 Wo immer es sein wird, Du entsetzlicher Gott,
 Dein Himmel ist über uns, und die Henker
 Sind Menschen, von *Dir* ermächtigt.
 Siehst Du auch zu? Ja, Du wirst zusehen. – So treu
 Habe ich Dir gedient inmitten der vielen, die
 Dich mißachteten, so gewiß war ich Deiner Allmacht:
 Wie *könnte* ich zweifeln, Unbegreiflicher, daß
 Du auch hier die Hände im Spiel hast! War
 Mein Trost bis ins Alter nicht die Gewißheit,
 Daß niemand, *niemand* Dir das Steuer entreißt?
 Es ist dieser Glaube an Dich, der mich vernichtet. –
 Laß Dich *warnen* um Deines Namens willen:
 Zeige nicht Deine Größe, indem Du Kinder
 Im Angesicht ihrer Mütter verbrennst, damit
 Du in den Schreien der Gequälten Deinen Namen wiederhörst.
 Wer könnte im Rauch der Krematorien
 Deine Weisung zur Umkehr erblicken?
 Du maßloser Gott – ist der Mensch Dir
 Am ähnlichsten, wo er maßlos ist? Ist er
 Ein solcher Abgrund von Ruchlosigkeit, weil Du
 Ihn nach Deinem Bilde geschaffen hast? –
 Ich kann nicht mehr hadern, Du Schrecklicher,
 Nicht mehr beten, nur noch flehen:
 Laß mich nicht im Waggon sterben,
 Nicht vor den Augen der Enkel.

DIE FRAU
  Sie grinsten, als sie die Jäckchen und die Windeln
  in meinem Koffer fanden. Sie hörten
  höflich an, ich sei im achten Monat.
  Und freundlich fragten sie nach meinem Mann. –
  Als hätten sie dich nicht zwei Tage vorher
  aus deiner Werkstatt weggerissen und die Treppe
  hinabgestürzt, bis Blut aus deinem Mund kam.
  Wie du dich umsahst – dein Gesicht. Ach, wüßte ich,
  was du noch sagen wolltest! Meintest du
  unser Kind? *Was* meintest du?
  Und wie sie lachten, wie sie lachten, als du
  mir zuriefst, daß du wiederkämst.

  Wie einig waren wir mit unserm Alltag, keinem
  waren wir feind, wir freuten uns des schmalen
  Küchenbalkons und suchten uns Sonne
  auf der Piazza neben dem Traubenverkäufer und Kühle
  im Stadtpark und am Sonntag Unterhaltung im Kino.
  Und jetzt – *niemals* Familie, nie zu dritt sein!
  Nie Essen und Gespräch am eigenen Tisch und einen Raum,
  der uns schützt, und gefahrlose Wege und Träume
  und täglich Milch und abends Licht und ein Bett
  und den Mann, der seine Arbeit liebt und mir Trost
  gibt und Wärme in der Nacht. Und Schutz.
  Wir hatten vergessen, wie bedrohlich die Welt ist.

  Wie bedroht schon das Kind im Leib seiner Mutter und
  bedroht noch der Greis, der nur sterben wollte
  in seinem Zimmer wie das weidwunde Tier im Dickicht
  nach der Treibjagd des Lebens. – Wir sprachen immer
  von dir, wir suchten dir Namen und kauften glücklich
  Monat für Monat deine ersten Kleider, dein Körbchen.
  Es kann nicht sein. Es kann *das* nicht geschehen.
  Du lebst! – Ich spüre deine Hände, dein Herz.
  In einem Monat kommst du auf die Welt,
  dann bist du schutzlos!
  Madonna, Mutter Gottes – laß *das* nicht geschehn!
  Laß mir mein Kind noch – laß uns leben!

DAS MÄDCHEN
  Keine Hoffnung, Geliebter, daß du mich findest.
  Kalt wie die Pracht in San Giovanni ist Gott.
  Ihn rührt nicht, daß die Schwangere neben mir
  niemals zur Mutter wird, daß ich dir niemals gehöre.
  Gott ist kalt, die Hände werden mir steif, wenn ich sie falte.
  Und die Götter der Alten sind tot wie ihre Sagen und wie
  das antike Geröll im Museum des Vatikans, im
  Beinhaus der Kunst. – Ach, sonst bliebe doch
  Hoffnung, daß du mich findest, wie
  Orpheus Eurydike fand.

  Aber dieser Waggon ist kein Boot zum Hades.
  Die Schienen nach Polen sind nicht der Styx. Selbst die
  Unterwelt ist den Göttern entrissen und von Wächtern
  besetzt, die ein Gesang nicht rührt.

  Nie mehr wirst du mich finden, nie, solang du
  auch suchst. Such nicht so lange. Nimm ein Mädchen,
  das dir mehr gibt als ich. Sei vergeßlich. Seid glücklich.
  Und wartet nicht mit der Liebe! Liebende werden verfolgt,
  sind immer gefährdet. Versäumt euren Tag nicht,
  wie wir ihn versäumten in der Campagna.
  Versäumt nicht den Abend am Meer,
  wenn der Strand, der schwarze Sand von Ostia,
  noch warm ist, ein Lager für euch.

  Vergiß es nicht ganz, nicht so schnell:
  Dunkel um uns und Schutz und
  die Brandung, die unser Herz überschwemmte und
  deine Worte, unsre zärtlichen Laute hinaustrug,
  wo kein Mensch sie vernahm. Ich wurde an deinem
  Körper so klein, geborgen wie nie mehr, geborgen –
  und dein Mund brach mich auf. Ach, daß die Nacht,
  die uns geschenkt war, uns dann doch nicht gehörte!
  Warum – verzeih mir, Liebster – wehrte ich
  deinen Händen. Wärst du doch bei mir jetzt, ich bin
  so entsetzlich verlassen. Doch wir versäumten die Stunde.
  Wäre ich bei dir am Strand! Risse doch eine Sturmflut
  uns hinaus in die Wellen, aber zusammen.
  Ich bin so allein. Nimm noch einmal

Sand von Ostia in deine Hände und
wirf ihn ins Meer,
meine Asche, und ruf meinen Namen,
wie damals, in Ostia –

Nach dem letzten Monolog starke Rangiergeräusche, der Zug hält, und jetzt, mit dem Öffnen der Schiebetüren, beginnt das durch verschiedene Chroniken berühmt gewordene »Geschrei«, mit dem die Kapos die Züge ausladen mußten: Sehr naturalistisch wiederzugebende, sich oft wiederholende Befehle wie
»'raus da, los, los«
»Gepäck bleibt hier«
»Schneller, schneller«
»Kranke zurückbleiben«
»Zurückbleiben«
»'raus da, beeil dich, Mensch«
Kinderweinen. Eine Frau schreit: »Rachele – Rachele – wo bist du – Rachele.«
Dazwischen Hundegebell, Trillerpfeifen – und das Dampfablassen der Lokomotive. Die aufgescheuchten Menschen werden von den Kapos sehr schnell und brutal aus dem imaginären Waggon herausgeholt und verschwinden im Dunkel der Bühne.
Stille.

2. Szene

Es wird während der ganzen Szene nicht hell, nur dämmerig. Die »Wolke«, sichtbar auf fast allen erhalten gebliebenen Zeichnungen von Häftlingen, lag ständig über Auschwitz, so wie der pestilenzartige Gestank brennenden Fleisches und wie die Myriaden von Fliegen, und sie beschäftigte auch die Bevölkerung der Umgegend und die Reisenden auf der Bahnstrecke Krakau-Kattowitz, die zu den Fenstern drängten, wenn der Zug am Lager vorüberfuhr.
Der stagnierende Rauch und der bis zu dreißig Kilometer weit sichtbare Feuerschein und Funkenregen der Krematorien und der zehn riesigen Scheiterhaufen, auf denen gleichzeitig etwa tausend Leichen im Freien verbrannt werden konnten, schufen die Höllenatmosphäre, die diese Todesfabrik schon in ihren Bahnanlagen und Vorhöfen umwitterte. Was im Innern der Unterwelt geschah, am Krematorium, das ist nicht einmal vorstellbar, geschweige denn atmosphärisch anzudeuten.

1963 ROLF HOCHHUTH

Das Bühnenbild ist durchaus gespenstisch traumhaft, könnte auch diese Wirklichkeit noch so »real« vermittelt werden. Sparsame Andeutungen genügen:

Auf der Vorderbühne ganz links die Wachstube, an die sich rechts ein paar unmenschlich gepflegte Blumenbeete mit einer Bank anschließen. Die erhöhte Hinterbühne fällt nach rechts hinten leicht ab, so daß die Deportierten auf dem Weg zur nicht mehr sichtbaren Gaskammer möglichst lange sichtbar bleiben. Eine Schräge verbindet rechts Hinter- und Vorderbühne. Den Hintergrund bildet das häufig fotografierte und heute (1959) noch unverändert erhaltene Torhaus, durch das die Züge mit den Häftlingen in Auschwitz einfuhren: ein stallartiger, trister, langgestreckter Bau mit wenigen Fenstern und einem niedrigen Wachturm in der Mitte, der an einen Silo erinnert.

Die Wachstube ist zwei Stufen erhöht und nach dem Zuschauerraum offen. Die Rückseite bildet ein zunächst noch verdunkeltes, sehr großes Fenster, davor Schreibmaschine, Telefon, Bürostühle. Ganz links begrenzt den Raum ein schmales Feldbett, daneben ein kurzbeiniger Tisch mit Kaffeegeschirr, Brötchen und zahlreichen Schnapsflaschen, die nirgends gefehlt haben, wo unter dem Abstinenzler Adolf Hitler Menschen ermordet wurden.

Diese ganze Szenerie ist für Auschwitz nur dann charakteristisch, wenn der schaurige Hintergrund, Rauch und Feuer, ständig darüber lastet. Man muß spüren, daß diese triste Hütte mit dem Gärtchen hier vergleichsweise noch humane Fassade ist – eine Fassade, die aber mehr bloßstellt als verbirgt, was hinter ihr vorgeht.

Leider kann man sich nicht damit beruhigen, daß es Geistesgestörte oder Triebverbrecher gewesen seien, die ein Lager wie Auschwitz in Gang hielten. Normale Mitmenschen hatten hier ihren »Arbeitsplatz«. Um daran wieder zu erinnern, wollen wir ausführlich mit Helga beginnen.

Ein lauter, altmodischer Wecker klingelt. HELGA, *eine SS-Nachrichtenhelferin (»Blitzmädel«), stellt ihn sofort ab, wirft die Wolldecke zurück und richtet sich im Feldbett auf, sie war bei brennender Schreibtischlampe eingeschlafen. Sie ist ebenso jung wie apart und nur mit Turnzeug bekleidet: auf ihrem Hemd ist unter der handlichen linken Brust ein Sportabzeichen aufgenäht, und das weiße Höschen ist links oben mit schwarzen SS-Runen verziert. Vorläufig dreht sie den Beschauern aber noch ihren Rücken zu, dann kommt langsam das rechte, dann das linke Bein, sehr schöne nackte Beine, zum Vorschein, endlich steht sie vor dem Bett und*

*fängt sofort an, traurig Hans Leips »Lilimarleen« zu summen. Sie
läuft barfuß zum Tauchsieder, stellt ihn in eine Kanne und holt sich
dann von ihrem Drehstuhl an der Schreibmaschine die Strümpfe,
die sie genußvoll anzieht, denn sie sind rar im vierten Kriegsjahr.
Jetzt ist sie ganz wach und flink. Sie zieht nach der Bluse und dem
schwarzen Schlips ihr halb männliches graues Kostüm an, das ihre
Modejournal-Figur noch unterstreicht, schließt die Tür auf, schnuppert kurz hinaus in Nebel und Rauch und setzt dann ihr »Schiffchen« ins blonde Haar. Ihr Nachtdienst ist um 7 Uhr zu Ende, also
sehr bald.*

*Sie legt die Decke zusammen, gießt heißes Wasser in einen Filter
und will beim Frühstück wieder in dem dicken Buch, das neben
ihrem Bett lag, zu lesen beginnen, als Sturmbannführer Dr. Fritsche
mit zwei Herren der Industrie auftaucht. –*

*Noch einiges über Helga. Die spezifisch weiblichen Fähigkeiten,
völlig der Meinung derer zu sein, die auf sie Eindruck machen, und
nichts zu sehen, was den Blick trüben könnte, hat sie nicht einmal
besonders entwickeln müssen, da sie ihr, wie alles betont Weibliche,
in solchem Maße angeboren sind, daß sie selbst Auschwitz »in Ordnung« fände, wenn sie je darüber reflektiert hätte. Natürlich reflektiert sie niemals. Deshalb ist sie für die Herren hier, die nachts doch
hin und wieder Gespenster sehen, ein besonders verlockendes
Schlafmittel. Sie hat nichts gemein mit den Megären, die im Lager
Aufseherinnen genannt werden, obwohl sie selbstverständlich genau weiß, wozu sie als Telefonistin und am Fernschreiber beiträgt.
Weit mehr noch als etwa der Kommandant Rudolf Höß, beweist
Helga ganz unbewußt und einfach durch ihre Warmherzigkeit und
ihren fraulichen Reiz, wie menschlich der Mensch noch als Berufsverbrecher bleibt und daß »menschlich« eine völlig unbrauchbare,
weil allzu vieldeutige Vokabel geworden ist. Helgas Lieblingsbeschäftigung, wenn kein Mann sich mit ihr beschäftigt, ist es, davon
zu träumen, daß sie weit weg von hier leben könnte, etwa in der
Lüneburger Heide. Sie möchte nämlich eine treue und glückliche
Braut sein, anstatt ihren Verlobten, einen schönen, aber einfallslosen
Krematoriumsknecht im Leutnantsrang, immer wieder mit dem
»Doktor« zu betrügen, dem sie so völlig hörig ist, daß sie ein
Höchstmaß an Angst und Skrupel überwindet, nur um mittags eine
Stunde in seinem Bett zu sein. Sie haßt diesen Mediziner, weil sie
seinem lasziven Charme ausgeliefert ist – und wie sie alles Böse und
allzu Intelligente haßt. In ihrem Bedürfnis nach Reinheit und Anstand würde sie sogar das Abschlachten von Juden verabscheuen,*

wenn ihr je der Gedanke gekommen wäre, das könnte ebenso verwerflich sein wie etwa Ehebruch oder Abhören des englischen Rundfunks. Doch ist sie, wie fast alle jungen Mädchen, vollkommen dressierbar, nicht nur schmelzendes Material unter der Hand des Liebhabers, sondern wie auch viele Sekretärinnen bis in ihre intimsten Sympathie- oder Antipathiekundgebungen nichts als der Papagei ihres Chefs.

Deshalb wird sie zwei Jahre später, 1945, sofort und ganz ohne Opportunismus begreifen, daß es »nicht schön« war, was man mit den Juden gemacht hat – es ist dann aber auch ein ausgeprägt männlicher Jude und Besatzungsoffizier, der ihr das klarmacht. Übrigens gibt sie dann selbst im Bett vorsichtshalber nicht zu, bis in die allerschaurigsten Einzelheiten gewußt zu haben, wozu sie in Auschwitz beitrug – sie wußte »natürlich« überhaupt nicht, daß man Menschen dort systematisch tötete; und der Amerikaner glaubt ihr das nicht nur, weil sie entzückend ist: er hält allen Ernstes für möglich, was sie sagt, ebenso wie seine Richterkollegen in Nürnberg sich sogar von Julius Streicher anhörten, Mordaktionen seien ihm unbekannt gewesen. –

Dem Doktor zur Hand gingen nicht nur die süßen charakterlosen Mädchen, sondern auch die säuerlich charaktervollen Bürger, gemäß der sachlich unbestreitbaren Feststellung des Fürsten Talleyrand, daß ein verheirateter Mann, der Familie hat, stets bereit sei, für Geld alles zu tun – wem Gott ein Amt schenkt, schenkt er auch Kollegen. Die Herren, die jetzt zu Helga gehen, sind uns, obwohl »erfunden«, nicht nur aus der zweiten Szene des ersten Aktes schon bekannt – bekannt sind sie uns längst, ob wir sie täglich auf der Rutschbahn ins deutsche Wirtschaftswunder erblicken oder im Spiegel des eigenen Badezimmers.

Man merkt ihnen bereits an diesem Morgen an, daß sie den Krieg zu ihrer gesundheitlichen und finanziellen Zufriedenheit überleben werden. Alle scheinbar unentbehrlich auf ihrem Posten und deshalb vor dem Fronteinsatz bewahrt, sind sie in Wahrheit auswechselbar wie Autoreifen. Deshalb genügt es, einen für alle drei zu betrachten.

Nehmen wir den in Uniform: Herr Dr. Fritsche *ist ein blasser Brillenträger, seinem Reichsführer Himmler ähnlich wie ein unretuschiertes Amateurfoto einer Meisteraufnahme. Er hat gesundes »Häftlings-Material« beiderlei Geschlechts aus den Transporten gegen Empfangsbestätigung an die Industrie zu verteilen, die sich in nächster Nähe von Auschwitz niedergelassen hat – und hat nach einigen Monaten die von so ehrenwerten Firmen wie IG-Farben erbarmungslos ausgeschröpften Arbeiterwracks gegen Quittung wieder entgegenzunehmen und an die Gaskammer abzuliefern. Skrupel wegen dieser Tätigkeit hat Herr Fritsche nie verspürt, denn er ist von Hause Jurist und weiß, daß hier nichts geschieht, was nicht auf dem Dienstwege korrekt verordnet wurde. Niemals käme ihn die Laune an, einen Häftling zu schlagen, und er hofft, daß auch seine Untergebenen Auspeitschungen nur durchführen, wenn ein Häftling durch Simulation oder Faulheit die gesetzlichen Voraussetzungen zur Prügelstrafe geschaffen hat. Der Beweis, daß eine Krankheit nicht simuliert war, ist erbracht, sobald der Häftling daran gestorben ist.*

Herr Fritsche sieht und hört sich den Vollzug von Disziplinarstrafen grundsätzlich nicht an, vermeidet es auch, am Krematorium zuzusehen, da er ohnehin manchmal fürchtet, »schlapp zu machen und in unsere bürgerlichen Vorstellungen zurückzufallen«. Solche Anwandlungen bekämpft er durch ausgedehnte Spaziergänge im Schutze zweier Wolfshunde und durch Lektüre des NS-Schulungsbriefes, obwohl Herr Fritsche politisch gänzlich desinteressiert ist. Er hat sich unter Entbehrungen hochstudiert und ein armes Mädchen geheiratet, strebt deshalb in seiner Karriere auch den raschen finanziellen Aufstieg an, würde sich aber niemals ungesetzlich bereichern; die goldene Armbanduhr aus dem Besitz eines kremierten Amsterdamer Juden gelangte auf dem Verordnungswege an seinen Unterarm. Da der Führer kürzlich wieder mit scharfem Hohn gegen die Juristen gesprochen hat, die alle von gestern seien, sieht auch Dr. Fritsche nicht mehr viel Sinn in einer Richterlaufbahn – die Tätigkeit eines Anwalts erscheint ihm als völlig absurd. Nicht etwa, daß er ein Gefühl dafür hätte, wie grotesk es ist, wenn ausgerechnet seinesgleichen – und das wurde bekanntlich nach 1950 in Westdeutschland sehr häufig praktiziert – über Menschen zu Gericht sitzen, die beispielsweise ein Fahrrad gestohlen haben. Nur sagt sich Sturmbannführer Fritsche, daß die moderne Rechtspflege nach dem Endsieg vermutlich kaum mehr als die zwei folgenden Strafmaße zulassen wird: Tod oder Abkommandierung zur Bewährung in den eroberten Ostgebieten; das Großdeutsche Reich soll sich nicht mit überflüssigen Fressern in Gefängnissen belasten. Aus dieser Überlegung und weil es gern gehört wird, spricht Herr Fritsche von dem Erbhof, den er mit seiner Familie in der – kürzlich leider vorübergehend wieder verlorengegangenen – Ukraine zu bewirtschaften gedenkt und für seine Verdienste auch zweifellos erhalten wird. Natürlich hat er von Landwirtschaft keine Ahnung. Er ist gegenüber allem Lebendigen, zum Beispiel Helga, ausgesprochen kontaktarm. Aus Angst vor einem Hufschlag vermeidet er sogar, einem Pferd nahe zu kommen. 1952 ist er Finanzfachmann einer der bedeutendsten deutschen Bausparges ellschaften, 1960 ist er Oberlandesgerichtsrat und pensionsberechtigt – ein Berufswechsel, den er, herzkrank geworden, aus Sorge um die Sicherheit seiner Familie vollzogen hat, trotz vorübergehender finanzieller Einbußen ...

Soweit das möglich ist, trotz Nebel und stagnierendem Rauch, ist es heller geworden. Während Helga sich Kaffee kocht, taucht Fritsche im Wintermantel mit Mütze und Ohrenschützer auf und will gerade in die Wachstube gehen, um sich zu wärmen. Da kommt von links ein finster aussehender Offizier mit Stahlhelm, Peitsche, Lampe und Wolfshund auf ihn zu.

OFFIZIER Sturmbannführer – eine Meldung!
   (*Er macht den Hund an der Bank fest.*)
FRITSCHE So früh am morgen? – Was gibt's?
OFFIZIER Sturmbannführer, am Außenbahnsteig eine
   tolle Überraschung: der Papst persönlich hat uns
   einen Priester ...
FRITSCHE *Was* reden Sie vom Papst?
OFFIZIER Der Papst hat den getauften Juden
   einen Priester als Fahrbegleiter mitgegeben.
   Die Juden kommen doch aus Rom! Er sollte
   ihre Fahrt begleiten, als Seelsorger natürlich.
   Und ...
FRITSCHE Und was?
OFFIZIER Und irgendein Idiot in Rom
   hat diesen Mann wie das Gesindel selbst verfrachtet.
   Mitten zwischen das Pack,
   mitten in den Waggon, obwohl er
   die Soutane trägt, ein Italiener, kein Jude
   und angeblich sogar verwandt mit den Pacellis.
FRITSCHE Verflucht! Verfluchte Schweinerei!
OFFIZIER Er sprach mich an, es war noch dunkel,
   ein Glück, daß ich nicht gleich den Hund ...
FRITSCHE Wo steckt er jetzt?
   Hat er vom Lager schon was gesehen?
OFFIZIER Vom Lager nichts, bisher. Er ist noch draußen
   am Bahnsteig eins. Ich habe ihn sofort
   zur Rückfahrt der Gendarmerie,

die den Transport ab Passau übernahm,
   und auch den Eisenbahnern anvertraut.
   Er frühstückt jetzt mit denen und …
FRITSCHE Schweinerei! Bewacht ihn nicht zu sehr.
   Er muß sich bis zur Abfahrt so bewegen können,
   am Außenbahnsteig, daß er
   nicht zuviel Neugier zeigt und uns
   wie die vom Roten Kreuz behelligt.
OFFIZIER Ich fürchte nur, er hat
   auf dem Transport schon viel zu viel gesehen!
FRITSCHE Kommen Sie, einen Schnaps auf diesen Schock.

WALTER HELMUT FRITZ
Auf dem jüdischen Friedhof in Worms

Ein Nachmittag mit Namen verbracht –
Rabbi Baruch, Maharam Meir von Rothenburg,
Maharil Jacob Molin.
Ein Nachmittag verbracht mit einigen Bewegungen
des Lichts auf sehr alten Steinen.

PETER HUCHEL
Chausseen

Erwürgte Abendröte
Stürzender Zeit!
Chausseen. Chausseen.
Kreuzwege der Flucht.
Wagenspuren über den Acker,
Der mit den Augen
Erschlagener Pferde
Den brennenden Himmel sah.

Nächte mit Lungen voll Rauch,
Mit hartem Atem der Fliehenden,
Wenn Schüsse
Auf die Dämmerung schlugen.

Aus zerbrochenem Tor
Trat lautlos Asche und Wind,
Ein Feuer,
Das mürrisch das Dunkel kaute.

Tote,
Über die Gleise geschleudert,
Den erstickten Schrei
Wie einen Stein am Gaumen.
Ein schwarzes
Summendes Tuch aus Fliegen
Schloß ihre Wunden.

Heimito von Doderer
Die Wasserfälle von Slunj

Am letzten Vormittage ritten Zdenko und Ivo zu den Wasserfällen von Slunj, als der größten Sehenswürdigkeit der Umgebung. Der Weg war nicht weit. Etwa zwanzig Minuten im Trabe, zum Teil durch Laubwald.

In's letzte Drittel etwa des Weges einreitend war's, daß Ivo sein Pferd verhielt – Zdenko tat ein gleiches – und, den Finger lauschend auf die Lippen gelegt, damit Schweigen bedeuten und erbitten wollte.

In der Tat hörten sie hier schon die Fälle, und das dumpfe Geräusch schien als ein schwaches Rumoren aus dem Erdboden zu kommen. Auf die Pferde wirkte das augenscheinlich nicht. Die standen ruhig. Das Pferd ist für Plötzlichkeiten am meisten anfällig. Dies hier war nichts weniger als plötzlich. Es wäre vielleicht schon früher hörbar gewesen, hätten sie anhalten mögen. Es gehörte zur Gegend, es war immer da und lag mit den Sonnenkringeln am Grunde des Laubwalds so ruhig wie der blaue Himmel über den Kronen.

Aber auf Zdenko wirkte mächtig der tiefe stehende Ton, und Zdenko war es, der, wenn auch nur figürlich, die Ohren zurücklegte, und nicht sein Reitpferd, das dazu ohne weiteres und wirklich befähigt gewesen wäre. Ihm war plötzlich, als sollte jetzt viel mehr noch sichtbar werden als ein bekannter Wasserfall, als ritte er einer Entschlüsselung oder Aufdeckung entgegen, ja, dem größten und eigentlichen Abenteuer seines Lebens.

So erfüllt trieb er sein braunes Pferd wieder an, blieb jedoch im Schritte, was den Ivo oder Pista etwas verwundern mochte. Aber in Zdenko war jetzt nichts weniger als Neugier lebendig und keinerlei Bestreben, rasch an ein Ziel zu gelangen, wo jene befriedigt werden mochte. Sondern, wonach er nun heftig begehrte und strebte, das war die Sammlung. Ohne des Burschen neben ihm irgend zu achten, versank er in diese jetzt und hier gehenden Minuten, sah die Sonne auf dem gefleckten Wege, den Himmel über den Baumkronen, hörte den tiefen Ton, der zu einem bloßen Teile dieser Landschaft und Gegenwart für ihn geworden war.

Man kann sagen, er verhielt sich souverän. Sein Verhalten war zugleich ein völliges Verhalten jeder automatischen Hingegebenheit an das, was die Stunde feil als naheliegend heranbrachte, um ihn damit zu überschwemmen und auszufüllen. Er aber suchte nicht diese Stunde, sondern mehr, und versuchte in diese Stunde hereinzuziehen, alles, was er gewesen war und was er gehabt hatte.

Was natürlich nicht gelang. Dennoch ritt er im Schritte weiter. Auch bei solcher langsamer Gangart wurde allmählich der Fälle Mahlen und Rumoren deutlicher, und schon ward's ein Brausen, und schien nicht mehr aus der Erde zu kommen, sondern lag, wenn auch noch weit entfernt, dem Ritte voraus.

Jetzt sprengte Zdenko sein Pferd in den Galopp ein, der auf dem breiten grasigen Weg voll hohen Genusses war. Ivo, neben ihm, lächelte, warum eigentlich, das bleibt dunkel. Sie sahen nach einer Weile – schon waren die Fälle lärmend geworden – Weißes von Ferne.

Danach, heranreitend, fiel ihr Blick über die schäumende Planei oberhalb der Katarakte, wo das Wasser in starken Armen, da und dort aufstäubend, dahinschoss, und auf der ganzen Breite brausend hinein zwischen die lange altbraune Mühlenbekrönung des Abbruches. Links schloß unmittelbar schon der Ort mit seinen Häusern an.

Sie fanden da einen größeren Einkehrgasthof. Zdenko wünschte die Pferde loszuwerden und versorgt zu sehen. Das war hier möglich. Sofort, beim Anblick der festen und mit Geländern versehenen Stege von Mühle zu Mühle, von Fels zu Fels, zögerte er nicht, den Katarakt zu überschreiten. Er war nicht ängstlich, der Zdenko.

Auch Ivo nicht. Sie gingen zu den aufgeregten Wassern hinunter und zu der ersten Brücke, die hier ansetzte. Der Bursche sorglich hinter dem jungen Herrn. Das Lärmen und Toben des Wassers wurde bald gewaltig. Hätte man sprechen mögen, wäre es nur schreiend möglich gewesen. Aber sie schwiegen, und achteten wohl, und kamen immer weiter hinaus, schon zur ersten Mühle. Sie war verschlossen. Man stand ja nicht in der Jahreszeit des Getreidemahlens. Die Brücken führten weiter, nicht ganz am Abbruche, sondern von diesem ein Stück zurückgesetzt. Es waren diese Stege so schmal freilich nicht, wie sie von weitem ausgesehen hatten. Da und dort führte der Weg auch, gangbar gehauen und mit anscheinend festem Geländer, über Klippen, welche die Fälle teilten. Zdenko und Ivo gingen bei solchen Stellen lieber auf des Pfades Bergseite, ohne das hölzerne Geländer in Anspruch zu nehmen.

So näherten sie sich der Mitte der Fälle, ohne daß irgendwer ihnen begegnet wäre. Das Übermächtige an diesem Gange, der drohende Überhang gleichsam, unter welchem er sich vollzog, war die Wucht des Wasserlärmes, der, mochte er immerhin schon beim Passieren der ersten Mühle so angewachsen sein, daß jede Verständigung, außer durch Schreien, bereits ausgeschlossen blieb, bald eine weitaus gewaltigere Stärke erreicht hatte. Hier auch stäubten schon die Wasser allenthalben hoch auf, fielen in Schleiern nässend auf die Stege, unter welchen anderwärts wieder die Strömung in dicken Schlangen zwischen den Mühlen durchschoss, glatt und glashart aussehend infolge ihrer Geschwindigkeit. Der Lärm schien viele Lagen oder Schichten zu haben, höhere und tiefere, Donnern sowohl wie helles Pfauchen, dumpfes Mahlen ebenso wie schneidendes Gespritze; und darunter, als das eigentlich Schrecklichste, war ein ununterbrochenes Heulen hörbar.

Hier, während Zdenko anhielt, und über die in weißem Schaum und Sonnenglanz sich erstreckende Planei oberhalb der Fälle hinblickte, wurde ihm voll bewußt – und mit ehrlichem, eingestandenem Staunen –, daß er sich nicht fürchtete. Und, mehr als das: fast gleichzeitig wußte er auch, warum ihm die Furcht fernblieb. Sie hätte unter diesem Gedröhn sich rühren müssen. So weit kennt sich jeder, weiß, wo die Grenzen seines Mutes oder seiner Nerven sind, sei er jetzt ängstlich oder sei er's nicht, wie Zdenko. Aber daß er hier so sehr gesammelt spazierte, das lag mindestens an jener Grenze, wenn nicht darüber. Nun wußte er bereits, was ihn befähigte: es war ein Fortfall, der Fortfall einer Erscheinung aus den letzten Tagen, aber schon in Wien gekannt – daß er nämlich den Sonnenglast oft als dunkel empfand, bei leichtem Schwindel. Wann jedoch war dieser Fortfall eingetreten? Seit heute morgen? Seit jenem Galoppe auf dem Waldweg? Plötzlich erkannte er's mit voller Klarheit, daß der Gang hier über den Fall ihm hätte furchtbar werden können, wäre jenes dunkelnde und schwindlige Gedrücktsein gegen den Boden noch in ihm gewesen. Es war fort. Scharfen Lichtes, hell und glänzend, lag die Weiße des schäumenden Wassers in der Sonne. In diesem Augenblick empfand er hohe Sicherheit, ja Kraft. Was er vor sich sah, das hatte er gleichsam fest und bändigend in der Hand. Vielleicht lächelte Ivo eben deshalb, als Zdenko ihm jetzt in die Augen sah. Dieses Lächeln war anschmiegsam und unterwürfig zugleich.

Sie erblickten auf einige Entfernung vor sich drei Männer bei einer Mühle, die daran etwas ausbessern mochten, man sah sie hämmern – doch freilich konnte man den Schlag nicht hören – und dann und wann verschwand einer von ihnen im Inneren der braunen Hütte. Es zeigte sich jetzt auch ein vierter Mensch, der von drüben, von der anderen Seite des Falles, aus größerer Entfernung auf die Mühle zu kam.

Zdenko und der Reitbursche blieben stehen und schauten auf den Mann, der über die Stege sich näherte, die linke Hand dann und wann auf das Geländer legend. Als er von der Mühlenhütte und den werkenden Männern noch etwa zwanzig Schritte entfernt war, fuhr etwas aus seiner linken Hand empor wie ein Stab oder eine Lanze, im nächsten Augenblick aber sah man dieses Geländerstück fallen, und hinter ihm Donald, gegen den Katarakt hinab.

Zdenko hatte ihn fast genau im Augenblicke des Sturzes erkannt, vielleicht sogar an einer ausfahrenden Bewegung, mit welcher der Engländer noch zuletzt auf den übersprühten und feuchten Bohlen das Gleichgewicht wieder hatte gewinnen wollen.

Sie eilten vorwärts, wurden aber von den Männern bei der Mühlhütte, welche den Abstürzenden gesehen hatten, und nun hinunter blickten, aufgehalten, mit warnend, ja beschwörend erhobenem Zeigefinger, wobei sie immer wieder das gleiche Wort wiederholten (es war der kroatische Ausdruck für ›Vorsicht!‹, also ›posor!‹). Sie zeigten, in der Richtung, aus welcher Donald gekommen war, den stäubenden Abgrund hinab, und hielten Zdenko an den Hüften, als er, sich ein wenig über das Geländer beugend, hinunter sah.

Dort, nur wenige Meter unterhalb des Steges, der hier über einem flacher geneigten, teils moosbärtig glitschigen, teils zackigen Felsen hinlief, lag Donald auf dem Rücken, oder eigentlich er hing, ohne sich zu regen, denn an irgendetwas mußte er ja über dem Abgrunde hängen geblieben sein. Man sah, wohl nur wenige Handbreiten neben Donald, eine glasglatte Schlange Wassers von der Stärke eines großen Baumstammes vorbeischießen.

Die Männer waren inzwischen rasch in die Hütte getreten und kamen mit zwei mächtigen Bündeln von Seilen wieder hervor. Sie bedeuteten den beiden Burschen, hinter ihnen zu gehen, und bewegten sich, so schnell es die Vorsicht erlaubte, auf den übersprühten Stegen gegen die Stelle des Unglücks zu.

In der Tat lag Donald nicht viel mehr als einen Fußbreit neben dem Wasser, dort wo es sich heulend und donnernd in eine Tiefe von neunundzwanzig Metern hinabstürzte.

Der älteste – nicht der jüngste – von den drei Kroaten legte, nachdem beide Seile in geordneten Schlingen bereit gemacht worden waren, das eine Ende unter seinen Armen durch, und schlug den Knoten, wie man das auch beim Felsklettern zu machen pflegt. Schon saß er am Rande des Steges. Die beiden anderen sicherten das Seil um einen jener senkrechten Pfosten, welche die Joche für den Steg trugen und zum Teil auch das Geländer; dieses allerdings fehlte jetzt auf der Seite des Absturzes von hier an für mehrere Meter. Der Sitzende hatte des zweiten Seiles Ende um seinen linken Arm geknüpft, jedoch locker. Nun ließen sie ihn rutschen, in kleinen Schüben nur. Es galt, den Retter links neben den Ohnmächtigen zu bringen, so daß um diesen das mitgeführte zweite Seil geschlungen und geknotet werden konnte, um ihn dann herauf zu ziehen. Doch wußte man ja nicht, wie und woran der Körper knapp vor dem Abgrunde hängen geblieben war, vielleicht an einer nur geringen Unebenheit. Eine einzige unrichtige Berührung und Bewegung konnte ihn sogleich hinabfahren lassen. Ein Vorteil war darin zu sehen, daß der Rücken auf den Steinen hohl zu liegen schien, und die Arme über den Kopf erhoben und nach rückwärts geworfen waren.

Nun wirklich hing der alte Bauer knapp neben Donald.

Zdenko sah zu, von donnerndem Lärm eingehüllt.

Schon begann er sich daran zu gewöhnen.

Während der ganzen Aktion blieb vor seinem inneren Auge der verzerrte Umriß Donald's stehen, als dieser zuletzt versucht hatte, das Gleichgewicht wieder zu gewinnen: an der ausfahrenden und langstieligen Bewegung wirklich hatte er den Engländer erkannt.

Hier nun, bei fortwährendem übermächtigen Donner und noch ganz unter der Gewalt plötzlich hereingebrochener Vorgänge, setzte der auf dem Stege noch strauchelnde Donald sich zurück in der Zeit, das Bild doppelte sich, und jetzt sah er ihn, wie er dort auf der Straße gestrauchelt war (über irgendeine Obstschale), von ihm und Heribert Wasmut abscheidend, und gleichsam mit einer durch ihn selbst dem Donald zugefügten nicht mehr rückgängig zu machenden Verletzung, und in dieser Weise entlassen auf seine Reise ›in den Vorderen Orient‹, nachdem man ihm noch gesagt hatte, daß Monica, während seines Aufenthaltes in England, in den Park und zu den Tennispartien gekommen war. Und nun hatte er Donald Clayton strauchelnd und stürzend wiedergesehen. Die beiden Bilder klammerten ein, was dazwischen war, und hoben es als ein Ganzes heraus. Und viel nachdrücklicher und unabweisbarer schien dieses vergangen als der M. C., die weiße Nelke in der Vase, ja sogar die Frau Henriette, oder was immer ihn dort in der Bibliothek von Vanice besucht haben mochte, wenn er über seinem Brantôme gesessen war, die ein oder zwei Male. Das lag jetzt und von hier aus wie durch ein umgekehrtes Opernglas gesehen. Donald aber umgriff er durchaus, Anfang und Ende, das erste und das zweite Strauchelnd.

Es war dem tapferen alten Kroaten unten in der Tat gelungen, das Seil – mit ganz langsamer und ruhiger Bewegung – unter Donalds Rücken durchzuschieben; nun schlug er vor der Brust den Knoten und bog dann dem Regungslosen die Arme herab. Schon zogen sie oben straff. Er konnte nicht mehr fallen.

Schubweise geschah der Rückzug von dem gefährlichen Unternehmen. Auch Zdenko und Ivo mußten jetzt an die Seile, und der eine von den beiden Bauern führte das Kommando. Zweimal, als Donald's Körper hängen blieb, im unteren Teil, an irgendeinem Zacken, mußte erst der alte Mann nachgezogen werden, der ihn dann befreite. Seilwechsel und Sicherung geschahen mit äußerster Vorsicht. Weiter heroben, wo der Fels glatt war und glitschig vom Moose, ging's leichter. Schließlich brachte man Donald mit den Schultern über den Steg und auf die Bohlen, und half sodann seinem Retter. Dieser saß erschöpft auf dem Stege nieder. Zdenko berührte der Anblick Donald's unheimlich. Die Augen waren halb geschlossen und schienen fast verdreht. Ivo kniete neben ihm; der jüngste von den drei Kroaten sagte jetzt etwas zu diesem, in sein Ohr sprechend. »Was sagt er?« fragte Zdenko auf die gleiche Weise. »Dieser Mann ist vor Schrecken gestorben«, übersetzte der Ungar. Sie hatten den regungslosen Körper um und um gewandt, er zeigte keinerlei Verletzung, war trocken, bis auf ein paar Spritzer; am Rücken wies der karierte Reiseanzug die breite grüne Schleifspur vom glitschigen Moose. Zdenko fiel ein, daß er Cigaretten und Streichhölzer bei sich hatte, und so teilte er aus. Der alte Mann saß noch immer erschöpft auf den feuchten Bohlen.

Donald war tot. Als diese unabweisbare Tatsache bei Zdenko Eingang fand, war's ihm, als schlüge ein Paukenschlegel den Punkt hinter jenes Zeitstück, das sich eben vorhin wie in Klammern herausgehoben hatte, von Donald's Straucheln zu Wien auf der Straße, bis zu seiner letzten verzerrten Bewegung hier auf dem feuchten Steg. Damit war es vergangen – ja, es war von allem das Einzige, was nun wirklich und deutlich und ganz vergangen war! – es zeigte sich als klar abgesetzt, fast körperhaft, man konnte es fest im Blicke halten, als griffe man es mit der Hand, es war gebändigt. Die Empfindung kehrte wieder, mit welcher Zdenko vor kurzem ohne jede Furcht über die schäumende Planei hingeblickt hatte, und dann Ivo in die Augen. Plötzlich bemerkte er, daß dieser weinte. Ihn kam das nicht an. Er besaß jetzt schon den nächsten Schritt, den er tun würde, das Heraustreten aus sich selbst, wie aus einer Höhle, sah jetzt wieder die Sonne über dem schäumenden Wasser, hörte jetzt wieder und wie zum ersten Mal dessen tosenden Lärm, und erblickte neu die Männer auf dem Stege, und den hingestreckten Toten.

Diesen hoben dann die beiden jüngeren Kroaten auf. Zdenko und Ivo wollten beispringen, aber ihnen ward ernsthaft und mit Kopfschütteln abgewunken und bedeutet, sich an den Schluß zu setzen. Bevor man die Stelle passierte, wo jetzt gegen den Absturz zu das Geländer fehlte, untersuchte der Alte die Pfosten, denen es aufgelegen hatte. Sie standen freilich fest. Aber jene Zimmermanns-Kerben, darin die Stange eingesenkt gewesen war, erwiesen sich als stark verquollen, und das mochte wohl auch bei den aufliegenden Enden der Stange selbst ganz ebenso gewesen sein, so daß diese durch die Feuchtigkeit, und vielleicht auch die vom Wasser erzeugte Vibration, schließlich samt dem großen Nagel aus ihrer Bettung hatte gedrängt werden können. Ein vergleichsweiser Blick auf das nächste Widerlager zeigte jedoch nichts von alledem. Hier hätte das Geländer den schwersten Mann gestützt, ohne zu weichen.

Sie bewegten sich nun mit der Leiche – der alte Mann ging knapp hinter Zdenko und Ivo – weiter in der Richtung gegen das andere Ufer zu, woher Donald gekommen war, nachdem vorher noch der jüngste von den drei Männern die Seilbündel in die Mühlenhütte zurückverbracht hatte. Oftmals mußten die Burschen rasten, welche den Toten auf diesem Vorsicht fordernden Wege trugen. So von Mühle zu Mühle, die alle verschlossen waren, und Steg nach Steg weiter bis zur letzten. Der Donner des Wassers wich etwas aus den Ohren, wie jene leichte Ertaubung, wenn man von einem hohen Berge kommt. Nun eine längere Brücke. Nun das steinige Ufer.

Von links kam zum Brückenkopfe ein ländlicher Fahrweg herab. Vor ihnen stand die Böschung, wo das steinige Bett der Wasser randete. Der jüngste von den Bauern ging gleich davon und in den Marktflecken hinein, um den Gemeindearzt zu holen, wie sich später zeigte, und jemand vom Rathaus oder der Gendarmerie.

Sie knieten bei dem Toten, öffneten seine Kleider, behorchten das Herz.

Es bestand kein Zweifel mehr.

Zdenko blickte, nachdem gebetet worden war, in die Planei hinaus, über das schäumende Wasser, in die Sonne. Dann auf Ivo. Es mag sein, daß Zdenko's Augen geblitzt hatten. In den noch feuchten Blick des Reitburschen trat etwas wie ein erschrockenes Staunen, fast ein ehrliches Entsetzen. Zdenko sah weg. Von jetzt an wußte er, daß es galt, sich zu beherrschen, den seltsamen neuen Mut zu verbergen, der ihn, und gerade angesichts dieses Toten, erfüllte, notwendigerweise beleidigend für jeden Zeugen der Stunde, die Trauer gebot.

THOMAS BERNHARD
Frost

Hin und Her

Ich möchte sagen, es war ein Hin und Her heute.

Wir gingen aus dem Lärchenwald heraus und wollten ins Dorf und von dort hinüber in den großen Wald. Ich ging voraus. Der Maler folgte mir, ich hatte die ganze Zeit das Gefühl, er geht auf mich los, überfällt mich von hinten. Ich weiß nicht, was ich mir dabei gedacht habe, aber ich brachte die Angst, eigentlich waren es Angstgedanken, nicht mehr aus mir heraus. Ich hörte ab und zu ein Wort, von ihm gesprochen, völlig unverständlich, ich konnte nicht antworten, wenn er mich etwas fragte, denn er fragte eigentlich nur in sich hinein. Er herrschte mich an: »Bleiben Sie stehen, wenn ich Sie etwas frage!« Ich blieb stehen. »Kommen Sie her!« befahl er. Plötzlich entdeckte ich (im Tonfall, ich fühlte sofort: nur *ich* habe die Möglichkeit, das zu entdecken) eine Ähnlichkeit mit seinem Bruder, dem Assistenten. Er sagte: »Die Luft ist das einzige wahre Gewissen, verstehen Sie?« Ich antwortete: »Ich verstehe Sie nicht.«

»Die Luft, sage ich, ist das einzige wahre Wissen!« wiederholte er. Ich verstand immer noch nicht, nickte aber. Er sagte: »Die Gebärde der Luft, verstehen Sie, die große Luftgebärde. Der große Angstschweiß der Träume, das ist die Luft.« Ich sagte zu ihm, das sei eigentlich ein großer Gedanke. Das sei, meiner Ansicht nach, sogar *Gedankenpoesie*, ich empfände das, was er gesagt habe, als das Höchstmögliche aller Gedächtnisse zusammen, als eine dieser Höchstmöglichkeiten. »Die Poesie ist nichts!« sagte er. »Die Poesie, *wie Sie sie verstehen*, ist nichts. Die Poesie, wie die Welt sie versteht, wie es der Poesieherunterleser versteht, ist nichts. Nein, diese Poesie ist nichts! Die Poesie, die *ich* meine, ist etwas ganz anderes. Würden Sie diese Poesie meinen, so hätten Sie recht. So müßte ich Sie umarmen! Ich müßte Sie, ja, ich hätte die Möglichkeit, Sie zu umarmen!« Ich sagte: »Was ist Ihre Poesie?«

«Meine Poesie ist nicht *meine* Poesie. Aber wenn Sie *meine* Poesie meinen, so muß ich gestehen, daß ich sie nicht erklären kann. Sehen Sie, meine Poesie, *die die einzige Poesie ist* und also folglich auch *das einzige Wahre*, genauso das *einzige Wahre* wie das einzige wahre Wissen, das ich der Luft zugestehe, das ich aus der Luft fühle, das die Luft *ist, diese meine Poesie* ist immer nur in der Mitte ihres einzigen Gedankens, der ganz ihr gehört, erfunden. Diese Poesie ist augenblicklich. Und also ist sie nicht. Sie ist *meine* Poesie.« – »Ja«, sagte ich, »sie ist Ihre Poesie.« Ich hatte ihn überhaupt nicht verstanden. »Gehen wir«, sagte er, »es ist kalt. Die Kälte frißt sich in das Gehirnzentrum vor. Wenn Sie wüßten, wie weit die Kälte sich schon in mein Gehirn gefressen hat. Die gefräßige Kälte, die Kälte, die die blutigen Zellstoffe haben muß, die das Gehirn haben muß, alles, woraus etwas wird, werden *kann*. Sehen Sie«, sagte er, »das Gehirn, der Kopf und das Gehirn in ihm sind eine unglaubliche Unzurechnungsfähigkeit, ein Dilettantismus zwar, ein tödlicher Dilettantismus, das ist es, was ich sagen will. Die Kräfte werden angebissen, die Kälte beißt in die Kräfte hinein, in die Menschenkräfte, in die über alles hochtrabende Muskelkraft des Verstandes. Es ist dieser Milliarden Jahre alte, stupid alles ausnützende Tourismus der Kälte, der in mein Gehirn eindringt, der Einbruch des Frosts ... Es gibt ja«, sagte er, »heute kein Stichwort ›geheim‹ mehr, das gibt es nicht mehr, alles ist nur mehr ein großer Kälteverdruß. Ich sehe die Kälte, ich kann sie aufschreiben, ich kann sie diktieren, sie bringt mich um ...«

Im Dorf schaute er in das Schlachthaus hinein. Er sagte: »Die Kälte ist eine der großen A-Wahrheiten, die größte aller A-Wahrheiten, folglich ist sie alle Wahrheiten zusammen. Wahrheit ist immer ein Abtötungsprozeß, müssen Sie wissen. Wahrheit ist ein

Hinunterführendes, ein Unten*an*zeigendes, Wahrheit ist immer ein *Ab*grund. Unwahrheit ist ein Hinauf, ein Oben, nur Unwahrheit ist *kein* Tod, wie die Wahrheit *der* Tod ist, nur Unwahrheit ist kein Abgrund, aber Unwahrheit ist nicht A-Wahrheit, verstehen Sie: Die großen Gebrechen kommen nicht, die großen Gebrechen waren überraschend jahrmillionenlang in uns selbst ...« Er sagte, ins offene Schlachthaus hineinstarrend: »Da also haben Sie deutlich das Aufgerissene, Aufgehackte. Da ist natürlich noch der Schrei, natürlich! Wenn Sie horchen, hören Sie noch den Schrei. Sie hören noch immer den Schrei, obwohl das Schreiwerkzeug tot ist, längst zerschnitten, zerhackt, auseinandergerissen. Das Stimmband ist schon geschlachtet, aber der Schrei ist noch da! Ein ungeheueres Phänomen ist die Feststellung, daß das Stimmband schon zerschlagen, zerhackt, zerschnitten ist, der Schrei aber *noch da* ist. Daß der Schrei immer da ist. Selbst wenn alle Stimmbänder zerhackt und zerschnitten sind, tot sind, alle Stimmbänder der Welt, alle Stimmbänder aller Welten, alle Vorstellungsmöglichkeiten, alle Stimmbänder aller Existenzen, ist immer der Schrei da, immer *noch* da, der Schrei ist nicht zu zerhacken, nicht zu zerschneiden, der Schrei ist das einzige Ewige, das einzige Unendliche, das einzige Unausrottbare, das einzige Immerwährende ... Man sollte die Lehre von den Menschen und von den Unmenschen und von den Menschenansichten und von der großen Menschenverschweigung, die Lehre von den großen Gedächtnisprotokollen der Großexistenz, an Hand der Schlachthäuser anfangen! Man sollte die Schulpflichtigen nicht in warm geheizte Schulzimmer führen, sondern zuerst in die Schlachthäuser; ich verspreche mir für die Wissenschaft von der Welt und für die blutige Existenz der Welt nur etwas in den Schlachthäusern. Unsere Lehrer sollten in unseren Schlachthäusern unterrichten. Nicht aus Büchern sollten sie vorlesen, sondern Keulen schwingen, Hacken fallen lassen, mit Messern zuschneiden ... Der Leseunterricht hat an Hand der Gedärme vor sich zu gehen, nicht an Hand von nutzlosen Bücherzeilen ... Das Wort *Nektar* hat schon früh gegen das Wort *Blut* eingetauscht zu werden ... Sehen Sie«, sagte der Maler, »das Schlachthaus ist das einzige grundphilosophische Schulzimmer. Das Schlachthaus ist *das* Schulzimmer und *der* Hörsaal. Die einzige Weisheit ist Schlachthausweisheit! Die einzigen Schriften sind Schlachthausschriften! Die einzige Wahrheit ist Schlachthauswahrheit! A-Wahrheit, Wahrheit, Unwahrheit, alles zusammen das ungeheure Schlachthausimmatrikulieren, das ich den Menschen, den neuen und den in Versuchung zu führenden Menschen aufoktroyieren will. Das Wissen der Welt ist kein Schlachthauswissen und ungründlich. Das Schlachthaus ermöglicht eine radikale Philosophie der Gründlichkeit.« Wir waren schon bis ins Schlachthaus hineingekommen. »Gehen wir«, sagte der Maler, »der Blutgeruch regt sich in mir als *das Unerhörte*, der Blutgeruch als das *einzig Identische*. Gehen wir, sonst muß ich die Möglichkeit einer neuen Entwicklung des Geistes aus meiner denkenden Körperlichkeit herausreißen, wozu mir die Kraft fehlt.« Er machte jetzt große Schritte und sagte: »Das Tier blutet wohl für den Menschen und weiß es. Der Mensch aber blutet gar nicht für das Tier und weiß es auch nicht. Der Mensch ist das Tier unvollständig, das Tier könnte vollständig Mensch sein. Verstehen Sie, was ich meine: das *eine* ist ungehörig gegen das *andere*, das *eine* ist gegen das *andere* ungeheuerlich finster. Keines ist für das *andere*. Keines löscht das *andere* aus.«

Heinz Piontek
Hetäre auf dem Lande

O ja, wenn sie den Mund auftat, da staunten wir alle. Ich hatte es lieber, wenn sie ganz still lag und man ihr von oben in die Augen sehen konnte. Sie roch wie Gras. Damals trug sie die Haare noch lang, ein ganzes Gebüsch warf sie über die Schulter. Ich möchte aber sagen, daß ich das vergammelte Bajonett plötzlich zwischen den Fingern hatte, als wäre es mir von irgendwem in die Hand gedrückt worden. Sonst niemand in der Gegend, weiß ich. Aber – hinter meinem Rücken im Frost? Dann der blaue Wagen, der erwähnte, von den Schaustellern. Er kam die Straße von Hasenstöck herauf, blaue Bretter, ziemlich groß, fuhr vielleicht mit vierzig. Ingrid war schon drüben, und ich kam noch knapp vor ihm rüber. Ganz schön kalt war es, das Dorf verschwommen, wie hinter einer Eisscholle, und der Wind raschelte in den Eichen. Kein Ton außerdem, war ja noch ziemlich früh, gegen halb acht, genau sieben Uhr fünfundzwanzig, wie es sich herausgestellt hat.
   Mensch, sagte Ingrid immer, du hast ein Gedächtnis! Ich behalte alles. Was dir fehlt, sagte sie, ist der Antrieb. Kunststück, *sie* hatte fast das Abitur. Die Pauker schwänzelten bloß so um sie rum, wie sie erzählt hat: Bitte, Fräulein Baudisch, ausgezeichnet, Fräulein Baudisch, ganz ausgezeichnet! Das war noch in Armsburg und das andre in Windsheim, hinter Hasenstöck. In Windsheim wohnten

wir am Ortsausgang. Hasenstöck sahen wir natürlich gut, auch Heßbusch und Börns und schräg gegenüber Fellersbach. Der Bus nach Armsburg, mit dem ich meistens fuhr, kam aber nicht an unserm Haus vorbei, da gibt's eine Umgehung, ich mußte also immer erst nach Windsheim rein, wenn ich nach Armsburg wollte.

Unser Haus ist nicht schlecht gewesen, gehört einem gewissen Menk, der es für seine Alten gebaut hatte, die aber schon im ersten Jahr wegstarben, während wir dort wohnten, betuchte Bauern. So hatten wir das ganze Haus für uns allein. Unten drei Zimmer und Küche, unterm Dach drei Kammern. Ich hatte oben mein Bett stehen, Ingrid schlief unten. Von Anfang an hatte sie darauf bestanden, daß jeder für sich schlief.

Wie groß Windsheim ist? Ein Kaff halt. Wir wohnten direkt am neuen Windsheimer Friedhof. Wenn ich mein Fenster aufmachte, sah ich runter auf die Gräber. Hat mir nichts ausgemacht. *Bei den Toten ich rief, im abgeschiedenen Ort, wo die Begrabenen wohnen, du, ach, warest nicht dort.* Ingrid wußte auf alles einen Vers. Ich sagte schon, daß wir staunten. Vielleicht wäre es anders gekommen, wenn wir woanders gelebt hätten.

Zuerst war ich auf dem Bau in Armsburg. Wir hatten auch eine Baustelle in Windsheim, wo ich dann hörte, daß bei den alten Menks was frei wäre und nicht zu teuer. Ingrid war es sehr recht, so zogen wir raus aufs Land. Nach und nach kamen sie alle zu uns: Helmut und Veit, Erasmus Klimm und Ingo Tiefland, alle aus Windsheim und nagelneue Bekanntschaften von Ingrid. Ich hatte gar keine Zeit, Leute in Windsheim kennenzulernen, weil meine Firma wieder hauptsächlich in Armsburg zu tun hatte. Abends tauchte dann immer wer bei uns auf mit großem Hallo, und wir feierten, und später brachte Erasmus die Heidesuse Gensfleisch mit und Ingo die Michaela, und wer eigentlich die Karin mitbrachte, weiß ich nicht mehr genau. Hardy stieß als letzter zu uns, Reinhard Wolters vom Fischgutbesitzer Wolters, der seine Gräben ziemlich in unserer Nähe hatte. Er kam in dem eisblauen *Kapitän* von seinem Alten. Ingrid sagte: Ich bin die letzte Hetäre. Ich glaubte es, denn sie hatte fast das Abitur. Sie sagte: Das sind Mädchen gewesen, von denen sich die Männer Griechenlands eins einschenken ließen. Ich schwieg. Die berühmtesten hießen Laïs, Phryne und Aspasia, sagte sie. Stell dir vor, nach zweitausend Jahren kennt man die noch. Und sie erzählte mir lang und breit von den Mädchen, die wunderbar lieben, diskutieren und bechern konnten. Wären aber keine vom Strich gewesen, sondern tadellos gebildet. Gedichte hätten sie auswendig hersagen können und mit Flöten und Schellen musiziert. Die besten Männer von Athen hätten sich abends bei den Hetären eingefunden, um mit ihnen zu schlafen und zu philosophieren bis in den Morgen.

Ingrid wollte, daß wir sie Laïs nannten. Ich hieß Jakob bei ihr. *Jakob war der Büffel seiner Herde*, sagte sie. *Und sein Ochsgesicht erschuf das Lächeln.* Wir hatten wenig Geld, ich schenkte ihr einen Plattenspieler, gebraucht, und sie legte Platten auf von Gordon Lime, Ham Taddowsky und Maurice Ravel. Sie sagte, Lime hätte ein silberkehliges Horn. Gordon Lime, wenn er blies, dehnte sich meine Brust, und ich stieß sie der Reihe nach an, unsre Jungs. Das Baßsaxophon von Ham Taddowsky ging mir auf die Nerven. Von Ravel spielten wir das Klavierkonzert für die linke Hand und den Bolero. Nachher tanzten wir mit Laïs, ich schenkte der Bande Bier ein, riß das Fenster zum Friedhof auf, damit der Rauch abzog, und plötzlich machte sich Laïs los, senkte die Stirn und schrie in den Boden hinein: *Fahnen von Scharlach, Lachen, Wahnsinn, Trompeten*. Wir klatschten wild. Richtig geoymelt wurde erst später, als die Heidesuse mitmachte und in ihrem Schlepptau Karin und Michaela. Vorher nicht.

Weil ich ihr einmal einen Kerl vom Hals schaffte, der aufdringlich wurde, fing es an. War achtzehn und in Armsburg bei Schwerter & Co., Lebensmittel, Spirituosen. Ingrid sechzehn, in der siebenten Klasse des Ricarda-Huch-Gymnasiums an der Schloßstraße. Sie roch wie Gras. Ich konnte es einfach nicht verstehen, daß sie sich mit einem Packer von Schwerter & Co. einließ. Sie war die Beste in der Klasse. Ich hätte mich mit ihr nur in der Vorstadt herumgedrückt und im Galgenwäldchen, wenn sie es so gewollt hätte, aber sie war dafür, daß wir es offen zeigen sollten, sie hängte sich ein, und ich dachte ungern an ihren Alten, den Prokuristen Baudisch, so gingen wir über den strahlenden Marktplatz, am Kino vorbei, wo sie uns ansahen wie die ersten Menschen, weil Ingrid den Kopf an meinem Ärmel rieb. Natürlich gab es Stunk bei ihr zu Hause, doch in der Schule war man sehr nachsichtig, und als sie mich von ihrer Seite weg aus dem Kino rausholten, bitte ans Telefon, da dachte ich, futschikato perdutti.

Ich bekam sechs Monate Jugendgefängnis. Ich hatte mit Alfons zusammen bei Schwerter den Kassenschrank untersucht. Kann heute noch nicht sagen warum. Als Packer bekam ich zweiundvierzig-fünfzig auf die Hand. Aber Ingrid war die Beste auf der stinkfeinen Ricarda-Huch-Schule, und wer war ich? Saublöd war ich damals. Nachher dann, als Hardy in seinem eisblauen *Kapitän* aufkreuzte, machte es mir schon nichts mehr aus, daß ich bloß ein mieses Moped fuhr. Das Ding mit dem Tonbandgerät, das mir noch passierte, hatte andere Gründe.

Vielleicht war das Jahr nach meiner Entlassung unsere beste Zeit. Weiß nicht. Ich traf Ingrid bereits am zweiten Tag, sie wurde kreidig im Gesicht, war schon bei mir und warf mir die Arme um den Hals, mitten am hellichten Tag. Wir haben dann bis gegen morgens vier gebummelt. Anfang sechsundfünfzig war das. In Armsburg gibt's keine Geheimnisse, Ingrid hatte alles über mich erfahren, es war ihr egal. Grüne Wollstrümpfe trug sie seinerzeit und einen dicken schwarz-karierten Rock und einen mickrigen Pelz auf dem kurzen Mantel. Herrgott! Jeden Abend trafen wir uns wieder, draußen meistens noch Schnee, bis in den März hinein. Einmal lagen wir auf einer Wiese, als uns ein vollkommen durchgedrehter Hund anfiel. Verbiß sich in meine Brust, hätte mich wohl fertiggemacht, wenn ich nicht mit dem Taschenmesser an seine Halsader rangekommen wäre. Ich sah ganz schön aus.

Ingrid roch wie Gras. Dann lag sie still, und ich konnte von oben in ihre Augen sehen, die weit offen waren. Eisblau schmolz es in ihnen wie das Eis rings um uns. Ich hab den Armsburger Mief satt, sagte sie oft, den Mief der ganzen Welt, frei will ich leben, verstehst du, ich bin dazu entschlossen, ein für allemal, denen werden wir's zeigen, du und ich. – Alles wie du willst, sagte ich. Und sie: Wie die Griechen!

Zu Hause ihr Alter war ein Geizkragen, legte angeblich jeden Pfennig für die einzige Tochter zurück, der Herr Prokurist, auf den Tisch kam nie etwas Vernünftiges, zu dritt aßen sie an einem Hering, wahrscheinlich noch zwei Tage lang, und ihre Mutter war eine Bigottsche. Mal paßte mich der Alte ab und langte mir eine. Ich drehte mich um, wollte mich an dem Männeken nicht vergreifen. Kann sein, daß er es gut meinte. Uns gegenüber war er jedenfalls zu stur. Also klaubte ich die Halme aus Ingrids Haar, klopfte ihr den Mantel ab und mußte sie plötzlich wieder an mich pressen, denn der Wind schlug mir entgegen mit ihrem warmen scharfen Geruch.

Dann wurde es Mai, Juni und wir konnten uns bloß zwei Tage lang darüber freuen, daß ich endlich eine Stellung gefunden hatte – mit den Papieren! Ingrid jagte man von der Schule. Genau, von der feinen Ricarda-Huch-Schule, aus der Abiturklasse. Und ich fuhr ab aus einem großen zementierten Hof, in einem roten Büssing mit vier Achsen dahinter, manchmal kamen wir rauf bis Hamburg, ich saß neben Karl dem Großen, und wenn wir nach Hamburg kamen, war es ein Fest für alle Nutten Hamburgs, denn Karl machte immer ein großes Faß auf, wenn er dort war. Ingrid sollte das Kind im Januar kriegen. Mir war wirklich nicht gut oben an der Wasserkante, manchmal blieben wir sogar übers Wochenende weg, wurden telefonisch von Spedition zu Spedition dirigiert, aus der Haut konntest du fahren, ich dachte an Ingrid und daß sie allein im Mief von Armsburg war, ich meuterte, immer wieder meuterte ich, bis die Chefin mich schaßte. Der alte Baudisch und seine Madam machten wütende Gesichter, denn sie hatten gerade eingewilligt. Ingrid sah mich an mit einem langen Blick. Wir heirateten am neunzehnten September. Am zweiundzwanzigsten Oktober fand ich vor einem Haus in der Leibnizstraße im Dunkeln ein Tonbandgerät. Ich dachte an Ingrid und an das Kind und schlug mich in die Büsche mit dem Kasten. Ein ganz Gerechter hatte es gesehen, verfolgte mich, im November saß ich wieder im blauen Drillich und zupfte massenhaft Wolle für Matratzen. Ingrid hatte eine Fehlgeburt. Wirklich, es war so, daß ich nicht weiß, wieso ich mit einemmal das Bajonett in der Hand hatte. Bitte, mir das zu glauben. Bestimmt konnte ich an nichts denken, als ich auf die Straße rannte, die von Hasenstöck, in die Kälte raus, und der großen Wagen von den Schaustellern ranrumpelte, blau und groß – an nichts von früher konnte ich denken, nur: Bleib da!

Die Fischgut-Wolters haben vor ihrem Haus einen Kahn, voll mit Erde und Blumen. Sieht komisch aus, so ein Kahn im Gras. Ich dachte mir manchmal: Der fährt einmal los mitsamt seiner Erde und den Blumen, wie ein Grab, quer durch unser Nest und immer weiter und weiter. Hardy Wolters hatte einen blonden Bart um die Backen. Winter achtundfünfzig-neunundfünfzig ließ ich mir auch einen stehen. Laïs lachte, ich kratzte ihn weg. Hardy gefiel mir mehr als die andern. Er sagte: Das ist grandios. Oder: Imponiert mir. Er sagte: Wir sind eine Freischar. Sagte: Ich akzeptier's. Ich hörte das gern, weil ich wußte, daß Laïs es bewunderte. Hardys Wörter, die Männer von Athen, das Horn von Gordon Lime und ihr Buch mit den Gedichten hatte sie wohl am liebsten.

So um zwei Monate rum sind wir ganz allein auf dem Lande gewesen. Ich von Silvester ab ohne Arbeit, alles eingeschneit, und aus Apfelsinenkisten hab ich mir meine Bude eingerichtet. Ingrid hatte von Armsburg ihr Zimmer mitbekommen, dazu eine neue Couch-Garnitur und ein paar Sachen für die Küche. Das stellten wir dann unten auf, als man die alten Menks, kurz nacheinander, um die Ecke weg auf den neuen Windsheimer Friedhof brachte. Es schneite auf Windsheim, Hasenstöck, Börns, Heßbusch und Fellersbach, es schneite und schneite. Fast eine so schöne Zeit wie auf den Wiesen von Armsburg. *Wir wollen wie zwei seltene Tiere liebesruhen im hohen Rohre hinter dieser Welt.* Vielleicht genauso schön. Weiß nicht.

Kinder bekam sie keine mehr. Ich bin die letzte Hetäre, sagte sie in Windsheim. Sie klebte Zeitungsbilder an die Wände, lernte Gedichte und ließ den Plattenspieler laufen, sie rollte sich in ihrem Sessel zusammen, die Fensterläden waren zu, eine Kerze auf dem Tisch, Ravels Klavierkonzert für die linke Hand, und wenn ich heimkam, mußte ich mich zu ihren Füßen auf den Teppich legen und zuhören. Ich hatte Kohldampf, endlich sagte ich mal was. Sie fauchte mich an. Wie du willst! Ich hörte zu. Ich hörte den Bolero. Da wird einer an die Wand gestellt, sagte sie. Ich hörte die Trommeln. Laïs roch wie Gras. Wir lagen auf dem Boden. Einer an der Wand, und der Offizier kommandiert: Feuer!

Helmut war der erste von denen, die sie anschleppte. Er sollte später den Laden von seinen Alten übernehmen. Er redete am liebsten über Wagen. Fürs Geschäft hatten sie einen Kombi, ab und zu fuhren wir am Sonntag zu dritt über Land. Laïs erzählte uns von den Griechen. Helmut brachte die Italiener ins Gespräch, ihre Fiat-Werke, und schwärmte von einem Alfa Romeo. Sie rollte sich zusammen, tauschte einen Blick mit ihm, er schwieg. Der Apparat lief. Ich goß allen ein und mußte dann für Nachschub sorgen. Als ich zurückkam, gab's eine schnelle Bewegung im Raum. *Jakob war der Büffel seiner Herde*, sagte sie über mich. Helmut erwähnte in dieser Nacht mit keinem Wort mehr die schnellen Flitzer oder die Autofabriken. Laïs sagte Gedichte her, erklärte sie ausnahmsweise. Ihre Stimme machte uns wild, sie küßte uns beide. Ich brachte Helmut zur Gartentür.

Erasmus ist der Sohn vom Imker Klimm, arbeitet in Hasenstöck in der Molkerei. Ingo Tiefland kommt irgendwo aus dem Osten her und hält Schule in Windsheim. Veit ist von einem Hof. Bevor Hardy zu uns stieß, war Ingo der Hahn im Korb. Er machte selber Gedichte. Ich ging vom Hochbau zum Straßenbau über wegen Schereien mit einem Polier, der mich bei allen Baufirmen in Armsburg madig gemacht hatte. Bekam nun hundert Mark und ein paar Zerquetschte auf die Hand, natürlich nur im Akkord. Viel ging für Zigaretten drauf, für Bier. Ingrid rauchte fünfzig pro Tag, sie war bis zum Abend allein, sie rauchte und hörte Musik, ganz allein im Haus neben dem neuen Friedhof, ihre paar Bücher kannte sie alle auswendig, ich schenkte ihr neue, es waren nicht die richtigen. Einmal kriegte sie tausend Mark heimlich von ihrer Mutter zugesteckt. Dafür kaufte sie mir ein Moped. Ich brauchte mich nun nicht mehr nach Busverbindungen zu richten, sparte Zeit.

Je mehr Leute ins Haus kamen, um so fideler wurde es. Die Heidesuse war noch minderjährig, eine Nudel, Karin hatte ganz schön Holz vor der Hütte, und die Michaela war auch nicht zu verachten. Aber keine konnte an Ingrid ran. Bitte, mir das zu glauben. Der Apparat lief. Wir tanzten mit den Mädchen, an den Wänden unsere großen Schatten von den Kerzen, Heidesuse quietschte, und ich sah zu, daß ich möglichst oft Laïs in die Finger kriegte. *Tanzende heben sich von der schwarzen Mauer. Fahnen von Scharlach, Lachen, Wahnsinn, Trompeten*. Wir kannten es alle schon auswendig, liebten es. Dann wieder das Rohr von Ham Taddowsky. Dann wurde geoymelt bei gelöschten Kerzen, jemand ließ Lime blasen, ich machte mit im Dunkeln, wer eben kam, aber wenn es Laïs war, ließ ich sie nicht so schnell wieder los, Lime blies stundenlang, Laïs roch wie Gras, ich hatte die ganze Bande gern.

So ging das. Ich dachte mir: Ingrid ist fünf Tage in der Woche allein. In Windsheim. Von morgens bis abends. Und wie lange schon! Einmal wurde ich zu einem Sonderkommando der Firma eingeteilt, unsere Straßenbaustelle lag wer weiß wo, dazu wurden Überstunden verlangt, noch und noch, volle drei Wochen hauste ich mit meinen Kumpels in den firmeneigenen Wohnwagen. Was fing Ingrid in dieser Zeit an? Sie war allein. Ich konnte wirklich nicht mehr verdienen, Gott weiß es! Natürlich redete man in unserem Kaff über sie und mich, hauptsächlich über sie, die Faulenzerin, die nicht zur Arbeit ging wie alle anderen hier. Aber sie war die letzte Hetäre, wollte frei sein, wenn sie es sagte, verstand ich's. Auch in Windsheim Mief und Muff, wär gern weggezogen mit ihr, weg vom Land.

Ingrid war früher schmal und biegsam wie eine Rute gewesen. Nun setzte sie etwas Fett an, an den Hüften, am Hals. Sie hielt vier Katzen, rollte sich im Sessel zusammen, Musik. Auch Vögel fütterte sie und schlug die Katzen, wenn sie auf die Vögel losgingen. War niemand bei uns, war sie bitter. Sie schnauzte mich an, wenn ich mal was Dummes sagte. Ich sagte: Du hast was Besseres verdient. Du könntest vielleicht was Besseres aus uns machen. Und sie: Aus *dir*? Sie lachte los. Du hast doch keinen Antrieb! schrie sie. Schmiß etwas gegen die Wand.

Einmal kochte sie eine Woche lang nicht für mich. Du wäschst dich nicht gut. Schau dir Ingo an. Mit dem Kochen brachte sie mich auf die Palme. Ich arbeitete schwer, brauchte 'ne Menge Kalorien, ich hätte ja auch in Kneipen essen können, machten die andern oft, ich wollte aber nicht unnötig viel für mich verbrauchen. Sie schloß sich sogar ein, wenn ihr was nicht paßte, einfach zu, Schlüssel rum. Ich lief hin und her. Dann ging ich die Treppe hoch, setzte mich auf eine Apfelsinenkiste, draußen raschelten die dürren Eichen an der Straße. Ich saß da. Es war kalt in mir. Und sperrte sie auf, war es wie früher auf den Wiesen um Armsburg. Ich sah ihr von oben in die Augen, wir rollten über den Fußboden, ich sprang auf und trommelte die Bande zusammen, um Ingrid einen Gefallen zu tun.

Plötzlich hatte sie Hardy gesehen und erzählte mir von seinem blonden Bart und dem eisblauen *Kapitän*. Wie ein Grieche, sagte sie. Er studierte in Frankfurt, ließ sich in Windsheim selten blicken. Plötzlich war er mitten unter der Bande. Unser Nest imponiert mir, sagte er, grade von Frankfurt aus. Er konnte kein Wort Griechisch, seinen Wagen aber fuhr er mit Pfiff, geb ich zu. Wieder groß aufgedrehte Musik, Ingo nahm sich Karin vor, unsre Schatten, Ströme von Zigarettenrauch, diesmal fand ich was an unserer siebzehnjährigen Heidesuse, kein Wort nötig, es genügte, daß ich ihr zwischen die Beine griff.

Hardy lud seinen Wagen voll, und wieder brausten wir über Land. Wir aßen fein an weißgedeckten Tischen unter Bäumen, Laïs sah mich an, es schien ihr keinen Spaß zu machen, wir blieben zu Hause. Ich unterhielt mich gern mit Hardy, goß ein und bot ihm Zigaretten an, und er sagte: Laïs ist viel zu schade für Windsheim. In Frankfurt beispielsweise –. Das war ja meine Rede, ich nickte. Aber er wußte auch keinen Rat. Gordons Horn ging hell durch die Luft. Laïs lachte. Auch eine schöne Zeit.

Wie gesagt, ich mochte ihn. Einmal kam ich dreckig heim, da war er schon da, ebenso zwei von den andern, wollten alle ins Kino nach Armsburg, los, zieh dich um, beeil dich, doch ich war hundemüde, wollte nicht. Fahren wir halt allein, sagten sie. Du nicht, sagte ich zu Ingrid. Und Hardy: Spielverderber. Und ich: Du bist nicht mit ihr verheiratet. Und sie: Wohl übergeschnappt, was? Und ich: Verdammt, du bleibst da. Und sie schuckelten los. Ingrid schloß sich ein.

Am andern Morgen war Samstag. Ich ging rüber zum Fischgut, Hardy noch im Bett, ich setzte mich aufs Bett und entschuldigte mich. Ich akzeptier's, sagte er.

Am Sonntag drauf war Laïs nicht zu halten, keine Verse von ihr, nichts über die schönen Griechinnen und Griechen, aber sie hatte schon getrunken, als Hardy reinkam, und lachte mit weißen Zähnen. Wurde überhaupt nicht viel geredet, damals, gleich ab zur Tanzerei, die Mädchen lachten lauter als Laïs und zogen ihre Blusen zum Tanzen aus. Alle schwitzten, wir ließen den Wind reinrauschen, er pustete die Kerzen aus. Gordon Lime blies. Plötzlich ließ mich der alte Lime kalt, ganz kalt, alles kotzte mich an, denn plötzlich konnte ich im Finstern sehen. Vielleicht wurde schwerer geoymelt als sonst, ich sah bloß Ingrid und Hardy im Finstern. So wie ich war, ging ich raus auf die Straße, bis nach Hasenstöck. Ganz schöner Frost. Die Wolken tief, ich beobachtete sie, die Hände in den Taschen. Ich machte kehrt und schaute auf die Lichter von Fellersbach und Heßbusch und auf unsere Lichter. Vor unserm Haus stand der *Kapitän*.

War noch gar nicht so spät. Aber komisch, alle waren sie weg, bis auf Hardy. Sämtliche Lichter an. Ich zwinkerte in dem unheimlichen Licht, setzte mich, rauchte. *Jakob war der Büffel seiner Herde.* Ingrid saß vornübergebeugt, stark und unerbittlich wie ein Bogen, der gespannt ist.

Ich möchte, sagte sie, daß Hardy heute bei mir schläft.

Ich suchte seine Augen. Sie waren wie der eisblaue *Kapitän* – und da erst fiel mir auf, daß er fast die gleiche Augenfarbe hatte wie Ingrid.

Na schön, sagte ich.

Meine Einrichtung roch noch immer leicht nach Apfelsinen. Ich schaute runter auf den Friedhof. *Wo die Begrabenen wohnen, du, ach, warest nicht dort.* Auch das ein Vers von ihr. Ich hörte ihre Stimmen. Dann haute ich mich auf die Matratze. Am Montag mußte ich früh um halb sechs weg. Unten spielten sie den Bolero, einer wird an die Wand gestellt ...

Ingrid weckte mich pünktlich. Wir tranken zusammen Kaffee, Hardy gähnte. Im Dunkeln lief ich rein nach Windsheim, war mir zu eisig fürs Moped. Ich fuhr mit dem Linienbus über Hasenstöck nach Armsburg, und dort hätte ich umsteigen sollen nach Eschenfeld. Ich wartete eine halbe Stunde, bis mein Bus retour fuhr. Um sieben war ich wieder in Windsheim.

Kein Licht im Haus. Alles zu. Ich klingelte. Dann stieg ich hinten durchs offene Klofenster ein. Auch Ingrids Zimmer war verschlossen. Ich legte mein Ohr an die Tür, hörte nichts. Dann ... dann splitterte die Tür unter mir, und ich war im Zimmer. Die beiden fuhren hoch, langten verzweifelt nach ihren Sachen wie Blinde. Ich wieder raus auf den Gang, und dann war ich unterm Dach, schmiß auf dem Dachboden alles mögliche durcheinander, suchte, und dann war ich wieder unten. Gerade zog Hardy sie an der Hand fort, durchs Haus, sie hatte bloß den Mantel an, die Unterwäsche in der Hand, eine Tasche. Ich hinter ihnen her in den Garten. Bleib da! Du sollst dableiben! Bitte!

Sie rannten los, hatten Angst, ließen den *Kapitän* einfach stehen. War schon heller geworden, das Dorf wie hinter einer Eisscholle, die trocknen Eichen raschelten und der blaue Wagen der Schausteller. Ich sah alles, alles haarscharf, denken konnte ich nicht. Ich riß Hardy am Kragen zurück und stieß zu. Plötzlich hatte ich das alte vergammelte Bajonett in der Hand, dreimal stieß ich zu. Er fiel um. Ingrid rannte weiter, schreiend, über die Straße, ihre Unterwäsche fiel ins Gras. Ich kam gerade noch vor dem blauen Wagen rüber und setzte ihr nach. Ich holte aus und ließ das Bajonett fallen. Sie preßte die Arme gegen den Leib, als ob ich auch auf sie losgestochen hätte. Aus dem haltenden Wagen sprang der Schausteller, tappte vorsichtig näher, dann noch einer, mit Eisen in den Händen. Ingrid schrie: Tut ihm nichts! Er liebt mich. Dann rannte sie rüber zu Hardy, der sich nicht rührte. Ich ging wieder rein nach Windsheim. Zur Landpolizei. Wollte nicht mehr leben.

Marlen Haushofer
Die Wand

Jener zehnte Mai war ein richtiger Wintertag. Der Schnee, der anfangs gleich wieder geschmolzen war, blieb liegen, und es schneite immer noch.

Es fing damit an, daß ich erwachte und mich völlig schutzlos und preisgegeben fühlte. Ich war körperlich nicht mehr müde und dem Ansturm meiner Gedanken ausgeliefert. Zehn Tage waren vergangen, und nichts hatte sich an meiner Lage verändert. Zehn Tage lang hatte ich mich mit Arbeit betäubt, aber die Wand war noch immer da, und keiner war gekommen, um mich zu holen. Es blieb mir nichts übrig, als mich endlich der Wirklichkeit zu stellen. Ich gab die Hoffnung damals noch nicht auf, noch lange nicht. Selbst als ich mir endlich sagen mußte, daß ich nicht länger auf Hilfe warten durfte, blieb diese irrsinnige Hoffnung in mir; eine Hoffnung gegen jede Vernunft und gegen meine eigene Überzeugung.

Schon damals, am zehnten Mai, schien es mir sicher, daß die Katastrophe von riesigem Ausmaß war. Alles sprach dafür, das Ausbleiben der Retter, das Schweigen der Menschenstimmen im Radio und das wenige, das ich selber durch die Wand gesehen hatte.

Noch viel später, als fast jede Hoffnung in mir erloschen war, konnte ich noch immer nicht glauben, daß auch meine Kinder tot wären, nicht auf diese Weise tot wie der Alte am Brunnen und die Frau auf der Hausbank.

Wenn ich heute an meine Kinder denke, sehe ich sie immer als Fünfjährige, und es ist mir, als wären sie schon damals aus meinem Leben gegangen. Wahrscheinlich fangen alle Kinder in diesem Alter an, aus dem Leben ihrer Eltern zu gehen; sie verwandeln sich ganz langsam in fremde Kostgänger. All dies vollzieht sich aber so unmerklich, daß man es fast nicht spürt. Es gab zwar Momente, in denen mir diese ungeheuerliche Möglichkeit dämmerte, aber wie jede andere Mutter verdrängte ich diesen Eindruck sehr rasch. Ich mußte ja leben, und welche Mutter könnte leben, wenn sie diesen Vorgang zur Kenntnis nähme?

Als ich am zehnten Mai erwachte, dachte ich an meine Kinder als an kleine Mädchen, die Hand in Hand über den Spielplatz trippelten. Die beiden eher unangenehmen, lieblosen und streitsüchtigen Halberwachsenen, die ich in der Stadt zurückgelassen hatte, waren plötzlich ganz unwirklich geworden. Ich trauerte nie um sie, immer nur um die Kinder, die sie vor vielen Jahren gewesen waren. Wahrscheinlich klingt das sehr grausam, ich wüßte aber nicht, wem ich heute noch etwas vorlügen sollte. Ich kann mir erlauben, die Wahrheit zu schreiben; alle, denen zuliebe ich mein Leben lang gelogen habe, sind tot.

Im Bett fröstelnd, überlegte ich, was zu tun wäre. Ich konnte mich umbringen oder versuchen, mich unter der Wand durchzugraben, was wahrscheinlich nur eine mühevollere Art des Selbstmords gewesen wäre. Und natürlich konnte ich hier bleiben und versuchen, am Leben zu bleiben.

Um ernstlich an Selbstmord zu denken, war ich nicht mehr jung genug. Hauptsächlich hielt mich auch der Gedanke an Luchs und Bella davon ab und außerdem eine gewissen Neugierde. Die Wand war ein Rätsel, und ich hätte es nie fertiggebracht, mich angesichts eines ungelösten Rätsels davonzumachen. Dank Hugos Fürsorge besaß ich einige Vorräte, die den Sommer über reichen mochten, ein Heim, Holz auf Lebenszeit und eine Kuh, die auch ein ungelöstes Rätsel war und vielleicht ein Kalb erwartete.

Zumindest das Erscheinen oder Nichterscheinen dieses Kalbes wollte ich abwarten, ehe ich weitere Beschlüsse faßte. Über die Wand zerbrach ich mir nicht allzusehr den Kopf. Ich nahm an, sie wäre eine neue Waffe, die geheimzuhalten einer der Großmächte gelungen war; eine ideale Waffe, sie hinterließ die Erde unversehrt und tötete nur Menschen und Tiere. Noch besser freilich wäre es gewesen, hätte man die Tiere verschonen können, aber das war wohl nicht möglich gewesen. Solange es Menschen gab, hatten sie bei ihren gegenseitigen Schlächtereien nicht auf die Tiere Rücksicht genommen. Wenn das Gift, ich stellte mir jedenfalls eine Art Gift vor, seine Wirkung verloren hatte, konnte man das Land in Besitz nehmen. Nach dem friedlichen Aussehen der Opfer zu schließen, hatten sie nicht gelitten; das ganze schien mir die humanste Teufelei, die je ein Menschenhirn ersonnen hatte.

Ich konnte nicht ahnen, wie lange das Land unfruchtbar bleiben würde, ich nahm an, sobald es betretbar war, würde die Wand verschwinden, und die Sieger würden einziehen.

Heute frage ich mich manchmal, ob das Experiment, wenn es überhaupt etwas Derartiges war, nicht ein wenig zu gut gelungen ist. Die Sieger lassen so lange auf sich warten.

Vielleicht gibt es gar keine Sieger. Es hat keinen Sinn, darüber nachzudenken. Ein Wissenschaftler, ein Spezialist für Vernichtungswaffen, hätte wahrscheinlich mehr herausgefunden als ich, aber es hätte ihm wenig genützt. Mit all seinem Wissen könnte er nichts anderes tun als ich, warten und versuchen, am Leben zu bleiben.

Nachdem ich mir alles so gut zurechtgelegt hatte, wie es einem Menschen mit meiner Erfahrung und meiner Intelligenz möglich war, warf ich die Decke von mir und ging daran, einzuheizen, denn es war sehr kalt an jenem Morgen. Luchs kroch aus dem Ofenloch und zeigte mir seine tröstliche Sympathie, und dann war es an der Zeit, in den Stall zu gehen und Bella zu versorgen.

Nach dem Frühstück fing ich an, alles, was ich an Vorräten besaß, im Schlafzimmer unterzubringen und eine Liste anzulegen. Die Liste liegt vor mir, ich mag sie nicht abschreiben, im Lauf dieses Berichts wird ja fast jedes Ding, das ich besaß, erwähnt werden. Die Lebensmittel räumte ich aus der kleinen Kammer ins Schlafzimmer, weil es dort auch im Sommer kühl ist. Das Haus lehnt sich an den Berg, und seine Rückseite liegt immer im Schatten.

Kleidungsstücke waren genügend vorhanden, ebenso Petroleum für die Lampe und Spiritus für den kleinen Kocher. Es gab auch ein

Bündel Kerzen und zwei Taschenlampen mit Ersatzbatterien. Die Hausapotheke war reichlich versorgt; außer Verbandzeug und schmerzstillenden Tabletten ist noch alles vorhanden. In diese Apotheke hatte Hugo seine ganze Liebe gelegt; ich glaube, die meisten Medikamente sind längst unbrauchbar geworden.

Als lebenswichtig erwies sich ein großer Sack Erdäpfel, eine Menge Zündhölzer und Munition. Und natürlich die verschiedenen Werkzeuge, eine Büchsflinte und ein Mannlichergewehr, das Fernglas, Sense, Rechen und Heugabel, die dazu gedient hatten, die Waldwiese für die Wildfütterung zu mähen, und ein Säckchen Bohnen. Ohne diese Dinge, die ich Hugos Ängsten und dem Zufall verdanke, wäre ich nicht mehr am Leben.

Ich stellte fest, daß ich von den Lebensmitteln schon zuviel verbraucht hatte. Vor allem war es eine Verschwendung, auch Luchs mit ihnen zu füttern; es tat ihm auch nicht gut, er brauchte dringend frisches Fleisch. Das Mehl mochte noch drei Monate reichen, bei größter Sparsamkeit, und ich konnte mich nicht darauf verlassen, bis dahin gefunden zu werden. Ich durfte mich überhaupt nicht darauf verlassen, jemals gefunden zu werden.

Mein größter Schatz für die Zukunft waren die Erdäpfel und die Bohnen. Ich mußte unbedingt einen Platz finden, an dem ich einen kleinen Acker anlegen konnte. Und vor allem mußte ich mich dazu entschließen, für frisches Fleisch zu sorgen. Ich konnte mit Gewehren umgehen, hatte mich oft mit Erfolg an Scheibenschießen beteiligt, aber ich hatte noch nie auf lebendes Wild geschossen.

Später fand ich an der Wildfütterungsstelle sechs rote Salzlecksteine und bewahrte sie in der Küche im Trockenen auf. Schon lange habe ich nur noch dieses rohe Salz. Im Sommer konnte ich auch mit Luises Angelzeug Forellen fangen. Ich hatte es nie zuvor getan, aber das konnte ja nicht allzu schwierig sein. Die Aussicht auf derart mörderische Betätigung gefiel mir gar nicht, es blieb mir aber keine Wahl, wenn ich mich und Luchs am Leben erhalten wollte.

Mittags kochte ich Milchreis und verzichtete auf Zucker. Trotz meiner Sparsamkeit besaß ich aber schon nach acht Wochen kein Stück Zucker mehr und mußte in Zukunft auf jede Süßigkeit verzichten.

Ich nahm mir auch fest vor, täglich die Uhren aufzuziehen und einen Tag vom Kalender abzustreichen. Das schien mir damals sehr wichtig, ich klammerte mich geradezu an die spärlichen Reste menschlicher Ordnung, die mir geblieben waren. Gewisse

Gewohnheiten habe ich übrigens nie abgelegt. Ich wasche mich täglich, reinige meine Zähne, wasche die Wäsche und halte das Haus sauber.

Ich weiß nicht, warum ich das tue, es ist fast ein innerer Zwang, der mich dazu treibt. Vielleicht fürchte ich, wenn ich anders könnte, würde ich langsam aufhören, ein Mensch zu sein, und würde bald schmutzig und stinkend umherkriechen und unverständliche Laute ausstoßen. Nicht daß ich fürchtete, ein Tier zu werden, das wäre nicht sehr schlimm, aber ein Mensch kann niemals ein Tier werden, er stürzt am Tier vorüber in einen Abgrund. Ich will nicht, daß mir dies zustößt. In letzter Zeit habe ich gerade davor die größte Angst, und diese Angst läßt mich meinen Bericht schreiben. Wenn ich am Ende angelangt bin, werde ich ihn gut verstecken und ihn vergessen. Ich will nicht, daß das fremde Ding, in das ich mich verwandeln könnte, ihn eines Tages finden wird. Ich werde alles tun, um dieser Verwandlung zu entgehen, aber ich bin nicht eingebildet genug, fest zu glauben, mir könne nicht widerfahren, was so vielen Menschen vor mir geschehen ist.

Schon heute bin ich ja nicht mehr der Mensch, der ich einmal war. Woher sollte ich wissen, in welche Richtung ich gehe? Vielleicht habe ich mich schon so weit von mir entfernt, daß ich es gar nicht mehr merke.

CHRISTA WOLF
Der geteilte Himmel

25

Zwei, drei Wochen hatte sie noch Zeit. Wie sie sich auch anstrengt: Diese Wochen sind ausgelöscht in ihrer Erinnerung. Die Tage müssen ja vergangen sein, sie müssen ja miteinander gesprochen haben, sie müssen ja gelebt haben – sie weiß nichts mehr davon. Manfred fuhr weg – für ein paar Tage nur, zu einem Chemikerkongreß nach Berlin – sie weiß nicht einmal mehr, ob sie Sehnsucht nach ihm hatte, ob böse Ahnungen sie quälten.

Sie weiß nur noch: Eines Abends trat Frau Herrfurth ihr in der Tür entgegen (worüber freut sie sich heute nur, dachte Rita mit einem unangenehmen Vorgefühl) und hielt ihr einen Brief von Manfred hin. Rita wußte immer noch nichts. Sie öffnete den Brief, sie las ihn, aber sie verstand kein Wort. Sie verstand erst, als seine

Mutter sagte: »Er hat endlich Vernunft angenommen. Er ist dort geblieben.« Sie war zufrieden. Sie hatte ihr Werk getan.

Rita las: »Ich gebe Dir Nachricht, wenn Du kommen sollst. Ich lebe nur für den Tag, da Du wieder bei mir bist. Denk immer daran.«

So trifft einer uns nur ganz aus der Nähe, einer, der unsere verwundbarste Stelle kennt, der in aller Ruhe zielt und zuschlägt, weil er weiß: Dessen hat man sich nicht versehen. Kann denn einer verschwunden sein, verloren, der einem noch so weh tut?

Frau Herrfurth sagte: »Sie wohnen natürlich weiter bei uns.« Sie konnte sich jetzt Mitleid leisten. Alles würde beim alten bleiben, nicht wahr? Ein paar Sachen würden natürlich aus der Kammer geräumt – seine Kleider und seine Wäsche, seine Bücher, ein Regal …

Eines Abends lief die wiedererwachte Schildkröte Kleopatra im letzten Sonnenstreifen über die fast nackten Dielen, hin und her, hin und her. Rita sah ihr zu, bis ihr die Augen weh taten.

Sie stand auf und hob das Tier in seine Kiste. Sie ekelte sich plötzlich, es anzufassen. Der stumpf-traurige Blick der uralten Augen war ihr auf einmal unheimlich. Sie ging zu Bett. Sie lag, die Arme unter dem Kopf verschränkt, und sah zur Decke. Sie war ganz ruhig. Sie fühlte, daß eine tödliche Starre auf sie zukam. Das war ihr recht, sie tat nichts dagegen. Er ist gegangen. Wie irgendein zufälliger Bekannter ist er aus dem Haus gegangen und hat die Tür hinter sich zugemacht. Er ist weggegangen, um nie mehr zurückzukehren.

Da lächelt man über die alten Bücher, die von unheimlichen Abgründen erzählen und von schrecklichen Versuchungen, denen man nur schwer widersteht. Sie lügen nicht.

Rita sprach mit niemandem in dieser Zeit. Sie sammelte ihr letztes bißchen Kraft und schützte sich durch Schweigen. Sie ließ sich von Sigrid, der eifrigen, dankbaren Sigrid, ins Schlepptau des Prüfungsfiebers nehmen. Sie tat, was man ihr sagte.

Manchmal ging ihr eine flüchtige Verwunderung durch den Kopf: Daß man so wegtreiben kann, Stück für Stück absterben, inmitten all der anderen, und keiner merkt etwas … Aber sie beklagte sich nicht. Sie litt fast nicht. Sie war die Hülle ihrer selbst. Sie ging wie ein Schatten durch Kulissen und wunderte sich nicht, daß die realen Dinge – Wände und Häuser und Straßen – lautlos vor ihr zurückwichen. Menschen anrühren, schmerzte. Sie mied Menschen. In der Herrfurthschen Wohnung, die Rita nie mehr betrat (»Wohnsarg, Eßsarg, Schlafsarg«), war ein erbitterter Kampf ausgebrochen. Ein Kampf um Leben und Tod, wie sich später zeigte. Frau Herrfurth konnte die Flucht ihres Sohnes nur als Signal für sich selbst deuten. Sie verlangte von ihrem Mann, sofort alle Brücken hinter sich abzubrechen. Ich hab alles vorbereitet, innerhalb von zwei Stunden können wir fliehen ...

»Fliehen?« sagte Herr Herrfurth. »Warum denn? Und wohin?«

Mann Gottes – er weiß es nicht! In die Freiheit – endlich! Und wäre es nur, weil Eltern zu ihrem Kind gehörten.

»Wer weiß, ob dieses Kind Wert auf seine Eltern legt«, sagte Herr Herrfurth.

Herr Herrfurth war müde.

Seine Frau hatte einen guten Teil ihres Lebens daran gewendet, ihn müde zu machen, ihn sich unterzuordnen. Jetzt, wo es ein einziges Mal darauf ankäme, versagte die Unterordnung, und nur die Müdigkeit war geblieben.

Was immer für Hebel und Schrauben Frau Herrfurth ansetzte, Zustimmung, Auflehnung, Entschlüsse aus ihm zu pressen – sein Lebenssaft war Müdigkeit.

Er sah, wie sie sich aufregte. Wie ihr das Grauen vor der selbstverschuldeten Verstrickung in die Augen stieg, wie ihre Lippen blau wurden, wie sie immer öfter zu der kleinen braunen Flasche mit den Tropfen griff. Er sah: Das war kein Spiel, wenn sie plötzlich mit beiden Händen nach dem Herzen faßte.

Aber was konnte er – am Ende seines Lebens, das er nach Kräften genossen hatte (ohne sie, da es sich so ergab) –, was konnte er für diese Frau denn noch tun?

So saß er eines Nachts bei Rita in der kleinen kahlen Kammer. Es war Ende Juni. Für die meisten Leute hatten die Nächte schon den Geruch von See und Sommerweite, und Manfred war nun sechs Wochen weg. Herr Herrfurth hatte eben nach einem Krankenwagen telefonieren müssen. Fremde Leute mit gleichgültig-ernsten Gesichtern hatten seine Frau, die zwischen tiefblauen Lippen schwer nach Atem rang, auf einer Bahre aus dem Haus getragen.

Herr Herrfurth aber, nicht an schweigendes Dulden gewöhnt, war die Treppen hinaufgestiegen zu dem fremden Mädchen, das ihm als einziges noch geblieben war, und stellte ihm die Frage: »Was kann ich denn noch für sie tun?«

Er hockte in unfreier Haltung auf dem Stuhl. Er sah sich erstaunt in der Kammer um – nie war er hier gewesen, solange sein haßerfüllter Sohn sie bewohnte. Er stützte seinen Kopf in beide Hände und sagte dumpf: »Und diese Träume jede Nacht!«

Rita saß aufrecht im Bett und sah ihn an. Sein Jammer rührte sie nicht, seinen Selbstanklagen widersprach sie nicht. Sie träumte auch nicht. Das sagte sie ihm.

Wozu war er eigentlich gekommen?

Er hob den Kopf und wiegte ihn auf seinem hageren, faltigen Hals: Ach, ach Mädchen, und was haben sie aus dir gemacht …

Falsch, Herr Herrfurth. Das Ziel zeigt keine Wirkung. Dieses Mädchen, dem der Kopf noch dröhnt nach einem schweren, wohlgezielten Schlag, ist unempfindlich gegen Schläge, die auf andere niedergehen.

Herr Herrfurth redete dann einfach vor sich hin. »Was hätte ich denn ›dort‹ zu gewinnen?« fragte er laut. »Wer behängt sich denn ›dort‹ mit überaltertem Personal? Und hier? Ach, man läßt mich nun in Ruhe … Sie – sie hat den Jungen immer mehr geliebt als mich.«

Als er merkte, daß er über seine Frau sprach wie über eine Tote, verstummte er und starrte nur noch trübe vor sich hin.

Rita schlief ein und erwachte wieder – er saß immer noch da, im grauen Morgenlicht, undeutlich vor sich hin murmelnd. Ihr kam auf einmal vor, als sei diese Nacht und dieser Mann von allem Grauenvollen der letzten Zeit das Grauenvollste. »Gehen Sie doch!« sagte sie heftig. Er erhob sich gehorsam und ging.

Rita lag dann wach, bis es Tag wurde und von vielen Kirchen ein aufdringliches Geläute anhob und dauerte, dauerte. Pfingsten, dachte sie und hielt sich die Ohren zu.

Noch einmal kam Herr Herrfurth zu ihr. Das war fast eine Woche später. Er trug einen schwarzen Schlips und teilte ihr mit tränenerstickter Stimme mit, seine liebe Frau sei plötzlich und unerwartet in dieser Nacht verstorben und werde am dritten Tag, von heute aus gerechnet, beerdigt. Die abgegriffene Rolle des hinterbliebenen Ehemanns gab ihm für kurze Zeit etwas Halt.

Wenige Trauernde folgten dem schwankenden Sarg von den Türen der Leichenhalle über die verzweigten Straßen und Wege des alten Friedhofs. Ernst Wendland, der Rita mit den Augen gegrüßt hatte, hielt sich an ihrer Seite.

Das alles ging sie zum Glück nicht viel an. Es betraf die anderen. Nur ein Gedanke machte ihr zu schaffen: Dasselbe, genauso, habe ich doch schon mal erlebt. Diesen Verwesungsgeruch vielleicht nicht. Aber die lange Straße. Ernst Wendland neben mir, wo eigentlich Manfred gehen sollte …

Endlich fiel ihr ein: Der Traum. Sie fühlte sich erleichtert. Also träumte sie auch jetzt. Alles ist wie in Wirklichkeit – das ist ja gerade der Trick. Man hat Mühe, dahinterzukommen. Aber wenn man erst weiß: Du träumst, dann ist es natürlich sehr komisch: Die energische, lebensgierige Frau Herrfurth wird beerdigt, und ihr Sohn ist nicht dabei; dafür geht ein anderer an der Seite ihrer Schwiegertochter ...

Nachher, wenn ich wach bin, werde ich lange darüber lachen können.

Dann waren da ein Erdhügel, hallende Worte und ein dünner beschämter Gesang, Hantierung geübter Männer und ein leichter Sarg, der in die Grube fuhr. Erde zu Erde, Asche zu Asche, Staub zu Staub.

Rita, immer noch lächelnd über ihren Traum, sah in die Höhe. Hinter Baumkronen sah sie den kleinen Turm der Friedhofskapelle und eine Schwalbe auf diesem Turm; sie sah, wie die Schwalbe, da das Glöckchen erneut zu bimmeln begann, aufflatterte und einen weiten Kreis über den Himmel zog, eine Runde über dem Grab segelte; sie folgte ihr mit dem Blick und hörte durch das sanfte Glöckchengewimmer den schrillen freien Schwalbenschrei, sah den Vogel, nachdem er einen hautdünnen Widerstand durchstoßen, pfeilschnell auf eine sehr ferne Wolke zuschießen, schon wieder schreiend, das ganze blaue Himmelsgewölbe auf seinen schmalen, dünnen Schwingen mit sich tragend.

Sie aber blieb allein zurück.

Die Betäubung, von Vogelschrei und Vogelflug durchstoßen, wich von ihr, und sie begann heftig und trostlos zu weinen.

Jemand nahm ihren Arm – Ernst Wendland, der sie nicht aus den Augen gelassen hatte – und führte sie wortlos die vielen verschlungenen Wege zurück zum Friedhofstor. Seinem Fahrer, der im Auto wartete, sagte er, er möge Herrn Herrfurth nach Hause bringen. Er ging an ihrer Seite die lange Kastanienallee hinunter, bis Rita soweit ruhig war, daß man reden konnte.

Wendland wußte von Manfreds Flucht nicht durch Rita, sondern durch den vorsichtigen Herrn Herrfurth, der Grund gesehen hatte, sich »zu distanzieren«.

Sie sprachen nicht über ihn.

Rita brauchte nicht zu fürchten, in Wendlands Augen einen kleinen unsinnigen Hoffnungsfunken aufblitzen zu sehen, wenn der Name des anderen fiel. Wie immer konnte sie lange in dieses zuverlässige Gesicht sehen. Kein Gesicht konnte ihr jetzt helfen wie das seine. Das sagte sie ihm. Er verstand sie so genau, daß selbst jetzt kein Funke Hoffnung in seine Augen trat.

MAX VON DER GRÜN
Irrlicht und Feuer

Der Maschine habe ich immer mißtraut. Kalt und glitschig wie ein Fisch gleitet der Hobel die Kohlenwand auf und ab, und die Nabe, an der sich der Dreizack dreht, leuchtet auf, wenn der Lichtkegel unserer Lampen darüberhuscht. Der Hobel liegt immer auf der Lauer; er läßt sich zwar bändigen, in seine Ketten pressen, wehe aber, wenn er ausbricht, dann sind Schmerz- und Entsetzensschreie die Lautbahn, in der er sich bewegt.

Wir hassen diese Maschine, wir spucken sie bei Schichtbeginn an, wir decken sie mit wüsten Worten ein und mit kalten Flüchen, die aus der Angst geboren werden. Welch herrliches Schauspiel, den Hobel in seiner Kraft zu beobachten, aber welch eine Geißel, wenn man mit ihm zu tun hat: Er treibt unsere Gedanken fort und höhnt mit knirschenden Ketten: ... weiter ... wei-ter ... wei-ter ...

Nein, das ist keine Maschine mehr, das ist ein Monstrum. Und wir fragen uns alle: Warum das alles noch? Warum? Auf zweihundertfünfzig Meter Streblänge sind fünfundzwanzig Sprühdüsen in die Leitung geschraubt, die während der ganzen Schicht Wasser in die Staubwolken spritzen. Dennoch wälzt sich der Staub unaufhörlich auf uns zu, wenn die abgeschälte Kohle in den Förderer fällt.

Warum noch diese Maschine? Warum?

Sie wurde eingebaut, als längst bekannt war, daß unsere Schachtanlage stillgelegt wird. Kosten: fünfzigtausend Mark – nur für das Einbauen. Die Maschine selbst soll anderthalb Millionen kosten. Unsere Zeche bezahlte das Einbauen nicht, das übernahm voll die Firma, die diesen Hobel herstellte und hier auf seine Tauglichkeit prüfen will: Wenn der Hobel auch dort Verwendung finden kann, wo noch anderes Mineral als Kohle abgebaut wird, kann er in mehreren Ausführungen nach Südafrika exportiert werden. Nach Südafrika? Ja, verurteilt die Rassenpolitik, aber um Gottes willen, haltet den Handel hoch, der Handel ist unser Wunder, und ohne Wunder können wir in unserer Zeit nicht mehr existieren.

Aber wir Arbeiter zahlen dafür, wir zahlen den Preis in Blut. Was soll es, die Zeit der Blutzölle hat nie aufgehört, sie ging 1945 nicht zu Ende. Wir sind die Kaninchen in den von Angst umbauten Labors der Exportwirtschaft.

Seit der Hobel läuft, vier Wochen sind es jetzt, registrieren wir dreiundvierzig Verletzte, davon sieben so schwer, daß sie für ihr ganzes Leben verstümmelt bleiben. Vor vier Wochen war die

Schließung bekanntgegeben worden, und sämtliche Ortsleute, soweit sie nicht vor Ablauf der Kündigung Arbeit in anderen Betrieben angenommen hatten, wurden in Strebs verlegt, in denen in einem letzten Anlauf der wahnsinnige Versuch unternommen wurde, die Agonie der Kohle zu überwinden.

Ich hastete den Streb hoch, die Ketten, die den Hobel lenkten, in meinen Händen. Immer wieder mußte ich die Ketten herumreißen, damit ein »ordnungsgemäßer Ablauf« gewährleistet war. Durch den Staub sah ich die Kameraden, die Ausbaue setzten, Kappen vorhängten und mit Preßlufthämmern allzu große Stücke zerteilten.

O dieser Staub, dieser Staub!

Die Kehle sitzt zu. Staubklumpen hängen am Gaumen, und der Magen setzt immer wieder an, sich zu übergeben. Aber keine Zeit, der Hobel rast ... ich hinterher.

Ordnungsgemäßer Ablauf, das ist wichtig. Daran hängen Produktion und Sicherheit, Leben und Gesundheit. Ich muß trinken. Fritz Lehnertz muß mich am Strebende ablösen. Kaffee habe ich noch in der Flasche. Au! Verdammt! Aufpassen! Die Führketten. Daran hängt nicht nur der Hobel, daran hänge ich und die anderen.

Noch zwanzig Meter, dann Strebende, dann Trinken, dann Kaffeeklatsch, dann Ablösung, dann Trinken, dann Ruhe.

Warum diese Schinderei, mein Gott, warum? Der Pütt wird zugemacht. Warum dann diese Schinderei noch? Gott sei Dank. Strebende. Ich wende den Hobel.

»Komm! Ich mache weiter!« ruft Fritz. Ich stürze zu meiner Kaffeeflasche, sie ist noch halb voll. Verdammt! Hat so ein Schwein aus meiner Flasche gesoffen? Es sind noch drei Stunden zu arbeiten.

Ich stürze mir den Rest hinunter, lutsche noch am Hals der leeren Flasche. Fritz packt die Ketten: Der Dreizack wird umgeschraubt, von der Rechtslinksführung in die Linksrechtsführung. Kurze Probe. Läuft.

Ich sitze und warte.

Wenn sich der Hobel die zweihundertfünfzig Meter planmäßig entlangfrißt, hinunter und wieder herauf, dann habe ich eine halbe Stunde Pause. Der Schweiß läuft über mein Gesicht, das Hemd klebt am Rücken und am Bauch. Die Haut juckt. Der Staub frißt sich in die Poren, wird wieder ausgeschwitzt, frißt sich wieder ein, wird wieder ausgeschwitzt. Wie oft in einer Schicht?

Gibt es keinen Pilatus mehr, der schreit: Seht! Welch ein Mensch! Wir leben im Jahrhundert der Menschlichkeit. Jedes Jahrhundert lebte im Jahrhundert der Menschlichkeit. Wir schuften und schießen. Geschossen wurde immer, noch nie aber so geschuftet. Unser Jahrhundert hat sein Gesicht verloren, wir leben in Anonymität, weil wir nur noch Fratzen haben oder weiße Flecken im Gesicht, wo eigentlich das Herz und die Seele wohnen sollten. Wir schuften herz- und seelenlos, denn unser Jahrhundert hat alles, nur keinen Pilatus mehr. Endlich ist Pilatus tot.

Ein heftiger Stoß im Panzerförderer. Ein Knall. Knirschen. Eisen auf Eisen. Der Hobel steht. Ich stiere in die Nacht. Was ist los? Egal, ich habe eine halbe Stunde Zeit. Schreien im Streb. Der Staub sinkt ab. Was ist los? Egal, was passiert, ich habe eine halbe Stunde Zeit.

Einer rennt an mir vorbei. Brüllt und keucht.

»Jürgen! Tragbahre! Schnell!«

»Was ist?« frage ich.

»Fritz!« schreit er.

»Was ist mit Fritz?« frage ich wieder.

»Tragbahre! Du Rindvieh! Tragbahre! Capito!«

Ich laufe mit. Hundert Meter, zweihundert. Hat die verfluchte Strecke kein Ende?

Wir finden sie, wir fassen sie.

»Fritz sein Bein ist kaputt. Knie, Matsche«, keucht der Anonyme.

»Wie kam's?« frage ich.

Wir hasten zurück. Keuchen. Schweiß. Und die Angst um Fritz.

Fritz! Er stöhnt. Zwei Männer schienen das Bein. Fritz jammert wie ein Kind, weint wie ein Kind.

»Ist doch alles sinnlos!« schreit einer. »Warum schienen? Ist doch alles Matsche!«

»Halt deine Fresse! Anpacken! Vorsicht! Ihr Hunde, wollt ihr wohl vorsichtig sein!« schreie ich die anderen an. Da, ein irrer Laut. Gott sei Dank, Fritz ist bewußtlos geworden.

Während vier Mann die Bahre mit Fritz aus dem Streb schleifen und nach über Tage transportieren, repariert der Steiger mit zwei Schlossern den Panzerförderer und schraubt die Kettenführung neu ein. Halbe Stunde. Fertig.

»Jetzt ist Fritz oben«, sage ich.

»Aufpassen! Luft aufdrehen!« brüllt der Steiger.

Die Luft zischt, Wassernebel sprühen, die Ketten knirschen, der Förderer rattert, der Hobel schrämt.

»Los! Weiter! Keine Müdigkeit vorschützen! Weiter!«

Diese verdammte Antreiberei. Nur weiter. Let's go! haben sie in der Gefangenschaft gesagt. Aber da waren wir *Gefangene*. Es läuft alles wieder wie zuvor. Was ist schon ein Bein, ein Knie? Nur eine kurze Lücke in der präzisierten Planung. Fritz! Mein Gott, wenn ich das gewesen wäre. Ein Krüppel mit ein paar dreißig Jahren. Gott sei Dank, ich war es nicht. Ich war es nicht! Immer sind es andere. Verdammt! Was ist? Der Hobel hat keine richtige Führung, eine Kette hängt lose, die andere hat übermäßige Spannung. Wenn das nur gut geht.

Da schreit der Steiger, der mit mir hinter dem Hobel herläuft: »Elendes Scheißstück!«

Da! Was ist?

Über meinem Kopf zischt es peitschenschlagartig. Jaulen, Orgeln. Sekunde, Bruchteilsekunde. Dann ein Laut, als beiße ein Hund einen Knochen entzwei.

Was ist?

»Jürgen! Jürgen!«

Wer schreit mich so blödsinnig an?

Ist ein Wasserventil aus der Leitung gesprungen? Ich bin naß, mein Gesicht tropft. Es tropft auf meine Hände. Was ist mit dem Wasser? Es ist nicht salzig, es ist süß, klebrig, dick, warm.

Was ist mit dem Wasser? Mit dem Wasser!

»Jürgen! Jürgen!« brüllt mich einer an.

»Haltet den Panzer an! Den Panzer anhalten. Ihr Hunde, haltet den Panzer an.«

Da! … Da … Da … rollt … ein … Kopf! Ein Kopf! Ich bin irre. Ich bin wahnsinnig …, aber da … rollt … ein Kopf … Und ich begreife.

Die Kette am Hobel riß, sauste über meinen Kopf und schlug mit unbenennbarer Gewalt dem zwei Meter hinter mir herhastenden Steiger den Kopf ab. Der Kopf rollte in den Panzerförderer, und was ich als Wasser wähnte, war Blut. Der Blutstoß des geköpften Steigers klatschte in mein Gesicht.

»So haltet doch den Panzer an! Heilige Maria und Josef! Haltet den Panzer an! Ein Kopf! Ein Kopf!« Die Stimme hatte nichts Menschliches mehr.

Niemand hielt den Panzer an. Der Schreck war zu groß. Der Kopf rollte und rollte … auf den Stahlgliederbandförderer … Der Panzer läuft und läuft, der Kopf wird mit den Fördermitteln fortgetragen, in die Schneckenführung, in die Förderwagen, und über Tage wird einer am Leseband oder aus den Bottichen der Wäscherei den Kopf herausfischen.

Da steht einer vor mir, leuchtet mich an und lacht. Er lacht wie ein Verrückter und weist denen, die gelaufen kommen, den Grund seiner irren Heiterkeit. »Blutsauger!« schreit er und lacht weiter. »Blutsauger!« gellt es aus allen Ecken. Alle sehen mich an.

Ich sehe sie an. In ihren Augen steht das Entsetzen. Im Streb wird es still. Ich stehe auf einem Eisenstück und um mich zwanzig Männer. Sie starren mich nun nicht mehr an, und sie lachen auch nicht mehr. Das Lachen verging ihnen, als sie den geköpften Steiger liegen sahen. Und als der lange Egon noch einmal leise sagte, daß ich ein Blutsauger sei, kam ein gefährliches Murren von ihnen. Beidhändig faßte ich Staubkohle und rieb mir das Blut aus dem Gesicht, von der Brust, den Handrücken, und ich versuchte, mit Staub auch meine Hose zu reinigen.

Keiner sprach, jeder glotzte irgendwohin.

Ich sagte: »Wir müssen den Steiger wegbringen. Einer muß über Tage anrufen.«

»Über Tage?« fragte Egon.

»Ruf den lieben Gott an«, sagte einer von hinten aus der Nacht.

»Nein«, sagte ich, »ich weiß seine Telefonnummer nicht.« Und ich schrie in die Gesichter, in denen der Schrecken in weißen Augäpfeln stand: »Ich weiß seine Telefonnummer nicht! Ich weiß sie nicht! Ich weiß sie nicht!«

Nur Schrecken, stumm und zittrig, antwortete mir.

Endlich gingen zwei Mann und holten den Schleifkorb. Wir betteten den Mann hinein, und ich zog, weil wir keine Ersatzdecken mehr hatten, meine Jacke aus dem Holzstoß und deckte das zu, worunter jeder einen Kopf vermuten mußte. Die Bahre stand in unserer Mitte, wir umsaßen sie. Das Entsetzen wich, aber wir wurden immer ratloser. Was jetzt?

»Kommt, wir fahren aus«, sagte ich.

»Das können wir doch nicht einfach, ausfahren«, entgegnete der alte Bruno Goller.

»Du Idiot!« schrie ich. »Was willst du noch hier. Sollen noch mehr verrecken? Nächste Stunde kannst du dran sein.«

»Jürgen hat ganz recht«, redeten etliche durcheinander.

»Die schmeißen uns raus«, jammerte Bruno wieder.

»Ja, verdammt!« brüllte ich wieder. »Hast du nicht auch deine Kündigung in der Tasche? Machen die vierzehn Tage noch was aus? Macht euch nicht zu Hanswürsten. Für wen waren die Verletzten der vergangenen Wochen? Für wen? Wozu?«

»Jürgen hat recht«, sagte einer.

»Ja aber …«, versuchte Bruno noch einmal.

»Los«, sagte ich, »kein Wort mehr.«

Vier Mann schleppten die Bahre aus dem Streb, wir trotteten hinterher, dumpf, wortlos.

An der Querschlageinmündung stand der Obersteiger, er hatte von dem Unglück gehört und sagte in seiner ruhigen Art: »Heute ist aber auch der Wurm drin. Erst der Lehnertz, und nun er.« Und als wir alle stumm an ihm vorbeigegangen waren, rief er hinter uns her: »Ihr braucht doch nicht alle auszufahren, vier Mann genügen. Geht wieder an eure Arbeit.«

Er lief hinter uns her, zeterte, schrie, tobte, bettelte. Da riß dem langen Emil die Geduld.

»Du vollgefressener Kerl, halte endlich deine Schnauze, sonst schmeißen wir dich den Schacht runter.«

»Ich verbitte mir …«

»Du hast hier nichts mehr zu sagen, in vierzehn Tagen liegst du auch auf der Straße«, rief Emil dem Ober erbost ins Gesicht.

»Aber der fällt nicht so hart«, sagte einer. »Die Herren bekommen Überbrückungsgeld. Und wir? Wir bekommen nicht einmal Arbeitslosenunterstützung, wenn wir die Arbeit nicht annehmen, die uns das Arbeitsamt zuschustert.«

Wir fuhren den Stapel hinunter und auf der fünften Sohle zum Schacht. Den Steiger in unserer Mitte, als wäre er unser gefallener König. Er war nie bei uns beliebt, weil er ein rücksichtsloser Streber war, aber wir dachten an seine Frau und an seine Kinder. Und ich dachte nur: Mein Gott, wenn ich das gewesen wäre.

Am Schacht mußten wir lange warten, endlich aber schien uns die Sonne ins Gesicht. Über Tage erwartete uns der Inspektor, er sah uns ungläubig an, als wir vom Korb hüpften, wie gefangene Ratten aus der Falle. Stumm schlurften wir vorbei, ohne Gruß.

»Ihr fahrt sofort wieder an!« rief er, hochrot im Gesicht.

Ich drehte mich um und sagte ruhig: »Ich an Ihrer Stelle würde den Kopf suchen, es fehlt nämlich einer.«

Da schrie er: »Ihr seid alle fristlos entlassen!«

Da lachten wir, lachten; es war eine Erlösung, denn seine Worte waren doch ein Witz, ein ausgewachsener Witz.

Wir luden den Steiger in der Leichenhalle ab, die Kommission vom Oberbergamt war schon da und machte sich fertig zur Anfahrt.

Wir holten aus unseren Straßenkleidern Zigaretten und rauchten wortlos auf den Bänken im Blumenrondell vor der Schlosserei. In den Büros war ein geschäftiges Hin und Her. Das war uns gleich, wir hatten abgeschlossen; der rollende Kopf war der Punkt hinter einer Entwicklung, die wir mit aufgebaut hatten und die nun überholt war.

»Jürgen hatte recht«, sagte Emil. »Uns blieb nur die Ausfahrt.«

»Natürlich hatte Jürgen recht«, sagten andere.

»Wir hätten gar nicht so lange in dem Streb arbeiten dürfen«, sagte ich.

»Fritz wollte in vierzehn Tagen als Lastwagenfahrer bei einer Dortmunder Brauerei anfangen.«

»Jetzt hat er ein Matschbein«, nuschelte Emil. »Aber das haben wahrscheinlich die Weißkittel schon abgenommen. Diese verfluchte Maschine.«

»Hatte doch keinen Sinn mehr, die Maschine«, sagte ich.

»Für andere hatte sie schon einen Sinn«, nuschelte Emil.

»Ja, für die Entwicklungsländer«, sagte ich.

»Für die Schwarzen«, murmelte Emil in seinen Bart.

»Was?« rief einer. »Gibt es in Südafrika auch Schwarze?«

»Kommen wir morgen wieder zur Zeche?« fragte Bruno Goller ängstlich.

»Das kann jeder halten, wie er will«, sagte ich. »Für mich steht fest, daß ich mir morgen eine andere Arbeit suche.«

»Aber die Papiere sind doch nicht in Ordnung«, jammerte Bruno.

»Scheiß doch auf die dämlichen Papiere, Hauptsache, wir bekommen Arbeit!« schrie ich.

»Die geben womöglich unseren Lohn nicht raus«, jammerte Bruno wieder. »Das ist Kontraktbruch, und das bringt Geldstrafe.«

»Sollen sie die drei Schichtlöhne haben, meine Knochen sind mir lieber. Und dann, es gibt ja noch Arbeitsgerichte und die Gewerkschaft. Warum zahlen wir Beiträge?«

Wir gingen in die Kaue zurück und wuschen uns. Erst hatten wir befürchtet, sie würden das Wasser sperren, aber es war heißes Wasser da.

Dann fuhren wir nach Hause. In meinem Garten waren über Nacht die Tulpen aufgeblüht.

Erwin Strittmatter
Ole Bienkopp

71

Das Zimmer des ehemaligen Kreissekretärs Karl Krüger wurde frisch tapeziert und mit Gummi- und Lorbeerbäumen dekoriert. In jeder Zimmerecke ein Baum im Topf. Wenn gelüftet wird, rauscht es wie in einem südlichen Wald.

Karl Krügers schwarzer Schreibtisch wurde neunzehnhundertfünfundvierzig aus einer verlassenen Fabrikantenvilla ins Kreissekretariat der Kommunistischen Partei geschleppt. Jetzt wurde er gegen einen helleren Schreibtisch mit vielen Schubfächern ausgetauscht. Die Zeiten sind lichter, doch komplizierter geworden. Als der neue Kreissekretär Wunschgetreu gewahr wurde, daß sich der lange Schreibtisch wie eine Schranke durch sein Zimmer zog, war es zu spät. Er konnte das teure Möbel nicht nach vierzehn Tagen auswechseln lassen, ohne anspruchsvoll zu erscheinen.

Schuldlos ist Wunschgetreu auch an dem hohen Armstuhl mit ledergepolsterter Lehne. Die Schreibtischhöhe forderte die Stuhlhöhe heraus. Der Klubsessel für Einzelbesucher vor dem Schreibtisch ist aus der Konsumproduktion und vor allem tief. Die Wand hinter dem Lutherstuhl des Sekretärs ist von einem Ölgemälde bedeckt. Es stammt vom fortschrittlichsten Maler des Kreises Maiberg und wurde Wunschgetreu zum vierzigsten Geburtstag von den Parteiarbeitern des Sekretariats geschenkt.

Eigentlich hätte das Gemälde in der Wohnung des Sekretärs hängen müssen, doch es war zu groß und geriet mit den Fensterstores der Genossin Wunschgetreu in Konflikt. Außerdem vertritt Wunschgetreu die Meinung: »Kunstwerke gehören der Öffentlichkeit. Die Zeiten kapitalistischer Kunstsammler sind vorüber!«

Wunschgetreu war früher Stubenmaler, hatte seine Träume und befaßte sich mit dem Kopieren von Ölbildern. Das Gemälde hinter seinem Stuhl scheint ihm kein Kunstwerk zu sein. Es behandelt einen Eisenguß, und der Maler hat nicht mit Rot gespart. Trotz der üppig gemalten Eisenglut bleibt der Betrachter kalt. Die Gesichter der Eisengießer sind von Schutzschirmen verdeckt. Der Maler hat sich's leichtgemacht.

Immerhin, das Bild ist ein Geschenk und wurde auf der Bezirksausstellung von der Kritik gelobt. Schließlich müssen Kritiker, die ihr Fach studierten, besser wissen, was Kunst ist, als Wunschgetreu mit seinem Laiengeschmack.

Das ist die Malerei. Mit der Literatur hat's Genosse Wunschgetreu nicht leichter: Er verabscheut, sich mit Büchern zu umgeben, die er nicht gelesen hat. Zum Lesen gehört Zeit. Die Zeit Wunschgetreus reicht nicht, die Tagespresse, die vielen Vorlagen, Broschüren und Rundschreiben gründlich durchzusehen. Zum Lesen marxistischer Klassiker benutzt der Sekretär zuweilen zwei, drei Stunden eines freien Sonntags. Er entzieht die Zeit seiner Familie.

Wenn von der Bezirksleitung oder dem Zentralkomitee hin und wieder gefordert wird, ein literarisches Werk als *Arbeitsrüstzeug* zu lesen, läßt sich Wunschgetreu das Buch aus der Kreisbibliothek bringen.

Aus diesem Grunde läuft Wunschgetreu oft mit schlechtem Gewissen umher. Überall soll er mitreden und etwas Fundiertes zu sagen haben, und er kommt nicht einmal dazu, die Werke der Schriftsteller des Bezirks zu lesen. Weniger bedrückt ihn, daß er die Bücher der beiden Schriftsteller seines Kreisgebietes nicht las. Es sind parteilose Kinderbuchautoren. Über Kinderbücher kennt Wunschgetreu von der Parteischule her die Gorkische Maxime: »Für Kinder muß man schreiben wie für Erwachsene, nur besser!« Das traut Wunschgetreu den beiden Kreisschriftstellern nicht zu. Säßen sie sonst in Maiberg? Würde »Neues Deutschland« sonst so beharrlich über sie schweigen?

Oft und oft wechselte und verbesserte Wunschgetreu seinen Arbeitsstil. Trotzdem gelang's ihm nicht, sich auf allen Gebieten, in denen Sachkenntnis von ihm verlangt wird, zu unterrichten.

Es dämmert. In den blühenden Kastanienbäumen vor dem Kreissekretariat säuselt ein lauer Wind.

Es ist einer von Wunschgetreus seltenen freien Abenden. Vor ihm liegen die ungelesenen Tageszeitungen und dort das neueste Heft der »Einheit«, ach ja! Wunschgetreu könnte nach Hause gehn, aber da käme er nicht zum Lesen. Er müßte mit den Jungen Schularbeiten machen. Er würde die Vorwürfe seiner Frau hören. »Man muß sich schämen; die Jungen vom ersten Kreissekretär so schlecht in der Schule!«

Wenn Wunschgetreu seinen Jungen bei den Mathematikaufgaben helfen soll, wird er unsicher. Man verlangt viel von den Kindern, und Wunschgetreu muß, wenn er über die Volksbildung spricht, sogar noch mehr von ihnen und ihren Lehrern verlangen. – Er müßte selber Mathematik studieren!

Um diese Zeit wird heftig an das Portal der Kreisleitung gepocht. Der Nachtpförtner ist schon beim Teekochen. Er hopst nicht gerade zum Eingang. »Ja, man ja!«

Im Portal erscheint der rotbäckige Jan Bullert. »Zum Genossen Wunschgetreu!«

»Bestellt?«

»Muß man jetzt bestellt sein?«

Bullert sitzt vor Wunschgetreu. Sie machen sich bekannt. Wunschgetreu ist wortkarg. »Was gibt's? Erzähl!« Wunschgetreu hat eine Granatsplitternarbe auf der linken Wange. Die Narbe spannt. Wunschgetreus Gesicht wirkt, als ob es ewig überlegen lächelt. Bullert kommt sich in dem niedrigen Konsumsessel vor wie David vor Saul. »Bitte rauchen zu dürfen!«

Er darf.

Die Sache ist die: Jan Bullert braucht die Hilfe der Partei. Sein Sohn ist ausgerissen. In der heftigsten Frühjahrsarbeit. Der Bengel will auf eigene Rechnung Musik studieren. »Vereinbart sich das mit unserer Auffassung vom Jugendleben?«

Wunschgetreu gleichmütig: »Ist das alles?«

Nein, direkt alles ist es nicht. »Da wäre zum Beispiel ein Fall krankhafter Verschenksucht.«

»Verschenksucht?«

»Reine Verschenksucht auch wieder nicht. Der Genosse heißt Bienkopp und eignete sich hinwiederum unterderhand das Gemeindeland an.«

»Bienkopp?« Der ungewöhnliche Name erinnert Wunschgetreu an Frieda Simsons Besuch. »Wo bleibt der Bericht? Neuer Gruppensekretär bestimmt?«

Der neue Sekretär ist Jan Bullert. Hier sitzt er. Noch unerfahren in der Leitung. Es wäre gut, wenn jemand vom Kreis käme, ein Instrukteur oder dergleichen.

Die Feierabendunterhaltung zwischen Bullert und Wunschgetreu ist nicht lang, ist keine Festsitzung. Wunschgetreu denkt: Lauer Genosse. Familienprobleme liegen ihm näher als Parteiprobleme. Er hat seinen Sohn übrigens ausgebeutet. Er sagt: »Instrukteur wird geschickt. In Ordnung? In Ordnung!«

Eine Viertelstunde später fährt Wunschgetreu nach Hause in die Stadtrandsiedlung. Der Fahrer reckt sich frühjahrsmüde. Der Wind säuselt in den Marktplatzlinden. Aus dem Autoradio quäken einförmige Pseudo-Jazzrhythmen: »Im Frühling sind die Frauenaugen tscha, tscha …«

»Ausschalten?« fragt der Fahrer.

»Laß dudeln!«

Auch der Frühling hindert das Denkmal der toten Königin auf dem Marktplatz nicht, eisengitterumgeben vor sich hin zu weinen: AN DIESER STELLE HIER, ACH, FLOSSEN UNSRE THRÄNEN ... Sie fahren über das Kopfsteinpflaster des Platzes. Es knackt im Rundfunkapparat, kleine Pause – dann die Stimme des Nachrichtensprechers: »Das Schicksal der Kaiserin Soraya ist ungewiß ...« Wunschgetreu horcht auf. »Was hast du auf der Kiste?« Der Fahrer fingert am Schaltknopf: die Stimme des Nachrichtensprechers wie aus einem Keller: »Erster Kolchos in der Ostzone ...« Wunschgetreu packt den Fahrer bei der Schulter: »Laß!«

»... wurde in Blumenau, einem Dorfe des Kreises Maiberg, der erste Kolchos nach sowjetisch-russischem Muster gegründet. Die Gründung ging auf Weisung höchster kommunistischer Parteifunktionäre vonstatten. Die Bauern wurden gezwungen, ihr Vieh zusammenzutreiben und wie Muschiks gegen Hungerlöhne zu arbeiten ...«

Wunschgetreu läßt halten. Er steigt mitten auf der Hauptstraße aus. »Zigarette? Gib!« Der Sekretär raucht hastig wie alle Nichtraucher, ist blaß und geht auf dem Bürgersteig hin und her.

Nach einer Weile steigt er wieder ein. »Zum Kreissekretariat!« Der Fahrer fährt an. »Halt! Kennst du den Weg nach Blumenau?«

Der Fahrer kennt ihn.

Sie überholen Jan Bullert auf der frühlingsfeuchten Landstraße. Der Kreissekretär geht zornbebend auf den einsamen Radfahrer los. »Seid ihr in eurem Kaff verrückt geworden?«

72

Ein Hirtenjunge steckt seine Rute in einen Ameisenhaufen und wühlt neugierig ein wenig darin. Die Ameisengemeinde kommt in Bewegung. Eine halbe Minute vergeht. Der Haufen scheint nur noch aus aufgeregten Ameisen zu bestehn.

So ist's in der Gemeinde Blumenau einen Tag nach der Unterredung von Wunschgetreu und Bullert. Jan Bullert kommt zu keiner Arbeit auf den Feldern. Er rennt hierhin und dorthin. Der Gemeindebote hastet klingelnd durchs Dorf. Nach der Schule rennt auch Anton II als Expreßbote von Genossen zu Genossen: Außerordentliche Versammlung der Parteigruppe mit dem neuen Kreissekretär Wunschgetreu an der Spitze!

Bürgermeister Adam Nietnagel zittert. Frieda Simson hat ihm kurz *ein paar Takte* geflüstert, und die waren nicht dem *Leitfaden zur demokratischen Menschenbehandlung* entnommen. »Jetzt gehst du Wasser saufen, lieber Adam!«

Friedas reger Geist ersinnt eine besondere Losung zur Ausschmückung des Versammlungslokals. Die Genossin Danke vom Dorfkonsum schreibt die Losung mit Kaufmannsschrift auf rotes Fahnentuch: JEDER HAMMERSCHLAG FÜR DEN PLAN IST EIN NAGEL ZUM SARGE DER KRIEGSTREIBER!!! Drei Ausrufzeichen.

Nun ist's Abend. Ein lauer Abend. Auf dem Dorfanger nah beim Auto des Kreissekretärs trillern die Kröten. Die Rallen rufen in den Wiesen, und die Käuze jauchzen. Alle Wesen, die tagsüber mit der Liebe nicht fertig werden, nutzen die Nacht.

In der Gastwirtschaft Zur Krummen Kiefer sind zwei Stuben erleuchtet: die Gaststube und das Vereinszimmer. In der Gaststube sitzen die Altbauern Serno, Tuten-Schulze, Rinka, Mahrandt, Fischer Anken und alle, die auf ihre Weise mit den Geschicken des Dorfes verflochten sind, auch der Sägemüller fehlt nicht.

Im Vereinszimmer sitzen die Genossen. Niemand hat Zutritt, ausgenommen der Gastwirt Gotthelf Mischer. Mischer kennt sowohl die Meinung der Kommunisten als auch die Meinung der Altbauern über bestimmte Dinge, insbesondere über den *Kolchos* von Ole Bienkopp. Mischer könnte sich ein Bild machen, wenn er könnte. Sein Geschäft verträgt nicht alles. Deshalb gehört Mischer auch keiner Partei an. Er ist zahlendes Mitglied der BAUERNHILFE, denn er betreibt an normalen Tagen eine Landwirtschaft, und er ist FREUND DER VOLKSSOUVERÄNITÄT. Das genügt.

Im Vereinszimmer brennt am Kronleuchter nur eine Lampe. Mischer muß erst sehn, was verzehrt wird. Die Gesichter der Genossen sind in Dämmer getaucht. Frieda Simsons erdachte Losung steht nicht im richtigen Licht.

Am Tisch sitzen: der Gast, Genosse Wunschgetreu, Frieda Simson, die Genossin Danke, Maurer Kelle, Emma Dürr, kurzum, dort sitzt die Gruppenleitung. Die anderen Genossen hocken verstreut auf den Wandbänken.

Jan Bullert eröffnet die Versammlung. Er begrüßt vor allem den Gast aus der Kreisstadt und bedankt sich für die Ehre. Frieda Simson hebt die Hand: »Zur Geschäftsordnung. Zuerst ein Lied, wie es Sitte und Mode ist!«

Sie singen schlecht, aber sie singen.

Wer Versammlungen einberuft, der soll reden. Jan Bullert ist kein Versammlungsredner. Er spricht nicht frei, natürlich und humorvoll wie sonst im Dorfe oder auf den Feldern. Seine Sprache ist auf Stelzen geschnallt. Bullert hat den Stil amtlicher Versammlungsredner übernommen. Alles muß seine Richtigkeit haben, und in der Kirche darf man nicht pfeifen. »Genossinnen und Genossen, in Anbetracht der großen Aufgaben, die vor uns stehn, rüstet man sich in Berlin zur Parteikonferenz. Auch die Arbeit der Blumenauer Gruppe muß wesentlich verstärkt werden ... Kritik und Selbstkritik sind der Hebel des Gleichgewichts ...«

Jene Genossen, die früher der Kirche angehörten, kennen dieses Drumherum. Beim Gottesdienst nannte man es Liturgie. Sie ist Opium für das Volk. Alle warten darauf, was wirklich kommen soll und muß.

»Wie steht es mit der Frage der Parteidisziplin? Mit der Frage der Parteidisziplin steht es leider in der Blumenauer Gruppe etwas schief ...«

Die Mitglieder auf den Wandbänken rücken sich zurecht. Jetzt kommt's! Jan Bullert holt Atem, ein bißchen viel und lange Atem. »Nehmen wir zum Beispiel den Genossen Ole Hansen, genannt Bienkopp. Hat er nicht in der Vergangenheit hervorragende Verdienste geleistet? Niemand kann sagen, daß er nicht einen wesentlichen Anteil zur Unterstützung des verstorbenen Parteisekretärs Anton Dürr beitrug. Bienkopp war ein vorbildlicher Vorsitzender der BAUERNHILFE ...«

Bienkopp ist's, als höre er die Rede zu seinem Begräbnis. Er hat in seinem rechten Gummistiefel ein Loch entdeckt und starrt dorthin.

»Bienkopp hat in seiner Funktion als Kreistagsabgeordneter Wesentliches geleistet! Er war hilfsbereit im Rahmen der bäuerlichen Möglichkeiten. Was aber jetzt, Genossen? Jetzt hat er diesen Rahmen überschritten. Ihr wißt, wovon ich spreche: Bienkopp hat sich hinter dem Rücken der Partei etwas ausgedacht, und wo soll das hinführen? ...«

Gastwirt Gotthelf Mischer geht mit gesenktem Blick durch den Sitzungsraum und nimmt Kundenwünsche entgegen. Er tut, als stamme er von einem anderen Stern und verstünde kein Wort. Bier, Zigarren und Schnaps werden bestellt. Mischer kann zwei weitere Lampen am Kronleuchter einschalten.

In der Gaststube richten sich die Augen der Altbauern auf den Gastwirt. »Werden sie den Bienkopp zwischen die Beine nehmen und verdreschen?«

»Sie behacken ihm soeben die Ohren!« Gotthelf Mischer beißt sich auf die Zunge. Hoffentlich verträgt sein Gschäft das!

Anlaß für den Sägemüller zu einer kleinen Bierrede. Eine Bierrede ist eine Rede mit Augenzwinkern und Umgucken. »Kolchosen? Nicht im Entwurf und so weiter.« Augenzwinkern. »Nichts gegen unsere Freunde, aber Rußland ist Rußland, viel Land und wenig fleißige Leute. Deutschland ist Deutschland! Sorry, aber der deutsche Mensch ist nicht für maschinell hergestellte Körnerfrüchte und Kartoffeln. Er ist für landwirtschaftliche Wertarbeit!«

Tuten-Schulze spült sein Kopfnicken mit einem Schluck Bier hinunter. Gotthelf Mischer versagt sich diese Art von Beifall, aber innerlich glüht er zustimmend, und die Warze an seinem Kinn färbt sich rot.

Sernos fette Stimme fällt ein. Eine Stimme wie aus einem verstopften Grammophontrichter. »Gott straft Blumenau. Die Leute gehorchen *Ihm* nicht mehr wie vor Jahren. Kaum hat der *Herr* den Dürr, diesen Unruhgeist, zu sich geholt – hat er nicht? –, da schlägt er den Bienkopp, einen geachteten Bauern und Mann, mit Irrsinn und läßt ihn auf die Gemeinde los – läßt er nicht?«

Im Vereinszimmer hat Jan Bullert die Rednerweste ausgezogen. Er spricht, wie's kommt, schimpft zwischendurch, und das geht ihm besser von der Hand. »Jeder weiß, daß der Genosse Bienkopp zu gegebener Zeit, ob aus Eifersucht oder nicht, einen Ziemerhieb der Reaktion auf sich nehmen mußte, und der war nicht von schlechten Eltern!« Leider hat Bienkopp dem Drängen der Genossen, den Schläger zur Rechenschaft zu ziehn, aus männlicher Eitelkeit nicht stattgegeben. Aber dieser Ziemerhieb hat beim Bienkopp etwas zurückgelassen. «Genosse Bienkopp ist krank. Er stürzt das Dorf mit einer verrückten Spielerei in Verwirrung. Alles aber nahm an jenem Winterabend mit einem Stockschlag seinen Ausgang. Nun rede, wem das Wort gegeben, vor allem Bienkopp, auf den es ankommt! Diskussion!«

Die übliche Pause. Niemand will zuerst sprechen. Adam Nietnagel fürchtet sich, ein gutes Wort für Ole einzulegen. Man wird ihm seinen alten Sozialdemokratismus vorhalten.

Frieda Simson sucht ehrgeizblaß nach einem der Situation gerechten Ausspruch der Klassiker. Außerdem hat der Genosse Wunschgetreu noch nicht gesprochen. Er sitzt da, hört zu und scheint überlegen zu lächeln. Die Situation ist unklar und heikel. Frieda balanciert gewissermaßen auf dem Hochseil.

Wilm Holten ist für Bienkopp und seinen Kolchos, aber er darf nicht, wie er will. Wenn man einem Mädchen die Ehre geraubt hat, ist man kein unbescholtener Mensch mehr. Frieda hat ein bißchen gedroht: »Halt den unausgegorenen Rand in der Bienkopp-Sache, sonst holt dich die Kontrollkommission!«

Die Genossin Danke ist neutral. Wie das Land auch bewirtschaftet wird: einzeln oder gemeinsam – die Bauern müssen im Konsum kaufen. Ihr Umsatzplan ist nicht gefährdet.

Emma Dürr wird rot wie ein Hennchen vor dem Eierlegen im Frühling. »Ole, du sollst verrückt sein, hast du das gehört!«

Jan Bullert: »Das hab ich nicht behauptet.«

Alle schaun auf Bienkopp. Bienkopp ist blaß. Seine Wangenmuskeln mahlen. Er scheint seine Worte von einem Block herunterzubeißen und auszuspeien. »Ich bin nicht krank. Ich bin nicht verrückt.

Da ist ein guter Bauer. Er arbeitet und wirtschaftet wie ein Teufel. Er verläßt sich nicht auf den Zufall, nicht auf die Witterung. Er holt aus seinem Boden, was herauszuholen ist. Der Staat zahlt die Produkte gut. Der Bauer wird reich.

Da ist ein schlechter Bauer. Er wirtschaftet nicht fürsorglich, verläßt sich aufs Glück. Sein Boden bringt nur halbe Erträge. Er kann dem Staat wenig verkaufen, schädigt ihn unbewußt und bleibt arm! Die Menschen sind nicht gleichmäßig befähigt. Die ehemalige Bäuerin Anngret Bienkopp fährt am Sonntag in der Kutsche über Land. Die Bäuerin Sophie Bummel muß daheim hocken, weil sie kein Sonntagskleid hat, geschweige eine Kutsche. Altbauer Serno läßt auf seine Rechnung die Kirche anstreichen; Neubauer Bartasch ist nicht fauler als Serno, aber er kann sich keine Latten für einen Vorgartenzaun leisten. Ich habe fort und fort darüber nachgedacht, wie man die Unterschiede ausgleicht. Ich mache einen Versuch. Die Glucke brütet drei Wochen. Dann spürt das Tier, daß sich unter ihm etwas verändert. Etwas Neues ist unter seinem Bauchgefieder entstanden. Das sind die Küken. Ihr versteht: Sie wollen nicht still sitzen, wollen aus dem Nest in die Welt, miteinander scharren, picken, flattern und lustig sein. Die Glucke macht sich nichts vor. Sie folgt dem Neuen, das unter ihrem Gefieder hervorkriecht. Sie schützt und hütet es. Versucht ein Küken zu greifen, meine Lieben! Ich möcht's euch nicht raten. Die Hände werden euch bluten, und euer Lachen wird unter den Schnabelhieben der Gluckhenne zum Geschrei.

Wir sitzen, wie die Glucke im Nest, im warmen Heute. Die verbrauchte Luft in einer warmen Stube stinkt. Die Zukunft erscheint uns wie Zugluft. Solln wir dümmer sein als eine bescheidene Glucke? Solln eure Enkel auf ein Grab zeigen und sagen: Da liegt der Großvater? Oder sollen sie auf eine große Viehherde zeigen: Dort grast die Herde! Ihre Stammutter zog der Großvater auf. Seht den Park! Der Großvater und seine Genossen legten ihn an, und sie waren weder Gutsbesitzer noch Sklaven. Ihr habt's in der Hand, wie man von euch reden wird!

Der neue Weg führt durch Urwald. Was lauert auf dich im Dunkel? Was springt dir vom Baum herab in den Nacken? Und doch wird man fällen, lichten und blühende Wiesen anlegen. Die Tiere werden sich tummeln vom Morgen zum Abend. Die Menschenhand wird den Wildapfelbaum berühren. Die Grobfrüchte werden golden und groß sein!«

Die harte Emma wischt sich die Augen. An dieser Rede hätte Anton seine Freude gehabt. Auch dem Konsumfräulein, der Genossin Danke, ist in diesem Augenblick nicht mehr gleich, wie das Land bewirtschaftet wird.

Die Erde reist durch den Weltenraum. Bienkopp hat ein Stück Weltraum in die dumpfe Versammlung gerissen.

Der Kreissekretär ist beeindruckt. Etwas verflucht Wahres hinter diesen Bauernworten. Eigenwillige Ansichten. Wunschgetreu hat nichts dagegen, aber stiften sie nicht Verwirrung, wenn sie in die Welt posaunt werden? Der Kreissekretär ist unsicher. Um so sicherer fühlen sich Bullert und die Simson. Frieda genießt den großen Augenblick ihres Auftritts. »Genossen, wenn wir als Partei nichts von Kolchosen wissen wollen, womit haben wir es dann als Partei zu tun, Genossen? Dann haben wir es offensichtlich mit einer nationalen Besonderheit zu tun. Ich frage den Genossen Bienkopp: Dulden wir nicht auch noch den Einzelhandel? Würden wir ihn dulden, wenn's ein Fehler wäre? Antwort!« Bienkopp antwortet Frieda nicht. Bullert erteilt sich das Wort: Das Schlimmste, Bienkopp will, daß andere Genossen sich seiner Sekte anschließen. Das Land zusammen? Vogt und Inspektor wie beim Herrn Baron? Die Partei macht sich nicht lächerlich: Soll ein Mann wie Bullert seine Musterwirtschaft aufs Spiel setzen und verplempern? »Was wird die Sekte auf den übernommenen Brachländern ernten? Der Bankrott zieht herauf. Bienkopp spielt mit dem Hunger.«

Wunschgetreu lächelt. »Gestatte eine Frage, Genosse Bienkopp: Hätte die Partei nicht längst zum Sammeln geblasen, wenn sie das wollte, was du tust?«

Emma Dürr meldet sich. »Bienkopps Sorgen sind nicht vom Himmel gefallen. Er hat sie von Anton übernommen, das war mein Mann. Hat Bienkopp bisher Schaden gemacht?«

Jan Bullert: »Das dicke Ende ist hinten!«

Emma: »Ist die Partei ein Versicherungsunternehmen? Der Kommunismus ist das größte Experiment seit Adams Zeiten. Das ist von Anton.«

Frieda Simson: »Du mit deinem Anton!«

Emma flink: »So einen such dir erst!«

Maurer Kelle, der Zweimetermann, haut auf den Tisch. »Neuer Kapitalismus darf nicht durch! Ich bin für Anton und Bienkopp!«

»Es lebe der Kolchos!« Das war Wilm Holten. Frieda Simson gelang's nicht, ihn niederzuhalten. »Es lebe Bienkopp!«

Bienkopp bleibt ruhig, obwohl ihn das große Zittern bis in die Stiefel hinein gepackt hat. »Ich habe alles überdacht. Mir deucht, ich such nach vorwärts, nicht nach rückwärts!«

Wunschgetreu: »Was vorwärts und was rückwärts ist, bestimmt, dächt ich, noch immer die Partei. Willst du sie belehren?«

Bienkopp zitternd: »Ich stell mir die Partei bescheidener vor, geneigter anzuhören, was man liebt und fürchtet. Ist die Partei ein selbstgefälliger Gott? Auch ich bin die Partei!«

Es zuckt in vielen Gesichtern; Köpfe werden eingezogen. Bienkopp bringt sich um!

Die Simson wird gelb und bissig. »Das geht zu weit!«

Wunschgetreu: »Das kann man klären. Schlimmer ist: Genosse Bienkopp hat dem Gegner Fraß gegeben. Der Feind hetzt. Er besudelt unseren Kreis im Rundfunk! Wie stehn wir beim Bezirk da?«

Bienkopp wühlt in seiner Rocktasche. Er legt sein Parteibuch mit zitternder Hand vor Wunschgetreu auf den Tisch. »Wenn du der Meinung bist, ich helf dem Gegner ...«

Wunschgetreu springt auf und hält Bienkopp am Ärmel fest. Bienkopp reißt sich los. »Du hast mir nicht ein gutes Wort gesagt. Ist die Partei so?« Er geht zur Tür.

Trotz seiner Gummistiefel hört man jeden seiner Tritte. Die Tür klappt. Die Genossen starren.

Bienkopp stampft durch die Gaststube und sieht an den trunkgeröteten Gesichtern vorbei. Die Gespräche der Altbauern versiegen. Bienkopp ist's, als ob Anton ihn wie früher bei der Schulter packte: Das Schwerste ist der Übergang!

Bienkopp will die Tür schließen, da hört er die verhaßte Stimme seines Feindes: »Jetzt haben sie ihn endlich weich geprügelt und so weiter ...«

Das große Zittern übermannt den Bauern. Nun ist alles gleich: Mit einem Satz springt er den Sägemüller an und reißt ihn nieder. Geklirr, Gepolter. Der jähe Zorn macht Bienkopp blind. Er rauft und prügelt, läßt die Fäuste sausen. Der Sägemüller schreit: »Help, help!« Es rührt sich niemand, ihm zu helfen. Die Hände weg vom Leiermann! Hier geht's um Frauen und um Politik!

Rainer Kirsch
2005

Unsere Enkel werden uns dann fragen:
Habt ihr damals gut genug gehaßt?
Habt ihr eure Schlachten selbst geschlagen
Oder euch den Zeiten angepaßt?

Mit den Versen, die wir heute schrieben,
Werden wir dann kahl vor ihnen stehn:
Hatten wir den Mut, genau zu lieben
Und den Spiegeln ins Gesicht zu sehn?

Und sie werden jede Zeile lesen,
Ob in vielen Worten eines ist,
Das noch gilt und das sich nicht vergißt.

Und sie werden sich die Zeile zeigen,
Freundlich sagen: ›Es ist so gewesen.‹
Oder sanft und unnachsichtig schweigen.

Heinrich Böll
Ansichten eines Clowns

2

In Bonn verlief immer alles anders; dort bin ich nie aufgetreten, dort wohne ich, und das herangewinkte Taxi brachte mich nie in ein Hotel, sondern in meine Wohnung. Ich müßte sagen: uns, Marie und mich. Kein Pförtner im Haus, den ich mit einem Bahnbeamten verwechseln könnte, und doch ist diese Wohnung, in der ich nur drei bis vier Wochen im Jahr verbringe, mir fremder als jedes Hotel. Ich mußte mich zurückhalten, um vor dem Bahnhof in Bonn nicht ein Taxi heranzuwinken: diese Geste war so gut einstudiert, daß sie mich fast in Verlegenheit gebracht hätte. Ich hatte noch eine einzige Mark in der Tasche. Ich blieb auf der Freitreppe stehen und vergewisserte mich meiner Schlüssel: zur Haustür, zur Wohnungstür, zum Schreibtisch; im Schreibtisch würde ich finden: die Fahrradschlüssel. Schon lange denke ich an eine Schlüsselpantomime: Ich denke an ein ganzes Bündel von Schlüsseln aus Eis, die während der Nummer dahinschmelzen.

Kein Geld für ein Taxi; und ich hätte zum ersten Mal im Leben wirklich eins gebraucht: mein Knie war geschwollen, und ich humpelte mühsam quer über den Bahnhofsvorplatz in die Poststraße hinein; zwei Minuten nur vom Bahnhof bis zu unserer Wohnung, sie kamen mir endlos vor. Ich lehnte mich gegen einen Zigarettenautomaten und warf einen Blick auf das Haus, in dem mein Großvater mir eine Wohnung geschenkt hat; elegant ineinandergeschachtelte Appartements mit dezent getönten Balkonverkleidungen; fünf Stockwerke, fünf verschiedene Farbtöne für die Balkonverkleidungen; im fünften Stock, wo alle Verkleidungen rostfarben sind, wohne ich.

War es eine Nummer, die ich vorführte? Den Schlüssel ins Haustürschloß stecken, ohne Erstaunen hinnehmen, daß er nicht schmolz, die Aufzugtür öffnen, auf die Fünf drücken: ein sanftes Geräusch trug mich nach oben; durchs schmale Aufzugfenster in den jeweiligen Flurabschnitt, über diesen hinweg durchs jeweilige Flurfenster blicken: ein Denkmalrücken, der Platz, die Kirche, angestrahlt; schwarzer Schnitt, die Betondecke und wieder, in leicht verschobener Optik: der Rücken, Platz, Kirche, angestrahlt: dreimal, beim vierten Mal nur noch Platz und Kirche. Etagentürschlüssel ins Schloß stecken, ohne Erstaunen hinnehmen, daß auch die sich öffnete.

Alles rostfarben in meiner Wohnung: Türen, Verkleidungen, eingebaute Schränke; eine Frau im rostroten Morgenmantel auf der schwarzen Couch hätte gut gepaßt; wahrscheinlich wäre eine solche zu haben, nur: ich leide nicht nur an Melancholie, Kopfschmerzen, Indolenz und der mystischen Fähigkeit, durchs Telefon Gerüche wahrzunehmen, mein fürchterlichstes Leiden ist die Anlage zur Monogamie; es gibt nur eine Frau, mit der ich alles tun kann, was Männer mit Frauen tun: Marie, und seitdem sie von mir weggegangen ist, lebe ich, wie ein Mönch leben sollte; nur: ich bin kein Mönch. Ich hatte mir überlegt, ob ich aufs Land fahren und in meiner alten Schule einen der Patres um Rat fragen sollte, aber alle diese Burschen halten den Menschen für ein polygames Wesen (aus diesem Grund verteidigen sie so heftig die Einehe), ich muß ihnen wie ein Monstrum vorkommen, und ihr Rat wird nichts weiter sein als ein versteckter Hinweis auf die Gefilde, in denen, wie sie glauben, die Liebe käuflich ist. Bei Christen bin ich noch auf Überraschungen gefaßt, wie bei Kostert etwa, dem es tatsächlich gelang, mich in Erstaunen zu versetzen, aber bei Katholiken überrascht mich nichts mehr. Ich habe dem Katholizismus große Sympathien entgegengebracht, sogar noch, als Marie mich vor vier Jahren zum ersten Mal mit in diesen »Kreis fortschrittlicher Katholiken« nahm; es lag ihr daran, mir intelligente Katholiken vorzuführen, und natürlich hatte sie den Hintergedanken, ich könnte eines Tages konvertieren (diesen Hintergedanken haben alle Katholiken). Schon die ersten Augenblicke in diesem Kreis waren fürchterlich. Ich war damals in einer sehr schwierigen Phase meiner Entwicklung als Clown, noch keine zweiundzwanzig alt und trainierte den ganzen Tag. Ich hatte mich auf diesen Abend sehr gefreut, war todmüde und erwartete eine Art fröhlicher Zusammenkunft, mit viel gutem Wein, gutem Essen, vielleicht Tanz (es ging uns dreckig, und wir konnten uns weder Wein noch gutes Essen leisten); stattdessen gab es schlechten Wein, und es wurde ungefähr so, wie ich mir ein Oberseminar für Soziologie bei einem langweiligen Professor vorstelle. Nicht nur anstrengend, sondern auf eine überflüssige und unnatürliche Weise anstrengend. Zuerst beteten sie miteinander, und ich wußte die ganze Zeit über nicht, wohin mit meinen Händen und meinem Gesicht; ich denke, in eine solche Situation sollte man einen Ungläubigen nicht bringen. Sie beteten auch nicht einfach ein Vater Unser oder ein Ave Maria (das wäre schon peinlich genug gewesen, protestantisch erzogen, bin ich bedient mit jeglicher Art privater Beterei), nein, es war irgendein von Kinkel verfaßter Text, sehr programmatisch »und bitten wir Dich, uns zu befähigen, dem Überkommenen wie dem Fortschreitenden in gleicher Weise gerecht zu werden« und so weiter, und dann erst ging man zum »Thema des Abends« über »Armut in der Gesellschaft, in der wir leben«. Es wurde einer der peinlichsten Abende meines Lebens. Ich kann einfach nicht glauben, daß religiöse Gespräche so anstrengend sein müssen. Ich weiß: an diese Religion zu glauben ist schwer. Auferstehung des Fleisches und ein ewiges Leben. Oft hatte Marie mir aus der Bibel vorgelesen. Es muß schwer sein, das alles zu glauben. Ich habe später sogar Kierkegaard gelesen (eine nützliche Lektüre für einen werdenden Clown), es war schwer, aber nicht anstrengend. Ich weiß nicht, ob es Leute gibt, die sich nach Picasso oder Klee Tischdeckchen sticken. Mir kam es an diesem Abend so vor, als häkelten sich diese fortschrittlichen Katholiken aus Thomas von Aquin, Franz von Assisi, Bonaventura und Leo XIII. Lendenschurze zurecht, die natürlich ihre Blöße nicht deckten, denn es war keiner anwesend (außer mir), der nicht mindestens seine fünfzehnhundert Mark im Monat verdiente. Es war ihnen selbst so peinlich, daß sie später zynisch und snobistisch wurden, außer Züpfner, den die ganze Geschichte so quälte, daß er mich um eine Zigarette bat. Es war die erste Zigarette seines Lebens, und er paffte sie unbeholfen vor sich hin, ich merkte ihm an, er war froh, daß der Qualm sein Gesicht verhüllte. Mir war elend, Maries wegen, die blaß und zitternd da saß, als Kinkel die Anekdote von dem Mann erzählte, der fünfhundert Mark im Monat verdiente, sich gut damit einzurichten verstand, dann tausend verdiente und merkte, daß es schwieriger wurde, der geradezu in große Schwierigkeiten geriet, als er zweitausend verdiente, schließlich, als er dreitausend erreicht hatte, merkte, daß er wieder ganz gut zurechtkam, und seine Erfahrungen zu der Weisheit formulierte: »Bis fünfhundert im Monat gehts ganz gut, aber zwischen fünfhundert und dreitausend das nackte Elend.« Kinkel merkte nicht einmal, was er anrichtete: er quatschte, seine dicke Zigarre rauchend, das Weinglas an den Mund hebend, Käsestangen fressend, mit einer olympischen Heiterkeit vor sich hin, bis sogar Prälat Sommerwild, der geistliche Berater des Kreises, anfing, unruhig zu werden, und ihn auf ein anderes Thema brachte. Ich glaube, er brachte das Stichwort Reaktion auf und hatte damit Kinkel an der Angel. Der biß sofort an, wurde wütend und hörte mitten in seinem Vortrag darüber, daß ein Auto für zwölftausend Mark billiger sei als eins für viertausendfünfhundert, auf, und sogar seine Frau, die ihn in peinlicher Kritiklosigkeit anhimmelt, atmete auf.

Rainer Brambach
An der Plakatwand

Sein Mädchen und er
auf der Straße, Allerweltstraße
im Donner der Motoren,
im Stickstoff stehn sie,

Vollgasbengel Lederkopf Raketenarsch
haut vornüber vorbei ...

an der Bell Tell Shell Plakatwand
oder ähnlich, sehr ähnlich
und nah den abstrakten Bildern
aus Schmieröl
auf dem Asphalt
stehn sie beisammen
still,
als käme ein Feierabend.

Walter Helmut Fritz
Heute abend

In dieser Straße lebe ich also.
Der Zaun, die Telefonzelle, wie sind sie nah,
auch die Häuser, an denen ich vorbeigehe,
verändert, unverändert seit Jahren.

Vom Flughafen das Licht des Scheinwerfers
kreist nachts über den Dächern,
huscht über die Fenster,
hinter denen ich also wohne.

Vor mich hintrottend
spüre ich der Luft schöne Kälte.
In diesem Körper bin ich also,
gehüllt in diesen Mantel.

Das Metall des Schlüssels,
mit dem ich die Tür öffnen werde,
zum wievielten Mal, ist heute abend
fester und kühler, als es je war.

Paul Nizon
Canto

»Um mal brutal zu fragen«, sagte der Kerl, Direktor einer Akademie oder Schule, sagen wir eines Instituts, bei einem Abendempfang in der Villa, bei dem die Stipendiaten dekorieren dürfen (man hatte mich als Schriftsteller vorgestellt): »was haben Sie zu sagen?« Ich weiß nicht, was ich antwortete, ich weiß aber auch wirklich nicht, was ich allenfalls zu sagen hätte. Zu laufen habe ich immerzu. Dabei kann und mag ich nichts anschauen. Aber so die Flanken des Lebens abirren, immerzu, daß es wie Fahrwind an die Gesichtshälften rauscht. Die Seiten der Stadt abirren. Ich laufe mich völlig aus. Natürlich sehe ich allerlei, hinter dem ich Sehenswürdigkeit vermuten darf. Aber will ich mir's anschauen, steht ein Esel in mir auf, bockt, spreizt sich dagegen. Eine Müdigkeit befällt mich. Warum gerade das? sagt sie. Mit ebenso gutem Recht könntest du dies dort besichtigen. Aber wo führt das hin? In die Unendlichkeit, nicht zusammenzudenken, in die Zerstückelung ferner und schließlich in Einzelheit, Einzelfach und Einzelhaft. Bin einfach nicht dafür zu haben. Ich lasse mir lieber alles um die Ohren wetzen, bis es ganz allgemein tönt, wie die Sommerfront tönt, ein sonniger Waldrand, als hätte man eine Stimmgabel angeschlagen. Oder ich fahre im Omnibus durch Gewühl und kochende Straßenkessel.

Ich will es nicht einzeln zusammensuchen, nicht auf Schnitzeljagd mich abbringen und nicht auf Einzelspur losschicken lassen. Da bin ich gewitzigt. Einzelwissenschaft ist Gefangenschaft. Man steigt bei einer Gegebenheit ein, kriecht der Entstehung entlang zurück, mit kurzen Armen Umstände sammelnd am Wege, bis man zu einem scheinbaren Anfang gelangt, der sich wiederum zum Scheideweg in weitere Uranfangsrichtungen aufsplittern wird; kriechst zurück Stadien und Stadien, die keiner sieht, nur groß zu denken und argumentieren sind, da ja keiner sie sieht, jeder anders sie meinen darf, bist längst ab vom Anlaß, der rundum Wirkung nehmend und sendend einst vor dir stand und dich anrief, ab vom Wirkungsturm, bist auf dürren Wegen der Papierbrillenschlange, sicherst groß daher und eliminierst ... Es lebe die Geistarbeit, und das Verpassen ist unser, und keiner merkt es, daß er längst nur mehr die Gräte in Händen hält ... nein, ich bin nicht mehr für Wissenschaft. Nie wieder ein Einzelnes. Wirst im Kanalisationsrohr erblinden, und groß gedeiht nun der Ignorant, und es wachsen Einbildung und Dünkel da im Dunkel, kohlblattartig.

Lieber, viel lieber lasse ich es mir so lange als Trübnis um die Ohren schlagen, bis die Reibung den Ton erzeugt. In mir, selbstverständlich. Nur müßte ich aufpassen, daß ich mich nicht vollends auslaufe, hier in Rom, und dann für den Rest des Tages erledigt bin und nur noch aufs Essen warte wie ein Pensionär und beim Essen darauf, daß es vorüber sein möge und so fort. Und all das immer in der trügerischen Hoffnung, dieser Zustand und die Folge dieser Zustände, die insgesamt ein Unzustand sind, werfe mich aus, wie der Wal den Jonas, werfe mich – wohin? An Land. In einen Stand mit Zügeln in Händen.

So lange habe ich für nichts Zeit, nicht einmal für Briefe. Die täglichen Pflichten – ich lasse sie liegen. Die Verbindungen verdünnen sich – ich lasse sie verdünnen. ›Nicht stören / Do Not Disturb‹ hängt mir vor der Brust, in der nur ein Wunsch lechzt: Einsteigen können. In die Stadt gelangen. Endlich ankommen.

Hugo Loetscher
Abwässer

Ohne Zweifel gibt es den Abwasserblick. Ich erinnere mich an eine Frau, die mich als Knaben nach der Schule einlud, eine Tasse heiße Schokolade zu trinken und Zimtschnitten zu essen, Dinge, die ich wie viele Süßigkeiten nicht mochte. Aber es waren die Lieblingsspeisen ihres Sohnes gewesen, und dieser Sohn war eines Nachmittags mit einem neu gekauften Fußball in ein Auto gerannt und war gegen einen Baum geschleudert worden. Die Mutter verschmerzte den Tod; doch es blieb die nachmittägliche Geste, heiße Schokolade zu brauen und Zimtschnitten zu backen, und da sie niemanden hatte, der für ihren Sohn trank und aß, rief sie mich von der Straße; ich wurde in Stellvertretung tagtäglich außer sonntags verwöhnt.

Als ich an einem Herbsttag die Ärmel meines Hemdes zurückkrempelte, merkte sie, daß die Manschetten angefranst waren, und sie versprach mir ein neues Hemd, sobald ihr Mann den nächsten Prozeß gewonnen habe. Am folgenden freien Schulnachmittag begaben wir uns in die Stadt. Sie kaufte mir ein Hemd und ein Unterhemd, und für sich selbst erstand sie Vorhangstoff. Während wir warteten, bis die Verkäuferin die Schnur an den Paketen zu einer Locke gebunden hatte, erzählte mir die Frau von ihrem Manne: daß er eine Sekretärin habe und ein Büro, noch größer als ihr Eßzimmer, daß er ein Anwalt sei, daß er eben einen Prozeß wegen einer

Unterschlagung geführt habe – dem günstigen Ausgang dieses Prozesses würden wir das Hemd verdanken, das Unterhemd und den Vorhangstoff. Die Vorhänge kamen also von einer Unterschlagung. Woher kamen dann die andern Möbel? Die Wohnküche war ausgewählt worden nach der Verteidigung eines Totschlägers, die Teppiche kamen von den Unfällen wegen Trunkenheit am Steuer, die Polstergarnitur war das Ergebnis eines erfolgreich durchgeführten Konkurses; kein Plüsch ohne Diebstahl und keine Etagère ohne Erbschaftsstreit, ohne Verleumdung kein Porzellan und ohne Bevormundung kein Fernsehapparat. Ich hatte begriffen: die Frau richtete die Wohnung ein dank dem Recht, das ihr Mann wiederherstellte. Da fragte ich mich: wie würden sie wohnen, gäbe es kein Unrecht?

Daß mir die Frau heiße Schokolade auftischte, als ich nicht mehr in die Schule ging, daß wir die Zwischenmahlzeiten auf den frühen Abend verschoben, daß ich gleich aus der Werkstatt nach Feierabend zu ihr ging, daß ich mich bei ihr duschte, da sie auf Hygiene drang, daß sie mich trocken rieb, damit ich mich nicht erkältete, daß sie vor allem meine Haare trocknete und daß dabei das Frottiertuch meine Schenkel frei gab, daß sie mich zärtlich einen Lehrbuben nannte, daß sie mein Schulterblatt an das Apothekerkästchen im Badezimmer drückte, daß sie an meinen Händen schnupperte, ob auch das Bohröl weggewaschen sei, daß sie ob meiner Pockennarbe am Oberarm erschrak, daß sie mir nie mehr heiße Schokolade zu kochen versprach und daß ich nie mehr zu ihr ging – das war als Einweihung meines Mannesorganes bedeutungslos neben der Einweihung meines Blickes. Als ich auf dem Ehebett lag und ihren Kopf an meine Schulter preßte, um ihren Augen auszuweichen, sah ich mich im ehelichen Schlafzimmer um und fragte mich, welchem Vergehen wir wohl das Eisbärenfell vor dem Doppelbett zu verdanken haben.

Sicherlich trifft man bei Leuten, die bei den Abwässern arbeiten, den Abwasserblick. Das ist unvermeidlich. Und ich erlebte auch einmal, wie sich ein Kollege, ein Inspektor einer anderen Stadtentwässerung, hinreißen ließ. Es erregte ihn, weil einer in Gesellschaft die Nase rümpfte, als er das Wort »Kanalisation« hörte. Das ertrug mein junger Kollege nicht; er war überzeugt, der Wert der Kanäle steige, wenn auch andere an deren Bedeutung glauben. So stritt er sich mit einem Bankier, der glattrasiert errötete; denn mein junger Kollege schleuderte dem älteren Herrn ins Gesicht: die Notenbank sei eine Schwester der Kläranlage, nur daß sie eine bessere Partie gemacht habe. Und der Mann, dem dies gesagt wurde, war Leiter der Notenbank, und seine Unterschrift war auf allen Geldscheinen zu lesen. Und mein junger Kollege fuhr fort voll Sturm und Drang: ob man schon einmal einen Strafverteidiger gesehen habe, der einem Maßschneider einen Fall von Unzucht für einen Anzug bot? Der ziehe aus der Brusttasche ein Portefeuille und lege Geldscheine auf den Tisch, und es könnte genau der Betrag sein, den er für seinen Fall von Unzucht einkassiert habe; und die Frau des Chirurgen tausche im Laden einen Blinddarm nicht gegen einen Truthahn um, obwohl sie vielleicht gerade mit dem Geld, das ihr Mann für eine Blinddarmoperation erhalten habe, einen Truthahn erstehe; ja, da sei ein Strom von Dreck und Schmutz, von Krankheit und Verbrechen, von Leiden und Not, von Untat und Bedürftigkeit, und dieser Strom werde nach gutem Wissen und Können geklärt, im Spital und im Sprechzimmer, in der Schule und bei Gericht, in der Kirche und in Büchern; aber es gebe keine Klärung, bei der kein Abfallprodukt entstehe; das heiße bei den Abwässern Methangas und Schlamm, bei ihm aber sei das Abfallprodukt Geld.

Mit einem solchen Auftritt macht sich ein Inspektor in Gesellschaft nicht beliebt. Sofort protestieren alle Anwesenden dagegen, daß sie von Krankheit und Verbrechen, von Sünden und Schäden lebten. Vor allem ereiferte sich eine Frau Pastorin, weil behauptet wurde, ihr grünes Sackkleid sei mit Sündengeld erstanden worden. Doch gab mein junger Kollege nicht nach; er rechnete der Frau Pastorin vor, wenn alle rein und sündenlos wären, dann brauchten sie ihren Mann nicht und dann müßte er sich nach einer anderen Beschäftigung umsehen. Erst als ein Arzt meinen jungen Kollegen am Arm nahm und ihm darlegte, er, der Arzt lebe davon, daß er Menschen gesund mache, und die Frau Pastorin erhalte Haushaltgeld, weil ihr Mann die Schäfchen auf den rechten Weg führe – erst da versuchte mein junger Kollege seine Gedanken ruhiger zu fassen. Sie können sich denken, meine Herren, als junger Mensch spricht man sehr abstrakt und nicht immer für den Zusammenhang. Ich schaltete mich damals ein und versuchte meinen Kollegen zu verteidigen, daß wir von den Abwässern nicht an den reinen Menschen glauben, aber daß wir uns darum sorgen, damit er in möglichst sauberen Bedingungen lebt; wobei wir keine Illusion hätten; je sauberer eine Gesellschaft sich gebe, um so größer sei der Durchmesser der Abzugsrohre.

FRIEDRICH DÜRRENMATT
Herkules und der Stall des Augias

6. Im Hause des Herkules in Theben

Polybios bleibt rechts stehen.
Die Hausfassade entschwebt wieder nach oben. Auf dem Podium Dejaneira in einem griechischen Interieur. Sie sitzt auf einem griechischen Kanapee und bürstet die Löwenhaut. Im Hintergrund schläft Herkules.

DEJANEIRA Die Heftigkeit tut mir leid, Polybios, mit der dich Herkules behandelte.
POLYBIOS O bitte.
DEJANEIRA Herkules schätzt dich. Seine Schale ist rauh, aber sein Herz gut.
POLYBIOS Das ist auch das wichtigste.
DEJANEIRA Dein Bein schmerzt wohl noch?
POLYBIOS Hauptsache, daß ich kein Fieber mehr habe.
DEJANEIRA Und was führt dich zu mir?
POLYBIOS Der Präsident von Elis schrieb einen Brief.
DEJANEIRA Der drollige Bauer, der von Herkules verlangt, er möge ihm das Land ausmisten? Ich mußte über diese Geschichte furchtbar lachen.
POLYBIOS Ich hatte leider noch keine Gelegenheit dazu, Madame. Mein Bein.
DEJANEIRA Natürlich, Polybios. Dein Bein.
Sie schweigt verlegen, bürstet weiter.
DEJANEIRA Du meinst doch nicht etwa, wir hätten den Auftrag annehmen sollen?
POLYBIOS Madame, in Anbetracht unserer Schulden ...
Sie starrt ihn verwundert an.
DEJANEIRA Wir haben Schulden?
POLYBIOS In der Tat, Madame.
DEJANEIRA Viele?
POLYBIOS Wir werden von den Gläubigern belagert, und von den Betreibungen mag ich gar nicht erst reden. Wir stehen vor dem Konkurs, Madame.
Schweigen. Trotziges Bürsten.
DEJANEIRA Ich verkaufe meinen Schmuck.
POLYBIOS Madame, Ihre Steine sind nicht mehr echt. Wir waren gezwungen, sie durch falsche zu ersetzen. Nichts in diesem Hause ist mehr echt.

DEJANEIRA Nur die Löwenhaut.
Sie schüttelt sie. Eine wahre Staubwolke breitet sich aus. Polybios hustet.
POLYBIOS Sehr wohl, Madame.
Dejaneira bürstet weiter, hält dann inne.
DEJANEIRA Wieviel bietet Augias?
POLYBIOS Das auszurechnen ist kompliziert. Die Elier sind ein Bauernvolk. Fleißig, einfach, ohne Kultur. Sie vermögen nur bis drei zu zählen. Sie haben eine Pergamentrolle mit lauter Dreis beschrieben, die ich noch zusammenzähle. Doch sind es bis jetzt über dreihunderttausend Drachmen.
DEJANEIRA Wären wir damit saniert?
POLYBIOS Im großen und ganzen.
DEJANEIRA Ich will mit Herkules reden.
POLYBIOS Ich danke Ihnen, Madame.
Polybios humpelt erleichtert nach rechts.
POLYBIOS Das wäre geschafft.
Polybios ab.

DEJANEIRA Herkules!
Sie bürstet weiter.
DEJANEIRA Herkules!
Im Hintergrund erhebt sich Herkules, offensichtlich verkatert.
HERKULES *zögernd* Hallo.
DEJANEIRA *freundlich* Hallo.
HERKULES *mutiger* Spät?
DEJANEIRA Es geht gegen Abend.
HERKULES *etwas erschrocken* Gegen ...
Er faßt sich wieder.
HERKULES Eben wach geworden.
DEJANEIRA Setz dich.
HERKULES Lieber nicht. Sonst schlafe ich wieder ein. Du bürstest?
DEJANEIRA Ich bürste. Deine Löwenhaut sieht wieder einmal unbeschreiblich aus.
HERKULES Ein unmögliches Kostüm. Und viel zu delikat für meinen Beruf.
DEJANEIRA Unmöglich, mein Geliebter, ist vor allem dein Lebenswandel, seit du den Brief des Augias empfangen hast. Du mißhandelst deinen Sekretär, säufst in den Kaschemmen Thebens herum, vergewaltigst die Hetäre Euarete im öffentlichen Stadtpark und wankst erst heute morgen betrunken nach Hause. Mit zwei Mädchen.

Schweigen. Bürsten.
HERKULES *verwundert* Mit zwei Mädchen?
DEJANEIRA Halbverhungerte Dinger aus Makedonien. Ich ließ sie mit dem nächsten Schiff nach Hause spedieren.
Schweigen. Bürsten.
HERKULES Ich habe gräßliche Kopfschmerzen.
DEJANEIRA Kann ich mir denken.
HERKULES Ich erinnere mich an nichts mehr.
DEJANEIRA Die Polizei war hier.
HERKULES Die Polizei?
DEJANEIRA Polizeileutnant Diomedes.
HERKULES Warum hat man mich nicht geweckt?
DEJANEIRA Man versuchte es. Darauf mußte ich den Polizeileutnant persönlich empfangen. Als ich noch im Bade lag.
Schweigen. Bürsten.
HERKULES Du willst doch nicht behaupten ...
DEJANEIRA Doch.
HERKULES Du hast diesen Diomedes im Bade ...
DEJANEIRA Mein Badezimmer, mein Lieber, ist noch lange nicht ein öffentlicher Stadtpark.
HERKULES Dieser Diomedes ist der berüchtigste Frauenjäger Griechenlands.
DEJANEIRA Außer dir.
Schweigen. Bürsten.
HERKULES Was wollte der Fant?
DEJANEIRA Mich informieren.
HERKULES *grimmig* Über die Hetäre Euarete. Kann ich mir vorstellen. Das muß ihm das Luder persönlich erzählt haben, kein Mensch war im Stadtpark Zeuge – wenn die Geschichte überhaupt stimmt.
DEJANEIRA Sie stimmt. Eine Gruppe von Stadtvätern wandelte vorbei. Aber deswegen ist Diomedes nicht gekommen. Du demolierst Banken.
HERKULES Banken?
DEJANEIRA Der thebanischen Nationalbank legtest du die Säulenreihe vor dem Eingang um, der dorischen Bank hängtest du die erzenen Türflügel aus und dem Bankhaus Eurystheus decktest du das Dach ab. Was hast du nur auf einmal gegen Banken?
HERKULES Nichts! Aber ich habe es satt, immer nur Nützliches zu tun und für die Menschheit zu sorgen! Das ewige Roden, Sümpfe austrocknen und Ungeheuer erlegen hängt mir zum Halse her-

aus, und diese vollgestopften zufriedenen Bürger, die von meiner Nützlichkeit profitieren, kann ich nicht mehr sehen! Ich muß einfach hin und wieder rasen! Und im übrigen habe ich Schulden! Ich gehe wieder schlafen.
Dejaneira bürstet.
HERKULES Dieser verfluchte Staub.
DEJANEIRA Ich habe ein ernstes Wort mit dir zu reden.
HERKULES Ein ernstes Wort? Aber schon den ganzen Morgen –
DEJANEIRA Es ist spätnachmittags.
HERKULES Aber schon den ganzen Morgen redest du ein ernstes Wort mit mir.
Dejaneira deutet aufs Kanapee.
HERKULES Bitte.
Er setzt sich rechts aufs Kanapee neben Dejaneira.
DEJANEIRA Herkules. Wir müssen das Angebot des Augias annehmen.
Schweigen.
HERKULES Dejaneira! Ich habe meinen Sekretär Polybios die Treppe hinunter und zur Türe hinaus in den Hof geschmettert, wie er nur die leiseste Andeutung über dieses Thema machte.
DEJANEIRA Nun, willst du mich auch irgendwohin schmettern?
HERKULES Du kannst doch unmöglich von mir verlangen, daß ich misten gehe!
DEJANEIRA Wir sind verschuldet!
HERKULES Ich habe die schrecklichsten Ungeheuer erlegt, die Giganten besiegt, die Riesen Geryones und Antaios, das Himmelsgewölbe habe ich getragen, das Riesengewicht seiner Sterne. Und nun soll ich das Land eines Mannes ausmisten, der nur bis drei zählen kann und nicht einmal König ist, sondern nur Präsident? Niemals!
DEJANEIRA Das Haus wird gepfändet.
HERKULES Ganz Griechenland würde in ein Höllengelächter ausbrechen.
DEJANEIRA Wir stehen vor dem Konkurs.
HERKULES Ich weigere mich.
DEJANEIRA Das kannst du dir nicht leisten. Das mußt du nun eben einsehen. Nicht das ist wichtig, was einer tut, sondern *wie* er es tut. Du bist ein Held, und so wirst du auch als ein Held ausmisten. Was du tust, wird nie lächerlich sein, weil du es tust.
Schweigen. Bürsten.
HERKULES Dejaneira.

DEJANEIRA Herkules?
HERKULES Ich kann nicht. Ich kann nicht. Ich kann nicht.
Schweigen.
Sie legt die Bürste weg, erhebt sich.
DEJANEIRA Dann nehme ich eine Woche Urlaub.
HERKULES Urlaub?
Er blickt sie unsicher an.
HERKULES Wozu?
DEJANEIRA Um den Bankier Eurystheus zu besuchen und den Waffenhändler Thykidides, die beiden reichsten Männer Griechenlands und alle Könige, einen nach dem andern.
Schweigen.
HERKULES Was suchst du bei diesen Knirpsen?
DEJANEIRA *Du* sollst von nun an der reichste Grieche sein. Ich bin nicht umsonst die berühmteste Hetäre dieses Landes gewesen, bevor ich deine Geliebte wurde.
Er erhebt sich.
HERKULES Ich bringe sie alle um.
DEJANEIRA Das bringt dir nichts ein.
HERKULES Das ist doch Wahnsinn.
DEJANEIRA Wir haben Geld nötig.
HERKULES Du bleibst.
DEJANEIRA Ich gehe.
Sie mustern sich.
HERKULES Ich gehe. Nach Elis. Ausmisten. Lieber Stallknecht als Zuhälter.
Das Podium mit Dejaneira und Herkules rollt nach hinten und verschwindet.

KONRAD BALDER SCHÄUFFELEN
üb immer treu

üb immer treu
treu immer üb redlich
bleib treu
bleib immer treu
red treulich bleib über
immer so bleib
bleib redlich über
immer so treu

Helmut Heissenbüttel

```
1 Mann      auf    1 Bank
1 Zwieback  in     1 Hand
                   1 Hand
            in     1 Hand und
1 Mann                    und
1 Zwieback                und
                   Hand
            in     Hand und
            auf    1 Bank
1 Zwieback
1 Zwieback         Hand und
            Krümel
```

```
              Rede     die redet
                           redet
ohne den Mann         der die redet
ohne den Mann         der     redet
     der Mann         der     redet
ohne       die Rede   die
                      der     redet
ohne       die Rede   die redet
ohne       die Rede   die
ohne                          redet
aber das Echo davon das versteht er ganz genau
```

Tankred Dorst
Der gestiefelte Kater oder wie man das Spiel spielt

Die Zuschauer sind wieder hereingekommen. Während sie noch auf ihre Plätze gehen, öffnet sich der Vorhang. Auf der Bühne, auf der gerade Gottliebs Stube aufgebaut wird, der Dichter und der als Hofgelehrter erkennbare Dramaturg im Gespräch. Der Dramaturg hat das Kostüm seiner Rolle leicht gelüftet, die Perücke abgenommen. Er sitzt bequem und ganz ungehemmt auf einem Schemel, während der Dichter erregt auf und nieder geht.

DRAMATURG Ich habe es Ihnen ja gesagt!
DICHTER Herr Dramaturg, Sie sind also jetzt auch der Meinung, daß mein Stück nicht ... daß es ...
DRAMATURG Nur Ruhe – das soll Sie nicht entmutigen.
DICHTER Aber ich habe mich doch bemüht, es allen recht zu machen. Wenn ich an die wunderbare Liebesszene denke – an die Nachtigall – ist das nicht poetisch? Und an den König – wie er sagt: »Geh Ungehorsame!« – und an den kleinen Hund, der den Bauern erschreckt – ist das nicht echtes Theater?
DRAMATURG *sehr überlegen* Ich will Ihnen sagen, was dem Stück fehlt: Sie entziehen sich, mein Lieber, den großen Problemen der Zeit: Wo kämpfen Sie für ein höheres ethisches Ziel, was doch die vornehmste Aufgabe des Dramatikers ist? Wo kann sich der Zuschauer mit seinen Problemen und Eigenschaften in Ihrem Stück wiederfinden und bestätigt finden? Unsere Zeit hat so viele große Probleme, die zur Lösung, das heißt zur Gestaltung drängen. Denken Sie an den Militarismus, die Trunksucht, die Jugendkriminalität!
DICHTER Aber das ist doch alles auch in meinem Stück!
DRAMATURG Ach! Wo denn?
DICHTER Ich dachte ...
DRAMATURG Sie dachten! Und das Publikum fühlt sich an der Nase geführt und verläßt den Saal ebenso unaufgeklärt, wie es ihn betreten hat. Darum, mein Lieber, prophezeie ich Ihrem Stück einen eklatanten Mißerfolg.
DICHTER Wenn Sie mich nur vorher darauf aufmerksam gemacht hätten! Ich hätte dann vielleicht noch einiges in das Stück hineinbringen können, was ihm eine deutlichere Aktualität gibt. Ich kannte ja mein Publikum noch nicht.
DRAMATURG *steht auf, setzt sich die Perücke auf* Geruhen der Herr Dichter sich davon belehren zu lassen. *Er geht hochmütig ab.*
DICHTER *will ihm nacheilen* Die Trunksucht! *Bleibt unschlüssig stehen.* Der Militarismus! *setzt sich nieder.* Der Geburtenüberschuß, die Unterernährung, der Straßenverkehr, die Säuglingsfrage, die Wirtschaftskrise, die unbefriedigte Frau!
HERR LEUTNER Das was der Herr Dr. Schulze-Reimpell. Der Dramaturg des Theaters.
HERR PELZIG Ich kenne ihn!
HERR SIEDENDANZ Und was er gesagt hat – bravo! Das unterschreibe ich! Der Dichter hätte es nur eher beherzigen sollen.
HERR PELZIG Aber wenn mich nicht alles täuscht, hat eben der

Dichter auch diesen Dialog geschrieben – er wurde ja auf der Bühne gesprochen.
FRAU PELZIG Was soll denn das wieder?
HERR SIEDENDANZ Um so schlimmer, wenn er sich nicht nach dem richtet, was er schreibt.
DICHTER *zum Bühnenmeister, der hereingekommen ist* Herr ... Herr ... Sie sind der Bühnenmeister, nicht wahr?
HERR LEUTNER Er heißt Meier, ich kenne ihn flüchtig.
DICHTER Ich bitte Sie, schlagen Sie meine Bitte nicht ab. Hören Sie: Wenn das Mißfallen des Publikums wieder so laut ausbricht wie vorhin, dann setzen Sie auf einen Wink von mir Ihre ganze Maschinerie in Bewegung.
BÜHNENMEISTER Aber wissen Sie denn, was Sie von mir verlangen? Wir haben eine gesetzlich verankerte Hausordnung!
DICHTER Auch Sie freuen sich an meinem Unglück!
BÜHNENMEISTER Ruhig, junger Mann.
DICHTER Hören Sie, Herr Bühnenmeister: Machen Sie, was Sie wollen! Der zweite Akt hat ohnehin schon ganz anders geschlossen als er in meinem Manuskript steht.
HERR SIEDENDANZ *sehr pointiert* Aha!
BÜHNENMEISTER *entdeckt das Publikum* Wer hat denn da den Vorhang aufgezogen?
DICHTER Alles Unglück vereinigt sich – ich bin verloren! *Er läuft ab.*
BÜHNENMEISTER *in Positur wie ein Schauspieler* Ich habe sechs Kinder, davon zwei heiratsfähige Töchter – eine ist verlobt, mit einem Laboranten – und einen Sohn auf der höheren Schule, ich habe ein kleines Haus mit einem Vorgarten und einen Kleinwagen. Marke Fiat. Der hat sich bewährt. Weil, wir wohnen außerhalb. Aber solch ein Durcheinander habe ich auf diesem Theater noch nicht erlebt, so wahr mir Gott helfe. Es ist das Chaos.
HERR BLUME Bravo!
Er klatscht. Alle Zuschauer klatschen. Bühnenmeister nach einer Verbeugung ab. Die Bühne bleibt leer. Man hört hinter der Bühne erregten Wortwechsel: Wer hat den Vorhang aufgezogen? Ich bin kein Idiot! – anschwellend, eine Tür wird heftig zugeschlagen, Totenstille. Stimme des Dichters, kläglich: Herr Hanswurst! Herr Hanswurst! Bitte, Herr Hanswurst, lassen Sie mich nicht im Stich, es ist doch nun einmal nicht zu ändern! – Stimme Hanswurst: Nun, wenn Sie meinen – mal sehen! Hanswurst springt auf die Bühne.

HERR BLUME Was will denn der?
HERR PELZIG Sie haben uns noch gefehlt!
HANSWURST Verzeihen Sie, wenn ich mich erkühne, ein paar Worte vorzutragen, die eigentlich nicht zum Stücke gehören.
Gelächter im Publikum.
HERR PELZIG Nicht zum Stück?
HERR SIEDENDANZ Wie kommen sie denn dann hinein?
HANSWURST Der Vorhang war zu früh aufgegangen. Was Sie hörten, war eine reine Privatunterhaltung, die in keiner Weise für Sie bestimmt war. Hat sie Ihnen gefallen: – umso schlimmer! Geruhen Sie also, den Eindruck wieder aus sich herauszurotten. Denn von jetzt an – nachdem ich weggegangen sein werde – nimmt das Stück erst seinen eigentlichen Verlauf. Alles Vorhergegangene gehört nicht zur Sache. Aber Sie sollen entschädigt werden. Es wird bald manches kommen, was sehr zur Sache gehört. Ich habe den Dichter persönlich gesprochen, und er hat es mir versichert.
HERR PELZIG Der Dichter! Er macht nicht den Eindruck, als ob er über sein Stück genau Bescheid wüßte.
HANSWURST Erlauben Sie jetzt, daß ich verschwinde, um den Gang der Handlung nicht länger zu unterbrechen. *Ab.*
HERR SIEDENDANZ Gang der Handlung! Daß ich nicht lache.
FRAU PELZIG Aber das war doch ein sympathischer Mensch! *Sie klatscht Beifall.*
HANSWURST *kommt zurück* Apropos – noch eins: Auch was jetzt zwischen uns vorgefallen ist, gehört, genau genommen, nicht zum Stück! *Ab.*
HERR PELZIG *zu seiner Frau* Nicht zum Stück! Da hörst du's! Und du hast geklatscht!

EDGAR HILSENRATH
Nacht

Auf der Straße fiel ihm ein, daß es am besten wäre, jetzt ins Bordell zu gehen. Du gehst einfach rauf, dachte er, du kümmerst dich nicht um den verdammten Portier.

Während er die schmale Gasse entlangschritt, spürte er den mehligen Geschmack der Sojabohnen auf seiner Zunge, als hätte er sie wirklich gekostet; er biß sich vor Hunger in die Lippen, bis sie bluteten. Und auch das Blut schmeckte nach Sojabohnen. Er erinnerte sich, daß er als Kind immer ein schlechter Esser gewesen war und daß seine Mutter ihm vor der Hauptmahlzeit Salzheringe zur Appetitanregung gegeben hatte. »Sonst ißt er die Nudelsuppe nicht«, hatte sie einmal erklärend zu Vater gesagt.

»Du verwöhnst ihn zu sehr«, hatte Vater geantwortet.

»Er wird auch das Fleisch nicht essen«, klagte Mutter, »und auch nicht die Zimmes.«

Zimmes waren Mohrrüben, die mit Zucker zubereitet wurden. Er hatte sie nie gemocht.

Nach ein paar Minuten erreichte er die Puschkinskaja. Er ging zuerst in den Bordellhof und suchte dort nach einer Wasserpumpe, fand aber keine; dann entdeckte er etwas Regenwasser in einem Blechgefäß unter der Dachrinne. Er wusch seine zerbissenen, blutigen Lippen und goß sich den Rest des Wassers über den schmerzenden Schädel.

Als er wieder auf die Straße trat, bemerkte er, daß der Portier fortgegangen und das Bordell im Augenblick unbewacht war. Bloß eine Bettlerin mit ihrem Kind saßen vor der Eingangstür. Die Frau wiegte das Kind – ein kleines, verhutzeltes Gerippe – zärtlich auf ihrem Schoß, und dabei summte sie fortwährend: »Buba, buba, bubischka ... buba, buba ...« Die Bucklige, dachte er verwundert, die bettelt doch sonst immer vor dem Kaffeehaus.

Sie hielt ihm die Bettelhand hin. »Haben Sie heut was für mich?«

»Nein, aber vielleicht ein anderes Mal.«

Er dachte bei sich: Gut, daß der Portier nicht da ist; da hast du heut mal Schwein ... jetzt kannst du raufgehen. Und wenn der Portier zurückkommt? Na ja, die Bucklige wird nicht ausplaudern, wenn du jetzt ein bißchen nett zu ihr bist. Los! Sei jetzt ein bissel nett zu ihr.

»Wohnen Sie nicht mehr bei Itzig Lupu?«

»Nein, nicht mehr.«

»War die Miete zu hoch?«

»Ja, viel zu hoch.« Sie lächelte. »Ich wohne jetzt umsonst. Das ist besser.«

»Ganz meine Ansicht. Umsonst wohnen ist das Vernünftigste.« Er fragte: »Wo wohnen Sie jetzt?«

»Im Bordellhof«, sagte sie.

»Ist das nicht gefährlich?«

»Sie meinen nachts ... weil so viel Militär im Haus ist?«

»Ja, das mein' ich.«

Sie schüttelte den Kopf. »Die kommen nicht in den Hof«, sagte sie, »und dann ... die, die nachts ins Bordell gehen, sind besoffen. Die Besoffenen sind harmlos.«

»Ja«, sagte er, »es sind die Besoffenen, die heutzutage harmlos sind. Komisch, wie sich die Zeiten ändern.«

»Ja«, nickte sie, »das ist komisch.«

Er fragte: »Wie alt ist Ihr Kind?«

»Zwei Jahre.«

»Wirklich? Schon so alt?«

»Zwei Jahre«, wiederholte sie, »und dabei ist es nicht größer als ein Baby von einem Jahr.«

»Das ist auch komisch«, sagte er.

»Es will einfach nicht wachsen.«

»Sie müßten ihm ein bißchen Hefe zu fressen geben«, scherzte er.

Sie grinste ihn an. »Wenn es stirbt, würd' ich mir gern ein anderes anschaffen, obwohl es heut so schwer ist mit 'nem Kind, wissen Sie ... nur um etwas auf dem Schoß zu halten, so einen kleinen, warmen Körper ... weil man so allein ist.«

»Ja, das kann ich verstehen«, sagte er.

»Ich kriege natürlich keine Kinder mehr«, sagte sie.

»Wenn Ihr Kleines krepiert, dann werden Sie eben eins adoptieren«, tröstete er, »das ist mit weniger Schmerzen verbunden, und das kostet auch nichts; schauen Sie mal in den Straßengräben nach, da finden Sie genug von den kleinen Würmern.« Er bückte sich und streichelte das Kind, aber sie stieß ihn sofort weg. »Rühren Sie's nicht an«, zischte sie, »Ihre Hände sind viel zu rauh.« Und dann fing sie das Kind wieder zu wiegen an. »Buba, buba, bubischka ...«

Ranek schenkte ihr weiter keine Aufmerksamkeit. Er klinkte die Bordelltür auf und lugte vorsichtig in den Flur. Dann trat er ein und schloß die Tür. Er begegnete niemandem. Es war ein langer Flur; an den Wänden brannten Reihen verstaubter Lampen, die ein intimes Licht auf die abgetretenen, bunten, rumänischen Läufer warfen. Rumänische Läufer, dachte er wehmütig, so wie zu Hause in Litesti ... Er bewegte sich ungeschickt vorwärts, als ob er keine feste Erde unter den Füßen hätte; er war es nicht mehr gewöhnt, so weich aufzutreten. Irgendwo im Haus spielte ein Grammophon. Es war zu leise; erst oben auf der Treppe, als er im ersten Stock anlangte, wurden die Klänge deutlicher. Er blieb ein paar Sekunden stehen und lauschte: Ein rumänischer Tango ... Er schüttelte verwundert den Kopf und schlurfte weiter. Er hörte noch, wie die Platte zu kratzen anfing und dann zu spielen aufhörte.

Als er im dritten Stock war, ging er von Tür zu Tür und studierte die Zimmernummern; manche waren verwischt und kaum noch erkenntlich. Nummer zwölf, dachte er; Betti sagte dir: »Nummer zwölf, das ist mein Zimmer ...« Endlich fand er die gesuchte Tür. Er klopfte einige Male. Keine Antwort.

Vielleicht ist sie gerade mit jemandem? dachte er. Wart' einen Moment ... klopf' noch mal ... etwas stärker ...

Schräg vis-à-vis von Nummer zwölf wurde jetzt eine Tür geöffnet. Ein pfeiferauchender Mann kam heraus. Der Portier, durchfuhr es Ranek, verflucht ... ausgerechnet jetzt ... Der Portier hatte ihn nicht gesehen; er blickte in die andere Richtung, dort, wo die Treppe lag. Ranek sah nur sein Profil. Vielen Dank, sagte eine Frauenstimme aus dem Zimmer. Der Portier drehte sich nochmals um und blickte auf die halboffene Tür; er kehrte Ranek den Rücken. »Nichts zu danken«, sagte er mürrisch zu der Frau, die Ranek nicht sehen konnte, »das Schloß wird jetzt halten, und wenn nächstens was kaputtgeht, dann rufen Sie mich eben wieder; dafür bin ich ja da.«

»Was würden wir hier ohne Sie machen«, scherzte die Frau.

»Dafür bin ich ja da«, sagte der Portier.

Jetzt, dachte Ranek ... ehe er sich wieder umdreht ... schnell ... los! Er öffnete geräuschlos die Tür Nummer zwölf, trat ein und schloß sie ebenso leise. Das Zimmer war leer. Er atmete erleichtert auf, seine zittrigen Hände lagen noch auf der Klinke. Er ließ die Klinke los, blieb aber an der Tür stehen und lauschte nach draußen. Er hörte eine Tür zufallen, und dann ... das Geräusch gedämpfter Schritte, das sich allmählich auf dem Gang und der Treppe verlor.

Er blickte sich jetzt im Zimmer um. Sein Staunen kannte keine Grenzen. Keine Schlafpritsche, sondern ein breites Bett, ein gutes Bett, ein richtiges Bett. Ein dicker Teppich auf dem Fußboden. Ein runder Tisch ... und Stühle, die vier Beine hatten. Ein altmodischer Klubsessel. Ein Kommode mit drehbarem Spiegel. Ein zierlicher Nachttisch, auf dem eine Blumenvase stand ... Also, so etwas gab es noch?

Auf dem Tisch stand ein Glasaschenbecher, in dem ein paar Zigarettenstummel lagen. Er nahm sich einen und steckte ihn an; die anderen ließ er in seiner Jackentasche verschwinden. Dann nahm er auf dem Klubsessel Platz und lehnte sich weit zurück. Hoffentlich kommt sie bald, dachte er. Er rauchte den Stummel zu Ende und steckte sich einen zweiten an. Er rauchte auch diesen aus. Sie kann nicht zu lange fortbleiben, dachte er; sie muß ja auch zurück sein, bevor es dunkelt. Klar. Sie wird jeden Augenblick eintreten. Sie wird ein wenig überrascht sein ... Aber das macht nichts. Sie wird dir was zu essen geben, das ist die Hauptsache. Und dann haust du wieder ab; du wirst bestimmt noch rechtzeitig nach Hause kommen.

Er trat ans Fenster und schlug die sauberen, weißen Gardinen zurück. Das Fenster ging nach Westen. Man hatte von hier oben eine klare Aussicht auf den Dnjestr und, jenseits der Grenze, auf eine wellige, grüne Landschaft. Es ist Frühling geworden, dachte er versonnen, und du hast es gar nicht gemerkt. Oder doch? Es ist in den letzten Tagen etwas wärmer geworden; man friert nicht mehr so unheimlich ... eigentlich nur, wenn's windig ist, aber das auch nur, weil man kein Hemd anhat. Und dann ... gab's nicht auch hier im Getto frisches, grünes Gras, das zwischen den toten Ruinen sproß? Und wucherte nicht Unkraut in den Straßengräben? Und das Buschland hinter dem Nachtasyl? Hatte es sich nicht verändert?

Er preßte seine Stirn gegen das kühle Glas der Fensterscheibe. Vielleicht weil das Herz nicht mehr dabei ist, dachte er, deshalb hast du's nicht gemerkt. Es ist wirklich Frühling jetzt, nur ist er hier bei uns anders als dort drüben.

Sekundenlang setzte sich ein wahnwitziger Gedanke in seinem Hirn fest, um dann gleich wieder auszulöschen wie ein gefährlicher Funke Feuer, über den man sofort kaltes Wasser gießt. Nein, dachte er, Flucht aus dem Getto ist Wahnsinn. Es gibt nur eines: Abzuwarten, bis der Krieg zu Ende ist.

Er hatte den Gedanken an eine Rückkehr in die alte Heimat schon öfter erwogen, aber immer wieder verworfen. Die Flucht war an sich nicht schwierig. Die Wächter auf der Brücke waren leicht zu täuschen; man brauchte ja nur nachts durch den Fluß zu schwimmen, und man war drüben in Rumänien. Aber was dann? Wohin sollte man gehen? Ohne Papiere? Und mit dem Stempel, der einem ins Gesicht geschrieben stand? Drüben fiel man sofort auf, und wer erwischt wurde, der war verloren.

Er blickte noch eine Weile gedankenversunken über die Grenze, dann hängte er das Fenster zu.

Wieder gedämpfte Schritte draußen auf dem Gang. Sie kamen immer näher und machten vor der Tür halt. Dann klopfte es. Das Klopfen wiederholte sich. Ranek wagte nicht zu atmen. Plötzlich hatte er das Gefühl, daß die Person vor der Tür durchs Schlüsselloch schaute. Er machte einen hastigen Schritt seitwärts und lehnte sich an die Wand.

»Sind Sie's, Herr Jonell?« fragte die Stimme des Portiers. Ranek antwortete nicht. Er hat dich nicht gesehen, aber er hat dich gehört, zuckte es in seinem Hirn ... du mußt jetzt antworten.

»Herr Jonell, das Fräulein Betti läßt Ihnen sagen, daß sie bald zurück ist.«

Ranek hüstelte. Der Portier brummte noch etwas Unverständliches und entfernte sich.

Dann näherten sich wieder Schritte. Im Nebenzimmer ging eine Tür auf ... die Stimme eines Mannes ... die Stimme einer Frau ... kurzes Lachen ... das Geräusch eines Schlüssels.

Ranek trat wieder ans Fenster, aber er blieb nicht lange, weil seine Augen von dem hellen Licht zu schmerzen begannen, er wandte sich weg und schlurfte zurück zur Wand. Es war eine sehr dünne Wand, man konnte fast alles hören, was im Nebenzimmer vor sich ging. Das Knarren eines alten Bettes. Das Quietschen rostiger Sprungfedern. Und der stoßende Atem zweier Menschen. Er lauschte eine Weile, aber seine Gedanken waren ganz woanders. Er bekam es plötzlich mit der Angst zu tun. Wer war dieser Jonell, den Betti erwartete? Also irgendein rumänischer Soldat? Wenn der nun vor Betti ankam und ihn hier erwischte? Er überlegte, was er in diesem Fall machen sollte ... Du könntest dich hinter der Kommode verstecken? Oder unter dem Bett?

Er wollte auf das Bett zugehen, aber mitten im Zimmer wurde ihm so schwindlig, daß er stehenblieb und sich am Tisch festhielt. Der Anfall kam mit unerwarteter Heftigkeit. Das Zimmer begann sich rasend um ihn herum zu drehen, seine Hände krallten sich immer ängstlicher an den Tisch, er sackte zusammen, er raffte sich wieder auf ... und taumelte auf das Bett zu ... und setzte sich auf die Kante ... und stützte den schweren Kopf in die Hände.

Er vergaß vollkommen, daß er sich verstecken wollte. Er hatte nur einen einzigen Gedanken: Es ist nichts. Hab keine Angst, daß du alle machst. Das geht vorbei ... so wie immer ... es passiert dir doch nicht zum erstenmal. Langsam hob er den Kopf. Eine Zeitlang starrte er mit leeren Augen auf die Kommode mit dem drehbaren Spiegel. Ein aschfahles, zerknittertes Gesicht sah ihn an, nicht mehr verschwommen wie in der Fensterscheibe beim Schuster, sondern ein Gesicht mit so deutlichen Zügen, daß er erschrak.

Und dann fing das Kreisen wieder an, zuerst war's sein Gesicht im Spiegel ... und dann die Kommode ... und der Fußboden ... und das Bett, auf dem er saß. Er hielt plötzlich seine Knie fest, aber seine Beine schienen von ihm wegzurutschen wie zwei Stöcke auf Glatteis; er versuchte sie zurückzuziehen und konnte nicht, er spürte, wie sein Kopf nach vorn fiel und sein Kinn die Brust berührte, er verlor wieder seinen Hut, er spürte noch, wie er vom Bett herunterglitt. Und dann wurde es dunkel.

Als er wieder zu sich kam, spürte er den Geruch frisch gebratenen Fleisches, er hörte das Klappern von Geschirr, irgendwo wurde irgend etwas weggerückt, ein Tisch oder ein Stuhl, und dann eine leise Frauenstimme, die irgend etwas zu irgend jemandem sagte.

Die fernen Laute wurden allmählich deutlicher, der Duft des Fleisches stärker, aufreizender. Er wurde ganz wach und öffnete die Augen. Sein Blick fiel auf Betti. Sie stand vor dem Tisch. Er konnte alles ganz deutlich sehen: Betti … den Tisch … im Hintergrund das Fenster mit den weißen Gardinen … auch einen Teil der Frisierkommode …

Ranek bewegte langsam den Kopf seitwärts, weil er den Unbekannten sehen wollte, zu dem sie vorhin gesprochen hatte. Er dachte zuerst, es wäre der Soldat Jonell, aber dann sah er, daß es nur der Portier war, der in der Tür stand.

»Der Kerl ist aufgewacht«, sagte der Portier plötzlich. Dabei verzog er keine Miene; er blieb faul in der Tür stehen, die Hände in den Hosentaschen vergraben, und starrte über seinen Pfeifenkopf hinweg zu ihm herüber.

Ranek ließ den schmerzenden Kopf zurückfallen; er schloß für eine Weile wieder die Augen, und als er sie wieder öffnete, kniete Betti neben ihm.

»Ach, Ranek«, seufzte sie, »wenn ich gewußt hätte, daß es so schlimm ist …«

»Du hast es gewußt«, flüsterte er.

»Nein«, seufzte sie, »nicht so, nicht so …«

»Du hast auch gewußt, daß man mich nicht hier raufläßt«, flüsterte er. »Warum hast du mir nicht gleich gesagt, daß …«

»Ich hab' nicht daran gedacht«, sagte sie sanft, »ich hatte es vollkommen vergessen, daß man dich nicht rauflassen wird.«

»Ich hab' oft unten vor der Tür auf dich gewartet. Ich dachte … du kommst … du bringst mir was.«

»Ich hab' einfach nicht mehr daran gedacht. Ich war so beschäftigt. Aber ich verspreche dir … von jetzt ab werde ich jeden Tag runterkommen und dir was bringen. Du wirst nicht mehr hungern. Ich verspreche es dir, Ranek.«

Sie lächelte jetzt. »Als ich ins Zimmer kam, lagst du ohnmächtig auf dem Fußboden. Der Portier war so nett und half mir, dich aufs Bett zu legen.«

»Ja, der Portier ist ein sehr netter Mensch.«

»Sei nicht so bitter, Ranek, er hätte dich schon raufgelassen. Aber er darf es nicht. Er hat seine Befehle.«

Sie wandte den Kopf zur Tür.

»Sie können jetzt gehen«, sagte sie. »Ich glaube nicht, daß ich Sie heut noch brauche.«

Der Portier rührte sich nicht vom Fleck. »Ich würde Ihnen raten, Fräulein Betti, den Kerl nicht zu lange im Zimmer zu behalten; vielleicht kommt der Herr Jonell doch noch ... und dann ... wenn die Kontrolle kommt.«

»Er wird nicht lange bleiben«, versicherte Betti.

Der Portier brummte irgend etwas, aber er ging noch nicht. Plötzlich näherte er sich dem Bett. Betti fuhr herum. »Gehen Sie doch!«

»Möchte wissen, wie der Kerl hier reinkam, wo ich doch so aufpasse ...«

»Ja. Sie passen gut auf ... ich weiß es ... alle wissen es hier.«

»Ich sage Ihnen, das ist ein ganz geriebener Bursche.«

Betti stand auf und zog den Portier vom Bett fort. Ranek hörte sie flüstern. »Um Gottes willen, lassen Sie ihn in Ruhe, vergreifen Sie sich nicht an ihm ... er ist doch halbverhungert.«

Die ärgerliche Stimme des Portiers: »Kenne den Typ ... Jude durch und durch.«

Bettis abgerissenes Lachen: »Sie sind doch selbst Jude, schämen Sie sich nicht, so was zu sagen?«

Dann ging er. Die Tür fiel zu. Betti kam wieder an sein Lager. Sie nahm seine Hände in die ihren:

»Ranek«, sagte sie, »versuch dich hinzusetzen.« Sie half ihm dabei. Und sie legte ein Kissen unter seinen Rücken und ein anderes unter seinen Kopf, sie küßte ihn auf die wochenalten Bartstoppeln ... so wie eine Schwester, so wie jemand, der einem sehr gut ist. »Jetzt wirst du erst mal tüchtig essen«, sagte sie zärtlich, »und dann ... dann werden wir schon sehen ... nein, du kannst nicht hierbleiben, ... aber morgen kommst du, ja, morgen ... du wirst unten auf mich warten, nicht wahr?«

»Du bist sehr lieb«, flüsterte er heiser, »du erinnerst mich fast an Debora.«

Wieder das brüchige Lachen. »Debora wäre nicht ins Bordell gegangen. Sie wäre eher krepiert.«

»Wir reden zuviel, Betti. Das ist alles Quatsch. Mir ist's scheißegal, was du gemacht hast, du bist gut zu mir. Du bist wie eine Schwester zu mir. Das vergeß' ich dir nicht.«

CHRISTA REINIG
Gesang auf die Benommenheit im Wind

Er steht benommen in dem wind
wind hats genommen
was wesen war wurde wind
was wind ward ist gewesen
nichts mehr sein
erbärmlich sein
vielleicht sind die steine barmherzig

einmal sein
einmal nicht nichts sein
nicht papier sein
papier ist nicht stein
stein ist benommensein

vielleicht wenn der wind weht
weht er zu stein

ERNST MEISTER
Von Steinen erzogen

Mein Gedächtnis,
von Steinen erzogen,
mein Lachen beiwohnend
den Muscheln der alten Meere,
die der Himmel trank.

Komm, in
einer Dornenbläue blühn wir
mit Beeren, mein
Nordstrauch, Schlehe
auf des Südens Fels.

Auf Fels, wo
die Weiber den Helios (oder
wie der Name sei)
genießend sind,
dehnend die Schenkel,
und ein wenig
achthaben meiner Rede,

abfallend zuweilen
gegen die Kelche
des anderen Gebiets.

Hilde Domin
Alternative

Ich lebte auf einer Wolke
einem fliegenden Teller
und las keine Zeitung.

Meine zärtlichen Füße
gingen die Wege nicht mehr
die sie nicht gehen konnten.

Einander tröstend
wie zwei Tauben
wurden sie jeden Tag kleiner.

Gewiß ich war unnütz.

Der Wolkenteller zerbrach
ich fiel in die Welt
eine Welt aus Schmirgelpapier.

Die Handflächen tun mir weh
die Füße hassen einander.
Ich weine.

Und bin unnütz.

KARL KROLOW
Grau

Die Zeitung raschelt wie die Nacht
Mit Sternen oder Uhren.
Niemand liest. Die Hyazinthen
Riechen streng. Man sollte
Ohne Grammophon das Licht besingen.
Motten fliegen, oder
Sind es fremde Namen?
Alte Ansichtskarten
Flüstern in Ecken
Von der alten Zeit.

GÜNTER BRUNO FUCHS
Villons Herberge

Mond, weiße Krähe, gib die Hand.
Mach dich auf,
setz dein Federherz in Brand.
Klau
fürs Stundenglas
den Sand.
Küß die Lippen Schnee und Blut.
Ratten,
dieser Tag und ich,
Rattenbrüder
Schlafen gut.

GÜNTER EICH
Die Herkunft der Wahrheit

Die Herkunft der Wahrheit bedenken:
ihre mit Sand behafteten Wurzeln,
ihre Fußspur,
die meßbare Bewegung der Luft,
wenn sie als Vogel kam.

Einsichten aus Pervitin,
zum Abflug gesammelt mit den Schwalben.
Fort, fort, in den Abend und übers Gebirge!

Andere, Steinmetzzeichen im Laub,
nur begreiflich dem Schlafe
und eins mit den Scherzen der Großmütter:
Mach die Augen zu,
was du dann siehst,
gehört dir.

Adolf Endler
Als der Krieg zu End war:

Da war ein Nest blutroten Schwalbenflaums,
da war ein Nest, gebaut aus nackten Knöchlein
der kleinen Schwalben, die in diesem Nest,
gebaut aus ihren Knöchlein, hausen wollten,
sehr warm im Nest aus ihrem Flaum blutrot.

Alexander Kluge
Schlachtbeschreibung

Schlußphase einer Schlacht

Hi. Die haben sich da absolut formgerecht übergeben. Denn im anderen Falle stellt man sich zusammen, bildet einen Igel und schießt mit der letzten Patrone sich selbst tot. Wenn man sich vorstellt, daß eine Frau den Stolz hat, daß sie, weil sie nur ein paar beleidigende Worte hört, hinausgeht, sich einsperrt und sich sofort totschießt, dann habe ich vor einem Soldaten keine Achtung, der [davor zurückschreckt, sondern lieber] in Gefangenschaft geht. Da kann ich nur sagen: [Ich kann es verstehen in einem Falle] wie General Giraud: wir kommen hinein, er steigt aus dem Auto aus und wird dabei gepackt. Aber – –
Zei. Ich kann es auch nicht fassen. Ich bin immer noch der Meinung, daß [es vielleicht nicht] stimmt, daß er vielleicht ganz schwer verwundet daliegt.
Hi. Nein, das stimmt.

Zei. Man kann sich die Art eigentlich gar nicht erklären.
Hi. Sagen Sie das nicht!
Im deutschen Reich haben im Frieden jährlich 18 000 bis 20 000 Menschen den Freitod gewählt, ohne irgendwie in einer solchen Lage zu sein. Hier kann ein Mann sehen, wie 50 000, 60 000 seiner Soldaten sterben und mit Tapferkeit bis zum letzten sich verteidigen – wie kann er sich da den B. ergeben?! Ach, das ist – –!
Zei. Das ist so etwas, daß man es eigentlich gar nicht fassen kann.
Hi. Und zwar in einer solchen Lage, wo er doch genau weiß, daß sein Tod die Voraussetzung für das Halten des nächsten Kessels ist. Denn wenn [er ein solches Beispiel] gibt, darf man nicht erwarten, daß die Männer weiterkämpfen.
Zei. Da gibt es keine Ausrede. Dann muß er sich vorher totschießen, wenn die Nerven zu versagen drohen.
Hi. Wenn die Nerven versagen, bleibt sowieso nichts anderes [übrig, als zu sagen:] Ich konnte es nicht mehr – und sich totzuschießen.
Zei. Ich denke immer noch, daß sie es vielleicht getan haben und [daß die Russen nur behaupten], sie haben sich alle in Gefangenschaft begeben. Man war so felsenfest von dem Ende überzeugt, daß man seine letzte Freude …
Hi. Daß das heroisch ausgeht, mußte man ja annehmen.
Zei. Man konnte gar nichts anderes denken.
Hi. Und in dieser Umwelt von Menschen, wie kann man da überhaupt nur anders handeln?! Da muß ich sagen, daß jeder Soldat ein Idiot ist, der sein Leben einsetzt, immer wieder sein Leben einsetzt. Wenn ein kleiner Muschi überwältigt wird, so verstehe ich das noch.
Zei. Der Führer einer Truppe hat es viel leichter. Auf ihn sieht jeder hin. Er hat es doch leicht, sich totzuschießen.

Gerhard Zwerenz
Auch ein Gebet wollte ich sprechen …

Unter der Kiefer liegend, betrachte ich den fremden Himmel. Es ist eine uralte, mächtige Kiefer. In derben, verwirrenden Windungen streckt der Baum die Äste von sich; krakenhaft umschlingen sie die blaßblaue Himmelskuppel, schlagen ihre Stachelarme hinein ins zarte Fleisch der Höhe, verwunden die jungen weißen Wölkchen, saugen Blut aus der Stille.

Am Nachmittag unterliegt der Baum. Wind zischt über die Ebene. Die Birken am Fluß wehren sich unwillig. Ihre Blätter glitzern. Helligkeit treibt der Sturm vor sich her. Sie springt vom Himmel in die Birkenblätter. Sie springt zurück zu den ersten Wolkenknäueln. Für einen Augenblick scheint es, als beginne die Welt zu brennen. Die Helligkeit ist schmerzhaft. Ich laufe weg von meiner Kiefer. Im Gestrüpp am Flußufer finde ich Schutz vor der Helligkeit. In der Dunkelheit der Büsche liege ich, bis die Welt draußen sich verändert hat. Übergangslos heftet der Sturm Gewitter und Nacht aneinander. Die Dunkelheit ist brutal. Das Gesicht nach oben gekehrt, lasse ich mir den Mund vollregnen.

Die Tage sind heiß gewesen. Sie haben mich durstig gemacht. Durch den Fluß schwimme ich, die Hände griffbereit, Fische fangen möchte ich, mit meinen Händen die Fische packen.

Ein letzter Blitz zuckt durch die Nacht. Hart und grell beleuchtet er das andere Ufer. Weiß schielen mich die Gesichter der Menschen an. In die Dunkelheit hinein fallen Schüsse. Ich spüre noch immer Durst. Ich tauche und trinke. Dankbarkeit für den Fluß erfüllt mich. So kann einer weiterkommen. Zur Front schlage ich mich durch. Bin überrollt worden. Bin abgeschnitten. Nachts marschiere ich in westlicher Richtung. Die deutschen Armeen sind geschlagen. Ich weiß es. Ich weiß es, wie ich weiß, daß ich mich nicht gefangen geben will. Nur nachts marschiere ich. Die Tage verkrieche ich mich in den Wäldern. Auf den Feldern finde ich Kartoffeln und Rüben. Auf einem Feld finde ich ein Gewehr. Mit aufgepflanztem Bajonett liegt es am Feldrand. Ich halte es vor mich. So laufe ich in westlicher Richtung der davoneilenden Front hinterdrein. Breche, wütend vor Hunger, ins Dorf.

Brot!

Drohend drücke ich das Bajonett auf den Bauch des alten Mannes. Ich bekomme Brot, greife zu, laufe davon. Zwei Schüsse fallen. Zum Wald hetze ich, brotkauend, mein Gewehr schwenkend. Je mehr ich mich der Front nähere, desto belebter wird das Land. Russische und polnische Truppen wimmeln durcheinander, meine Uniform wird mir gefährlich. Zwei Tage verbring ich an einem See. Es gelingt mir nicht, den badenden Soldaten eine Uniform zu stehlen.

Im Unterholz such ich nach Beeren. Ich höre Schritte. Ein russischer Soldat nähert sich. Vielleicht hatte er mich bemerkt und sucht nach mir.

Keine zehn Schritte entfernt, unter einer ausladenden Eiche, zieht der Soldat seine Litewka über den Kopf, breitet sie sorgfältig am Boden aus und setzt sich still, den Rücken zu mir, nieder.

Ich seh seine Nackenmuskeln spielen. Der Mann kaut. Irgend etwas in mir ist dafür, ihm eine Chance zu geben. Aber wenn ich ihn anriefe, wendete er sich um, und ich müßte schießen. Er könnte schreien. Es müßte lautlos zugehen. Er hört noch etwas, zieht die Schultern hoch und will sich umwenden, ich stolpere auf dem letzten Stück und renne ihm im Fallen das Bajonett in den Rücken; knirschend bohrt es sich in die linke Seite und zerschneidet durch die Rippen das Herz.

Du glaubst nicht, wie lautlos es zugehen kann, wenn Menschen einander töten. Er sagt nur laut und erstaunt: Warum ... – und wie ich seine Litewka untersuche, find ich das deutsche Soldbuch, die Erkennungsmarke und eine Brieftasche mit Bildern. Auf den Bildern erkenne ich den Toten. Er steht, mit Frau und Kindern – zwei Töchtern – vor einer Laube, den Hut schwenkend. Auf einem andern Bild sitzt er am Steuer eines DKW, lacht mit blitzenden Zähnen.

Ich ziehe ihm Hosen und Stiefel aus. Das blutige Hemd wasche ich am See.

So als eingekleideter Russe wage ich mich nun offener hervor.

Dabei ist es mir unangenehm, daß ich einen Deutschen umgebracht habe. Andererseits konnte ich es ihm nicht ansehen, er hatte einem Russen geglichen. Nun gleiche ich einem Russen.

Das ganze war ein Unglücksfall. In ruhigen Zeiten kannst du lange darüber philosophieren; wenn es erst um deinen eigenen Kopf geht, wehrst du dich deiner Haut, und die angespannten Dinge wie Schuld und Unrecht machen dich nur wehrlos. Die Frage ist nur, ob ich den Vorfall melde, wenn ich zurückkomme zur Truppe. Aber es ist wohl nicht gut für die Familie, wenn sie hört, er wurde von den eigenen Leuten umgebracht. Ich werde nichts sagen, oder ich werde bloß melden, daß ich ihn hab liegen sehen; er war tot. Nach dem Krieg werden sie seinen Namen daheim ins Kriegerdenkmal stemmen, und alljährlich zum Heldengedenktag werden die Angehörigen Kränze und Blumen an das Denkmal legen. Ich werde nicht sagen, wie er gestorben ist.

Übrigens habe ich ihn mit meinen eigenen Sachen bekleidet und ihm im Gebüsch ein notdürftiges Loch gegraben, damit wenigstens nicht die Ratten an ihm fräßen. Auch ein Gebet wollte ich sprechen. Doch fiel mir keins ein.

GÜNTER KUNERT
Seit dem 42. Jahr des Jahrhunderts

Aufgeblättert in einer alten Zeitschrift dies: Vor schwarzuniformierten Schatten im Hintergrund das starre Antlitz eines jungen Mannes, auf der Brust das Zeichen der Auserwähltheit des Volkes – den Schlachtviehstempel –, hungerdörr und verlegen lächelnd: als schäme er sich seines Zustands, den das Foto auf immer zeigt. Seine Hinterlassenschaft: Eine Handvoll Asche, zu der er gemacht ward und die auf dieser Erde lastet unaufhebbar.

ERICH FRIED
Die Händler

Sie sind nicht feilschende Juden
und das ist leicht zu erkennen
denn sie leben
und sechs Millionen feilschende Juden sind tot

Sie leben und protestieren:
Man tut uns Unrecht
Es waren nicht sechs Millionen
es waren nur fünfeinhalb

Sie leben und wehren sich
gegen das bittere Unrecht:
Es waren nicht fünfeinhalb
es waren nur fünf

Nur fünf Millionen –
man tut uns millionenfach Unrecht
nur fünf Millionen –
Wer bietet weniger?

Hans Magnus Enzensberger
blindenschrift

lochstreifen flattern vom himmel
es schneit elektronen-braille
aus allen wolken
fallen digitale propheten

mit verbundenen augen
tastet belsazer
die flimmernde wand ab:
mit händen zu greifen

immer dasselbe programm:
meneh tekel
meneh meneh tekel
meneh tekel

gezeichnet:
unleserlich

nimm die binde ab
könig mensch und lies
unter der blinden schrift
deinen eigenen namen

Peter Weiss
Die Verfolgung und Ermordung Jean Paul Marats dargestellt durch die Schauspielgruppe des Hospizes zu Charenton unter Anleitung des Herrn de Sade

33 Epilog

Orchestereinsatz mit gedämpfter feierlicher Musik.
Die Schwestern treten vor und nehmen Corday entgegen, die jetzt in sich zusammensinkt.
Sie legen ihr das Brusttuch um und führen sie auf Sade zu.
Corday überreicht Sade den Dolch.
Schwestern heben ein großes weißes Tuch vor die Wanne. Hinter dem Tuch verläßt Marat die Wanne.

Ausrufer tritt vor und hebt den Stab.
Musik zu Ende.

AUSRUFER
Geehrtes Publikum in aufgeklärter Zeit
Nach diesem Blick in die Vergangenheit
wenden wir uns wieder der Gegenwart zu
die uns heute wenn auch nicht mit Ruh
so doch mit Zuversicht füllt vor dem Morgen
von dem es heißt es sei ohne Sorgen
Eh Sie hinausgehn aus den Türen
lassen Sie uns kurz rekapitulieren
was wir versuchten auszudrücken
in den gesprochnen und gesungnen Stücken
Zu diesem Zweck rufen wir noch einmal zum Leben
den Sie ermordet sahen soeben

Das Tuch wird gesenkt.
Marat tritt vor.

MARAT
Ich glaube nur an ein einziges Leben
drum trifft jetzt jedes Wort daneben
Nur ein einziges Mal hier in eurer Mitte
bin ich Herr über meine Schritte
und bei diesem einzigen Mal
mußte ich treffen meine Wahl
Was sich mir zeigte war eine einzige Welt
und diese war regiert vom Geld
doch die es besaßen waren nur wenige
und die's nicht besaßen waren unzählige
Es zeigte sich mir daß es galt
das Gesetz zu brechen mit Gewalt
und jene zu stürzen die dick und breit
dasitzen in geheuchelter Sicherheit
die uns erklären die Unterschiede müßten bestehn
und der Kampf um den Profit müßte weitergehn
Als Leiche bin ich wenig wert
doch es bleibt bestehn was ich gelehrt
so daß andre die nach mir kommen
weiterführen was ich begonnen
bis einmal jeder im gleichen Maß ein Hüter
sein wird aller gemeinsamen Güter

CORDAY
  Auch ich sah diese Veränderungen so
  denn beide gingen wir aus vom großen Rousseau
  doch der Grund daß wir uns nicht vereinten
  ist daß wir beide was andres meinten
  wenn wir die gleichen Worte wählten
  mit denen wir unsre Ideale aufzählten
  Beide wollten wir die Freiheit erreichen
  doch für dich gings zur Freiheit über einen Berg von Leichen
  Von Eintracht sprachen wir wie aus einem Munde
  doch wie du dir die Eintracht dachtest davon gabst du uns Kunde
  deshalb mußte ich auf deine Brüderlichkeit verzichten
  und machte es mir zur Aufgabe dich zu vernichten
  Ich tötete *einen* um tausende zu retten
  und sie zu befreien aus ihren Ketten
  Und könnt ich meine Tat noch einmal begehn
  ihr würdet mich wieder vor diesem hier sehn

ROUX
  schnell vortretend

  Und müßt ich mich mit meinem Tod nicht tarnen
  so würd ich euch vor dieser da warnen

  zeigt auf Corday

  denn immer wieder müssen wir für diese zahlen
  die wir reden hören von hohen Idealen
  die von Reinheit sprechen und geistigen Zielen
  und mit dem Ausbeuter unter einer Decke spielen
  Gefährlicher noch als jene mit ihrem Geld
  ist diese hier weil sie sich verstellt
  in den andern sehn wir deutlich den Feind
  bei dieser wissen wir nie was sie meint

Auf Befehl Coulmiers sind Schwestern und Pfleger auf ihn zugelaufen. Er wird abgeschleppt.

AUSRUFER
  wendet sich an Sade

  Sagen Sie uns Herr Marquis
  was Sie erreicht haben mit Ihrer Regie
  Führte das Spiel in unserm Bad
  zu einem erkennbaren Resultat

SADE
> Es war unsre Absicht in den Dialogen
> Antithesen auszuproben
> und diese immer wieder gegeneinander zu stellen
> um die ständigen Zweifel zu erhellen
> Jedoch finde ich wie ichs auch dreh und wende
> in unserm Drama zu keinem Ende
> Ich war selbst ein Fürsprecher der Gewalt
> doch im Gespräch mit Marat sah ich bald
> daß meine Gewalt eine andre war als seine
> und daß ich seinen Weg verneine
> Einerseits der Drang mit Beilen und Messern
> die Welt zu verändern und zu verbessern
> andererseits das individuelle System
> kraft seiner eigenen Gedanken unterzugehn
> So sehn Sie mich in der gegenwärtigen Lage
> immer noch vor einer offenen Frage

COULMIER
> Jetzt aber leben wir in ganz anderen Zeiten
> ohne Unterdrücker und ohne Pleiten
> wir sind auf dem Wege uns zu erholen
> wir haben Brot und es gibt auch Kohlen
> und haben wir auch noch einen Krieg
> so leuchtet vor uns doch nur der Sieg

> *Das Orchester intoniert den Schlußmarsch. Die Patienten beginnen, auf der Stelle zu marschieren.*

DIE VIER SÄNGER
> Und haben die meisten auch wenig und nur wenige viel
> so nähern wir uns doch alle dem gemeinsamen Ziel
> und wir dürfen uns äußern in jeder Weise
> und was wir nicht äußern dürfen sagen wir leise

CHOR
> *zur gesteigerten Musik auf der Stelle marschierend*

> Und selbst wir Internierten sind nicht mehr gekettet
> und für immer ist die Ehre unsres Landes gerettet
> und um Politik brauchen wir uns nicht mehr zu streiten
> denn einer ist da um uns alle zu leiten
> um den Armen zu helfen und auch uns Kranken
> und diesem einen haben wir alles zu verdanken

diesem einzigen Kaiser Napoleon
der glorreich beendete die Revolution

Ein Transparent mit einer Apotheose Napoleons wird herabgelassen. Die Musik steigert sich. Der Zug setzt sich in Bewegung und marschiert nach vorn. Schwestern und Pfleger drängen von den Seiten dagegen an. Der Zug marschiert mehrmals vier Schritte vor und drei Schritte zurück. Musik und Marschtakt werden immer gewaltsamer.
Coulmier tritt beunruhigt zur Seite und winkt mit den Armen ab.

ALLE
Der unsre unbesiegbare Armee
übers Wasser führt und durch Wüsten und Schnee
um unsre Macht nach allen Seiten
zum Segen der Völker zu verbreiten

Mit dröhnendem Marschtakt gelangt der Zug weiter nach vorn, indem er einige Schritte vor und einige Schritte zurück stampft.

COULMIER
durch das Dröhnen rufend

Es lebe der Kaiser und die Nation
es lebe unsre Heilanstalt
Charenton

ALLE
rhythmisch beim Marschieren durcheinanderschreiend

Charenton Charenton
Napoleon Napoleon
Nation Nation
Revolution Revolution
Kopulation Kopulation

ROUX
schreit durch den Tumult

Wann werdet ihr sehen lernen

Musik, Geschrei und Trampeln wächst zum Sturm an.
Coulmier flüchtet auf seine Tribüne und läutet eine Alarmglocke.
Die Pfleger gehen mit ihren Knüppeln auf die Patienten los.
Roux stürzt nach vorn.

Roux
zu den Patienten und zum Publikum

Wann werdet ihr sehen lernen
Wann werdet ihr endlich verstehen

Er wirft sich rücklings vor die Reihen der Marschierenden. Er will sie zurückdrängen, wird aber von ihnen aufgesogen und verschwindet in der Tiefe des Zugs, der vorwärtsstampft. Die Patienten sind in die Raserei ihres Marschtanzes geraten. Viele hüpfen und drehen sich verzückt.
Coulmier feuert die Pfleger zur äußersten Gewalt an. Patienten werden niedergeschlagen.
Der Ausrufer vollführt im Takt große Sprünge vor dem Orchester.
Sade steht hoch auf seinem Stuhl und lacht triumphierend. Verzweifelt gibt Coulmier das Signal zum Zuziehen des Vorhangs.

Vorhang

Hans Magnus Enzensberger
zweifel

bleibt es, im großen und ganzen, unentschieden
auf immer und immer, das zeitliche spiel
mit den weißen und schwarzen würfeln?
bleibt es dabei: wenig verlorene sieger,
viele verlorne verlierer?

ja, sagen meine feinde.

ich sage: fast alles, was ich sehe,
könnte anders sein. aber um welchen preis?
die spuren des fortschritts sind blutig.
sind es die spuren des fortschritts?
meine wünsche sind einfach.
einfach unerfüllbar?

ja, sagen meine feinde.

die sekretärinnen sind am leben.
die müllkutscher wissen von nichts.

die forscher gehen ihren forschungen nach.
die esser essen. gut so.

indessen frage ich mich:
ist morgen auch noch ein tag?
ist dies bett eine bahre?
hat einer recht, oder nicht?

ist es erlaubt, auch an den zweifeln zu zweifeln?

nein, euern ratschlag, mich aufzuhängen,
so gut er gemeint ist, ich werde ihn nicht befolgen.
morgen ist auch noch ein tag (wirklich?),
die augen aufzuschlagen und zu erblicken:
etwas gutes, zu sagen: ich habe unrecht behalten.

süßer tag, an dem das selbstverständliche
sich von selber versteht, im großen und ganzen!
was für ein triumph, kassandra,
eine zukunft zu schmecken, die dich widerlegte!
etwas neues, das gut wäre.
(das gute alte kennen wir schon …)

ich höre aufmerksam meinen feinden zu.
wer sind meine feinde?
die schwarzen nennen mich weiß,
die weißen nennen mich schwarz.
das höre ich gern. es könnte bedeuten:
ich bin auf dem richtigen weg.
(gibt es einen richtigen weg?)

ich beklage mich nicht. ich beklage die,
denen mein zweifel gleichgültig ist.
die haben andere sorgen.

meine feinde setzen mich in erstaunen.
sie meinen es gut mit mir.
dem wäre alles verziehen, der sich abfände
mit sich und mit ihnen.

ein wenig vergeßlichkeit macht schon beliebt.
ein einziges amen,

gleichgültig auf welches credo,
und ich säße gemütlich bei ihnen
und könnte das zeitliche segnen,
mich aufhängen, im großen und ganzen,
getrost, und versöhnt, ohne zweifel,
mit aller welt.

HEINAR KIPPHARDT
In der Sache J. Robert Oppenheimer

Oppenheimer erhebt sich, die Brille in der Hand, den Kopf leicht schief gehalten, in der Rede gelegentlich zögernd, wenn er über eine Formulierung nachdenkt.
OPPENHEIMER Als ich mich vor mehr als einem Monat zum erstenmal auf dieses alte Sofa setzte, war ich willens, mich zu verteidigen, denn ich fand keine Schuld an mir, und ich sah mich als Opfer einer bestimmten politischen Konstellation, die ich beklagenswert fand.

Zu dem widerwärtigen Unternehmen gezwungen, mein Leben zu rekapitulieren, meine Motive zu handeln, meine Konflikte, und auch die Konflikte, die sich nicht eingestellt hatten, – begann sich meine Haltung zu wandeln. Ich bemühte mich, vollkommen offen zu sein, und das ist eine Technik, die man erlernen muß, wenn man viele Jahre seines Lebens zu anderen Menschen nicht offen war. Indem ich über mich, einen Physiker in unserer Zeit, nachdachte, begann ich mich zu fragen, ob nicht tatsächlich so etwas stattgefunden hat wie Gedankenverrat, eine Kategorie, die Mr. Robb hier einzuführen empfahl. Wenn ich denke, daß es uns eine geläufige Tatsache geworden ist, daß auch die Grundlagenforschung in der Kernphysik heute die höchste Geheimnisstufe hat, daß unsere Laboratorien von den militärischen Instanzen bezahlt und wie Kriegsobjekte bewacht werden, wenn ich denke, was im gleichen Fall aus den Ideen des Kopernikus oder den Entdeckungen Newtons geworden wäre, dann frage ich mich, ob wir den Geist der Wissenschaft nicht wirklich verraten haben, als wir unsere Forschungsarbeiten den Militärs überließen, ohne an die Folgen zu denken.

So finden wir uns in einer Welt, in der die Menschen die Entdeckungen der Gelehrten mit Schrecken studieren, und neue Entdeckungen rufen neue Todesängste bei ihnen hervor. Dabei scheint die Hoffnung gering, daß die Menschen bald lernen könnten, auf diesem klein gewordenen Stern miteinander zu leben, und gering ist die Hoffnung, daß sich ihr Leben eines nicht fernen Tages in seinem materiellen Aspekt auf die neuen menschenfreundlichen Entdeckungen gründen werde.

Es scheint ein weidlich utopischer Gedanke, daß die überall gleich leicht und gleich billig herstellbare Kernenergie andere Gleichheiten nach sich ziehen werde und daß die künstlichen Gehirne, die wir für die großen Vernichtungswaffen entwickelten, künftig unsere Fabriken in Gang halten könnten, der menschlichen Arbeit ihren schöpferischen Rang zurückgebend. Das würde unserem Leben die materiellen Freiheiten schenken, die eine der Voraussetzungen des Glückes sind, aber man muß sagen, daß diese Hoffnungen durch unsere Wirklichkeit nicht zu belegen sind. Doch sind sie die Alternative zu der Vernichtung dieser Erde, die wir fürchten, und die wir uns nicht vorstellen können. An diesem Kreuzweg empfinden wir Physiker, daß wir niemals so viel Bedeutung hatten und daß wir niemals so ohnmächtig waren.

Als ich mein Leben hier durchging, fand ich, daß die Handlungen, die mich nach Ansicht des Ausschusses belasten, der Idee der Wissenschaften nähergestanden sind als die Verdienste, die man mir anrechnet.

Ganz anders als dieser Ausschuß frage ich mich infolgedessen, ob wir Physiker unseren Regierungen nicht zuweilen eine zu große, eine zu ungeprüfte Loyalität gegeben haben, gegen unsere bessere Einsicht, in meinem Fall nicht nur in der Frage der Wasserstoffbombe.

Wir haben die besten Jahre unseres Lebens damit verbracht, immer perfektere Zerstörungsmittel zu finden, wir haben die Arbeit der Militärs getan, und ich habe in den Eingeweiden das Gefühl, daß dies falsch war. Obzwar ich die Entscheidung der Mehrheit dieses Ausschusses anfechten werde, will ich fernerhin an Kriegsprojekten nicht arbeiten, wie immer die angestrebte Revision ausfallen mag.

Wir haben die Arbeit des Teufels getan, und wir kehren nun zu unseren wirklichen Aufgaben zurück. Vor ein paar Tagen hat mir Rabi erzählt, daß er sich wieder ausschließlich der Forschung widmen wolle. Wir können nichts besseres tun als die Welt an diesen wenigen Stellen offenzuhalten, die offenzuhalten sind.
Vorhang

Nachbemerkung

In der Sache J. Robert Oppenheimer ist ein Theaterstück, keine Montage von dokumentarischem Material. Der Verfasser sieht sich jedoch ausdrücklich an die Tatsachen gebunden, die aus den Dokumenten und Berichten zur Sache hervorgehen.

Seine hauptsächliche Quelle ist das 3000 Maschinenseiten umfassende Protokoll des Untersuchungsverfahrens gegen J. Robert Oppenheimer, das von der Atomenergiekommission der Vereinigten Staaten im Mai 1954 veröffentlicht wurde.

Es ist die Absicht des Verfassers, ein abgekürztes Bild des Verfahrens zu liefern, das szenisch darstellbar ist und das die Wahrheit nicht beschädigt. Da sein Geschäft die Bühne, nicht die Geschichtsschreibung ist, versucht er nach dem Ratschlag des Hegel, den »Kern und Sinn« einer historischen Begebenheit aus den »umherspielenden Zufälligkeiten und gleichgültigem Beiwerke des Geschehens« freizulegen; »die nur relativen Umstände und Charakterzüge abzustreifen und dafür solche an die Stelle zu setzen, durch welche die Substanz der Sache klar herausscheinen kann«. (Hegel, Ästhetik, 3. Teil, 3. Kapitel A.2.c., Seite 897, Berlin 1955.)

Aus wohlerwogenen Gründen legte sich der Verfasser für die vorliegende Arbeit jedoch Beschränkungen auf, alle im Stück erscheinenden Tatsachen der historischen Wirklichkeit zu entnehmen. Die Freiheiten des Verfassers liegen in der Auswahl, in der Anordnung, in der Formulierung und in der Konzentration des Stoffes. Um die Form eines sowohl strengeren als auch umfassenderen Zeitdokuments zu erreichen, das ihm für die Bühne wünschenswert schien, waren einige Ergänzungen und Vertiefungen erforderlich. Er verfuhr dabei nach dem Prinzip »so wenig wie möglich und soviel wie notwendig«. Wenn die Wahrheit von einer Wirkung bedroht schien, opferte er die Wirkung.

Einige Beispiele für die Freiheiten, die sich der Verfasser nahm: Das originale Hearing dauerte länger als einen Monat, und es wurden 40 Zeugen gehört. Der Verfasser begnügte sich mit 6 Zeugen. Die gebotene Konzentration war mit einer wortgetreuen Montage von Rede und Gegenrede nicht zu erzielen, und sie schien dem Autor im Interesse der Einheit des Stückes auch nicht wünschenswert. Er bemühte sich, die Worttreue durch Sinntreue zu ersetzen.

Die Beschränkung auf sechs Zeugen hat zur Folge, daß im Stück gelegentlich mehrere sich ergänzende Zeugnisse in einer einzigen Zeugenaussage erscheinen. So finden sich in der Bühnenfigur des

Zeugen Rabi auch Züge und Äußerungen des Zeugen Bush, der im Stück nicht auftritt. Den Bankraubvergleich machte in Wirklichkeit nicht Morgan, sondern Robb. Er verhörte den Zeugen McCloy darüber, nicht Lansdale wie in dem Stück.

Zwischen den Szenen des Stückes verwendet der Autor Monologe oder Miniszenen, die es im wirklichen Hearing nicht gegeben hat. Er bemühte sich, die Zwischenszenen aus der Haltung zu entwickeln, die von den Personen im Hearing oder bei anderen Gelegenheiten eingenommen wurde. Im historischen Hearing hat Edward Teller am Ende seiner Zeugenaussage keine Erklärung abgegeben. Einige der von Teller im Stück geäußerten Gedanken entnahm der Verfasser sinngemäß den Reden und Aufsätzen Tellers.

Oppenheimer hatte in Wirklichkeit drei Verteidiger, im Stück zwei. Herbert S. Marks, der im Stück von Anfang sein Verteidiger ist, wurde in Wirklichkeit erst im Laufe des Verfahrens zu Oppenheimers Beratung hinzugezogen. Das wirkliche Plädoyer wurde von Garrison, nicht von Marks gehalten.

Im Gegensatz zum Stück wurde die Entscheidung des Ausschusses nicht am Ende verlesen, sondern erst später brieflich zugestellt. Oppenheimer hat das in dem Stück vorkommende Schlußwort nicht wirklich gesprochen.

VOLKER BRAUN
Kommt uns nicht mit Fertigem

Kommt uns nicht mit Fertigem! Wir brauchen Halbfabrikate!
Weg mit dem Rehbraten – her mit dem Wald und dem Messer!
Hier herrscht das Experiment und keine steife Routine.
Hier schreit eure Wünsche aus: Empfang beim Leben persönlich.

Zwischen die Kontinente, zu allen Ufern
Spannt seine Muskeln das Meer unserer Erwartungen,
An alle Ufer trommeln seine Finger die Brandung,
Über die Uferklinge läßt es die Wogen springen und aufschlagen,
Immer erneut hält es die Flut hoch und gibt es sie auf:
Hier wird täglich das alte Leben abgeblasen.

Für uns sind die Rezepte nicht ausgeschrieben, mein Herr.
Das Leben ist kein Bilderbuch mehr, Mister, und keine peinliche
                                                          Partitur, Fräulein,

Nix zum Herunterdudeln! Hier wird ab sofort Denken verlangt!
Raus aus den Sesseln, Jungs! Feldbett – meinetwegen.
Nicht so feierlich, Genossen, das Denken will heitere Stirnen!
Wer sehnt sich hier nach wilhelminischem Schulterputz?
Unsere Schultern tragen einen Himmel voll Sterne.

Alles Alte prüft: her, Kontrollposten Jugend!
Hier wird Neuland gegraben und Neuhimmel angeschnitten –
Hier ist ein Staat für euch – Baumaterial auf Lebenszeit.
Hier schreit eure Wünsche aus: an alle Ufer
Trommelt die Flut eurer Erwartungen!
Was da an deine Waden knallt, Mensch, die tosende Brandung:
Das sind unsere kleinen Finger, die schießen nur
Bißchen Zukunft vor, Spielerei.

Erik Neutsch
Spur der Steine

Die Richtkrone wurde gezimmert. Es bestand alle Aussicht, die Chemikalienstation des Wasserwerks statt in einhundertvierundneunzig, wie ursprünglich vorgesehen, in nur einhundertsiebenundsechzig Arbeitstagen nach der neuen Methode zu errichten. Das bedeutete einen Monat Planvorsprung, Verzicht auf den August, der dreißigste Juli war ein Sonnabend, und bis dahin wurden die Schichten bis zur letzten Minute genutzt, denn die Zeit wurde zum Rarsten.

Balla hatte es Büchner übertragen, die Richtkrone zusammenzufügen. Er fragte den Alten: »He, Franz, wieviel solcher Feste hast du in deinem Leben schon mitgemacht?«

Büchner antwortete: »Dreihundert vielleicht, wenn's reicht, gezählt hab ich sie nicht. Aber keins wie dieses. Nach einem halben Jahr so ein Koloß ...« Balla nickte und bat: »Hau ein Ding zusammen, groß wie'n Wagenrad, daß die Störche drauf nisten können, und nimm das Grüne von Birken und knallbunte Bänder.« Gern hätte er selber das Gestell gezimmert, aber er mußte sich um die Bakelitplatten kümmern, die endlich am Beton der Absetzbecken erprobt wurden.

Lange vor Schichtbeginn hatte es Balla an die Verschalung getrieben. Von weitem schaute er Ziehmer zu, der in einem der benachbarten Becken den Boden goß. Der Mischer rasselte; jedesmal, wenn er mit frischem Gut gefüllt wurde, wechselte das blecherne Geräusch der leer laufenden Trommel in ein dumpfes, gesättigtes Wummern über. Der Maschinist schlug mit einem Holzhammer gegen den Mantel. um zu verhindern, daß der Zementbrei an den Wänden verklebte. Ziehmers Schicht scheffelt das Geld jetzt, dachte Balla, riß mit den Zähnen den nassen Tabak von der Zigarette und spie ihn aus; Honigmund soll sie ablösen nachher, ich gönn es ihm nicht, aber ich hab das Wort des Ministers, daß der Lohn der Leistung angeglichen wird … Er blickte sorgenvoll in den Himmel, fummelte an der Perle in seinem Ohrläppchen. Die Wolken stauten sich grau und düster, sie hingen schwer über Schkona und zerdrückten mit ihrer Last den Rauch, der aus den Schloten quoll. Die Luft war feucht, eine riesige Wasserblase spannte sich von Horizont zu Horizont, und es schien, als müsse die dünne Haut zerplatzen, sobald sie gegen die Spitzen der Schornsteine stieß. Es würde regnen, Sturzbäche gießen; hatte sich dann die Schalung nicht bewährt, schwamm der Zement fort, und alles konnte von vorn begonnen werden. Vor wenigen Minuten erst hatte sich Balla überzeugt, daß die Oberfläche des Betons hart wie Eisen war; dennoch wuchs seine Unruhe, solange nicht ausgeschalt wurde. Er mußte irgend etwas tun, um seine Erregung zu dämpfen, und stocherte mit dem Fuß in dem Kiesberg, dem letzten, der am Wasserwerk angehäuft war, dem letzten, wenn der Versuch gelang. Ohne die Siebprobe zu kennen, sah er, daß der Kies grob gekörnt war; man würde nur wenig Splitt beizumengen brauchen. Alles lief, die Trommel des Mischers schepperte und grollte im Wechsel, die Kipploren klapperten über das Gleis hinüber zu Ziehmer, die Rüttler dröhnten, und der Himmel knackte in den Nähten. Wenn Hesselbart die drohenden Wolken, die ihm nicht verborgen bleiben konnten, gewahrte, würde er das Ausschalen noch hinauszögern wollen.

Balla hob den Kopf und spähte. Vereinzelt fielen Tropfen. Die Haut des Himmels zerriß nicht. Hesselbart und Horrath kamen. Balla dachte. Eine fehlt … Er vermißte sie noch immer, obwohl sie schon lange abgereist war.

»Klappt es«, sagte Balla und schob geschwätzige Gleichgültigkeit vor, »spendier ich 'nen Kasten Pils.«

»Gehen wir lieber ins Theater«, erwiderte der Ingenieur.

»Die Karten kaufe ich.«

»Ohne mich.« Balla dachte an das Konzert und schüttelte sich.

Horrath lachte und schlug vor:

»Oder wir fahren zur Weltmeisterschaft auf dem Sachsenring.«

Balla wiegte den Kopf. »Nicht übel.«
Hesselbart befeuchtete die Fingerkuppe, hielt sie in die Luft und prüfte die Richtung des Windes. Er sagte: »Fällt alles ins Wasser ...«
Balla fragte ungläubig: »Die Weltmeisterschaft?«
Hesselbart sagte: »Die Ausschalung.«
Für Sekunden hatte Balla seine Befürchtungen vergessen. Jetzt zuckte er zusammen, als er an sie erinnert wurde. Er wollte nicht länger warten, wollte endlich wissen, ob sich die Mühe gelohnt hatte, die Lauferei nach den Kunststoffplatten, Pätzolds heimliche Hilfe, der Streit mit Trutmann, die Gefahr, Geld einzubüßen. Früher, das wußte er, hätte ihn ein solch läppischer Versuch, Bakelit gegen Holz einzutauschen, nie erregt. Würde der Ingenieur aber in diesem Augenblick seine Genehmigung verweigern, hätte er sich um seine Freude und fast schon um seine Hoffnung betrogen gefühlt. Er zog an der Zigarette und sann, ob er nicht Hesselbarts Anordnung, würde sie ausgesprochen, zuwiderhandeln sollte. Es wäre nicht das erste Mal, daß er sich über sie hinwegsetzte, wenn auch das letzte Mal lange zurücklag.

Nach und nach versammelten sich die Angehörigen von Ballas Schicht. Auch Honigmund kam, blinzelte in den Himmel und grinste, schadenfroh. In seinen Tränensäcken schienen sich die wenigen Tropfen zu sammeln. Jemand trat hinzu und hechelte: »Na ... Du Neuerer ...«

Balla versuchte es mit Güte. »Was soll denn schon schiefgehen ... Und wenn auch. Ich halte es nicht mehr aus.«

Hesselbart murmelte unentschlossen: »Ich weiß nicht, ich weiß nicht ... Der Regen spült.«

Balla kletterte auf das Gerüst und befühlte den Beton. »Er ist doch noch gar nicht da, der Regen ... Sie mit Ihrer verdammten Vorsicht.«

Er schickte Honigmund mit den Maurern und den Eisenflechtern zu Ziehmer und befahl die Zimmerer aus seiner Brigade an die Schalwand. Er wollte den Ingenieur zur Entscheidung zwingen.

Vielleicht spürte es Hesselbart. Er willigte ein. Aber er putzte dabei die Brille und schloß die Augen, als wollte er nichts sehen. Balla atmete auf, es hätte ihm leid getan um den Streit. Der gutwillige Eifer des Ingenieurs war ohnehin erloschen. Noch immer hatte er nicht erfahren, welche Baustelle er nach dem Richtfest leiten sollte. Auch Balla wußte nicht, wohin er versetzt würde, ob nun an die Krackanlage, an das Kraftwerk oder an die Rohrbrücken.

Die Kammerwände und die Abschlußmauer des Beckens hatten

sich vorzüglich für den Versuch geeignet. Die Flächen dehnten sich hoch und glatt und wurden nur von wenigen Aussparungen unterbrochen. Die Tafeln, mit dem Bakelit nach innen, standen gut gesichert, sie waren nach Maß millimetergenau übereinandergestellt. Die Steifen, die unter die Brusthölzer geklemmt und mit Eisenblechlaschen befestigt waren, stützten sich auf eingerammte Keile in der Baugrube. An ihnen begann Balla den Abriß, mit der Zange zog er die Nägel und mit leichten, geduldigen Hammerschlägen, um jede Erschütterung zu vermeiden, trieb er die Stämme aus ihrer Lage. Die Brusthölzer und die Standhölzer wurden abgebaut, und nachdem der Rödeldraht durchschnitten worden war, folgten die Platten. Trockener, starrer Beton lugte hervor. Balla prüfte das Bakelit der Tafeln und das Profil der Wand. Er strich mit den Händen über die Flächen, beklopfte sie mit den Knöcheln, kratzte schließlich mit der Hammerspitze über sie hin. Er schob den Hut in den Nacken und winkte dem Ingenieur.

Die große Himmelsblase war noch nicht geplatzt, obwohl die Wolken sich mehr und mehr der Erde entgegenbeulten. Horrath hielt die Hände in den Taschen und beobachtete jede Bewegung des Brigadiers. Er stieß den Bauleiter an, als Balla das Zeichen gab. Hesselbart stieg über die Stapel der abgerissenen Hölzer und Platten. Er schmiegte die Brille auf die Nase und rückte mit den Gläsern so dicht an den Beton heran, daß keine vier Finger Raum zwischen ihnen und der Mauer blieb. Er sagte kein Wort.

An der Chemikalienstation wimmelte es bald von Leuten, die in irgendeiner Weise an dem Bau interessiert waren. Büchner, der das Holzgestell für die Krone bereits gezimmert und auch schon die jungen Birken gesichtet hatte, deren Grün er plündern wollte, meinte: »Das Komplexe und Industrielle war keine schlechte Idee von dir, Hannes. Zu unseren Lebzeiten noch pilgern sie schon hierher wie nach Bethlehem, wie wenn der Heiland geboren ist …«

Unter den Gästen befanden sich die Mitglieder der Abnahmekommission für den Rohbau, Vertreter der Chemischen Werke, der Staatlichen Bauaufsicht, der Investbank, und beschnüffelten jeden Stein. Männer aus dem Ministerium und aus der Kombinatsleitung kamen, auch der Professor von der Akademie, der Balla hin und wieder zur Seite nahm und von einer Industriepreisreform sprach und von der Notwendigkeit, technisch-wissenschaftlich begründete Normen zu errechnen. Auch die Presse erschien, sie interviewte den Brigadier.

Jansen hatte sich ebenfalls eingefunden. Er stieg in die Absetzbecken und unterhielt sich mit den Maurern und den Zimmerleuten. Balla begrüßte er mit einem Rippenstoß.

Eines Tages aber, als sich Balla wieder einmal bei Voss umsehen wollte, scholl ihm Jansens aufgebrachte Stimme aus dem Raum entgegen. Die Tür zum Atelier stand halb geöffnet, der Schwüle wegen, die auf dem Land lastete und verhinderte Gewitter ausschwitzte.

Die Zimmerleute hatten dem Maler eine Baracke errichtet, auch darum hatte sich Balla gekümmert. Sie glich dem Büro der Ingenieure, nur zum Wasserwerk hin war sie mehr mit Fensterglas als mit Brettern verkleidet. Das Tageslicht strömte ein, Voss war vor jeder Witterung geschützt und konnte die Baustelle von seinem Arbeitsplatz aus überblicken. Er hatte das Atelier sofort bezogen und fühlte sich wohl in ihm. Die Wände hatte er mit Skizzen und Entwürfen behängt. Er fuhr einen Motorroller, auf dessen Sozius er alle möglichen Gegenstände heranschleppte, Zeitungsbündel, Farben und Töpfe, Papier und Leinen.

Balla drückte sich an die Bretter, als er Jansens Stimme vernahm. »... Was haben die bedruckten Fetzen, die du in deine Bilder klebst, noch mit Malerei zu tun ... Kunstfremde Mittel, spätbürgerliche Rudimente. Im Westen machen sie es mit Stacheldraht und mit rostigem Eisen. Jedes halbe Jahr erfindest du einen neuen Unsinn. Bei deinen Akten, wie auf der letzten Ausstellung, waren es Schnittmusterbogen. Jetzt sind es Zeitungen. Die Sache ist damit nicht gebessert. Laß doch endlich diese Mätzchen ...« Er redete sich in Zorn.

Balla horchte. Voss verteidigte sich gelassen. Mit der ruhigsten Stimme konnte er die gröbsten Dinge sagen. Man wußte nie, ob er es jeweils ernst meinte oder sich nur belustigte. Viele seiner Kritiker, die stets lauter wurden als er, hielten ihn deswegen für einen Provokateur. »Jede Kunst bedient sich der Kollage. Die Malerei, die Literatur, Büchner und Brecht zum Beispiel in ihren Dramen, Thomas Mann in seinen Romanen. Neulich las ich die ›Buddenbrooks‹. Statt zu schildern, wie der Mensch an einer verheerenden Krankheit zugrunde geht, wird ein Kapitel eingefügt, das vorletzte, einer rein medizinischen Beschreibung des Typhus. Oder die Börsenspekulationen bei Balzac oder die Übernahme historisch verbürgter Tagesbefehle bei Scholochow oder die Einbeziehung der Vorhänge ins Bild bei Raffael und Rembrandt. Alles Kollage. Man kann sie nicht ablehnen, nur weil die Kubisten damit Schindluder trieben. Arbeit ist immer Experiment.«

Heftig unterbrach Jansen den Maler: »Aber hier, in deinem Bild. Alles Zeitung und Hände. Nichts von einem Gesicht. Der Rufer ... Er ruft mehr mit den Händen als mit dem Mund. Experimentiere, soviel du willst, aber bemüh dich um Volkstümlichkeit.«

Voss wehrte sich bissig: »Ich kenne keinen, der durch meine Kollagen zum Klassenfeind wurde.«

Balla fand, daß sich der Maler in seinem Widerstand verhärtete. Vielleicht sah er sich immer nur angegriffen, verstand nicht auch, daß man ihm helfen wollte. Kati hatte einmal gesagt, nach einem Besuch bei Voss: »Kritik darf doch nicht nur zerstören, Kritik muß vor allem aufbauen.« Balla traute dem Ersten Sekretär zu, daß er nichts anderes versucht hatte. Damals, an der Kreissäge, hatte er sich genau erkundigt, beinahe zu genau, bevor er sich ein Urteil gebildet hatte. Und anschließend hatte er sich mit Worten verabschiedet, die fast wie eine Entschuldigung geklungen hatten: Dich wollte ich mal von der Baustelle schmeißen, doch man lernt nie aus ... War er nicht ein Mensch, der sich stets an den Tatsachen überprüfte? Seine Rede im Ministerium: Dogmen sind unfähig zu verändern und verändert zu werden.

Jansens Stimme wirkte rauh, aber gezwungen ruhig, als er jetzt antwortete: »Ich kenne deinen Vater, ich kenne deine Vergangenheit. Ich habe dir dein erstes Atelier eingerichtet. Ich ahne auch, wie du über die Partei denkst: Alle zwei Jahre eine Welle gegen mich ... Aber du wärst nicht unser Genosse, wenn wir dich nicht ganz für uns gewinnen wollten, dich mit deiner Kunst.«

»Dann lege sie nicht an Ketten. Die Kunst ist offen.«

»Öffentlich.«

»Offen.«

Der Streit spitzte sich zu. Balla wollte sich davonstehlen. Wieder hatte er nur die Hälfte von allem verstanden. Thomas Mann, Balzac ... Namen, die er nicht kannte. Die Stunde war schlecht gewählt, sich bei Voss umzusehen.

Doch noch ehe er verschwinden konnte, wurde die Tür vollends aufgeschleudert. Jansen trat ins Freie, fluchte und schwitzte und knöpfte den Hemdkragen auf. Er entdeckte den Brigadier, verharrte, packte ihn am Arm und zog ihn mit sich in das Atelier zurück.

Jansen ahnte nicht, daß Balla den Maler schon oft besucht hatte. Triumphierend griff er Voss an: »Hier bringe ich dir einen, dem du das alles noch einmal erklären sollst. Für wen malst du eigentlich, Genosse, für den Snob oder für solche wie uns?«

Voss, in unbeirrbarer Gelassenheit, grinste und sagte: »Gerade der ... Er versteht es vielleicht schon besser als du.«

Die Antwort verärgerte Jansen noch mehr. Da er ihre Vorgeschichte nicht kannte, nahm er sie als intellektuelle Überheblichkeit. Er stieß Balla vor das Bild auf der Staffelei. Ein Maurer hockte auf einer Leiter und hielt eine Zeitung, die eingeklebt war, auf seinen Knien. Eine Hand hatte er mit der Zeigefingerkante an die Nase gelegt, beschirmte mit ihr den Mund und schien irgend jemandem eine Nachricht zuzurufen, die er soeben gelesen hatte. Die Leiter, wie aus der Perspektive ersichtlich, befand sich in schwindelnder Höhe.

Jansen drängte den Brigadier: »Rund heraus, keine Scheu. Vergleich mal die Hände mit dem Gesicht.«

Balla fühlte, daß die Kritik des Ersten Sekretärs berechtigt war. Katrin Klee hatte Voss gegenüber stets dasselbe bemängelt. Andererseits jedoch wollte er den Maler nicht enttäuschen. Er wußte, wie sehr sich Voss mit der Kunst quälte.

Er suchte nach einer List. Er entsann sich des zweiten Krans, den er einmal vermißt hatte, und strengte sich an, unwissend wie damals zu erscheinen. »So hoch auf der Leiter ... Und Zeitung lesen ... Widerspricht völlig den Arbeitsschutzbestimmungen.«

Weder Voss noch Jansen hatten mit dieser Erwiderung gerechnet. Sie waren beide verblüfft und stöhnten, jeder aus anderen Gründen.

Balla nutzte die Gelegenheit und verschwand.

(...)

Zwei Tage später setzten die Rapids Wimpelketten. Von den Zinnen wehten rote Fahnen. Die Zimmerleute hatten sich herausgeputzt, Hüte wie Segel, schwarze Samtanzüge und blitzende Perlmuttknöpfe. An den Westen baumelten die Gehänge mit dem Bundgeschirr. Die Sonne glühte, aber jeder schwitzte lieber, als daß er sich von einem der Galastücke getrennt hätte, bevor der Richtspruch geprostet war. In der Baubude stapelten sich die Bierflaschen säckeweis. Der Einfachheit halber hatte man die Getränke mit Dumpern herangefahren, deren Wannen mit Holzwolle gepolstert worden waren.

Gewerkschafts-Salomon, Bleibtreu, der Horrath vertrat, Trutmann und als Bauherr ein Direktor aus den Chemischen Werken, die alle auf das Gelingen der Chemikalienstation anstoßen wollten, steckten in weißen Hemden mit gestärkten Kragen.

Der Oberbauleiter trug eine prallgefüllte Aktentasche. Jeder, der sie anblickte, hörte darin ein nichtvorhandenes Rascheln und Klimpern, ahnte Stöße Papiergeld und Aktivistenmedaillen. In den Gewerkschaftsgruppen war Wochen zuvor schon darüber beraten worden.

Richard Trutmann, vor Aufregung rot geplustert, sagte zu Balla: »Es ist nun beschlossene Sache, lieber Kollege, wir beide werden das Vergnügen haben, in der nächsten Zeit unmittelbar zusammenzuarbeiten. Rauh aber herzlich, was?« Wohlgelaunt und gönnerhaft zwinkerte er mit den Augen. »In einigen Tagen gehen Sie mit Ihrer Schicht hinüber nach Schkona zwei …«

Balla hoffte, mehr zu erfahren, fragte: »Wo wird es denn sein?« Trutmann sagte: »Am Kraftwerk, an den Rohrbrücken oder an der Krackanlage, alles Objekte, an denen wir die komplexe und industrielle Bauweise fortsetzen werden und die mir wegen ihrer Bedeutung persönlich unterstellt wurden.« Er wagte einen seiner plumpen Witze: »Petrolchemie, alles wird gespalten, verstehen Sie, das Erdöl im Krackverfahren und die Schichten vom Wasserwerk in der sozialistischen Hilfe …« Er lachte.

Balla stöhnte, nichts war entschieden. Er entdeckte Hesselbart, der in einiger Entfernung verharrte und still das Treiben während der letzten Stunden verfolgte. Auch der Bauleiter wartete noch immer auf einen verbindlichen Bescheid. Balla erkundigte sich für ihn:

»Und die Ingenieure?«

Trutmann winkte ab. »Inzwischen ebenfalls beschlossene Sache und vom Kombinat genehmigt. Einer muß ja hier den Ausbau leiten. Und das Fräulein würde uns jetzt wohl ohnehin nichts nützen.« Wieder lachte er.

Büchner drängte. Balla ging mit ihm in den Sägeschuppen, die Richtkrone zu holen. Trutmanns Auskünfte befriedigten ihn nicht, sie verhießen nur andere Vorgesetzte. Wenn Balla auch einsah, daß die Chemikalienstation nicht ohne Bauleiter bleiben konnte, solange nicht der letzte Ziegelstein verputzt war, so bangte er dennoch um den Abschied. Mit Hesselbart und Katrin Klee hatte er sich eingelebt, keinem war es leichtgefallen. Er fragte sich, wie lange es dauern würde, bis sich der Ingenieur wieder an einen fremden Brigadier gewöhnte. Am meisten aber beunruhigte ihn, daß Trutmann erneut der Entscheidung ausgewichen war, keine Wahl getroffen hatte: Rohrbrücken, Kraftwerk oder Krackanlage … Allein die Ungewißheit schien gewiß zu werden, sie bitterte bereits die Freude dieses Tages. Eine sozialistische Hilfe ohne vorausbestimmtes Ziel würde Balla verweigern, das schwor er sich.

Sie schleppten die Richtkrone an die Kalkmilchbehälter. Der Turmdrehkran glitt heran, seine Glocken schellten zum allerletzten Mal. Das Gestell wurde eingehakt, das Drahtseil riß es höher und höher. Das Laub der Birken schillerte in der Sonne, die Bänder flatterten im Wind.

Balla und Büchner erklommen die Treppen im Innern des Bauwerks. Der Alte mühte sich und keuchte, schwatzte aber trotzdem: »Das laß ich mir nicht nehmen ... Einmal, in den zwanziger Jahren, an einem Hochhaus von zwölf Stöcken war's. Statt 'ner Krone hißten wir 'nen Besen. Die Bauherren waren knickrig und hatten uns ausgenommen. Den Besen tauchten wir zuvor in Jauche. Unsere Rache sozusagen ...« Balla hörte nicht hin. Er erreichte den Rand des Turms und schwang sich auf das Gerüst. Er hakte die Krone aus, der silberne Arm des Krans schwenkte geräuschlos um. Büchner lehnte die Leiter gegen den Pfahl, stemmte sich gegen die Holme, damit sie nicht rutschten. Balla lud sich die Krone auf, drückte sich mit dem Rücken gegen die Sprossen und schob sich vorsichtig von Stufe zu Stufe. Die Last zerrte, der Wind aus der Höhe verfing sich im Laub und rüttelte an dem Gestell. In der Tiefe lauerten die Zimmerer und Maurer, die Hälse gereckt, die Gesichter gelb und glänzend wie Tropfen Honig in einer geöffneten Bienenwabe. Balla klemmte die Sprossen unter die Kniekehlen, rief Büchner sein »Achtung« zu. Mit einem Ruck riß er die Krone über den Kopf und warf sie auf die Pfahlspitze.

Die Leiter schwankte, die Arme zitterten, von unten herauf erscholl ein Jubelschrei. Balla nahm sich Zeit, die Speichen und Bögen der Krone zu vertäuen. Er blickte weit in das Land hinein, über Schkona hinweg, über die Fabrikhallen und Baustellen, bis zu den Türmen ferner Städte. Die Erde war seltsam entrückt, das Holz zweier Sprossen ihr letzter Halt. Die Ebene wogte im Korn, Waldgewöll verdunkelte die Flüsse, der Himmel spannte sich blau.

Das Gefühl, in der Höhe zu sein, ergriff ihn. Er schaute von ihr herab wie in ein Tal, sein Leben lag plötzlich vor ihm. Er sah auch den Harz und die Ostsee, Talsperren, Eisenhütten und Häfen. Überall hatte er Schalungen gestellt und Wände betoniert, nirgends hatte er geschludert, nie hatte er sich seiner Arbeit und seiner Hände zu schämen brauchen. Eine ganze Stadt hatte er in den Jahren errichtet, ein ganzer Staat gehörte ihm, denn er hatte mitgeholfen, ihn zu enttrümmern und neu aufzubauen. Er atmete tief, nahm die Lungen voll Wind, riß den Hut vom Kopf und winkte der Erde zu.

Damals in Rostock hatte er nur davon geahnt, hier erkannte er seinen Weg mit aller Deutlichkeit: die Spur der Steine, die er durch das Land gezogen hatte.

OTTO JÄGERSBERG
Weihrauch und Pumpernickel

Vierundzwanzigstes Kapitel
Kompressor oder so

So sehr Maria Holtstiege ihren Mann auch bedrängte, Georg weiter in die Schule zu schicken, der Bauer blieb störrisch: »Der Junge hat genug Zeit vertrödelt.« Georg war in die Stadt gefahren, hatte sich von einer Fabrik einstellen lassen, und zu seiner Mutter sagte er nur, daß sie ihn früh wecken und einen Henkelmann bereitstellen sollte. Am nächsten Morgen fuhr Georg mit dem Fahrrad zur Arbeit.

Er meldete sich beim Personalchef, der stellte ihn dem Vorarbeiter vor und zeigte, wie Georg mit der Stempelkarte umzugehen hatte. In eine kleine Kabine konnte er Mütze und Tasche legen, den Arbeitsplatz wies man ihm zwischen zwei Frauen an. Auf einer langen Werkbank waren in regelmäßigen Abständen Schraubstöcke montiert. Unter der Bank lag in Kästen das Werkzeug. Der Vorarbeiter, er hieß Naff und wollte auch so angeredet sein, »Bitte nicht Napf, Naff ist mein Name, ff hinten, wie bei verzweifelt pforne; und wie heißt du? – pforne mein ich –, Georg, sehr schön«, sagte zu den Frauen: »Er heißt Georg!«

»So'n Junger noch«, sagten die Frauen und lachten.

»Hömma zu Schorsch«, sagte Naff, »kuck di dat an, krichs' schon kein' krummen Puckel von'ne Maloche«, und er zeigte ihm, was zu tun war. Aus zwei vor ihm hingestellten Kästen hatte Georg aus dem linken ein kleines quadratisches, an zwei Seiten durchlöchertes Messingteil zu nehmen, auf das er ein Röhrenteil schrauben mußte, das in der anderen Kiste lag. Die Dinger hießen Doppelkugel-Ventilsitze mit Abstandstift. »All Kind hat'n Namen, kümmer dich nich' rum«, sagte Naff und schraubte ein Messingteil in den Stock, klemmte den Abstandstift in die dafür vorgesehene Öffnung und zog mit dem Schlüssel nach.

»Kapiert?« Georg nickte.

»Dann man tau«, sagte der Vorarbeiter und verschwand.

Die zusammengeschraubten Teile schob Georg der rechts neben ihm stehenden Frau zu, die in das noch offene Gewinde des Röhrenteils ein Gummiplättchen legte und ein weiteres Verbindungsteil aufschraubte.

»Wozu sind die Dinger«, fragte Georg. Die Frau wußte es so genau auch nicht, Kompressor oder so, sei ihr auch egal.

In der Montageabteilung arbeiteten hauptsächlich Frauen. Die Männer standen im hinteren Teil der Halle vor klappernden Maschinen, in denen Rohteile geformt, gesägt oder gefräst wurden. Der Vorarbeiter ging durch die Reihen der ölverschmierten Männer, griff geschliffene oder gedrehte Metallstücke, die die Maschine ausspuckte, maß sie mit der Schublehre und verglich die Zahlen mit denen auf einer Tabelle.

Die Frühstückspause dauerte fünfzehn Minuten. Die Arbeiter setzten sich an einen langen Tisch zwischen Halle und Aborten. Belegte Brote wurde ausgewickelt. Andere Männer schnitten sich Brot mit Taschenmessern und belegten mit Wurst. Es wurde dazu Bier oder Milch getrunken. Georg erfuhr von seinem Nachbarn, daß die von ihm montierten Dinger Schrägsitz-Rückschlagventile hießen und für Druckfilter benötigt wurden. Der Nachbar bediene eine Maschine, in der das Gewinde für den Abstandstift gedreht würde. Und wie lange er das schon mache, fragte Georg. Der Mann stopfte sich noch schnell den Rest des Brotes in den Hals, ehe er antwortete. Obwohl Georg speichelnasse Brotkrumen ins Gesicht flogen, verstand er nicht.

Es wurde wenig gesprochen. Niemand erkundigte sich nach Georgs Woher. Eine schweigsame Doppelreihe sich bewegender Kiefer und Kehlköpfe. Aufschnappen der Bierflaschenverschlüsse. Schmatzen. Rülpsen. Das surrende Pfeifen der leerlaufenden Maschinen.

Die Frauen saßen getrennt von den Männern, an einem nicht sichtbaren Tisch. Drei Ausländer standen abseits, rauchten und tauschten Photographien aus. Je fünf Arbeiter teilten sich eine Bild-Zeitung. Sie tippten beim Austauschen der einzelnen Blätter auf ihnen wichtig erscheinende Nachrichten, murmelten auch dies und das. In den noch verbleibenden Minuten der Pause teilten sie denen, die nur das Zeitungspapier von ihren Brotpaketen gelesen oder nur dagesessen hatten, die Neuigkeiten des Tages mit: Volksrente für alle, Grippewelle in Kaufbeuren, Tony im Sporthemd, Bild-Zeitung fordert besseres Wetter für Berlin, Soraya wieder allein, Uwe hoch in Form, deutsche Frauen in Australien beliebt, Chruschtschews Faust im Nacken ist genauso wenig Freiheit wie Stalins Schuß ins Genick, Sparkassenraub in Recklinghausen.

Als das Klingelzeichen ertönte, war man sich einig, daß die Todesstrafe wieder eingeführt werden sollte. Georg dachte an die deutschen Hausfrauen in Australien, sah sie Bumerang schmeißen und Känguruhs braten.

Bis zur Mittagspause hatte Georg dreihundert Teile zusammengeschraubt. »Na bitte!« sagte die Frau neben ihm.

Die Arbeiter verließen die Fabrik mit Mahlzeit-Grüßen. Georg setzte sich auf eine Bank und löffelte im Henkelmann.

ROBERT WOLFGANG SCHNELL
Geisterbahn. Ein Nachschlüssel zum Berliner Leben

Da saßen die beiden.

Man konnte ihren Gesichtern nicht entnehmen, ob sie über irgend etwas nachdachten oder in das Loch gefallen waren, in dem es keinen Boden, keine Wände, keinen Himmel und nicht oben und nicht unten gibt. Schließlich holte Hassenkamp eine alte zerfetzte Brieftasche aus dem Rock. Er schob sein Bier mit der linken Hand beiseite, um die Tasche vorsichtig hinlegen zu können, nachdem er den Tisch mit dem Rockärmel gesäubert hatte.

»Du faßt das an wie die Bibel«, sagte Märchen grinsend. Aber er wollte wohl nur etwas sagen, sein Gesicht war ganz unbeteiligt an dem Grinsen.

»Is wichtjer wie det Heilje Buch, jloob mir det. Wollte dir wat zeijen.«

Er legte alte Papiere, Rentenbescheid, Postkarten und beschmierte Zettel beiseite, um an eine Seitentasche zu gelangen, aus der er ein an den Rändern zerfetztes, schon braun gewordenes Zeitungspapier herausholte. Die Bruchränder hielten kaum noch zusammen. Er schob Märchen den Zeitungsfetzen hin.

»Hier, det mußte lesen«, sagte er. »Ick traf in der schlechten Zeit eenen Zeitungsschreiba, dem ick wat von mir azehlte. Da hat er det draus jemacht. Lies det und dann fraje ick dir, wat nu Schicksal is, von dem dein Vata dir wat weismachen wollte. Der hat det so jeschrie'm wie ick ihm det damals azehlt hatte.«

Ewald machte seine Brieftasche wieder zu und steckte sie sorgfältig weg. In kleinen Schlücken trank er sein Bier und beobachtete, während Märchen las, aufmerksam dessen Gesicht.

Aber Märchen achtete darauf, daß sich beim Lesen keine seiner Regungen auf dem Gesicht abzeichnete.

Er las:

STEINBRUCH

Ich habe gerne im Steinbruch gearbeitet. Wenn die Brocken die Schütte hinunter in den Lastkahn kollerten, legten wir die Arme gegenseitig über unsere nackten schweißnassen Schultern und pfiffen ihnen nach. Der Meister stieß mit der Brechstange den Takt auf dem Boden. Da stand meist ein blauer Himmel drüber, und wenn die weißen Wolken vorbeizogen, dann legte der Sprengmeister die besten Brocken bloß. Für den Eisenknüppel hatte ich auch noch eine andere Verwertung. Wenn die verdammten Streikbrecher von der Christlichen Gewerkschaft oder die Nichtorganisierten morgens zur Arbeit gehen wollten, dann stand ich schon an der Haustür. Den Knüppel in der Hand stand ich einfach da. Dann waren sie mit ihrem Henkelmann schnell wieder oben, blieben bei ihrer Mamma zuhaus. Ich war ein Kerl wie ein Baum und wurde schnell berühmt. Wir klebten nachts verbotene Plakate, und dem Polizisten, der uns daran hindern wollte, stülpte ich den Leimeimer über den Kopf. Er rieb sich noch die Brühe ab, die ihn immer klebriger machte, da waren wir schon über alle Berge. Diese Szene wurde später von Agitprop gespielt. Da haben die Kollegen getobt und »Ewald! Ewald!« gerufen, und ich bin auf die Bühne getreten und habe mich verbeugt. So hatte ich hinlänglich demonstriert, daß ich kein Freund der Polizei war. – Im April 1933, ich hatte mich seit Februar bei einem Onkel in der Laube verborgen, bekam ich den Auftrag, einen Koffer mit Flugblättern im Kölner Dom im Mittelschiff an die vierte Bank links zu stellen. Er sollte um zwanzig nach zehn hingestellt und zwei Minuten später von jemand anderem, den ich auch nicht kannte, wieder abgeholt werden. Als ich aus dem Dom heraustrat, vom brennenden Sonnenlicht geblendet, kamen zwei Männer auf mich zu. Eine halbe Stunde später hing ich in einem leeren, fensterlosen Raum, von einem Scheinwerfer angestrahlt, mit den Beinen an der Decke. Mit einer Hundepeitsche schlugen sie auf mich ein, aber aus mir war nichts herauszuholen. Zehn Jahre Zuchthaus bekam ich wegen »Vorbereitung zum Hochverrat«. Ich habe während des Prozesses getan, als ob ich an ihrem Theater nicht teilnähme. Im Zuchthaus lernte ich Tischler. Ich habe gehobelt, daß die Späne nur so flogen. Immer ranklotzen! hab ich mir gedacht, obwohl mich die anderen deshalb verachteten. Mir ging immer durch den Kopf: das ist die einzige Möglichkeit zu überstehen. Was sollte der passive Widerstand hinter den Zuchthausmauern? Dann brachten sie mich nach Buchenwald, und ich mußte aus rohen Brettern Betten zusammenhauen, und Tische und Stühle und Bänke. – Sie machten ihren Krieg und steckten mich in das Bataillon 999. Wir mußten Minenfelder räumen. Bei dieser Arbeit konnte ich in Rußland desertieren. Dann machte ich später die Einnahme von Danzig mit. Als Koch bei der Roten Armee. Diese Einnahme war wie ein Fest. Wir eroberten nämlich dabei einen Schuppen, in dem Hunderte von Akkordeons für die deutsche Truppenbetreuung lagerten. Jeder nahm sich so ein Ding, und die blutende Stadt röhrte und brummte und sang wie ein riesiger kaputter Kreisel. Es war so warm, daß ich nur mit Hemd und Hose bekleidet durch die Stadt ging. Ich sah ein riesiges Lager mit deutschen Gefangenen. All diese dummen Jungs, die besinnungslos mitgestolpert waren und ängstlich guckten, weil ihnen eingetrichtert worden war, die Gegner wären eine Art von reißenden Tieren. Sie taten mir leid, weil sie so schreckliche Angst hatten. Ich ging zurück in meine Unterkunft und holte ein Brot. Wir hatten auch nicht genug davon, aber sie taten mir leid in ihrer Dummheit, daß ich zurückging und ihnen das Brot über den Zaun warf. Dabei wurde ich von einer Wache geschnappt, und weil ich kein Wort russisch konnte und dazu noch deutsch sprach, nahm der Towarisch an, ich sei ein ausgekniffener Gefangener und hätte mir die russische Hose gestohlen. Er hörte mich überhaupt nicht an, zog mir die Hose aus und steckte mich in der Unterhose zu den anderen Gefangenen. Auf dem langen Weg nach Rußland ins Lager machte ich mir die Füße kaputt und bekam Brand. Da mußten sie mir das Bein abnehmen. Nach der Operation erzählte ich dem Arzt meinen Fall, und alles wurde notiert. Notdürftig humpelte ich mit meinem Stumpf, zwischen zwei Kistenbretter gebunden, herum. Die Unterkünfte mußte ich sauberhalten. Nach zwei Jahren war die Bürokratie soweit: es kam ein Offizier und holte mich ab. Ich bekam ein passendes Holzbein, dasselbe, das ich jetzt noch habe, und wurde entlassen. – In Frankfurt an der Oder bot man mir an, in einer Stadt in Sachsen Polizeipräsident zu werden. Aber ich dachte: du hast nicht den ganzen Salat überstanden, um das zu werden, was du in deinem Leben immer am meisten verabscheut hast. Ich wollte zu meinem Steinbruch, obwohl ich wußte, daß ich ganz unbrauchbar für ihn geworden war. So kam ich wieder nach Hause, und da sah ich, daß kein Mensch mehr Steine brach. Alle holten nur noch Kartoffeln und brannten Schnaps. Und das machte ich dann auch. – Mit meiner Haftentschädigung hatte ich großes Theater, weil ich Kommunist war, und später gaben sie mir keine Sonderzuteilung Kohlen und nichts. Ich hatte das Verbrechen begangen, als Genosse während der Blockade meine Lebensmittel im Ostsektor zu holen. Und da habe ich mir gesagt: So, jetzt tust du nichts mehr! Sollen die mal aufbauen, die alles kaputtgeschmissen haben. Da schloß mich die Partei wegen »Inaktivität« aus. Bei einem Kellermeister habe ich noch Gelegenheitsarbeiten gemacht: Weinflaschen in die Regale gelegt, nach Jahrgängen geordnet. Dann hat mich der Besitzer entdeckt, als ich ein Fläschchen gepichelt habe. Es war wohl der falsche Jahrgang, den ich genommen hatte, denn er entließ mich fristlos. Ein Rechtsanwalt half mir, Rente zu bekommen, und dann traf ich in der Kneipe die beiden Frauen, die mich aufnahmen. So habe ich also in meinem Leben zwei Lastkähne Steine gebrochen, wenn man sie alle auf einen Haufen legen würde. Soviel wären es vielleicht. Und einen Weinkeller geordnet. An was anders haben sie mich nicht rangelassen. – Früher hatte ich mal eine Braut, zur Ehe ist es nicht gekommen. Als ich aus dem Lager und dem Krieg wieder zurückkam, gab es die Braut nicht mehr. Das Mädchen ist in einem Keller zerbombt worden. Jetzt sammle ich Schalen für eine Schweinemastanstalt. Hoffentlich werden die Tierchen fetter als ich.

Märchen reichte ihm das Papier wortlos zurück. Er vermied, Hassenkamp anzusehen. Seine Geschichte mit Lanka erschien ihm auf einmal albern.

»Is ooch en Schicksal, nich? Weeßte, mit dem Koffa bin ick janz alleene freiwillig losjejangen.«

»Ewald, ich kann nicht mehr hier sitzen. Laß uns weitergehn.«

»Schon gehen?« fragte Sputnik beim Bezahlen. »Willste jetzt malen oder ein Gedicht schreiben?« Und er lachte wieder sein Zwergenlachen.

Aber keiner von beiden ging auf sein Gerede ein. Sie standen auf und gingen die Oranienstraße hinunter.

Als sie in die Gitschiner kamen, die von der Hochbahn überspannt ist, stieg über den Eisengerüsten klein der Mond herauf.

»Es hat keinen Sinn«, sagte Märchen. »Wir sind wie die Flaschenschiffe der Matrosen:

Segeln im verschlossenen Rund,
nie eine Welle,
immer offene Sicht
und doch kein Vorwärtskommen.«

»Det Leben is wie son Kind.« Hassenkamp legte seinen Arm in Märchens. »Et kann imma noch wat draus wern.«

Wolf Biermann
Berlin

Berlin, du deutsche, deutsche Frau,
ich bin dein Hochzeitsfreier.
Ach, dein Hände sind so rauh
von Kälte und von Feuer.

Ach, deine Hüften sind so schmal
wie deine schmalen Straßen.
Ach, deine Küsse sind so schal,
ich kann dich nimmer lassen.

Ich kann nicht weg mehr von dir gehn.
Im Westen steht die Mauer.
Im Osten meine Freunde stehn.
Der Nordwind ist ein rauher.

Berlin, du blonde, blonde Frau,
ich bin dein kühler Freier.
Dein Himmel ist so hundeblau.
Darin hängt meine Leier.

Volker Braun
Unsere Gedichte

Laßt sie ihre Verse brechen und bündeln für die Feuer des Nachruhms!
Laßt sie blumige Reime montieren als Wegzeichen in ihre Wortsteppen!
Unsere Gedichte sind Hochdruckventile im Rohrnetz der Sehnsüchte.
Unsere Gedichte sind Telegraphendrähte, endlos schwingend, voll
                                                                             Elektrizität.

Unsere Gedichte sprossen wie Bäume mit tausend Wurzeln im Geheim-
    niskram des alten Erdballs und zweigen in tausend Aussichten.
Unsere Gedichte sollen uns Wiesen zeigen unter den Brückenbögen
                                                der Gedanken.
Unsere Gedichte sollen die Träume der Nächte aufnehmen in die
                                Wölbung des Himmels.
Unsere Gedichte sollen die Schauer der Angst von der Haut jagen.
Unsere Gedichte sollen die Brüste mit Sonne panzern.

ERICH FRIED
Gegengewicht

Das Gedicht
wird richtiger
Die Welt
wird falscher

Ich streiche
das Unnötige
Das Nötige
wird deutlich

Die Welt streicht
das Nötige
Das Unnötige
wird verschwommen

Die Welt
macht mir Angst
Sie ist schwächer
als ein Gedicht

Helmut Heissenbüttel
Gedicht über Gefühl

aufgefüllt ungewiß dessen von symptomatischer Unruhe
durchgeschnitten durchschnitten die Übersetzung der Ungeduld in Aktion Ziel enttäuscht zu werden unbegrenzt hin-
gehaltene Position vorläufiger Zustand Lust vorläufig zu-

zustehn wegbewegend so unermüdlich rund rund drumrum um das Wiederhersehende Spekulation Anlasses ob
selbst es sicher gewiß ungewiß sein nicht rettbar mit vollem
Willen archaische Reime Geräusch des Rasenmähers jetzt

sich entfernend unvorbereitet darauf daß unvermutet verzweifelt geduldig ausgehängt über sich selbst hin und her
drehend es hoffend und es zufrieden daß niemals Genauig-
keit hinter beschlagenen Scheiben Farbverwischung der

Bäume oliv zu rost deutlicher werdende Zeichnung Gewirr von Richtungen blaugrau vor weiß Häuser im Nebel
graues Mauerstück lila Nelke Qualle aus Nebel darüber
hin geschrieben Schichten aus Leuchten Dunkelzungen

ins Gelbe gehängt bewegte Punkte daß alles gespiegelt sich
umdreht Gewißheit was weg ist verloren der Wiederkehr
Abhang die Spekulation es zufrieden weg weggezogen ver-
dünnter sich dehnend Fortsetzung und ohne Zuversicht

Fortsetzung ein Auge nah das andre weit weg ganz nah
weit weg ganz nah dies daß ganz nah weit weg rund drumrum rundrum drumrum getrennt ganz nah weit weg ganz
nah angefaßt eingefaßt gefaßt und runddrumrum ganz nah

weit weg weit weg ganz nah denn übermorgen bedeutet
übermorgen und sonst garnichts zweite Person Singular
Präsens und sonst garnichts zweite Person Singular Akku-
sativ und sonst garnichts sonst garnichts und sonst garnichts

Franz Mon
sehgänge

textpläne

schreiben dem leser vor, in welchen schritten er sich zu bewegen hat, welche konsequenzen zu ziehen sind, welche sätze von einem gegebenen ansatz aus möglich sind. ihre ordnung erscheint zwingend. gewohntere ordnungen werden zu ihren gunsten außer kraft gesetzt. sie ziehen die eingeübten bedeutungen der wörter an sich, ohne daran zu drehen, und entblößen sie bis zur blendung: es gilt endgültig das letzte wort; hier ist die grenze.

  links steht das wort links
  rechts steht das wort links
  links steht das wort rechts
  rechts steht das wort rechts
  (dann stand das wort steht
  da steht das wort steht
  hier steht das wort hier)

(...)

ein tier ist kein tier, ein tier ist eine fliege, eine gans, ein zebra, eine ratte.
eine ratte ist keine ratte, sondern eine wasserratte.
eine wasserratte schwimmt, läuft und klettert. eine wasserratte ist ein obelisk, auch wenn sie schwimmt, läuft und klettert.
ein obelisk schwimmt, läuft und klettert nicht, denn er ist keine wasserratte.
die wasserratte ist der einzige obelisk, der schwimmt, läuft und klettert.
eine wasserratte, die senkrecht in der sonne steht und mit ihrem schatten die stunden unterscheidet, ist kein obelisk, auch nicht wenn sie aus porphyr gemeißelt ist und ihre schnauze genau in den zenit reckt.
ein obelisk ist eine fledermaus, mag er auch bewegungslos im licht stehen und seinen schatten um sich laufen lassen.
die fledermaus schläft senkrecht hängend tagsüber und sieht das licht nicht.
ein obelisk, der eine fledermaus ist, fliegt nur in der dämmerung. er sieht mit den ohren und nährt sich von kieseln und körnern in der luft.
eine fledermaus ist nichts weiter als ein weg in der luft.

Jürgen Becker
Felder

1 ist der Mond nun auf(?)   fahr ich hoch im Bette sitzend
und ich kratz mich gleich noch tot; indes unsre Sonne, sozial
gesinnt, ist schon totaler denn ihre Verfinsterung in dieser
knochenfahlen Frühe; na; so gegens schräge Licht zu blinzeln
auf der Hut und steh!: haut dir einer drauf sonst und bedient
und bescheuert weiß ich nicht wer und mit wem in meiner
Dämmerung

2   auf
zwei Beine zack und stehend inmitten von was und fragend
nach Wetter und Tag voll Traum noch schabend waffenfarben
das Kinn in Gewohnheit und Sorge um die Folgen lässiger Sorge der Haut der Pflege auf der Hut nein auf dem Kopf schon
wieder diese herbstlichen Symptome ab heute nie nicht wieder
punkt beginnend der Sägen Kreischen da unten in dem Bauvorhaben und oben da los saugend Sisal und Haargarn mit pünkt-
lichster Sorgfalt wie Kuniberts Geläut und hahnaufrauschend
das köstlichste Chlornaß nein wie perlend über und über zie-
hend das neue Perlongefühl aktiviert und getaftet getestet ge-
gurgelt beginnend gemahlen gefiltert nun heute mal diesen
schrill in der Mischautomatik au drüberverschüttend heiß von
der Platte auf Drei und puuh pustend auch das noch von
gestern altbacken und schimmlig geschwefelte Pülpe mit Farb-
stoff plus Ameisensäure im Stehen und kauend noch kalt noch
trüb noch kauend und ungewiß kauend im aufrechten Morgen
kauend im Kalten noch im trüben

3   Röhrenlicht / ja, Geld und
Zank, es hat dies Nacht kein Frühling gegeben, viel Dunst und
Zweck hats, nein, viel *Briefe flogen über die Stadt in der Nacht*,
na gib schon her, Verwendung und Vermerk, weiter, weiter,
wohnen wir tapeziert?, sind rückständig Gebühren?, Rede-
schulgedächtnis, denk und sing, nie schöner war dat Kawwer-
görl, reib nich dran ich flamme nich, weiter, wie ich es nennen
möchte was, so leicht vom tisch, den sachverhalt, indem man
die gestalt der ränder, dem zufall, zur entscheidung, ferner,
fort, wenn flächen größer werden,

4   und jedes aber auch jedesmal, wie Ratten, die bissen ins Herz,
wenn die Schelle wie irre losging, losflatternd, noch sich stillen
noch fangen ließ, starr, starr ohne atmen zu üben stand ich in
der plötzlichen Ruhe, nein, keine Gewißheit noch Erwartung
noch vorbereitete Antwort, wer sollte schon gekommen sein
außer dem regelmäßigen Nichts und Wiedernichts, aber das Regelmaß war täglich veränderbar und jeder Augenblick schrieb
Regel auf Wasser und Widerruf, war da nun einer, der in Blindheit irrend vom Klingelknopf den Trost des Tastbaren erhoffte,
den wollte ich wohl ruhen und altern lassen auf seinem Trost
auf meine Rechnung, nein indessen, unten vor der Glastür
lehnte doch so ein Lederrücken so eines Müllmanns gegen die
Tastatur, in jedem Kabuff also lärmte solcher Alarm, während
die unbeteiligten Hände des gelassenst öffentlich Lärmenden in
ihren Hosensäcken ruhten, wie es ja die wöchentliche Erfahrung wöchentlich bestätigte, womit auch diese Maßnahme anerkennbar wurde als Nutzen und Notwendigkeit und rein
nichts einzuwenden blieb gegen sie, oder wie sollte besser das
gemeine Wohl fahren als mit Bewährung und nach Brauch,
weshalb auch die altgediente Satzung einen jeglichen Haushalt
einbezog in die Exekutive der Art, denn schon die Reinigung
des einzelnen Heizkörpers von seiner braunen Asche zeitigte
allgemeine Folgen von Tätigkeit, die wiederum auch auf den
allerpersönlichsten Klingelknopf rückwirkte und beim Informationsempfänger eine ganz antikommune Verstörung hervorrief, die auch das allgemeinnützige Interesse an der Reinerhaltung des vaterstädtischen Luftraumes nicht besänftigte,
denn jedes aber auch jedesmal, wenn dieser Lederrücken, wenn
diese irre Schelle, wenn dieses Flattern, wenn wie Ratten am
Herz, wenn

5   wuchten Fässer runter in den Keller denn der Bierausstoß hat sich im letzten Jahrzehnt verdreifacht darum sagt
man JA überall an der Theke wurde die Haltung des Braugewerbes belohnt mit Vertrauen während sich die Kosten der
Lebenshaltung im letzten Jahrzehnt um 21% erhöht haben
wuchten Fässer für ein so natürliches Verlangen ob auf dem
Ball ob in der Bar in den Keller denn es stieg um 1% höher als
der Preis der Gerste und wuchten Fässer 20% höher als vor
zehn Jahren in den Keller von Verbrauchern denn gibt es köstlicheres als Durst von Haus zu Haus wuchten Fässer

6   hinab   es
steht   das Fenster ist auf   der Bierwagen unten   ich
unterbreche das Kauen in der Küche   Wirt Martin steht
da   recht kühl   und kucke raus   ist der Morgen
das nächste Faß   Wirt Martin zählt mit   fällt auf den
Sack   ich kucke zu   auf der Straße   der Fahrer rollt
fern bläst ein Kapitän   der Kumpel wartet   das Faß
im Bierkeller unten   fort zur Falltür   ich rieche   Wirt
Martin äugelt   der Fahrer seilt   zum Himmel   das
Faß an   im Gulli   und nickt   pickt eine Taube
und läßt es durch die Falltür   ein Korn auf   den Mief
vom Müll   hinunter in den Keller   der Kumpel pfeift
Sankt Kunibert läutet   die Taube klappert auf   pünktlich   der Fahrer schlürt zurück   zur Andacht   zum
Wagen zum Bier   Wirt Martin sagt   aufjault   mach
voran   der Fahrer sagt   der Staubsauger oben   mach
dir nicht in die Hose   es grüßt uns alle der Kaplan   und
steigt auf den Wagen   die Bracke kracht   und hievt da
rum   das Faß   Wirt Martin   fällt   springt weg
auf die Straße und rollt   ich kucke zu   in die Gosse
die Taube   der Knall   ist weg   ist hell   ich rieche
der Fahrer   das Faß   Wirt Martin   springt fluchend
rollt sprudelnd   springt fluchend   der Kumpel   auf
die Straße   ruft aus dem Keller   in die Gosse   was ist
los   den Mief   das Bier   der Fahrer   Wirt Martin
rinnt   rennt   rennt   ich kucke   fern   aus
zum   dem   zum   Faß   Faß   Faß   bläst
Sankt Kunibert läutet   ein Kapitän   pünktlich   vom
Müll   zur Andacht

7   kauend rumschlurfend fensterschließend runterschluckend
    krümelpickend tasseschwenkend kleinkasseprüfend kopf-
    kratzend kaffeeschlürfend lagebedenkend reinbeißend klein-
    beißend kauend knirschend sabbernd rülpsend augenrollend
    hustend hustend immernochhoffend imzimmernochhockend
    rumbummelnd stiftespitzend seufzend zuwünschend niekrie-
    gend rumkriegend kauend kribbelnd schnipfelnd schluckend
    schlachtplanmachend schlagerbabbelnd schlipsbindend sprei-
    zend pferdesattelnd aufaufrüstend nimmerrostend niemals-
    rastend mitmachend mutmachend miesmachend neinsagend

8 sitz ich im partiellen Schatten hier im ungepflegten Raum mit grauen Wänden und altgehandeltem Gemöbel drin, ja, und es bleibt also dabei mit den Versuchen festzustellen die gewesenen Augenblicke von jetzt, ja, mit den bedrohten Ausblicken über Bauvorhaben und Wohnformationen auf das auf das auf das, ja, auf das Heiligthum aus dem gotischen neunzehnten Jahrhundert, ja, zwischen den vollgeladenen zugeschütteten querverschobenen voll aufgespeicherter restbestehender eingebündelter sammelgebundener und aller solcher und ja, nicht anders als zu andrer Zeit etwa gestern zur selben Zeit in der aufrechten Frühe, ja, und nur dies weiße Papier weiß meine Zukunft noch unwissend wie meine Hand weiß nicht weiter wohin, ja, also sitz ich still und lasse sein und bleiben etwa auch die aufgeschlitzten Briefe von der ersten Zustellung ausbluten ohne Teilnahme und Antwort, ja, und zerreißen die allgemeine Zeitung für deutsches Land in die Fetzen der Ereignisse und des feingeschriebenen Verschweigens der Glossen der stummen blinden Augenzeugen der nicht einmal erkennbaren und pausenlosen Rückschritte im Verhandeln mit dem Staub und dem Schuh, ja zumal im trüben heute und anderswo nicht anders doch anders wohl im hellen morgen zumal ja noch nicht ist und sichtbar zu sagen ja, denn Risse klaffen wie Grenzen reißen wie Klammern brechen wie Reste brennen, ja, macht also keinen Unterschied unter der Hand vor Augen auf der Haut zwischen den Zehen zu spüren das Nagen und Schaben klammheimlich mitunter ja und sage ich ja aus schnarrendem Mund in dieser Frühe, und die zertrümmerten Briefe vermischt mit den allgemeinen Fetzen und Resten von Reden von Festen zuschanden gehandhabt verschandelt zum Lesen und was zum genau ungeheuer genau, ja, nun auf aus dem Schatten hier beim Muffes voll Mauerrissen und Spinnen drin und Hoffnung drin auf den Tag mit Blicken in den papphellen Himmel

Arno Schmidt
Die Abenteuer der Sylvesternacht

3

Dicht am Aurodrom der Bauernmusik – es klang wie eine Übung der Himmlischen Miliz ! / Um die Ecke lugen : lustig wehte, 100 Fuß entfernt, das blaue Eis=Fähnchen über der aufgeplatzten Schenkentür; in ihr der Wirt, rüstig rasselnd mit Schlagbaum= Schlüsseln, König im Kornhaus, Bauern im Bierhimmel; Hopfnungsvolle und Malzcontente.-: »Corambé! Genau wie jüngst bei der Flegel=Henke.«

Lodenhosige Volontaire, die triddelfitzten um self=made=Witwen in netten Halbstiefelchen, die ihre prallen Waden noch schaubarer machten; siebierten & ruminierten. Tauglich gemusterte Knechte, alle den Gonorrhal=Stab in der Marstalls=Hose, und rauhkniege Putzfrauen, erhitzt vom hot, glowing with bjuty and cruelty : er Homo Arraktus, sie Chant=drehte. Kotzütische Greise, einmedallich=lebensgroß, mit venerablen Schnurrhaaren, und zweischläfrige Großmägde, feurige Ringe um die Münder und Buttermilch in den Haaren; der Schnee kirrschte unter ihren Futen, sie bleck= und weiteten. Gewiß, auch stätischere Teilnehmer : er Tarzan von Schneiders Gnaden, sie Gans Miß Celle, und Beide Subscribenten bei Bertelsmann. Unverantwortlich leichgekleidete Handlungsgehülfinnen, mit schicken Shakehändchen, sie zeigtn nach Kräften, was sie nicht hatten; und ambiwitzige Kaffeereisende, ungedolldich auf Globeletten, (man konnte sie für Hochschullehrer halten, hätten ihre Gesichter nicht so intelligente Ausdrücke gehabt). Das Wirtshaus ›Zum Raben & Zuckerhut‹. / : »Komm mit zurück, Jule. In den Schatten dieser Scheune.«; (ehe er noch Stellung nehmen konnte, ging's schon los –) – :

: kauerte hin; hob dü Jardine; und – das ging so schnell, wie beim Dechanten von Badajoz – ›whis !‹ – (»kyk, wie das As bacht !«, Jule, ergriffen. So schlamm wie sie nur cunt. Sah natürlich nicht übel aus in ihren Invisibles; unhörbar umklippert von Strumpfhalterschnällchen. Aber : »Engagier'Dich nich unnötig, Du : Ländliche Schönheitn leiden meist an den gruslichstn ›Flüssen‹. Weil sie im Winter, ohne Gnade unbarmherzich, auf die eiskalten Außen=Klos müssen : da laß den Finger von.«). / Dennoch erschienen, trotz der grimmijen Kälte, schier ohne Pause die Pärchen : Jünglinge, pollen=foll, und wonnefeuchte Mägdlein bibbernd auf Perlon=Röhren; sie sein

Ersdgeschoß, er ihr Firstphal; enero S=Cape : »Waginula blandula; ›über das Kuß= & Kratzrecht im ehemaligen Wendland‹«. (Und von drinnen schlug die Pauke, burenkrieg'risch, den Takt dazu; und der Brummbaß furzte bei jedem drittn Po=Stüber.) / Natürlich zerrissen auch ältere Aboriginale die Stille; Solche, die lediglich abschlagen wollten, oder sich die Beine vertretn. : »Noch'n beetn speeln,« teilten sie sich gegenseitich mit, (meinten ›An=Apparaten= drehen‹). : »Unn morgn wedder in'n Mudd=Gråbm.«. Der bleierne Rauch ihrer Stumpen behellichte uns wie kurzfristige Nasenringe; (›Strafe der Schnüffler‹). / Aber nun erschien's : die berufenste Athanasierin von Hillfeld=Süd, mit dem renommiertesten Bartspalter der nördlichen Dorfhälfte – (»Nun, Herr Dreibein ?«; denn Jule beugte sich vor, wie wenn er dieses Kind wohl auch mal mit dem Bade hätte ausschütten mögen. Beziehungsweise ›sich mit ihr in den Haaren haben‹. – Aber, traun, dort ging es hoch her) : er sturmtroppte die barärschige Berserkerin, die Fratzen kußmetisch verschränkt, (und die Doppeldeckerminuten von Selbst=Lauten); breit bleckten ihre Oberbeine; er schoß sie behänd zwischen Wind & Wasser – und versuchte sich leistenwelk=niederländisch zu erheben, während das unbehoste Mensch nur ein 12=pfündisch Gelöchter ließ. (Es leilachte in den Wölkchen; und der Mond wartete diskret in seinem eigenem Marble Arch, entrance to Hide Park. Worte für ihre Gefühle hatten sie nicht, und brauchten auch keine; kehrten vielmehr unverzüglich zurück zu Lo= & Pokal, Lo= & Pokuß.) / : »Nein ! : *Du* nicht mehr, Jule !«. – / Ein Untererbeamtentyp, der natürlich mit der Taschenlampe fummeln mußte, auch uns anleuchten, folglich mich erkannte, folglich grüßen mußte – obwohl er, es war ihm sichtlich peinlich, den Phall=Staff bereits in der Faust hielt – er entledigte sich schüchtern nur 1 Bruchteils des von ihm hier Beabsichtigten. Grüßte nochmals, zitternd vor Wut; und entfernte sich. : »Bekehrter Filantrof; hat noch nie das Meer gesehen. Er ist bei der Eisenbahn; sie kann kein'n Zug vertragn.« / Ein total ausgemärgeltes Pärchen, (›Er hatte schon den Gift dreymahl nach ihr gesprützet‹); aber sie beschwatzte ihn doch wieder, große Augen am Nasenbug, darunter alle möglichen Lippen : cachez ce sein ! Aber, LES FILLES SONT LIBRES; er wankte lädirt im Jungfraujoch; (und Jule, mitleidig: »Chee=the mort's bite !«. Da mir die basseuse seines mauvais goût nur allzubekannt war, nahm ich von vornherein nicht an, daß er den ›Biß des Todes‹ spüre und darob den ›Mittler‹ anriefe. Sah vielmehr, nachdenklich nickschüttelnd, der taubstummen Begegenseitigung weiter zu.) Bis es Jenem endlich gelang, ihr das letzte Pröbchen vom Innern eines Bullen zu geben. (›Nun wird er sich an Gloms & an Pomocheln laben, CANITZ‹.) / »Genugnun der Fortunatus=Studien; und des Nimmergrüns unsrer Gefühle ?«; (und trostpreisig zu lächeln suchen : ?. Er willichte ein; mit 1 finsteren Nikk aus der Zeit, da die Herren noch Punzenzins erhielten, wenn sie darauf verzichteten, eine Braut im Geburtstagsanzug zu besichtigen. – Also blitzflink auf Weg=Mitte. Dann, würdig schlendernd, vorbei an dem regierenden Bierokraten; der unserer – vom Standpunkt der Übervorteilbarkeit mit Recht (: aber was ist das schon für einer !) – nicht sonderlich achtete : »Neues Ja, Herr Crusius!«.)

Und gelassen nach rechts davonschreiten. Während es hinter uns wumperte; leiser pumperte; und, verhallend, urjahnte :

: ›Ja dashá / ben dieMắd / chen sogérr=ne.
Die imSchtű / pchen & Die / imSa=lóng …‹

WOLFGANG BAUER
Richard Wagner

Drama in 7 Aufzügen

1. Aufzug:
Eine Bucht bei Hongkong. Wagner sitzt mit seinem Freund Villiers de l'Isle-Adam am Strand. Beide trinken Espresso. Mehrere Dutzend Tassen stehen leer in der näheren Umgebung. Auf einer Schildkröte, welche hilflos auf dem Rücken liegt, zischt eine Espressomaschine. Weit draußen tutet ein Dampfer, ansonsten Stille.
VILLIERS DE L'ISLE-ADAM Noch zwei Tassen.

2. Aufzug:
Eine andere Bucht bei Hongkong. Sie ist verwachsener als die vorige und nicht so sandig. Wagner und Villiers stehen bis zum Kopf im Wasser, die Gesichter der fallenden Sonne zugewandt. Am Strand findet sich nun eine kleine Gesellschaft ein, die Musik macht. Bemerkenswert ist ein drei Meter hohes Schlagwerk, welches man mühsam aufgebaut hat, jedoch nicht bedient. Die Instrumente ertönen nicht so, wie man es von ihnen erwarten würde. Es kommt nur zu einem undeutlichen Knurren, in welches Villiers de l'Isle-Adam einstimmt. Wagner hingegen legt sich strampelnd auf den Rücken, und es erklingt die Tannhäuserouvertüre. Jetzt läuft eine

Chinesin herbei, die das Schlagzeug besteigt und wild zu trommeln beginnt. Villiers wirft Wagner einen Blick zu, der bedeuten soll: so eine blöde Gans! Doch Wagner findet herzlich Gefallen an ihr und strampelt noch schnell das Beckmesserpreislied herunter, dem die ambitionierte Chinesin allerdings nicht gewachsen ist.
VILLIERS DE L'ISLE-ADAM *(zu Wagner)* Bitte!
WAGNER Naja ... *(krault an Land).*

Vorhang

3. Aufzug:
Die Bühne ist das Salzburgische. Weiche, tiefverschneite Hänge, die jetzt, kurz nach Sonnenuntergang, blau sind. Schönwetter; am Himmel die Laufmasche eines Düsenjägers. Villiers de l'Isle-Adam ist schon lange wieder in Paris, Wagner tritt also allein auf, in Schneestiefeln und mit einer Sense. Erst schleift er sie mit einem Wetzstein, dann macht er sich rasch an die Arbeit.

Vorhang

4. Aufzug:
Der vierte Akt ist jenen Leuten gewidmet, welche der Ansicht sind, das Wichtigste an Wagner seien seine Opern. Man läßt nun pausenlos und ohne Kommentar sein gesamtes Opernwerk revuepassieren. Abschließend:

Vorhang

(Kurze Zigarettenpause)

5. Aufzug:
Nacht. Eine Bucht bei Hongkong. (Sie ist unweit von den Buchten des ersten und zweiten Aktes gelegen.) *Neumond, auf dem Wasser steht Öl. Wagner ist in Hongkong, dort hält ihn eine dringende Verabredung* (mit dem Gatten der Schlagwerkerin aus dem zweiten Akt) *fest, so daß es ihm bis zum Ende des fünften Aktes nicht möglich sein wird, auf die Bühne zu kommen. Man läßt stattdessen, um wenigstens etwas ins Bild zu kriegen, auf dem Meer einen Fischerkutter vorbeifahren.*

Vorhang

Anmerkung:
Bei »geschlossenen Vorstellungen« (z. B. Krankenkassa, SPÖ, ÖVP, FPÖ, KPÖ, Altersheim, Kindergarten, Selcherinnung etc.), bei welchen meist ein unverständiges Publikum anwesend ist, das sich die Abwesenheit Wagners nicht erklären könnte, empfiehlt es sich anstatt des fünften Aktes folgenden Aufzug 5a einzuschieben.

5a. Aufzug:
Die Bühne ist ein Verkaufssalon der Firma Lloyd.
EIN KUNDE *(auf ein Auto deutend)* Was kostet dieser Wagner ... äh ... äh *(Lachpause fürs Publikum)* ... äh ... Wagen. *(Wagner ist mittlerweile wieder verfügbar, er hat sich vom Gatten der chinesischen Schlagwerkerin rechtzeitig freimachen können, er kommt auf die Bühne gelaufen.)*
WAGNER So, da bin ich wieder.

Vorhang

6. Aufzug:
Ein Gebirgsriver im sprödesten Nordamerika. Ein reißender Fluß. Wagner sitzt durchnäßt und gottverlassen auf einem spitzen Stein. Um ihn gurgeln und peitschen hohe Wellen. Auch Lachse. Beim Aufgehen des Vorhanges scheint er in einer aussichtslosen Situation, zumal man an den Ufern Wölfe und an die 10 000 Apachen bemerkt. Auch kleine Abordnungen der Komanchen und der Sioux treffen jetzt mit wildem Geheul ein. Pfeile werden nicht verschossen. Dann aber kommt rechts ein Ruderboot in Sicht, mit zwei Mann Besatzung. Einer davon ist Hitler, er gestikuliert und brüllt den Indianern zu. Und wirklich, es gelingt ihm, den Großteil wenigstens der Rothäute und Wölfe zum Schweigen zu bringen. Als er dies getan hat, fährt er (nicht ohne noch einen stählernen Blick ins Publikum zu werfen) *stramm und flußabwärts davon. Die Indianer und Wölfe suchen lachend das Weite.*
WAGNER *(erleichtert)* Mein lieber Schwan!

Vorhang

7. Aufzug:
Hongkong. Die Bühne zeigt die Hauptbucht in festlicher Beleuchtung. Alle Menschen und Tiere, die bisher mitgewirkt haben, stehen, hocken und sitzen dicht gedrängt auf der Bühne.

Sitzend v. l. n. r.:
Wagner, Villiers de l'Isle-Adam, die Schildkröte, die Musiker aus dem zweiten Akt, die chinesische Schlagwerkerin mit Gatten, dann alle Menschen und Tiere, welche im 4. Akt anläßlich der Wagnerschen Opern mitgetan haben, daneben der Fischerkutter aus dem 5. Akt (fehlt bei »geschlossenen Vorstellungen«, statt dessen das Verkaufspersonal der Firma Lloyd und der Kunde), *dann die Lachse des nordamerikanischen Rivers, daneben die Wölfe.*
Hockend v. l. n. r.:
Die 10 000 Apachen, die Komanchen und die Sioux, die Bühnenarbeiter, Billetteusen, der Regisseur, der Intendant, der Autor (Bauer), *der Bühnenbildner, die Kostümbildnerin und die Souffleuse.*
Stehend:
Hitler.
Es wird jetzt abgewartet, bis das Publikum jeden einzelnen wiedererkannt hat. Wenn das geschehen ist, fällt mit einem Tusch der chinesischen Schlagwerkerin der

Vorhang

Anmerkung:
Beim Schlußapplaus soll vermieden werden, daß sich alle Apachen, Sioux und Komanchen einzeln verbeugen. Man sollte sich mit einer kleinen Abordnung der Stammesältesten begnügen. Dasselbe gilt auch für die Wölfe und die Lachse.

H. C. ARTMANN
das suchen nach dem gestrigen tag oder schnee auf einem heißen brotwecken

2. NOVEMBER.
Über windmühlen: In Deutschland haben sie alle noch ihre flügel und treiben im wind, in Skane hat man sie ihnen schon lange abgenommen, so sehen sie also aus wie ehrliche riesen, die mit abgeschossenen armen aus dem krieg heimgekommen sind. Die mühle bei Arlöv und die im Königspark in Malmö haben noch ihre flügel, aber wozu bloß? Sie sind gelähmt, kein wind vermag mehr in sie zu gehen und sie treiben ...

Einmal werde ich mit guten freunden eine windmühle in Niedersachsen mieten, um in der nächtlichen mahlkammer zwischen korn und maus eine lesung zu veranstalten. Ich möchte die geschichte von diesem herrn Negenkopp vorlesen, wie er so aus dem wald herauskommt und neun köpfe auf den schultern sitzen hat.

Jedem, der ungerechtfertigt einen anderen erschlägt, sollte dafür ein neuer kopf neben den alten zuwachsen. Teufel, da könnte man allerhand tausendköpfler herumrennen sehn, ganz gleich welcher nation …

Ob in diesen geschichten der teufel selbst auch einmal dem Negenkopp begegnet? Wer fürchtet sich dann vor wem? Tu mir nichts, ich tu dir auch nichts! Ich fürchte mich nicht, ich kann gut rennen! Da ist er gerennt wie ein gereizter! Renn oder ich mach dir füß! Sakrament, gestern seind mir grennt, sonst hättens uns den beutel weckergestemmt [alte handwerksburschen anekdote]!

Was tat der wandernde perlmutterdrechslergeselle als er den herrn Neunschädel aus dem wald kommen sah?

Er ist grennt wie ein schinder …

Herr Negenkopp bleibt immer lord des terrains, außer seinen neun köpfen ist ihm keiner gewachsen. Letzthin sah ich ihn aus der métrostation Blanche herauskommen; ein höchst wunderbarer herr …

Allerlei herren: Herr Hitler, herr Stalin, herr Himmler, herr Korbes, herr Cromwell, herr Buonaparte, herr Iskarioth, herr Zingerle, herr Scipius Africanus, herr Lollonnois, herr Samuel, herr Sternickel, herr Harmann, herr Judas von Tyrol, herr Korbes-Korbes, die herren Denke und Filke, die herren Hare und Blake, herr Nebukadnezar, herr Tamerlan, herr Krampus, herr Wauwau, herr Kinsey, herr Ulbricht, herr Eichmann, herr Kater Carlo, herr Kara Mustaphah, herr Dietrichstein, herr Hammerstein, die herren Messer und Schleifstein, herr Ede Wolf, herr Ganelon, herr Torquemada, herr Korbes jun., herr Polizei, herr Obrigkeit, herr Regierung, herr Mitläufer, die herren Unterläufel und Folgsam, die herren Tugut sen. und jun., herr Kusch, herr Schweijk, herr Sonntag, herr Montag, herr Dienstag, herr Mittwoch, herr Donnerstag, herr Freitag, herr Samstag von Sonnabend, sowie der gute, liebe herr Korbes-Korbes enkel.

Alle herren sind herren, ausgenommen die herren, die keine herren sind, weil sie herren sind.

Jeder sein eigner herr, herr Korbes!

Ich habe nichts hinzugefügt, bloß weggelassen.

4. NOVEMBER.

Ich habe mich heute morgen nicht mehr an meinen in der nacht gehabten traum erinnern können. Später wird er mir gewiß wieder einfallen. Ich kenne alle meine träume, ich sammle sie, versorge sie in der zettelkartei meines gehirnes, woraus ich sie je nach gebrauch wieder hervorhole.

Mein ältester traum: Ich bin sieben jahre alt, mein haus ist eine schneehütte, die etwa wie eine weißgefrorene kaffeemühlenkuppel aussieht, das blut pocht sanft in meinen schläfen. Ich habe mich eben erbrechen müssen, aber das hat gar nicht weh getan, nicht einmal unangenehm, wenn man von der bescherung vorne an der brust absehen will. Ich habe ein eigenartiges warmes gefühl in der mundhöhle, auch das erbrochene an meiner brust ist warm, milchig und dünn. Später im leben werde ich diese eigenartige wärme in augenblicken, in denen es aufpassen heißt, in kritischen augenblicken, wo es not tut, den kopf einzuziehen, verspüren. Das muß die angst sein, die angst, die man nicht haben will, die man sich absolut ausredet, die aber dennoch durch eine hintertüre in den mund steigt, sich darinnen breitmacht, langsam, wie das licht eines sonnenaufgangs in einer morgendlichen talmulde, die angst, die man vor dem tod oder vor dem erbrechen reichlich genossenen alkohols hat. Das blut meiner linken schläfe pocht stärker als das der rechten, als kind liege ich stets auf der herzseite, die linke schläfe im kissen. Tok tok tok ... in sekundenlangen regelmäßigen abständen, wie die melodie eines fallenden schnees. In der schneekuppel muß eine frau sein, sie zeigt sich aber vorerst noch nicht, ich sehe sie überhaupt nie hier am Nordpol, erst später, wohl aber im selben traum.

In der wohnung in der ich zur welt kam, erster stock, Kienmayergasse 43, tür nummer 8, ist die türe zum gang durch eine vorhängekette abzuschließen. Draußen am gang zeigen sich hin und wieder musikanten, feuerfresser, bettler, nachbarinnen mit hochgesteckten zöpfen, sogenannten gretlfrisuren, gefährliche wassermänner, geheimspitzel, soldaten und alte hexen ...

Wo der Nordpol liegt [oder was der Nordpol ist], weiß ich mit sieben jahren, oder bin ich erst fünf oder drei?, ganz gut, ich würde wahrscheinlich sonst gar nicht von ihm träumen. Der herr Franz kennt ihn kaum, er sagt bloß: dort ist es kalt – eine sibirische kälten! Aber er ist ein kriegsinvalid und hat eine falsche hand aus braunem, genietetem leder.

In diesem traum bewegt sich unsre gangtüre plötzlich, die klinke senkt sich langsam, meine linke schläfe pocht stärker als die rechte, ich bin nicht mehr vor der weißen schneekuppel am Nordpol, sondern am küchenfenster, wo mein vater sein schusterbankerl stehen hat, die gangtüre geht auf, aber nur eine spannbreit – die türkette ist ja vorgehängt ... Da sehe ich sie, die alte hex, die menschenfresserin, die trud aus dem schneehaus, die nicht herein kann!

4. November 1925, 1928 oder sonst irgend ein datum.

5. NOVEMBER.

Die alten Australier ritten känguruhs, warfen ihre bizarren bumerangs und konnten an den fingern bis zehn zählen. Sie haben auch seinerzeit die stadt Jericho zerstört. Sie bliesen in muschelhörner, und da fielen die mauern zusammen, die wohnhäuser und öffentlichen gebäude suchten wie spielkarten den boden, aus rauch, staub und grausen trümmern erhob sich der große fisch, der in der see lebt, der wal, und da er gleich einem fesselballon über dem zerstörten Jericho schwebte, raubte und schändete man zehen tage und zehen nächte in seinem schatten, bis endlich Gott die augen aufschlug und die siegreichen Australier nach dem hintersten ende der landkarte warf. Darauf wuchs die rose von Jericho aus der noch warmen asche und wurde später von einem herrn de Rastagnac in verlaufe des ersten kreuzzuges gepflückt, welcher sie sorgsam in seinem sturmgepäck aufbewahrte und nach beendigung des krieges in seine südfranzösische heimat brachte.

Die ersten europäischen jerichorosen stammen aus Albi und kamen um 1500 in den handel.

Czar Ivan der Fürchterliche besaß einige hunderte in einem glashaus des Kremls.

Der churfürst Achilles Casimir von Brandenburg gab unsummen für seltene abarten dieser schönen pflanze aus.

Philipp II. von Spanien jedoch haßte sie so sehr, daß er ihnen regelrechte autos da fé veranstalten ließ.

Nicht so aber Sir Walter Raleigh. Dieser tauschte sie in Virginien gegen tabake ein, und somit gelangt die rose von Jericho in die Neue Welt.

Sitting Bull trug stets ein hübsches exemplar dieses gewächses in der satteltasche mit. Bisweilen roch er daran, was ihm mut und ausdauer zu verleihen schien.

Der ehrliche Abe Lincoln liebte sie [wie alle dinge] herzlich. Wildtöter verwendete sie auf hundert meter entfernung als zielscheibe.

Ambrose Bierce beschrieb sie unter falschem namen.

Edison soll sie in seiner jugend wie salat gegessen haben.
Theodore Dreiser zog jedesmal, wenn er an einer vorbeiging, den hut.
Oscar Wilde steckte sie während seines aufenthaltes in den Staaten gewollt achtlos ins knopfloch.
Zachary Scott schrieb ein sonett über sie.
Donald Duck versuchte sie auf San Antonio-rose umzutaufen, drang damit aber nicht durch.
Humphrey Bogart soll noch einige tage vor seinem tode eine haben kaufen lassen.
Fats Waller hatte bei seinen konzerten ständig eine jerichorose, in einem bierglas schwimmend, vor sich auf dem klavier stehen.
Fidelito Castro aber [während seines nordamerikanischen exils], hatte sie zur blume des cubanischen freiheitskampfes erklärt.
Was Südamerika betrifft, so schenkte sie Perón gelegentlich seinen girl-friends und endlich sagte Pablo Neruda von ihr: Buitre entre plantas, azufre entre aves ... Geier unter pflanzen, schwefel unter vögeln. Ein schöner, wahrer vergleich!
Ich hab heute drei stück per nachnahme bestellt. Ihr lateinischer name ist selaginella lepidophylla, und ich werde eine, wie Giacomo Puccini, am jagdhut tragen.

6. NOVEMBER.
Heute morgen wäre ich beinahe gestolpert und der ganzen länge nach hingefallen. Vor mir lag die ganze welt; ich kann von glück reden, daß ich nicht wie ein ungeschickter lümmel in sie hineinstürzte.
Ich muß mich in vielen dingen sehr in acht nehmen.

KONRAD BAYER
georg, der läufer.

er lief durch die stadt. seine lungen brannten. er keuchte und sein atem war heiss und pfiff so vor sich her. georg, der läufer, war ein unmoderner charakter. ihm fehlte jeder privatbesitz. er hatte keine ökonomische funktion in einer ökonomischen welt. deshalb lief georg seit 29 jahren so vor sich her. so alt war er. »du wirst nicht klüger«, hatte seine mutter gesagt, als er ums haus lief. aber er konnte sie nicht mehr hören, weil er schon um die ecke war.

»wer kommt denn da?« rief der baumeister, bei dem der läufer eine stelle nehmen wollte, um sich sein brot zu verdienen. da war der läufer schon wieder auf der strasse.

nachdem er viele länder und erdteile durchlaufen hatte, lief er auf eine grosse wiese zu. eine dicke staubwolke folgte ihm etwas langsamer. um die wiese sassen und standen viele menschen, die ihre taschentücher schwenkten. aus den augenwinkeln bemerkte der läufer rechts und links weisse schatten, die sich in seiner staubwolke verloren. so gewann er die weltmeisterschaft 1952 über 10 000 meter im olympiastadion von helsinki. aber als man ihm zum zeichen seines sieges den lorbeerkranz um den hals hängen wollte, hatte er die grenzen des landes (finnland) längst verlassen. an seiner stelle wurde der läufer zatopek als sieger geehrt.

thorstein.

in einem armseligen dorfe am fusse des balda jökul erblickte thorstein nicht das licht dieser welt, das viele jahre später brogliè zum gegenstand seiner untersuchungen machte und das sich damals als einfaches nordlicht zeigte, denn thorstein kam nicht zur welt, sondern nach island, und da nur an eine einzige stelle und zwar auf das laken, das vor seiner mutter schoss gebreitet war, und er war blind und schrie.

in dieser zeit sank sein vater getroffen vom schwert des hroar an könig frodis seite auf den estrich. man berichtet, er hätte, als seine augen sich mit dem tödlichen email überzogen, gleichsam lauschend den kopf zur seite gebogen, während ihm das blut aus dem geöffneten nacken sprang.

thorstein wuchs ohne gefährten auf dem hofe des bruders seiner mutter auf. ausser zum essen wurde er nicht gesehen. nach anfänglichen versuchen gab man es auf, sich um ihn zu kümmern. er sprach kaum und wenn, war es unverständliches gemurmel. meist sass er in den ställen, neben dem schweinekoben hockend, und starrte die wand an. allmählich verzichtete thorstein auf das gericht in der stube und frass mit den schweinen. die knechte lachten über ihn, bis er einem den trog voll mit saurem rahm an den schädel warf. thorstein war stark geworden.

es war der fünfzehnte winter seit thorstein mit seinem vater das leben getauscht hatte, als er begann, hölzer vor dem hause zu verbrennen und die mauersteine mit russigen zeichen zu beschmieren. man liess ihn gewähren.

nun fand man thorstein vor dem hause hockend, den plumpen schädel in die fäuste gestützt und die blöden augen fast geschlossen. er betrachtete die wand, ohne je den blick abzuwenden, manchmal den schädel neigend, dann wieder beugte er sich vor, wie um besser zu sehen, um bald darauf in seine übliche haltung zu versinken.
 er schien zu überlegen. so sass er vom morgengrauen bis sich island von der sonne weggedreht, um denen im westen platz zu machen, und starrte in die wand, um manchmal aufzustehen, und einen strich, einen schnörkel über den kalk zu ziehen.

thorstein war ungefähr dreiunddreissig jahre alt geworden, als er aufstand und durch die weisse wand ging, ohne schaden zu nehmen.

Peter Härtling
Niembsch oder Der Stillstand

Fallen Sie mir nicht ins Wort, Kürner, ich bitte Sie, nachher ist Ihnen alles gestattet:
 Ich sollte, damit der Ausgang erkennbar werde, mein Leben explizieren, erlassen Sie mir's, erraten Sie den Hintergrund, ein Teil wird durch alles scheinen, was ich in Bildern und Sätzen bewege. Die Wurzeln meiner Melancholie, Kürner, woraus nähren sie sich? Wir haben Unendlichkeiten gelernt, wohlgeordnet, gepreßt wie Blumenblätter zwischen Seiten: Geschichte, ihre Gesetze und ihre Gesetzesbrüche, Geschichte von Erdteilen, Ländern und Personen – was ficht uns das alles an? Wir fangen manches auf, behalten es, und wenn wir denken, schreiben, ergießt es sich, gewandelt, aus uns, wir staunen über den Prozeß, der sich in uns abgespielt hat, und die Trauer beginnt in uns übermächtig zu werden, daß wir nichts anderes sind als Stimme eines Ablaufes, den wir Geschichte oder Zeit heißen, von den Epochen getaufte Geschöpfe, nicht mehr. Aber ziehen nicht Hoffnungen an uns vorüber, Märtyrer unseres aller Welt verheimlichten Traumes?: sie tauchen wahllos auf den Spielflächen auf und verschwinden wieder, erregen Erstaunen, erheben und vernichten, nicht berührt von den Lefzen der Stunden,

erhaben über alles, was schlägt und bindet, Phantome, die uns erschüttern und befremden, denen Unmenschliches anhaftet, die aber, irgendwann, Menschenstirnen entsprangen; mir ist, als habe es immer wieder welche gegeben, die einen Teil ihrer selbst über sich hinausgeworfen haben, hoch, bis er jene aeternale Zone erreichte, in der die Seele gereinigt wird von dem Aberglauben der Uhr, in der sie nichts empfindet als die Dauer, das Bewegungslose, die gelöste Ruhe eines Allwissens oder eines Nichtwissens, der Stillstand ist erreicht, die Zeit ist machtlos, die Sprache hat es aufgegeben, über Lippen zu springen, die Bilder werden transparent, lösen sich auf. Das Humane verliert seinen Sinn und wird durch nichts ersetzt.

Niembsch drückte Kürner, der zu bersten drohte, sein riesiges Maul zum Sprechen, gar Schreien aufriß, die Hand besänftigend auf den Arm:

Noch nicht, Kürner! Wir werden uns treffen, in dieser Region nicht, sie macht uns frieren, aber vielleicht gibt es einen Zwischenbereich, in dem die Übung, das Unmögliche zu erfassen, bedeutsamer ist denn das Ziel. Wir empfinden Zeit, und es ist Zeit, die uns schlägt. Die Zeit außer uns und die in uns, das reibt sich, Kürner, das will sich nicht treffen, und manchmal klafft es, unsern guten Glauben äffend, auseinander. Was sind sie schon: Meinestunde und Allerstunde, sind nicht beide Hilfen, Bastionen gegen den Ausbruch? Vortäuschungen eines konstruktiven Willens, der sich Gesetzen unterwirft, die seinem Traum widersprechen, nein, mehr noch: die seinen Traum in Schach halten, ihn zwingen, zu bauen, was er einreißen möchte. Öffnet sich hinter beiden Bewegungen, die wir Zeit nennen, Strömen, die uns mitreißen, oft gegen unseren Willen, eine reinere Region? Ahnen wir etwas davon, wenn die Stunden unser Herz pressen und unsere Ideen fügsam machen? Wie sehen Sie Zeit, Kürner? Ich sehe sie als eine schnurgerade Linie, die in ein vorgegebenes Endliches führt, das wir uns gesetzt haben, die Propheten, die Religionsstifter, aus Furcht vor den Endlosigkeiten, die der Geist nicht mehr zu akzeptieren gewillt ist, unfähig, sich zu weiten. Wie aber wäre es –

und Kürner schaute Niembsch offenen Mundes an, dieses schon ausdörrende Männlein, von dem eine gewaltige Faszination des Sehnens ausstrahlte, in dessen Augen eine phantastische Flamme auflorderte: In dem brennt's, des isch fei au oiner von denne, die net in sich drin bleibe könnet

– wie wäre es, wenn die Linie, der Strom, der uns Bängnis einflößt, sich böge zum Kreis, wenn er sich schlösse, wenn wir die Zeit empfänden als eine sich ununterbrochen wiederholende Geste der Natur und aller Wesen, aller Dinge, aller Geschehnisse, die sie einschließt? Vermöchte uns diese Vorstellung aus dem Nichts, das uns die Unendlichkeit aufzwingt, zu retten? Ich nehme es nicht an. Dieses Wissen könnte uns freilich als ein Zustand klar werden und dieser bedeutete, daß wir mit Wissen aus der Zeit und in die Zeit treten, daß wir nicht länger Gefangene sind. Und so gesellten sich die Begriffe, die Gestalten, die Prüfungen hinzu: die Wiederholung, im Gelingen wie auch im Mißlingen, führt uns auf der Linie des Kreises, die Gedanken erkennen sich wieder, spiegeln sich und setzen sich fort, ja, sie nehmen Gestalt an, sie tragen, zum Beispiel, den Namen Don Juan und springen in das Experiment, das wir uns selbst aufgetragen haben: denn mit Eros, dem Fanatiker der Wiederholung, sind wir uns eins. Vielen Formen huldigt die Liebe, werden Sie einwenden, doch das schließt die Wiederholung nicht aus, Kürner: denn der Leib wünscht immer nur das eine: aus der Zeit hinaus und in das Selbstvergessen der Umarmung hinein. Das ändert sich nicht, bleibt gleich, wiederholt sich, soviel man's auch betrachte oder prüfe. Dies eben hatte ich mir zur Aufgabe gestellt, mag sein, um einen Schmerz, der ganz am Anfang meines Weges mich peinigte, zu stillen, indem ich ihn von Mal zu Mal überdeckte und im Erneuern vergaß. Ich bin sicher, Kürner, erreiche ich jene Mitte des Kreises, jenen Kern der Ruhe, daß auch die Erinnerung, die wir selbst sind und aus der wir schöpfen, von anderer Gestalt sein wird: eine Kugel, in der, eingefaßt, alles sich befindet, was wir waren, was wir erlebten, erhellt von dem Blitz größter Gnade, der nichts, gar nichts, im Dunkeln läßt. Sie finden es schauderhaft und mein Wunsch öffnet Ihnen die Hölle – mehr nicht, Kürner? ...

VOLKER VON TÖRNE
Ankündigung des Paradieses

1
Ich sage euch: Begrüßt den Tag
mit Donner- und mit Drosselschlag!

2
Ich sage euch: Legt Hand ans Werk!
Befahrt das Meer, den Flöz im Berg!

3
Ich sage euch: Verzehrt den Rauch!
Hißt Sonnen, rot, am Aschenstrauch!

4
Ich sage euch: Bebaut das Land!
Mischt Pech und Schwefel, Kalk und Sand!

5
Ich sage euch: Befliegt den Wind,
die Himmel, die euch freundlich sind!

6
Ich sage euch: Setzt euch zu Tisch!
Schlagt euch den Bauch voll Fleisch und Fisch!

7
Was nützt den Mächtigen die Macht?
Ich sage euch: Vertagt die Nacht!

GISELA ELSNER
Der Knopf

»Jeden Morgen das gleiche!« ruft mein Vater jeden Morgen. Und während er durch den Korridor eilt, stopft er sich das Oberhemd in die Hose, knöpft er sich seine Kleider zu von unten herauf, indem er erst die Knöpfe des Hosenschlitzes einerseits in die Knopflöcher des Hosenschlitzes andererseits schiebt bis hinauf zum Hosenbund und dessen Knopf in dessen Loch, indem er dann die Hemdsknöpfe in die Knopflöcher des Hemds schiebt von unten herauf dem Kragen zu. Und immer beim Zuknöpfen, wenn er beim obersten, beim Kragenknopf angelangt ist, und meine Mutter dabei, durch das Sieb auf seinem Napf den Kaffee zu gießen, will ihm dieser Knopf nicht ins Knopfloch hinein, und er ruft: »Das mindeste, was der Mensch von einem Knopf verlangen kann ist: daß er durch das Knopfloch paßt!«, und meine Mutter, die Kaffeekanne in der Hand haltend, ruft: »Laß mich lieber machen!«, und er ruft: »Damit du mir den siedendheißen Kaffee über's Hemd schüttest!«, und meine Mutter, indem sie die Kaffeekanne auf den Tisch stellt, ruft: »Jetzt habe ich die Hände frei!«, doch er, mein Vater, und dies, indem er reißt und zerrt an diesem Knopf, ruft: »Laß deine Finger fort«, und gleich darauf: »Jetzt ist er ab!«

»Ich nähe ihn wieder an«, murmelt meine Mutter, nun schon im Korridor. Sie hebt den Nähkasten unter der Konsole unter dem Garderobenspiegel hoch, trägt ihn am Henkel ins Eßzimmer. »Iß du nur in Ruhe«, sagt sie. »Laß du nur dein Hemd an. Ich kann ihn auch so annähen.«

Ich sage es nun, wie sie sitzen, meine Eltern, wie ich sie sitzen sah, beim Frühstück, bis eines Morgens meine Mutter, als der Faden riß und ich im Eßzimmer ihnen zusah, meine Mutter also sagte: »Lothar, du machst mich vollkommen! Mach, daß du hinauskommst! Sonst kann ich mich nicht mehr!«, bis mein Vater rief: »Wenn du dich morgens noch einmal blicken läßt, dann!«, sage es nun, weil ich weiß, daß sie sitzen wie ich sie sitzen sah, immer noch.

Mein Vater sitzt auf seinem Stuhl. Er führt mit der rechten Hand den Zuckerlöffel voll Zucker von der Zuckerdose zu seinem Napf. Er kippt den Zucker in den Kaffee. Er rührt mit dem Zuckerlöffel im Napf herum. Dann hebt er den Löffel aus dem Napf, leckt er ihn ab. Dann schlägt er mit dem Löffel auf das Ei ein. Er löffelt das Ei aus. Und zwischen zwei Löffeln Ei beißt er in seine Stulle hinein. Wenn er das Ei ausgelöffelt hat, wenn er die eine Stullenhälfte gegessen hat, wenn er die andere Stullenhälfte beschmiert hat, gießt er den ganzen Kaffeenapf mit weit in den Nacken gelegtem Kopf in sich hinein. Er setzt die Tasse auf die Untertasse, er räuspert sich, mein Vater, hält den abgerissenen Knopf hoch in der linken Hand, hebt und senkt diese linke Hand voll Ungeduld, als sei das Gewicht des Knopfes eine unzumutbare Last. Zwischendurch redet er mit vollem Munde, bereitet er sich vor auf seinen Unterricht.

Meine Mutter indessen hat ihren Stuhl neben seinen Stuhl gerückt, den Nähkasten neben ihren Stuhl gerückt. Meine Mutter setzt sich. Sie kramt mit gekrümmtem Rücken im Nähkasten. Sie findet zwischen vielfarbiger Nähseide, Stopfgarn, Twist eine weiße Zwirnrolle. Und die Zwirnrolle zwischen dem Daumen und dem Zeigefinger der rechten Hand haltend, faßt sie mit dem Daumen und dem Zeigefinger der linken Hand das Fadenende der Rolle und rollt einen Faden ab, indem sie von der linken Hand die rechte Hand, indem sie von der rechten Hand die linke Hand entfernt, so weit, bis sie mit der Rolle rechts gegen meinen Vater stößt, bis es links die Länge ihres Armes mit ihrer Hand mit ihren Fingern mit dem Fadenende nicht weiter zuläßt. Dann läßt sie das Fadenende fallen aus der linken Hand und reißt mit dieser leeren linken Hand den Faden ab von der Rolle in der rechten Hand.

»Was ist!« sagt mein Vater. »Bin ich ein staatlich angestellter Knopfhalter oder bin ich ein staatlich angestellter Oberlehrer!« Und er hebt und senkt dabei die Hand mit dem Knopf so heftig, daß sie Glück haben, meine Eltern, wenn ihm der Knopf nicht entfällt. Denn dann müssen sie herumkriechen, meine Mutter erst, mein Vater dann, weil sie den Knopf nicht finden kann auf dem gemusterten Teppich. Denn dann verheddert sich der Faden, den meine Mutter kriechend hinter sich her zieht. Denn dann muß meine Mutter auf die beschriebene Weise einen zweiten Faden abreißen, einen dritten und so fort. Wenn aber das Geschick es will, daß mein Vater den Knopf nicht fallen läßt, sagt meine Mutter: »Sofort, sofort!«

Sie wirft die Rolle zurück in den Nähkasten. Sie legt den Faden lang auf dem Schoß, in der Weise, daß beide Fadenenden rechts und links des Schoßes auf den Teppich herabhängen. Dann kramt sie mit gekrümmtem Rücken im Nähkasten nach dem Nadelkissen. Aufseufzend hebt sie das mit Nadeln gespickte Nadelkissen aus dem Nähkasten, legt es auf den Schoß. Nadeln stecken darin jeder Länge und Stärke, Nadeln mit Öhren jeder Weite und Enge. Meine Mutter sucht, die zehn Finger gespreizt über das Nadelkissen haltend, jene Nadel, die durch die zwei Löcher des Hemdsknopfes meines Vaters paßt. Sie zieht sie heraus aus dem Nadelkissen mit der linken Hand. Sie hält sie bereit, die Spitze zwischen Daumen und Zeigefinger, das Öhr über die Finger herausragend. Sie fährt mit der rechten Hand herum auf dem Teppich, sucht nach dem Fadenende. Wenn sie es gefunden hat, hebt sie es mit dem Daumen, mit dem Zeigefinger an die Lippen, näßt sie es mit Speichel, zieht es aus dem Mund heraus.

Und während sie das nasse Fadenende dem Nadelöhr nähert, sagt mein Vater: »Ich kann auch ohne Knopf, auch ohne Hemd, was glaubst du denn: nackt, splitternackt kann ich ja auch zum Unterricht oder überhaupt hierbleiben!«

Und während meine Mutter nun den Kopf der Nadel so sehr nähert, als sei es nicht der Faden, sondern ihr Kopf, der durch das Nadelöhr hindurch müsse, fährt sie mit dem Fadenende geradewegs am Nadelöhr vorbei.

Der Faden rechts in den Fingern meiner Mutter fängt zu zucken an. Die Nadel links in den Fingern meiner Mutter fängt zu zucken an. Meine Mutter näßt nach diesem ersten Versuch, einen Faden einzufädeln, das Fadenende von neuem. Sie schiebt ihre Unterlippe ein Stück nach vorn.

»Ich kann warten«, sagt mein Vater, »stundenlang!« Dann fährt er fort, sich essend vorzubereiten auf seinen Unterricht. Meine Mutter nähert nun das Fadenende dem Nadelöhr zum zweitenmal, näßt es, nähert es zum drittenmal und so fort. Mit jedem Versuch, den Faden einzufädeln, entfernen sich das auf und nieder zuckende Nadelöhr, das hin und her zuckende Fadenende weiter voneinander. Mit jedem Versuch schiebt meine Mutter ihre Unterlippe um ein Stück weiter nach vorn, fährt sich meine Mutter mit ihrer fahrigen rechten Hand mit dem Faden über ihr feuchtes, ihr rotweißgeschecktes Gesicht. Mit jedem Versuch kommt ihr der Kopf meines Vaters um ein Stück näher. Er, mein Vater, der das Essen unterbricht, der das, was er im Munde hat, nicht einmal hinunterkaut, er, mein Vater, der solches Mißlingen nicht nur ganz genau mitansehen will, der es auch bewirken hilft, indem er, noch ehe meine Mutter mit dem Fadenende das Nadelöhr erreicht hat, ausruft: »Daneben!« Er ruft dadurch fingerdicke, ja faustdicke Abweichungen hervor zwischen dem Fadenende und dem Nadelöhr.

»Ich gehe nun zur Nachbarin«, sagt meine Mutter, sagt es so, als trete sie ihren letzten Gang an. Sie läßt die Haustür offen, läutet nebenan. »Ich komme schon wieder«, sagt sie, »ich weiß, es ist jeden Morgen das gleiche, es ist eine Zumutung, aber ich bin vollkommen und keinesfalls beleidigt, wenn sie mir die Tür vor der Nase.«

»Aber Frau Leinlein!« ruft die Nachbarin durch das Treppenhaus, »wegen so einer Lächerlichkeit, so einer Lappalie!«

»Keinen Faden einfädeln können!« rufen die Mieter über uns die Treppe hinab. »Aber von anderen verlangen, daß sie durch die Wohnung fliegen!«

»So«, ruft die Nachbarin, »durch ist er!«

»Ich weiß wirklich nicht wie ich mich«, sagt meine Mutter.

»Aber ich bitte Sie«, ruft die Nachbarin, »böse bin ich nur, wenn Sie nicht wiederkommen!«

Meine Mutter trägt die eingefädelte Nadel durch den Korridor, das Öhr zwischen den Fingern haltend, die Spitze nach oben, den Zwirnsfaden herabhängend, ins Eßzimmer. Sie setzt sich neben meinen Vater. Der fährt fort zu essen, sich vorzubereiten auf seinen Unterricht, der unterbricht sich nur, um auszurufen, daß er gottseidank noch ein halbes Menschenleben zur Verfügung habe, diesen Knopf zu halten und zu warten bis er säß am rechten Fleck.

Hans Magnus Enzensberger
middle class blues

wir können nicht klagen.
wir haben zu tun.
wir sind satt.
wir essen.

das gras wächst,
das sozialprodukt,
der fingernagel,
die vergangenheit.

die straßen sind leer.
die abschlüsse sind perfekt.
die sirenen schweigen.
das geht vorüber.

die toten haben ihr testament gemacht.
der regen hat nachgelassen.
der krieg ist noch nicht erklärt.
das hat keine eile.

wir essen das gras.
wir essen das sozialprodukt.
wir essen die fingernägel.
wir essen die vergangenheit.

wir haben nichts zu verheimlichen.
wir haben nichts zu versäumen.
wir haben nichts zu sagen.
wir haben.

die uhr ist aufgezogen.
die verhältnisse sind geordnet.
die teller sind abgespült.
der letzte autobus fährt vorbei.

er ist leer.

wir können nicht klagen.

worauf warten wir noch?

Peter Bichsel
Der Milchmann

Der Milchmann schrieb auf einen Zettel: »Heute keine Butter mehr, leider.« Frau Blum las den Zettel und rechnete zusammen, schüttelte den Kopf und rechnete noch einmal, dann schrieb sie: »Zwei Liter, 100 Gramm Butter, Sie hatten gestern keine Butter und berechneten sie mir gleichwohl.«

Am andern Tag schrieb der Milchmann: »Entschuldigung.« Der Milchmann kommt morgens um vier, Frau Blum kennt ihn nicht, man sollte ihn kennen, denkt sie oft, man sollte einmal um vier aufstehen, um ihn kennenzulernen.

Frau Blum fürchtet, der Milchmann könnte ihr böse sein, der Milchmann könnte schlecht denken von ihr, ihr Topf ist verbeult.

Der Milchmann kennt den verbeulten Topf, es ist der von Frau Blum, sie nimmt meistens 2 Liter und 100 Gramm Butter. Der Milchmann kennt Frau Blum. Würde man ihn nach ihr fragen, würde er sagen: »Frau Blum nimmt 2 Liter und 100 Gramm, sie hat einen verbeulten Topf und eine gut lesbare Schrift.« Der Milchmann macht sich keine Gedanken, Frau Blum macht keine Schulden. Und wenn es vorkommt – es kann ja vorkommen – daß 10 Rappen zu wenig daliegen, dann schreibt er auf einen Zettel: »10 Rappen zu wenig.« Am andern Tag hat er die 10 Rappen anstandslos und auf dem Zettel steht: »Entschuldigung.« ›Nicht der Rede wert‹ oder ›keine Ursache‹, denkt dann der Milchmann und würde er es auf den Zettel schreiben, dann wäre das schon ein Briefwechsel. Er schreibt es nicht.

Den Milchmann interessiert es nicht, in welchem Stock Frau Blum wohnt, der Topf steht unten an der Treppe. Er macht sich keine Gedanken, wenn er nicht dort steht. In der ersten Mannschaft spielte einmal ein Blum, den kannte der Milchmann, und der hatte abstehende Ohren. Vielleicht hat Frau Blum abstehende Ohren.

Milchmänner haben unappetitlich saubere Hände, rosig, plump und verwaschen. Frau Blum denkt daran, wenn sie seine Zettel sieht. Hoffentlich hat er die 10 Rappen gefunden. Frau Blum möchte nicht, daß der Milchmann schlecht von ihr denkt, auch möchte sie nicht, daß er mit der Nachbarin ins Gespräch käme. Aber niemand kennt den Milchmann, in unserm Quartier niemand. Bei uns kommt er morgens um vier. Der Milchmann ist einer von denen, die ihre Pflicht tun. Wer morgens um vier die Milch bringt, tut seine Pflicht, täglich, sonntags und werktags. Wahrscheinlich sind Milchmänner nicht gut bezahlt und wahrscheinlich fehlt ihnen oft Geld bei der Abrechnung. Die Milchmänner haben keine Schuld daran, daß die Milch teurer wird.

Und eigentlich möchte Frau Blum den Milchmann gern kennenlernen.

Der Milchmann kennt Frau Blum, sie nimmt 2 Liter und 100 Gramm und hat einen verbeulten Topf.

Max Frisch
Mein Name sei Gantenbein

Ich sitze in einer Bar, Nachmittag, daher allein mit dem Barmann, der mir sein Leben erzählt. Ein trefflicher Erzähler! Ich warte auf jemand. Während er die Gläser spült, sagt er: So war das! Ich trinke. Eine wahre Geschichte also. Ich glaub's! sage ich. Er trocknet die gespülten Gläser. Ja, sagt er noch einmal, so war das! Ich trinke und beneide ihn – nicht um seine russische Gefangenschaft, aber um sein zweifelloses Verhältnis zu seiner Geschichte …

»Hm«, sagt er, »wie das wieder regnet!«

Darauf gehe ich nicht ein, sondern trinke.

»Jede Geschichte ist eine Erfindung«, sage ich nach einer Weile, ohne deswegen an den Schrecknissen seiner russischen Gefangenschaft zu zweifeln, grundsätzlich: »jedes Ich, das sich ausspricht, ist eine Rolle –«.

»Herr Doktor«, sagt er, »noch einen Whisky?«

Herr Doktor!

»Unsere Gier nach Geschichten«, sage ich und merke, daß ich schon viel getrunken habe, es zeigt sich daran, daß ich meine Sätze nicht zu Ende spreche, sondern annehme, man habe mich schon verstanden kraft meiner Einsicht: »– vielleicht sind's zwei oder drei Erfahrungen, was einer hat«, sage ich, »zwei oder drei Erfahrungen, wenn's hochkommt, das ist's, was einer hat, wenn er von sich erzählt, überhaupt wenn er erzählt: Erlebnismuster – aber keine Geschichte«, sage ich, »keine Geschichte.« Ich trinke, aber mein Glas ist leer. »Man kann sich selbst nicht sehen, das ist's, Geschichten gibt es nur von außen«, sage ich, »daher unsere Gier nach Geschichten!« Ich weiß nicht, ob der Barmann mir zuhört, nachdem er sechs Jahre im Ural gewesen ist, und nehme mir eine Zigarette, um unabhängig zu sein. »Haben Sie eine Geschichte?« frage ich, nachdem er mir eben erzählt hat, was er offenkundig für seine Geschichte hält, und sage: »Ich habe keine.« Ich rauche – ich beobachte ihn, wie er mein leeres Glas vom Zink nimmt, um es ins Spülwasser zu tauchen, und wie er ein anderes greift, ein frisches, ein trockenes, ich kann es nicht hindern, daß er mir einen nächsten Whisky herrichtet; gerade dadurch, daß ich es beobachte, kann ich's nicht verhindern … Ich denke an den Mann vom Kesch, eine Geschichte, die ich bis heute noch keinem Menschen erzählt habe, obschon sie mich immer wieder verfolgt, die Geschichte eines Mordes, den ich nicht begangen habe. Ich drehe mein Glas, indem ich frage:

»Sind Sie einmal auf dem Kesch gewesen?«

»Kesch«, fragte er, »was ist das?«

»Piz Kesch«, sage ich, »ein Berg.«

»Nein«, sagt er, »warum?«

Blödsinn! denke ich. Wieso soll er gerade der Mann sein, den ich 1942 am Kesch getroffen habe? Ich verstumme. Blödsinn. Ich trinke.

»Jeder Mensch erfindet sich früher oder später eine Geschichte, die er für sein Leben hält«, sage ich, »oder eine ganze Reihe von Geschichten«, sage ich, bin aber zu betrunken, um meinen eignen Gedanken wirklich folgen zu können, und das ärgert mich, so daß ich verstumme.

Ich warte auf jemand.

»Ich habe einen Mann gekannt«, sage ich, um von etwas andrem zu reden, »einen Milchmann, der ein schlimmes Ende nahm. Nämlich er kam ins Irrenhaus, obschon er sich nicht für Napoleon oder Einstein hielt, im Gegenteil, er hielt sich durchaus für einen Milchmann. Und er sah auch aus wie ein Milchmann. Nebenbei sammelte er Briefmarken, aber das war der einzige fanatische Zug an ihm; er war Hauptmann bei der Feuerwehr, weil er so verläßlich war. In jungen Jahren, glaube ich, war er Turner, jedenfalls ein gesunder und friedlicher Mann, Witwer, Abstinent, und niemand in unsrer Gemeinde hätte jemals vermutet, daß dieser Mann dereinst ins Irrenhaus eingeliefert werden müßte.« Ich rauche. »Er hieß Otto«, sage ich, »der Otto.« Ich rauche. »Das Ich, das dieser gute Mann sich erfunden hatte, blieb unbestritten sein Leben lang, zumal es ja von der Umwelt keine Opfer forderte, im Gegenteil«, sage ich, »er brachte Milch und Butter in jedes Haus. Einundzwanzig Jahre lang. Sogar sonntags. Wir Kinder, da er uns oft auf seinen Dreiräderwagen aufhocken ließ, liebten ihn.« Ich rauche. Ich erzähle: »Es war ein Abend im Frühling, ein Sonnabend, als der Otto, seine Pfeife rauchend wie all die Jahre, auf dem Balkon seines Reiheneigenheims stand, das zwar an der Dorfstraße gelegen war, jedoch mit soviel Gärtlein versehen, daß die Scherben niemand gefährden konnten. Nämlich aus Gründen, die ihm selbst verschlossen blieben, nahm der Otto plötzlich einen Blumentopf, Geranium, wenn ich nicht irre, und schmetterte denselben ziemlich senkrecht in das Gärtlein hinunter, was sofort nicht nur Scherben, sondern Aufsehen verursachte. Alle Nachbarn drehten sofort ihre Köpfe; sie standen auf ihren Balkonen, hemdärmlig wie er, um den Sonnabend zu genießen, oder in ihren Gärtlein, um die Beete zu begießen, und alle drehten sofort ihren Kopf. Dieses öffentliche Aufsehen, scheint es, verdroß unseren Milchmann dermaßen, daß er sämtliche Blumentöpfe, siebzehn an der Zahl, in das Gärtlein hinunter schmetterte, das ja schließlich, wie die Blumentöpfe selbst, sein schlichtes Eigentum war. Trotzdem holte man ihn. Seither galt der Otto als verrückt. Und er war es wohl auch«, sage ich, »man konnte nicht mehr reden mit ihm.« Ich rauche, während mein Barmann angemessen lächelt, aber unsicher, was ich denn damit sagen wolle. »Nun ja«, sage ich und zerquetsche meine Zigarette im Aschenbecher auf dem Zink, »sein Ich hatte sich verbraucht, das kann's geben, und ein anderes fiel ihm nicht ein. Es war entsetzlich.«

Ich weiß nicht, ob er mich versteht.

»Ja«, sage ich, »so war das.«

Ich nehme die nächste Zigarette.

Ich warte auf jemand –

Mein Barmann gibt Feuer.

»Ich habe einen Mann gekannt«, sage ich, »einen andern, der nicht ins Irrenhaus kam«, sage ich, »obschon er ganz und gar in seiner Einbildung lebte.« Ich rauche. »Er bildete sich ein, ein Pechvogel zu sein, ein redlicher, aber von keinem Glück begünstigter Mann. Wir alle hatten Mitleid mit ihm. Kaum hatte er etwas erspart, kam die Abwertung. Und so ging's immer. Kein Ziegel fiel vom Dach, wenn er nicht vorbeiging. Die Erfindung, ein Pechvogel zu sein, ist eine der beliebtesten, denn sie ist bequem. Kein Monat verging für diesen Mann, ohne daß er Grund hatte zu klagen, keine Woche, kaum ein Tag. Wer ihn einigermaßen kannte, hatte Angst zu fragen: Wie geht's? Dabei klagte er nicht eigentlich, lächelte bloß über sein sagenhaftes Pech. Und in der Tat, es stieß ihm immer etwas zu, was den andern erspart bleibt. Einfach Pech, es war nicht zu leugnen, im großen wie im kleinen. Dabei trug er's tapfer«, sage ich und rauche, » – bis das Wunder geschah.« Ich rauche und warte, bis der Barmann, hauptsächlich mit seinen Gläsern beschäftigt, sich beiläufig nach der Art des Wunders erkundigt hat. »Es war ein Schlag für ihn«, sage ich, »ein richtiger Schlag, als dieser Mann das große Los gewann. Es stand in der Zeitung, und so konnte er's nicht leugnen. Als ich ihn auf der Straße traf, war er bleich, fassungslos, er zweifelte nicht an seiner Erfindung, ein Pechvogel zu sein, sondern an der Lotterie, ja, an der Welt überhaupt. Es war nicht zum Lachen, man mußte ihn geradezu trösten. Vergeblich. Er konnte es nicht fassen, daß er kein Pechvogel sei, wollte es nicht fassen und war so verwirrt, daß er, als er von der Bank kam, tatsächlich seine Brieftasche verlor. Und ich glaube, es war ihm lieber so«, sage ich, »andernfalls hätte er sich ja ein anderes Ich erfinden müssen, der Gute, er könnte sich nicht mehr als Pechvogel sehen. Ein anderes Ich, das ist kostspieliger als der Verlust einer vollen Brieftasche, versteht sich, er müßte die ganze Geschichte seines Lebens aufgeben, alle Vorkommnisse noch einmal erleben und zwar anders, da sie nicht mehr zu seinem Ich passen –«

Ich trinke.

»Kurz darauf betrog ihn auch noch seine Frau«, sage ich, »der Mann tat mir leid, er war wirklich ein Pechvogel.«

Ich rauche.

Draußen regnet's nach wie vor ... Ich weiß nicht mehr, was ich eigentlich habe damit sagen wollen, und betrachte meinen Barmann: Vielleicht ist er's doch? denke ich, obschon er's bestreitet; ich erinnere mich nicht mehr, wie er ausgesehen hat, mein Mann vom Kesch, vielleicht werde ich ihn drum nicht los, rauche, denke daran, schweige, rauche.

Thomas Bernhard
Amras

Böden und Mauern

Durch die Böden und Mauern waren wir auf das engste mit der gesamten Natur, und zwar doppelt verstandesmäßig mit der gesamten Natur verbunden, nicht nur durch die Luft ... wir horchten stundenlang an den entferntesten Ufern ... wir hörten das Gemisch aller möglichen Sprachen, das Gemisch und Gedröhn aller Laute erfüllte unsere Kopfhöhlen, die zeitweise ganz ohne Fleisch, ohne Blut waren ... in einem bestimmten Verhältnis unserer Schläfenknochen zum Erdmittelpunkt, den wir uns für uns und für alles bestimmen konnten, waren wir eingeweiht in die Schöpfungsvorgänge, in die Willensstärke der ganzen Materie ... Wir waren uns dann unser selbst als zweier doppelter Spiegelbilder des Universums bewußt ... Himmelserscheinungen, Höllenreflexe ... In Meeren und Wüsten zugleich die Erschütterung der Atmosphären ... oft waren wir wirklich so hoch in der Sternbildanschauung, daß uns fröstelte, *selbst* Wasser, Gestein ... im Vorteil der Sterblichkeit, wenn wir horchten und dadurch begriffen ... wir fühlten und wir begriffen ... wir schauten, nicht mehr auf Vermutungen angewiesen, auf die Berechnungen klaren Menschenverstandes ... in wie feiner, nicht kopfzerbrechender Schweigsamkeit konnten wir uns in solchen Augenblicken verständigen, uns erneuern ... Wir hüteten uns davor, das Gesehene anzusprechen ... Das Phantastische enthüllte uns alles sekundenlang nur, um es wieder *für sich* zu verfinstern ... die höchsten Augenblicke waren naturgemäß immer die kürzesten, überhaupt allerkürzeste Augenblicke ... Unsere Schläfen an Böden und Mauern gedrückt, beobachteten wir die Drehung von Millionen von Lichtjahren, weit entfernt ... konische Kreisel, kugelförmige Himmelskörper, die präzise Gelenkigkeit der Mathematik ...

Wir staunten darüber, daß wir noch lebten ... noch existierten, uns wieder zu existieren getrauten, nicht mit unseren Eltern fort, aus der Welt geschafft waren ... noch immer nicht in Verwandlung begriffen ... Wir waren bereit gewesen, zu sterben ... wir hatten ganz auf das Urteil unserer Eltern vertraut, unserem Vater gehorcht ... Wir waren uns in unserem Tod schon sicher gewesen ... wir hatten nicht sterben *dürfen* ... Eingeweiht in das Selbstmordkomplott, waren wir in den letzten Wochen zu Hause in Wirklichkeit ja schon befreit gewesen in dem Bewußtsein, zu sterben, sterben zu dürfen, die Aussicht, bald tot zu sein, hatte uns beide beschwichtigt ... Wohl hatte das schwüle Wetter unseren Entschluß herbeigeführt, uns keine Verzögerung mehr gelassen, die Entscheidung aber war schon vor dem Heiligen Abend gefallen ... Unser aller Leben war durch die Todeskrankheiten der Mutter und des Bruders unerträglich geworden, wenn ein Mensch weiß, was solche Krankheiten ständig *verursachen* ... die nicht mehr zu heilen sind ... Und Walters Todeskrankheit, die doppelte Todeskrankheit, die Todeskrankheit der Mutter und seine Todeskrankheit zusammen ... und die dadurch heruntergekommenen Geschäfte des Vaters ... dieses uns alle beschämende Aufsehenmachen ... dieser uns alle beschämende Gerichtsgesprächsstoff ... die große, die schöne Wirtschaft in Lans, die Hölzer in Aldrans, der Weinbau, das Sägewerk und der Kukuruzanbau in Fulpmes waren auf einmal, wir waren noch Kinder gewesen, verwahrlost, verpachtet, verloren ... zuletzt gehörten uns nur noch die beiden Apfelgärten in Wilten, aber auch die waren bald in der fremdesten Hand ... im letzten Jahrzehnt hatte unser Vater das Geld in den schönen italienischen Städten Mantua und Turin, wo er Freunde hatte, in Rom, Venedig und Genua, in Trient und Bozen verspielt und vertrunken ... der erste, der allerschmerzlichste aller Verluste: die Muttereralm, der Passeiersteinbruch ... Die Hypotheken, die Schulden in Vorarlberg hatten schon früh unser Leben verdunkelt ... die Eltern schützten uns zwar vor der Finsternis, wir tappten aber doch immer wieder, schon als Kinder, in die von den Eltern geworfenen Schatten ... Vor allem die dauernde Bettlägerigkeit unserer Mutter, die immerfort Hilfe beansprucht und, wenn auch sanft, ihre Leiden schließlich zum Mittelpunkt unseres Lebens gemacht hatte, deprimierte uns ununterbrochen ... durch die monotone Trübsinnigkeit aller Jahre waren wir schon bald nicht mehr für die Gesundheit zu gewinnen gewesen ... uns zerstörte auch das uns zur Gewohnheit gewordene Aus- und Eingehen aller möglichen größenwahnsinnigen Ärzte, Innsbrucker Okkultisten, Gläubiger in unserem Elternhaus ... Naturgemäß war uns bald nichts als der Selbstmord geblieben, der uns alle vier ausrottende, liquidierende ... Wie gut, daß die Eltern uns nicht mehr *er*leben mußten ... Jetzt, unter der Aufklärung unseres Onkels, der immer mit vielen Papieren aus der Stadt herauf in den Turm kam, sahen wir beide erst, wie durchlöchert unser aller Existenz schon immer gewesen war.

In dem von einer Unzahl alljährlicher Erdbebenstöße völlig verschont gebliebenen, von uns immer durch einen Eichenholzbalken verriegelten und so gegen das Verbrechergesindel abgesicherten Turm, in den Kellern sowie auf dem Dachboden, waren, im Hinblick auf von unserem Onkel befürchtete Katastrophen, Lebensmittel für mehrere Jahre gestapelt ... doch wir rührten sie niemals an, sondern begnügten uns am Morgen mit der uns von einem der Gartenarbeiter auftragsgemäß vor die Turmtür gestellten Milch und dem dazugehörenden frischen Brot; zu Mittag aßen wir Äpfel und Birnen, mit welchen der obere wie der untere Boden angefüllt waren; am Abend machten wir uns auf dem offenen Feuer der Schwarzen Küche eine Kanne voll Wein heiß (Lebenberger, Küchelberger, Greifener ...), die wir schweigend auf unseren Strohsäcken austranken; dazu aßen wir von dem Rauchfleisch, das in der Schwarzen Küche hing ... das von der Decke der Schwarzen Küche herunterhängende Rauchfleisch war uns, die wir augenblicklich immer in tödlicher Angst lebten, von Natur aus in einem Anschauungszwang zum Phantastischen, zum Phantastisch-Grausigen neigten, uns zwei in den Turm eingesperrten Köpfen, Gehirnen, uns, die wir zeitlebens in Hochgebirgsfiebern alles ausnahmslos zu zerfühlen und zu zerdenken hatten, ein phantastisches Bild von getöteten Militärischen, von aus dem Dunkel der Küchendecke herunterhängenden toten Ärschen und Fersen und Köpfen und Armen und Beinen ... eine von unseren Grauenverstärkungsanlagen hervorgerufene Fiktion von Leichen, sich immer rhythmisch zufallenden Männerleichen ... Unser Onkel hatte uns erlaubt, von dem Rauchfleisch zu essen, uns schon am ersten Tag, an welchem wir beide darüber erschrocken waren, dazu ermuntert ... ich schnitt es uns jeden Abend so kunstvoll als möglich in hauchdünne Blätter und tunkte es uns in den Wein ...

Ror Wolf
Fortsetzung des Berichts

Etwas in diesem Bild ist vielleicht mit Unbestimmtheit bezeichnet oder mit Unübersichtlichkeit, es ist eine Art Ausdehnung Ausbreitung, ich weiß nicht, eine Art Landschaft, erdbraun weit ausgeschwungen bröcklig rauchend, mit weißen schwammig in einer ununterbrochenen Bewegung zusammensinkenden Kloßbergen, mit Wursthügeln Käsebrüchen schwarzkrustigen Fleischmeilern Schmalzäckern verschlammten Tunkentümpeln einem schillernden Fischsuppensee umwachsen von grünen Krauthecken Kohlwäldern roten Rübendickichten. Ein steifes Herausragen, ein hartes Hochstehen fällt mir auf, noch etwas anderes, ein Vorgang, von den Geräuschen, die ich beschrieben habe, unterlegt; diese lange um das Tischrund geschlungene Reihe von Personen hat sich in Bewegung gesetzt, die Arme mit den Löffeln Schöpfern Gabeln heben sich, schwingen vor und tauchen in diese Landschaft hinein, wühlen und graben sie um, ackern und ziehen Furchen und schöpfen und wässern und legen Gräben und Gruben an auf diesem Tisch, der mit seiner blasig aufgeworfenen Platte vielfüßig ansteigend vor mir durch die ganze Länge dieses Zimmers läuft und in den dunklen äußersten Ecken verschwindet.

Die Stimme meiner Frau, die sich in der Küche aufhalten muß, erreicht mich in diesem Augenblick, es sind die Worte: es ist soweit. Was sie meint, mag die Suppe sein, die nun kocht, aufwallt und Wellen schlägt und die meine Frau, wie ich sie kenne, schon mit dem Schöpflöffel vom Kessel in die Schüssel bringt. In diesem Zimmer, in dem ich mich erhoben habe, erhebt sich noch eine andere Person, es ist mein Vater, er steht mit über den Leib gelegter Uhrkette, mit in die Westentaschen gestoßenen Daumen. Du willst fort, sagt er, ja, sage ich, Du willst also fort, sagt er, ja, sage ich, nimm Dich in acht, sagt er, ja, sage ich. Nach diesem Wortwechsel setze ich mich in Bewegung, vom Stuhl aus ziehe ich an den Möbelstücken vorbei, die plüschweich befranst hartkantig sich aus den Wänden herauswölben und bei meinen Schritten wackeln und scheppern. Es ist ein noch zögerndes beginnendes Gehen, in einer gekrümmten schleppenden Gangart, auf einem teppichbedeckten Boden, ein langsames Vorwärtskommen mit Stockungen Unterbrechungen, mit Vorkehrungen und Rücksichtnahmen, mit etwas wie der Stimme meiner Frau im Rücken und den Worten meines Vaters, an fortwährend wechselnden Bildern vorbei. Auf diesem Weg komme ich zum Vertiko, das erst in der Ferne auftaucht und mir entgegenwächst mit Urnen Ziergefäßen Tiergruppen, vorüberknarrend vorüberklirrend sehe ich meinen Bruder stehen, er schüttelt den Kopf und sagt, auf mich deutend, er geht, und sagt, auf sich deutend, meine Bauchschmerzen, meine Darmverschlingung, meine Magenkrämpfe, vorbei an den Bildern meiner Familie, meine Frau lachend, meine Mutter ernst, mein Vater mürrisch, komme ich zum schwartigen verklebten Kanapee, auf dem der Bruder meines Vaters liegt und mich mit ich glaube schmerzverzerrtem Gesicht ansieht, Du gehst, sagt er und klagt über die Gicht, die geschwollenen Gelenke und spricht von sehr starken reißenden Schmerzen, die nach seiner Meinung in den Sehnenscheiden und Schleimbeuteln sitzen, von Herzklopfen Ohrensausen Brennen in den Augen Speichelfluß Ausschwitzungen, von seinem Stöhnen begleitet, vorwärtsknarrend, am Barometer am Thermometer am Hygrometer vorbei, komme ich zum Ohrenstuhl, auf dem mit schlaff herabhängenden Armen, mit auf die Brust gesunkenem Kopf, von dicht aufeinanderfolgenden Schluckstößen geschüttelt und nicht fähig zu reden, der Bruder meiner Mutter hockt, wie in ein tiefes vom Schluckauf zerteiltes Nachdenken versunken, sein Glucksen und Schluchzen stößt hinter meinem Rücken in die Luft und ich komme, vorbeischeppernd, zum Geschirrschrank, die breiten beschnitzten Pfosten, die vergoldeten herabgeklappten Griffe, von weitem sehe ich schon den Marmor des Rauchtischs, mit Rauchverzehrer Aschenbecher Zigarrenkiste, hinter dem, im Sessel vergraben, von Hustenanfällen in die bestickten Seidenkissen geworfen, der Bruder meiner Frau sitzt, Du gehst, sagt er, zündet eine Zigarre an und sagt, unter neuen bellenden Hustenstößen, bei denen sich sein Körper im Morgenrock aufbäumt und seine Hand sich um die Gurgel krallt, meine Atemnot, mein Auswurf, mein Hustenreiz, ich halte mich in dieser Richtung, von Osten nach Westen, mein Gehen geschieht nun spaziergängerhaft wiegend, weit ausschreitend und so komme ich zum Pult, o ich liebe das Pult, den abgeschrägten polierten Deckel, das Tintenfaß, den Brieföffner, komme zur Vitrine, die geschliffenen Pokale, die in Silber gefaßten Kristallschalen, komme, vorüber am Spiegel in dem ich mich vorüberschweben sehe, vorüber an der hochstämmigen Stehlampe, deren Troddeln beim Vorübergehen ins Schwingen geraten, zum Kachelofen, an den sich der Bruder des Vaters meiner Frau drückt und mit an die Stirn gepreßter Hand mir entgegenblickt, über Kopfschmerz besonders über den Augen in der Mitte des Jochbeins klagt, ach, sagt er in seiner verbrämten Hausjacke, Du gehst, und ich, dahinschabend über den Flaum des Teppichs, dahingleitend, komme zur Uhr, acht Uhr, komme zum Kleiderständer, nehme meinen Hut schwarz vom Haken, von der Starrheit und Sperrigkeit des Ständers und komme hutausbürstend hutaufstülpend zur brokatbespannten Spanischen Wand, hinter der der Bruder der Mutter meiner Frau steht und über Hautjucken klagt, über Hautpilze, die nun seinen Körper überwüchsen, nachdem zunächst ein kleiner roter schuppender Herd entstanden sei, der über Nacht anwachsend sich zu einer Scheibe vergrößert habe, ich höre ihn kratzen und reiben und keuchen und über dem Rand der Spanischen Wand erscheint seine fleckige Kahlköpfigkeit und verfolgen mich seine aus dem Gesicht, dessen oberen schorfigen Teil ich sehe, weich herausdrängenden Augen und dringt seine Stimme dumpf pappig mit Worten, die sein Krankheitsbild beschreiben und die abschließen mit Seht mal an er geht, und seine Hände klammern sich dabei über die Zierleiste der Wand, danach kommt nichts, was ich bezeichnen könnte und doch, nach meinem ununterbrochenen Dahingehen, nach einer Zeit, in der ich alle Brüder höre, ihre Krankheiten beschreibend, alle Brüder sehe, ihre Krankheiten betastend, kommt die Tür, und ich, sie aufklappend, die letzten verschwebenden Gerüche nach Kohl aus der Küche, nach Leder Eichenholz Tabak Jodsalbe Samt Kamille Möbelpolitur

aus der Stube einsaugend, sie zuklappend, komme in den in seiner
ganzen Tiefe und Schwärze noch unergründeten Gang.

Diese Wände, diese Decke, diese hinausspringenden Fenster. Diese
wie soll ich sagen verwelkte ja oder vertrocknete Tapete, von Fingerabdrücken und angelegten Köpfen graufleckig, mit umgebogenen Nagelkuppen, Falten und Poren, aufgedruckten Blumenbüscheln. Diese Wände, hinter denen Geräusche hervordringen,
das Rauschen von Wasserleitungen, das gluckernde Abfließen von
Spülwasser oder Waschlauge und dazwischen Stimmen, die sich zurufen. Es ist die Rede von einer vergangenen Nacht, von abgelegten
Kleidungsstücken, von einer Überraschung beim Hinlegen, eine
Person lacht, als lache sie ihren ganzen und wahrscheinlich dicken
schwerbeweglichen Körper zum Mund heraus, dann nur noch das
ununterbrochene Rauschen von Flüssigkeiten, abfließend oder herausströmend oder beides wie ein starkes mit geschlossenen Augen
vorstellbares unaufhörliches Regenfallen Herunterströmen von
einem schwarzen Himmel, der sich plötzlich geöffnet hat und mich
in meiner Erinnerung bis auf die Haut durchnäßt, weil es nichts
in der Nähe gibt, keinen Baum kein Dach keine Scheune, worunter
ich mich stellen könnte, nur etwas wie Büsche unter die ich kriechen könnte ohne allerdings Hoffnung zu haben dabei trocken zu
bleiben. Meine Augen wandern von rechts an Kanten Schlitzen
Knicken vorüber nach links an diesen dunkelbraunen Flecken vorüber, diesen Möbelstücken vorüber, hinauf zur Decke am Saum der
Stuckknorpel entlang, an den Rissen und Sprüngen entlang, über
die abschuppende und herabrieselnde Tünche die dunklen feucht
ausgelaufenen Flecken und an diesem grün herabschnappenden
Lampenmaul herunter und zurück hinauf über die seidenbespannte
Stoffglocke über den Strang zurück zur Decke, die hohlschallenden
Geräusche von Füßen dringen herab, das Abstellen von Eimern,
Herumschaben von Schrubbern, Aufklatschen nasser Lappen, das
harte Absetzen kreischende Hinziehen und Herziehen eines schweren Gegenstandes, offenbar eines Möbelstücks, vielleicht eines Bettes, von Stimmen begleitet, die von einem Bett oder Brett berichten,
das, während sich eine Anzahl Personen, zwei, daraufgelegt hätten,
zusammengebrochen sei. Es geschieht, während die Bewegungen
der Hände an diesem Tisch sich fortsetzten, von den Handlungen
des Putzens Reibens Wischens durchsetzt, vor einem abflüssigen
Geräuschhintergrund, während sich die Messer heben und in das
Brot senken, das schön gewölbt und großäugig vom Tisch glotzt,

während die Messer sich in die Augen bohren, knirschend ja knirschend die rissige krustige mehlbestäubte Rinde aufreißen und Kanten und Scheiben abtrennen, Was für ein Elend, höre ich eine Stimme, Brot und keine Zähne haben, während erst von weitem dann deutlicher näher wieder die Schüsseln klirren, die Klöße dumpf auf die Teller fallen und schmatzend zerrissen werden, was meinen Sie, antwortet eine andere Stimme, und die erste Stimme wiederholt Was für ein Elend und so weiter, während die Gabeln und Messer klagend an den Boden der Teller schlagen was für ein Elend, während die Schüssel mit den Klößen sich unter Gesprächen von Hand zu Hand weiterschwingt und näherkommt.

EUGEN GOMRINGER
das stundenbuch

nachwort

das dorf, das ich nachts hörte
der wald, in dem ich schlief

das land, das ich überflog
die stadt, in der ich wohnte

das haus, das den freunden gehörte
die frau, die ich kannte

das bild, das mich wach hielt
der klang, der mir gefiel

das buch, in dem ich las
der stein, den ich fand

der mann, den ich verstand
das kind, das ich lehrte

der baum, den ich blühen sah
das tier, das ich fürchtete

die sprache, die ich spreche
die schrift, die ich schreibe

Barbara König
Die Personenperson

> »Jeder Mensch ist eine kleine Gesellschaft.«
> *Novalis*

Sonderbar, daß die meisten von uns ausgerechnet ihre Vorgänger verabscheuen, die doch in einer Weise ihr Ursprung sind! Ob wir es nicht wahrhaben wollen?

Die Dombrowskaja denkt darüber nach, warum Cyril Kai so wenig leiden kann, Kai fragt sich, warum sie Penny so haßt (obwohl das niemanden erstaunen kann), und Anatol gibt zu, was er schon lange weiß: das Cyril ihm unerträglich ist. Nadine verachtet Anatol, doch niemand verachtet Nadine, die Božena und Sandra. Das kommt, weil die Dombrowskaja mehr Verstand als die übrigen von uns und keine Lust hat, irgend jemanden zu verachten.

Sie hat auch die Erklärung: Wir mögen unsere Vorgänger nicht, weil wir sie für überwundene Stadien halten und gekränkt sind, daß es sie überhaupt noch gibt. Eigentlich eine Unverfrorenheit ... Und erst wenn wir unsere Nachfolger ansehen, werden wir bescheiden: die denken ganz genau so.

»Ihr macht mich müde«, sagt Nadine, »am liebsten würde ich noch ein bißchen schlafen.« Wie schlau sie auf einmal ist! Sie will uns loswerden. Im Schlaf ist sie allein, nicht wahr, geträumt wird immer einzeln, und erst beim Erwachen werden die Träume verteilt, sofern wir uns erinnern. Wer einen Traum nicht hergeben will, muß ihn vergessen, es gibt keinen anderen Weg.

Nadine hofft auf einen schönen Traum, und sie hat nicht einmal vor, ihn zu vergessen: lieber will sie ihn von den anderen zerstückeln lassen; er wird dann weiterleben, ein Traum in Spiritus sozusagen, zerhackt, doch unvergänglich.

Leider können wir das nicht zulassen.

»Schlafen geht jetzt nicht«, sagt die Dombrowskaja, »es ist gleich sechs. In zwei Stunden wirst du abgeholt, und bis dahin mußt du dir im klaren sein ...«

»Ich *bin* mir im klaren, aber ihr seid es offenbar nicht ...«

»Unfug«, sagt die Dombrowskaja, »das ist doch ganz dasselbe.« Sie spielt mit ihrer Zigarettenspitze, ein Zeichen, daß sie nachdenkt. »Und wenn wir dich gar nicht fortgehen lassen? Wenn wir ihn statt dessen hereinbitten?«

»Ausgezeichnet!« ruft Cyril, »das ist der beste Gedanke bis jetzt! Damit behalten wir Nadine unter Kontrolle, und das Risiko ist gleich Null ...«

»Allerdings«, sagt Nadine, »denn ich werde gar nicht dabei sein.« Wir schweigen bestürzt; so entschlossen haben wir sie nie gesehen. Vielleicht sind wir diesmal zu weit gegangen? Zum Glück beginnt jetzt Vladimir mit einer Vorführung: ›Nadines Rendezvous in Abwesenheit von Nadine‹. Das rettet uns.

So stellt sich Vladimir den Besuch des jungen Mannes vor: Cyril im Salon ihm gegenüber, erfährt gerade vom Trend der Gegenwartsliteratur, durch Überbetonung des Gegenständlichen das Ziel der Gegenstandslosigkeit zu erreichen, als der junge Mann sich in der Mitte eines dieser langen Wörter jäh unterbricht, den Atem an- und den Mund offenhält, so wie die Augen, welche soeben Sandras Porträt erblickt haben, das in einem runden Rahmen über dem Sofa hängt: der typische Fall eines Bildes, das getroffen hat. Cyril betrachtet ihn lächelnd.

»Sie gefällt Ihnen?«

»Wer war sie?« fragt der junge Mann, ohne den Blick von Sandra zu wenden.

»Sie ist noch«, sagt Cyril, doch da bemerkt er schon seinen Fehler: der junge Mann springt auf, viel fehlt nicht, daß er Cyril an den Rockaufschlägen packt, wo sie ist, will er wissen, wo er sie finden kann –.

»Ich bitte Sie«, sagt Cyril, »wie werde ich Ihnen das antun! Begnügen Sie sich mit dem Bild, ich rate Ihnen gut, Sie haben mehr und – länger davon.«

»Ich brauche Ihren Rat nicht!« schreit nun der junge Mann, dem Sandras Anblick außer dem Verstand auch die guten Manieren geraubt zu haben scheint, »ich brauche den Namen dieser Dame, ihre Adresse, irgendeinen Anhaltspunkt ... Ich flehe Sie an« – nun schlägt sein Zorn in Jammer um, und für Cyril wird es Zeit, zu gehen – »es kann Ihnen doch nichts ausmachen, nur ihren Namen ...«

»Niemals!« sagt Cyril und wendet sich zur Tür. Nach zwei Schritten hört er hinter sich die veränderte Stimme des jungen Mannes:

»Pfui Teufel, was für ein Mensch!«

Cyril wendet sich um und erwidert mit einer gemessenen Verbeugung:

»Ich bitte um Verzeihung, ich verstehe nicht, was Sie meinen.«

»Abscheuliche Phantasien«, sagt Nadine. Sie steht auf, nimmt ihre Tasche und sieht nach der Tür, als ob sie gehen wollte.

»Keine Lust, zu bleiben, wie?« fragt Vladimir. Wir lachen; die Frage ist alt. Dabei ist Vladimir der einzige von uns, der nicht Partei ergreift. Er sieht uns wie ein Fremder aus der Ferne, für ihn ist alles Spiel, was uns geschieht.

»Alles wäre anders«, sagt Nadine, »wenn in diesem Haus keine Männer wären. Die machen alles nur verworren. Außerdem nutzen sie uns für ihre Zwecke aus: Cyrils Gewerbe, Anatols Leiden, Vladimirs Spaß ...« Ihr Groll gegen Cyril und Anatol bricht wieder durch. »Ihr beiden«, sagt sie, »habt mir Jahre gestohlen, Jahre! Dann laßt mich doch wenigstens jetzt in Ruhe!«

»Wir tun dir nichts.«

»Aber ihr seid da! Das ist schlimm genug!«

»Es ist unser Haus so gut wie deines; du kannst ja gehen, wenn es dir nicht paßt.« Sie weiß, daß sie nicht gehen kann, zumindest, daß sie immer wiederkommen muß. Es gibt keine andere Zuflucht.

»Ich bleibe«, sagt sie, als ob es ihr freistünde, »und ich werde mich behaupten – gegen ein ganzes Haus von Männern, wenn es sein muß ...« Sie setzt sich wieder, doch die Stimmung bleibt gespannt.

Die Dombrowskaja versucht, abzulenken. Die Frage der Personenkombination, sagt sie, sei ein Spiel für sich und ausgesprochen lustig. Sie malt sich aus, wie es wäre, wenn in unserem Haus etwa nur Vladimir und Sandra leben würden. Was für ein Gespann! Was für Möglichkeiten! Ob es so etwas schon gegeben hat?

Cyril findet den Gedanken abwegig: ein Raubtier mit Humor, das gibt es nicht, es würde mit dem Hasen spielen, statt ihn zu fressen. Das heißt: zuerst würde Vladimir mit ihm spielen, dann würde Sandra ihn fressen; oder umgekehrt: zuerst frißt Sandra den Hasen, dann macht Vladimir einen Sketch daraus, frei nach der Erinnerung ...

Anatol ist abgestoßen: einen Hasen mit Späßen anzulocken und danach zu fressen, oder umgekehrt, sich über seine eigenen Opfer noch lustig zu machen ... »Perfide«, sagt er, »perfide.« Vladimir selber schweigt: ihm fällt nichts dazu ein, und für Fragen der Moral ist er nicht zuständig.

Doch Cyril ist angeregt, er spinnt endlose Kombinationen aus, von denen manche ihm fatal erscheinen, Penny und Anatol zum Beispiel: »Das wäre unser Ende.« Mit den Kombinationen zu dritt und zu viert könnte er Wochen zubringen, Anatol sagt ihm, daß die

Möglichkeiten ins Unendliche gehen, und so beschränkt sich Cyril auf einen persönlichen Wunsch: Anatol, Vladimir und er: das wäre ein Trio! Wir schweigen. Agathe faltet die Hände bei der Vorstellung von soviel Intelligenz, gepaart mit soviel Empfindsamkeit und Witz. Die Božena hält mühsam das Lachen zurück.

»Da habt ihr's«, sagt Nadine, »ein Haus aus lauter Männern, das ist es, was sie sich wünschen.« Auf einmal mischt sich Kai ein:

»Na und?« fragt sie, »na wenn schon! Drei Männer zusammen sind nicht so gefährlich wie diese eine Sandra!«

WALTER HELMUT FRITZ
Abweichung

Die Wohnung

Vom Büro, das die Wohnung vermittelt hat, trifft eine Karte ein. Wenn nichts Unvorhergesehenes dazwischen käme, könnten sie am ersten Juli einziehen.

Er fährt zum Bauplatz, mit dem gelben, zwei Meter langen, hölzernen Maßstab. Er will die Räume sehen und ausmessen, obwohl die Maße in dem Grundriß, den man ihnen gezeigt hat, angegeben waren. Aber er hat sie sich nicht aufgeschrieben, hat sich nur die Quadratmeterzahlen ungefähr gemerkt.

Er fragt einen der Männer, ob er die Wohnung sehen könne.

– Selbstverständlich.

Er steigt die von Zementresten bedeckten Treppen hoch, zum sechsten Stock. Die Wohnungsnummern sind noch nicht angeschrieben. Die Türen fehlen, die Fenster stehen offen, es zieht. An die Flurwand, die dem Eingang gegenüber liegt, ist eine sich zurücklehnende Frau gezeichnet. Die Wände sind verputzt, aber nicht tapeziert.

Besteht Grund, daran zu zweifeln, ob das alles tatsächlich so ist?

In der Küche liegt ein Stapel Latten. Die Badewanne ist angefüllt mit einer hart gewordenen weißen Masse, Gips vermutlich.

Er nimmt die Maße und macht sich, indem er einen Bogen gegen die Fensterleibung hält, eine Skizze, in die er sie einträgt. Er geht einige Male hin und her und überlegt, wo man Betten, Schränke, Tische hinstellen könnte.

Abends fällt ihm ein, daß er vergessen hat nachzusehen, ob in den Zimmern die Steckdosen angebracht sind.

Aber nicht nur deshalb fährt er gleich am nächsten Tag noch einmal hinaus. Er will am Bauplatz sein.

Wind ist im Treppenhaus und in den Wohnungen, öffnet und schließt Fenster. Es entsteht ein regelmäßiges Schlagen. Seile des Aufzugs klatschen gegeneinander. Papierstücke von Zementsäcken werden hochgetrieben und wehen weg, über Eimer, Büchsen und Drähte, Sand und Kies, Betonplatten, Bretter und Rohre. Ein Schubkarren steht da, ein Holzbock, eine Mischmaschine. Rostiges und Verbranntes ist weithin zerstreut.

Wenn er hinaufsieht, schwimmt das Haus weg. An den Schmalseiten hat es keine Fenster. Nur die Betonrechtecke sind neben- und übereinander geschichtet, je zwölf in einer Reihe.

An einem Gerüst hat man Tafeln angebracht, auf denen in schwarzer, weißer und grüner Schrift der Name des Bauherrn, des Architekten und des Bauunternehmers zu lesen sind, die Anschriften der Firmen, die für die Statik, den Rohbau, die Heizung, die sanitäre Installation, die Aufzüge, den Blitzschutz, die Entlüftung verantwortlich sind. Maler, Schreiner, Glaser, Schlosser und Zimmerer sind vermerkt. Unter einer stilisierten Skizze des Hochhauses – »Hochhaus« steht in großen weißen Lettern daneben – ist die Anzahl der Wohnungen angegeben. Zweiunddreißig Zweizimmer- und zweiunddreißig Dreizimmerwohnungen gibt es in dem Block.

Mittag; verweht und leer; einige der Männer schlafen.

Die Steckdosen sind bereits in die Wände eingefügt. Als er die Wohnung verläßt, sieht er einen acht- oder zehnjährigen Jungen aus dem gegenüberliegenden Flur kommen. Der zuckt zusammen und rennt – jeweils zwei Stufen nehmend, obwohl noch kein Geländer angebracht oder Mauern eingezogen sind – die Treppe hinab.

Hermann Peter Piwitt
Liegende Männer 2

Findling

Jemand hat mich aufgepflügt, sagte er. Es ist eine weite Ebene, die: klebrig, mit Lehm versetzt, in Schollen aufgeschichtet, verkrümelt unterm Griff. Grab sie mit den Händen auf. Diese Hände. Ich erkenne sie wieder an dem abgebrochenen Daumennagel, links. Es ist der einzige in dieser Gegend. Niemand schrie sonst. Niemand bettelte. Der Schmerz ist gleichwohl gering, wenn ein Nagel bricht. Ein Pferd, das beschlagen wird, spürt nicht soviel. Es sei denn, man habe ihn lange gepflegt, hochgepäppelt, liebgewonnen. Das ist nicht der Fall – Auch Echos blieben aus. Es ist eine weite Ebene, ohne nennenswerte Widerstände, an denen sich Echos brechen könnten. Echos etwa auf Sätze, die nach einem abgebrochenen Nagel fragen. Einem Daumennagel zum Beispiel. Niemand ruft. Niemand antwortet. Links und rechts ertasten die Hände Erde. Flach gelagert, ohne nennenswerte Bodenunebenheiten, Depressionsgebiete. Darunter beginnt gleich festes Gestein. Soweit sie kommen – das ist die Spanne eines Arms – feuchtes Erdreich. Er vermutet mehr in dieser Umgebung. Sein Geruchssinn täuscht ihn nicht: mit Stallmist versetzt die Ackerkrume, große aufgeworfene Schollen, die sich gelassen ausdampfen, schnurgerade steigt der Rauch auf zum Himmel. Solange wir die Augen offenhalten. Und der Herr sah gnädig auf Abel und sein Opfer ...

Da liegen wir also, reißen die Augen auf, liegen etwas vertieft, aber nicht nennenswert, zwei Füße in Stiefeln verschnürt, ragen links und rechts über den Horizont weg.

Erwachen zu neuem Schlaf. – Der Kopf pulste ihm in den Händen, während er die Füße vergaß, die über den Acker weg zu wandern begannen. Weit weg, hinaus in die Ferne. Der Horizont schien begrenzt von einem flachen mit Büschen bestandenen Erdwall, hierzulande Knick genannt. Nur geradeaus ragten zwei Stiefelspitzen darüber weg. In diesem Moment lief ein Wölkchen auf sie zu, ließ sie auf seinem flaumigen Bäuchlein schwarz werden. Jetzt tauchten sie dahinter unter. Auch wenn er den Kopf um dreihundertsechzig Grad drehte, sagen wir einmal, wenn dies möglich wäre, bliebe es überall das gleiche: Gebüsch, Erlen, Haselnuß. Darüber begann gleich der Himmel. Er suchte in seinen Knöcheln nach den Füßen. Nicht gleich bekam er Kontakt, zog sie an sich. Nur an einer Stelle bot das Gebüsch einen Durchlaß. Man konnte ihn sehen, wenn man den Kopf aus der Lage, in der er sich im Moment befand, um etwa einen rechten Winkel drehte. Oder anders: Links von den Schuhspitzen, die über die Furche hinaus in den Horizont ragten, tat er sich auf. Hindurch strömte ununterbrochen Himmel.

Hände und Kleider waren lehmverklebt, die Schmutzschicht angetrocknet und wenn er die Finger bewegte, zerriß sie zu vielen feinen Spalten auf der Haut.

Er muß schon lange in der Erde gelegen haben, sagte ein Vorüberkommender.

Der Lehm umgab seinen Körper wie eine Gußform. Man wird ihn herausklopfen müssen, sagte ein anderer. Schwalben rannten am Himmel hin, stürzten waagerecht in die Tiefe des Himmels, flogen ihn in allen seinen Möglichkeiten aus. *Ich bedinge, daß du den Sperber zur Rechten siehst, die Krähe rechts, den Specht und die Elster links, daß du die Vögel von links fliegen siehst und daß die von links singenden Vögel günstig sind.*

Er bemerkte plötzlich, wie die Augen auf Schwalben aufmerksam wurden, die den Himmel in allen Richtungen ausflogen. Er selbst sah nichts davon. Schwälbchen ihr.

Ich sehe sie, den Sperber zur Rechten, die Krähe rechts, den Specht und die Elster links, die Vögel fliegen von links, und die links singenden Vögel sind günstig für mich, das Volk von Iguvium und diesen Tempel.

Beine wanderten auf den Horizont zu, entfernten sich stetig, schwammen weg, während der Kopf im Lehm festlag. Elende, wollt ihr. Schmerzhafter summender Schlaf, der sich von der Brust her ausbreitete, trieb die beiden Hälften seines Körpers auseinander. Jetzt hatte er kaum mehr Platz, so wie er im Acker lag. Mußte sich diagonal legen. Füße fuhren raschelnd ins Gebüsch. Man müßte sich diagonal legen.

Er muß von auswärts sein, sagte einer.

Schwalben tanzten, Fremdkörper in seinen Augen. Man müßte sie herauswischen. Schwupp, da haben wir eine.

Er lag jetzt über den ganzen Acker ausgebreitet; das Knie, das, angezogen, in den Himmel ragte, war nun von den umliegenden Dörfern, besonders von Hummelsbüttel, Wellingsbüttel, Hoisdorf, gut auszumachen. Nur von Hittfeld nicht, das in einer Senke lag. Einer der mutigsten Bürger steigt als erster hinauf. Andere folgen. Nun beginnen wir schon Häuser darauf zu bauen. Er zieht die Beine an, rührt den Schlaf aus den Gefäßen. In den Augen schmerzten die Schwalben. Oder der Sand, der hineingeraten war, als er versuchte sie herauszuwischen.

Vom Sankt Georgenturm her klangen Glocken, wie sie der Schritt der Zeit berührte; und er hielt nicht an im Wandern. Es schlug Viertel, Halb, Dreiviertel, Ganz und wieder Viertel und wieder Halb.

In Hittfeld war Sofie zu Haus. Sandige Gegend. Hittfeld-Iguvium. An seinem Grabe stund. Arme Sofie. Trug ihre Unschuld zu Markte. Wird sterben ohne Ehstand, ohne Unschuld. Ließ nicht locker. Stund und stund. Deiner Augen blaue Wasser. So stund sie, als er das letztemal fiel. Tränenlos. Über ihre Fledermausknöchelchen die Haut so straff gespannt. Diese Haut von der Art, durch die das Meer in unsere Häuser und Betten kommt. Gerade so stark, um den leichten Bestand an Knochen, Fleisch und Herzeleid zusammenzuhalten, der sie von innen her spannte. Fledermausknöchlein. Darüber den blauen Trägerrock aus Schwesternleinen. An seinem Grabe. Die Finger nach Männerart hinter die Träger geklemmt, oder um den Ball gefaltet. Darunter die zähen Beinchen, die oberhalb der viel zu weiten Strümpfe in der Kälte noch dünner wirkten, obwohl sie dicker waren als gewöhnliche, aber von ungesunder Bräune, und in keinem Verhältnis zu dem schmalen viel zu kurzen Oberkörper, der unter dem verwaschenen Pullover die Brust trug, kaum anzusprechen als solche, hätte man nicht gewußt, vom Hörensagen davon. Auch das Gesicht: wir erkennen in dieser Lage kaum das Kinn, die in dieser Perspektive unnatürlich vergrößerten Backenknochen, die Schläfenbeine – hat diese ungesunde Bräune. Sie ist nicht abwaschbar und nicht der Sonne zuzuschreiben. Hexenbraun. So mit dem Ball vor der Brust über ihm stehend, drückt sie den Rücken in der Lendenwirbelsäule durch, verdickt den Bauch unnatürlich.

Es ist ein Haltungsfehler, sagt er; den sie an sich bemerkten, als sie das zweite Mal an sein Bett kam. Husch, hat er sie zugedeckt.

Es ist ein Haltungsfehler, sagt sie entschuldigend; streckt den Bauch raus, drückt die Kniekehlen durch, macht einen Buckel. Dann grinst sie hinter ihrem Ball, der rot ist.

Seine Wimpern fielen plötzlich über den Augapfel herab und zogen die Lider nach sich.

Jemand kam vorüber und sagte: Jedes Frühjahr kommt er mit den Steinen hoch.

Ein Bauer kam des Wegs. Munter die Rößlein trabten. Ein Bauer wohl aus Ungarland. Pflügt ihn unter.

Peter O. Chotjewitz
Hommage à Frantek
Nachrichten für seine Freunde

Sechstes Kapitel

Sebastian Rottenkopf, der Chronist, bereist eine Straße, ißt einen Bratfisch mit Kartoffelsalat, kehrt in Gebrüder Macks Weinlokal »Zur Grünen Ente« ein und wird dort Zeuge der Begegnung zwischen Franz Bausch, genannt Frantek, und seiner Freundin, der verwitweten Metzgersgattin Maria Geringer.

mein Leben ein ein Netz das ich auswerfe
ist *ein* Loch ein Netz?
sind *zwei* Löcher ein Netz?
wann ist die für ein Netz ausreichende Zahl Löcher
beieinander?
so muß gefragt werden
wenn auf ein Loch hingewiesen wird
durch das eine Welt zu sehen ist:
eine Straße
ein Lokal
Leute Erzählungen Ereignisse
die zusammen die Löcher bilden in dem Netz
das mein Leben ist
das sein Leben ist
das Leben ist

Rottenkopf ging über die Hauptgeschäftsstraße dieses Bezirks. hätten übelwollende Bekannte, die ihn kannten und vorgaben, seine Freunde zu sein, ihn gesehen, wie er so ging, sie hätten wieder einmal und einmal mehr das Gerücht verbreitet, er sei auf Schnaps aus. doch mitnichten und Neffen, wie Frantek gesagt haben würde: Rottenkopf liebte diese Straße.

Städtebauer hatten in der Stadt, die bestimmt worden war, ein imperiales Reich zu verkörpern, breite Chausseen anlegen lassen; Chausseen so breit, daß ein Blick in einen dieser Dämme, mochte der auch kilometerlang sein, den Eindruck gab, er sei kurz; die Autos, die ihn befuhren, kämen nicht von der Stelle und Menschen gingen nicht über die Chaussee. das war nicht Rottenkopfs Straße. seine Straße war schmal, mochte Teil einer früheren Dorfstraße sein – wofür sprach, daß eines der am Wege liegenden Lokale »Zur grünen Ente« hieß – und wenn eine Verkehrszählung vielleicht auch ergeben hätte, daß in ihr nicht halbsoviel Verkehr war, wie auf einem der nahegelegenen großen Dämme, so gab es doch keine Straße im Bezirk, in der mehr Verkehr gewesen wäre – dazu die vollgestopften Bürgersteige: Hausfrauen, die von Geschäft zu Geschäft zogen, Rentner und Gammler, die von Kneipe zu Kneipe zogen, Rentnerinnen, die von Bank zu Bank zogen, Kinder, die von Eisdiele zu Eisdiele zogen, Arbeiter, die gewisse Bratwurststände bevorzugten, Angestellte, die gewisse Fischbratküchen bevorzugten, Stenotypistinnen in engen Röcken auf hohen Absätzen in prallen Pullovern mit großen Handtaschen und Friseusen in lila oder rosa Kitteln unter denen sie nur einen Unterrock trugen, mit hochtoupiertem Haar, roten Lippen und dünnen Beinen, die sich einer ganz bestimmten Kaffeestube zuwandten, wo sie an hohen runden Tischen stehend ihren Kaffee tranken; und immer mitten drin, alle begaffend, anstoßend, anfassend, vielleicht auch mal einer Verkäuferin an die Brust, wenn das Gedränge so eng wurde, daß es gerechtfertigt erschien: Rottenkopf! Rottenkopf, der immer an der Wand lang, wie Frantek gesagt haben würde, immer an den Häuserwänden entlang, die vier bis sechs Stockwerke hoch zum großen Teil noch gips- und zinkverziert, aus der Straße eine enge Schlucht machten.

ein Tal
einen Urstrom
an dessen Ufern ich entlang gehe wie jeden Tag
um in dem Leben der Straße
mein eigenes Leben zu begreifen
um in den Ereignissen der Straße
die ganze Welt zu begreifen:

die Glücklichen der Straße
sind alle Glücklichen der Welt
die Trauernden der Straße
sind alle Trauernden der Welt
die Betrunkenen der Straße
sind alle Betrunkenen der Welt
die Liebenden der Straße
sind alle Liebenden der Welt

also brauchte er die Straße nicht zu verlassen weil in ihr immer schon alles ist, was er an anderer Stelle finden würde:

Papen Ännes Fischbratküche
die ich schon von weitem kommend rieche
und an deren Tischen
Hausfrauen Rentner und Gammler stehen
den Ellenbogen in Mayonnaiseresten

das bittere Bier auf der Zunge
den wässrigen Blick
auf einem Balkon mit Blumenkästen
einer Katze
und einem Herren
wie einer
der vor vierzig Jahren
noch als Vatermörder.

wenn Rottenkopf nun seinen Brathering mit Kartoffelsalat gegessen hatte, um dem Tag noch ein Stündchen für seine Weltreise abzuknapsen, kam schon bald die erste Großdestille, von denen es einige in der Straße und viele in der Stadt gibt. hier standen die Herren bei blutrotem Sauern mit Persiko, einer Lage Getreidekorn und Wermut, einer Boulette aus dem Eisschrank, einer warmen Wurst aus dem Siedekasten oder auch nur einem kühlen Pils; die Ober in braunen Jacken riefen *heiße Brühe*, wenn sie ein Tablett voll Bier und Schnaps auf hoch erhobenem Arm vorbeitrugen und wer die Toilette aufsuchte, konnte nicht im vorhinein sagen, ob er die Pinkelbecken bekotzt antreffen würde oder mit hellrotem Blut so vollgespritzt, daß man meinen mußte, in einem Lungensanatorium zu sein. aber so früh am Morgen, noch nicht ganz Mittag, trieb es Rottenkopf nicht in jedes Lokal. viel schwerer hatte er es da mit Gebrüder Macks Weinstuben zur grünen Ente

das hat Gründe der Tradition:
weil mein Vater der Maler war
für seine Schwägerin die Hausfrau war
meinen Onkel der Polsterer war
jeden Freitag abend
ehe der Onkel die Lohntüte auch nur
halb versoffen hatte
hier abholte
und sagte:
komm Paul
woll'n heim gehen!
und im Falle von Widerstand noch:
Paul! wenn Muttern noch lebte!

heute denkt Rottenkopf allabendlich seiner Ahnen
Dank denkt er aller Abende abend seinen Ahnen

für die Tradition
das Erbgut
und die trockene Kehle
dankt aller Abende abend
trinkt
bricht's
und geht weiter

Rottenkopf ging weiter.

ROLF DIETER BRINKMANN
Das Lesestück

Er hört, wie sich der Junge wiederholt, unsicher, stockend, aber den Anschluß nicht verliert und weiterliest mit durchhängender, schlaffer Stimme, langsam, leiernd, bis er zwei Sätze später sich schon wieder verheddert, mitten in einem Wort steckenbleibt, nicht weiter kann, ratlos ist, verwirrt in den Worten, den Sätzen herumsucht, seine Zunge ist zu schwerfällig, ist lahm, sie ist ein roter Lappen Fleisch, der sich im Mund nicht so bewegen will, nicht so schnell wie die Augen, die immer ein paar Worte voraus sind. Noch einmal setzt der Junge mit dem Wort an, kommt aber auch diesesmal nicht darüber hinaus und stockt, stottert, er reißt das Wort auseinander, zerreißt es in einzelne Silben und Buchstaben, er buchstabiert es, es ist ein Gestammel geworden, der Junge kann nicht über seine Zunge springen. Die Zunge ist für ihn ein unnützes, hinderliches Ding, das sich nicht ausspucken läßt. Es klebt fest am Unterkiefer und ist ihm im Weg, also sagt er nun gar nicht mehr, so daß in dem Augenblick nur das Tuscheln der anderen Jungen zu hören ist, das halblaute Gerede, das Gemurmel und das Scharren der Füße, das Stühlerücken, überall im Klassenraum. Er sieht vom Fenster weg und klopft mit dem Bleistift auf den Tisch. Die Jungen sehen zu ihm hin, und die dumpfe, schläfrige Unruhe flacht ab. Stille breitet sich vor ihm aus, die ihm vorkommt wie Schimmel, wie ein großer, fahler, fahlgrauer Schimmelfleck oder wie Wasser, mehligtrübes Wasser, das ansteigt in dem grüngestrichenen Klassenzimmer, das das Klassenzimmer bis an die Decke ausfüllt. Die Decke ist weiß gekalkt. Der weiße Kalkanstrich ist rissig. An einigen Stellen ist die Farbe abgeblättert und der frühere Anstrich ist dort zu sehen. Die Zimmerdecke scheint vorher einmal braun oder gelb gestrichen gewesen zu sein. Er nickt dem Jungen zu, der mit dem Vorlesen fortfährt. Der Junge beginnt nochmals von Anfang an den Satz zu lesen und das Wort, bei dem er gestockt hat, kommt ihm nun glatt aus dem Mund. Er liest den Satz richtig zu Ende und den nächsten, Wort für Wort, Satz für Satz, ein Satz nach dem anderen, alle Sätze aneinandergereiht, flach, eine Schnur, ein Faden, der nur abreißt, wenn dem Jungen der Atem ausgeht, selten wo ein Punkt steht. Lange kann es nicht mehr dauern, bis diese Stunde vorbei ist. Die letzte halbe Stunde donnerstags läßt er gewöhnlich vorlesen, und wie jeden Donnerstag läßt dann die Aufmerksamkeit der Jungen nach, eine dumpfe, nervöse Unruhe macht sich breit, eine schläfrige Unordnung, der Wirrwarr halblauter Stimmen, Stimmen, die durcheinanderlaufen, die flüstern, murmeln, anschwellen und wieder abflauen, auf und ab, und zwischendurch ist dann das Gesicht eines Jungen da, es steht weiß in der Luft, steht still, als ob es mit einer Handbewegung auszuwischen sei, die Augen, der Mund, die Lippen bewegen sich, der Junge redet, aber was der sagt, das versteht er nicht, bis diese blasse, weiße Fläche Gesicht plötzlich wieder verschwunden ist, er ist machtlos dagegen, er hat es schon lange aufgegeben, dagegen anzugehen, man kann von den Jungen nicht mehr erwarten. Nur wenn es zu laut wird, wenn das Gemurmel zu sehr anschwillt und zu störend ist, klopft er mit dem Bleistift auf den Tisch oder ruft irgendeinen, den er gerade reden sieht, an, droht mit einer Übungsarbeit, mit dem Abschreiben des Lesestückes, worauf es für kurze Zeit etwas ruhiger wird und die Klasse vor ihm zu einem einzigen aufgedunsenen Wasserkopf zusammenschmilzt und das eintönige Geleiere des Vorlesenden, der Singsang, das Stottern und Stocken unangenehm laut und deutlich hervortritt. Dann aber läßt die Aufmerksamkeit von neuem nach, zerfällt, fällt auseinander in einzelne Köpfe, die sich drehen, sich recken, umwenden, die sich zusammentun zu zwei, drei, vier Köpfen, zu einer Traube von Köpfen, die Köpfe geduckt, dicht über der Fläche eines Tisches, Köpfe unter den Tischen, heruntergebeugt, dazu Hände, Arme, Beine, die sich bewegen, die spielen und auf den Tisch klopfen, sich an der Tischkante reiben oder an den Ecken den Lack abkratzen, und Geflüster, das Rascheln von Papier, das Gekicher, die halblauten, unterdrückten Ausrufe, die Beschimpfungen und kleinen Zänkereien, was nach und nach wieder anwächst zu der allgemeinen summenden Unruhe, in der langsam die Stimme des Jungen, der vorliest, undeutlich wird und verschwimmt. Auf der Tischplatte vor ihm sind blaue Tintenspritzer. Er sieht auf diese Flecken.

Er sieht aus dem Fenster. Von seinem Tisch aus, der auf dem Podium nah an das Fenster gerückt steht, kann er bequem auf den Schulplatz sehen, auf die geteerte, leere Fläche, wo Laub, braune, trockene Blätter, Kastanienblätter und Fetzen Papier verstreut liegen, weiß das Papier auf dem Asphalt, an der Mauer liegt eine Schultasche. Die Mauer ist nicht hoch, mannshoch vielleicht, sie ist unverputzt, und hinter der Mauer sind schmale, enge Höfe, die Hinterhöfe der Mietshäuser, deren Rückseiten verdreckt sind, schmutziggrau, staubgrau, rußig und regenverwaschen, von den Enden der Fenstersimse ziehen blasse Rinnen die Wände hinunter. Die Wohnblöcke sind ineinander verschachtelt. Balkone hängen an den Backsteinwänden, sind vor Fenster und Flügeltüren gehängt, die Balkone sind plumpe, häßliche Zementkästen, wo Wäsche trocknet, Windeln, Unterhosen, Büstenhalter, Hemden, Blusen, Strümpfe, die nassen Perlonstrümpfe sind langgezogene Fäden, manche Balkone sind vollgestellt mit Möbelstücken, auf einem steht ein weißer Schrank, oder Balkone mit alten, verrotteten Eisengittern, die schmiedeeisernen Gitter verschnörkelt, unten ausgebuchtet, die Innenseiten ausgeschlagen mit Markisenstoff, blauweiß gestreift, rot-weiß gestreift, auf den Brüstungen Blumenkästen, vereinzelt ein Blumentopf außen vor einem Fenster, die Fenster sind schmal und hoch, Küchenfenster, Schlafzimmerfenster, kleine viereckige Löcher die Luken der Toiletten, und er sieht wieder die Katze, die auf dem Dach des Schuppens sitzt, die er zum erstenmal dort entdeckt hatte, als er nach den Ferien den Deutschunterricht in dieser Klasse übernahm. Er hat sie nicht auf das leicht zur Mauer geneigte Dach springen sehen, er hat noch nie beobachten können, wie sie auf den Schuppen kommt, woher, sondern sieht sie jedesmal nur plötzlich dort sitzen, vor ein paar Minuten ist sie noch nicht da gewesen. In der Klasse ist es unruhig geworden, es wird jetzt laut und offen geredet, in den hinteren Reihen lachen sie. In dem Lärm ist die Stimme des vorlesenden Jungen kaum noch zu hören. Er müht sich ab mit dem Lesestück, unbeholfen von Satz zu Satz stolpert er weiter, und wiederholt sich jetzt, als ob jemand weither von sehr weither mit mir redete war das Instinkt es trieb mich nochmals hinaus und nun war es ganz windstill still, er winkt dem Jungen ab und steht auf. Die Namen der Jungen hat er noch nicht im Kopf. Am vorletzten Tisch der Fensterreihe hat sich ein Junge umgedreht, er hat sich zurückgedreht zu dem hinter ihm sitzenden und zieht mit dem an etwas, will das zu sich herüberzerren, was ihm nicht gelingt, der Junge am letzten Tisch hat sich bis an die

Wand zurückgelehnt, er läßt nicht los. Der Junge hat ein rotes, pickliges Gesicht. Ob es rot angelaufen ist vor Anstrengung oder Wut, kann er nicht sagen, er kann von vorn, von seinem Tisch aus, auch nicht genau sehen, woran die beiden Jungen zerren, was der eine haben will, der andere nicht hergibt, es scheint ein Heft zu sein. Die an den hinteren Tischen der Mittelreihe sehen alle zu den beiden hin, – sie sehen dann ihn an, sehen, daß er aufgestanden ist und an seinem Tisch lehnt, sie grinsen und sehen wieder zu den beiden anderen hin, die noch nicht merken, daß er sie beobachtet. Langsam wird es ruhig. Die Jungen, die vorne sitzen, blicken vom Buch auf und drehen sich um. Er merkt, daß sie auf einen Wutausbruch von ihm warten, und erst jetzt sieht der picklige Junge auf, er erschrickt und läßt das Heft oder was es ist los, er kippt mit dem Stuhl nach vorn, starrt ihn an. Der andere Junge ruckt zurück und hält das Heft fest, dreht sich um, sieht, daß er langsam durch den Gang auf sie zukommt, er schiebt schnell das Heft unter den Tisch und beugt sich vor, beugt sich mit seinem Oberkörper über die Tischplatte und sieht vor sich in das aufgeschlagene Lesebuch. Alle Jungen in der Klasse haben nun die Köpfe gehoben, sie sind still geworden und warten, was er machen wird. Anscheinend wissen sie alle, was das ist, um das sich die beiden in der Ecke gestritten haben, und in der Stille, der Lautlosigkeit, die ihn umgibt, wird ihm mit einem Mal bewußt, wie sehr die Jungen riechen, daß es ein durchdringender Geruch ist, der Geruch von Haaren, Schweiß, von trockenem Schweiß, von verschwitzten Achselhöhlen und Leder, dieser Geruch von Füßen, von Schuhen und Bohnerwachs, säuerlich und salzig, ranzig, ein ranziger, erstickender Mief, lauwarm, und obwohl er den Geruch gewohnt ist, staunt er, er wundert sich, daß die Jungen so aufdringlich stinken können. Ihm fällt der Ausdruck Stinkbolzen ein. Sie sitzen da und stinken. Aber Stinkbolzen nennt man was anderes. Er blickt zu den Fenstern hin. Keines der drei Fenster ist geöffnet, auch kein Oberlicht ist aufgeklappt. Am vorletzten Tisch bleibt er stehen, genau neben dem Jungen, der nicht wagt aufzublicken. Stur sieht der weiter in sein Buch, das Heft hat er nicht ganz unter den Tisch verschwinden lassen können, halb liegt es noch auf seinen Beinen. Zwischen dem Rand der Kniehose und der Zeitschrift bleibt ein Streifen von den Oberschenkeln des Jungen unbedeckt, gebräunt die Schenkel, die Haut, braune Beize, Sommerbeize aus den Ferien, ein warmer Braunton, ziegelbraun, ziegelrot, gebrannter Ton, und die Beine, die Stücke Schenkel straff, gespannt, sehnighart, fettlos, mit feinem Flaum, Jungenbeine, auf denen verkehrt herum das Gesicht einer Frau liegt, blond, die Augen groß, die Lippen stehen auf und ein Stück der Zähne ist zu sehen. Auf der Titelseite der Zeitschrift ist bunt das Gesicht einer blonden, langmähnigen Frau. Die Jungen rühren sich nicht. Sie warten. Irgend etwas muß geschehen. Neben dem Platz des pickligen Jungen am letzten Tisch ist der Stuhl frei. Der Junge hat seinen Kopf gesenkt. Er könnte ihm kurz in den Nacken schlagen, auch dem anderen, dem anderen auf den Hinterkopf, aber er sagt, er möchte das Fenster öffnen, die Luft sei schlecht, es sei nicht zum Aushalten, und er dreht sich wieder um, geht zwischen den Tischen nach vorn, er stößt dabei mit dem Fuß gegen eine Tasche, die umgefallen ist und mitten im Gang liegt, schiebt die Tasche zur Seite, der Junge, ein Junge mit einem ungewöhnlich platten Kopf, der Kopf platt geschlagen, breit das Gesicht, das Haar ist fuchsigrot, es ist kurzgeschnitten, so kurz geschnitten, daß die Kopfhaut weißlich durchschimmert, bückt sich und nimmt die Tasche fort. Der Junge kommt ihm dreckig vor, was aber an den roten Haaren liegen mag, den roten Streifen der Augenbrauen und der käsigen Haut. Er setzt sich hinter seinen Tisch. Die Jungen scheinen verdutzt zu sein, vielleicht auch enttäuscht, weil er kein Theater gemacht hat, und wissen nun nicht, wie sie sich verhalten sollen. Allmählich löst sich in ihnen die Spannung, hier und da bewegen sich welche, und Gemurmel kommt auf, loses, lockeres Geflüster, in dem einzelne kleingehaltene, dünne Stimmen bis an sein Ohr kommen, da sind und wieder verschwinden, um plötzlich von neuem da zu sein, nah die Stimmen, das Stimmengewirr, die leise zuckende, züngelnde Unruhe, die sich aufbläst, aufbläht zu der durchsichtigen Blase, die im nächsten Moment schon erschlafft ist und in sich eingefallen, während an andrer Stelle sich eine neue bildet und größer wird, es hört nicht auf. Einige Jungen haben das Lesebuch vor sich auf die Tischplatte gestellt und sich dahinter verschanzt, von ihren Köpfen sieht er nur die Haarbüschel und etwas Stirn, andere sind hinter den Rücken ihres Vordermannes verschwunden. Er sieht, wie einer sich an die Stirn tippt. In der ersten Reihe kratzt sich einer am Kopf. Er klopft mit dem Bleistift auf den Tisch, es wird sofort ruhig. Über sich hört er es trampeln. Das Getrampel breitet sich über der Decke aus. Er ruft den Jungen mit dem blaukarierten Hemd auf, der ihm genau gegenüber sitzt. Der Junge beginnt mit der gleichen schlaffen Stimme weiterzulesen, und die Klasse fällt zurück in die alte Trägheit, sackt ab in ein Dösen, in ein dumpfes Vorsichhinstieren, die Stunde ist bald zu Ende. In der fünften Stunde donnerstags ist mit den

Jungen nichts mehr anzufangen, sie sind auf der Strecke geblieben, und es war falsch, heute mit einem neuen Lesestück zu beginnen, das Lesestück ist viel zu lang. Er richtet sich auf dem Stuhl auf und sieht nach draußen. Auf einem Balkon hängt eine Frau Wäsche auf, Socken, sie hängt sie vor sich auf in die Luft, die Frau verschwindet in das Innere der Wohnung, sie kommt aber gleich darauf wieder heraus und hängt weiter Socken auf, einen Socken nach dem anderen, paarweise, dann hört sie damit auf, sie lehnt sich über den Rand des Balkons, er sieht, daß die Frau in den Schulhof hinunterblickt. Von draußen kommt das Schreien der Mädchen herein, quietschende, schrille, hohe Schreie, langgezogen und anhaltend, auf dem Schulhof kann er niemanden sehen, der Platz ist leer. Auf dem grauen Asphalt liegen welke Kastanienblätter. Er hört, daß in der Klasse jemand halblaut vor sich hin summt, und wendet sich vom Fenster ab, er blickt in die Klasse und sieht, wie ein Junge sich in der Nase bohrt, der dreht mit dem Zeigefinger im Nasenloch herum und zieht den Finger heraus, lutscht ihn ab, der Junge steckt nochmals den Finger in die Nase, drei Tische zurück in der Mittelreihe ist lang ein Bein ausgestreckt, der Oberschenkel, das Knie, das klein ist und mager, flach das Schienbein, das Schienbein eine Knochenleiste, der grüne Socken ist heruntergerutscht, er staut sich am Fußgelenk. Der Halbschuh ist verstaubt und das Leder verschrammt. Er sieht, daß unter dem Knie eine Wunde ist, ein Riß, der Riß ist dunkelbraun, er ist verkrustet, schorfig, schräg läuft er über die Knochenleiste des Schienbeins. Der Junge hat sich über das Bein gebeugt und beginnt vorsichtig an dem fast schwarzen Blutschorf entlang zu kratzen. Ihm kommt das ausgestreckte Bein lang vor, unglaublich lang und dünn, es ist dünn und schwach gebräunt. Das Bein kommt aus dem steifen, fettigglänzenden Rund der Lederhose. Die Lederhose läßt viel von dem Oberschenkel des Jungen sehen, und da der Schenkel dünn ist, da die Beinöffnung der Hose weit ist, kann er noch ein wenig weiter in die Hose hineinsehen und den Schenkel hinauf. Der Junge kratzt sich vorsichtig und langsam an der Blutkruste, im Klassenzimmer ist wieder das Gemurmel angestiegen. Es steht in der Luft über den Köpfen der Jungen, ein wütendes, hartnäckiges Brummen von Fliegen, als sei das ganze Klassenzimmer voller dicker, schwarzer Fliegen, die sich unaufhörlich vermehren und den Raum mit der Unruhe eines nervösen Halbschlafs ausfüllen, in dem die Stimme des Vorlesenden einsackt und manchmal für zwei, drei Worte verschwindet, um dann wieder aufzutauchen, immer nahe daran, völlig zu verlöschen, und dann würde sie zum zweiten Male seufzen ehe dann noch drei Minuten vergangen waren würde sich der Luftsack über unseren Flugzeugschuppen blähen dann noch zehn Minuten und Sand würde die Luft erfüllen, was der Junge teilnahmslos herunterliest, er verschluckt die meisten Endsilben, als sei die Kehle verschleimt. Wieder sieht er vom Lesebuch vor sich auf, er sieht nach draußen, sieht, daß die Frau nicht mehr auf dem Balkon steht. Die Katze sitzt noch auf dem schwarzen Teerpappendach des Schuppens. Die Mädchen haben wieder angefangen zu schreien. Sie scheinen unter den Fenstern der Klasse zu stehen, denn der Schulhof ist leer. Über dem Platz liegt weich das Mittagslicht, am Nachmittag wird er durch die Anlagen gehen. Er ist dort schon lang nicht mehr spazierengegangen. Den ganzen Sommer über war es ihm dort zu voll. Es quoll über. Überall hatten sie sich ausgebreitet, hatten sich Decken mitgenommen und Klappstühle, lagen auf den Rasenflächen, lasen, strickten oder ließen sich bräunen, die Schuhe ausgezogen, die Kinder krabbelten herum und lallten, sie weinten, wenn sie hinfielen, umfielen wie kleine, pralle Sandsäcke, und aus den Kinderwagen kam Gebrüll, Hunde lagen hechelnd im Gras, die Schnauze offen, aus der Schnauze und über die entblößte, spitze Zahnreihe hing der dünne, fleischrote Lappen, flabberte, es war ein Gewimmel gewesen, aber jetzt von Tag zu Tag nahm es ab. Er klopft auf den Tisch, und es wird einen Augenblick leiser, dann steigt die Unruhe wieder, die Stimme des Vorlesenden verschwindet fast, in dem auf und abschwellenden Gemurmel, dem halblauten, undeutlichen Gerede, dem Geflüster, das zwischen den Köpfen der Jungen ist, die sich auf ihren Stühlen räkeln, sie schaukeln darauf hin und her, vor, zurück, einige sind halb unter den Tisch gerutscht, die Tischkante schneidet ihre Brust durch, hier und da hebt jemand den Kopf, sieht auf und blickt zu ihm hinüber, richtet sich dann auch etwas auf, sackt aber wieder in sich zusammen, ist zurückgefallen, schlaff, erschlafft, die Stunde kann nicht mehr lange dauern, es muß gleich schellen. Der in der mittleren Tischreihe ist noch immer über sein Bein gebeugt. Er hat etwas von dem schwarzbraunen Blutschorf abgekratzt. Der Riß blutet. Ein roter Tropfen bildet sich langsam unter dem Knie, der dicker wird und aussieht wie eine blutgefüllte, kleine Brandblase. Er sieht dem Jungen zu, der mit zwei Fingern die aufgekratzte Stelle zusammendrückt und mehr Blut herauspreßt. Der Tropfen wird größer. Er wird schwerer und beginnt träge nach unten zu laufen, staut sich, fließt weiter und zieht eine rote Spur auf der Haut, bis er kleiner geworden ist, stehenbleibt. Auf dem nackten, glatten Schienbein des Jungen ist das ein roter Faden, der mit einer kaum deutlichen Verdickung aufhört. Der Junge betrachtet diesen roten Punkt am Ende des Fadens, er wischt ihn auseinander, verschmiert das Blut auf der Haut und beginnt, noch einmal an der offenen Stelle zu drücken, was ihm Spaß zu machen scheint. Er sieht, wie sich nach und nach ein zweiter Tropfen Blut dort bildet, wie auch dieser dicker wird, da ruft er den Jungen auf weiterzulesen. Der Junge fährt hoch, er ist verlegen und weiß nicht, was er tun soll, begreift nicht, er blickt schließlich vor sich in das aufgeschlagene Lesebuch. Einen Moment lang bleibt das Bein des Jungen noch ausgestreckt im Gang, und er kann deutlich sehen, daß auch der zweite Tropfen Blut größer wird und als kleine, rote Blase an der Wunde hängt, dann hat der Junge das Bein zurückgezogen. Er hat die Stelle noch nicht gefunden, wo er mit dem Vorlesen fortfahren soll. Es wird ein wenig ruhiger, das Tuscheln und Geflüster flaut etwas ab, und deutlicher hört er das Toben und Schreien der Mädchen draußen im Hof, das abbricht, als ein Mann schreit, sie sollen leiser sein. Die Mädchen haben unter den Fenstern der nebenanliegenden Klasse gestanden. Er weiß nicht, wer dort unterrichtet. Quer über den mit Laub, mit braunen Blättern gefleckten Schulplatz läuft ein Mädchen auf die Mauer zu. Beinah weißlich steht das Mittagslicht an der Mauer, milchig, die Schmutzflecken, die großen Placken Dreck sind darin aufgelöst. In zwei Wochen wird der Hof voller Laub liegen, braunes, nasses Laub, Blätter, Kastanienblätter und die Blätter der Eiben oder wie die Bäume heißen, die zwei Bäume, die in der Ecke des Schulhofes stehen, die nicht Eiben sind, sondern Platanen, deren Stämme sich abschälen, weiße Flecken wie Hautflecken, Flecken alter Haut, und in den Pausen werden die Kinder im Laub herumwirbeln, werden sich mit Blättern bewerfen, jeden Tag muß dann der Hausmeister die Blätter auf dem Hof zusammenfegen, er fegt sie auf zu einem Haufen, der von den Kindern wieder auseinandergetreten wird. Wer Aufsicht hat, der kann dauernd schreien. Das Mädchen ist zu der Schultasche gelaufen. Es hat sie aufgehoben und läuft damit zurück. Unter dem roten Pullover hüpft es. Es wabert auf und ab. Die leichten Schwellungen der Brust sind rund, kreisrunde, flache Fladen und noch keine festen Brüste, noch zu klein, zu unausgebildet, als daß das Mädchen schon einen Büstenhalter tragen könnte. Das Mädchen verschwindet unter der Leiste des Fensters. Inzwischen ist es in der Klasse wieder laut geworden. Es hat angefangen zu flüstern und zu murmeln und ist ein dumpfes, gedämpftes Rascheln von Stimmen,

Stimmen, die auseinanderlaufen, die sich spreizen und ausbreiten, die sich verknäueln, halbe Laute, halbe Worte, Satzfetzen, der Halbschlaf kurz vor Schluß der Stunde, der wächst wie ein Schwamm, während unsicher der Junge mit dem Vorlesen einsetzt.

Hubert Fichte
Das Waisenhaus

Detlev steht abseits von den anderen auf dem Balkon. Die Waisenhauszöglinge warten, daß Schwester Silissa und Schwester Appia in den Eßsaal treten, daß sie in die beiden tiefen Suppentöpfe gucken, aus der verborgenen Tasche des schwarzen Habits zwei Eier holen, die Eier am Topfrand zerschlagen, Eiweiß und Eigelb in die Suppe fallen lassen, die zwei Hälften der Schalen mit dem Finger auswischen, daß sie die raschelnden Schalen in den Abfalleimer neben dem Kanonenofen werfen und mit den Kellen Eigelb und Eiweiß schnell vor dem Gerinnen verrühren.

Auf dem Rasenstück neben der Apsis liegt noch die rote Schleife des Osterlamms. Detlev sieht zum Pfarrgarten hinüber. Detlev trägt schon den Anzug für die Reise, den die Mutter ihm vor einem Jahr zum ersten Schultag genäht hatte.

Nach dem Essen wird die Mutter Detlev holen kommen und mit ihm die Nacht hindurch zu den Großeltern nach Hamburg fahren.

Schwester Silissa hat ihn zur Reise gekämmt. Sie hat mit der Ecke des Kammes den Scheitel gezogen, mit zwei Fingern eine Locke in den Haaren zurechtgedrückt. Sie hat ihm die schwarzeingehüllten Arme um den Kopf gelegt und ihr von weißem, gestärktem Leinen eingerahmtes Gesicht auf seine Haare gepreßt.

– Nun wird doch kein Pfarrer mehr aus dir.

Frieda hat Detlev ein Gebet versprochen, das ihn in Hamburg noch vor Kriegsende in einen Katholiken verwandeln würde.

Die Mädchen springen Springtau. Die Jungen spielen Karten. Alfred lauert an der Tür, ob die Schwestern von außen an die Klinke fassen.

Detlevs Gesicht ist weiß.

– Heute bist du wieder besonders weiß im Gesicht, sagten die Schwestern.

Schwester Silissa hatte gesagt:

– Detlev hat schöne große Ohren.

als die Mutter ihn im Waisenhaus abgab.

– Deine Ohren sind so groß wie Judenohren, sagte die Lehrerin, ehe sie ihm mit dem gespaltenen Rohrstock über die Finger schlug. Der Rohrstock quetschte sich auseinander und klemmte die Haut ein.

Wenn Detlev allein im Waschsaal war – wenn die Mutter ihn in dem Zimmer beim Veterinär oder in ihrem Zimmer auf dem Dachboden allein ließ, sah Detlev sich in den Spiegeln die Ohren an. Auf dem Abort zog er ein Foto von sich aus dem Brustbeutel, den die Mutter ihm nach dem ersten Bombenangriff um den Hals gehängt hatte.

– Meine Lippen sind dick.
– Ich habe eine Locke im Haar.
– Ich bin weiß im Gesicht.
– Mein Kinn steht nicht vor.
– Er hat ein fliehendes Kinn, sagte Schwester Appia zu Schwester Silissa.

Detlev stößt sich von der Mauer ab. Er wischt mit den Fingern an den Traljen des Balkongitters entlang. Am Pfosten bleibt er stehen. Auf dem Pfosten liegt eine kleine Kugel. Grau und weiß.

– Es ist ein Puppenauge.

Detlev faßt hin. Er will es zwischen die Finger nehmen. Er zerquetscht es. An den Fingerspitzen klebt grüner Schleim.

– Detlev hat in Vogelscheiße gefaßt, schreit Alfred.

Die Mädchen lassen das Springtau fallen und sehen zu Detlev hinüber. Die Jungen legen die Kartenfächer mit den Bildern nach unten auf den Zementboden und stellen sich vor Detlev hin.

Schwester Silissa und Schwester Appia treten auf den Balkon. Alfred hat nicht aufgepaßt. Die Schwestern sind unbemerkt in den Eßsaal gekommen, sie haben sich nicht bei den Suppentöpfen aufgehalten – sie haben, ohne daß einer der Zöglinge es hörte, die Eier zerschlagen und verrührt.

Schwester Silissa entdeckt die Karten am Boden und kneift Odel und dem Joachim-Teufel in die Ohren. Die Schleier der Schwestern wehen hoch. Die Schwestern gehen auf Detlev zu.

– Wenn das nicht wäre, denkt Detlev.
– Nun hatten wir dich schon saubergemacht für die Abreise.
– Wenn ich nicht auf den Pfosten geguckt hätte. Wenn ich nicht gedacht hätte: Da liegt ein Puppenauge. Wenn die Vogelscheiße da gar nicht gelegen hätte.
– Wasch dir noch einmal die Hände.
– Dann würde mich Schwester Silissa jetzt nicht böse ansehen.

Die Lider hängen halb über Schwester Silissas Augen. Detlev erkennt jede Pore in ihrem Gesicht. Ihre Lippen haben dieselbe rosa Farbe wie die Lider, das Kinn, die Nase. An den Backen quengelt das gestärkte, glänzende Leinen, das die Haare, die Ohren, die Gurgel, die Schläfen verdeckt.
– Wenn es Schwester Silissa nicht gäbe, dann wäre Alfred verschwunden. Mutti sagt, Alfred hat ein Schafsgesicht.
Detlev kneift die Augen zu. Die Zöglinge schwimmen durcheinander. Alfreds Augen bewegen sich nicht. Seine Backen schwellen an. Seine Nase bricht in der Mitte durch. Seine Ohren rücken aufeinander zu.
– Wenn das nicht wäre.
Detlevs Gedanken laufen schneller hintereinander her. Geräusche, Gerüche mischen sich mit den Worten, Wörtern, Wortfetzen, Buchstaben. Detlev wird rot.
– Detlev wird rot.
Er fängt an zu schwitzen. Er möchte einschlafen. Er schließt die Augen ganz. Detlev sieht einen Haselnußstengel.
– Alfred hat die Haselnuß ausgegraben und aufgefressen. Detlev bewunderte seine Mutter, als sie Alfred streng und ohne Furcht ansah. Sie wich Alfreds Blick nicht aus. Detlev sieht Alfred an. Alfreds Augen rutschen übereinander, wie der zusammenlegbare Zwicker der Großmutter, den sie in der mittleren Schublade des Küchenbüfetts aufbewahrte und herausholte, wenn sie beim Backen ein Rezept lesen wollte.
– Hat ein Schaf so häßliche Augen wie Alfred? Ich habe gesagt: Ich mag dich leiden, Alfred. – Ich mag ihn nicht leiden. Wenn er mich lange anguckt, will er mich einschüchtern. Wenn er lieb mit mir tut, horcht er mich aus. Er klatscht alles an den Odel und den Joachim-Teufel und das Wackerl weiter. Die lachen mich aus. Sie helfen ihm. Er will die Macht behalten. Er ist neidisch auf mich. Detlev hört das Flüstern noch einmal. Es ist ganz still auf dem Balkon. Der Wind setzt aus und die schwarzen Schleier der Schwestern fallen wieder auf die Schultern zurück.
Alfreds Stimme. Morgens. In der Kirche:
– Sieh nicht hin. Sieh nicht hin auf das Zeichen. Sei demütig. Wenn du hinsiehst, bist du ein Scheinheiliger. Die Scheinheiligen kommen in die Hölle.
Der Geruch von Urin. Hammerschläge. Schläge an der Tür zum Waschsaal.
– Das ist der Teufel. Der hämmert deinen Sarg.

Detlev öffnet die Augen. Er schließt die Augen. Alfred im Waschsaal. Alfred im Eßsaal. Alfred mit Brot. Alfred mit Haferflockentorte.
– Alfred hat grüne Augen. Weil er Todsünden begangen hat. Ich habe keine Todsünden begangen.
Detlev öffnet die Augen. Er sieht Alfred an. Er will Alfreds Blick aushalten. Heute ist der letzte Tag. Alfred sieht auf Detlevs Finger.
– Alfred denkt jetzt: Du hast dich dreckig gemacht. So dreckig bist du am Tag deiner Abreise.
Alfred sieht Detlev an. Detlev sieht weg.
– Anna. Ob Anna die Krämpfe kriegt, wenn ich wegfahre? Anna kommt in die Hölle. Sie hat es selbst gesagt. Annas Augen sind braun. Da ist nichts Weißes an den Rändern. Ich möchte immer in Annas Augen sehen. Annas Augen sind fromm. Anna kommt in die Hölle. Gleich sind Annas Augen für immer weg. Ich fahre mit Mutti nach Hamburg zurück.
Die Zöpfe ziehen rechts und links von Annas Gesicht schwarze Striche.
– Annas Augen sind schief vom Fallen. Ihr Kopf ist schief und krumm wie der Kopf von Peters Puppe. Vielleicht hat sie in den Trümmern gelegen. Anna hat mich an Alfred verraten, weil sie Angst hatte, in die Hölle zu kommen. Dann hatte sie Angst, noch mal in die Hölle zu kommen, weil sie mich an Alfred verraten hatte; dann hat sie Alfred und den Odel und den Joachim-Teufel an mich verraten. Wenn ich nicht auf den Pfosten geguckt hätte, hätte ich nicht in die Vogelscheiße gefaßt, wäre Alfred nicht da, wäre Schwester Silissa nicht da, hätte Anna Alfred nichts erzählt, wäre der Teufel nicht gekommen.
Detlev saugt Luft in sich hinein. Er zieht die Schultern nach oben. Der Rücken spannt sich. Er atmet nicht mit blubberndem Bauch wie Odel. Er atmet wie der Joachim-Teufel, wie Alfred, Anna, Schwester Silissa, deren Schultern beim Einatmen spitz nach oben stoßen.
Frieda tritt auf den Balkon.
– Frieda ist ein richtiges Vorbild. Ihre blonden Zöpfe. Ihre Augenfarbe. Ihre Ohren sind nicht zu groß, hat Schwester Appia gesagt.
Detlev atmet schneller. Unter seinem Kinn springt eine Ader hin und her.
Detlev erwartet das Verwandlungsgebet von Frieda. Sie stellt sich in die letzte Reihe der Zöglinge.

– Frieda atmet mit dem Bauch.

Detlev kann die Luft nicht wieder aus dem Hals pressen. Er saugt immer mehr Luft in sich hinein. Er kann die Luft nicht wieder loswerden. Detlevs Zunge schlägt gegen den Gaumen.

– Frieda ist Alfreds Schwester. Jetzt verrät mich Frieda zum Schluß doch.

Sie hatte ihm die Nägel geschnitten und ihm, wenn er auf dem Abort gewesen war, die Hosenträger wieder an die Hose geknöpft.

– Frieda ist ein arischer Typ, hatte die Mutter zu Schwester Appia gesagt.

– Frieda weiß ein Gebet, das wissen die andern nicht. Schwester Silissa weiß es nicht. Anna auch nicht, nicht einmal ihr Bruder, dachte Detlev, als Frieda ihm an Alfreds Firmung das Gebet versprach, das ihn weit weg vom Scheyerner Waisenhaus in einen Katholiken verwandeln sollte.

– Wenn ich nicht in die Vogelscheiße gefaßt hätte, wenn Schwester Silissa und Schwester Appia nicht da wären, wenn Anna nicht da wäre, gäbe es den Balkon gar nicht. Detlev stellt sich den Kirchplatz mit dem Waisenhaus ohne Balkon vor. Die Traljen verdicken sich zu einer Wand. Die Pfeiler verwandeln sich in schwarze Klöße. Die Zöglinge kleben mit den Schwestern zu Großvaters Komposthaufen zusammen.

Detlev fliegt hoch in die Luft wie der rote Luftballon vor dem Krieg auf dem Hamburger Dom. Detlev fliegt hoch oben wie ein Bomber.

Detlev sieht von oben auf die vier Mauerpfosten herunter. Er drückt mit dem Finger auf die Traljen des Gitters, und der Balkon fällt ab wie ein Klötzchen seines Steinbaukastens.

– Ich will in Hamburg mit meinem Steinbaukasten spielen. Die Wände fallen um. Detlev zieht die Klötzer aus dem Boden.

– Wenn es keinen Balkon gibt, gibt es auch keine Waschküche.

Die Schwestern flatterten jeden Dienstag durch die Dampfwolken. Detlev hört das Geräusch der seifigen Stoffe auf der Raffel.

– Spart mit der grünen Seife.

Detlev schlägt von oben die Waschküche auseinander. Er schiebt den Schlafsaal weg. Er haut mit der Faust in die Cellophanscheiben. Er trampelt mit den Füßen auf jedem weißen Balken herum, den er freilegt. Er schmeißt die Betten heraus. Erwins Bett.

Erwin schrie wie Herodes: Nicht auf mich. Joachim-Teufels Bett. Odels nasses Bett. Alfreds Bett biegt er hin und her. Er knickt es kaputt. Detlev bricht die Waschräume ab. Dort hüpfte der

Joachim-Teufel morgens im Kreis herum und furzte bei jedem Hüpfer.

Detlev reißt den Abort ein. Er hebt die glitschigen, kalten Fliesen ab, stößt die Wände um, an denen sie die Finger abstreiften, wenn sie sich ohne Papier sauberwischten.

Detlev schlägt die Türen heraus, bricht das Treppenhaus ab, kippt den Mädchenschlafsaal um, preßt den Geschirrschrank zusammen, in dem Peter mit der Puppe – Du, Konung – an Detlevs Stelle bombardiert worden war.

Detlev vergißt, den Eßsaal zu zerstören. Er hebt die Klausur vorsichtig zur Seite.

– Keiner weiß, was da drinnen los ist.

– Wenn sie tot sind, werden sie in der Klausur aufbewahrt.

– Manchmal fliegen die Engel raus und rein.

– In der Nacht klettert der Leibhaftige hinein und vollführt am Fußende der Betten unkeusche Handlungen.

Detlev rollt den Garten zusammen. Im Garten ist ein Loch. Alfred war ihm nachgeschlichen und hatte beobachtet, wie er die Haselnuß pflanzte. Jeden Morgen vor der Messe rannte Detlev hin, um nachzufühlen, ob sie anfing zu wachsen. Alfred schlich ihm jedesmal nach. Die Nuß trieb einen roten Stengel aus der Erde. Alfred riß sie heraus, brach den Stengel ab, warf die Schalen weg, wollte den Rest der Nuß essen. Er spuckte alles wieder aus. Detlev fand den dürren Stengel, die angetrocknete Spucke, die zerkaute Nuß.

Detlev will die Kirche zusammenpacken. Er fürchtet sich vor dem Krach, wenn der Kirchturm umfällt.

– Dann wach ich auf.

Hoch oben über der Spitze sirrte ein silbriges, feindliches Aufklärungsflugzeug.

– Wenn es das Waisenhaus und die Stadtpfarrkirche nicht gäbe, dann gäbe es ganz Scheyern nicht.

Detlev hebt die Hände. Der Vogelkot fällt nicht ab. Detlev reibt die Hände gegeneinander. Detlev verschränkt seine Finger und reibt.

– Er betet. Er kann es nicht lassen. Er betet wie ein Evangelischer.

– Alfred hat nichts gesehen. Er schreit nichts.

Detlev zerquetscht den Kot zwischen seinen Fingern. Detlev legt die Handflächen gegeneinander. Er will den grünen Schleim wegreiben, ohne daß die Waisenhauszöglinge es bemerken.

– Detlev ist ein Ketzer. Mit Scheiße an der Hand faltet er die Hände.

– Nein. Alfred schreit nichts.

Detlev verschmiert den Kot an den Händen. Er legt die Hände mit ausgestreckten Fingern übereinander. Er kreuzt die Daumen.

– Detlev betet wie ein Katholischer. Detlev beschmutzt unseren Heiligen Katholischen Glauben.

Wenn Schwester Silissa das Ave und das Paternoster vorbetete, tippte sie mit den Zeigefingern aneinander, dann tippte sie mit den Mittelfingern aneinander, dann mit den Ringfingern, den kleinen Fingern, wieder mit den kleinen Fingern, den Ringfingern, den Mittelfingern, den Zeigefingern, vorwärts, rückwärts, bis das Gebet zu Ende war.

– Die Katholischen halten die Hände beim Beten anders als die Evangelischen. Hätte ich nicht in die Scheiße gefaßt, würden mich nicht alle ansehen.

Detlev lehnt sich gegen das Gitter. Er will aufhören, an das zu denken, was alles nicht wäre, wenn das kleinste bißchen nicht wäre – der Vogelkot. Er will sich kratzen.

– Detlev kratzt sich mit der Vogelscheiße an der Hand.

– Detlev hat den Sankt-Veitstanz.

– Die Krankheit von Anna steckt an.

– Detlev muß ins Krankenhaus zur Überwachung. Er wird eingesperrt. Er darf nicht nach Hamburg fahren.

Zwischen den Augen juckt es, hinter den Ohren, im Nacken. Die Gegenstände rücken so nahe, daß sie ihm mit ihren Ecken in die Augen stechen.

Detlev kneift die Lider zusammen. Die Waisenhauszöglinge schwimmen durcheinander wie die tutenden Barkassen im Hafen.

Detlev sieht schwarze zackige Flecken, wie das zerknüllte Kohlepapier in der Stadtkämmerei.

– Das Kohlepapier muß wegen Spionagegefahr nach dem Gebrauch vernichtet werden,

wie die halbverfaulten Blätter, die Detlev beim Quittenbaum in Großvaters Garten aufgesammelt hatte. Er hielt sie gegen die hellste Stelle in den Wolken. Die Rippchen waren noch übrig und einzelne, nasse Fetzen. Er hatte nie einen Kopf oder eine Gestalt in einem Blatt erkennen können.

– Wenn es Aichach und Steingriff und Scheyern nicht gäbe, wäre ich nie in dieses Waisenhaus gekommen.

HANS ARP
Um den Menschen handelt es sich

Um was handelt es sich?
Um den Menschen handelt es sich.
Was ist los?
Der Mensch ist los
der ein Herz hat
der kein Herz hat
der auf Stiefeln aus Porzellan
in einen ehernen Abgrund springt
der auf nackten Händen
um die Erde läuft
der das Bestirnte
zu entstirnen versucht
der das Entstirnte
zu bestirnen versucht.
Dann brüllt er: Hoch hoch hoch!
Es lebe die Wirrwarr gewordene Fahne.
Es lebe Wilhelm Tell und seine Äpfel.
Wir wollen wieder Wilhelm Telle haben
am Arme einer gewaltigen Eva.
Um was handelt es sich?
Was ist los?
Es handelt sich um einen Kuhhandel.
Es handelt sich
um die altmodisch gewordenen
höchsten Ebenen.
Um die Mistmassen
um die ranzig gewordenen höchsten Ebenen
um das Aas der Astarte
um die zahllosen Bärte
unseres Großvaters Barbarossa
die endlich wieder
durch marmorne Tische wachsen wollen.

Johannes Bobrowski
Mäusefest

Moise Trumpeter sitzt auf dem Stühlchen in der Ladenecke. Der Laden ist klein, und er ist leer. Wahrscheinlich weil die Sonne, die immer hereinkommt, Platz braucht und der Mond auch. Der kommt auch immer herein, wenn er vorbeigeht. Der Mond also auch. Er ist hereingekommen, der Mond, zur Tür herein, die Ladenklingel hat sich nur einmal und ganz leise nur gerührt, aber vielleicht gar nicht, weil der Mond hereinkam, sondern weil die Mäuschen so laufen und herumtanzen auf den dünnen Dielenbrettern. Der Mond ist also gekommen, und Moise hat Guten Abend, Mond! gesagt, und nun sehen sie beide den Mäuschen zu.

Das ist aber auch jeden Tag anders mit den Mäusen, mal tanzen sie so und mal so, und alles mit vier Beinen, einem spitzen Kopf und einem dünnen Schwänzchen.

Aber lieber Mond, sagt Moise, das ist längst nicht alles, da haben sie noch so ein Körperchen, und was da alles drin ist! Aber das kannst du vielleicht nicht verstehen, und außerdem ist es gar nicht jeden Tag anders, sondern immer ganz genau dasselbe, und das, denk ich, ist gerade so sehr verwunderlich. Es wird schon eher so sein, daß du jeden Tag anders bist, obwohl du doch immer durch die gleiche Tür kommst und es immer dunkel ist, bevor du hier Platz genommen hast. Aber nun sei mal still und paß gut auf.

Siehst du, es ist immer dasselbe.

Moise hat eine Brotrinde vor seine Füße fallen lassen, da huschen die Mäuschen näher, ein Streckchen um das andere, einige richten sich sogar auf und schnuppern ein bißchen in die Luft. Siehst du, so ist es. Immer dasselbe.

Da sitzen die beiden Alten und freuen sich und hören zuerst gar nicht, daß die Ladentür aufgegangen ist. Nur die Mäuse haben es gleich gehört und sind fort, ganz fort und so schnell, daß man nicht sagen kann, wohin sie gelaufen sind.

In der Tür steht ein Soldat, ein Deutscher. Moise hat gute Augen, er sieht: ein junger Mensch, so ein Schuljunge, der eigentlich gar nicht weiß, was er hier wollte, jetzt, wo er in der Tür steht. Mal sehen, wie das Judenvolk haust, wird er sich draußen gedacht haben. Aber jetzt sitzt der alte Jude auf seinem Stühlchen, und der Laden ist hell vom Mondlicht. Wenn Se mechten hereintreten, Herr Leitnantleben, sagte Moise.

Der Junge schließt die Tür. Er wundert sich gar nicht, daß der Jude Deutsch kann, er steht so da, und als Moise sich erhebt und sagt: Kommen Se man, andern Stuhl hab ich nicht, sagt er: Danke, ich kann stehen, aber er macht ein paar Schritte, bis in die Mitte des Ladens, und dann noch drei Schritte auf den Stuhl zu. Und da Moise noch einmal zum Sitzen auffordert, setzt er sich auch.

Jetzt sind Se ma ganz still, sagt Moise und lehnt sich an die Wand.

Die Brotrinde liegt noch immer da, und, siehst du, da kommen auch die Mäuse wieder. Wie vorher, gar nicht ein bißchen langsamer, genau wie vorher, ein Stückchen, noch ein Stückchen, mit Aufrichten und Schnuppern und einem ganz winzigen Schnaufer, den nur Moise hört und vielleicht der Mond auch. Ganz genau wie vorher.

Und nun haben sie die Rinde wiedergefunden. Ein Mäusefest, in kleinem Rahmen, versteht sich, nichts Besonderes, aber auch nicht ganz alltäglich.

Da sitzt man und sieht zu. Der Krieg ist schon ein paar Tage alt. Das Land heißt Polen. Es ist ganz flach und sandig. Die Straßen sind schlecht, und es gibt viele Kinder hier. Was soll man da noch reden? Die Deutschen sind gekommen, unzählig viele, einer sitzt hier im Judenladen, ein ganz junger, ein Milchbart. Er hat eine Mutter in Deutschland und einen Vater, auch noch in Deutschland, und zwei kleine Schwestern. Nun kommt man also in der Welt herum, wird er denken, jetzt ist man in Polen, und später vielleicht fährt man nach England, und dieses Polen hier ist ganz polnisch.

Der alte Jude lehnt an der Wand. Die Mäuse sind noch immer um ihre Rinde versammelt. Wenn sie noch kleiner geworden ist, wird eine ältere Mäusemutter sie mit nach Hause nehmen, und die andern Mäuschen werden hinterherlaufen.

Weißt du, sagt der Mond zu Moise, ich muß noch ein bißchen weiter. Und Moise weiß schon, daß es dem Mond unbehaglich ist, weil dieser Deutsche da herumsitzt. Was will er denn bloß? Also sagt Moise nur: Bleib du noch ein Weilchen.

Aber dafür erhebt sich der Soldat jetzt. Die Mäuse laufen davon, man weiß gar nicht, wohin sie alle so schnell verschwinden können. Er überlegt, ob er Aufwiedersehen sagen soll, bleibt also einen Augenblick noch im Laden stehen und geht dann einfach hinaus.

Moise sagt nichts, er wartet, daß der Mond zu sprechen anfängt. Die Mäuse sind fort, verschwunden. Mäuse können das.

Das war ein Deutscher, sagt der Mond, du weißt doch, was mit diesen Deutschen ist. Und weil Moise noch immer so wie vorher an der Wand lehnt und gar nichts sagt, fährt er dringlicher fort: Weglaufen willst du nicht, verstecken willst du dich nicht, ach Moise. Das war ein Deutscher, das hast du doch gesehen. Sag mir bloß nicht, der Junge ist keiner, oder jedenfalls kein schlimmer. Das macht jetzt keinen Unterschied mehr. Wenn sie über Polen gekommen sind, wie wird es mit deinen Leuten gehn?

Ich hab gehört, sagt Moise.

Es ist jetzt ganz weiß im Laden. Das Licht füllt den Raum bis an die Tür in der Rückwand. Wo Moise lehnt, ganz weiß, daß man denkt, er werde immer mehr eins mit der Wand. Mit jedem Wort, das er sagt. Ich weiß, sagt Moise, da hast du ganz recht, ich werd Ärger kriegen mit meinem Gott.

MICHAEL HAMBURGER
Abschied

In memoriam Johannes Bobrowski

Schon ging er wieder,
schon ging er weiter
und sterbender in der Zeit
muß ich nachrufen, widerrufen
weil Zeitwörter lügen.

Wo waren wir? Am Wasser.
Wo trafen sich Blicke?
Auf dem Wasser. Nur auf dem Wasser.
Und immer wußten wir beide:
unterm Spiegel zerrinnt der See.

Ach ja: er spiegelte wider
und spiegelt es weiter –
das Tote, Vergangene –
straft Lügen die Zeit.

Aber zu früh, zu früh
strafte den Wahren die Zeit:
Lebendes ging ihm verloren,
Lebenden ging er verloren.

Kein Wort mehr. Noch spiegelt der See –
nie mehr den Sehenden.
Kein Ruf holt ihn ein.
Weitergehn. Sterbender. Stummer.

Peter Weiss
Die Ermittlung

Gesang von der Möglichkeit des Überlebens

II
Zeuge 3 Die Machtfülle eines jeden im Lagerpersonal
    war unbegrenzt
    Es stand jedem frei zu töten
    oder zu begnadigen
    Den Arzt Dr. Flage
    sah ich mit Tränen in den Augen am Zaun stehen
    hinter dem ein Zug Kinder
    zu den Krematorien geführt wurde
    Er duldete es
    daß ich die Krankenkarten einzelner
    schon ausgesonderter Häftlinge
    an mich nahm
    und sie so vor dem Tod bewahren konnte
    Der Lagerarzt Flage zeigte mir
    daß es möglich war
    zwischen den Tausenden
    noch ein einzelnes Leben zu sehn
    er zeigte mir
    daß es möglich gewesen wäre
    auf die Maschinerie einzuwirken
    wenn es mehr gegeben hätte
    von seiner Art
Verteidiger Herr Zeuge
    hatten Sie als Häftlingsarzt
    Einfluß auf Leben und Tod
    der bei Ihnen eingelieferten Kranken
Zeuge 3 Ich konnte hier und da
    ein Leben retten

VERTEIDIGER Mußten Sie andererseits auch Kranke
    zur Tötung aussondern
ZEUGE 3 Auf die angeforderte Schlußzahl
    hatte ich keinen Einfluß
    Sie wurde von der Lagerverwaltung bestimmt
    Jedoch hatte ich die Möglichkeit
    die Listen zu bearbeiten
VERTEIDIGER Nach welchen Grundsätzen unterschieden Sie
    wenn Sie zwischen zwei Kranken
    zu wählen hatten
ZEUGE 3 Wir hatten uns zu fragen
    wer der Prognose nach
    die größere Chance hatte
    die Krankheit zu überstehen
    Und dann die viel schwierigere Frage
    Wer könnte wertvoller und nützlicher sein
    für die internen Angelegenheiten der Häftlinge
VERTEIDIGER Gab es besonders Bevorzugte
ZEUGE 3 Natürlich hielten die politischen Aktiven
    untereinander zusammen
    stützten und halfen einander
    soweit sie konnten
    Da ich der Widerstandsbewegung
    im Lager angehörte
    war es selbstverständlich
    daß ich alles tat
    um vor allem die Kameraden
    am Leben zu erhalten
VERTEIDIGER Was konnte die Widerstandsbewegung
    im Lager leisten
ZEUGE 3 Die Hauptaufgabe des Widerstands
    bestand darin
    eine Solidarität aufrecht zu erhalten
    Sodann dokumentierten wir
    die Ereignisse im Lager
    und vergruben unsere Beweisstücke
    in Blechbüchsen
VERTEIDIGER Hatten Sie Kontakt mit Partisanengruppen
    oder andere Verbindungen zur Außenwelt
ZEUGE 3 Die in den Industrien arbeitenden Häftlinge
    konnten hin und wieder Beziehungen

zu Partisanengruppen aufnehmen
und sie erhielten Meldungen über die Lage
auf den Kriegsschauplätzen
VERTEIDIGER Wurden Vorbereitungen
zu einem bewaffneten Aufruhr getroffen
ZEUGE 3 Es gelang später
Sprengstoff einzuschmuggeln
VERTEIDIGER Wurde das Lager jemals von innen
oder von außen angegriffen
ZEUGE 3 Außer einem mißglückten Aufstand
des Sonderkommandos der Krematorien
im letzten Kriegswinter
kam es zu keinen aktiven Handlungen
Auch von außen her wurden keine
solchen Versuche unternommen
VERTEIDIGER Haben Sie durch Ihre Verbindungsleute
Hilfe angefordert
ZEUGE 3 Es wurden immer wieder Nachrichten
über die Zustände im Lager abgegeben
VERTEIDIGER Was für Resultate erhofften Sie
auf diese Nachrichten hin
ZEUGE 3 Wir hofften auf einen Angriff aus der Luft
auf die Gaskammern
oder auf eine Bombardierung der Zufahrtsstrecken
VERTEIDIGER Herr Zeuge
Woher nahmen Sie Ihren Widerstandswillen
nachdem Sie sahen
daß Sie von jeglicher militärischer Hilfe
im Stich gelassen wurden
ZEUGE 3 In Anbetracht der Lage
war es Widerstand genug
wachsam zu bleiben
und nie den Gedanken aufzugeben
daß eine Zeit kommen würde
in der wir unsere Erfahrungen
aussprechen könnten
VERTEIDIGER Herr Zeuge
Wie verhielten Sie sich dem Eid gegenüber
den Sie als Arzt geschworen hatten
ANKLÄGER Wir protestieren gegen die Frage
mit der die Verteidigung den Zeugen

mit den Angeklagten gleichzustellen versucht
  Die Angeklagten töteten aus freiem Willen
  Der Zeuge mußte notgedrungen
  der Tötung beiwohnen
ZEUGE 3 Ich möchte folgendes antworten
  Diejenigen unter den Häftlingen
  die durch ihre Sonderstellung
  einen Aufschub des eigenen Todes
  erreicht hatten
  waren den Beherrschern des Lagers
  schon einen Schritt entgegen gegangen
  Um sich die Möglichkeit des Überlebens
  zu erhalten
  waren sie gezwungen
  einen Anschein von Zusammenarbeit zu wecken
  Ich sah es deutlich in meinem Revier
  Bald war ich den Lagerärzten nicht nur
  in der Kollegialität des gemeinsamen Berufs
  verbunden
  sondern auch in meiner Teilnahme
  an den Machenschaften des Systems
  Auch wir Häftlinge
  vom Prominenten
  bis hinab zum Sterbenden
  gehörten dem System an
  Der Unterschied zwischen uns
  und dem Lagerpersonal war geringer
  als unsere Verschiedenheit von denen
  die draußen waren
VERTEIDIGER Herr Zeuge
  wollen Sie damit sagen
  daß es ein Verständnis gab
  zwischen der Verwaltung und dem Häftling
ZEUGE 3 Wenn wir mit Menschen
  die nicht im Lager gewesen sind
  heute über unsere Erfahrungen sprechen
  ergibt sich für diese Menschen
  immer etwas Unvorstellbares
  Und doch sind es die gleichen Menschen
  wie sie dort Häftling und Bewacher waren
  Indem wir in solch großer Anzahl

in das Lager kamen
und indem uns andere in großer Anzahl
dorthin brachten
müßte der Vorgang auch heute noch
begreifbar sein
Viele von denen die dazu bestimmt wurden
Häftlinge darzustellen
waren aufgewachsen unter den selben Begriffen
wie diejenigen
die in die Rolle der Bewacher gerieten
Sie hatten sich eingesetzt für die gleiche Nation
und für den gleichen Aufschwung und Gewinn
und wären sie nicht zum Häftling ernannt worden
hätten auch sie einen Bewacher abgeben können
Wir müssen die erhabene Haltung fallen lassen
daß uns diese Lagerwelt unverständlich ist
Wir kannten alle die Gesellschaft
aus der das Regime hervorgegangen war
das solche Lager erzeugen konnte
Die Ordnung die hier galt
war uns in ihrer Anlage vertraut
deshalb konnten wir uns auch noch zurechtfinden
in ihrer letzten Konsequenz
in der der Ausbeutende in bisher unbekanntem Grad
seine Herrschaft entwickeln durfte
und der Ausgebeutete
noch sein eigenes Knochenmehl
liefern mußte
VERTEIDIGER Diese Art von Theorien
in denen ein schiefes ideologisches Bild
gezeichnet wird
lehnen wir auf das bestimmteste ab
ZEUGE 3 Die meisten die auf der Rampe ankamen
fanden allerdings nicht mehr die Zeit
sich ihre Lage zu erklären
Verstört und stumm
gingen sie den letzten Weg
und ließen sich töten
weil sie nichts verstanden
Wir nennen sie Helden
doch ihr Tod war sinnlos

Wir sehen sie vor uns
diese Millionen
im Scheinwerferlicht
unter Schimpf und Hundegekläff
und die Außenwelt fragt heute
wie es möglich war
daß sie sich so vernichten ließen
Wir
die noch mit diesen Bildern leben
wissen
daß Millionen wieder so warten können
angesichts ihrer Zerstörung
und daß diese Zerstörung an Effektivität
die alten Einrichtungen um das Vielfache
übertrifft
VERTEIDIGER Herr Zeuge
waren Sie schon vor Ihrer Einlieferung
in das Lager
politisch tätig gewesen
ZEUGE 3 Ja
Es war unsere Stärke
daß wir wußten
warum wir hier waren
Das half uns
unsere Identität zu bewahren
Doch auch diese Stärke
reichte nur bei den Wenigsten
bis zum Tod
Auch diese konnten zerbrochen werden
ZEUGE 7 Wir waren 1200 Häftlinge
die zu den Krematorien geführt wurden
Wir mußten lange warten
denn ein anderer Transport war vor uns
Ich hielt mich etwas abseits
Da kam ein Häftling vorbei
es war ein ganz junger Mensch
Er flüsterte mir zu
Geh fort von hier
Da nahm ich meine Holzschuhe und ging weg
Ich bin um eine Ecke gegangen
Da stand ein anderer

    der fragte
    Wo willst du hin
    Ich sagte
    Die haben mich weggeschickt
    Dann komm mit sagte der
    So kam ich zurück ins Lager
VERTEIDIGER War das so einfach
    Nur weggehen konnte man
ZEUGE 7 Ich weiß nicht wie es für andere war
    Ich bin weggegangen
    und kam in den Krankenbau
    Da fragte mich der Häftlingsarzt
    Willst du leben
    Ich sagte Ja
    Er sah mich eine Weile an
    dann nahm er mich bei sich auf
VERTEIDIGER Und dann haben Sie die Zeit im Lager
    überstanden
ZEUGE 7 Ich kam aus dem Lager heraus
    aber das Lager besteht weiter

ROSE AUSLÄNDER
Israel

Hügel hüpfen
grünen Flaum auf den Wangen

Jungwald
beschützt die
alten Schollen

Palmen standhaft im
Sonnengestöber

Komm Wolke
seltne Gefährtin
beschwichtige das
tobende Blau

Ein Kaktusgebirge bist du
Israel

von Heinzelmännchen bewohnt
Sie tragen deine Ableger
in alle Lande

Gestützt
auf den Stab des Hohelieds
besteigen wir
deine Stacheln

Wir melken die
magern die fetten Jahre

Wir pflanzen Zedern
Wir hoffen auf
Anfang

Helga M. Novak
Ballade von der reisenden Anna

1
Anna zog mit dreizehn Jahren nach dem Osten um den Kammern und den Öfen zu entfliehn denn der süße Rauch stank widerlich hieß die Mutter sie nach Rußland ziehn vor sich sahn sie rote Fahnen hinter sich die braunen Posten

2
nach dem ersten freudevollen Ankunftsglück fuhr die Anna mit dem Reiseautobus südwärts in ein Schülerinternat ihre Mutter las im Lehrerweihnachtsgruß – Anna – die sei fleißig und begabt insbesondre für Physik

3
damals streunten durch die Apparate schwarze Listen und rissen eines Morgens Annas Mutter aus dem Schlaf die Emigranten hatten sichs nicht nehmen lassen mitzubalgen und hatten sie als Stalin-Feind entlarvt sie schickten sie ganz ruhig untern Galgen zu den Trotzkisten

4
Anna bündelte mit starrer Miene wieder die Kledasche – reisen – denkt sie als es laut empört und hysterisch aus den Lehrerkehlen sprudelt – haben die Genossen schon gehört ein Trotzkistenkind hat unsern Ort besudelt Sabotage Spionage

5
Sibiriens Sonne brannte heiß auf den Viehwaggon und ein Mann mit uniformer Mütze brachte zweimal täglich schwarzes Brot mittags kam er mit nem Blechtopf Grütze und der Stern an seiner Jacke der war rot wie ein Lutschbonbon

6
über ihrer Blockhaussiedlung zitterte ein fremder Wind doch Anna lernte Bäumefällen leicht mit siebzehn Jahren bis sie selbst gefällt von Igor bei den Stapelflecken und in ihren kurzgeschornen Haaren blieb ein weißer Fetzen Birkenborke stecken und es folgte jedes Jahr ein Kind

7
irgendwo im Westen ging ein Krieg über Weizenfelder und die Anna durfte dafür büßen keiner spielte mit den Kindern und zu Haus begann denn man hatte aufgehört auch ihn zu grüßen heimlich Sprit zu brennen Annas Mann im Kartoffelkeller

8
fünfzehn Jahre später kam die große Wende der kollektive Rundfunk versprach Gerechtigkeit Morde Spitzeleien Fehlurteile seien aus und ein Schreiben brachte Anna den Bescheid packe unverzüglich deine Sachen fahr nach Hause die Verbannung ist zu Ende

9
ohne Igor nicht zu fahren hatte Anna sich gedacht doch sie sagten auf dem Rat daß das gar nicht geht sie müßt mit den Kindern weg und zwar schnell Igor hätte keine deutsche Nationalität blieb sie aber wäre vor dem Volk ihr Fall nicht wiedergutgemacht

10
in Berlin steht Anna in einem leeren Zimmer ihre Mutter ist rehabilitiert worden urkundlich unter Glas hängts an der Wand sie zeigt es ihren Söhnen wie einen Orden es fällt dabei auf ihre ausgestreckte Hand ein Abendsonnenschimmer

HORST BIENEK
Unsere Asche

Stacheldraht
      ist der Mantel der Heiligen
Wer mit Daunen
      oder Dunkelheit
bedeckt ist
      lebt in Sünde

Erst im Scheinwerferlicht
kannst du deine Schuld leugnen
erst in Verhören
      deine Tat verschweigen

Keiner spricht
von den vierzig Tagen
      im Hungerarrest
   (Wer malte dir die schönsten
   Tintorettos an die Zellenwand?)
Keiner von deinem Gang
bis zur Abortgrube
Keiner hilft dir die
Kloakenkübel tragen –
      und unter ihnen
brachst du nicht nur
dreimal zusammen

Niemand kam
      Nur ein schwarzer
Vogel aus Rauch
Und später die Mörder
erschienen pünktlich
      sie trugen die Sonne
verwundet durchbohrt blutend
auf ihren blitzenden Bajonetten
      zur schwarzen Wand

      Geh
sagte eine Stimme
      fünf Schritte zur Wand
      und sieh dich nicht um
      wenn die Schüsse fallen

Was geschieht
        wenn der Schrei den Himmel kreuzigt
was geschieht
        wenn der Wind die Erinnrung zerstört
was geschieht
        wenn der Sonnenfisch in den Adern springt
        Und der Kalk unsre Gesichter auslöscht?

Die Antwort
ist schon ergangen
aber wer von uns
wer von uns hat sie vernommen?

Wer unter uns Lebenden
        kann sagen
            er habe sie gehört
wer sie gesehen –
wer von uns?

Wir haben Chlor in den Augen
und Sand in den Ohren
und Ewigkeit
        steinern
wächst lautlos in unserem Mund

Wann wird unsre Asche reden?

WERNER DÜRRSON
Gesagt getan

Aufs Gras
das dem Stein aus dem Mund wuchs
pflanzten sie ihre eigene Sprache
schön blühte der Müll
überglänzt von geweißelter Nacht

bizarre Räume sparten sie aus
pferchten Stummheit zwischen
die eisernen Zeilen

gesagt getan
stellten sie sprachlos sich auf
im Lärm der Verheißung
gähnten der Hand in den Lüften
entgegen (es war ihre höchste)
bis endlich sie Wink gab
und Zeichen:

da gingen sie ein
in ihr gesammeltes Werk –
vernehmlich ward ihnen
die Rede des Grases das
über sie hinsproß
ins Weidland der Sterne.

GEORG BRITTING
Alle neun

Die Trommel dröhnt. Veränderung ist im Gang.
Die blaue Haut der fertigen Zwetschge reißt:
Ihr nacktes Fleisch zeigt ohne Scham die
Farbe des Herbstes im Gold der Fäulnis.

Die Wespen fürchten Menschengesichter nicht,
Sie brummen her und schlecken vom süßen Bier,
Das auf dem Tisch in gelben Lachen
Besser als Zwetschgensaft ihnen mundet.

Die Trommel dröhnt. Es lärmt von der Kegelbahn.
Die Äpfel kollern über den Gartenweg.
Die Kugel rollt. Die Kegel fallen.
Stürzt auch der König dahin und nimmt er,

Im Tanz sich drehend seine Gefolgschaft mit,
Ertönt das schrecklich zählende: Alle neun!
Es stimmt genau. Die Zeit betrügt nicht.
Lächelnd berechnet der Wirt die Zeche.

GÜNTER KUNERT
Ikarus 64

1

Fliegen ist schwer.
Jede Hand klebt am Gehebel von Maschinen
Geldesbedürftig.
Geheftet die Füße
An Gaspedal und Tanzparkett. Fest eingenietet
Der Kopf im stolzen, im fortschrittlichen,
Im vorurteilsharten
Sturzhelm.

2

Ballast: Das mundwarme Eisbein
In der Familiengruft des Magens.
Ballast: Das finstere Blut,
Gestaut an hervorragender Stelle
Gürtelwärts.
Töne
Erster zweiter neunter fünfundvierzigster Symphonien
Ohrhoch gestapelt zu kulturellem Übergewicht.
Verpulverte Vergangenheit
In handlichen Urnen verpackt.
Tankweis Tränen im Vorrat, unabwerfbare:
Fliegen ist schwer.

3

Dennoch breite die Arme aus und nimm
Einen Anlauf für das Unmögliche.
Nimm einen langen Anlauf, damit du
Hinfliegst
Zu deinem Himmel, daran
Alle Sterne verlöschen.

4

Denn Tag wird.
Ein Horizont zeigt sich immer.
Nimm einen Anlauf.

Sarah Kirsch
Kleine Adresse

Aufstehn möcht ich, fortgehn und sehn,
ach, wär ich Vogel, Fluß oder Eisenbahn,
besichtigen möcht ich den Umbruch der Welt.
Wo ist die Praxis hinter der Grenze? Wo
Steppenkombinate? Slums? Streiks?
Weizen im Meer? Segen und Fluch der
Zivilisation? Warum nicht New York?
Durch alle Straßen muß ich in Stöckelschuhn,
dreieckige Birnen suchen im U-Bahn-Schacht,
gehn, alles sehn, was ich
früh aus spreutrockenen Zeitungen klaube.
Dann, wenn ich müde und traurig bin
– vielleicht stimmts, Aluminiumfassaden, am Cityrand Dreck –
fahr ich im Lift in die x-te Etage, rede
mit der Klimaanlage, nehm einen Drink, notiere
das klassenbewußte Broadway-Gedicht.
Pack meinen Koffer, werfe ein blutendes
Plasteherz ein, und weiter gehts, gradaus
nach Sibirien, wo Bäume geerntet werden.
Hah, wie schrein die elektrischen Sägen, wie steigt
Sägemehl pyramidenhoch, wie wuchert der Wald, wie
brechen die Städte herein! Und die Flüsse!
Im Boot will ich sein, über Fische treiben, die
werden gefangen wie immer, doch die ergrauten
Söhne der Fischer baun Wasserkanonen, zersägen
mittlere Berge damit, setzen Staudämme ein
und verteilen die Wasser gerecht. Mit ihnen
rede ich nächtelang, Gebratenes kauend und Wodka.
Ach, warum bin ich Dichter, ackre den Wagen
der Schreibmaschine übers kleine Papierfeld, fahr Taxi
und koche mit Wasser?
Wär ich Ardenne, Gewichtheber, Fluß oder Eisenbahn –
fortgehen möcht ich, sehn und
wiederkommen

Peter Hacks
Moritz Tassow

11

Büro

MATTUKAT Dies Schreiben einer vorgesetzten Stelle,
   Mit der mein Arzt, arglistig, konspiriert,
   Befiehlt mir, mich, am heutigen Tage noch,
   Ins Hospital gehorsam hinzulegen
   Und für die vorgesehne Zeit, sechs Monat,
   Den würdigen Stellvertreter zu benennen.
   Ha! Leicht befiehlt sich das Unmögliche.
   Ein Stellvertreter. Wen denn? Blasche Kurt,
   Den braven Zweiten? Weiß doch keinen andern.
BLASCHE *bringt Kaffee*
   Das haben wir schon lange nicht gehabt,
   Daß da mal Ruh ist und mal nicht gekämpft wird
   Und du mit dem noch feuchten Taschentuch
   Dir übern Kopf mal fahrn kannst und verschnaufen.
   Die Kommissionen alle sind gebildet.
   Das Junkerland ist schon in Bauernhand zu
   Siebzig Prozent. Die Diagramme wachsen
   Wie Pappeln nach dem Propagandaregen.
   Das Töpfchen raucht. Die Arbeit ist getan.
MATTUKAT Ist sie getan, die Arbeit? Also reden
   Wir von der Arbeit, die zu tun ist. Diese
   Neubauern sind zu sterben doch und leben
   Nicht fähig.
BLASCHE Wie, nicht?
MATTUKAT Neue Widersprüche.
BLASCHE Bist du denn nicht mehr für den Sozialismus?
   Du sprichst von Widersprüchen
MATTUKAT *beiseite* Ich benenn
   Ihn nicht. Nicht den.
BLASCHE Die Widersprüche haben,
   Seitdem wir dran sind, aufgehört, so wahr ich
   Die revolutionäre Presse lese.
MATTUKAT Geh du aufs Dorf, Kurt. Geh und sieh dich um.
   Hans hat den Ochsen, Jakob hat den Pflug.
   Fritz hat den Drill, Gottliebchen das Gespann.

Da ist ein Trecker, aber Flächen sind von
Fünf Hektar. Unsre Bauern hinken einzeln
Zum Brunnen wie der Blinde und der Lahme,
Abhängig voneinander, doch getrennt,
Erdrückt von ihrer allzu kleinen Freiheit,
Nicht Sklaven mehr, doch noch nicht Menschen: Trümmer
Noch der Feudalzeit, draus wir – wie wir aus
Den Trümmern der zu Fall gebrachten Schlösser
Maschinenschuppen, Ställe, Schulen baun –
Eine neue Gesellschaft mörteln müssen
Durch gegenseitige Hilf, Zusammenarbeit
Und Freundlichkeit. Kannst du das fressen, was?
BLASCHE Ich hab bei Fichte auch geturnt.
Es klopft.
MATTUKAT Herein.
Iden, der einen Sack vor sich herträgt.
IDEN Ich bin aus Gargentin, der Bauer Iden.
Ob ich hier richtig wär?
BLASCHE Ja, Bäuerlein.
Wo wolln Sie hin?
IDEN Hinauf.
BLASCHE Da sind Sie richtig.
IDEN Was macht denn all das etzliche Papier da?
BLASCHE O, das ...
MATTUKAT Das liegt da, das erledigt sich.
BLASCHE Sagen will mein Genosse, Bäuerlein,
Das sind die Rundschreiben, Erlasse, Formulare,
Verordnungen, Aufträge, Direktiven,
Anleitungen und Militärbefehle,
Die das Skelett sind unsres Handelns; ohne
Sie wärs hinfällig.
MATTUKAT *räumt Papier von einem Stuhl*
Bitte sehr, Herr Iden.
IDEN Ich komm herauf von wegen der Maschinen
Von Gargentin, die sie uns nicht mehr leihn wolln,
Die Hundsfötter. Aber man muß doch dreschen.
Vom Schlepper red ich schon nicht. Es geht ohne.
Aber vom Dreschkasten. Die Garben un-
gedroschen in die Scheune? Das wär einzig.
Was tun jetzt? Meine Nachbarin, es gibt
Nämlich noch einen Kopf in Gargentin

Außer dem meinen, sagt: nehmen wir grob,
Was wir nicht sanft kriegen. Aber ich sag:
Es gibt eine Obrigkeit. Eine rote, sagt sie.
Unstreitig, sag ich, aber besser als keine.
Wo Obrigkeit ist, und du hilfst dir selbst,
Sag ich, ist Ärgernis. Also, da wär ich,
Und da ein Säckchen Weizen für die Müh.
MATTUKAT Was ist es mit dem Dreschkasten, Herr Iden?
IDEN Unbrauchbar ist er, nicht zu reparieren.
Angeblich. Sie verstehen, nach Achilles.
MATTUKAT Wer hat den Dreschkasten seit der Reform?
IDEN Seit der Reform verblieb der Dreschkasten
Beim alten Gut, was jetzt Kommune heißt.
Sehn Sie, September und noch nicht gedroschen …
MATTUKAT Wie denn? Das Gut, es wurd nicht aufgeteilt?
IDEN Nein. Ich erwider hierauf dem Achilles …
MATTUKAT Wer heißt Achilles?
IDEN Der Verwalter. Früher,
Erwider ich, gabst du ihn uns doch auch.
MATTUKAT War denn der Mensch auch früher schon Verwalter?
IDEN Gewiß doch, freilich. Ein sehr tüchtiger Landwirt.
Aber soll ich nun reden oder nicht?
MATTUKAT Entschuldigen Sie.
IDEN Sehn Sie, September und
Noch nicht gedroschen. Hab ich meine halben
Hundert Jahre alt werden gemußt, damit,
Wenn mein unsichrer Schritt den Staub aufregt
Seitlicher Gassen, welche mit den Fingern
Auf mich hinzeigen können, wie? und wispern:
Da geht der faule Bauer Iden, eine
Schande im Dorf?
MATTUKAT Herr Iden, unsre Meinung
Ist, daß die Menschen solln zusammenrücken
Und einer sich dem andern öffnen. Not herrscht.
Doch aus der Not kann Haß und Hilfe wachsen.
Und uns bedünkt, es müßt die Hilfe sein.
IDEN Um auf den Dreschkasten das anzuwenden …
MATTUKAT Er ist für alle, die ihn brauchen, da.
Und welchen Tag Sie immer wolln nach morgen,
Können Sie amtlich für den Drusch ansetzen.
IDEN Dann war, versteh ichs recht, mein Gang erfolgreich?

Die Trine, die wird Augen machen. Ich
Bedank mich. Ja, und dann empfehl ich mich.
Will ab.
BLASCHE Nehmen Sie doch Ihren Weizen, Bäuerlein.
IDEN Der ist schon Ihrer.
MATTUKAT Wir sind eine neue
Obrigkeit, Bauer Iden, eine rote.
Wir machen vieles noch, kann sein, nicht richtig.
Aber wir machens niemals um Geschenke.
BLASCHE *drückt Iden den Sack in die Arme*
Liefern Sies ab bei der Erfassungsstelle.
IDEN Das ist Ihr Ernst nicht?
MATTUKAT Doch.
IDEN Ja, also dann
Werd ich das abliefern, möglicherweise.
Ab.
MATTUKAT Soll das denn wahr sein auf der schönen Erde,
Eine Kommune haben sie gegründet.
Lach mich nicht aus, Kurt. Siehst du, dieser Sauhirt,
An dem Kerl habe ich doch was gefunden,
An dem Kerl ist was, hab ich doch gedacht.
Ein Mann von Mut, Eröffnungsgeist und Urteil;
Falschem Urteil natürlich. Aber, dacht ich,
Es ist ein Wagnis, aber wenn er mitmacht,
Macht er groß mit. Und hätte wissen müssen:
Das ist noch keine Zeit für Wagnisse.
Und hätt mich zwingen müssen zu begreifen,
Daß Köpfe, so wie der, schaden und nützen,
Und: das ist noch die Zeit für Schaden nicht.
Ich bin nur froh, daß ich dich habe, Kurt.
Hör, heut muß ich ins Krankenhaus. Befehl.
Vertritt du meine Stelle, ich geb sie dir.
Sie ist nicht einträglich und nicht gesund und
Höchst ehrenvoll.
BLASCHE Was soll ich aber tun?
MATTUKAT Ja, was. Verständige die Fahrbereitschaft.
Wir fahren morgen früh nach Gargentin
Und treiben die Komödie auseinander.
Vorhang.
IDEN *mit dem Sack wandernd*
Ha! Nehmen meinen Weizen nicht, die Diebe.

Und hab den Weg gemacht zur Obrigkeit
Über die Hügel, an den Seen vorbei,
Und keinen blassen Schimmer: was erzähl ich
Der Trine Dreißigacker? Ist es ein
Erfolg, ists keiner? Kenn der Fuchs sich aus.
Ich wollt zu Gott, sie hätten still den Weizen
Genommen, und man wüßt, woran man ist.

HEINER MÜLLER
Der Bau

2
Der Fehler
Baustelle
Donat. Bezirkssekretär. Stellvertreter.

BEZIRKSSEKRETÄR Es gefällt mir nicht, daß ich die Baustelle wiedererkenne. Mit der Ausnahme, die mir noch weniger gefällt: auf jedem Abschnitt rosten zwei Exemplare neuer Technik mehr. Ein Tag ist ein Jahr, was hast du getan in dreißig Jahren? Wir haben dich nicht zum Lorenschieben hergeschickt, am wenigsten dazu, daß du gestohlenen Beton karrst. Wenn du dich beliebt machen willst, mußt du die Arbeit wechseln. Beliebt sind Schlagersänger, sie werden bezahlt dafür. Wir sind die Handlanger der undankbaren Enkel, dafür werden wir bezahlt. Nicht so gut. Wann wird der Brigadier entlassen, dein Tanzpartner? Wir baun die Industrie von morgen, das Fundament heißt Disziplin. Ich will dabeisein, wenn die Produktion anläuft, nicht nur im Geist oder als Götzenbild auf Sperrholz. Und ihr arbeitet noch nicht einmal im Dreischichtsystem.
STELLVERTRETER Darf ich dich daran erinnern, daß der Arzt dir das Rauchen verboten hat?
BEZIRKSSEKRETÄR Den Faschismus hat er nicht verboten. Du hast recht, gib mir Feuer. Kritisierst du mich? Meine Arbeit war ein Fehler, wenn sie mich nicht ersetzt hat. Du hast sie dir gefallen lassen. Selbstkritik, Genosse Stellvertreter. *(Donat gibt ihm Feuer).* Er hält mich für ersetzbar. Danke für das Kompliment.
ARBEITER *(aus dem Boden)*
Rauchen verboten, wenn ihr den Kommunismus noch erleben wollt. Erdgas.

STELLVERTRETER Dein Kompliment war ein Mordversuch.
BEZIRKSSEKRETÄR Soll ich es dir zurückgeben? Der Brigadier –
DONAT Wenn ich hier was zu sagen habe, bleibt er.
STELLVERTRETER Du stehst nicht vor der Mitgliederversammlung, du redest mit deinem Bezirkssekretär.
BEZIRKSSEKRETÄR Ich hoffe, du hast andre Töne vor der Mitgliederversammlung auch. Wie kannst du der Bezirksleitung widersprechen, solange du nicht das Politbüro selber bist? Er kritisiert mich wieder. Er will meinen Schreibtisch. Meine Meinung hat er schon. Ich weiß nicht, ob du mich verstanden hast. Erzähl mir nichts von Baurekorden, Rekorden mit geklautem Material. Ein teures Beispiel, ein Durchbruch nach hinten, nächstens prämieren wir die Sabotage. Lange genug haben wir den Durchschnitt an die Beispiele verfüttert. Der Durchschnitt ist das Beispiel. Und komm mir nicht mit Lenin, daß die Massen klüger sind als die Partei, ich seh dir an, daß du nach einem Zitat ausholst; ihre Fehler das Echo unsrer Fehler. Ja, wenn sie lernen, was sie wissen. Von wem sollen sie es lernen, wenn nicht von der Partei? Fehler werden auf dem Vormarsch korrigiert. Lies Lenin, du bist kein Intellektueller, du kannst ihn verstehn. Wir haben dich unter den Massen vorgezogen 53 am siebzehnten Juni, als du sie überzeugen wolltest gegen unsre Anweisung mit Reden. Sie haben dich mit Füßen widerlegt zum Gaudium der Kleinbürger hinter den Gardinen, die Knöchel unsrer Polizei waren weiß vom Schießverbot, der Operationstisch war deine Plattform. Hast du keine Strategie gelernt unter den Schuhn, keine Parteidisziplin unterm Messer?
DONAT Wir haben eine Staatsgrenze seit gestern, unsre Panzer stehn am Brandenburger Tor gegen den dritten Weltkrieg. Wann wird der Brigadier entlassen, vielleicht sagst du mir auch, wohin? Soll ich ihn auf den Mond schießen? Der Himmel ist kein Aus mehr seit Gagarin. Ich weiß nicht, ob ich dich verstanden habe. Mein Dokument ist ein Stück Pappe, wenn der Brigadier entlassen wird.
STELLVERTRETER Ich bin nicht sicher, daß er unrecht hat.
(Barka)
BARKA Gratulation zum Schutzwall. Ihr habt gewonnen eine Runde, aber es ist Tiefschlag. Hätt ich gewußt, daß ich mein eignes Gefängnis bau hier, jede Wand hätt ich mit Dynamit geladen.
DONAT Das ist Barka. Das ist der Bezirkssekretär.

STELLVERTRETER *(zu Barka)*
Nimm die Hände aus den Taschen, er hat deinen Wartburg bezahlt.
DONAT Hör zu, Brigadier: wir werden in drei Schichten baun, ich muß dir nicht erklärn warum, der Bau wird Industrie. Deine Kollegen haben abgelehnt, meine Genossen auch fürs erste, warum muß ich dir auch nicht sagen. Einer wird anfangen, was kommt kommt, wenn ich es nicht durchsetze, setzt es der nächste durch, die Zeit der Helden ist vorbei, jeder auf seinem Platz der erste oder es ist nicht sein Platz. Du bist der eine, mach uns den Anfang.
BARKA *(zum Bezirkssekretär)*
Habt ihr die Handschellen in der Tasche?
(zum Stellvertreter)
Ich zahl mit meinen Händen seinen Wolga.
(zu Donat)
Warum ich? Was wird am Wasserwerk? Baun wir weiter oder lassen wirs dem Regen? Hasselbein hat uns zum Kraftwerk kommandiert, Anweisung von Belfert, und seine Brille verlegt in der Baubude, damit er nicht sieht, ob wir gehn. Baun wir weiter?
STELLVERTRETER *(zum Bezirkssekretär)*
Handschellen. Ich muß mich bei dir entschuldigen, du hast recht.
DONAT *(zu Barka)*
Belfert hat euch ans Kraftwerk geschickt, Belfert ist Oberbauleiter, wollt ihr die Arbeit verweigern?
(Barka ab)
STELLVERTRETER Wann wird der Brigadier entlassen?
DONAT Morgen.
BEZIRKSSEKRETÄR Dein Dokument ist ein Stück Pappe, wie?
Recht hattest du, der Brigadier muß bleiben.
Die schnellen Freunde sind die schnellen Feinde.
Wir brauchen jeden, der uns was abverlangt.
(zum Stellvertreter)
Wir müssen weiter.
(zu Donat)
      Wenn du einen Rat willst
Aus deinem Engpaß zwischen Plan und Bau:
Vergiß das Kollektiv nicht überm Tempo.
Die Zukunft ist das größere Kollektiv.

Donat. Schlee. Hasselbein
DONAT *(zur Schlee)*
  Wo ist die Technologie?
HASSELBEIN Wie lang ist der Dienstweg.
DONAT *(zur Schlee)*
  In Belferts Schreibtisch immer noch?
SCHLEE Nicht mehr.
HASSELBEIN Die VVB sitzt drauf, ein breiter Hintern. Der Papierkorb faßt auch mehr dort.
SCHLEE Papier.
DONAT Was sagt der breite Hintern?
SCHLEE Warten.
DONAT Undsoweiter.
  Warten und warten und die Zeit läuft Krebsgang.
  Warten, bis hinten vorn wird, bis der Bau
  Aufs Fundament schrumpft wie das Hemd in der Wäsche
  Und Gras, die grüne Null, zählt den Beton aus.
  Warten und eine Hand nagelt die andre
  Und was du übers Knie brichst, bricht dein Knie
  Und auf den Knien marschiert die Revolution.
  Warten auf gestern, aus dem Sarg in die Mutter
  Und vorwärts in die Steinzeit.
  (hebt einen Stein auf, zu Hasselbein)
  Das ist Ihr Werkzeug. Sagten Sie Bauindustrie?
  Die Zukunft, Ingenieur, ist aus der Mode – schimpfen Sie weiter, Sie sind parteilos. Baun ist ein Fehler. Warten ist ein Fehler. Was tun wir?
SCHLEE Baun.
DONAT Hab ich Sie gefragt? Wir baun.
HASSELBEIN Sagten Sie baun? Ich hör schwer ohne Brille.
  (Alle ab)

HERMANN KANT
Die Aula

Robert wunderte sich nicht.

Die Stadt, in die er gekommen war, nicht als ihr Sohn, sondern als ein fragender Fremder, hatte eine Niederlage hinter sich, die schlimmste vielleicht oder doch wenigstens eine der sichtbarsten seit ihrem Bestehen.

Die Zahl der Menschenopfer war nicht hoch, verglichen mit Zahlen aus anderen Zeiten; sie war sogar gering, dachte man an jene Jahre, da der Tod nicht aus dem Wasser gestiegen, sondern vom Himmel gefallen war, aus Bombenschächten und Bordgeschützen.

Aber das war im Krieg geschehen und dies im tiefsten Frieden. Und wenn man den Schaden berechnete, so hatte das Wasser nicht einmal so viel Gebäude genommen wie der große Brand von Anno 1842, von dem Heine im »Wintermärchen« schrieb: »Die Stadt, zur Hälfte abgebrannt, / wird aufgebaut allmählich; / wie 'n Pudel, der halb geschoren ist, / sieht Hamburg aus, trübselig.«

Aber das war ein Dutzend Jahrzehnte zuvor, damals, als ein Wort wie Eisenbahn an der Elbe fremder klang als heute das Wort Rakete auf afrikanischen Straßen. Der Brand, der war in grauen und kümmerlichen Vorzeiten gewesen, aber dies hier, die Wasserflut, das war jetzt geschehen, in einer einzigen Spätwinternacht.

Es war eine Niederlage, und Geschlagene lassen sich nicht gern befragen.

Herr Windshull, der Kaufmann, gehörte zu den wenigen, die Robert ohne Zögern Antwort gaben.

»Warum soll ich denn nicht mit Ihnen sprechen«, sagte er, »tue ich es nicht heute, so muß ich es morgen vielleicht tun, morgen kommen Sie vielleicht in Geschäften, und wie stehe ich dann da, wenn Sie unfein genug sind, mich an heute zu erinnern. Sie würden unfein genug sein, ich wäre es an Ihrer Stelle auch. Da reden wir doch besser gleich heute. Sie haben den Brand von zweiundvierzig erwähnt und den Heine, den Heine vielleicht in der Hoffnung, ich kennte ihn nicht, und Sie hätten mir so ein Wissen voraus, und ich müßte mich dann vor Ihnen schämen.

Wenn ich Ihnen da aber einen Rat geben darf: Rechnen Sie nicht mit dem Nichtwissen des anderen. Ich selbst habe diesen Fehler oft genug gemacht und meistens dabei draufgezahlt. Hätten Sie sich vor zehn Jahren bei mir angemeldet, dann hätte ich, abgesehen von der Frage, ob ich Sie überhaupt empfangen hätte, womöglich zu mir gesagt: Wie lustig, ein kommunistischer Journalist an deiner Tür, laß ihn doch herein, was kann es schaden, wenn du ihm eine Viertelstunde für seine Sprüche gibst: Imperialismus, Kapitalismus, verfaulte Bourgeoisie, der Zukunft Morgenrot, Proletarier aller Länder, absolute Verelendung, Expropriation, kein Gott, kein Kaiser noch Tribun und ähnlicher Klimbim. Heute weiß ich es besser. Heute weiß ich: Sie kommen nicht hierher, um meine Seele zu retten, Sie wollen keinen Proselyten aus mir machen, Sie wollen nichts als meine Meinung, und die wollen Sie, weil Sie mit mir rechnen.

Ihr Leute habt rechnen gelernt. Ihr wollt uns am Ende immer noch hinaushebeln aus dem, worin wir sitzen, aber da ihr dahintergekommen seid, daß es mit ›Auf, Sozialisten, schließt die Reihen‹ allein nicht zu schaffen ist, habt ihr die Hebelgesetze studiert, ›Das Produkt aus Kraft und Kraftarm ist gleich dem Produkt aus Last und Lastarm‹, und in dem Wissen um das, was wir denken und tun und lassen, seht ihr einen vielversprechenden Kraftarm. Mit Recht, mit Recht. Aber wir kennen das Zeug ja auch, nicht wahr, und so kommt ein bißchen Spaß in diese Brechstangenwelt.

Jetzt trinken wir aber erst einmal einen Kaffee, wie Sie ihn so rasch nicht wieder kriegen. Das müßt ihr auch noch lernen, den Umgang mit Kaffee, sonst könnt ihr einen Mann wie mich nicht überzeugen.

Das ist fein, daß Sie meinen Kaffee gut finden, da sind wir schon in zwei Punkten verbunden: Kaffee und Heinrich Heine. Ich bin nämlich ein lesender Kaufmann, Herr Iswall, ich lese den Böll, ich lese den Grass, ich lese die Bachmann und den Heine, na, aber ich bitte Sie!

Gehören Sie zu den feineren Journalisten, die ihre Artikel gerne mit einem Zitat einleiten, mit einem Motto vorneweg? Wenn, dann werden Sie sich dies wohl nicht entgehen lassen: ›Baut eure Häuser wieder auf / und trocknet eure Pfützen / und schafft euch bessre Gesetze an / und bessre Feuerspritzen.‹ – Paßt gut, finde ich, ein hübsch gereimter Rüffel.«

Robert sagte: »Ein Freund von mir würde sagen: Das Dings ist mißverständlich. Unter bessren Gesetzen versteht man hier und bei uns sehr verschiedene Gesetze.«

»Obwohl mich die Politik interessiert«, sagte Herr Windshull, »bin ich doch kein Politiker. Ich bin Kaufmann, und als Kaufmann will ich Geschäfte machen. Da brauche ich aber auch Gesetze. Die meisten Gesetze sind gerade aus diesem Bedürfnis entstanden, einem gesellschaftlichen Bedürfnis, wie Sie sagen würden.«

»Einer anderen Gesellschaft als meiner, Herr Windshull, und darum sehe ich auch diese Gesetze anders als Sie.«

»Vorsicht, mein Lieber, da seien Sie nur vorsichtig. Wenn ich mit Leuten von euch verhandle, dann habe ich immer die trübe Freude, zu sehen, wie genau ihr euch der Regeln zu erinnern wißt, die wir aufgestellt haben. Wenn es nötig ist, könnt ihr wie Pfeffersäcke reden.«

»Das hoffe ich. Aber um wieder, verzeihen Sie, auf das Wasser zu kommen: Würden Sie mir nicht zustimmen, wenn ich sagte, es wäre wichtiger, die Vollmachten der Nordsee einzuschränken, als die Vollmachten der Polizei zu erweitern?«

»Ohne Zögern, mein lieber Herr Iswall, ohne Zögern würde ich das. Natürlich muß man höhere Dämme bauen, natürlich muß man das Schleusensystem verbessern und das Warnsystem auch. Das ist eine öffentliche Aufgabe, der ich das Wort rede, auch wenn sich dadurch, wie nun wieder Sie werden zugeben müssen, die öffentlichen Ausgaben erhöhen.«

»Das gerade werde ich Ihnen nicht zugeben. Die öffentlichen Ausgaben brauchten nur in eine andere Richtung gekehrt zu werden, nämlich ...«

Windshull schwenkte die Kognakflasche und sagte lachend: »Oh, jetzt sind Sie aber doch ganz Agitator. Jetzt verweisen Sie auf den Wehretat und wollen dem Herrn Strauß an die Kasse. Das ist aber so, als wollten Sie uns empfehlen, wenn uns ein Balken für das Dach fehle, sollten wir doch einen von denen nehmen, mit denen wir den Keller abgestützt haben. Das ist ausgeschlossen, Herr Iswall, muß ich Ihnen das erst erklären?

Ich bin Kaufmann und kein Politiker. Ich lese Böll, und ich lese Enzensberger, und ich finde das oft recht vernünftig, was diese Herren schreiben; manchmal ist es ja etwas kraß, aber die Leute haben einen Kopf, das sieht man. Aber deshalb lasse ich mich doch nicht zur Unvernunft verleiten! Das wäre doch pure Unvernunft, das Erworbene auf eine Weise zu schützen, die verlangt, eine andere Art von Schutz zu lockern.

Und im übrigen: ich verrate kein Geheimnis, wenn ich von unseren übernationalen Verpflichtungen spreche. Diese Verpflichtungen sind doch in gewissem Betracht der Preis, den wir zahlen, weil man uns wieder zu etwas kommen ließ. Seinen Verpflichtungen muß man nachkommen, Herr Iswall, sonst ist man als Kaufmann bald am Ende; das ist so gut wie ein Gesetz.«

»So«, sagte Robert, »nun sollte ich doch den Heine zitieren: ›Und schafft euch bessre Gesetze an‹, denn ein Gesetz, das den weniger wohlhabenden Leuten nur die Wahl läßt, entweder vor dem Wasserstand oder vor der Wasserrechnung zu zittern ...«

Herr Windshull lachte herzlich. »Das ist schön«, sagte er, »Wasserstand oder Wasserrechnung, und wovor soll der arme Mann nun am meisten zittern. Wegen Wassergeld ist hier nun wirklich noch keiner verdurstet.«

Robert schüttelte den Kopf und schnalzte mit der Zunge. »Jetzt sind Sie aber auf Mißverständnisse aus. Ein lesender Kaufmann, ein Böll- und Grass-Kenner sollte doch eine Metapher für eine Metapher zu nehmen wissen.«

»Nun fangen Sie nur noch an, mich zu uzen«, sagte Windshull. »Im Ernst, Sie werden doch nicht sagen, daß es den Leuten hier schlecht geht? Noch nie, das nehme ich auf meinen Firmennamen, ist es den Leuten so gut gegangen wie heute.«

»Daran ist was Wahres, Herr Windshull, die Menschen machen durchweg einen schlachtreifen Eindruck; Hänsel ist fett und die Hexe kann den Grill schon immer einschalten. Oder, wenn Sie erlauben, noch einmal Heine: ›Gar manche, die ich als Kälber verließ, / fand ich als Ochsen wieder! / Gar manches kleine Gänschen ward / zur Gans mit stolzem Gefieder.‹«

»Das ist es, was mir an euch Kommunisten nicht gefällt: Ihr setzt bei den anderen immer nur böse Absichten voraus. Haben die Leute nur Margarine und haben sie nur wenig davon, dann ruft ihr eure Kollwitz und laßt sie das abmalen und schreit, wir ließen den armen Proleten verhungern. Tun wir das aber nicht, teilen wir ehrlich mit ihm, und kriegt er dann Pausbäckchen, da rufen Sie: Seht diese teuflische Bourgeoisie, sie will ihn braten im Ofen gar wie Brot – und dann natürlich fressen. Das ist doch unfair.«

Robert schwenkte verlangend sein Kognakglas. »Ach, bitte, kann ich rasch einen haben? Haben Sie wirklich ›ehrlich teilen‹ gesagt, ja? Dann bitte einen doppelten. Verehrter Herr Windshull, Sie sind wirklich ein netter Mann. Sie lesen die Dichter, Sie geben mir von Ihrer kostbaren Zeit, nein, ich uze nicht, ich weiß doch, daß Sie hart arbeiten, aber wenn Sie über das sogenannte Arbeitgeber-Arbeitnehmer-Verhältnis sprechen, dann erzählen Sie Sachen, na ... ›Ich bin ein Tierfreund‹, sagte der Angler, als er den Fisch in die Pfanne legte, ›nun ist das arme Ding doch heraus aus dem kalten Wasser!‹«

»Und Sie sind ein Dogmatiker«, sagte Windshull.

»Prost«, sagte Robert.

Und auch Herr Windshull sagte: »Prost!«

GÜNTER KUNERT
Sprüche

1 Nur Anhänger hat
  Und keine Mitläufer
  Einzig die Wahrheit.

3 Als unnötigen Luxus
  Herzustellen verbot, was die Leute
  Lampen nennen,
  König Tharsos von Xantos, der
  Von Geburt
  Blinde.

5 In den Herzkammern der Echos
  Sitzen Beamte. Jeder
  Hilferuf hallt
  Gestempelt zurück.

HELMUT HEISSENBÜTTEL
die Zukunft des Sozialismus

niemand besitzt was
niemand beutet aus
niemand unterdrückt
niemand wird ausgebeutet
niemand wird unterdrückt
niemand gewinnt was
niemand verliert was
niemand ist Herr
niemand ist Sklave
niemand ist Vorgesetzter
niemand ist Untergebener
niemand ist einem was schuldig
niemand tut einem was

niemand besitzt nichts
niemand beutet niemand aus
niemand unterdrückt niemand

niemand wird von niemand ausgebeutet
niemand wird von niemand unterdrückt
niemand gewinnt nichts
niemand verliert nichts
niemand ist Herr von niemand
niemand ist Sklave von niemand
niemand ist niemands Vorgesetzter
niemand ist niemands Untergebener
niemand ist niemand was schuldig
niemand tut niemand was

alle besitzen alles
alle beuten alle aus
alle unterdrücken alle
alle werden von allen ausgebeutet
alle werden von allen unterdrückt
alle gewinnen alles
alle verlieren alles
alle sind Herr von allen
alle sind Sklave von allen
alle sind Vorgesetzte von allen
alle sind Untergebene von allen
alle sind allen alles schuldig
alle tun allen alles

alle besitzen nichts
alle beuten niemand aus
alle unterdrücken niemand
alle werden von niemand ausgebeutet
alle werden von niemand unterdrückt
alle gewinnen nichts
alle verlieren nichts
alle sind Herr von niemand
alle sind Sklave von niemand
alle sind niemands Vorgesetzte
alle sind niemands Untergebene
alle sind niemand nichts schuldig
alle tun niemand nichts

MARIE LUISE KASCHNITZ
Mein Land und Ihr

Ein Land zu lieben ist leicht.
Dieses wo immer
ansprechende mit der sicheren Zeichensprache
von Bäumen, Böschungen, Waldrand
Wiedererkennbar noch
unter dem Sturzregenvorhang
in der Verzerrung der Blitze
und selbst die herbstfeuchte Blatthand
eine Liebkosung.
                        Ihr aber, Euch
Bewohner meines Landes warum
kann ich euch nicht umarmen
mich von euch nicht belehren lassen
wie vom Schwan, der auffliegt
vom Regenbogen?

Zwischen meiner Sprache und eurer
die dieselbe ist, gibt es keine Verständigung.
In euren Augen seh ich meine Blutschuld
mein Schwanken, meinen Mangel an Liebe.
Ich zittre vor dem, was wir wieder anzetteln werden
Eh noch das Schwarzblatt meine Wange streift.

FRIEDRICH CHRISTIAN DELIUS
Hymne

Ich habe Angst vor dir, Deutschland,
Wort, den Vätern erfunden, nicht uns,
du mit der tödlichen Hoffnung,
du im doppelt geschwärzten Sarg,
Deutschland, was soll ich mit dir,
nichts, laß mich, geh,
Deutschland, du steinigst uns wieder,
auf der doppelten Zunge zerläufst du,
auf beiden Schneiden
des Schwerts, ich habe Angst vor dir,

Deutschland, ich bitte dich, geh,
laß mir die Sprache und geh,
du, zwischen den Zielen, verwest schon
und noch nicht tot, stirb, Deutschland,
ich bitte dich, laß uns und geh.

HORST BINGEL
Fragegedicht
(Wir suchen Hitler)

Hitler war nicht in Deutschland
niemals
haben sie wirklich herrn Hitler gesehen
Hitler ist eine erfindung

man wollte uns
wie damals
die schuld
Hitler ist eine erfindung
dekadent
ihre dichter

für Hitler
erstmals
den Nobelpreis
für ein kollektiv
Hitler

eine deutsche Frau
ist nicht für Hitler
die deutschen frauen
nicht
sie tun es
die pfarrer
am sonntag frühmorgens
niemand hat Hitler gesehen

niemand hat Hitler gesehen
Hitler ist ein gedicht

nur an gedichten
sterben sie nicht

in blauen Augen
wird Hitler
kein unheil anrichten
wer hat gesagt
die Juden die Deutschen die Polen
gibt es nicht
nicht

Hitler ist eine erfindung
der bösen der guten der bösen
wer so etwas
wir aber werden
verzeihen
poesie
das hebt
heraus
Hitler ist keine nationaldichtung
wir waren schon immer
verderbt
durch fremdländisches

Hitler ist das größte
an internationaler poesie
schade
doch Goethe hat es
geahnt
Goethe unser

Hitler hat inspiriert
autobahnen
briefmarken
wir haben Hitler
umgesetzt
wirtschaftlich
autark
nichts wurde fortan
unmöglich

Hitler
unsere stärke
war
fremdländisches
umzusetzen
umzusetzen
wir haben Hitler
assimiliert geschluckt
Hitler
ich
du
er
sie
es
und und
Hitler
ich
du
ohne ende ohne
kein ende
ich
du
wir fragen nach
Hitler
Hitler
wir
Hitler
aber wir fragen

Elias Canetti
Aufzeichnungen 1942 – 1948

Der Mensch hat die Weisheit all seiner Vorfahren zusammengenommen, und seht, welch ein Dummkopf er ist!

Man kann die Bibel nicht ohne Empörung und nicht ohne Verlockung lesen. Was macht sie nicht aus den Menschen, Schurken, Heuchler, Despoten, und was macht man nicht gegen sie! Sie ist das würdige Bild und Vorbild der Menschheit, ein großartiges Wesen, anschaulich und heimlich zugleich, sie ist der wahre Turm zu Babel, und Gott weiß es.

Leben wenigstens so lange, daß man alle Sitten und Geschehnisse der Menschen kennt; das ganze vergangene Leben aufholen, da das weitere versagt ist; sich zusammenfassen, bevor man sich auflöst; seine Geburt verdienen; die Opfer bedenken, die jeder Atemzug andere kostet; das Leid nicht verherrlichen, obwohl man davon lebt; für sich nur behalten, was sich nicht weitergeben läßt, bis es für die anderen reif wird und sich weitergibt; jedermanns Tod wie den eigenen hassen, mit allem einmal Frieden schließen, nie mit dem Tod.

Immer wieder, in allen schweren Augenblicken ihrer Geschichte, teilen sich die Juden in Gesetzestreue und »Christen«. Sie haben sich nämlich zu entscheiden: für Rache oder Vergebung; für Eintreibung oder Großmut; für Härte oder Liebe. Immer wieder, aus ihrer eigenen Tradition heraus, stellen sich viele unter ihnen auf die »christliche« Seite. Das bedeutet aber keineswegs, daß sie den Glauben wechseln und förmlich zu einer christlichen Konfession übergehen. Diese sind nur, ihrer ganzen seelischen Verfassung nach, eher dazu geneigt, die Interessen der Menschheit und Menschlichkeit zu verfolgen als die ihres Stammes. Sie vergeben, als Juden, und erinnern darin sehr an die deklarierte Religion der ersten Juden-Christen.

Man braucht, um bestehen zu können, einen Vorrat von unbezweifelten Namen. Der denkende Mensch nimmt einen Namen um den anderen aus seinem Schatz hervor, beißt in ihn hinein und hält ihn gegens Licht; und wenn er dann sieht, wie falsch dieser Name der Sache, die er bezeichnen soll, angehängt ist, wirft er ihn verächtlich zum alten Eisen. So wird aber der Vorrat von unbezweifelten Namen immer geringer; der Mensch verarmt von Tag zu Tag. Er kann in völliger Leere und Dürftigkeit zurückbleiben, wenn er nicht für Abhilfe sorgt. Sie ist nicht schwer zu finden, die Welt ist reich; wieviel Tiere, wieviel Pflanzen, wieviel Steine hat er nie gekannt. Wenn er sich nun um diese bemüht, nimmt er mit dem ersten Eindruck von ihrer Gestalt ihre Namen auf, die noch unbezweifelt sind, schön und frisch wie für das Kind, das sprechen lernt.

Es gibt *alle* Meinungen auf moralische Weise; d. h. es ist nichts so unmoralisch, daß es nicht irgendwo bindend und gültig sein könnte. So weiß man, nachdem man alles über die Sitten aller Menschen erfahren hat, wieder nichts und hat das Recht, von vorn, in sich zu beginnen. Aber keine Plage ist umsonst gewesen. Man ist redlicher geworden und weniger stolz. Man kennt die Vorfahren besser und fühlt, wie unzufrieden sie mit einem wären. Sie sind aber auch nicht mehr heilig, außer auf *eine* Art: sie leben nicht; und bald in dieser Heiligkeit haben wir nichts vor ihnen voraus.

Die größte geistige Versuchung in meinem Leben, die einzige, gegen die ich sehr schwer anzukämpfen habe, ist die: ganz Jude zu sein. Das Alte Testament, wo immer ich es aufschlage, überwältigt mich. An bald jeder Stelle finde ich etwas, das mir gemäß ist. Ich wäre gern Noah oder Abraham genannt, aber auch mein eigener Name erfüllt mich mit Stolz. Ich versuche mir zu sagen, wenn ich in der Geschichte Josephs oder Davids zu versinken drohe, daß sie mich als Dichter verzaubern, und welchem Dichter hätten sie es nicht angetan. Aber es ist nicht wahr, es ist noch viel mehr. Denn warum fand ich meinen Traum von den künftigen hohen Lebensaltern der Menschen in der Bibel wieder, als Liste der ältesten Patriarchen, als Vergangenheit? Warum haßt der Psalmist den Tod wie nur ich selbst? Ich habe meine Freunde verachtet, wenn sie sich aus den Lockungen der vielen Völker losrissen und blind wieder zu Juden, einfach Juden wurden. Wie schwer wird's mir jetzt, es ihnen nicht nachzutun. Die neuen Toten, die lange vor ihrer Zeit Toten, bitten einen sehr, und wer hat das Herz, ihnen nein zu sagen. Aber sind die neuen Toten nicht überall, auf allen Seiten, von jedem Volk? Soll ich mich den Russen verschließen, weil es Juden gibt, den Chinesen, weil sie ferne, den Deutschen, weil sie vom Teufel besessen sind? Kann ich nicht weiterhin allen gehören, wie bisher, und doch Jude sein?

In Deutschland ist alles geschehen, was es an historischen Möglichkeiten noch im Menschen gibt. Alles Vergangene ist zugleich zum Vorschein gekommen. Das Nacheinander war plötzlich nebeneinander da. Nichts wurde ausgelassen; nichts war vergessen. Unserer Generation war es vorbehalten zu erfahren, daß alle besseren Bemühungen der Menschheit vergeblich sind. Das Schlechte, sagen die deutschen Ereignisse, ist das Leben selbst. Es vergißt nichts, es wiederholt alles; und man weiß nicht einmal wann. Es hat Launen, darin liegen seine größten Schrecken. Aber im Gehalt, in der angesammelten Essenz der Jahrtausende ist es nicht zu beeinflussen; wer es zu sehr preßt, dem spritzt der Eiter ins Gesicht.

Man muß sich seine Moral aus einem gefährdeten Leben zusammensuchen und darf vor keiner Konsequenz erschrecken, wenn sie nur die in sich rechte ist. Man mag zu einem Schluß und Entschluß kommen, der in der üblichen Sprache der anderen furchtbar klingt und doch der einzig richtige ist. Es ist sinnlos, nach dem Leben und der Erfahrung anderer zu leben, die man nicht gekannt hat, die zu einer anderen Zeit, unter anderen Umständen, in andersgearteten Beziehungen gelebt haben. Man muß ein reiches und empfängliches Bewußtsein haben, um zu einer eigenen Moral zu gelangen. Man muß große Absichten haben und sie festhalten können. Man muß glauben, daß man die Menschen sehr liebt und immer lieben wird, sonst richtet sich diese Privatmoral gegen die anderen und ist nicht mehr als ein Vorwand für den nackten eigenen Vorteil.

Besser werden? Selbst wenn es einem gelingt, in einer anderen Situation wäre man es wieder nicht, also ist man nicht besser geworden, nur abgefeimt.

Prinzip der Kunst: mehr wiederfinden, als verlorengegangen ist.

Gott war ein Fehler. Aber es ist schwer zu entscheiden, ob er zu früh oder zu spät war.

ELISABETH BORCHERS
Nachrichten nach Moabit

Die Vögel
Hunde Kieselsteine Bäume
wer Flügel hat
der will nach Moabit

Schnee und Regen
sieben Meere
rote Äpfel
der Mond macht sich dünn
zwischen den Stäben

Und keiner wird müde
und keinem fällt vor Müdigkeit der Kopf
und einer läßt sichs nicht nehmen und singt

Die Vögel sind angekommen
entzünden den Himmel über Moabit

Wolfgang Hildesheimer
Tynset

Die Hähne Attikas –: um sie krähen zu hören, stieg ich eines Abends zur Akropolis empor, versteckte mich vor Torschluß, als die Wärter ihren letzten Gang durch die Tempel und über das weite, steinige, steinerne Gelände taten, hinter einer dicken Säule dorischer Ordnung, ich rollte, nah an sie gepreßt, wie ein Zahnrad quer über ihre Hohlkehlen, immer im Sichtschatten des gehenden Wärters, und ließ mich einschließen. Nun hatte ich eine lange Nacht vor mir, aber das schreckte mich nicht, ich war schon damals kein rechter Schläfer, und alle meine Nächte sind lang.

Am frühen Morgen, noch vor seinem Grauen, aber als es sich schon ankündigte, als ich es schon in den Knochen spürte, sein Hauch mir fröstelnd über die Haut wehte, das Summen der Nacht schneller wurde, im Verflüchtigen war, stellte ich mich an der östlichen Mauer auf, dort wo man für fotografierende Touristen den Erker errichtet hat, trichterte die Hände vor dem Mund und schrie, so laut ich konnte, Kikeriki.

    Stille. Einen Augenblick lang blieb es still, war es stiller fast als zuvor, als habe mein Schrei die Luft von Geräuschen, von Anlässen zu Geräuschen, leergefegt. Dies war der Augenblick, da ich mich meiner Torheit schämte, denn zu dieser Stunde, in dieser Stille, an diesem Ort, an dem der Atem der Götter – auch der Gauner unter ihnen – sich noch nicht verflüchtigt hat, bleibt die geringste Torheit in der Luft stehen und steht stellvertretend für alle Torheiten des Lebens. Es zog ein kurzer Moment der Einsicht vorüber, aber ich griff nach ihr, und sie ist wieder entschwunden, der Moment löste sich auf, und dann, als ich schon kein Echo, geschweige denn eine Antwort erwartete, stellte ich fest, daß der Ruf nicht vergebens war: ganz in meiner Nähe, unterhalb der Mauer, im Gewinkel eines Hinterhofes der alten Stadt, ertönte ein Geräusch, ein lahmes Scharren auf Blech und Holz, ein verschlafenes Flügelschütteln, der

Ruf hatte einen alten, ausgedienten Hahn geweckt, der nun in einer verbrauchten, heiser krächzenden Stimme antwortete, sein Kikeriki war unartikuliert, ganz I und kaum K, aber es war ein Ruf in der Nacht. Er ertönte einmal nur, aber jetzt wußte ich, es ist einer wach, eine Verbindung war angeknüpft, gewiß, nur mit lächerlichem Federvieh, Geflügel, aber dies sind die Stunden, in denen man für jeden Kontakt dankbar ist.

Ich wiederholte den Ruf, und diesmal antwortete der Hinterhofhahn sofort, er war vorbereitet, hatte schon gewartet. Ich rief nicht mehr. Aber nun war der Hahn unten wach und gespannt, er schüttelte nochmals die Flügel, ich hörte ein Scheppern von hohlem Blech, er hatte eine Büchse umgestoßen, und plötzlich schien die Nacht auf prosaische Weise belebt. Dann rief er noch einmal, in enttäuschter Erwartung. Und irgendwo, weiter entfernt aber immer noch nah, antwortete ein zweiter Hahn, ein jüngerer, ich hörte die Blüte seiner Jahre im Schmettern seiner tenoralen Stimme. Er krähte einmal nur, dann verstummte er wieder, das Spiel hob nur zögernd an. Ich wartete kurz, aber bevor noch alles Echo verklungen war, trichterte ich meine Hände noch einmal und rief Kikeriki, um die Sache endlich in Gang zu bringen, ein Konzert zu entfachen. Und diesmal antwortete zuerst, weiter entfernt aber nah genug, der schmetternde Hahn, und dann, über dem Schmettern schon fast vergessen, der alte Hinterhofhahn, nah und nah am Verstummen.

Nun brauchte ich nicht mehr zu rufen, denn der Schmetterhahn war hellwach, ich hörte in den Leibeskräften seines Rufes den Wunsch zu wecken. Und kaum hatte er noch einmal gerufen, da rief auch schon ein weiterer Hahn, der dritte, er rief tief und dröhnend, war aber weit weg, vielleicht am Fuße des Hymettos, jedenfalls in dieser Richtung, und gleichzeitig mit ihm rief einer unten in der alten Stadt, rief mit dem kühnen Ton eines Kämpfers, ein Nachbar des Hinterhofhahnes, und ich wunderte mich, daß er nicht schon früher gerufen hatte. Der Hinterhofhahn selbst war verstummt, hatte sich verausgabt, hätte aber diesem immer schneller werdenden Austausch nicht standhalten können, diesem heraldischen Turnier von Rufen, die ein Schmetterhahn, ein Dröhner und ein Kämpfer einander zuwarfen. Ein Vierter kam hinzu, ein Trompeter, er war sehr weit entfernt, in der Ebene, die sich nach Kap Sunion erstreckt, sein Ruf verwischte in der Luft. Darauf entstand eine kurze Pause, wie eine Pause der Überraschung, als hätten die drei keinen vierten erwartet, dann aber ertönten alle vier verschieden gestimmten Rufe in schneller Folge, und sofort darauf noch einmal in einer anderen

Folge, als habe die erste die Rufer nicht befriedigt, und ein Fünfter kam hinzu, im Süden, und ein Sechster im Westen, beide weit, und ein Siebenter, diesmal wieder nah, sein Ruf warf ein Echo. Es klang aus, und sofort fielen die anderen wieder ein, der Dröhner, der Trompeter, der Kämpfer und der Schmetterer, der Fünfte im Süden und der Sechste im Westen und dann wieder der Siebente und dann das Echo, das diesmal nicht ausklang, denn die anderen fielen schneller ein, und es kamen neue hinzu, nahe und ferne, tiefe und hohe und heisere und klare, andere Schmetterer und Trompeter, Kämpfer, Dröhner, Fanfaren und Kastraten, einzeln nicht mehr feststellbar, es kam aus allen Richtungen, das Konzert breitete sich aus wie ein Brand, es zog sich zwischen den Bergen entlang, sein Echo prallte an den Hängen ab, es erstreckte sich durch die Ebene, drang in die Täler, für mich und die Hähne meiner Umgebung nur noch zum Teil hörbar, auch waren die Hähne meiner Nähe schon heiser oder verstummt, aber sie waren mehrfach ersetzt durch andere Stimmen, alle Tonlagen waren besetzt und alle männlichen Stimmfächer bis zum Falsett. Und so zog sich das große attische Konzert durch das Land, überkreuz und in die Quere, ein Netz, das sich vergrößert, während seine Maschen enger werden, denn zwischen den Hähnen tauchten neue Hähne auf, als seien sie soeben erst erwacht, und jeder von ihnen krähte und horchte und krähte wieder, aber keiner hörte das Ganze, jeder hörte und bekrähte nur seinen begrenzten Radius, und eines jeden Hahnes Nachbarhahn hörte und bekrähte wieder einen anderen Radius. Aus dem Netz von Hahnenruf wurde ein Teppich, dessen Fransen am Rande sich stetig zu weiterem Teppich verdichteten, der also ständig wuchs, in allen Richtungen, nur dort wo er ans Meer gelangte, dort hörte er jäh auf, die Hähne am Meer krähten landeinwärts und hatten nur einen halben Wirkungskreis, und die auf den Landzungen bekrähten nur einen spitzen Sektor, der Rest ihres Rufes verhallte im Meer, und dort hinten, der Hahn von Kap Sunion, der krähte hinaus ins Wasser, wo ihn vielleicht nur ein früher Fischer hörte, aber der hörte nicht nur ihn, sondern er hörte eine ganze gezackte Küstenlinie voll von fernem und nahem Krähen, das an der anderen Seite wieder landeinwärts getragen wurde, bis nach Athen und darüber hinaus und abzweigend dann in alle Himmelsrichtungen, und wieder zurück, hinauf zu mir, dem großen Entfacher, der ich immer noch auf meiner Höhe stand, still und wie ein Herzog aller Hähne, König der Hähne Attikas, der ich über dem Konzert thronte und mich fragte, wie all dies wieder enden sollte.

Rolf Dieter Brinkmann
Vogel am leeren Winterhimmel

Er durchquert
was?
Da ist ein leerer Raum
oder genaugenommen
etwas Grundloses
ein Klischee.
Langsam
langsam
treibt er weg
ohne voranzukommen.

Günter Eich
Hilpert

Hilperts Glaube an das Alphabet verhalf ihm zu der Entdeckung, daß auf die Erbsünde die Erbswurst folgt. Auf diesem Punkt wollen wir verharren und uns die Konsequenzen nicht nehmen lassen. Die Konsequenz ist das Erbteil. Bei Hilpert eine leicht geneigte Wiese mit Obstbäumen, eine Einödvilla im Oberpfälzer Wald und das sechzigteilige Zinkbesteck aus einem adligen Zweig. Aber wir? Ich und meine Kinder erben nichts, wir waren schon bei der Erbswurst benachteiligt. Der Übergang zu Esaus Linsen ist auch irrig, weil er aus der Sache kommt. Wir haben uns alle, Hilpert, meine Familie und ich, für das Alphabet entschieden. Da sind die Zusammenhänge eindeutig und nachweisbar, ohne alles Irrationale.

Oft sprechen wir abends freudig erregt über unsern Glauben. Erdmuthe ist zuständig für A bis Differenz, ich für Differenzgeschäfte bis Hautflügler, Robinson für Hautfunktionsöl bis Mitterwurzer, Alma für Mittewald bis Rinteln. Für den Rest fehlen uns mindestens zwei. Wir hoffen auf Enkel.

Hilpert hingegen, Einsiedler und schon lange tot, hatte die geneigte Wiese zum Gespräch wie andere den geneigten Leser. Die Bäume waren Apfel und Tomate, und sie standen nach ihrer Neigung aufwärts und abwärts. Dort ging Hilpert mit seinen zahmen Maulwürfen auf und ab, immer in Gedanken zwischen A und Z. Es war ein schöner fruchtbarer Anblick, die Maulwürfe nahmen teil.

So hat ihn jeder in Erinnerung, der noch die Petroleum- und Spirituszeit erlebt hat. Die Verbreitung des elektrischen Lichtes hat er nicht mehr mitgemacht. Aber abends brannte lange seine trauliche Lampe, während doch sein Geist hundert wenn nicht hundertzehn Jahre voraus war. Und auch zurück. Seine einzige Reise hatte ihn der Erbsünde wegen nach Jütland geführt. Dort besichtigte er die berühmten Steine, auf die der Schafhirt Michael Pedersen Kierkegaard geklettert war und Gott verflucht hatte. Diese Reise ist für unsern Glauben ähnlich wichtig wie die Hedschra für den Islam, nahm doch Erdmuthens Großmutter daran teil, die das eigentliche Bindeglied zwischen Hilpert und uns darstellt. Damals war sie seine Geliebte, wahrscheinlich ebenfalls wegen der Erbsünde. Urkunden darüber gibt es nicht, nur mündliche Überlieferung. Hebe Frohmut, so hieß sie, stellte noch auf der Reise auf Drängen von Hilpert die Erbswurst zusammen, zwischen Flensburg und Itzehoe, nach anderer Überlieferung in der Lüneburger Heide, wo die Schnuckenherden assoziativ wirkten. Hilperts geniale Eingebung war es, daß es zwischen Erbsünde und Erbteil noch etwas geben müsse. Damit hatte er auf jeden Fall recht, machte er doch später noch eine weitere Entdeckung in diesem Zwischenraum, der so grundlegend für uns alle ist, für die Gläubigen wie für die Schuldner.

Ich schweife ab: Mein Sohn Robinson unterbricht mich. Er arbeitet an einer Studie ›Hilpert und die Maulwürfe‹ und ist im Zuge seiner Forschungen erstens auf Hilmend gestoßen, einen Fluß in Afghanistan, und auf Hilpoltstein in Mittelfranken. Das hört sich unverdächtig an, ist aber von großer Bedeutung. Zweitens auf die Maultrommel und den Mauna Kea. Ebenso wichtig und zwar alles im negativen Sinn. Nirgends ergibt sich eine Beziehung zu Hilpert oder den Maulwürfen, nicht einmal zu beiden. Nun aber weiß man aus Hilperts Biographie (vgl. hierzu Simmel ›Tractatus alphabeticus‹, Sombart ›Hilpert und die Grundlagen seiner Mathematik‹, Dilthey ›Das alphabetische Jahrhundert‹), aus Hilperts Biographie also, daß er gerade Hilpoltstein eine erhöhte Aufmerksamkeit zukommen ließ. Obwohl er eine Reise dorthin immer vermieden hat, brachte er doch oft die Rede auf die lieblichen Sandsteinfelsen, die forellenreichen Bäche und den grandiosen Fachwerkgiebel des Rathauses, vor allem aber auf das Schloß der Fürsten Neuburg-Sulzbach, jetzt Distriktskrankenhaus und Rettungsanstalt. Kein Zweifel: Hilpert hatte sein Erbteil in Hilpoltstein erwartet, vielleicht sogar eine Erneuerung des Fürstentums zu seinen Gunsten.

Statt dessen: Nicht einmal Mittelfranken, denn die geneigte Wiese lag nahe Bad König im Odenwald, die Einödvilla im bayerisch-böhmischen Grenzgebiet bei Eslarn, das bekanntlich oberpfälzisch ist. Die Schlußfolgerung liegt nahe: Der Alphabetismus geht zunächst von der Erbsünde aus. Das hat Hilpert selbst noch mündlich geäußert, als er das bis dahin übersehene Zwischenwort Erbtante erfuhr. Über diese aus dem Dunkel unserer Glaubensgeschichte wie ein Kugelblitz auftauchende Verwandte hat meine Tochter Alma ihre Dissertation geschrieben, unter dem Titel ›Geraldine von S., ihre Maße und Gewichte‹. Eine intuitive Arbeit, denn nur Geraldinens Tod ist erwiesen. Ob sie wirklich gelebt hat, ist vielen Forschern immer noch fraglich, und natürlich ist auch ihre Lebenslust kein Beweis für ihr Leben. Sie kleidete sich gern in Smaragdgrün und Schwarz, ihr Lieblingsgericht waren poschierte Eier in Portweinsoße, sie trank kaltes Wasser gern mit Spirituosen versetzt und schwärmte für zahme Maulwürfe, deren Pflege sie ihrem Erben auferlegte. Hilpert selbst hat später Gefallen an den Maulwürfen gefunden und ihrer Vermehrung gelassen zugesehen. Nach Hilperts Tod verwandelten sie sich in einen Mantel, den Erdmuthe gern getragen hätte.

Ja, wir alle hatten erwartet, Hilperts Erben zu sein, hatten alphabetische Gründe dafür gefunden und uns schon mit der Lage der Katasterämter vertraut gemacht. Der Villenumbau war vorbereitet, die Maulwürfe liefen uns zu und pfiffen in unserer Spur, wir kannten die besseren Äste an den Tomatenbäumen und sorgten für Kleberinge. Das adelige Zinkbesteck wurde Hochadel unter unseren Händen, und der Nibelungenkalk im Odenwald wurde von uns entdeckt. In Eslarn planten wir die Errichtung eines alphabetischen Kurheims.

Bis zu seinem vorletzten Tag hielt Hilpert seinen Rhythmus ein. Ich bin erst bei der Zichorie, pflegte er zu sagen, Zypern ist noch weit und außerdem nicht das letzte.

Vielleicht hätte er übrigens in Zypern behauptet, es schriebe sich mit C. So tastete er sich von Tag zu Jahr weiter. Erst an seinem letzten Tag sah man ihn morgens nicht am offenen Fenster. Die Maulwürfe hoben die Köpfe und schauten verwundert. Vergebens erwarteten sie die dreimalige Rezitation des griechischen Alphabets.

An einem Tag Ende August trugen wir Hilpert zu Grabe, einem strahlenden Tag, der das ganze Alphabet enthielt, lateinisch, armenisch, kyrillisch, in der Fernsicht dämmerte sogar das mongolische herauf. Es war kein Tag, sondern eine Enzyklopädie, die Bäume waren geschrieben, die Tomaten gedruckt, ein würdiges Begräbnis. Robinson, Alma, Erdmuthe und ich trugen den Sarg, ein Rudel Maulwürfe folgte, dahinter einige Geisteswissenschaftler und Lexikographen. Was wir damals noch nicht wußten: Die Erben waren nicht dabei. Sie konnten auch nicht dabei sein, ahnten nichts von der Erbschaft, denn der Erblasser hatte sie aus einem Adreßbuch für den Regierungsbezirk Aurich herausgefischt, er kannte sie auch nicht. Alle hießen Hilpert, waren aber nicht mit dem großen Hilpert verwandt. Damals hielten wir eine Erbschaft noch für ein Glück, heute halten wir sie für eine Erbschaft. Abel, Achim und Ada waren die Vornamen.

Zögernd zuerst, dann vehement haben wir aus unserer Lage heraus eine Erbphilosophie entwickelt. Aber wie es mit existentiellen Erkenntnissen ist: sie haben sich selbständig gemacht. Wir können uns ihrer Dialektik nicht entziehen, die Hoffnung auf das Erbe schließt die Hoffnung ein, daß es nie dazu kommt. Es ist ein jüdischer Zug darin. Die Welt lebt von der Erwartung des Messias, sein Kommen kann erst akzeptiert werden, wenn damit die Welt zu Ende ist.

Zum Glück haben wir höchstens mit Überraschungen zu rechnen. Außer Erdmuthe. Wenn alles nach Hilperts letzten Erkenntnissen über die Erbsünde geht, sind wir in Furcht und Bangen gefeit. Außer Erdmuthe. Ihr Name gibt zuviel her. Im Bezirk der Erdnüsse liegt die große Gefahr. Und von Hebe Frohmut her ist ja die Erbsünde nicht auszuschließen. Was sie auch getrieben habe, in Jütland und der Lüneburger Heide, – und selbst die Konstruktion der Erbswurst ist, alphabetisch deutlich, als Fortsetzung der Erbsünde anzusehen. Oder kann Schuld durch das Kochbuch getilgt werden? Es würde uns wundern. Nein, unsere Literatur ist voll der Erkenntnis: Die alphabetische Folge bedeutet nicht die Aufhebung des Vorhergehenden. Und könnte nicht die Folge rückwärts gehen? Ein fataler Gedanke, denn wer bei z beginnt, dem könnte man höchstens historische Gründe entgegenhalten, und die sind fadenscheinig, – eine Gewohnheit. A ist wichtiger als z. Der abnehmende Mond wichtiger als der zunehmende. Nein, das alles klammern wir aus. Ich fürchte nur, Erdmuthe grübelt darüber mehr als wir, ist vielleicht statt auf die Erdnuß auf die Erdmaus oder die Erdlaus gestoßen.

Aber ob rückwärts oder vorwärts: Schon wenige Gramm Erdnußöl wären eine Gefahr für uns, wenn nicht eine Katastrophe. Dann gäbe es keine Hoffnung mehr auf eine bessere Welt. Der Tod der Maulwürfe wäre auch unsrer. Die Tomaten blieben ohne Glanz. Das unbeschriftete Grab von Hilpert wäre das Ende unseres wunderbaren Glaubens.

Fritz Rudolf Fries
Der Weg nach Oobliadooh

Begegnung mit Gott auf der Brücke

Irgendwo aus den Tiefen der Stadt fuhren die Straßenbahnen in die vierte Morgenstunde. Arlecq und Linde, an der Haltestelle, bekräftigten noch einmal ihre Wette auf das Kind, klein noch wie die Mandel in der Frucht. Paasch, vor sich hin lallend und allein, spielte SALT PEANUTS. In der Stadt begann der zweite Dezember. Aber leer blieb Paaschs Sitzplatz im Triebwagen, Paasch war durchs Examen gefallen, Paasch war ein freier Mann. Nur Arlecq war ausgesetzt dem schwarzen Flug der Hüte.

Gott kam von der anderen Seite. Aber auch er ging zu Fuß. Paasch, in der fünften Morgenstunde vom Dämon der Musik verlassen, lief westwärts, über die Friedrich-Ludwig-Jahn-Allee, nach Hause. Gott lief stadteinwärts. Die Straßenbahnen des frühen Tages, vollbesetzt bis auf die Plattformen des Triebwagens und der beiden Anhänger, fuhren in beide Richtungen. Gott und Paasch waren die einzigen Fußgänger. Der Himmel wölbte sich grau. Die in den Straßenbahnen spekulierten auf Regen. Paasch spekulierte auf gar nichts. Gott spekulierte darauf, Gott zu sein. Paasch lief schleppend, aber akzentuiert, trat mit dem linken Fuß auf Friedrich, mit dem rechten auf Lud-wig, links auf Jahn, indes rechts der Absatz zur Allee ansetzte. Fried-rich-Lud-wig-Jahn-Al-lee. Die welkenden Blätter der Lindenbäume, die Paasch beschirmten, waren feucht. Paasch griff im Gehen nach niedrigen Ästen, schüttelte das Naß von den Bäumen, daß die Tropfen die Rinnen seiner Cordjacke entlangfuhren, abwärts tropften in den Staub der Straße. Er hätte gern den Rest der Melodien, den Bodensatz orgiastischer Begeisterung, der in seinem Kopf war, abgeschüttelt, zertreten. Immer von neuem dieses Intervall, der Sprung in die Höhe, aus SALT PEANUTS. Saltpeanutssaltpeanutssaltpea. NUTS. Unmöglich, das loszuwerden. Immer wieder die Straßenbahnen auf der schmalen Doppelspur, links und rechts eingefaßt vom breiten Betonstreifen der Autostraße, die jäh zur Brücke wurde, das breite Gelände des Flutkanals im rechten Winkel kreuzte, ehe sie in das Straßengitter der westlichen Vorstadt auslief. Paasch hatte die Brücke noch vor sich. Rechts trat er auf SALT, links auf PEANUTS. Da der Ton bei PEA aber gewaltig emporgerissen wurde, steil anstieg, sich im Unendlichen verlor, empfand er links einen Zwang, das Bein hochzureißen, sich mit der Fußspitze links vom Boden abzuschnellen. Salt-PEAnuts. Er versuchte, mit dem zum Spazierstock degradierten Regenschirm auszugleichen. Jetzt ging es. Aber die Mühe war unsagbar.

Ungehindert wehte der Wind von rechts über die Sportstätte, zu der die Jünger des Turnvaters, aus der Wärme der Sportschule kommend, in diagonal sich auflösenden Reihen über die sandglitzernde Vorfläche vor der grün ansteigenden Wand des Stadions sprinteten, hoch zum Sprungturm über dem Schwimmbassin. Jemand pfiff scharf auf der Trillerpfeife. Paasch griff sich besorgt an den Adamsapfel, indes der Ton den Himmel blutig aufriß und die Meisen auf den Lindenbäumen aufhörten, das Frühlied zu trillern. Paasch spuckte aus, spuckte sich den Ton aus den Ohren. Aber der Ton hatte ein Echo.

Paasch vortreten, sagt der Lagerälteste. Mein Vater ist ein Verräter an der deutschen Ehre, sagt Paasch. Die Fahne steigt in den Himmel, reißt ein schwarzrotweißes Loch ins Weiß der Morgenstunde. Das Karree der Jungen setzt sich in Bewegung. Halt, sagt der Lagerälteste: die Mutprobe. Paasch ist an der Reihe. Er tritt aus dem Karree der Geborgenheit. Jemand verbindet ihm die Augen, führt ihn an den Rand der Grube, über die zu springen es gilt, ohne ihre Ausmaße zu kennen. Der Älteste pfeift. Paasch springt, fällt ins Bodenlose. Die Meute johlt. Der Lagerälteste pfeift ab. Paasch kann zurücktreten, taumelnd.

Gott kam von der anderen Seite. Auch er zu Fuß. Heller wehte der Wind auf der Brücke, die Paasch nun erreicht hatte, unter sich den Hohlraum und die weiten, vom breiten Strich des Kanals gezeichneten Flächen.

Guten Morgen, sagte Gott, der auf der Brücke wartete. Er lehnte an der rauhen sandsteinernen Balustrade, sein großer Schlapphut, der spitz aufragte, ließ die Leere über dem Elsterflutbecken unendlich werden. Gott hatte einen Bart, das schien selbstverständlich, eine schwarze hochgeknöpfte Jacke mit Rockschößen, Augen, wie man sie irgendwo schon gesehen hatte, dennoch rätselhaft. An warmen Tagen trug er den Hut in der Hand.

Guten Tag, sagte auch Paasch, der Gott kannte sowie seine näheren Umstände. Machst du Sonntag? Oder bist du ihnen ausgerückt?

An Sonntagen hatte Gott Ausgang. Ihm an Wochentagen zu begegnen, war ungewöhnlich, nicht in der Ordnung, schon gar nicht in der Anstaltsordnung. Paasch hielt Ausschau nach vorbeifahrenden Fahrzeugen, in denen man die Späher vielleicht schon ausgeschickt hätte. Doch der Alte war sorglos, nur bekümmert. Kümmernis gehörte zu seinem Gesicht. Auf Fragen gab er nichts.

Ich bin Gott, sagte er.

Das weiß man, sagte Paasch begütigend. Jeder weiß das. Wenn du willst, kannst du mitkommen. Wir trinken was.

Bier? fragte Gott und lüftete den Rembrandt-Hut.

Auch Bier, sagte Paasch. Aber wir müssen gehen. Hier können wir nicht bleiben.

Man mußte mit Gott einfach sprechen, imperativisch, aber mit einem kleinen Tonumfang, wie zu einem Kind. Paasch konnte das.

Wir bleiben nicht? zweifelte Gott. Die Brücke trägt gut. Wir können warten. Auf den Tag warten.

Auf welchen denn, sagte Paasch ohne Anteilnahme. Wir haben doch schon Tag, sagte er und wies mit der entengelben Krücke in ungewisse Richtung.

Tag schon, sagte Gott. Nur nicht Sonntag.

Das ist doch gleich, sagte Paasch. Bier gibt es immer. Wir gehen jetzt. Ich gehe.

Nein, sagte Gott, geh nicht. Bleib, kehr ein, kehr in dich. Hier, da ist es, dort. Gott wies ins Weite, bezeichnete im einzelnen die Vögel, das Wasser, die Brücke. Keinen Schritt geh weiter. Die Vögel sind aus Gold. Beharre. Gib nicht nach. Gott wies ein zweites Mal ins imaginäre Weite. Dann schien er Paasch zum erstenmal zu betrachten, prüfte sein Gesicht, entdeckte vielleicht sich selbst in Paaschs Brillengläsern. Du also auch, sagte Gott und nahm den Hut vor Paasch ab wie vor einem just Verstorbenen. Aber ich will auf dich warten. Du wirst goldene Vögel sehen und ich will das Brot mit dir brechen. Glaube an mich.

Paasch wurde es unbehaglich bei soviel Mythologie. Er sah Gott an, er begann an ihn zu glauben. In der Ferne hüpften die Turnjünger übers sandige Gelände. Unten, im Flutbecken, das schwarz und morastig war, von der Kommunalverwaltung vergessen, zogen Wildenten Kreise auf der Wasserfläche wie ins Wasser geworfene Steine. Der Himmel lichtete sich über dem Waldstreifen. Die von beiden Seiten die Brücke schwer belastenden Straßenbahnen ließen den Boden, auf dem sie standen, erzittern.

Du wirst zu uns finden, sagte Gott und pluralisierte sich. Paasch wurde unruhig.

Bier, sagte er. Salt peanuts. Komm, wir frühstücken zusammen. Er legte dem Alten die Hand auf die Schulter, zog sie aber schnell zurück. Dann gingen sie. Schleppend, aber akzentuiert lief Gott in den altväterlichen Schnürstiefeln. Paasch hatte Mühe, seine gewohnte Gangart, schleppend, aber akzentuiert, zu modifizieren, um nicht gleichen Schrittes mit Gott zu gehen.

Zwei Schritte bis zum Gelände der Kleinmesse, des städtischen Vergnügungsmarktes. Die Front der Schaubuden, so früh am Morgen, war mit Brettern vernagelt. Es stank nach dem Langschläferurin der Schaubudenbesitzer. Ihre Wohnwagen hatten den Anstrich reisender Zirkusartisten. Gott wies mit der Rechten auf die Kulissen der Lustbarkeit, sagte, seiner Rolle sicher: Eitelkeit Torheit das Laster. Paasch nickte zustimmend. Mit der Spitze des Schirms visierte er die Mitte des Riesenrads, als wollte er es um die Achse des Schirms kreisen lassen. Die Torheit ist rund, sagte Gott und tat ein Wunder: das Rad kreiste, aber die Apokalypse blieb aus. In den Gondeln vergnügte sich die Familie des Eigentümers.

Sie ließen den Jahrmarkt hinter sich. Am Kiosk der Haltestelle kaufte Paasch, Gott im Auge behaltend, die WELTBÜHNE und steckte sie, zusammengerollt, in den Schirm.

Geh an der Welt vorbei, sagte Gott, es ist nichts.

Schopenhauer, sagte Paasch, der es aus seines Vaters Bücherschrank hatte.

Nein, sagte der Alte. Ich bin Gott.

Wer wüßte das nicht, sagte Paasch begütigend. Gott sah ihn zweifelnd von der Seite an. Doch jeder wußte es. Denn Gott war auf diesen Straßen eine vertraute Erscheinung. Keiner verrenkte sich den Hals nach ihnen. Gott grüßte nach links und nach rechts, lüftete den Hut nach West und nach Ost, ohne Ansehen der Parteizugehörigkeit. Gott war objektiv, total, niemals totalitär. Paasch hatte Mühe, ihn in eine Richtung zu drängen, lotste ihn endlich zum HAFERKASTEN, seinem Rastpunkt, lief er zu Fuß nach Hause.

Wir sind da, sagte Paasch.

Ich will nicht da sein, sagte Gott und blieb stehen. Und da waren sie auch schon zur Stelle, kamen leise, ungesehen angefahren in ihrem Gefährt, die Bremsen gaben einen dumpfen Laut. Paasch hatte es gleich gewußt, Paasch hatte es befürchtet, im stillen nach ihnen

Ausschau gehalten in Seitenstraßen und Hauptstraßen. Zwei Männer stellten sich auf die Füße. Die Wagentür hing starr in den Angeln. Gott sah zu Boden. Paasch umklammerte den Schirmknauf. Die Männer mit den wasserblauen Augen prüften ihrerseits Paaschs Gesicht, ließen unbeeindruckt von ihm ab und packten Gott von links und von rechts, schoben ihn durch die Wagenöffnung, das sah gefährlicher aus als es wohl war, nur der zu hohe Hut stieß gegen den Türrand, fiel zu Boden, färbte sich grau im Rinnstein. Paasch hob ihn schnell auf und gab ihn zögernd ins Wageninnere. Der Wagen sprang an, reihte sich in den Verkehr. Gott saß im Fond, den Hut auf den Knien, die Augen geradeaus gerichtet. Wird Zeit, daß du dir nen Kalender anschaffst, Alter, sagten die Männer mit dem wasserblauen Blick. Sonntag, das war mal. So behütet fuhr Gott zurück in sein Zimmer Nr. 87, aus dem er nur sonntags, gegen die Sicherheit einer leichten Überwachung aus der Ferne, als harmloser Fall, der er war, Ausgang hatte.

Martin Walser
Das Einhorn

Das Gesellige

Zuerst wallten noch Zuhörer ins Künstlerzimmer, die von Herrn Professor Dornseifer letzte Antworten und Autogramme erbaten. Starr vor Neid, sah Anselm zu, wie der Professor seine Bücher nachsichtig signierte. Ihm bot (dafür) Fräulein Salzer den Platz im Ghia an. Geht das, fragte er, dort lang? Dann schwieg er. Der Redeschmerz. Zwei in einem Auto. Dem ist doch nichts hinzuzufügen. Aber wie viele Wörtergeräusche würde er machen müssen, bis sie bemerkte, daß sie zu zweit in einem Auto saßen. Saß er mit der zur selben Zeit im Auto? Jeder seine eigene Geschichte. Er, zuletzt bearbeitet von der Nasenbohrerin im Abteil, von der Bauchtänzerin in der Klarsichtpackung, er unterwegs, sie verrammelt im Ozelot. Ihr könnt mich doch nicht ewig so weiterreichen in die Nacht hinein, schwerhörige Weiberstafette.

Wie immer auf der Welt, war man im Handumdrehen vor dem Duisburger Hof.

Die Partner gaben sich zuerst noch verärgert. Anselm ein Simplifikatör. Aber sie kritisierten seine Show nur als Fachleute für Show. Er hatte outriert. Sie hatten ihm das gestattet, hatten ihn dadurch hoffentlich beschämt, hatten ihm gegenüber schon fast nicht mehr angebrachtes demokratisches Verhalten bewiesen. Bei uns darf einer auch aus der Rolle fallen, schämen Sie sich bitte! So gesehen, und durch ihre Toleranz demonstriert, sei Kristleins Beitrag auch ein Beitrag. Anselm stimmte zu, tat, als sei er nur deshalb so ein bißchen aus der Rolle gefallen. Einer müsse das tun. Und er habe es eben auf sich genommen. Dr. Klüsel sagte, er habe das von Anselm sogar erwartet. Wehe, wenn der ihn enttäuscht hätte.

Anselm wußte längst, daß es seine Rolle war, aus der Rolle zu fallen. Er tat, als spiele er diese Rolle nur, weil es verlangt werde. Er verschwieg, daß ihm aus Mangel an Zitaten, Erfahrungen und allgemeinem Interesse gar nichts anderes übrig blieb als der Krakeel, die Narretei. Die Herren sollten aber ja nicht glauben, daß seine Aufgabe deshalb schon leichter sei als die der sorgfältig Argumentierenden. Es schien zwar so, als sei es ganz ihm überlassen, wie weit und wie heftig er bei jedem Auftritt aus der Rolle fallen wolle. Er aber spürte genau, daß er nicht einfach darauflosKollern durfte. Es gab eine harte Grenze. Von keinem gezogen, von vielen bewacht. Es bedurfte artistischen Instinkts, diese harte Grenze zu entdecken und durch keinen Ausfall zu verletzen. Das absolut Heilige jeder Sphäre ist ihre Tautologie. Verletzte man die, kam man nicht mehr in Frage. Anselm hatte einen einundzwanzigkarätigen Instinkt. Sein Gefühl hatte die Grenze immer genauer kennengelernt. Er fiel immer sicherer aus der Rolle. Das Risiko, jene harte Grenze zu verletzen und dadurch sich selbst zu erledigen, wurde immer geringer. Sozusagen automatisch spürte er bei jedem Diskussionsthema, auf welche Weise er hier übers eng Erlaubte ins scheinbar Unerlaubte hinauskrakeelen mußte, um, bei peinlicher Beachtung der harten Grenze, zu demonstrieren, daß bei uns viel mehr erlaubt ist als man glaubt. Er hoffte, die Konsuln seien zufrieden mit ihm.

Das Gesellige war dann also gesellig. Alle tranken Getränke. Fabrikant Flaat erzählte Erzählungen aus der Fabrik. Mit seinem Zigarrenknipser knipste Dornseifer Zigarren. Redakteur Kanzler erwähnte sich. Klüsel war so freundlich. Der fehlende Pater war nicht da. Fabrikant Flaat streift mit einer Hand von der Stirn an sein Gesicht ab und hat danach kein anderes. Rainer Kanzler erleidet Preßwehen bei jedem Wort, andererseits sieht das aus, als denke er, während er spricht. Fräulein Salzer verbraucht beim Lachen ihre Lippen ganz und gar. Rainer Kanzler sagt: Wo sind wir das letzte Mal zusammen aufgetreten? Dornseifer weiß nicht mehr, daß es beim Fernsehen war. Ach ja, das neue Buch von Arnold Laberlein.

Leise erzählt Fabrikant Flaat seine Nierengeschichte. Dr. Klüsel fügt hinzu, die Butter im Ruhrgebiet sei oft zwei Jahre alt. Da kann man sagen, was man kann. Bitte, wohin wird Kanzler nie mehr in Urlaub fahren? Dornseifers Lippen bleiben in Lilienblütenstellung, auch wenn er die Zigarre weit ab in zwei Fingern hat. Ist Arnold Laberlein eigentlich von Haus aus Soziologe? Sie sollten darüber in der *Welt der Arbeit* schreiben. Fräulein Salzer, sitzen Sie doch bitte nicht wie am Lagerfeuer. Und daß Sie die Händeschalen, in die Sie Ihr Kinn legen, gleich an den Gelenken so rechtwinklig wegbiegen können, ist allerhand. Seit Fabrikant Flaat seine Nierengeschichte hat, sieht er manches anders. Kanzler denkt vor allem an England. Dr. Klüsel befindet, man muß im Kohlenpott gelebt haben. Dornseifer hat oben falsche Zähne und sieht so erschreckt aus. Rainer Kanzler sagt: die Sozaldemkratsche Partei ist sich bewußt. Wissen Sie, daß Willy Ariel unter seinem Vornamen leidet? Wenn man das weiß, weiß man, worunter Ariel leidet. Fabrikant Flaat sagt, so kalt sei es seit 1928 nicht mehr gewesen. Haben Sie schon mal mit Ariel diskutiert? Arnold Gehlen ist von Haus aus. Nichts gegen den Zigeunerbaron. Trotzdem möchte ich keine Frau sein. Sehen Sie die Engländer an. Kennen Sie den Kohlenpott? Ich war nie Positivist. Wenn Sie bloß noch eine Niere haben. Mein Vater raucht auch Zigarren. Sie schwenkt die Nase in den Duft. Kanzler erwähnt seine Frau. Warumwarum? Seine Frau ist Lehrerin. Klüsel hat offenbar auch eine. Netzhautablösung kann sehr schmerzhaft sein. Dornseifer hängt an seiner Zigarre. Also warten die alle auf Fräulein Salzer.

Da war es aus mit Dahindämmern, Singsang und Abwarten. Anselm musterte seine Feinde. Momentan führte Dornseifer. Ihm hörte sie zu. Er machte auf seine Weste aufmerksam, so weinrot wie ihr Pullover. Dann arbeitet er gleich wieder an einem Gutachten für die EWG, will morgen schon in Brüssel sein. Sie beneidet ihn. Brüssel liebt sie. Jetzt aber, Anselm. Gefundenes Fressen. Breitseite gegen Brüssel. Union Minière, Lumumba, Echo de la Bourse, Tshombé. Und verantwortlich für alles: Dornseifer. Der läßt das zu! Anselm stößt Wörter aus. Dornseifer schüttelt den Kopf. Sagen Sie einmal, sagt Dornseifer. Auch die anderen behaupten, sie sähen noch nicht den Zusammenhang. Anselm auch nicht, aber er glaubt, er spürt ihn, muß ihn jetzt sofort beweisen, sonst ist alles aus, sonst geht er unter in einem Gelächter. Also holt er zusammen, was er braucht. Der Universitätssoziologe als Industriewissenschaftler als Marktwirtschaftsideologe als Neokolonialist, denn Entwicklungshilfe ist gleich Wirtschaftsimperialismus, zitierte Thomas Kanza, Tshombé die kollaborierende Magnatenmarionette, ist denn der Globus nicht ein unteilbares Gelände? wir behandeln aber die elenden Völker, als wären wir Fürstengroßbürger, und die unsere früheren Bauern, die wir, wenn sie sich, mal da mal da, verzweifelt rotten, strafen, zusammenhauen, christliche Fallschirmritter gegen kommunistische Untermenschen ... Fräulein Salzer stand auf, die Herren mögen sich bitte nicht stören lassen, sie habe noch einen weiten Weg. Anselm erschrak. Konnte er jetzt auch aufstehen und sagen: meine Herrn, mir liegt nichts an dem Thema. Zum Glück lag den Herren auch nichts an dem Thema. Plötzlich standen alle, bloß Anselm saß noch. Er sah die Hände. Drückte die Hände. Sagte Gutenacht. Stand jetzt auch. Sagte bewußtlos vor Mut: Fräulein Salzer, ich muß auch noch in Ihre Richtung. Die Herren grinsten. Sie sagte: Woher kennen Sie meine Richtung? Sie fahren doch, sagte er, in Richtung ... Hilfesuchend sah er sie an. Düsseldorf, sagte sie gerade noch rechtzeitig. Eben, sagte er. Da muß ich noch hin.

Anselm war unempfindlich vor Entschlossenheit. Was denken die Herren jetzt von mir, sagte Fräulein Salzer im Auto. Und mein Chef, was denkt mein Chef jetzt von mir. Entschuldigen Sie bitte, sagte Anselm. Er wolle nicht nach Düsseldorf, aber im Hotel könne er auch nicht bleiben. Allein in einem Hotelzimmer, sich die Kleider vom Leib ziehen, bloß um sich dann allein ins Bett zu legen, ein trostloser Aufwand. Ein Lokal, bitte, wo er bleiben könne, sie wisse sicher ein solches Lokal, da möge sie ihn absetzen. Sie sagte nichts, hielt plötzlich neben einer Leuchtschrift mon bijou. Er bedankte sich. Stieg gleich aus. Zu hoffen war wohl nichts mehr. Aber, sie, stieg, auch, aus. Drinnen dunkler als auf der Straße. Eine Lotsin führte durchs Düster über Beine zwischen Tischen in die Polsterecke. Es wimmelte von runden Mädchenteilen in Strumpfhosen und Pullovern, die Pullover so weit als nicht möglich ausgeschnitten; weißwinzige Schamschürzchen leuchteten; Deinhard Lila und eine Große Platte, bitte. Sie saßen eng im Dunkel, im Rauch, im Musiklärm der Nachtlokalschachtel. Sie schrien einander in die Ohren. Tranken drei Flaschen Lila. Fräulein Salzer wollte Barbara genannt werden. Was der Chef denkt, ist ihr egal, sie hat gekündigt, will studieren, Volkswirtschaft, bißchen Kunstgeschichte, hat Gründe, vielleicht sagt sie ihm die noch, seine Meinungen haben ihr imponiert, darüber will sie sprechen mit ihm, ihr Vater ist nämlich dagegen und die Mutter auch, der Chef warnt, alle warnen, Anselm warnt nicht, darum ist er ihr sympathisch. Hatte er nicht gewarnt?

Anselm bezahlte Demark vierundachtzig, holte den Ozelot ab. Sie wohnt also in Düsseldorf? In der Uerdingerstraße. Hat sie ein Apartment? Ja, hat sie. Soll er sie chauffieren? Neinein, aber Mittagessen könnte man. Ach. Wenn Sie nicht wollen? Dochdoch, natürlich ... Also um einuhr draußen im Tierpark, ja? Gutenacht. Gutenacht ... Kuh, blöde, saublöde, unhöfliche, läßt sich bequatschen, ausstaffieren mit Billigung und Zuspruch, dann haut sie ab zu ihrem Ozelot und läßt den Seelenstreichler stehen in der kalten Nacht. Mittagessen! Jetzt ist jetzt, jetzt will er was, jetzt, jetzt, jetzt, das Honorar, Fräulein, jetzt sofort das Honorar ...

Heinrich Böll
Ende einer Dienstfahrt

Der erste militärische Zeuge, der Gefreite Kuttke, erschien mit rotem Kopf; im Zeugenzimmer war, nachdem als letzter ziviler Zeuge Kirffel aufgerufen worden war, ein heftiger Disput zwischen dem Oberleutnant, dem Feldwebel und Kuttke ausgebrochen, während dessen Kuttke ziemlich laut und letzten Endes doch recht weinerlich verteidigt hatte, was er seine »sexuelle Freiheit« nannte. Kuttkes ein wenig gewundene Intellektualität hatte überraschenderweise auch den Feldwebel auf die Seite des Oberleutnants getrieben; der Ausdruck »sexuelle Freiheit« reizte ihn, er nannte das Problem anders: »mein Unterleib unterliegt nicht dem Befehlsbereich des Verteidigungsministers«, was der Oberleutnant abstritt, der sagte, die Bundeswehr brauche den *ganzen* Menschen. Kuttke dagegen hatte betont, er sei als Bundeswehrsoldat nicht nur nicht (und diese doppelte Verneinung brachte ihm endgültig den Ruf eines Intellektuellen ein) zu christlicher Moral verpflichtet, sondern gerade diese von dem Herrn Oberleutnant so heftig angestrebte christliche Moral habe ja seit zweitausend Jahren jene Bordelle geduldet, und er müsse sich vorbehalten, mit einer Hure wie mit einer Hure zu verhandeln (es hatte sich im Gespräch ergeben, daß er mit der Seiffert eine Verabredung fürs kommende Wochenende getroffen hatte). Er kam also mit rotem Kopf in den Gerichtssaal, und da sich außerdem auf Grund seiner totalen inneren wie äußeren Erhitzung seine Brille beschlagen hatte, die er hatte aufsetzen müssen, bevor er sie hatte ganz klarwischen können, stolperte er auch noch über die flache Schwelle, fing sich aber gerade noch, bevor er in den Zeugenstand trat. (Bergnolte berichtete am Abend Grellber über ihn, er habe nicht gerade als Mustervertreter der Gattung Soldat gewirkt, was Grellber wiederum zu einem Telefongespräch mit Kuttkes Abteilungskommandeur Major Troeger veranlaßte, der, gefragt, wieso man Typen wie Kuttke nehme, sagte: »Wir nehmen, was kommt, haben keine andere Wahl.«) Kuttke, klein, schmal, fast schmächtig, wirkte eher wie ein gescheiter Apotheker, der sich als Drogist unwohl fühlt; er gab sein Alter mit fünfundzwanzig an, seinen Beruf mit Soldat, seinen Rang mit Gefreiter. Als er von Stollfuss gefragt wurde, wie lange er schon diene, sagte er, vier Jahre; wieso er keinen höheren Dienstgrad habe? Kuttke: er sei schon Stabsunteroffizier gewesen, aber degradiert worden im Zusammenhang mit einer peinlichen, mehr bundeswehrinternen Sache; über die Natur dieser Sache gefragt, bat er, diese kurz als »bundeswehrinterne Weibergeschichte zwischen verschiedenen Dienstgraden« bezeichnen zu dürfen; mehr dürfe er nicht sagen. Ebenfalls von Stollfuss wurde er gefragt, warum er Soldat geworden sei. Er antwortete, er habe die Reifeprüfung abgelegt, angefangen, Soziologie zu studieren, dann aber habe er sich die Verdienstmöglichkeiten bei der Bundeswehr vorrechnen lassen, auch das mäßige Arbeitstempo bei derselben in Betracht gezogen, sei zu dem Entschluß gekommen, mindestens zwölf Jahre zu dienen, dann käme er mit dreiunddreißig raus, erhalte eine saftige Abfindung, könne sogar vorher noch sparen und dann ein Wettbüro aufmachen. Stollfuss, der ihn merkwürdigerweise nicht unterbrach, schüttelte einige Male während der folgenden Aussage den Kopf, machte »hm, hm« oder »so, so«, übersah das Gestikulieren von Bergnolte, der hinter dem Angeklagten saß, überhörte auch das Bleistiftklopfen des Staatsanwalts und ließ Kuttke weitersprechen. Er wolle, sagte Kuttke, das Wetten auf Hunde in der Bundesrepublik populär machen, im »Gefolge der unausbleiblichen Automation und der damit verbundenen Arbeitszeitverkürzung« benötige der »Bundesmensch«, wie Kuttke es nannte, neue »Stimulantien«, und da sich Toto und Lotto in Routine erschöpft hätten, überhaupt seiner Meinung nach das Spielen mit Ziffern allein nicht genug Magie, gar keine Mystik enthalte, müsse der »Bundesmensch« auf andere Gedanken gebracht werden. Kuttke, der nun wieder »ganz er selbst« war, wirkte jetzt fast wie ein sehr intelligenter, etwas verworrener Gymnasiast, der bei anrüchigen Vergehen ertappt worden ist. Kurz bevor er wirklich unterbrochen werden mußte, sagte er noch, das Leben bei der Bundeswehr enthalte genau die Art konzentrierter Langeweile, nach der er begehre, und mit Langeweile und Fast-Nichtstun auch noch

Geld zu verdienen und sich eine dicke Abfindung zu ersitzen, das sei ihm gerade recht; er habe sich ausgerechnet, daß er – außer seinem Sold, der Kleidung, Verpflegung, Unterbringung, Urlaub etc., einfach dadurch, daß er »nichtstuend da sei«, täglich zehn Mark extra verdiene, die Abfindung. Er habe sogar berechtigte Hoffnung, sagte Kuttke, daß gewisse moralische Vorbehalte gegen ihn, die mit der Ursache seiner Degradierung zusammenhingen, mit der Zeit wegfielen, er doch, wie ursprünglich geplant, die Offizierslaufbahn einschlagen, mit entsprechender Beförderung rechnen könne, und da er später auch zu heiraten beabsichtigte und sich gewiß »Kindersegen nicht versagen« würde, könne er wohl damit rechnen, nach zwölfjähriger Dienstzeit im Alter von 33 Jahren als verheirateter Hauptmann mit zwei Kindern entlassen zu werden und eine Abfindung von knapp einundachtzigtausend Deutsche Mark »zu kassieren«, dann erhöhe sich der von ihm täglich zusätzlich ersessene Betrag auf achtzehn bis neunzehn Mark, und die Abfindung repräsentiere eine Rente von monatlich – sein Vater sei im Bankfach und er könne mit den besten Anlagemöglichkeiten rechnen – mehr als fünfhundert Deutsche Mark, und mit zweiunddreißig sei er ja noch jung und könne ein neues Leben beginnen, mit einem Polster ausgestattet, das so leicht in keinem Beruf zu ersitzen sei. Außerdem habe er herausgefunden, daß Langeweile und Nichtstun – außer gewissen Chemikalien natürlich – die besten Stimulantia, Aphrodisiaka genannt, seien, und an erotischen, beziehungsweise sexuellen Erlebnissen liege ihm viel; »das Weib«, meinte Kuttke, »dieser Kontinent der Freuden«, sei noch nicht richtig entdeckt, beziehungsweise in der abendländischen Zivilisation unterdrückt, beziehungsweise unterschätzt. Hier unterbrach ihn Stollfuss und bat ihn, doch etwas darüber zu sagen, wie Gruhl, den er ja wohl in dem Angeklagten wiedererkenne, als Mitsoldat gewesen sei. Kuttke wandte sich zu Gruhl jun. um, sah ihn an, als erkenne er ihn jetzt erst, schlug sich mit der flachen Hand vor die Stirn, als fiele ihm erst jetzt ein, wozu er hier sei, und rief »Natürlich, der gute alte Schorch«; zum Vorsitzenden gewandt, sagte er, Gruhl sei ein »großartiger Kamerad gewesen«, habe leider von sexuellen Gesprächsthemen nicht viel wissen wollen, daran sei wohl dessen »arg katholische Erziehung« schuld, die er, Kuttke, für vollkommen falsch halte – er selbst sei zwar auch nicht besser, nämlich streng protestantisch erzogen und da sei ein gerüttelt Maß Heuchelei unausbleiblich gewesen, aber –, hier mußte er wieder, diesmal schärfer unterbrochen und streng aufgefordert werden, jetzt sachlich zu bleiben; nun ja, sagte Kuttke, er könne nur wiederholen, Gruhl sei ein sehr guter Kamerad gewesen, aber er habe diese Sache viel zu ernst genommen, emotionell unter ihr »gelitten«. Gefragt, was er mit Sache meine, sagte Kuttke, der dieses Kalauers wegen gerügt wurde: die Hasselbande. Leid aber sei eine unsinnige Kategorie in diesem Zusammenhang, aber Gruhl habe *gelitten* unter dieser »Quaternität des Absurden«; Sinnlosigkeit, Unproduktivität, Langeweile, Faulheit, die er, Kuttke, geradezu für den *einzigen Sinn* einer Armee halte. Hier wurde Stollfuss böse, fast laut rief er dem Zeugen zu, endlich zur Sache zu kommen und dem Gericht seine Privatphilosophie zu ersparen. Kuttke nahm daraufhin nicht übertrieben, nicht daß es hätte als Beleidigung angesehen werden können, aber doch mit überraschendem Schneid die Hacken zusammen, sprach mit völlig veränderter Stimme in Stichworten zu Ende: »Großartiger Kamerad. Zuverlässig. Zu allen Schandtaten bereit. Kaffee geholt, Brot und Butter geteilt, Aufschnitt geteilt: immer altruistisch, das heißt brüderlich. Unter Sinnlosigkeit leidend, was nicht nötig gewesen wäre, da Nichts plus Nichts plus Nichts ja immer Nichts ergibt.«

Der Verteidiger, die Angeklagten, auch der Protokollführer Außem, der auf einen Wink des Vorsitzenden hin die Äußerungen des Kuttke nicht protokollierte, hörten sehr interessiert, mit fast atemloser Spannung Kuttke zu. Bergnolte, der hinter Verteidiger und Angeklagten saß, so daß er nur von Stollfuss, Kugl-Egger und Außem gesehen werden konnte, winkte erst, fuchtelte dann regelrecht mit den Händen und versuchte Stollfuss zum Abbruch der Vernehmung zu bewegen, was dieser ebenso ignorierte wie des Staatsanwalts zuletzt schon fast peinlich lautes Bleistiftgefuchtel. Schließlich gelang es Kugl-Egger durch ein Räuspern, das eher wie ein derber Fluch klang, eine Pause in Kuttkes Gemurmel zu bewirken und eine Frage anzubringen, die er mit sehr sanfter Stimme an Kuttke richtete; ob er, der Zeuge Gefreiter Kuttke, je krank gewesen sei, er meine nervenkrank. Kuttke wandte sich ihm zu und sagte mit einem Gesichtsausdruck, den Außem am Abend im vertrauten Gespräch mit »ungerührt« bezeichnete, er, Kuttke, sei permanent nervenkrank, und er, der Herr Staatsanwalt, sei übrigens auch permanent nervenkrank (die Rüge für die Unterstellung kam sofort, ohne daß der Staatsanwalt hätte darum bitten müssen), und er, Kuttke, erlaube sich die Hypothese, sein »ehemaliger Kamerad« Gruhl sei nicht nervenkrank, was ihn eben besonders »leidend« gemacht habe; eins aber, und das möchte er betonen und das sei ihm von einigen Ärzten, Kapazitäten und Nichtkapazitäten, bescheinigt worden: unzurechnungsfähig sei er, Kuttke, nicht; das sei für ihn wichtig, da er bereits einen Lizenzantrag für sein Wettbüro laufen habe; nein, nein, der Unterschied zwischen –, aber an dieser Stelle erbarmte sich Stollfuss des armen Bergnolte, der inzwischen zu verzweifeltem Händeringen übergegangen war, er unterbrach Kuttke und sagte, er habe keine Fragen mehr an ihn. Hermes fragte nun Kuttke, wie es zu der Dienstfahrt, deren Ende hier ja verhandelt werde, gekommen sei, und Kuttke wurde überraschend sachlich. Er sagte, er habe Gruhl diese Dienstfahrt »zugeschanzt«, da er ihn gemocht habe. Er sei – und das sei die Dienststellung eines Stabsunteroffiziers – sozusagen Buchhalter für die Kraftfahrzeugpapiere in der Schirrmeisterei, nicht nur Buchhalter, er sei auch für die ständige Dienstbereitschaft der Kraftfahrzeuge zuständig, wie sein Vorgesetzter Feldwebel Behlau werde bezeugen können. Es sei unter anderem seine Aufgabe, die Kraftfahrzeuge rechtzeitig inspektionsbereit zu haben, das heißt, sie, wenn die Inspektion erfolge, mit dem inspektionserforderlichen Kilometerstand vorzuführen. Dadurch aber, sagte Kuttke, der jetzt kühl und ruhig, auch artikuliert zum Verteidiger gewandt sprach, käme es manchmal zu Überschneidungen, denn manche Kraftfahrzeuge würden später geliefert als geplant, beziehungsweise zugesagt sei, die Inspektion aber käme dann pünktlich, und um nun nicht auch noch den Inspektionstermin zu versäumen, der, wenn man ihn versäume, sich wieder hinauszögere, müßten eben manchmal Fahrzeuge »zum Kilometerfressen auf die Landstraße gehetzt werden«. Ob den Herren klar sei, was das bedeute: diese Frage stellte er, indem er sich mit überraschender Eleganz in den Hüften drehte, Stollfuss, Kugl-Egger und Hermes gleichzeitig. Die drei blickten einander fragend an, Stollfuss, der bekannte, nichts von Autos zu verstehen, zuckte die Schultern. Nun, sagte Kuttke, dessen Seufzen als mitleidig hätte bezeichnet werden können, das bedeute am Beispiel erläutert folgendes: Es könne vorkommen, daß ein Fahrzeug mit einem Kilometerstand von knapp eintausend Kilometern innerhalb von weniger als einer Woche für die Fünftausend-Kilometer-Inspektion anstünde. »Dann«, sagte er, »muß also irgendeiner mit der Karre losbrausen und sie ihre Kilometerchen abgrasen lassen.« Diese Jobs, sagte Kuttke, habe er meistens Gruhl besorgt, der ein sehr guter Autofahrer sei und der sich gelangweilt habe, weil er in der Tischlerei »ja doch nur für Offiziersmiezen und Kaponudeln Kitschmöbel« habe aufpolieren müssen. Stollfuss fragte Kuttke, ob er die Aussage über die Natur dieser Dienstfahrt notfalls beschwören könne, da sie für die Beurteilung des Gruhlschen Vergehens sehr wichtig sei. Kuttke sagte, was er sage, sei die Mahlzeit, die nächste Mahlzeit und nichts als die nächste Mahlzeit, und bevor er gerügt werden mußte, ja, bevor dieser ungeheuerliche Lapsus recht bemerkt worden war, korrigierte und entschuldigte er sich und sagte, er habe sich versprochen, er sei sich natürlich der Bedeutung eines Eides vollauf bewußt, und er habe sagen wollen, die Wahrheit, die reine Wahrheit und nichts als die reine Wahrheit, er sei, fügte er mit natürlich, fast kindlich wirkender Bestürztheit hinzu, immer sehr für Vokalassoziationen empfänglich gewesen und ihm wären immer Mahlzeit und Wahrheit auf eine fatale Weise durcheinandergeraten, das habe ihm schon in der Schule im Deutschunterricht immer Schwierigkeiten gemacht, aber sein Deutschlehrer sei …, hier wurde er von Stollfuss unterbrochen, der ihn, ohne Staatsanwalt und Verteidiger noch zu befragen, entließ. Beide gaben durch eine Handbewegung ihr nachträgliches Einverständnis. Kuttke, der im Abgehen Gruhl jun. zuwinkte und ihm ein »Salute« zurief, wurde aufgefordert, sich für eventuelle weitere Aussagen bereitzuhalten. Stollfuss kündigte eine Pause von einer halben Stunde an und fügte hinzu, daß auch nach der Pause die Öffentlichkeit ausgeschlossen bleiben müsse.

GÜNTER GRASS
Die Plebejer proben den Aufstand
Ein deutsches Trauerspiel

Vierter Akt

1. Szene

Der Chef sitzt noch immer am Bandgerät. Das Band läuft: »Einmal muß es ihm jemand geigen. Weißt du, was du bist? Das Ohr soll ihm abfallen. Du bist, du bist ein ganz gemeiner, listiger, hinterlistiger, ausgekochter und ganz gemeiner, du bist, sage ich …«
    Erwin kommt langsam von hinten. Er bleibt in der Mitte der Bühne stehen.
CHEF *nach einer Pause* Und?
ERWIN Niemand wagt mehr zu husten.
CHEF Wie ist die Stimmung? Gedrückt?
ERWIN Fragen stellst du! Verglichen mit heute ist Allerseelen ein heiterer Tag.

CHEF Also verhaften sie schon?
ERWIN Erfahrungsgemäß beansprucht das Aufsetzen der Listen einige Zeit.

2. Szene

Litthenner und Podulla kommen von draußen, atemlos.
PODULLA *provozierend* Material! Material für drei Stücke und eine Bearbeitung! Chef. Völlig haben Sie recht behalten. Ihre Theorie siegte: Wir können arbeiten, ändern, proben und dreimal verflucht gelassen sein.
LITTHENNER Chef, es hat Tote gegeben.
PODULLA Randerscheinungen! Beginnen wir doch mit der Sichtung des angefallenen Materials: lassen sich Panzer auf der Bühne verwenden? Was meinen Sie, Chef?
LITTHENNER Es waren sowjetische Panzer.
PODULLA *zynisch* Ja doch! Fragen wir uns: der Querschnitt eines sowjetischen Panzers – kann er Ort einer Szene sein? Oder gar eines zu schreibenden Stückes? *Fängt an, mit Stühlen einen Panzer zu markieren.*
LITTHENNER Sie haben unsere Arbeiter auseinandergetrieben.
ERWIN Ich meine, ihr solltet daran denken, daß wir heute noch dran sind.
LITTHENNER Liegen Beschlüsse vor?
ERWIN Man tagt noch.

3. Szene

Coctor, Varro, Brennus – nicht mehr im Kostüm – kommen von draußen.
COCTOR Chef! Alles war ganz anders. Sie sägten ihnen die Antennen ab. Ich hab Maurer gesehen, die spachtelten Gips in die Sehschlitze.
BRENNUS Und einer, ich bin Zeuge, hat seine Aktentasche gerollt und rein ins Auspuffrohr.
PODULLA Sag ich doch: zeigen wir Demontage eines Panzers auf offener Bühne! *Macht sich an seinen Stühlen zu schaffen.*
VARRO Mit Brechstangen und T-Trägern versuchten sie es.
BRENNUS Und jemand, wie gestochen, sprang zuerst vor ihm hin und her, dann rauf wie ein Affe und schrie und schrie; Vorsicht, Genossen, ich explodiere!

VARRO Der war ganz platt, nachdem die Kolonne drüber weg.
LITTHENNER Aber die Sowjets wußten gar nicht, warum sie und wohin sie.
PODULLA Panzerkommandant an Towarischtsch Panzerfahrer: Siehst du Panzer amerikanski?
LITTHENNER Sie kurvten unter den Linden und auf dem Alex.
PODULLA Panzerfahrer an Towarischtsch Kommandant: Sehe durch Sehschlitz nur fortschrittliche Arbeiter auf Fahrrädern. Suchen Panzer amerikanski, wie wir.
LITTHENNER Nimm dich zusammen.
PODULLA Kommandant an Towarischtsch Funker: Frage an General Dibrowa, Stadtkommandant, wo wir und was wir.
ERWIN *schreit* Hör auf!
PODULLA Panzerfunker an Kommandant: Keine Verbindung mit Towarischtsch General!
ERWIN *leise*
Ich sagte: hör auf! *Stille.*
Ich sah nur unsere Ohnmacht – und ich sah die Panzer.
BRENNUS Die Panzer kurvten wie verrückt.
LITTHENNER Ich sah die Panzer – und sah ihn.
PODULLA Mit bloßen Händen wollt ich irgendetwas tun.
LITTHENNER Er warf mit Steinen. Manche trafen.
PODULLA Das hat mir gut getan: das Steinewerfen. *Kosanke und Volumnia kommen.*

4. SZENE

KOSANKE Immer noch fleißig!? Neue, die Welt bewegende Theorien entwickelt? Na Chef? So stumm? Der Vorrat an Spott verbraucht? Und das Künstlervölkchen? Angstschweiß auf Schminke? – Hier, eure erste Kraft holte mich: Komm, Kosanke, komm! Es fehlt uns dein Rat. Wir sollten gemeinsam! – Dieser Thron ist wohl frei. – *Er setzt sich in den Regiesessel des Chefs. Volumnia tritt an den Chef heran. Erwin folgt.*
VOLUMNIA Du staunst, weil ich mir meine Finger schmutzig mache?
CHEF Dein Opfermut ist für die Katz.
VOLUMNIA Denk an dein Theater, die veränderte Lage stellt Forderungen an uns.
CHEF Laß den Plural. Wer gab dir den Auftrag, Bittgesuche zu stellen!

ERWIN Wir sollten den Eindruck vermeiden, irgendjemand in diesem Hause habe – und sei's für Minuten – geschwankt.
KOSANKE Hat sich die Sippschaft ausgesprochen?
VOLUMNIA Du solltest ihn zur Mitarbeit auffordern. Er hat Stücke geschrieben.
CHEF Meine List kennt Grenzen.
KOSANKE *der inzwischen die Plebejer und die Assistenten gemustert hat* Euch kenne ich. Den da, den und die beiden hat sich dies Auge notiert. Zwischen die Meute geklemmt. Stimmt's? Stimmt's? – Na also.
CHEF *erkennt die Situation, geht liebenswürdig auf Kosanke zu* Ich hörte von deinen Reden und ihrem Erfolg.
KOSANKE Ja. Ich habe gesprochen.
CHEF Wie? Einfach so? Das könnte ich nicht.
KOSANKE Zu wem auch? Nicht gemuckst haben sie. *Zu Plebejern und Assistenten* Habt ihr? Als ich vom Panzer herab!
CHEF Aber mit Mikrofon.
KOSANKE Ohne! Vom Panzer herab, ohne:
    Wahrlich, ihr Maurer!
    Gratis, wie um das Volk zu beschenken,
    hat euch gebräunt die sozialistische Sonne.
    Und habt euch dennoch gemein gemacht
    mit jenen windigen Bubis von drüben?
    Mit Strichjungen halbstark und ausgehalten?
PODULLA *scheinbar ernst* Mit Provokateuren, Faschisten, Agenten ...
KOSANKE
Mit Revanchisten und Reaktionären!
Aber es ließ euch die Vopo ziehen dahin
und krümmte ihn nicht, den Finger am Hahn.
Denn einen Tag nur, solange ein Bierrausch mag währen,
folgtet ihr einem Agenten, der sich als Zimmermann gab.
Sargmacher aber der Zimmermann war.
Doch wie man mit flacher Hand
von der Jacke klopft lästigen Staub,
fegte rein unsere Stadt die ruhmreiche Sowjetmacht.
CHEF *vor sich hin* Ja, es gab Tote, ich weiß.
KOSANKE Drum sag ich, zur Milde neigend:
Gut beraten ihr wart, nicht zu kämpfen mit Freunden.
Es kämpft nur, wer Ursache hat, ihr hattet Ursache nicht.
Und dürft jetzt, früh noch am Abend,

folgsamen Kindern gleich,
zu Bett gehn, eh Neune es schlägt.
Morgen jedoch, mit der Sonne, werdet in die Gerüste
ihr steigen müssen, freiwillig,
die Steine setzen, ihr Maurer,
stampfen Beton und mengen die Speis.
Freiwillig die Norm erfüllen,
bis abgetragen die Schuld und vergessen die Schmach.
Schweigen.
CHEF *klatscht kurz.* So kühn warst du, Kosanke? So mächtig der Worte und gleichnishaft hast du vom Panzer, wie Christus vom Weltgebäude herab, gedonnert?
KOSANKE Dein Beifall bekundet, daß auch du deinen Namen unter diese Listen setzen wirst. Soll ich aufzählen, wer neben mir seine Verbundenheit mit der Sozialistischen Einheitspartei bekräftigt hat?
CHEF Sie sind mir geläufig, die großen Namen. Oft genug sah ich sie auf dem Papier vereint, wenn es galt, Ergebenheit zu bezeugen.
KOSANKE Um so leichter wird es dir fallen, auch deinen, den größten Namen herzugeben. *Er reicht dem Chef das Blatt. Der Chef nimmt es, ohne es anzusehen. Es entsteht eine Pause.*
VOLUMNIA *blickt Erwin an, geht auf den Chef zu* Man wird uns das neue Haus streichen. Seit Monaten arbeiten wir auf die versprochene Drehbühne hin. Und du benimmst dich, als gelte es, eine Privatfehde auszutragen. *Der Chef reagiert nicht.* Wir bestehen darauf, daß du dich von den konterrevolutionären Umtrieben distanzierst und der Regierung Glückwünsche, jawohl: Glückwünsche ausspricht, anläßlich des Sieges über Putschisten und Provokateure. – Soll ich zuerst? *Der Chef gibt das Blatt Kosanke zurück.* Mann, denke an uns, also an dein Theater.
CHEF Wie heißt das Viech? Wie heißt das Viech? Ändert die Farbe aus Wunsch? Chamäleon. Chamäleon! – Nein. Wieviele Wandlungen traust du mir zu?! Zuerst sollte ich euch den Helden mimen; als es sich mir verbot, auf die Straße zu gehen, hielt man mich für eine treffliche Coriolan-Besetzung. Und wie jener den Aufidius, soll ich jetzt Kosanke umarmen. Man bietet mir Rollen an. Allzu leicht spielbare. – Da! Laßt ihn unterschreiben. *Schüttelt die Coriolan-Puppe. Er rührt sich.*
KOSANKE Spar deinen Geist. Zur Unterschrift, bitte!
CHEF Selbst wenn ich Handschuhe zu Hilfe nähme, die Finger würden im Streik verharren.

KOSANKE Die Initialen genügen. – Fällt das so schwer?
CHEF *Wort für Wort Kosanke ins Gesicht* Als die Maurer vom Sieg plapperten, waren sie mir lächerlich. Erst ihre Niederlage überzeugte mich …
VOLUMNIA Halt klaren Kopf!
KOSANKE *herausfordernd* Wovon?
CHEF … daß wir, zum Beispiel, den Shakespeare nicht ändern können, solange wir uns nicht ändern.
LITTHENNER Soll das heißen, wir lassen den Coriolan fallen?
CHEF Er ließ uns. Von oben herab. Von nun an stehen wir uns im Wege. Wo eben noch fester Boden, grinsen sich schnell vermehrende Risse. Vor Stunden noch war ich reich an Schimpfworten, jetzt fehlt mir eines, das seine, deine und meine Kopfgröße hätte. – Und wir wollten ihn abtragen, den Koloß Coriolan! Wir, selber kolossal und des Abbruchs würdig. *Zu den Plebejern* Ich danke euch. *Die Plebejer gehen ab. Zu Litthenner und Podulla* Archiviert die Regiebücher. Einmotten soll man Plebejerlumpen. Roms Kulissen ins Arsenal. – Und auch dich, Kosanke, will diese Bühne nicht länger ertragen. *Der Chef geht zum Regietisch, setzt sich. Betont korrekt setzt er die Brille auf, rückt das Schreibpapier zurecht, beginnt zu schreiben.*

PETER HANDKE
Publikumsbeschimpfung

Dieses Stück ist eine Vorrede. Es ist nicht die Vorrede zu einem andern Stück, sondern die Vorrede zu dem, was Sie getan haben, was Sie tun und was Sie tun werden. Sie sind das Thema. Dieses Stück ist die Vorrede zum Thema. Es ist die Vorrede zu Ihren Sitten und Gebräuchen. Es ist die Vorrede zu Ihren Handlungen. Es ist die Vorrede zu Ihrer Tatenlosigkeit. Es ist die Vorrede zu Ihrem Liegen, zu Ihrem Sitzen, zu Ihrem Stehen, zu Ihrem Gehen. Es ist die Vorrede zu den Spielen und zum Ernst Ihres Lebens. Es ist auch die Vorrede zu Ihren künftigen Theaterbesuchen. Es ist auch die Vorrede zu allen anderen Vorreden. Dieses Stück ist Welttheater.

Sie werden sich bald bewegen. Sie werden Vorkehrungen treffen. Sie werden Vorkehrungen treffen, Beifall zu klatschen. Sie werden Vorkehrungen treffen, nicht Beifall zu klatschen. Wenn Sie Vorkehrungen zum ersten treffen, werden Sie eine Hand auf die andere schlagen, das heißt, Sie werden die eine Innenfläche auf die andere

Innenfläche schlagen und diese Schläge in rascher Abfolge wiederholen. Sie werden dabei Ihren klatschenden oder nicht klatschenden Händen zuschauen können. Sie werden die Laute Ihres Klatschens hören und die Laute des Klatschens neben sich und Sie werden neben und vor sich die im Klatschen auf und ab hüpfenden Hände sehen oder Sie werden das erwartete Klatschen nicht hören und die auf und ab hüpfenden Hände nicht sehen. Sie werden dafür vielleicht andere Laute hören und selber andere Laute erzeugen. Sie werden Anstalten treffen aufzustehen. Sie werden die Sitzflächen hinter sich aufklappen hören. Sie werden unsere Verbeugungen sehen. Sie werden den Vorhang zugehen sehen. Sie werden die Geräusche des Vorhangs bei diesem Vorgang benennen können. Sie werden Ihre Programme einstecken. Sie werden Blicke austauschen. Sie werden Worte wechseln. Sie werden sich in Bewegung setzen. Sie werden Bemerkungen machen und Bemerkungen hören. Sie werden Bemerkungen verschweigen. Sie werden vielsagend lächeln. Sie werden nichtssagend lächeln. Sie werden geordnet in die Vorräume drängen. Sie werden die Hinterlegungsscheine für Ihre Garderobe vorweisen. Sie werden herumstehen. Sie werden sich in Spiegeln sehen. Sie werden einander in Mäntel helfen. Sie werden einander Türen aufhalten. Sie werden sich verabschieden. Sie werden begleiten. Sie werden begleitet werden. Sie werden ins Freie treten. Sie werden in den Alltag zurückkehren. Sie werden in verschiedene Richtungen gehen. Wenn Sie zusammenbleiben, werden Sie eine Theatergesellschaft bilden. Sie werden Gaststätten aufsuchen. Sie werden an den morgigen Tag denken. Sie werden allmählich in die Wirklichkeit zurückfinden. Sie werden die Wirklichkeit wieder rauh nennen können. Sie werden ernüchtert werden. Sie werden wieder ein Eigenleben führen. Sie werden keine Einheit mehr sein. Sie werden von *einem* Ort zu verschiedenen Orten gehen.

Zuvor aber werden Sie noch beschimpft werden.

Sie werden beschimpft werden, weil auch das Beschimpfen eine Art ist, mit Ihnen zu reden. Indem wir beschimpfen, können wir unmittelbar werden. Wir können einen Funken überspringen lassen. Wir können den Spielraum zerstören. Wir können eine Wand niederreißen. Wir können Sie beachten.

Dadurch, daß wir Sie beschimpfen, werden Sie uns nicht mehr zuhören, Sie werden uns *an*hören. Der Abstand zwischen uns wird nicht mehr unendlich sein. Dadurch, daß Sie beschimpft werden, wird Ihre Bewegungslosigkeit und Erstarrung endlich am Platz erscheinen. Wir werden aber nicht Sie beschimpfen, wir werden nun Schimpfwörter gebrauchen, die Sie gebrauchen. Wir werden uns in den Schimpfwörtern widersprechen. Wir werden niemanden meinen. Wir werden nur ein Klangbild bilden. Sie brauchen sich nicht betroffen zu fühlen. Weil Sie im voraus gewarnt sind, können Sie bei der Beschimpfung auch abgeklärt sein. Weil schon das Duwort eine Beschimpfung darstellt, werden wir von du zu du sprechen können. Ihr seid das Thema unserer Beschimpfung. Ihr werdet uns anhören, ihr Glotzaugen.

Ihr habt das Unmögliche möglich werden lassen. Ihr seid die Helden dieses Stücks gewesen. Eure Gesten sind sparsam gewesen. Ihr habt eure Figuren plastisch gemacht. Ihr habt unvergeßliche Szenen geliefert. Ihr habt die Figuren nicht gespielt, ihr seid sie *gewesen*. Ihr wart ein Ereignis. Ihr wart die Entdeckung des Abends. Ihr habt eure Rolle *gelebt*. Ihr hattet den Löwenanteil am Erfolg. Ihr habt das Stück gerettet. Ihr wart sehenswert. Euch muß man gesehen haben, ihr Rotzlecker.

Ihr seid immer dagewesen. Bei dem Stück hat auch euer redliches Bemühen nichts geholfen. Ihr wart nur Stichwortbringer. Bei euch ist das Größte durch Weglassen entstanden. Durch Schweigen habt ihr alles gesagt, ihr Gernegroße.

Ihr wart Vollblutschauspieler. Ihr begannet verheißungsvoll. Ihr wart lebensecht. Ihr wart wirklichkeitsnah. Ihr zoget alles in euren Bann. Ihr spieltet alles an die Wand. Ihr zeugtet von hoher Spielkultur, ihr Gauner, ihr Schrumpfgermanen, ihr Ohrfeigengesichter.

Kein falscher Ton kam von euren Lippen. Ihr beherrschtet jederzeit die Szene. Euer Spiel war von seltenem Adel. Eure Antlitze waren von seltenem Liebreiz. Ihr wart eine Bombenbesetzung. Ihr wart die Idealbesetzung. Ihr wart unnachahmlich. Eure Gesichter waren unvergeßlich. Eure Komik war zwerchfellerschütternd. Eure Tragik war von antiker Größe. Ihr habt aus dem vollen geschöpft, ihr Miesmacher, ihr Nichtsnutze, ihr willenlosen Werkzeuge, ihr Auswürfe der Gesellschaft.

Ihr wart wie aus einem Guß. Ihr hattet heute einen guten Tag. Ihr wart wunderbar aufeinander eingespielt. Ihr wart dem Leben abgelauscht, ihr Tröpfe, ihr Flegel, ihr Atheisten, ihr Liederjahne, ihr Strauchritter, ihr Saujuden.

Ihr habt uns ganz neue Perspektiven gezeigt. Ihr seid mit diesem Stück gut beraten gewesen. Ihr seid über euch hinausgewachsen. Ihr habt euch freigespielt. Ihr wart verinnerlicht, ihr Massenmenschen, ihr Totengräber der abendländischen Kultur, ihr Asozialen, ihr übertünchten Gräber, ihr Teufelsbrut, ihr Natterngezücht, ihr Genickschußspezialisten.

Ihr wart unbezahlbar. Ihr wart ein Orkan. Ihr habt uns den Schauder über den Rücken gejagt. Ihr habt alles weggefegt, ihr KZ-Banditen, ihr Strolche, ihr Stiernacken, ihr Kriegstreiber, ihr Untermenschen, ihr roten Horden, ihr Bestien in Menschengestalt, ihr Nazischweine.

Ihr wart die richtigen. Ihr wart atemberaubend. Ihr habt unsere Erwartungen nicht enttäuscht. Ihr wart die geborenen Schauspieler. Euch steckte die Freude am Spielen im Blut, ihr Schlächter, ihr Tollhäusler, ihr Mitläufer, ihr ewig Gestrigen, ihr Herdentiere, ihr Laffen, ihr Miststücke, ihr Volksfremden, ihr Gesinnungslumpen.

Ihr habt eine gute Atemtechnik bewiesen, ihr Maulhelden, ihr Hurrapatrioten, ihr jüdischen Großkapitalisten, ihr Fratzen, ihr Kasperl, ihr Proleten, ihr Milchgesichter, ihr Heckenschützen, ihr Versager, ihr Katzbuckler, ihr Leisetreter, ihr Nullen, ihr Dutzendwaren, ihr Tausendfüßler, ihr Überzähligen, ihr lebensunwerten Leben, ihr Geschmeiß, ihr Schießbudenfiguren, ihr indiskutablen Elemente.

Ihr seid profilierte Darsteller, ihr Maulaffenfeilhalter, ihr vaterlandslosen Gesellen, ihr Revoluzzer, ihr Rückständler, ihr Beschmutzer des eigenen Nests, ihr inneren Emigranten, ihr Defätisten, ihr Revisionisten, ihr Revanchisten, ihr Militaristen, ihr Pazifisten, ihr Faschisten, ihr Intellektualisten, ihr Nihilisten, ihr Individualisten, ihr Kollektivisten, ihr politisch Unmündigen, ihr Quertreiber, ihr Effekthascher, ihr Antidemokraten, ihr Selbstbezichtiger, ihr Applausbettler, ihr vorsintflutlichen Ungeheuer, ihr Claqueure, ihr Cliquenbildner, ihr Pöbel, ihr Schweinefraß, ihr Knicker, ihr Hungerleider, ihr Griesgräme, ihr Schleimscheißer, ihr geistiges Proletariat, ihr Protze, ihr Niemande, ihr Dingsda.

O ihr Krebskranken, o ihr Tbc-Spucker, o ihr multiplen Sklerotiker, o ihr Syphilitiker, o ihr Herzkranken, o ihr Lebergeschwellten, o ihr Wassersüchtigen, o ihr Schlagflußanfälligen, o ihr Todesursachenträger, o ihr Selbstmordkandidaten, o ihr potentiellen Friedenstoten, o ihr potentiellen Kriegstoten, o ihr potentiellen Unfallstoten, o ihr potentiellen Toten.

Ihr Kabinettstücke. Ihr Charakterdarsteller. Ihr Menschendarsteller. Ihr Welttheatraliker. Ihr Stillen im Land. Ihr Gottespülcher. Ihr Ewigkeitsfans. Ihr Gottesleugner. Ihr Volksausgaben. Ihr Abziehbilder. Ihr Meilensteine in der Geschichte des Theaters. Ihr schleichende Pest. Ihr unsterblichen Seelen. Ihr, die ihr nicht von dieser Welt seid. Ihr Weltoffenen. Ihr positiven Helden. Ihr Schwangerschaftsunterbrecher. Ihr negativen Helden. Ihr Helden des Alltags. Ihr Leuchten der Wissenschaft. Ihr vertrottelten Adeligen. Ihr verrottetes Bürgertum. Ihr gebildeten Klassen. Ihr Menschen unserer Zeit. Ihr Rufer in der Wüste. Ihr Heiligen der letzten Tage. Ihr Kinder dieser Welt. Ihr Jammergestalten. Ihr historischen Augenblicke. Ihr weltlichen und geistlichen Würdenträger. Ihr Habenichtse. Ihr Oberhäupter. Ihr Unternehmer. Ihr Eminenzen. Ihr Exzellenzen. Du Heiligkeit. Ihr Durchlauchten. Ihr Erlauchten. Ihr gekrönten Häupter. Ihr Krämerseelen. Ihr Ja-und-Nein-Sager. Ihr Neinsager. Ihr Baumeister der Zukunft. Ihr Garanten für eine bessere Welt. Ihr Unterweltler. Ihr Nimmersatt. Ihr Siebengescheiten. Ihr Neunmalklugen. Ihr Lebensbejaher. Ihr Damen und Herren ihr, ihr Persönlichkeiten des öffentlichen und kulturellen Lebens ihr, ihr Anwesenden ihr, ihr Brüder und Schwestern ihr, ihr Genossen ihr, ihr werten Zuhörer ihr, ihr Mitmenschen ihr.

Sie waren hier willkommen. Wir danken Ihnen. Gute Nacht.

Sofort fällt der Vorhang. Er bleibt jedoch nicht geschlossen, sondern geht ungeachtet des Verhaltens des Publikums sofort wieder auf. Die Sprecher stehen und blicken, ohne jemanden anzuschauen, ins Publikum. Durch Lautsprecher wird dem Publikum tosender Beifall geklatscht und wild gepfiffen; dazu könnten vielleicht Publikumsreaktionen auf ein Beatbandkonzert durch die Lautsprecher abgespielt werden. Das ohrenbetäubende Heulen und Johlen dauert an, bis das Publikum geht. Dann erst fällt endgültig der Vorhang.

FRIEDERIKE MAYRÖCKER
Himmelfahrten süsze soledades

.. »mit sanftesten Spektakeln vereint
   verschwistert bäuerlicher Rundgang (Hort; Wald-Hände)
     Vers im Wald
       Hündchen Schneise und enger Kreis
         kühles Ostermoos
           Treibjagd im wilden
             weitesten Geschlechts
               meiner Dämmerung Docht
                 Schritt vor Schritt
                   übereinander geschichtet wie Seelen:
                 Nachwinter auf Sommer
                 gelbes Gehölz
                 Tanzpaare
                 Lichtung
                   Fahnen-Hände
                     blosze Erde Schatten
                     Ahnung
                     Weidung
                       Frei-Gesang
                       leise
                         hirten-still
                         mit
                           einem
                           Stück
                            weisz
                            ..
                            .

Wegstück Gefährte Einebnung spitzer Wünsche (Blume; Rand der
                                         Erde; süszer Himmel)
   Gabelung ins neue (rosa grün weisz gelb)
     gedrängter Ton
       maszlos und musikalisch
         Verschrottung Vermischung Verschwendung
           lila Laub früh
             salzige Frauen (Jungfrauen)
               Marginalien Frühlings
                 kätzchen-gläubig strittig
                   (schon wittert mich Rabelais!)

.. Küsse wolkenreich schöner Schwärmer behutsamer Sonnen-Blick
 blau: für kosmische Stimmen und eine Fackel
  für zärtliche Zehntel-Jahre
   verschneite Liebe Osnabrück
    Horizonte regnend punktiert
     was was – sind es ebene Umrisse
      versetzt verbannt verwischt
       ein brennender Pommer
        bitteres Lagerfeuer
         linkswendig winters
          in einer Mulde:
          (Hand)

endest säumig; sendest sendest aus zimtig
 vorzeitig saatweise
  schimmernde Berührung endgültig:
   Flucht-Ort beherzt
    wellig schwanenbleich weinend

(riesenhafte Luft; schwarz; Flügel; Feuer; Planimetrien;
                                                Blondheiten):

            soledades süsze Himmelfahrt ....
             ....«

ERNST JANDL

pi
 ano
 anino
 anissimo

pi
pi

o
 nano
 nanino
 nanissimo

o
pi

falamaleikum
falamaleitum
falnamaleutum
fallnamalsoooviellleutum
wennabereinmalderkrieglanggenugausist
sindallewiederda.
oderfehlteiner?

zweierlei handzeichen

ich bekreuzige mich
vor jeder kirche
ich bezwetschkige mich
vor jedem obstgarten

wie ich ersteres tue
weiß jeder katholik
wie ich letzteres tue
ich allein

lichtung

manche meinen
lechts und rinks
kann man nicht
velwechsern.
werch ein illtum!

REINHARD PRIESSNITZ
p.a.ß.

meinermirmich wo doch
meinermirmich wo doch
der stein fällt hier oder heute wo doch
dein kleid & dein haar & dein haar wo
doch schwarz oder weiß oder nicht oder im
mer wo das wasser am weg das du läßt

& das schiff & das schiffen wo
soweit das weite sich weitet
das auge wo doch die hand & die hand
& links oder rechts wo doch der
abend hereinbricht wodoch wenig &
viel viel vielmehr als das mehrals wo doch viel
mehr als der stein fällt hier oder heute doch
wo wo doch morgen der oder der oder der oder
du du aber du aber du oder einer von deinervon
weile zu weile du aber von wo & wo von
du deinerdirdichdeinerdirch
unsoweiter erseinerihmihn doch
wo weiter & so oder so oder dann
hier nicht & ihr nicht & wasser am
schiffenden schiff linker hand rechts
esseinerihmes so weit & weit & so weit
soweit & soweiter & & & der oder du wir
euerihrsie & weiter nicht oder nicht oder so wo
doch dein haar oder schwarz oder weiß
& weiß & weiß aber nicht mich wo doch
der & der & der oder der & meiner ja
woll & die & die oder du
oder nicht von wo & von dir
& wovon jawoll & von
wo & wo & wo & wo
von wo & von
wo

Günter Eich
Halb

Zwischen Kohlblättern
wächst die feierliche
Mohnstunde,
eine sandige Liebe,
die auswandert.
Geh! Auf den Regalen
gärt das Eingemachte,
wir können

Spinnweben pflücken
den Kanal entlang
und eine Tasche voll Sand
ungesehen wegtragen
aus der Baustelle,
wir könnten, wenn
die Zäune nicht wären,
querfeldein gehn bis
Amsterdam.

Aber
eine Schnecke geb ich dir mit,
die hält für lange.

Inge Müller
Das Gesicht

Die das gestürzte Pferd beweinten
Sah ich treten und spucken auf Menschenleiber
Tränenlos
Kopflos
Höhnten sie den Zug der Gefangenen
Ihr tieferes Gefängnis trugen sie wie die Schnecke
Ihr Kalkhaus
Sie suchten nicht heraus
Sie ertrugen es
Weinten um ein Pferd
Das ihre Tränen nicht brauchte zum Aufstehn
Und traten
Sich selber ins Gesicht.
Ich schlief nicht diese Nacht
Und fragte immer wieder wer
Macht unser Gesicht
Wer hat es gemacht?
An Gott glaubte ich schon nicht mehr.
Vorm Fenster der Baum von Blüten schwer
Sah weiß aus in der Nacht
Weiß und wirklich
Am Morgen lag daneben ein Mann mit Gewehr

Der sagte, als ich ihn verband:
Keine Worte mehr. (Und gab mir die Hand.)
Was jetzt wird ist interessant
Und da leb ich nicht mehr.

WALTER HELMUT FRITZ
Windungen der Dunkelheit

Windungen der Dunkelheit,
in denen der Zug
seine Fahrt verlangsamt.

Von der übermütigen Wärme
dieses Abends
ist dein Handgelenk.

Dein Lachen
(du öffnest das Fenster)
macht die Erde bewohnbar.

In der Ferne
zeigt sich die Stadt
– plötzliche Rivalität –
wie die Kette, die du trägst.

GÜNTER HERBURGER
Wenn ich im Wasser der Flüsse lag

Wenn ich im Wasser der Flüsse lag
und keuchend durch die Wirbel stieß
ahnte ich die Schönheit ihrer Glieder
als sie sich auszog unter den Zweigen
schüchtern vom Laub gefleckt
wie sie das Knie aus dem Rock hielt
und wechselnd die Arme hob
dieses magere Kind das sich schämt unterm Himmel
ich muß trainieren

muß jeden Fluß prüfen an dem ich entlangfahre
denn leuchten soll meine Haut im Schaum
zwischen den Wällen der Weiden
jetzt schwimmt sie vor mir
endlich darf ich die Anstrengung sehen
wie sie im Wasser schnellt
und wie sie auch später sich biegen wird
auf der riesigen Wiese hinter dem Wald
wo wir allein sind
ich und mein knochiges Lamm im Gras
ein Wunder für den der noch Mut hat

Nicolas Born
Liebesgedicht

Du bist nicht mehr hier,
du liebst inzwischen anderswo.
Nach mehreren Bluttransfusionen
hast du mich vergessen,
zugunsten einer Neuerung,
die du Einziger nennst.
Doch einmal muß er für ein paar Tage fort
und ich bin wieder bei dir.
Wir essen Äpfel und
küssen uns unter Apfelbäumen.

Jeder sieht uns die Liebe an.
Wir haben Schlafgelegenheiten
und bewundern unser Gefühl.
Es ist nicht nur Spaß, es ist
eigentlich Liebe. Solange
wir uns erkennen, ist
das Wetter in deiner Wohnung schön.

Wir krönen diese Tage mit Leistungen,
denken nicht daran, daß wir leben werden
mit Büchern und Leuten.

Karl Krolow
Vergänglich

Die begabte Jahreszeit
fällt mit Schnee und Birnen
durch Luftschlösser
zwischen Januar und Januar.

Ich verstecke Stunden
hinter Sätzen.

Vergängliches Warten
auf Krebs und Schüsse.

Ein verdutzter Mund
schweigt vor Gewißheit.

Freundlich schneidet
ein Messer ins Fleisch.

Eine Person verliert sich
in einer anderen, ohne
ihren Namen zu nennen –
anonyme Poesie.

Geräuschloses Sterben
von Empfindungen.

Ruhig kann man
den Schrecken besehen
in den offenen Augen
von Toten.

Marie Luise Kaschnitz
Ein Tamburin, ein Pferd

Ein Haus am Waldrand, eine Art Villa, nicht großartig und auch nicht ärmlich, ein Stockwerk und ein paar Mansardenzimmer, mit schiefen Wänden, in einem der Mansardenzimmerchen schläft das Kind, und ein Hampelmann hängt über seinem Bett. Er hängt frei, hat ein Schnürchen zwischen den Beinen, an dem zieht das Kind vor dem Schlafen, ein wenig Licht fällt da noch ins Zimmer, und der Hampelmann zieht die Beine in den geringelten Höschen, so hoch er kann. Das Kind ist elf Jahre alt, eine zufriedene Waise, die gern in die Schule geht, gern der Pflegemutter im Hause hilft, gern mit dem Pflegevater an der Strecke entlang geht, wo der alte Eisenbahner jede Minute Verspätung registriert. Die meiste Zeit ist Krieg, Truppentransporte und Gefangenentransporte rollen durch das Birkenwäldchen und, auf einem niederen Damm, durch das Moor. So nah der Grenze liegt das Städtchen nicht, daß die Einwohner evakuiert werden, es wird dort auch nicht geschossen, nur eines Tages kommen die fremden Soldaten und quartieren sich überall ein.

Schon ein paar Tage vorher hat das Kind die Pflegeeltern aufgeregt flüstern hören: Wir sind alt, und das Kind ist ein Kind, wir geben ihnen alles, was wir haben, es kann uns nichts geschehen. Das Kind weiß nicht, was ihm geschehen soll, Soldaten haben zu essen und geben zu essen, einer hat ihm sogar einmal Schokolade geschenkt. Als eines Nachts das Gepolter an der Tür unten losgeht, erschrickt das Kind, aber nicht allzusehr. Zieh dich an, ruft der Pflegevater, und gleich darauf, wir kommen, ja wir kommen, und schon hört man auf der Treppe seinen leichten Schritt. Ein paar Minuten später stehen alle im Hausflur, die Pflegeeltern, das Kind und die fremden Soldaten, die, wie sich herausstellt, gar kein Quartier verlangen und auch nicht plündern wollen, sondern jemanden suchen, der sich, wie sie meinen, hier verborgen hält. Aber das Kind weiß genau, es ist niemand im Hause, und wie die Pflegeeltern den Kopf schütteln, schüttelt auch das Kind den Kopf. Die Soldaten machen böse Gesichter, einer packt den Pflegevater bei der Schulter und dreht ihn um, er stößt ihm seinen Revolver in den Rücken und zwingt ihn, vor ihm her durch alle Zimmer zu gehen, auch in die Küche und in die Speisekammer, schließlich steigen sie auch die Treppe hinauf. Neben dem Zimmer des Kindes liegt noch ein anderes, ebenso kleines, mit ebenso schiefen Wänden, das einmal als Fremdenzimmer gedient hat, aber jetzt kommt schon lange kein Besuch mehr, dann als Vorratskammer, aber es gibt nichts mehr aufzuheben, nur Gerümpel steht da noch herum. Die Pflegemutter hat den Schlüssel vor kurzem einmal abgezogen: Tu ihn ins Tamburin, Kind, und das Kind, das den Schlüssel zunächst in sein Schürzentäschchen gesteckt hat, glaubt, daß es das auch wirklich getan hat, denn in dem kleinen, runden Kalbfell mit seinem hohen, von Glöckchen besetzten Rahmen, dem Zigeunerinstrument aus der Kostümkiste, werden bei den Pflegeeltern die Schlüssel verwahrt.

Vor der Kammer stehen sie jetzt wieder, in der Nacht, dort soll der Gesuchte sich verbergen, die Soldaten rütteln an der Türklinke und die Pflegemutter schickt das Kind nach dem Tamburin, das im Geschirrschrank in der Küche seinen bestimmten Platz hat und dort auch gleich zu finden ist. Das Kind trägt das Ding, so schnell es kann, die Treppe herauf, es hat das Gefühl, daß das vertraute Klappern und Klingeln heute nicht am Platze sei, und darum wickelt es seine Schürze um die Glöckchen und hält die tanzenden Schlüssel fest. Überall brennt das elektrische Licht, aber vor dem Treppenfenster liegen Gärten, Wiese und Waldrand in gespenstischer Dämmerung, und erst jetzt spürt das Kind ein Unbehagen, eine leise Angst, es könne das alles schlecht ausgehen und niemals wieder so werden wie es früher war. Der Pflegevater nimmt dem Kind das Tamburin ab, seine Hände zittern so sehr, daß die Schlüssel auf dem Kalbfell einen kleinen Trommelwirbel ausführen, ein Geräusch, das die Soldaten in Wut und Schrecken versetzt. Jetzt haben plötzlich alle vier ihre Revolver in der Hand, und alle sprechen durcheinander, in einer Sprache, die das Kind nicht versteht. Endlich schreit der einzige, der etwas Deutsch kann: Aufmachen, da hat der Pflegevater schon ins Tamburin gegriffen und einen Schlüssel herausgezogen, aber es ist der richtige nicht. Auch der zweite, den er den Soldaten hinhält, paßt nicht ins Schloß der Kammer, auch der dritte nicht und der vierte nicht. Er mußt aber doch da sein, sagt die Pflegemutter ein paarmal hintereinander und fängt schon zu weinen an. Sie hat vergessen, daß sie dem Kind den Schlüssel zum Verwahren gegeben hat, und auch das Kind hat es vergessen, es fällt ihm erst viel später wieder ein. Den Soldaten ist anzumerken, daß sie die ganze umständliche Sucherei für eine List halten, zornig wühlen sie jetzt selbst im Tamburin, in dem sich fast nur noch ganz kleine Schlüssel, wie für Koffer oder Vorhängeschlösser, befinden. Und dann hört das Kind, das am Boden hockt, um die von den Soldaten zornig weggeworfenen Schlüssel aufzulesen, es zweimal scharf knallen, und meint, daß jemand von draußen, aus der unheimlich veränderten Alltagslandschaft, in die Fenster schießt. Es fällt etwas schwer zu ihm herunter, ein Körper, der zwischen den Beinen der Soldaten verkrümmt steckenbleibt, und ein Kopf, der tiefer rutscht und gerade neben seine Hand zu liegen kommt. Es dauert eine Weile, bis das Kind das Lüsterjäckchen und die rosige, von weißen Löckchen umgebene Glatze des Pflegevaters erkennt. Die Mutter ist aufs Gesicht gestürzt, ihr gebrechlicher Körper wird von den Männern beiseite geschoben, und das Kind, das niemand beachtet, rutscht auf dem Bauch die Treppe hinab. Wie es aus dem Haus gekommen ist, weiß es später nicht mehr zu sagen, nur daß sich in seiner Erinnerung drei Dinge verbinden, das eisige Fegen des hohen nassen Grases an seinen Waden, die schweren Schläge, mit denen oben die Soldaten die Tür der Kammer aufbrechen, und das Klingeln des Tamburins, das das Kind jetzt wieder in der Hand hält, ohne zu wissen wieso und warum. Es ist inzwischen noch kaum heller geworden, und im Wald ist es noch dunkler als draußen, zu dunkel in jedem Fall für ein so kleines Mädchen, das von etwas fortstrebt, aber nicht weiß wohin. Sich zu verstecken wäre gut, aber das Kind bleibt doch lieber auf dem breiten weißen Sandweg, läuft und läuft ohne Besinnung und ohne sich recht klarzumachen, was geschehen ist. Nichts von Trauer über den Tod der doch geliebten Pflegeeltern, kein Gefühl von Allein-auf-der-Welt. Nur kalt, kalt, und war da nicht einmal eine Holzfällerhütte, und war da nicht einmal ein Holzstoß, hinter dem man hätte Schutz suchen können vor dem eisigen Wind. Kein Holzstoß ist da, keine Hütte, aber hinter einer Wegbiegung ein Chaisenwägelchen mit einem Pferd und keinem Kutscher, das Pferd ist halb abgeschirrt, läßt den Kopf trübsinnig hängen und döst vor sich hin. Das Kind überlegt nicht lang, es sieht das dicke Spritzleder zurückgeschlagen, es klettert in das Wägelchen und rutscht ganz hinunter und zieht sich die schwarze glänzende Decke über den Kopf. Von dem Augenblick an ist alles gut, das wilde Rauschen der Fichtenwipfel ein Schlaflied; der blutrote Streifen zwischen den Stämmen ein freundliches Licht. Kaum, daß es im Wagen hockt, schläft das Kind schon ein und hat angenehme Träume, Schaukelträume, auf einer Schaukel, deren Seile weiß Gott wo befestigt sind, fliegt es über dem maigrünen Birkenwäldchen hin. Plötzlich dann wird die Schaukel angehalten, jemand reißt an den Seilen, es wird wieder dunkel, und eine Schnauze fährt dem Kind ins Gesicht. Es reißt erschrocken die Augen auf, aber dadurch wird nichts besser, die Schnauze ist ein Pferdemaul, aber kein weiches, rundes, wie es der Schecke vom Löwenhirt hat, sondern eines mit langen gelben Zähnen, und wilde, glühende Augen stehen dem Pferd ganz außen am Kopf. Das Kind weiß nicht mehr, wie es unter die schwarze Wachstuchdecke gekommen ist, und der Gedanke, daß das halb abgeschirrte Tier sich umgedreht hat, um bei ihm Schutz und Wärme zu finden, kommt ihm nicht.

Weil es unter den noch immer nachtschwarzen Bäumen mit dem Pferd allein ist, wird ihm dieses einzige Lebewesen zum Schrecken aller Schrecken. Sein Anblick ist schlimmer als der Anblick der toten

Pflegeeltern, eine viel ältere Erfahrung und darum ganz anders schlimm. Das Kind schlüpft an dem Pferdekopf vorbei und springt aus dem Wagen, es läuft weg, wieder barfuß auf den naßkalten Feldwegen, das Tamburin hat es zurückgelassen, jetzt hat wohl das Pferd mit dem Maul gegen die kleine Trommel gestoßen, was anders hätte im Wald so dumpf und merkwürdig tönen können, aber vielleicht ist es auch der Herzschlag des Kindes, das rennt und rennt und dem jeder Atemzug rauh und schmerzhaft durch die Kehle fährt. Endlich fällt es hin und schreit, weil es jetzt hinter sich auch den Hufschlag des Pferdes und das Räderrollen des Wägelchens vernimmt. Aber nichts kommt, kein Wagen, kein Pferd, dagegen ist hinter den Bäumen die Sonne aufgegangen, und nach einer Weile ruft jemand das Kind, eine Frau aus dem Ort. Die Frau ist zum Reisigsammeln unterwegs, sie weiß schon alles und nimmt das Kind mit sich nach Hause; später ist es in ein Waisenhaus gekommen. Es hat niemals nach seinen Pflegeeltern gefragt, obwohl diese doch gut zu ihm gewesen sind und es sie gern gehabt hat. Um das Haus, in dem es gewohnt hat, hat es immer einen großen Bogen gemacht. Je mehr Zeit vergeht, um so sicherer ist es, daß es den Schlüssel, den ihm die Pflegemutter in die Hand gegeben hat, nicht in das Tamburin gelegt, sondern irgendwo verloren hat und daß es dadurch eigentlich schuld an dem Tode seiner Pflegeeltern war. Es hat darüber aber keine Gewissensbisse empfunden. Durch alles, was ihm später, das heißt, ehe die guten Zeiten gekommen sind, noch zugestoßen ist, ist es mit einer Art von kaltem Mut hindurchgegangen, wie jemand, der schon bei den Toten war und der durch ein Wunder wieder auf die Erde zurückgekehrt ist. Es hat später geheiratet und selbst Kinder bekommen, es führt jetzt ein Leben, wie alle es führen, mit den Sorgen und Freuden, wie alle sie haben. Vor Pferden allerdings empfindet diese junge Frau ein ganz unmäßiges Grauen, und ich möchte das Entsetzen in ihren Augen nicht sehen, wenn sie einmal, was aber kaum zu erwarten ist, die Glöckchen eines Tamburins hört.

Gabriele Wohmann
Ich Sperber

»Wie heißt du«, fragt die Lehrerin den letzten in der Fensterbankreihe. Sie spürt wieder stärker das Lauern in der Klasse. Sie geht durch den schmalen Gang, stellt sich vor die letzte Bank. »Wie heißt du. Ich habe dich was gefragt, hast du verstanden?«

»Sperber«, sagt das Kind, ohne den Blick vom Fenster weg auf die Lehrerin zu richten.

Die Klasse raunt, das Lauern löst sich, Schuhsohlen scharren, die Hosenböden werden übers Holz gewetzt.

»Und mit Vornamen?«

»Sperber.«

Das Kind in der letzten Bank blickt nicht unfreundlich auf die Lehrerin, wendet sich wieder zum Fenster. Von den fast schon laublosen, fadendünnen Birkenzweigen hüpfen Spatzen und Nonnenmeisen auf die Fensterbrüstung, der gefräßige Kernbeißer läßt sich nicht von ihnen vertreiben.

»Du mußt doch einen Vornamen haben.« Die Lehrerin starrt das Kind an. Sie hat den Eindruck, als balle sich hinter ihrem Rücken, den sie steif und warm spürt, die Kraft der Klasse. Sie beugt sich zu dem Kind hinunter: »Ganz gewiß hast du einen Vornamen, einen richtig netten hübschen Vornamen.«

Das Kind dreht mit Anstrengung den Kopf zur Lehrerin. Die Lehrerin starrt in sein weißes sanftes abwesendes Gesicht, ihre flehenden Augen tasten es ab, suchen darin herum.

»Sperber. Nur Sperber.«

Gelächter springt auf, neben ihr, hinter ihr.

»Nun gut. Dann eben Sperber. Du weißt nicht, was ein Vorname ist. Du bist nicht besonders gescheit. Vielleicht heißt du Hans Sperber.«

Auf dem Götterbaum-Ast, der vor das letzte Fenster gekrümmt ist, hat ein Star sich niedergelassen.

»Oder Theobald Sperber, Franziskus Sperber. Irgendwas besonderes, du willst es nicht jedem verraten.«

Das Kind blickt auf den Ast. Der Star wippt, bebt vor Erwartung. Endlich ein größerer Vogel: sogar ein Perlstar. Ist er mit Leinsamen und Hanf nicht zufrieden, weil er sich nicht heranwagt? Wie kann er sich nur vor dem winzigen Gewirr der Meisen fürchten: schwarz und langgestreckt und groß. Das Kind beschließt, den kleinen Vögeln einen andern Futterplatz einzurichten. Stare und Amseln könnten bei ihm landen. Aber erst der Sperber!

Die Klasse lacht, wartet. Die Lehrerin steht vor dem Kind.

»Aha. Du hast dir was Lustiges ausgedacht, willst mich anführen.«

»Eine gesperberte Brust«, sagt das Kind. »Weiß mit schwarzen Streifen. Ich bin der Sperber. Ich habe die Sperberbrust, alle Merkmale.«

Stimmen kreischen aus dem brodelnden Lachen.

»Aber jeder Spaß hat mal ein Ende.«

Der erste Grünling dieses Vormittags schaukelt auf dem Birkenzweig. Mohn und Kolbenhirse muß es in Zukunft streuen. Der Grünling hat seine Scheu überwunden, flappt zwischen die Meisen; aber er fliegt davon, bevor er den Mut fassen konnte, sich ein Korn zu picken. Der Ast am Götterbaum ist wieder leer. Vor allem müssen Ameisenpuppen und Fliegenlarven besorgt werden. Später dann lebende Insekten. Es muß langsam und gründlich vorbereitet werden. Und soll man überhaupt den Sperber bis an die Schulfenster locken? Wird er sich mit dem, was man ihm da bieten kann, zufriedengeben? In läppischer Meisengesellschaft?

»Also ja ja ja«, sagt die Lehrerin, »es ist ein sehr lustiger Streich, den du dir da ausgedacht hast, du komischer kleiner Sperber.« Sie dreht sich von dem Kind weg, geht den Gang zwischen den Bänken hinauf bis an ihren Tisch, stellt sich vor die Klasse. »Spaß muß sein. Nicht alle Erwachsenen sind Spielverderber.«

»Er meint, er wär ein Vogel«, ruft jemand von der Türreihe her.

Die Lehrerin hat Lust, mit beiden ausgestreckten Armen aus der Unruhe eine Fläche zu schaffen, glättend, auf der Unruhe mit langgespanntem, endlich besänftigtem Körper dahinzugleiten, zu schwimmen. Sie vermeidet es, nach dem Kind auf der letzten Bank am Fenster zu sehen, aber in einem Winkel ihres Blickes kann es nicht verlorengehen, dort beharrt es darauf, ihren Zorn festzunageln mit seinem kleinen hartnäckigen Rücken, dem sanft und eindringlich weggewandten Gesicht.

Wann wird der Sperber aus dem Stechfichtenversteck herausschlagen, das vom Fenster aus wie Wolle wirkt, obwohl die Entfernung nicht groß ist, fünfzig, sechzig Meter vielleicht, doch die Herbstluft macht alles undeutlich. Der Herbst hängt in Netzen vom Himmel, die Vögel kräftige schwarze Flecke darin. Wann wird der Sperber kommen, von Ast zu Ast im kahlen Götterbaum schrecken? Wird es erst im Frühjahr gelingen, ihn anzulocken, wenn es Forsythien gibt und Heckenkirschenknospen? Wird es Erfolg haben, ihm Nester in Bocksdorn und Schneebeerenbusch vorzubereiten? Nein, es wird nicht genügen. Man wird für ihn töten müssen, das wird nötig sein.

Die Lehrerin schlägt das Buch auf, fragt in die Klasse: »Was habt ihr denn zuletzt gemacht? Jetzt erzählt mir mal, was euer früherer Lehrer mit euch Schönes gelesen hat.«

Und vor allem Wacholder. Es muß eine ganze Hecke gepflanzt werden. Dicht schwarz muß sie sein, eine Wacholdermauer. Drosseln werden darin wohnen, man wird sie opfern müssen. Der Garten muß voller Vögel sein, voller Schlafbüsche und Mäuseschlupfwinkel. Der Sperber wird den Tisch gedeckt finden.

Die Lehrerin steht vor der scharrenden Klasse.

»Bringen Sie's ihm doch mal bei, daß er kein Vogel ist!«

»Er ist ja verrückt!«

So lang der dunkle weggewandte Rücken nicht aus dem Winkel ihres Blicks getilgt ist, kann sie mit der Klasse nichts anfangen.

»Also gut«, ruft sie, »der Unterricht ist für heute beendet. Den Sperber« – sie hatte ihre Stimme schraubend in die Höhe gezogen und wieder fallengelassen – »das Raubvögelchen werd ich nach Haus bringen und seiner Mutter übergeben. Wahrscheinlich hat er Fieber, das kommt auch mal bei Sperbern vor.«

Die Hand der Lehrerin zerrt das Kind aus der Bank, es dreht sich noch zurück nach dem Stieglitzschwarm, der ins Goldrautendickicht hinter dem Schulgarten fällt.

»Na kleiner Sperber«, sagt die Lehrerin, »jetzt kommen wir bald ins warme Bettchen, das wird gut tun.«

»Ich muß neue Mausefallen stellen. Und ich brauche tote Kleinvögel. Wie kriegt man tote Kleinvögel?« fragt das Kind.

Die Lehrerin nimmt sich vor, es nicht dabei bewenden zu lassen, das Kind bei der Mutter abzuliefern; sie wird dem Schulleiter Bescheid geben; es ist womöglich nicht ganz normal.

Die Frau in der Haustür betrachtet die Lehrerin und das Kind, dann hockt sie sich hin, spannt die Arme aus.

»Komm hereingeflogen!« Sie flüstert an dem Kind vorbei mit der Lehrerin. »Seit Wochen schon! Was soll man tun?«

»Ich werde den Schulleiter fragen«, sagt die Lehrerin, sie kauert sich neben die beiden. »Warum bist du ausgerechnet so ein böser Raubvogel, warum nicht eine liebe kleine Blaumeise, warum nicht? Du bist doch viel lieber und viel braver als all deine Freunde in der Klasse, weißt du das nicht? Viel sanfter und kleiner.«

»Du bist doch mein lieber kleiner Fink, meine winzige Meise«, sagt die Mutter, sie setzt die Wörter voneinander ab, pappt in den Zwischenräumen Küsse auf seine weiße Backe.

»Nein, alle kleinen Vögel, alle Mäuse und Insekten werde ich töten, ich Sperber.«

MARTIN SPERR
Jagdszenen aus Niederbayern

Zehnte Szene

Die Bushaltestelle.
Die Leute stehen in Gruppen und warten auf den Bus. Die Flüchtlingsfrau und Konrad treten auf.

FLÜCHTLINGSFRAU Hier bleib stehen und schrei, wenn der Bus kommt.
Sie geht wieder ab, Konrad setzt sich unter das Bushalteschild. Barbara, Metzgerin und Bürgermeister treten auf.
BARBARA Ich bin dran schuld. Ich kenn das. Und die Leut zeigen auf mich, jetzt, wo es alle wissen. Weil ich die Mutter bin. Erschlagen würd ich ihn am liebsten.
BÜRGERMEISTER Was willst du denn in Frontenhausen?
BARBARA Ich will weg.
METZGERIN Aber es weiß doch jeder, daß du nichts dafür kannst.
BARBARA Jetzt noch! Aber die vergessen das schnell!
BÜRGERMEISTER Du bist eben eine gute Arbeitskraft. Du kannst uns doch jetzt nicht im Stich lassen. Jetzt, wo bald Erntedank ist.
METZGERIN Glaub mir, gegen dich hat niemand was. Wir hätten nicht gewußt, was wir gemacht hätten, ohne dich, letztes Jahr. Was Dankbarkeit ist, das wissen wir schon. Und arbeitsscheu bist du nicht.
BÜRGERMEISTER Du kannst nichts dafür, daß er so ist. Keiner wird dich deswegen schief anschauen. Kannst bei uns wohnen.
BARBARA Ich bin so alt. Kein Mensch kann das glauben, wie alt ich manchmal bin. – Hoffentlich kommt der Bus bald.
Sie verabschiedet sich stumm mit Händedruck von beiden, die abgehen. Zenta und Christine treten auf. Die Metzgerin nimmt sie beiseite.
METZGERIN Ich hab den Abram angezeigt, bei der Polizei. Ich hab telefoniert heut nachmittag – wegen der Sache mit dem Rovo. Morgen kommen sie und verhaften ihn.
CHRISTINE *geht zu Georg und Max* Max! Max! Die Polizei kommt ins Dorf, du, die Polizei! Wegen dem Abram!
MAX Was hast du denn?
CHRISTINE Was? – Weil wir schwarz geschlachtet haben.
MAX Ich glaub, das ist nicht so gefährlich für uns, wenn sie wegen dem Abram kommen. Dann suchen sie kein Fleisch.

CHRISTINE Wer weiß, wenn die auch zu uns kommen.
MAX Jetzt haben wir eine Demokratie. Fleisch ist eine andere Dienststelle als das mit dem Abram. *Max, Georg und Christine gehen zu Zenta und der Metzgerin.*
GEORG Du hast ihn angezeigt?
METZGERIN *plötzlich Heldin des Tages* Ja. Ich hab ihn angezeigt.
MAX Dann kommt er jetzt weg. Mir war er nie sympathisch.
METZGERIN *erklärt* Ich hab Angst, daß er eines Tages auf meinen Franzi losgeht. Deswegen hab ich ihn angezeigt. Ich hab nur mehr das Kind. Gegen ihn hab ich nichts. Er ist mir egal.
GEORG Das ist richtig. Der gehört vor den Staatsanwalt.
ZENTA Mir tut die Tonka leid.
METZGERIN Das hat sie davon. Und wer weiß überhaupt, ob das Kind nicht von einem anderen ist. Erstens ist sie eine Hur, zweitens ist der Abram andersrum, und drittens ist –
KONRAD Der Bus! Der Bus kommt! Schnell, komm, Mutter! *Konrad läuft ab. Die Leute verabschieden sich von Barbara. Die Flüchtlingsfrau, Konrad und alle laufen zur Seite, von der der Bus kommt. Der Bus fährt ab. Knocherl kommt.*
KNOCHERL Ist der Bus weg?
Die Leute kommen von der Abfahrtsstelle zurück.
ZENTA Ja.
KNOCHERL Ist die Barbara weg?
ZENTA Ja.
ANTON *zur Flüchtlingsfrau* Ich hab auch schon eine Wohnung in Landshut. Jetzt wirds besser.
FLÜCHTLINGSFRAU Erzähl! – Ich hab ein paar Zigaretten für dich, Anton.
Anton gibt Konrad eine Tafel Schokolade.
Iß sie daheim. Sonst wollen alle was.
Die einzelnen Gruppen reden miteinander. Abram tritt auf. Es wird plötzlich still.
ABRAM Ist der Bus schon weg? *Keine Antwort.* Vielleicht fährt jemand von euch mit dem Auto nach Landshut und kann mich mitnehmen. *Keine Antwort.* Oder nach Frontenhausen. *Keine Antwort.*
MAX Jetzt, Schorsch! Jetzt!
GEORG Soll ich?
MAX Freilich. Los! Das wird 'ne Hetz.
GEORG *geht auf Abram zu* Wir haben gehört, du möchtest nach Landshut fahren. Soll ich dich hineinfahren?

Die Männer lachen.
Aber nur, wenn ich auch einmal darf!
Er preßt sich an Abram. Abram stößt ihn weg. Größte Heiterkeit.
Darf ich nicht? Süßer! Komm, laß mich doch!
ANTON Laßt ihn doch in Ruhe!
KNOCHERL Die Schlesier, also, was die Schlesier sind, die haben in Bayern überhaupt nichts zu reden.
METZGERIN Jawohl!
Die Flüchtlingsfamilie ab.
ABRAM *zu Zenta* Wo ist meine Mutter?
Zenta antwortet nicht.
GEORG Wenn du mich ein bißchen netter behandelst, dann sag ich dirs. – Ach du –
Er betastet Abram, der ihn abwehrt. Abram ist eingekeilt.
ABRAM Laßt mich durch!
GEORG Und wie er heut wieder ausschaut! Mmh-h! Zucker! Möcht richtig anbeißen. Er ist nur so zu mir, weil ihr alle zuschaut. Sonst ist er ganz anders.
Abram läuft weg.
Hast heut deine Tage, Abramherzi?
Eine ungeheure Lachsalve.
MAX Mensch, du bist gut heut, Schorsch. Komm!
Die Leute gehen ab, oder in die Wirtschaft. Zenta und die Metzgerin gehen zur Metzgerei.
ZENTA Das war aber auch nicht schön!
METZGERIN Aber das ist doch nicht so schlimm. Es sind ja keine Kinder mehr da.
ZENTA Stell dir das Gesicht von Barbara vor, wenn der Abram mit demselben Bus gefahren wär.
Zenta und andere lachend ab. Der Pfarrer tritt auf.
METZGERIN *zum Pfarrer* Ich wollt den Franzl entschuldigen, Herr Pfarrer, weil er gestern nicht im Unterricht war. Aber der muß jetzt ein bißchen mitverdienen, beim Kartoffelklauben.
PFARRER Das sehe ich alles ein. Aber das Kind kommt zu kurz.
METZGERIN Aber der wird doch nur ein Bauer. Zum Mistauflegen reichts schon. Wir sind auch nicht anders erzogen worden und sind auch keine Hallodris geworden. Wir sind ehrliche, brave Leut. Und das soll der Franzl auch werden. Der soll werden, wie wir alle, dann ist er in Ordnung.

Walter E. Richartz
Meine vielversprechenden Aussichten

Weißhaarig bin ich zwar, aber für mein Alter in gutem Zustand. Mein stattlicher Wuchs, meine gemessenen Bewegungen, mein gereifter, selbstbewußter Gesichtsausdruck erwecken Vertrauen. Also schien mir eine Bewerbung gerechtfertigt, obgleich man, wie die Anzeige besagte, eine junge, aktive Persönlichkeit suchte. Neue Aufgaben seien zu lösen, und die Persönlichkeit sollte über Idealismus verfügen.

Die Empfangsdame gab mir einen Boten zur Begleitung mit, durch die langen hallenden Gänge einen Boten, der wenig sprach, der mir die Mattglasschwingtüren aufhielt. Auf Schritt und Tritt grüßte das Firmensignet, ein sich krümmendes Füllhorn, stilisiert. Hinter uns züngelten Büros wie ein Lauffeuer, flüsterten verstohlen hinter uns her wie die Dorfstraße dem prächtigen Dorfpolizisten. Entgegenkommende Angestellte preßten sich mit dem Rücken flach an die Wand.

In seinem Büro, der roten Teppichherzkammer, empfing mich der Direktor, sah wohlwollend auf an mir und ab. Er rief voller Genugtuung: »So einen Mann brauchen wir!« und klopfte mir herzhaft unter die linke Schulter, nötigte mich so auf das Sofa, auf die flaumige Fellsänfte des Sofas. Der Direktor warf sich neben mich, er war so herzlich. »Zigarre?!« Wir pfafften und verwischten den Abstand, wir leckten beide mütterlich unsere Deckblätter, lutschten an den Zitzen.

Eine Tapetentür verbarg die Hausbar, lausbübisch zu öffnen mit dem krausen Schlüsselchen aus der Westentasche. Der Direktor vollführte einen rituellen Dickhäutertanz, er war so genießerisch. Nötigte von dem zähflüssigen süßen Likör in mich hinein, meinem Lieblingsgetränk. Genüßlich stöhnend: »Noch einen?« Und ich weiß ja aus Erfahrung: Bescheidenheit am falschen Ort ... Meine Lippen und Zähne klebten.

Der Direktor sagte: »Wir werden uns schon verstehen.«

»Gewiß, Herr Direktor, ich werde mir Mühe geben.«

»Ach was, seien Sie mal nicht so steif. Nur keine Pedanterie. Sie werden eine Vertrauensstellung einnehmen, nehmen sie bereits ein.« Der Direktor war überaus vorausschauend.

Mit der Hand durch den Türschlitz zog er seine schlanke Sekretärin am Ärmel herein. Sie war eine Schönheit, und der Direktor stellte sie mir vor. Zwecks Wertablage. »Darauf lege ich Wert, daß

Sie die Wünsche unseres Herrn – wie war doch gleich der Name? – jawohl, die Wünsche unseres Herrn Blum mit der gleichen Liebenswürdigkeit entgegennehmen wie meine eigenen.« Sie ließ mir ihre weiche Lilienhand mit den blutroten Nägeln, die sich in meine Hand gruben. Sie hob ihr Likörglas, nippte, beschmierte den Rand und blinzelte mir vertraulich zu. Sie bot ihr Parfum meiner Nase wie ein Stempelkissen. Als sie den Raum verließ, auf und ab den Wechselhintern, stieß sie die Fersenspitzen tief in das Teppichfleisch. Der Direktor war sehr männlich. Er schrie: »Ein Prachtsstück – Sie werden schon sehen.« Dann traten wir in die Einzelheiten ein.

Ein herzlicher Empfang, wird man sagen. Ein verheißungsvoller Auftakt. Dabei bin ich an derlei gewöhnt, man ist mir immer mit offenen Armen entgegengekommen. Als im städtischen Krankenhaus die Stelle des Pädiaters ausgeschrieben war, gab man mir vor mehreren Bewerbern den Vorzug, und wirklich kann ich mit Kindern umgehen – nie hätte ich ihnen etwas zuleide getan. Oder wenn ich an den legendären Architekten denke, den Pionier neuen Bauens, wie er mir trotz meiner jungen Jahre eine Chance als Compagnon gab. Den angesehenen Architekten mit seinem kompromißlosen kahlrasierten Kopf. Seines Rufes halber kleidete er sich immer in einen blauen Arbeitskittel. Er war sehr sozial gesinnt, und er stand meiner einfachen, werkgerechten Kleidung erwartungsgemäß wohlwollend gegenüber. Er war ein sehr funktioneller Architekt, stellte mir sogleich ein Zahnputzglas mit Gin zur Aufgabe.

Erinnerungen an viele glückliche Anfänge durchschwemmen mich. Weinen muß ich beim Gedanken an die Stellung eines Restaurators in einem Kunstmuseum, eine respektable Position, eine kulturelle Position. Man kam mir buchstäblich mit Sympathie entgegen. Nach dem Lokaltermin führte mich der Kunsthistoriker, der das Depot der ungehobenen Schätze verwaltete, durch die verschiedenen Bohème-Lokale in der Altstadt. Es war schon Abend, Zeit des gärenden Apfelweins. Dabei versicherte mir der Kunsthistoriker, daß er an keinerlei Vorurteilen oder Standesdünkel litte, und fortlaufend gesellten sich weitere Kunsthistoriker zu uns, die alle beteuerten, daß sie an keinerlei Vorurteilen oder Standesdünkel litten. Wir verschwisterten uns zu einer großen Bruderschaft, und ich war auch über diesen aussichtsreichen Beginn sehr beglückt. Dabei hatte man mir meine Anfänge immer leicht gemacht, von der Schule an leicht.

Ach Schulzeit ja, Zeit der Knospen! Schon dort hat man große Stücke auf mich gehalten. »Blum«, sagte mein Klassenlehrer einmal und legte mir segnend den großen historischen Atlas auf den Kopf: »An Ihnen ist ein Gelehrter verloren gegangen.« »So viel wollte ich mir ja auch gar nicht anmaßen«, antwortete ich, und nie vergesse ich sein herzliches Lachen. Ganz im Vertrauen hat er mir des öfteren mitgeteilt, wie warm er mich seinen Kollegen empfehle, und wie sehr er mich für förderungswürdig erachte.

Ich mache mir nichts vor. Sicher hat mir die Fürsprache des Rektors geholfen. Seine Bekanntschaft hatten meine Eltern gesellschaftlich eingefädelt, und nun wurde ich regelmäßig in dies Haus geladen. Dann stand wohl der Rektor im geräumigen, pompejanisch-rot mit Damast ausgeschlagenen Salon, mitten im Kreise seiner Familie. Seine winzige, vogelknochige Frau und seine sechs Mädchen hielten sich an den Händen gefaßt und schauten mir freundlich entgegen. Im Zentrum aber das Oberhaupt strich sich machtvoll durch den schwarzen Backenbart und blitzte mit den stahlblauen Augen. Dem Rektor war ich wie ein Sohn. Auch mitten im geselligen Treiben, bei Scharaden und Volksliedern, nahm er mich bisweilen väterlich beiseit, führte mich am Ohrläppchen in die Diele und wies auf die holzgebrannten Tafeln, auf die Inschriften ›Nie weicht die Eiche dem Sturm‹. ›Sei herzeigen dem Volke‹. Sie hatte der Rektor mit eigener Hand hergestellt. Ich aber tat mich vor allem im Rezitieren von Balladen hervor.

Wie ich auch immer meinen Mann stand – meine Mutter liebte mich zärtlich. Nie vergaß sie meine erste Stunde bei der Klavierlehrerin. Meine Tonleiter hatte ich heruntergefingert, wie von früh auf unter meiner Mutter Anleitung geübt. Ein bläuliches Fräulein in eisenhartem Tweedkostüm, die Klavierlehrerin, schlug die Hände über dem Kopf zusammen und wandte die Augen zum Himmel. »Dieses Kind«, sagte sie mit Bestimmtheit, »ist eine große Begabung.« Sie versprach meiner Mutter, die Tränen vergoß, daß sie sich mir mit Hingabe, mit Verantwortungsbewußtsein widmen wollte. Meine glückliche Mutter erzählte es allen Bekannten und Verwandten, und wenn Besuch kam, kam er sogleich auf mich zu, hob mich mit ausgestreckten Armen hoch, wobei er ausrief: »Hier haben wir ja unseren kleinen Klaviervirtuosen.«

Meine Spielkameraden begegneten mir mit Respekt und ließen mir vieles durchgehen. Mein Onkel Augustus, sonst als Geizhals verschrien, schenkte mir ein Klavier, eigens für meine Übungen. Meine Mutter hat es bis heute aufbewahrt, zusammen mit meinen vergoldeten Locken.

Dieter Wellershoff
Ein schöner Tag

Er will zahlen und winkt der Wirtin, um jetzt endlich nach Hause zu kommen, Carla zu sehen, er will ihr sagen, daß alles großzügiger und bequemer für sie wird, wenn erst Geld da ist, und er muß ihr erzählen, was ihm alles wieder eingefallen ist von früher, es ist ja immer noch Carla, so sehr sie sich verändert hat, und er freut sich, daß sie da ist, es ist ein Gedanke, mit dem er sich oft beschäftigt, wenn er nach Hause geht oder sie vom Gymnasium abholt, immer denkt er, daß er sich gar nicht bewegen könnte, wenn sie nicht irgendwo wäre.

Siems kommt zurück, sicher will er ihn festhalten, am besten steht er gleich auf.

Die Wirtin fragt, ob er für beide bezahle. »Nur für mich«, sagt er leise und sieht zu Siems hin, der sich über einen Tisch gebeugt hat und etwas auf einen Zettel schreibt, seine Jacke ist aufgeknöpft und hängt faltig an ihm herab, er sieht gebrechlich aus, auch jetzt, als er aufblickt und kommt. Alles ist peinlich, sein schnelles verstecktes Zahlen, das sachliche Gesicht der Wirtin und das schlurfende Näherkommen von Siems, der ihm den Zettel gibt.

»Meine Adresse, ich hoffe, Sie besuchen mich mal.«

Etwas ist an ihm, von dem man sich fernhalten muß. Er blickt auf die unsichere Schrift, die so weich ist wie der Händedruck, wie die großen schlaffen Hände, die ihn jetzt anfassen, als er mit ihm durch den Verkaufsraum geht. »Ich bringe Sie noch zur Bahn«, sagt Siems und redet wieder von dem Besuch, sein Zimmer ist in einem Heim, wo er versorgt wird, aber er scheint oft fortzugehen, sooft er kann, geht er in das Café. »Man sitzt dort anders«, sagt er, ohne zu erklären, was er damit meint, als setze er eine gemeinsame Erfahrung voraus, ein Einverständnis, in dem er jetzt stumm neben ihm hergeht, mit kleinen schiebenden Schritten, ganz anders als am Vormittag auf dem Friedhof, plötzlich viel älter geworden, ein tapsiger alter Mann, der leer vor sich hinblickt, es ist derselbe Blick, den er im Café beobachtet hat, dasselbe Starren, das sich auch, als er wieder spricht, nicht gleich auflöst. Die Wirtin, sagt er, wolle vielleicht einen Musikautomaten aufstellen, das sei schlimm, dann könne er nicht mehr hingehen.

»Aber wenn ich ihr das sage, wird sie es gerade tun. Ich muß mich da still verhalten.«

Die Stimme ist gleichmäßig und leise, aber sie drängt sich ihm auf wie eine Belästigung, so daß er immer fortblicken muß, um höflich zu bleiben, und er ist froh, als er sich verabschieden und in die Bahn steigen kann. Siems klopft draußen mit seiner großen Hand gegen die Scheibe und macht irgendein Zeichen, das er nicht versteht. Er nickt. Die Hände zeigen etwas Kleines, das Gesicht kommt dicht an die Scheibe heran. Der Zettel, er soll ihm den Zettel zeigen. Wieder nickt er und sucht, macht dasselbe Zeichen, als die Bahn zu fahren beginnt und das Gesicht draußen stehenbleibt und kleiner wird. Erleichtert spürt er das schneller werdende Fahren und lehnt sich zurück.

Er wird Siems nicht besuchen, auch nicht mehr in das Café gehen. Der Gedanke tut ihm gut, vielleicht kann er sich jetzt erholen, um für Carla frischer zu sein. Die seltsame Redewendung fällt ihm ein, die Siems gebraucht hat, »man sitzt ganz anders da«. Das hat er nicht verstanden, vielleicht bedeutet es nichts. Wahrscheinlich spricht er wieder Leute an, bleibt noch den Nachmittag in dem Café. Er wird Carla davon erzählen, auch als Entschuldigung, gleich wenn er nach Hause kommt, er ist noch nie ohne Nachricht so lange fortgeblieben. Seine Beine beginnen einzuschlafen und er muß sie massieren, noch als er aussteigt, fühlt er sich unsicher und blickt vor seine Füße, um nicht zu stolpern. Er geht vorbei an der Steinmetzwerkstatt und dem tiefergelegenen Gelände der Gärtnerei, aus dem der Geruch der Komposthaufen kommt. Um diese Zeit sind hier draußen kaum Leute, die meisten kehren erst zwei Bahnen später aus der Stadt zurück. Auch das Haus ist nachmittags wie ausgestorben, hellbraun lackierte Wohnungstüren mit aufgeschraubten Namenschildern, hinter denen niemand ist.

Er schließt auf, der Flur ist dunkel, die Tür zu ihrem Zimmer steht einen Spalt breit auf. Über dem Stuhl hängt ihre Leinenjacke. Er weiß schon, daß sie nicht da ist, geht in sein Zimmer und setzt sich in seinen Sessel. Anscheinend ist er darauf gefaßt gewesen, sie nicht anzutreffen, denn er ist nur müde. Vorsichtig schiebt er sich gegen die Lehne und streckt sich aus. Sich jetzt umziehen und waschen, sich die Fingernägel saubermachen, vor allem will er aus dem schwarzen Anzug heraus. Er bückt sich und knüpft die Schuhe auf, lehnt sich aufatmend wieder zurück. Im Sitzen bindet er die Krawatte ab und öffnet den Hemdkragen, bleibt so eine Weile, die Arme neben sich auf den Sessellehnen, mit gespreizten Fingern fühlt er die Polsternägel vorne am Wulst. Nacheinander hebt er die Finger und setzt sie wieder auf. Er blickt auf seine aufgeknüpften Schuhe und legt den Kopf zurück.

Die Ruhe tut ihm gut, und obwohl er sich sagt, daß er sich besser erholen könnte, wenn er sich vorher wäscht und umzieht, bleibt er sitzen, die Lehne des Sessels unter dem zurückgelegten Kopf. Er atmet durch den Mund und spürt, wie die Lippen von der Atemluft trocken werden, aber er bewegt sich nicht, versucht nur einmal den Mund zu schließen, öffnet ihn wieder, um besser Luft zu bekommen, unter den Lidern ist ein träniges Brennen, ein Gefühl von Wärme, treibende Flecken auf dem verschwindenden Kopf, in dem er das Klacken hört, das muß draußen sein auf dem Hof, Tonrohre, die gestapelt werden, gleichmäßig, ein helles trockenes Geräusch, das beruhigende Wachsen eine Stapels an der Mauer, braunglasierte, in der Sonne glänzende Rohre, eine Wand, die tonlos wächst und sich über ihn neigt, vor der er heruntersinkt, schräg und schneller, die nach allen Seiten auseinanderfließt und in der Mitte neu entsteht, ein pumpender Strudel, stoßartig, tonlos, braune, braunschwarze Stöße, eine Tür geht auf, und jemand betrachtet ihn, aber er kann den Kopf nicht wenden, und die Lippen sind steif. Das hätte ich nicht tun dürfen, denkt er, das hätte ich nicht tun dürfen, er gibt alles zu, weil es verlangt wird, irgend jemand zwingt ihn, steht neben ihm, aber er versteht nicht richtig. Aus dem schnellen Fließen taucht das Bild auf, die Brandungswelle, das weiße Schäumen, ein weißer, flach gespannter Bogen, undeutlich, er hört das Klacken der Tonrohre wieder unten im Hof, dann verschwindet alles, und die Finger suchen die Nagelköpfe, er atmet, um es anzuhalten, atmet langsam alles an seinen Platz zurück.

Etwas ist mit ihm passiert, er hätte nichts trinken dürfen, und er fühlt sich schlechter, im Augenblick ist alles zu schwer, zu nah, der Schrank, auf dem oben der Karton mit der Heizsonne steht, der Sekretär, die Zettel in den Fächern, er hat einen dünnen schnellen Herzschlag, seine Hände sind kalt. Anscheinend hat er nur einen Augenblick geschlafen, und Carla ist noch nicht da, er kann niemanden zu Hilfe rufen, jetzt muß er ruhig bleiben, sonst kommt die Angst, der Schweiß im Gesicht, er kennt das, wenn sich alles untereinander ein wenig verschiebt, näher und ferner rückt und er im Mittelpunkt sitzt, wo sich alles spannt und zuerst unter den Rippen die Schmerzen beginnen, dann im Arm, über dem Scheitel und im Hals. Er muß ruhig sein, nachher wird er aufstehen und eine seiner Kapseln nehmen, die auf dem Nachttisch stehen, er weiß, daß er ganz bleich ist, dieses bleiche, gipserne starre Gesicht, das sie sofort erkennen würde, wenn sie jetzt käme. Ruhig, er darf sich nicht aufregen, es ist ein leichter Anfall, der schon verschwindet, nur die Hände sind noch kalt.

Im Hof wird ein Auto angelassen, der Motor läuft leise im Leerlauf, dann hört er eine Männerstimme, die etwas ruft, eine Tür wird zugeschlagen, und das Auto fährt ab. Es ist immer noch Nachmittag. Er blickt auf die heranrollende grüne, glasige Welle, oben weiß, das Weiß der Schaumkrone ist stellenweise dick und krustig, darüber ist niedrig und grau ein Streifen Himmel mit den beiden Möwen. Wenn er die Augen zukneift, bewegt sich etwas in dem Weiß, und das Ganze, Wasser und Himmelsstreifen, kommt näher. Wo bleibt Carla, warum läßt sie ihn so lange warten? Wenn man so alt ist wie er, will man nicht mehr warten, aber man muß es immer öfter. Warten, das sind die Geräusche, das Herumstehen, das Herumhängen der Gegenstände überall an den Wänden, aber nicht das Älterwerden, das geht in Sprüngen vor sich, plötzlich, weil man nachgegeben hat, so wie eben, als er einen Augenblick abgesackt war, da ist etwas mit ihm vorgegangen, eine kleine Veränderung zum Schlechten hin. Man kann es danach noch kurze Zeit erkennen, weil die Welt einen anderen Ton hat, einen Überzug, etwas Stumpfes, Rauhes, bis man sich daran gewöhnt hat, dann ist man wieder darin.

Er kann jetzt vorsichtig aufstehen, eine Kapsel einnehmen und seine Jacke in den Schrank hängen, aber er hat Angst, sich zu bücken, um seine Hausschuhe anzuziehen, langsam läßt er die Kapsel im Mund zergehen und denkt an Siems, der sich seinetwegen ruinieren kann, versucht sich das Gesicht vorzustellen, die trüben Augen, es befriedigt ihn, daran zu denken, Siems, der sich aufgegeben hat und im Café herumsitzt, um unter Menschen zu sein, der nicht in seinem Zimmer bleiben will, in seinem Zimmerchen, wie er gesagt hat, der zu Beerdigungen geht, fremde Leute anspricht und ihn zur Bahn gebracht hat, obwohl er kaum gehen konnte auf seinen kraftlosen Beinen, was für eine trübselige verfallene Gestalt, auch als er draußen stand und an die Scheibe klopfte und vorher, als er den Zettel schrieb und davon anfing, daß er ihn besuchen solle. Der Zettel, wo ist er jetzt, er muß noch in der Jacke stecken, die er in den Schrank gehängt hat, aber er will nicht aufstehen, lutscht an der aufgelösten Kapsel, zufrieden, etwas benommen, mit Siems steht es schlecht, Siems ist älter als er, das sind unzulässige Gedanken, er will sich auch nicht täuschen, aber der Abstand ist riesig, schon der Unterschied in der Haltung, Siems, der sich aufgibt, er, der sich wehrt. Er muß noch einmal an das Gesicht denken, ganz talgig, ganz ausdruckslos, das Leben erscheint nicht mehr darin, wird überwachsen von diesem grauen herunterhängenden Fleisch, er will sich nicht damit beschäftigen, er spürt die Wirkung der Kapsel, die ihn ruhig macht und entspannt, beinahe friedlich, ohne daß er sich müde fühlt.

Er streift die Schuhe ab, sucht mit den Füßen die Hausschuhe, gleich wird er etwas essen müssen, obwohl er keinen Hunger hat, aber er muß darauf achten, daß der Magen beschäftigt bleibt. Essen ist auch nur eine Gewohnheit, die man in Gang halten muß, der Magen kann sich zusammenziehen oder träge werden, vielleicht auch durch die Medikamente. Gleich wird er in die Küche gehen und sich ein Brot mit Apfelgelee machen, wieder ist diese Zufriedenheit da, eine milde Zustimmung, mit der er sein Zimmer betrachtet, die alten Sachen, ganz nett, ganz angenehm, aber das Bild ist wahrscheinlich dumm. Ja wirklich, das sieht er jetzt, die beiden Möwen, die ewige Welle, was für ein Aufwand, er muß wirklich lächeln und den Kopf schütteln, ein dummes Bild, es steigert seine Zufriedenheit, daß er das so deutlich sieht, und jetzt erscheint ihm auch der Sekretär mit den Zetteln dumm oder das Wasserglas mit den Bleistiften, warum so viele Bleistifte und fast alle von der gleichen Länge, wirklich, das fragt er sich, oder der Schrank mit der Quaste am Schlüssel, warum das, wozu diese Seltsamkeiten. Er sieht alles mit diesem neuen Blick, und um sich zu kontrollieren, blickt er wieder auf das Bild, ja ja, es ist dumm, das beruhigt ihn, und das Gefühl von Überlegenheit kommt wieder, lächelnd steht er auf, als er Carla kommen hört, und geht in den Flur, um sie zu begrüßen. Sie sieht abgespannt aus, oder es kommt ihm bloß so vor, denn sie blickt ihn nur flüchtig an, will gerade in ihr Zimmer.

»Da bist du ja wieder«, sagt er.

»Ja, ich war in der Schule.«

Er weiß nicht, wie sie das gesagt hat, als sie gegangen ist, beiläufig wohl, nicht gereizt, es hat nichts mit seinem Zuspätkommen zu tun, sie hat ihn gar nicht richtig bemerkt. Er überlegt, was er machen soll, sie jetzt in Ruhe lassen, oder kann er mit ihr sprechen, dann geht er hinter ihr her in ihr Zimmer. Sie steht an ihrem Schreibtisch und dreht sich nicht um, ist dort mit etwas beschäftigt, mit Büchern, die sie vor sich liegen hat, aufschlägt und beiseite legt. Er würde gerne zu ihr hingehen, aber sie hört nicht auf damit, das ist überhaupt keine richtige Beschäftigung, sie tut das nur, um ihn abzuweisen.

»Was hast du?« fragt sie, wieder in dem beiläufigen Ton, auf den er nicht antworten muß.

Wie er sie drüben stehen sieht, still, mit etwas vorgebeugtem Kopf, kommt sie ihm schön vor, und er möchte wieder auf sie zugehen, aber es hält ihn etwas davon ab, was er gerade gesehen hat, eine nervöse Bewegung ihrer Schultern, die Stoffalten, die einen Augenblick senkrecht auf ihrem Rücken standen, weil sie die Schultern zusammenpreßte, sich zusammenzog oder schüttelte, und ruhig, immer noch in dieser freundlichen Überlegenheit, sagt er: »Gar nichts hab' ich, gar nichts, aber du benimmst dich merkwürdig, finde ich.« Wieder ist dieses Zusammenziehen der Schultern da, plötzlich dreht sie sich um und steht jetzt an den Schreibtisch gelehnt, gespannt, wütend, was er mehr spüren als sehen kann. »Mußt du denn immer in mein Zimmer rennen?« sagt sie, und er steht immer noch an der Tür, könnte sich umdrehen und gehen oder muß von hier aus zu sprechen beginnen, es ist schwieriger, aber sie will nicht, daß er näherkommt, und er beginnt ihr zu erklären, daß er nicht in ihr Zimmer gerannt, sondern ihr gefolgt sei, unmittelbar, fast so, als seien sie zusammen hineingegangen, also in der sicheren Erwartung, sie nicht zu stören oder zu überraschen, und weil sie sich wieder umdreht und ein Buch in die Hand nimmt, spricht er lauter über diesen Unterschied, der ihm recht gibt, auf dem er bestehen muß, wenn sie in einer Wohnung zusammen leben, die kein Gefängnis sein soll, nicht für sie, nicht für ihn, es ist empörend, daß sie wieder so tut, als höre sie nicht zu, aber zugleich beglückt ihn der Scharfsinn, mit dem er argumentiert und sich immer besser Recht verschafft, bis ihm einfällt, daß das alles unwichtig ist und es für ihn gar nicht darauf ankommt, recht zu behalten, denn sie will allein sein, sie will nicht, daß er da ist.

Dagegen kann er nicht anreden, sie will, daß er geht, oder er soll gar nicht dasein. Er blickt zu ihr hinüber, um besser denken zu können, um zu begreifen, dann dreht er sich um und geht in sein Zimmer, setzt sich an seinen Sekretär. Wie denn, wenn sie darauf wartet, daß ich sterbe, was bedeutet das für mich, was mache ich dann?

Er sitzt still und blickt auf seine Hände, dann merkt er, daß er nicht nachdenkt oder nicht nachdenken kann, nichts bewegt sich in ihm, und um sich zu beschäftigen, beginnt er Briefe zu lochen, die im Ablagekorb liegen, er überfliegt sie, schiebt sie einzeln in den Locher, und jedesmal wenn er den Hebel drückt, hat er das Gefühl, etwas für seine Sicherheit zu tun, mit diesem kurzen Knacken verteidigt er sich gegen sie, die drüben still ist, er hört es mit Befriedigung, er ist immer da, er arbeitet immer weiter, ja, jedesmal denkt er, ha, wenn er den Hebel drückt und das Blatt herauszieht, er macht Ordnung, locht auch die alten Rechnungen. Wenn er könnte, würde er sich hinlegen, so müde fühlt er sich plötzlich, aber sie würde glauben, das sei immer noch der Streit, er muß aufbleiben bis zum Abendessen, sie erwartet das, er wird mit ihr dasitzen und sich unterhalten, vielleicht muß er sagen, entschuldige bitte, ich hab mich unnötig aufgeregt. Es wird alles wie immer sein.

Nebenan steht sie auf und geht über den Flur in die Küche, er hört, wie sie Wasser in den Kessel laufen läßt und hat eine genaue Vorstellung von ihren Bewegungen, Griffen, dem unbewegten Gesicht. Es ist gleich soweit, sie deckt den Tisch. Jetzt kommt sie über den Flur, er blättert in den Papieren, hört aber wieder auf und sieht zur Tür. Es geht auf einmal alles viel zu schnell, nebenan deckt sie den Tisch, und er ist nicht vorbereitet, mit ihr zu sprechen. Dann hört er sie nicht mehr, und er weiß nicht, in welchem Raum sie ist. Wieder überlegt er, was er sagen soll, aber es fällt ihm nichts ein. Er spürt seine Müdigkeit. Wozu sich betrügen, denkt er, es ist so, es ist ganz natürlich, sie möchte mich loswerden. Jetzt kommt ihm das wie ein alter Gedanke vor, er weiß das alles, hat nur nicht immer daran gedacht.

Günter Wallraff
Im Akkord

Da sitze ich nun und feile. Jedes Stahlplättchen hat vier Seiten, und an jeder Seite ist ein quadratischer Einschnitt. Immer rundherum. Die vorstehenden scharfen Kanten muß ich wegfeilen. Warum wohl? Damit sich keiner daran schneidet? Aber das kann nicht sein. Die hauchdünnen Plättchen werden später von keinem mehr angefaßt. Sie finden in irgendeinem Apparat ihren Platz.

An die 300 Plättchen habe ich schon befeilt. 500 warten noch darauf. Immer rundherum. Diese Arbeit verführt zum Nachdenken oder Träumen. Aber dann ist es mit der Arbeit aus und aus dem Akkord wird nichts. Ich befeile dasselbe Plättchen schon zum dritten Male. Man muß schon aufpassen dabei. Aber auch das kann man nur für kurze Zeit durchhalten. Dann läßt die Konzentration ganz von selbst wieder nach. Es ist paradox, ich kann nur aufpassen, wenn ich mich nicht auf meine Arbeit konzentriere.

Diese Arbeit würde sich hervorragend als Beschäftigungstherapie für Schwachsinnige eignen.

Ich habe Wut auf die blödsinnige Maschine, die diese Plättchen so unvollkommen gemacht hat, daß ich nun noch jedes einzelne Stück glattfeilen muß. Ich muß als Lückenbüßer für diese noch nicht durchautomatisierte Maschine herhalten. Und was sind das für seltsame Plättchen! Auf dem Zettel steht unter Sorte: »5165 – 7042, Rel. bkg, 190, T 123«. Darunter kann ich mir nichts vorstellen.

Man hat mir bei der Einstellung gesagt, daß ich in die »Meßgerätefertigung« komme. Wer garantiert mir, daß diese simplen Plättchen nicht am Ende noch Teilstücke, zum Beispiel für Peilvorrichtungen an Kanonen oder Atomgeschützen sind? Die Arbeit erscheint mir fremd und sinnlos, weil ich nicht weiß, worauf es dabei ankommt, und weil ich das fertige »ganze Stück« nicht kenne.

Heute ist mein erster Arbeitstag. Ich bin froh, daß ich die Formalitäten bei der Einstellung hinter mir habe.

In der supermodern eingerichteten Empfangshalle des Einstellbüros für Arbeiter waren die lederbezogenen Bänke leer. Nur eine ältere Frau mit abgearbeiteten Händen und abgetragener Kleidung hockte spitz auf der vordersten Kante einer Bank, als ob sie sich vor dem pastellfarbenen Lederpolster fürchte. Der ältere, seriös wirkende Herr auf der Bewerbungsstelle für Arbeiter war außergewöhnlich freundlich zu mir. Er erhob sich, als ich von der Vorzimmerdame hereingeführt wurde, und auf mein »Guten Tag« hin begrüßte er mich mit einem soliden Handschlag und einem herzlichen »Grüß Gott«.

Mein vorgedrucktes Bewerbungsformular, worauf ich unter »die letzten vier Tätigkeiten? der Reihenfolge nach! von wann bis wann?« nur »Gelegenheitsarbeiten« quergeschrieben hatte, übersah er großzügig. Ja, ich fühlte mich so, als ob ich mich um einen höheren, ungemein wichtigen Posten bewerben würde, so zuvorkommend behandelte er mich. Der Herr erklärte noch, daß ich mich glücklich schätzen dürfte, bei einer renommierten und sozial einzigartig geführten Firma Mitarbeiter zu werden.

Als ich mich dann nach der Höhe des Stundenlohns erkundigte, wurde er schon etwas kühler. »2,35 als Garantielohn am Anfang. Nachher können Sie selbst im Akkord mehr daraus machen. Wir bezahlen nach Leistung. Die Stückzahl ist das Entscheidende.« – »Dann kann ich das Doppelte bekommen, wenn ich doppelt soviel schaffe?« – »Wo denken Sie hin. 20 Prozent Akkordzuschlag ist bei uns die Grenze.« Ich sagte ihm, dieser Stundenlohn sei mir zu wenig, »woanders kann ich als ungelernter Arbeiter an die 4 Mark und sogar noch darüber bekommen.«

Er druckste herum. Ja, er hätte noch eine besser bezahlte Arbeit für mich. »2,50 Grundlohn, aber das ist auch das Äußerste. Hier, in unserer Stadt, ist dafür das Leben ja auch viel billiger als in anderen Städten.« Ich hatte persönliche Gründe, in dieser Stadt zu arbeiten, und sagte zu.

Wohnen mußte ich auch irgendwo. Die Firma hat eine Zimmervermittlungsstelle. Zimmer an »Hilfskräfte« werden aber hier üblicherweise nicht vermittelt. Die werden ins Junggesellenheim gesteckt – zu viert auf ein Zimmer. Trotzdem versuchte ich mein Glück. Ich sagte nicht, daß ich Arbeiter sei. Die Dame bot mir als »unterste Preisgrenze« ein möbliertes Zimmer zu 90 DM an.

Ich fuhr sofort hin, um es festzumachen. Die Vermieterin fragte zuerst, ob ich Ausländer wäre. An die vermiete sie grundsätzlich nicht. Dann wollte sie wissen, ob ich auch kein Arbeiter wäre? Sie hätte bisher nur an ›seriöse‹ Herren vermietet. Der letzte, ein Oberingenieur, habe sechs Jahre bei ihr gewohnt. Ich mußte mich bei ihr als Angestellter ausgeben, um das »Ohne-fließend-Wasser-Zimmer» überhaupt zu bekommen.

Zum Glück ist mein erster Arbeitstag bald überstanden. Viel schlauer als heute morgen bin ich auch jetzt noch nicht.

Man hat mir einen blauen Kittel in die Hand gedrückt, »'rumdrehn, so, paßt«, und mir eine Kiste voll Werkzeug unter den Arm geklemmt, dafür mußte ich unterschreiben.

Dann hat mich noch jemand vor Unfällen gewarnt, »nur ja uffjepaßt, daß nix Schlimmes passiert, von wegen Finger abquetschen und so an de Maschinen, wir müssen für jeden schweren Unfall 2000 Mark an die Berufsgenossenschaft zahlen«. Das nehme ich mir zu Herzen.

Ich entdecke einige, die einen Verband um den Finger oder die Hand gewickelt haben. Die an den Maschinen blicken weder rechts noch links. Ich glaube, es hat keiner bemerkt, daß ich neu bin. Nur der Italiener neben mir, der auch an Plättchen herumfeilt, hat Notiz von mir genommen. Er grinst zu mir herüber: »Arbeit nix schwer, Arbeit aber auch nix gut. Akkord is Scheiße!« Hastig hat er mir die Worte an den Kopf geschmissen, ohne dabei seine Arbeit zu unterbrechen.

Immer wenn er einen Kasten mit Plättchen fertig hat, rechnet er umständlich etwas aus, wobei er seine Finger zu Hilfe nimmt. Dann füllt er einen Zettel aus, überträgt das anschließend noch in ein kleines Heft. Das kostet ihn allerhand Zeit.

In der viertelstündigen Frühstückspause spricht er mich noch mal an. Ihn interessiert, ob ich schon eine Zeitkontrollmarke habe.

Nicht? Das kann er sich denken, die warten immer eine Woche ab, weil viele in den ersten Tagen wieder gehen. Er will es auch nicht mehr lange machen. Die Arbeit wird ihm zuviel. »Für dieselbe Arbeit früher 20 Minuten, heute 9 Minuten Zeit«, gibt er mir zu verstehen, und »attenzione, Kalkulator, buh!« Wenn der kommt – an der Stoppuhr und an seinem weißen Kittel kann ich ihn erkennen –, soll ich nicht zu schnell arbeiten, sonst schindet er noch mehr Arbeit heraus.

Ein Arbeiter, der vorbeikommt und die Worte aufgeschnappt hat, bestätigt es und fügt noch hinzu: »Zuerst steigen die Preise. Dann müssen wir lange genug darum kämpfen, um die Löhne anzugleichen. Ist das erreicht, schraubt die Werksleitung unser Arbeitspensum in die Höhe. Und steigert womöglich trotz der Lohnerhöhung noch ihren Gewinn. Die Dummen sind immer wir …«

Jeden Morgen um 6 Uhr, auf dem Weg zur Arbeit in der Straßenbahn, bietet sich mir das gleiche Bild. Die meisten Frühaufsteher verstecken ihr Gesicht hinter der Bild-Zeitung.

Vor den Werkstoren haben sich Ausrufer des Groschenblatts postiert und schmettern ihre allmorgendlichen Parolen: »Noch ein Mord, der Würger ist mitten unter uns!« und »Oben ohne« und »Geschändete Frauenleiche klagt an!« und »Goldwater schwer im Kommen; er verspricht uns Deutschen: Ich mach mit der Mauer kurzen Prozeß!« und »Strauß sagt: Hoppla, ich bin wieder da!«

Auf dem Werksgelände sind stumme Ausrufer aus Pappe postiert, mit Selbstbedienungskästen vorm Bauch, und die jeweiligen Schlagzeilen sprechen ebenfalls eine beredte Sprache. In der Frühstückspause verschlingen die meisten dann neben ihren Brotschnitten noch das Gemisch aus Blut, Sex, verdrehten politischen Informationen und nationaler Hetze.

KARL MICKEL
Odysseus in Ithaka

> Für Georg Maurer
> in herzlicher Verehrung

Wo bin ich? das ist nicht Ithaka. Die Berge
Sind blau in Ithaka, die Ebnen geräumig
Das Blattwerk grün, o Wechselspiel der Schatten
Auf Wechsellicht lebendiger Gewässer!
Stumpf schleicht's zwischen Geröll stinkend

Hier. Die Haine Staub und Strünke, aufstehn
Will ich nicht, ich wäre mit einem Schritt
Am Rand der Welt und spucke auf die Hügel.

Ich hab geschrumpft dies Land, indem ich ging
Zehn Jahre Troia, und ich kenns nicht wieder
Und hätt es nicht erkannt nach einem Tag:
Was ich verlasse, schrumpft. Die Frau am Morgen
Sobald die Tür ich zuschlag, ihre eigne
Großmutter ist sie, die Tür fällt rieselnd
In Staub, das Haus in Trümmern, Bäume dorrn
Sobald ich tret aus ihrem Schatten, Flüsse
Lassen zurück im leeren Bett geplatzte
Fische, wenn ich ausm Bad steig. So
Das hier ist Ithaka, seine eigne Mumie.

Ich bin ein Gott vermutlich und kann aufleben
Was ich einschrumpfte, andres dafür tötend.
's geht ein Gerücht, Odysseus kehre wieder
Leichenfarb, die Leichenfarb zu tauschen
Gegen Wangenrot von dreihundert Jünglingen:
Dann trügen diese Äcker doppelt, Zwillinge
Wirft alles Vieh, mit Wölfen Lämmer spielen
Und Götter kehren ein in Ithaka
Regelmäßig

Dreihundert Stück! Penelope, entweder
Mit jedem macht sie's, keinen will sie dauernd
Dreihundert Mann ersetz nicht einmal ich!
Oder mit Keinem? da wär sie zu langweilig
Und Kirke fällt mir ein, wenn ich sie v...
Die Sau. Für Kirkes Schatten soll ich
Dreihundert abtun? Keinen. Troia reicht.
Ich will kein Gott sein, hinter mir zerfällt
Die sich selber fallen läßt, die Welt.

Zehn Jahr auf dünner Planke ritt ich, mit
Göttern meinen Willen kreuzend, litt
Klaglos, meines Feinds Poseidon Kraft
Stülpt ich auf meine Schwachheit, harter Haft
Vertrauend, daß die dauere und ich
Auf solchen Fels, ein Gott, mir gründe: mich.

Nun will ich nicht allein sein. Und ich geh
Mit wenig Freunden, auf der öden See
Wo keiner war, errichten ein Gefährt:
Ein schwankend flüchtig sicheres, die Erd.

Die Welt ein Schiff! voraus ein Meer des Lichts
Uns hebt der Bug, so blicken wir ins Nichts

HEINER MÜLLER
Tod des Odysseus

Mit wenig Rudrern auf den schiffgewordnen
Baum pflanzt ich meine Hoffnung, müd des Festen
Das Meer neu pflügend mit vergehender Furche
Mit seiner Weite meine Dauer messend.
Immer wieder abends der rötliche
Himmel mit den zwei drei grauen letzten
Wolken überm Gaswerk Kraftwerk Atommeiler
Seit Odysseus starb fünf Monatsreisen
Westlich von Gibraltar im Atlantik
Weit entfernt von Kranz und Flor, durch Brandung.
In der Hölle der Neugierigen brennt er
Dante hat ihn gesehn, mit andern Flammen.

Philoktet 1950

Philoktet, in Händen das Schießzeug des Herakles, krank mit
Aussatz ausgesetzt auf Lemnos, das ohne ihn leer war
Von den Fürsten mit wenig Mundvorrat, zeigte da keinen
Stolz, schrie, bis das Schiff schwand, von seinem Schrei nicht
                                                                                           gehalten
Und gewöhnte sich ein, Beherrscher des Eilands, sein Knecht auch
An es gekettet mit Ketten umgebender Meerflut, von Grünzeug
Lebend und Getier jagbarem zehn Jahre lang auskömmlich.
Nämlich im zehnten vergeblichen Kriegsjahr entsannen die Fürsten
Des Verlassenen sich. Wie den Bogen er spannte, den weithin
Tödlichen. Schiffe schickten sie, heimzuholen den Helden
Daß er mit Ruhm sie bedecke. Doch zeigte der ihnen da seine
Stolzeste Seite. Gewaltsam mußten sie schleppen an Bord ihn
Seinem Stolz zu genügen. So holte er nach das Versäumte.

GÜNTER KUNERT
Auf unzeitgemäß verfertigtem Papier

Auf unzeitgemäß verfertigtem Papier
Schreibe ich
Eine kleine fossile Wahrheit
In der Schrift
Welche vor den täglichen Weltuntergängen
Verständlich war.

HEINZ PIONTEK
Deutschland

Pferde, silbern in die Luft schlagend,
die weitgereisten Störche,
die Fischer an den Strömen
sterben aus.

Ich schreibe das unter einer Eiche
mit meiner rechten Hand.
Das Vaterland im Nordwind
liegt hingestreckt,
ein verwilderter Soldat.

Daß eine Klarinette geblasen wird
im Morgenrot,
ist eine schöne Behauptung.

Einige Dinge kommen aus ohne Zeit.

So will ich mir eine Gegend suchen,
die aufgebaut ist von einem
heiteren Verstand.
Die Himmelsrichtung Hell
oder Mauretanien,
zum Beispiel.

Alberti könnte zu finden sein
auf einem kühlen Balkon,

oberhalb von Barken,
die Zuckerhüte geladen haben.

Ein Windstoß im Weinberg
ist dort die Liebe.

Man verliebt sich noch vor dem Frühstück.

Leichthin werde ich auf einer Mauer wohnen,
in der die Sonne knistert,
ein Eidechsenleben lang –

und dann wortlos,
mit einer neuen Vernunft zurückkehren
dahin, wo man stirbt,
wenn man nicht gestorben ist.

GÜNTER GRASS
Ja

Neue Standpunkte fassen Beschlüsse
und bestehen auf Vorfahrt.
Regelwidrig geparkt, winzig,
vom Frost übersprungen,
nistet die Anmut.
Ihr ist es Mühsal, Beruf,
die Symmetrie zu zerlächeln:
Alles Schöne ist schief.
 Uns verbinden, tröste Dich,
 ansteckende Krankheiten.
 Ruhig atmen, – so, –
 und die Flucht einschläfern.
 Jeder Colt sagt entwederoder …
 Zwischen Anna und Anna
 entscheide ich mich für Anna.
Übermorgen ist schon gewesen.
Heute war wedernoch.
Was auf mich zukommt,
eingleisig,
liegt weiter zurück als Austerlitz.

Zu spät. Ich vergesse Zahlen,
bevor sie strammstehen.
> Grau ist die Messe.
> Denn zwischen Schwarz und Weiß,
> immer verängstigt,
> grämen sich Zwischentöne.
> Mein großes Ja
> bildet Sätze mit kleinem nein:
> Dieses Haus hat zwei Ausgänge;
> ich benutze den dritten.
Im Negativ einer Witwe,
in meinem ja liegt mein Nein begraben.

VOLKER BRAUN
Die Mauer

1
Zwischen den seltsamen Städten, die den gleichen
Namen haben, zwischen vielem Beton
Eisen, Draht, Rauch, den Schüssen
Der Motore: in des seltsamen Lands
Wundermal steht aus all dem
Ein Bau, zwischen den Wundern
Auffallend, im erstaunlichen Land
Ausland. Gewöhnt
An hängende Brücken und Stahltürme
Und was noch an die Grenze geht
Von Material und Maschinen, faßt
Der Blick doch nicht
Das hier.

Zwischen all den Rätseln: das ist
Fast ihre Lösung. Schrecklich
Hält sie, steinerne Grenze
Auf was keine Grenze
Kennt: den Krieg. Und sie hält
Im friedlichen Land, denn es muß stark sein
Nicht arm, die abhaun zu den Wölfen
Die Lämmer. Vor den Kopf
Stößt sie, das gehn soll wohin es will, nicht

In die Massengräber, das
Volk der Denker.

Aber das mich so hält, das halbe
Ländchen, das sich geändert hat mit mir, jetzt
Ist es sicherer, aber
Ändre ichs noch? Von dem Panzer
Gedeckt, freut sichs
Seiner Ruhe, fast ruhig? Schwer
Aus den Gewehren fallen die Schüsse:
Auf die, die es anders besser
Halten könnte. *Die Mauern stehn
Sprachlos und kalt, im Winde
Klirren die Fahnen.*

2
Die hinter den Zeitungen
Anbellen den Beton und, besengt
Von den Sendern, sich aus dem Staub machen
Der Baustellen oder am Stacheldraht
Unter Brüdern harfen und
Unter den Kirchen scharren Tunnels: die
Blinden Hühner finden sich
Vor Kimme und Korn. Unerfindlich
Aber ist ihnen, was diese Städte
Trennt. Weil das nicht
Aus Beton vor der Stirn pappt.
Uns trennt keine Mauer

Das ist Dreck aus Beton, schafft
Das dann weg, mit Schneidbrennern
Reißt das klein, mit Brecheisen
Legts ins Gras: wenn sie nicht mehr
Abhaun mit ihrer Haut zum Markt
Zerhaut den Verhau. Wenn machtlos sind
Die noch Grenzen ändern wollen
Zerbrecht die Grenze. Der letzte Panzer
Zerdrückt sie und sie ihn.
Daß sie weg ist.

Jetzt laßt das da.

3
Aber
Ich sag: es bleibt Dreck, es steht
Da durch die Stadt, unstattlich
Es stinkt zum offenen Himmel, der Baukunst
Langer Unbau, streicht ihn schwarz
Die Brandmauer, nehmt die Fahnen ab
Ich sage: es ist ein
Schundbau, scheißt drauf

Denn es ist nicht
Eure Schande: zeigt sie.
Macht nicht in einem August
Einen Garten daraus, wälzt den Dreck nicht
Zu Beeten breit, mit Lilien über den Minen
Pflanzt Nesseln, nicht Nelken, was sollen
Uns, daß wir ausruhn drin, Lorbeerhaine
Macht nicht wohnlich das Land dort
Wo kein Mensch wohnen kann
Schmückt das Land nicht
Mit seiner Not. Und
Laßt nicht das Gras wachsen
Über der offenen Schande: es ist
Nicht eure, zeigt sie.

Wolfdietrich Schnurre
Wahrheit

Ich war vierzehn, da sah ich,
im Holunder aß eine Amsel
von den Beeren der Dolde.

Gesättigt flog sie zur Mauer
und strich sich an dem Gestein
einen Samen vom Schnabel.

Ich war vierzig, da sah ich,
auf der geborstenen Betonschicht
wuchs ein Holunder. Die Wurzeln

hatten die Mauer gesprengt;
ein Riß klaffte in ihr,
bequem zu durchschreiten.
Mit splitterndem Mörtel
schrieb ich daneben: »Die Tat
einer Amsel.« Man lachte.

Heinz Piontek
Um 1800

Zierlich der Kratzfuß
der Landeskinder,

während wer fürstlich
aufstampft.

Gedichtzeilen.
Stockschläge.

Viele träumen,
daß man sie verkauft.

Die Tinte leuchtet.

Deutschlands
klassische Zeit.

Günter Kunert
Film – verkehrt eingespannt

Als ich erwachte
Erwachte ich im atemlosen Schwarz
Der Kiste. Ich hörte: Die Erde tat sich
Auf zu meinen Häupten. Erdschollen
Flogen flatternd zur Schaufel zurück.
Die teure Schachtel mit mir dem teuren
Verblichenen stieg schnell empor.

Der Deckel klappte hoch und ich
Erhob mich und fühlte gleich: Drei
Geschosse fuhren aus meiner Brust
In die Gewehre der Soldaten die
Abmarschierten schnappend
Aus der Luft ein Lied
Im ruhig festen Tritt
Rückwärts.

Karl Krolow
Militärstück

I

Der schöne Leichnam
vergessener Kriege:
jederzeit
zu besichtigen.

Ein Soldat ist im Schlafe
seinem Heldentode ähnlich.

Gestohlene Trommeln
machen eine Nebenstraße
zur Hauptstraße.

Der Geist alter Musketen
überm gehorsamen Wasser
schwebend.

Meine Republik ist besser
als deine.

Laßt uns Fanfaren
austauschen.

Rechtzeitiges Schießen
will gelernt sein.

II

Am offenen Grabe der Begeisterung
in Tränen ausbrechen.

Sie haben die Wirkung
von gezielten Schüssen.

Wähle rechtzeitig die Farbe
deiner Uniform
in undankbarer Zeit,
in der nichts mehr
mit Pistole und Säbel
entschieden wird.

Ohne Bildung
tötet man nie
aus Vergnügen.

Vaterland, kräftiger Schnauzbart einst,
Marsch der Großväter
am Gußeisen hin.

Es schwankt, wenn man zu leise
gestiefelt ist.

DIETER SÜVERKRÜP
Vietnam-Zyklus

1.
Er hieß Da-Min-Shu
war so jung wie du.
Sohn eines Bauern in Südvietnam.
Hatte nie genug zu essen.
Gestern wurde er vergessen.
Und zwei grinsende Ledernackenfressen
schaun dich aus der Morgenzeitung an.

2.
Wirtschaftsbericht
Bei der Nirgendwer A. G. im Nirgendwoland
(Die Herren trinken Orangensaft)

Meine Herren, ohne Zweifel
hat die Industrie
ein vitales Interesse
daran, daß sich die
Arbeitslosigkeit in Grenzen
hält.

Demzufolge, meine Herren,
hat die Industrie
ein vitales Interesse
daran, daß sich die
Waffen, die sie produziert,
von Zeit zu Zeit verschleißen.

Drittens aber, meine Herren,
muß die Industrie,
um im harten Konkurrenzkampf
zu bestehen, die
Waffen immer besser machen.
Und dazu braucht sie:
einen kleinen Kriegsschauplatz, wo man
den ganzen Kram in Ruhe ausprobieren kann.

3.
Hexenverbrennung mit Publikum

Es zog ein Brandgeruch ums Gotteshaus,
ein junges Weib starb kreischend in den Flammen.
Das Weib war als ein Teufelsweib bekannt.
Den Gott der Liebe haben sie genannt,
zu dessen Lob sie ihr das Leben nahmen.
Der Pfaff spendierte einen Extra-Segen.
Daran war allen kolossal gelegen.
(Nach dem Gewitter braucht es etwas Regen)

Gar viele wurden so zu Tod geschunden
grad wie die angebliche Teufelsmagd.

Kein Bürger nicht hat nichts dabei gefunden –
und wenn, dann hat er es nicht laut gesagt.
Die Theologen konnten schlau beweisen,
daß so eine der Teufel selber sei.
Man ging erbaut, im Ratsherrnkrug zu speisen,
und fühlte sich von allen Sünden frei.

Das war im Jahre fünfzehnhundertzehn.
Wir denken heute wesentlich humaner.
Wir lassen so 'was niemals nicht geschehn
und bauen fest auf die Amerikaner.
Wir haben ein empfindliches Gewissen.
Wenn was von schmutzigem Krieg im Tagblatt steht,
dann möchten wir zumindest, bitte, wissen,
daß er gegen den Kommunismus geht.

4.
Rein Technisches

Täglich starten vom Inselflugplatz
einige hundert Bomber, beladen
mit Giftgas und Napalm.

Denn das Land Vietnam ist verseucht,
die Menschen dort sind befallen
vom grenzenlosen Zorn
gegen ihre Unterdrücker.

Der strategische Aufwand ist beträchtlich.
Der Kommandeur äußert sich befriedigt
über den reibungslosen Ablauf
des Völkermords.

5.
Partisanenbekämpfung (ein Illustrierten-Foto)

Früh um viere
sang ein Knabe
weil da auch ein Vogel sang
sang so froh und
deshalb wurden

sie entdeckt. Das Militär
hat ein Ohr für solchen Klang.

Um halbe neune
lagen sie schön
aufgereiht im Sonnenschein
waidgerecht und
glatt erlegt. Es
sollt' auch noch in diesem Krieg
eine kleine Ordnung sein.

6.
Western-Ballade

Jimmy Gray bekam vor einem Jahr
einen roten Kopf wegen der Marie.
Daran sahn die Nachbarn, wie verliebt er war.
Und er hatte einen Job bei der Erdöl Company.

Jimmy Gray bekam am Tag darauf
einen Brief von der Armee,
und er mußte nach Vancouver rauf.
Und im Urlaub fiel zu Hause Schnee.

Jimmy Gray bekam einen Extra-Sold,
und er mußte nach Vietnam.
Und die Sonne war blank wie ein Dollar aus Gold,
als sein Schiff in den Hafen schwamm.

Jimmy Gray bekam eine Woche drauf
einen Bombensplitter in den Bauch.
Und er lag und schrie und er hörte nicht auf.
Und den Sergeant störte das auch.

Erst als es Tag geworden war,
als Jimmy Gray nicht mehr schrie,
und das Stöhnen auch nicht mehr zu hören war,
kamen zwei Sanitäter von der Kompanie.

Und sie nahmen ihm das Soldbuch ab
und verscharrten ihn im Tal.
Das ist nun mal nicht besser, so ein Heldengrab,
und ein alltäglicher Fall.

7.
Er hieß Da-Min-Shu
war so jung wie du.
Sohn eines Bauern in Südvietnam.
Hatte nie genug zu essen.
Gestern wurde er vergessen.
Und zwei grinsende Ledernackenfressen
schaun dich aus der Morgenzeitung an.

Erich Fried
Preislied für einen Freiheitskrieger

Als man ihn fragte
was er fühle beim Anblick
und Anhören aller Einzelheiten des Krieges
sah er dem Frager
dem Engländer Michael Charlton
ins Gesicht
und gab dann die Antwort:
Nichts

Nichts beim Anblick der Toten
beim Hören der Schreie von Frauen
der ächzenden Atemzüge
Gefangener unter der Folter
und nichts beim Klappern
der Krüppelstöcke bombenverstümmelter Kinder.
Nichts beim Riechen des süßlichen Dufts
aus Bambusmatten
in denen die Toten zu lange warten müssen.
Und auch beim Röcheln
seiner eigenen Kameraden
der Neger und Hillbillies
die man einzieht zum großen Verheizen
Nichts

O du vollkommener Krieger
endlich erreichtes Ziel
der Personalplanung

frei von Schwächen und frei verfügbar
Wie könnte man ohne dich
so entscheidende Kämpfe
so fern der Heimat führen?
Was fühlst du?
Nichts

Held der verdinglichten Welt
wer wie du ist
der kann auch Kinder
in die Zähne der Müllschlucker werfen
oder in Gaskammern
die schmerzloser töten als Napalm.
Glücklich der Feldherr
der über dich verfügt
er muß sich keine Hemmungen auferlegen.
Er weiß du bist frei
von weibischen Skrupeln
ein Krieger für so einen Krieg.
Dir fehlt zur Vollendung
Nichts

Dir muß man kein Denkmal setzen
du bist schon lebendigen Leibes
noch schießend
Granaten werfend
noch Sold empfangend
noch grunzend in den Bordellen von Saigon
so hart und beständig
wie die Männer aus Stein und Bronze.
Weil du nichts fühlst
was kann dich beirren?
was kann dich warnen?
was kann dich retten?
Nichts

Editorische Notiz

Als Vorlage für die Textwiedergabe dienten, wenn irgend möglich, die Fassungen der Erstdrucke. Im Anhang sind der Erstdruck und, falls der nicht zur Verfügung stand, die abweichend verwendete Vorlage verzeichnet. Die Datierung der Prosatexte richtet sich in der Regel nach dem Erstdruck in Buchform, bei Theaterstücken auch nach der Uraufführung, bei Gedichten auch nach ihrem Erstdruck in Zeitschriften.

Es wurden möglichst nur abgeschlossene Texte (Gedichte, Erzählungen usw.) gedruckt. Aus umfangreicheren Texten (Romanen, Dramen, Hörspielen usw.) wurden in sich geschlossene Sinneinheiten aufgenommen. Auslassungen zu Beginn und am Ende eines Textes wurden nicht gekennzeichnet. Auslassungen im Text sind durch (...) markiert. Leerzeilen vor und nach dem Auslassungszeichen bedeuten, daß nicht nur Absätze, sondern ganze Kapitel ausgelassen wurden. Vom Herausgeber eingesetzte Gedichttitel sind kursiv.

Offensichtliche Druckfehler wurden stillschweigend korrigiert. Hervorhebungen, in den Vorlagen gesperrt oder kursiv, erscheinen hier kursiv. Anmerkungen und Fußnoten der Autoren zu ihren hier abgedruckten Texten werden in den Nachweisen wiedergegeben.

Bei der Besorgung der Texte und der Erarbeitung der Dokumentation haben mir Dirk Engelhardt und Jan Strümpel geholfen. Dafür danke ich ihnen. Eckhard Thiele danke ich für Ratschläge.

Schließlich danke ich den Lizenzgebern, daß sie diese Dokumentation möglich gemacht haben – und dem Deutschen Taschenbuch Verlag dafür, daß er dieses umfängliche Unternehmen an die Öffentlichkeit bringt.

H.L.A.

Nachweise 1961-1966

AICHINGER, ILSE (* 1921)
»Mein grüner Esel«. Erstveröffentlichung: »Neue Rundschau«. 1962. H. 4. S. 675-677. © 1965 by S. Fischer Verlag, Frankfurt/M. *Seite 124*
ARP, HANS (1887-1966)
»Um den Menschen handelt es sich«. Erstveröffentlichung: »Logbuch des Traumkapitäns«. Zürich (Arche) 1965. S. 47-48. © 1965 by Verlag Die Arche, Zürich. *Seite 340*
ARTMANN, H.(ANS) C.(ARL) (* 1921)
»das suchen nach dem gestrigen tag oder schnee auf einem heißen brotwecken. eintragungen eines bizarren liebhabers«. Erstveröffentlichung: Olten, Freiburg i.Br. (Walter) 1964. Hier aus: »The best of H. C. Artmann«. Frankfurt/M. 1970. S. 223-227. © 1970 by Suhrkamp Verlag, Frankfurt/M. *Seite 288*
AUGUSTIN, ERNST (* 1927)
»Der Kopf. Roman«. Erstveröffentlichung: München (Piper) 1962. S. 13-20. © by Ernst Augustin. *Seite 113*
AUSLÄNDER, ROSE (1901-1988)
»Israel«. Erstveröffentlichung: »Blinder Sommer«. Wien (Bergland) 1965. Hier aus: »Gesammelte Gedichte«. Hg. von Hugo Ernst Käufer und Berndt Mosblech. 3., erw. Auflage: Köln (Braun) 1978. S. 106. © 1985 by S. Fischer Verlag, Frankfurt/M. *Seite 350*
BACHMANN, INGEBORG (1926-1973)
»Undine geht«. Erstveröffentlichung: »Das dreißigste Jahr. Erzählungen«. München (Piper) 1961. S. 231-244. © 1978 by Piper Verlag, München. *Seite 38*
BÄCHLER, WOLFGANG (* 1925)
»Bürger«. Erstveröffentlichung: »Türklingel. Balladen, Berichte, Romanzen«. München (Bechtle) 1962. S. 23-25. © 1962 by Bechtle Verlag in der F.A. Herbig Verlagsbuchhandlung, München. *Seite 86*
BAUER, WOLFGANG (* 1941)
»Richard Wagner«. Erstveröffentlichung: »Mikrodramen«. Berlin (Fietkau) 1964. Hier aus: »Werke«. Bd. 1: »Einakter und frühe Dramen«. Graz, Wien (Droschl) 1987. S. 206-209. © by Literaturverlag Droschl, Graz. *Seite 285*

BAYER, KONRAD (1932-1964)
»georg, der läufer«; »thorstein« (aus: »sechsundzwanzig namen«). Erstveröffentlichung: »Wort in der Zeit«. 1964. H. 9. Hier aus: »Das Gesamtwerk«. Hg. von Gerhard Rühm. Reinbek (Rowohlt) 1977. S. 199-200, 208-209. © 1985, 1996 by ÖBV/Klett-Cotta Verlag, Wien. *Seite 292*

BECKER, JÜRGEN (* 1932)
»Felder«. Erstveröffentlichung: Frankfurt/M. (Suhrkamp) 1964. S. 7-14. © 1964 by Suhrkamp Verlag, Frankfurt/M. *Seite 279*

BERNHARD, THOMAS (1931-1989)
- »Frost. Roman«. Erstveröffentlichung: Frankfurt/M. (Insel) 1963. Hier aus: Frankfurt/M. (Suhrkamp) 1972. S. 252-255. © 1963 by Insel Verlag, Frankfurt/M. *Seite 178*
- »Amras«. Erstveröffentlichung: Frankfurt/M. (Insel) 1964. Hier aus: Frankfurt/M. (Suhrkamp) 1979. S. 29-34. © 1964 by Suhrkamp Verlag, Frankfurt/M. *Seite 306*

BICHSEL, PETER (* 1935)
»Der Milchmann«. Erstveröffentlichung: »Eigentlich möchte Frau Blum den Milchmann kennenlernen. 21 Geschichten«. Olten, Freiburg i.Br. (Walter) 1964. Hier aus: Frankfurt/M. (Suhrkamp) 1993. S. 34-37. © 1964 by Walter Verlag, Olten, Freiburg i.Br. Alle Rechte bei und vorbehalten durch Suhrkamp Verlag, Frankfurt/M. *Seite 302*

BIELER, MANFRED (* 1934)
»Wostok«. Erstveröffentlichung: »Neue Deutsche Literatur«. 1961. H. 11. S. 94-95. © by Manfred Bieler. – Das Gedicht wurde mit folgendem Hinweis versehen: »Dieser Text entstand in Zusammenarbeit mit Reiner Bredemeyer, der auch die Musik dazu schrieb. Wir gratulieren damit Juri Gagarin und German Titow.« *Seite 64*

BIENEK, HORST (1930-1990)
»Unsere Asche«. Erstveröffentlichung: »Akzente«. 1965. H. 2. S. 120-121. © by Carl Hanser Verlag, München, Wien. *Seite 353*

BIERMANN, WOLF (* 1936)
»Berlin«. Erstveröffentlichung: »Sonnenpferde und Astronauten. Gedichte junger Menschen«. Hg. von Gerhard Wolf. Halle (Mitteldeutscher Verlag) 1964. S. 30. Auch in Wolf Biermann: »Alle Lieder«. © 1991 by Verlag Kiepenheuer & Witsch, Köln. *Seite 275*

BINGEL, HORST (* 1930)
»Fragegedicht (Wir suchen Hitler)«. Erstveröffentlichung:

»Frankfurter Allgemeine Zeitung«, 30.1.1965. © by Horst Bingel. *Seite 373*

BOBROWSKI, JOHANNES (1917-1965)
- »Bericht«. Erstveröffentlichung: »Sinn und Form«. 1961. H. 4. S. 552. © by Deutsche Verlags-Anstalt, Stuttgart. *Seite 21*
- »Gegenlicht«. Erstveröffentlichung: »Sarmatische Zeit«. Stuttgart (Deutsche Verlags-Anstalt) 1961. Hier aus: »Sarmatische Zeit. Schattenland Ströme«. Stuttgart (Deutsche Verlags-Anstalt) 1971. S. 25-26. © by Deutsche Verlags-Anstalt, Stuttgart. *Seite 49*
- »Holunderblüte«. Erstveröffentlichung: »Schattenland Ströme. Gedichte«. Stuttgart (Deutsche Verlags-Anstalt) 1962. S. 29. © by Deutsche Verlags-Anstalt, Stuttgart. *Seite 91*
- »Mäusefest«. Erstveröffentlichung: »Mäusefest und andere Erzählungen«. Berlin (Wagenbach) 1965. S. 7-11. © by Verlag Klaus Wagenbach, Berlin. *Seite 341*

BÖLL, HEINRICH (1917-1985)
- »Ansichten eines Clowns. Roman«. Erstveröffentlichung: Köln, Berlin (Kiepenheuer & Witsch) 1963. S. 20-24. © 1963, 1966, 1992 by Verlag Kiepenheuer & Witsch, Köln. *Seite 216*
- »Ende einer Dienstfahrt. Erzählung«. Erstveröffentlichung: Köln, Berlin (Kiepenheuer & Witsch) 1966. S. 179-188. © 1966, 1994 by Verlag Kiepenheuer & Witsch, Köln. *Seite 394*

BORCHERS, ELISABETH (* 1926)
»Nachrichten nach Moabit«. Erstveröffentlichung: »Neue Rundschau«. 1965. H. 4. S. 623. © by Elisabeth Borchers. *Seite 378*

BORN, NICOLAS (1937-1979)
»Liebesgedicht«. Erstveröffentlichung: »Akzente«. 1966. H. 1/2. S. 161. Auch in Nicolas Born: »Gedichte«. © 1978 by Rowohlt Verlag, Reinbek. *Seite 415*

BRÄUNIG, WERNER (1934-1976)
»Wir gehen über den Rummelplatz«. Erstveröffentlichung: »Bekanntschaft mit uns selbst. Gedichte junger Menschen«. Halle (Mitteldeutscher Verlag) 1961. S. 9. © by Michael Bräunig. *Seite 50*

BRAMBACH, RAINER (1917-1983)
»An der Plakatwand«. Erstveröffentlichung: »Akzente«. 1963. H. 5. S. 581. Auch in Rainer Brambach: »Heiterkeit im Himmel«. © 1989 by Diogenes Verlag, Zürich. *Seite 220*

BRAUN, VOLKER (* 1939)
- »Kommt uns nicht mit Fertigem«. Erstveröffentlichung:

»Auswahl 64. Neue Lyrik – Neue Namen«. Berlin (Verlag Neues Leben) 1964. S. 17. © by Mitteldeutscher Verlag, Halle. *Seite 259*
- »Unsere Gedichte«. Erstveröffentlichung: »Sonnenpferde und Astronauten. Gedichte junger Menschen«. Hg. von Gerhard Wolf. Halle (Mitteldeutscher Verlag) 1964. S. 6. © by Mitteldeutscher Verlag, Halle. *Seite 275*
- »Die Mauer«. Erstveröffentlichung: »Kursbuch«. 1966. H. 4. S. 64-66. © by Mitteldeutscher Verlag, Halle. *Seite 444*

BREITBACH, JOSEPH (1903-1980)
»Bericht über Bruno. Roman«. Erstveröffentlichung: Frankfurt/M. (Insel) 1962. Hier aus: Frankfurt/M. (Fischer) 1985. S. 9-15. © by S. Fischer Verlag, Frankfurt/M. *Seite 108*

BRINKMANN, ROLF DIETER (1940-1975)
- »Kulturgüter«. Erstveröffentlichung: »Ihr nennt es Sprache. Achtzehn Gedichte«. Leverkusen (Willbrand) 1962. Hier aus: »Standphotos. Gedichte 1962-1970«. Reinbek (Rowohlt) 1980. S. 13. © 1980 by Rowohlt Verlag, Reinbek. *Seite 142*
- »Das Lesestück«. Erstveröffentlichung: »Die Umarmung. Erzählungen«. Köln, Berlin (Kiepenheuer & Witsch) 1965. Hier aus: Reinbek (Rowohlt) 1985. S. 102-113. © 1985 by Rowohlt Verlag, Reinbek. *Seite 325*
- »Vogel am leeren Winterhimmel«. Erstveröffentlichung: »Ohne Neger. Gedichte 1965«. Hommerich (Paul Eckhardt / collispress) 1966. Hier aus: »Standphotos. Gedichte 1962-1970«. Reinbek (Rowohlt) 1980. S. 78. © 1980 by Rowohlt Verlag, Reinbek. *Seite 382*

BRITTING, GEORG (1891-1964)
»Alle neun«. Erstveröffentlichung: »Der unverstörte Kalender. Nachgelassene Gedichte«. Hg. von Ingeborg Britting und Friedrich Podszus. München (Nymphenburger Verlagshandlung) 1965. S. 71. © by Ingeborg Schuldt-Britting. *Seite 355*

CANETTI, ELIAS (1905-1994)
»Aufzeichnungen 1942 – 1948«. Erstveröffentlichung: München (Hanser) 1965. Hier aus: München (Deutscher Taschenbuch Verlag) 1969. S. 13, 37, 49, 55, 66, 71, 75, 87, 112-113, 132, 153, 155. © by Carl Hanser Verlag, München, Wien. *Seite 375*

CELAN, PAUL (1920-1970)
»Huhediblu«. Erstveröffentlichung: »Die Niemandsrose«. Frankfurt/M. (Fischer) 1963. S. 73-75. © by S. Fischer Verlag, Frankfurt/M. *Seite 156*

CHOTJEWITZ, PETER O. (* 1934)
»Hommage à Frantek. Nachrichten für seine Freunde«. Erstveröffentlichung: Reinbek (Rowohlt) 1965. S. 223-227. © by Peter O. Chotjewitz. *Seite 321*

CRAMER, HEINZ VON (* 1924)
»Die Konzessionen des Himmels«. Roman. Erstveröffentlichung: Hamburg (Hoffmann und Campe) 1961. S. 127-131. © 1961 by Hoffmann und Campe Verlag, Hamburg. *Seite 21*

CZECHOWSKI, HEINZ (* 1935)
»Unsere Kinder werden die Berge sehn«. Erstveröffentlichung: »Nachmittag eines Liebespaares«. Halle (Mitteldeutscher Verlag) 1962. S. 66-67. © by Heinz Czechowski. *Seite 90*

DELIUS, FRIEDRICH CHRISTIAN (* 1943)
»Hymne«. Erstveröffentlichung: »Kerbholz. Gedichte«. Berlin (Wagenbach) 1965. S. 29. © by Friedrich Christian Delius. *Seite 372*

DODERER, HEIMITO VON (1896-1966)
»Die Wasserfälle von Slunj«. Roman. Erstveröffentlichung: München (Biederstein) 1963. S. 384-392. © 1964 by C.H. Beck'sche Verlagsbuchhandlung, München. *Seite 171*

DOMIN, HILDE (* 1912)
– »Lieder zur Ermutigung«. Erstveröffentlichung: »Neue Rundschau«. 1961. H. 3. S. 652-653. © 1987 by S. Fischer Verlag, Frankfurt/M. *Seite 18*
– »Alternative«. Erstveröffentlichung: »Hier«. Frankfurt/M. (Fischer) 1964. S. 44. © by S. Fischer Verlag, Frankfurt/M. *Seite 242*

DORST, TANKRED (* 1925)
»Der gestiefelte Kater oder wie man das Spiel spielt«. Uraufführung: Deutsches Schauspielhaus Hamburg, 18.12.1964. Regie: Hans Lietzau. Erstveröffentlichung: Köln (Kiepenheuer & Witsch) 1963. (= Collection Theater 15). S. 41-44. © by Suhrkamp Verlag, Frankfurt/M. *Seite 230*

DÜRRENMATT, FRIEDRICH (1921-1990)
– »21 Punkte zu den Physikern«. Erstveröffentlichung: »Komödien II«. Zürich (Arche) 1962. Hier aus: »Die Physiker. Eine Komödie in zwei Akten«. Werkausgabe Bd. 7. Zürich (Arche) 1980. S. 91-93. © 1985 by Diogenes Verlag, Zürich. *Seite 134*
– »Herkules und der Stall des Augias«. Uraufführung: Schauspielhaus Zürich, 20.3.1963. Regie: Leonard Steckel. Erstveröffentlichung: Zürich (Arche) 1963. S. 33-38. © 1985 by Diogenes Verlag, Zürich. *Seite 225*

DÜRRSON, WERNER (* 1932)
»Gesagt getan«. Erstveröffentlichung: »Schattengeschlecht«. Köln (Hake) 1965. Hier aus: »Werke in vier Bänden«. Bd. 1: »Dem Schnee verschrieben. Gedichte (1959-1972)«. Hg. von Volker Demuth. Baden-Baden (Elster) 1992. S. 58. © by Elster Verlag, Baden-Baden. *Seite 354*

EICH, GÜNTER (1907-1972)
– »Die Herkunft der Wahrheit«. Erstveröffentlichung: »Zu den Akten. Gedichte«. Frankfurt/M. (Suhrkamp) 1964. Hier aus: »Gesammelte Werke«. Bd. I: »Die Gedichte. Die Maulwürfe«. Hg. von Horst Ohde und Susanne Müller-Hanpft. Frankfurt/M. (Suhrkamp) 1973. S. 104. © 1973 by Suhrkamp Verlag, Frankfurt/M. *Seite 243*

– »Hilpert«. Erstveröffentlichung: »Neue Rundschau«. 1966. H. 4. S. 579-582. © 1991 by Suhrkamp Verlag, Frankfurt/M. *Seite 382*

– »Halb«. Erstveröffentlichung: »Anlässe und Steingärten«. Frankfurt/M. (Suhrkamp) 1966. Hier aus: »Gedichte«. Hg. von Ilse Aichinger. Frankfurt/M. (Suhrkamp) 1973. S. 152. © 1973 by Suhrkamp Verlag, Frankfurt/M. *Seite 412*

ELSNER, GISELA (1937-1992)
»Der Knopf«. Erstveröffentlichung: »Die Riesenzwerge«. Reinbek (Rowohlt) 1964. Hier aus: Reinbek (Rowohlt) 1985. S. 63-67. © by Alfred Hackensberger. *Seite 297*

ENDLER, ADOLF (* 1930)
»Als der Krieg zu End war:«. Erstveröffentlichung: »Die Kinder der Nibelungen«. Halle (Mitteldeutscher Verlag) 1964. S. 52. © by Adolf Endler. *Seite 244*

ENZENSBERGER, HANS MAGNUS (* 1929)
»blindenschrift«; »zweifel«; »middle class blues«. Erstveröffentlichung: »blindenschrift«. Frankfurt/M. (Suhrkamp) 1964. S. 46, 37-39, 32-33. © 1964 by Suhrkamp Verlag, Frankfurt/M. *Seite 249, 254, 301*

FICHTE, HUBERT (1935-1986)
»Das Waisenhaus. Roman«. Erstveröffentlichung: Reinbek (Rowohlt) 1965. Hier aus: Frankfurt/M. (Fischer) 1977. S. 9-17. Alle Rechte vorbehalten S. Fischer Verlag, Frankfurt/M. *Seite 333*

FRIED, ERICH (1921-1988)
– »Die Händler«; »Gegengewicht«. Erstveröffentlichung: »Warngedichte«. München (Hanser) 1964. S. 91, 73. © by Carl Hanser Verlag, München, Wien. *Seite 248, 276*

- »Preislied für einen Freiheitskrieger«. Erstveröffentlichung: »und VIETNAM und. Einundvierzig Gedichte«. Berlin (Wagenbach) 1966. S. 59-60. © by Verlag Klaus Wagenbach, Berlin. – Das Gedicht ist mit folgender Fußnote versehen: »Das Interview mit dem U.S.-Soldaten wurde am 13. Juni 1966 im BBC-Fernsehen gesendet.« *Seite 453*

FRIES, FRITZ RUDOLF (* 1935)
»Der Weg nach Oobliadooh. Roman«. Erstveröffentlichung: Frankfurt/M. (Suhrkamp) 1966. S. 59-65. © 1966 by Suhrkamp Verlag, Frankfurt/M. *Seite 386*

FRISCH, MAX (1911-1991)
»Mein Name sei Gantenbein. Roman«. Erstveröffentlichung: Frankfurt/M. (Suhrkamp) 1964. S. 72-78. © 1964 by Suhrkamp Verlag, Frankfurt/M. *Seite 303*

FRITZ, WALTER HELMUT (* 1929)
- »Auf dem jüdischen Friedhof in Worms«; »Heute abend«. Erstveröffentlichung: »Veränderte Jahre«. Stuttgart (Deutsche Verlags-Anstalt) 1963. S. 41, 87. © 1979 by Hoffmann und Campe Verlag, Hamburg. *Seite 170, 220*
- »Abweichung«. Erstveröffentlichung: Stuttgart (Deutsche Verlags-Anstalt) 1965. S. 43-45. © by Walter Helmut Fritz. *Seite 317*
- »Windungen der Dunkelheit«. Erstveröffentlichung: »Die Zuverlässigkeit der Unruhe. Neue Gedichte«. Hamburg (Hoffmann und Campe) 1966. S. 15. © 1966 by Hoffmann und Campe Verlag, Hamburg. *Seite 414*

FUCHS, GÜNTER BRUNO (1928-1977)
»Villons Herberge«. Erstveröffentlichung: »Merkur«. 1964. H. 6. S. 533. © by Carl Hanser Verlag, München, Wien. *Seite 243*

GAN, PETER (1894-1974)
»Mystisches Liedchen«. Erstveröffentlichung: »Die Neige. Gedichte«. Zürich, Freiburg i.Br. (Atlantis) 1961. S. 28. © by Gesina Möring. *Seite 46*

GOMRINGER, EUGEN (* 1925)
»das stundenbuch«. Erstveröffentlichung: München (Hueber) 1965. Hier aus: »vom rand nach innen. die konstellationen 1951-1995«. Bd. 1. Wien (edition SPLITTER) 1995. S. 373. © by edition SPLITTER, Wien. *Seite 313*

GRASS, GÜNTER (* 1927)
- »Fotogen«. Erstveröffentlichung: »Akzente«. 1961. H. 5. S. 450. © 1994 by Steidl Verlag, Göttingen. *Seite 51*

- »Hundejahre«. Roman. Erstveröffentlichung: Neuwied, Berlin (Luchterhand) 1963. S. 367-373. © 1993 by Steidl Verlag, Göttingen. *Seite 151*
- »Die Plebejer proben den Aufstand. Ein deutsches Trauerspiel«. Uraufführung: Schiller-Theater, Berlin, 15.1.1966. Regie: Hansjörg Utzerath. Erstveröffentlichung: Neuwied, Berlin (Luchterhand) 1966. Hier aus: »Werkausgabe in 10 Bänden«. Bd. VIII: »Theaterspiele«. Hg. von Volker Neuhaus. Darmstadt, Neuwied (Luchterhand) 1987. S. 466-472. © 1994 by Steidl Verlag, Göttingen. *Seite 399*
- »Ja«. Erstveröffentlichung: »Akzente«. 1966. H. 5. S. 481. © 1994 by Steidl Verlag, Göttingen. *Seite 443*

GREGOR-DELLIN, MARTIN (1926-1988)
»Östliche Elegie«. Erstveröffentlichung: »Gedichte«. Frankfurt/M. (Fischer) 1963. Hier aus: »Zeitgedichte. Deutsche politische Lyrik seit 1945«. Hg. Von Horst Bingel. München (Piper) 1963. S. 95-96. © war nicht zu ermitteln. Rechteinhaber werden gebeten, sich mit dem Verlag in Verbindung zu setzen. *Seite 151*

GREVE, LUDWIG (1924-1991)
»Katja im Spiegel«. Erstveröffentlichung: »Akzente«. 1961. H. 4. S. 306. © by Katharina Greve. *Seite 47*

GRÜN, MAX VON DER (* 1926)
»Irrlicht und Feuer. Roman«. Erstveröffentlichung: Recklinghausen (Paulus) 1963. S. 126-135. © 1967 by Rowohlt Taschenbuch Verlag, Reinbek. *Seite 199*

HACKS, PETER (* 1928)
»Moritz Tassow. Komödie«. Uraufführung: Volksbühne Berlin (Ost), 5.10.1965. Regie: Benno Besson. Erstveröffentlichung: »Sinn und Form«. 1965. H. 6. S. 908-912. © by Peter Hacks. *Seite 358*

HÄRTLING, PETER (* 1933)
»Niembsch oder Der Stillstand. Eine Suite«. Erstveröffentlichung: Stuttgart (Goverts) 1964. S. 98-101. © 1995 by Verlag Kiepenheuer & Witsch, Köln. *Seite 294*

HAMBURGER, MICHAEL (* 1924)
»Abschied«. Erstveröffentlichung: »Neue Rundschau«. 1965. H. 4. S. 545. © by Michael Hamburger. – »Abschied« ist eines von nur drei Gedichten, die Hamburger je in deutscher Sprache geschrieben hat. *Seite 343*

HAMM, PETER (* 1937)
»Erinnerung an Paris«. Erstveröffentlichung: »Akzente«. 1961.
H. 3. S. 226. © by Peter Hamm. *Seite 45*
HANDKE, PETER (* 1942)
»Publikumsbeschimpfung«. Uraufführung: Theater am Turm, Frankfurt/M., 8.6.1966. Regie: Claus Peymann. Erstveröffentlichung: »Publikumsbeschimpfung und andere Sprechstücke«. Frankfurt/M. (Suhrkamp) 1966. Hier aus: Frankfurt/M. (Suhrkamp) 1994. S. 42-48. © 1966 by Suhrkamp Verlag, Frankfurt/M. *Seite 404*
HAUFS, ROLF (* 1935)
»Straße nach Kohlhasenbrück«. Erstveröffentlichung: »Straße nach Kohlhasenbrück. Gedichte«. Neuwied, Berlin (Luchterhand) 1962. S. 9. © by Rolf Haufs. *Seite 107*
HAUSHOFER, MARLEN (1920-1970)
»Die Wand. Roman«. Erstveröffentlichung: Gütersloh (Mohn) 1963. Hier aus: Düsseldorf (Claassen) 1983. S. 39-44. © by Claassen Verlag, Hildesheim. *Seite 190*
HEIN, MANFRED PETER (* 1931)
»Litanei des Sommers«. Erstveröffentlichung: »Neue Deutsche Hefte«. 1961. H. 83. S. 30. © by Manfred Peter Hein. *Seite 48*
HEISE, HANS-JÜRGEN (* 1930)
»Selbst die Zweige der Apfelbäume«. Erstveröffentlichung: »Vorboten einer neuen Steppe«. Wiesbaden (Limes) 1961. S. 14. © by Hans-Jürgen Heise. *Seite 47*
HEISSENBÜTTEL, HELMUT (1921-1996)
- »Politische Grammatik«. Erstveröffentlichung: »Textbuch 2«. Olten, Freiburg i.Br. (Walter) 1961. S. 56-57. © by Ida Heißenbüttel. *Seite 37*
- »1 mann auf 1 bank«; »Rede die redet«. Erstveröffentlichung: »Akzente«. 1963. H. 1. S. 84, 85. © »1 mann auf 1 bank« by Verlag Klett-Cotta, Stuttgart; © »Rede die redet« by Ida Heißenbüttel. *Seite 230*
- »Gedicht über Gefühl«. Erstveröffentlichung: »Textbuch 4«. Olten, Freiburg i.Br. (Walter) 1964. S. 32. © by Verlag Klett-Cotta, Stuttgart. *Seite 277*
- »die Zukunft des Sozialismus«. Erstveröffentlichung: »Textbuch 5. 3 x 13 mehr oder weniger Geschichten«. Olten, Freiburg i.Br. (Walter) 1965. S. 159-160. © by Verlag Klett-Cotta, Stuttgart. *Seite 370*

HERBURGER, GÜNTER (* 1932)
»Wenn ich im Wasser der Flüsse lag«. Erstveröffentlichung: »Ventile. Gedichte«. Köln (Kiepenheuer & Witsch) 1966. S. 14. © by Günter Herburger. *Seite 414*

HILDESHEIMER, WOLFGANG (1916-1991)
»Tynset«. Erstveröffentlichung: Frankfurt/M. (Suhrkamp) 1965. S. 63-69. © 1965 by Suhrkamp Verlag, Frankfurt/M. *Seite 379*

HILSENRATH, EDGAR (* 1926)
»Nacht«. Roman. Erstveröffentlichung: Frankfurt/M. (Fischer) 1964. Hier aus: Frankfurt/M. (Fischer) 1980. S. 117-124. © 1990 by Piper Verlag, München. *Seite 233*

HOCHHUTH, ROLF (* 1931)
»Der Stellvertreter. Ein christliches Trauerspiel«. Uraufführung: Freie Volksbühne Berlin, 20.2.1963. Regie: Erwin Piscator. Erstveröffentlichung: Reinbek (Rowohlt) 1963. Hier aus: Reinbek (Rowohlt) 1967. S. 178-186. © 1963 by Rowohlt Taschenbuch Verlag, Reinbek. *Seite 159*

HUCHEL, PETER (1903-1981)
- »Sibylle des Sommers«. Erstveröffentlichung: »Neue Rundschau«. 1961. H. 3. S. 538. © by S. Fischer Verlag, Frankfurt/M. *Seite 48*
- »Soldatenfriedhof«. Erstveröffentlichung: »Sinn und Form«. 1962. H. 5/6. S. 872-873. © by S. Fischer Verlag, Frankfurt/M. *Seite 106*
- »Chausseen«. Erstveröffentlichung: »Chausseen, Chausseen. Gedichte«. Frankfurt/M. (Fischer) 1963. S. 59. © by S. Fischer Verlag, Frankfurt/M. *Seite 170*

JÄGERSBERG, OTTO (* 1942)
»Weihrauch und Pumpernickel. Ein westphälisches Sittenbild«. Erstveröffentlichung: Zürich (Diogenes) 1964. S. 173-177. © 1964 by Diogenes Verlag, Zürich. *Seite 269*

JANDL, ERNST (* 1925)
»piano«; »falamaleikum«; »zweierlei handzeichen«; »lichtung«. Erstveröffentlichung: »Laut und Luise«. Olten, Freiburg i.Br. (Walter) 1966. Hier aus: Neuwied, Berlin (Luchterhand) 1971. S. 12, 51, 172, 173. © by Luchterhand Literaturverlag, München. *Seite 410*

JANKER, JOSEF W. (* 1922)
»Das Telegramm«. Erstveröffentlichung: »Akzente«. 1961. H. 5. S. 454-457. © by Verlag Eremiten-Presse, Düsseldorf. *Seite 52*

JENTZSCH, BERND (* 1940)
»Blaue Stühle im Café«. Erstveröffentlichung: »Alphabet des Morgens«. Halle (Mitteldeutscher Verlag) 1961. S. 9. © by Bernd Jentzsch. *Seite 55*

JOHNSON, UWE (1934-1984)
»Das dritte Buch über Achim. Roman«. Erstveröffentlichung: Frankfurt/M. (Suhrkamp) 1961. S. 305-322. © 1961 by Suhrkamp Verlag, Frankfurt/M. *Seite 74*

KANT, HERMANN (* 1926)
»Die Aula. Roman«. Erstveröffentlichung: Berlin (Rütten & Loening) 1965. Hier aus: München (Rütten & Loening) 1966. S. 120-124. © 1965 by Verlag Rütten & Loening, Berlin. *Seite 365*

KANTOROWICZ, ALFRED (1899-1979)
»Deutsches Tagebuch«. Bd. 2. Erstveröffentlichung: München (Kindler) 1961. S. 341-346, 421-423, 655-657. © by Ingrid Kantorowicz. *Seite 66*

KASCHNITZ, MARIE LUISE (1901-1974)
- »Seenot«; »Niemand«. Erstveröffentlichung: »Neue Rundschau«. 1962. H. 3. S. 532, 530-531. © by Claassen Verlag, Hildesheim. *Seite 89, 144*
- »Spring vor«. Erstveröffentlichung: »Dein Schweigen – meine Stimme. Gedichte 1958-1961«. Hamburg (Claassen) 1962. S. 97. © by Claassen Verlag, Hildesheim. *Seite 144*
- »Mein Land und Ihr«. Erstveröffentlichung: »Ein Wort weiter«. Hamburg (Claassen) 1965. Hier aus: »Deutsche Teilung. Ein Lyrik-Lesebuch«. Hg. von Kurt Morawietz. Wiesbaden (Limes) 1966. S. 135. © by Claassen Verlag, Hildesheim. *Seite 372*
- »Ein Tamburin, ein Pferd«. Erstveröffentlichung: »Ferngespräche. Erzählungen«. Frankfurt/M. (Insel) 1966. Hier aus: »Gesammelte Werke«. Bd. 4: »Die Erzählungen«. Frankfurt/M. (Insel) 1983. S. 372-376. © 1966 by Insel Verlag, Frankfurt/M. *Seite 416*

KELLER, HANS PETER (1915-1989)
- »Mode«. Erstveröffentlichung: »Herbstauge«. Wiesbaden (Limes) 1961. S. 28. © by Limes Verlag, München. *Seite 51*
- »jemand«. Erstveröffentlichung: »Auch Gold rostet. Gedichte«. Wiesbaden (Limes) 1962. S. 41. © by Limes Verlag, München. *Seite 89*

KIPPHARDT, HEINAR (1922-1982)
»In der Sache J. Robert Oppenheimer«. Uraufführung: Münchner Kammerspiele (Regie: Paul Verhoeven) und Freie Volks-

bühne Berlin (Regie: Erwin Piscator), 11.10.1964. Erstveröffentlichung: Frankfurt/M. (Suhrkamp) 1964. Hier aus: »In der Sache J. Robert Oppenheimer. Ein Stück und seine Geschichte«. Reinbek (Rowohlt) 1987. S. 108-111. © 1987 by Rowohlt Taschenbuch Verlag, Reinbek. *Seite 256*

KIRSCH, RAINER (* 1934)
»2005«. Erstveröffentlichung: »Sinn und Form«. 1963. H. 1. S. 87. © by Rainer Kirsch. *Seite 216*

KIRSCH, SARAH (* 1935)
»Kleine Adresse«. Erstveröffentlichung: Rainer und Sarah Kirsch: »Gespräch mit dem Saurier«. Berlin (Verlag Neues Leben) 1965. S. 37-38. © by Sarah Kirsch. *Seite 357*

KLUGE, ALEXANDER (* 1932)
- »Ein Liebesversuch«. Erstveröffentlichung: »Lebensläufe«. Stuttgart (Goverts) 1962. S. 133-136. © 1974 by Suhrkamp Verlag, Frankfurt/M. *Seite 92*
- »Schlachtbeschreibung«. Erstveröffentlichung: Olten, Freiburg i.Br. (Walter) 1964. Hier aus: »Der Untergang der sechsten Armee«. München (Piper) 1969. S. 334-336. © 1983 by Suhrkamp Verlag, Frankfurt/M. *Seite 244*

KÖNIG, BARBARA (* 1925)
»Die Personenperson. Roman«. Erstveröffentlichung: München (Hanser) 1965. S. 109-113. © by Carl Hanser Verlag, München, Wien. *Seite 314*

KROLOW, KARL (* 1915)
- »Stelldichein«; »Für einen Augenblick«. Erstveröffentlichung: »Unsichtbare Hände. Gedichte 1959-1962«. Frankfurt/M. (Suhrkamp) 1962. S. 21, 69. © 1962 by Suhrkamp Verlag, Frankfurt/M. *Seite 148*
- »Grau«. Erstveröffentlichung: »Neue Deutsche Hefte«. 1964. H. 100. S. 52. © 1965, 1975, 1985 by Suhrkamp Verlag, Frankfurt/M. *Seite 243*
- »Vergänglich«. Erstveröffentlichung: »Landschaften für mich«. Frankfurt/M. (Suhrkamp) 1966. S. 106-107. © 1966 by Suhrkamp Verlag, Frankfurt/M. *Seite 416*
- »Militärstück«. Erstveröffentlichung: »Deutsche Teilung. Ein Lyrik-Lesebuch«. Hg. von Kurt Morawietz. Wiesbaden (Limes) 1966. S. 126-127. © 1965, 1975, 1985 by Suhrkamp Verlag, Frankfurt/M. *Seite 448*

KUNERT, GÜNTER (* 1929)
- »Seit dem 42. Jahr des Jahrhunderts«. Erstveröffentlichung: »Tag-

träume. Prosa«. München (Hanser) 1964. S. 27. © by Carl Hanser Verlag, München, Wien. *Seite 248*
– »Ikarus 64«. Erstveröffentlichung: »Neue Deutsche Literatur«. 1965. H. 8. S. 99-100. © by Günter Kunert. *Seite 356*
– »Sprüche«. Erstveröffentlichung: »Der ungebetene Gast. Gedichte«. Berlin, Weimar (Aufbau) 1965. S. 75. © by Carl Hanser Verlag, München, Wien. *Seite 370*
– »Auf unzeitgemäß verfertigtem Papier«; »Film – verkehrt eingespannt«. Erstveröffentlichung: »Verkündigung des Wetters. Gedichte«. München, Wien (Hanser) 1966. S. 83, 17. © by Carl Hanser Verlag, München, Wien. *Seite 442, 447*

KUNZE, REINER (* 1933)
»Der Vogel Schmerz«; »In meiner Sprache«. Erstveröffentlichung: »Widmungen«. Bad Godesberg (Hohwacht) o.J. (1963). S. 22, 46. © by Reiner Kunze. *Seite 149*

LANGE, HARTMUT (* 1937)
»Senftenberger Erzählungen 1947«. Erstveröffentlichung: »Neue Deutsche Literatur«. 1962. H. 1. S. 112-115. Auch in Hartmut Lange: »Vom Werden der Vernunft«. © 1988 by Diogenes Verlag, Zürich. – Das Theaterstück wurde nie aufgeführt. *Seite 131*

LEHMANN, WILHELM (1882-1968)
»Fallende Welt«; »Unendliches Ende«. Erstveröffentlichung: »Abschiedslust. Gedichte aus den Jahren 1957-1961«. Gütersloh (Mohn) 1962. S. 23, 37. Auch in Wilhelm Lehmann: »Gesammelte Werke in acht Bänden«. © by Verlag Klett-Cotta, Stuttgart. *Seite 145*

LENZ, HERMANN (* 1913)
»Frau im Dornbusch«. Erstveröffentlichung: »Frankfurter Allgemeine Zeitung«, 20.1.1962. Hier aus: »Hotel Memoria. Erzählungen«. Frankfurt/M. (Insel) 1996. S. 55-62. © 1966 by Insel Verlag, Frankfurt/M. *Seite 119*

LENZ, SIEGFRIED (* 1926)
»Zeit der Schuldlosen«. Uraufführung: Deutsches Schauspielhaus, Hamburg, 19.9.1961. Regie: Peter Gorski. Erstveröffentlichung: »Zeit der Schuldlosen. Zeit der Schuldigen«. Hamburg (Hans-Bredow-Institut) 1961. Hier aus: »Zeit der Schuldlosen und andere Stücke«. München (Deutscher Taschenbuch Verlag) 1988. S. 9-14. © 1980 by Hoffmann und Campe Verlag, Hamburg. *Seite 32*

LETTAU, REINHARD (1929-1996)
»Die literarischen Soiréen des Herrn P.« Erstveröffentlichung:

»Schwierigkeiten beim Häuserbauen. Geschichten«. München (Hanser) 1962. Hier aus: »Schwierigkeiten beim Häuserbauen. Auftritt Manigs«. München (Hanser) 1979. S. 65-68. © by Carl Hanser Verlag, München, Wien. *Seite 136*

LIND, JAKOV (* 1927)
»Es lebe die Freiheit«. Erstveröffentlichung: »Eine Seele aus Holz«. Neuwied (Luchterhand) 1962. Hier aus: München (Hanser) 1984. S. 163-172. © by Carl Hanser Verlag, München, Wien. *Seite 95*

LINS, HERMANN (* 1932)
»Vor den Mündungen. Roman«. Erstveröffentlichung: Frankfurt/M. (Fischer) 1961. S. 5-8. © by Hermann Lins. *Seite 24*

LOETSCHER, HUGO (* 1929)
»Abwässer – ein Gutachten«. Erstveröffentlichung: Zürich (Arche) 1963. S. 46-52. © 1989 by Diogenes Verlag, Zürich. *Seite 222*

MAURER, GEORG (1907-1971)
»Letzter Strahl«. Erstveröffentlichung: »Dreistrophenkalender«. Halle (Mitteldeutscher Verlag) 1961. S. 46. Auch in Georg Maurer: »Werke in zwei Bänden«. © by Mitteldeutscher Verlag, Halle. *Seite 50*

MAYRÖCKER, FRIEDERIKE (* 1924)
»Himmelfahrten süsze soledades«. Erstveröffentlichung: »Tod durch Musen. Poetische Texte«. Reinbek (Rowohlt) 1966. S. 72-73. © by Suhrkamp Verlag, Frankfurt/M. *Seite 409*

MECKEL, CHRISTOPH (* 1935)
»Gedicht über das Schreiben von Gedichten«. Erstveröffentlichung: »Wildnisse. Gedichte«. Frankfurt/M. (Fischer) 1962. S. 32-33. © by S. Fischer Verlag, Frankfurt/M. *Seite 142*

MEISTER, ERNST (1911-1979)
– »Atem der Steine«. Erstveröffentlichung: »flut und stein«. Darmstadt, Neuwied (Luchterhand) 1962. S. 15. © by Rimbaud Verlag, Aachen. *Seite 107*
– »Von Steinen erzogen«. Erstveröffentlichung: »Gedichte 1932-1964«. Neuwied, Berlin (Luchterhand) 1964. S. 264. © by Rimbaud Verlag, Aachen. *Seite 241*

MICKEL, KARL (* 1935)
– »Dresdner Häuser (Weißer Hirsch und Seevorstadt)«. Erstveröffentlichung: »Bekanntschaft mit uns selbst. Gedichte junger Menschen«. Halle (Mitteldeutscher Verlag) 1961. S. 121. Erstfassung des in »Vita nova mea« 1965 erstmals gedruckten Lang-

gedichts gleichen Titels, das auch in Karl Mickel: »Schriften«. Bd. 1. Halle (Mitteldeutscher Verlag) S. 70-73 erschienen ist. © by Karl Mickel. *Seite 65*
- »Odysseus in Ithaka«. Erstveröffentlichung: »Vita nova mea – Mein neues Leben«. Berlin, Weimar (Aufbau) 1966. S. 16-18. © by Karl Mickel. *Seite 439*

MON, FRANZ (* 1926)

»textpläne«; »links steht das wort links«; »ein tier ist kein tier«. Erstveröffentlichung: »sehgänge«. Berlin (Fietkau) 1964. Hier aus: »Poetische Texte 1951-1970. Gesammelte Texte 2«. Berlin (Janus press) 1995. S. 101, 103. © by Janus press, Berlin. *Seite 278*

MÜLLER, HEINER (1929-1995)

- »Der Bau«. Erstveröffentlichung: »Sinn und Form«. 1965. H. 1/2. S. 184-187. Alle Rechte jetzt beim Suhrkamp Verlag, Frankfurt/M. *Seite 362*
- »Tod des Odysseus«; »Philoktet 1950«. Erstveröffentlichung: »In diesem besseren Land. Gedichte der Deutschen Demokratischen Republik seit 1945«. Hg. von Adolf Endler und Karl Mickel. Halle (Mitteldeutscher Verlag) 1966. S. 80, 278. Alle Rechte jetzt beim Suhrkamp Verlag, Frankfurt/M. *Seite 441*

MÜLLER, INGE (1925-1966)

- »Die Radfahrer«. Erstveröffentlichung: »›In unserer Sprache‹. Anthologie des Deutschen PEN-Zentrums Ost und West«. Hg. von Ingeburg Kretzschmar. Berlin (Verlag der Nation) 1962. Hier aus: Manfred Bieler (Hg.): »Geschichten aus der Geschichte der DDR 1949-1979«. Darmstadt, Neuwied (Luchterhand) 1981. S. 42-47. © 1996 by Aufbau-Verlag, Berlin, Weimar. *Seite 126*
- »Das Gesicht«. Erstveröffentlichung: »Auswahl 66. Neue Lyrik – Neue Namen«. Ausgewählt von Bernd Jentzsch und Klaus Dieter Sommer. Berlin (Verlag Neues Leben) 1966. S. 106-107. Auch in Inge Müller: »Irgendwo; noch einmal möcht ich sehn«. © 1996 by Aufbau-Verlag, Berlin, Weimar. *Seite 413*

NEUTSCH, ERIK (* 1931)

»Spur der Steine. Roman«. Erstveröffentlichung: Halle (Mitteldeutscher Verlag) 1964. S. 537-544, 552-555. © by Erik Neutsch. *Seite 260*

NICK, DAGMAR (* 1926)

»Erinnerungsland«. Erstveröffentlichung: »Akzente«. 1961. H. 3. S. 286. © by Dagmar Nick. *Seite 18*

NIZON, PAUL (* 1929)
»Canto«. Erstveröffentlichung: Frankfurt/M. (Suhrkamp) 1963. Hier aus: Frankfurt/M. (Suhrkamp) 1976. S. 9-11. © 1963 by Suhrkamp Verlag, Frankfurt/M. *Seite 221*

NOSSACK, HANS ERICH (1901-1977)
»Nach dem letzten Aufstand. Ein Bericht«. Erstveröffentlichung: Frankfurt/M. (Suhrkamp) 1961. Hier aus: Frankfurt/M. (Suhrkamp) 1981. S. 104-111. © 1961 by Suhrkamp Verlag, Frankfurt/M. *Seite 27*

NOVAK, HELGA M. (* 1935)
»Ballade von der reisenden Anna«. Erstveröffentlichung: »Die Ballade von der reisenden Anna. Gedichte«. Neuwied, Berlin (Luchterhand) 1965. Hier aus: »Grünheide Grünheide. Gedichte 1955-1980«. Darmstadt, Neuwied (Luchterhand) 1983. S. 32-34. © by Schöffling & Co. Verlagsbuchhandlung, Frankfurt/M. *Seite 351*

PIONTEK, HEINZ (* 1925)
– »Hetäre auf dem Lande«. Erstveröffentlichung: »Kastanien aus dem Feuer. Erzählungen«. Stuttgart (Deutsche Verlags-Anstalt) 1963. S. 184-196. Auch in Heinz Piontek: »Werke in sechs Bänden«. Bd. 3: »›Feuer im Wind‹. Die Erzählungen«. © 1962 by Heinz Piontek. *Seite 181*
– »Deutschland«; »Um 1800«. Erstveröffentlichung: »Klartext. Gedichte«. Hamburg (Hoffmann und Campe) 1966. S. 10-11, 81. Auch in Heinz Piontek: »Werke in sechs Bänden«. Bd. 1: »›Früh im September‹. Die Gedichte«. © 1965 by Heinz Piontek. *Seite 442, 447*

PIWITT, HERMANN PETER (* 1935)
»Liegende Männer 2«. Erstveröffentlichung: »Herdenreiche Landschaften. Zehn Prosastücke«. Reinbek (Rowohlt) 1965. S. 51-54. © by Hermann Peter Piwitt. *Seite 318*

PÖRTNER, PAUL (1925-1984)
»Tobias Immergrün. Roman«. Erstveröffentlichung: Köln, Berlin (Kiepenheuer & Witsch) 1962. S. 129-135. © 1962 by Verlag Kiepenheuer & Witsch, Köln. *Seite 138*

PRIESSNITZ, REINHARD (1945-1985)
»p.a.ß.«. Erstveröffentlichung: »Akzente«. 1966. H. 5. S. 397. © by Literaturverlag Droschl, Graz. *Seite 411*

REIMANN, BRIGITTE (1933-1973)
»Ankunft im Alltag. Roman«. Erstveröffentlichung: Berlin (Ver-

lag Neues Leben) 1961. S. 231-239. © by Verlag Neues Leben, Berlin. *Seite 56*

REINIG, CHRISTA (* 1926)
»Gesang auf die Benommenheit im Wind«. Erstveröffentlichung: »Neue Rundschau«. 1964. H. 1. S. 88. © by Christa Reinig. *Seite 241*

RICHARTZ, WALTER E. (1927-1980)
»Meine vielversprechenden Aussichten«. Erstveröffentlichung: »Meine vielversprechenden Aussichten. Sieben Erzählungen«. Zürich (Diogenes) 1966. S. 31-36. © 1966 by Diogenes Verlag, Zürich. *Seite 427*

RÜHMKORF, PETER (* 1929)
»Anode«; »Aussicht auf Wandlung«; »Variation auf ›Abendlied‹ von Matthias Claudius«. Erstveröffentlichung: »Kunststücke. Fünfzig Gedichte nebst einer Anleitung zum Widerspruch«. Reinbek (Rowohlt) 1962. S. 7-8, 53, 86-87. © 1976 by Rowohlt Verlag, Reinbek. *Seite 85, 91, 146*

SACHS, NELLY (1891-1970)
– »Im Lande Israel«. Erstveröffentlichung: »Fahrt ins Staublose. Die Gedichte der Nelly Sachs«. Frankfurt/M. (Suhrkamp) 1961. S. 151. © 1961 by Suhrkamp Verlag, Frankfurt/M. *Seite 20*
– »Nichtstun«; »Wir winden hier einen Kranz«; »Schnell ist der Tod aus dem Blick geschafft« (aus: »Glühende Rätsel. Teil 1«). Erstveröffentlichung: »Ausgewählte Gedichte«. Frankfurt/M. (Suhrkamp) 1963. Hier aus: »Suche nach Lebenden. Die Gedichte der Nelly Sachs«. Hg. von Margaretha Holmqvist und Bengt Holmqvist. Frankfurt/M. (Suhrkamp) 1971. S. 11, 15, 28. © 1971 by Suhrkamp Verlag, Frankfurt/M. *Seite 158*

SCHÄUFFELEN, KONRAD BALDER (* 1929)
»üb immer treu«. Erstveröffentlichung: »Neue Deutsche Hefte«. 1963. H. 91. S. 48. © by Konrad Balder Schäuffelen. *Seite 229*

SCHMIDT, ARNO (1914-1979)
»Die Abenteuer der Sylvesternacht«. Erstveröffentlichung: »Kühe in Halbtrauer«. Karlsruhe (Stahlberg) 1964. Hier aus: »Kaff auch Mare Crisium. Ländliche Erzählungen«. Bargfelder Ausgabe Bd. I/3. Zürich (Haffmans) 1987. S. 465-467. Abdruck mit Genehmigung des S. Fischer Verlags, Frankfurt/M. *Seite 283*

SCHNELL, ROBERT WOLFGANG (1916-1986)
»Geisterbahn. Ein Nachschlüssel zum Berliner Leben«. Erstveröffentlichung: Neuwied, Berlin (Luchterhand) 1964. S. 179-185. © by Annemarie Schnell. *Seite 271*

SCHNURRE, WOLFDIETRICH (1920-1989)
»Wahrheit«. Erstveröffentlichung: »Deutsche Teilung. Ein Lyrik-Lesebuch«. Hg. von Kurt Morawietz. Wiesbaden (Limes) 1966. S. 216-217. © by Marina Schnurre. *Seite 446*

SEUREN, GÜNTER (* 1932)
»Kirmes«. Erstveröffentlichung: »Winterklavier für Hunde. Gedichte«. Köln, Berlin (Kiepenheuer & Witsch) 1961. S. 27. © 1961 by Verlag Kiepenheuer & Witsch, Köln. *Seite 50*

SPERR, MARTIN (* 1944)
»Jagdszenen aus Niederbayern«. Uraufführung: Bühnen der Freien Hansestadt Bremen, 27.5.1966. Regie: Rolf Becker und Wilfried Minks. Erstveröffentlichung: »Theater heute«. 1966. H. 7. Hier aus: »Bayrische Trilogie«. Frankfurt/M. (Suhrkamp) 1977. S. 42-45. © 1977 by Suhrkamp Verlag, Frankfurt/M. *Seite 424*

STRITTMATTER, ERWIN (1912-1994)
»Ole Bienkopp«. Erstveröffentlichung: Berlin (Aufbau) 1963. Hier aus: Frankfurt/M. (Fischer) 1976. S. 139-149. © 1963 by Aufbau-Verlag, Berlin, Weimar. *Seite 206*

SÜVERKRÜP, DIETER (* 1934)
»Vietnam-Zyklus«. Erstveröffentlichung: »Kürbiskern«. 1966. H. 4. S. 126-129. © by Dieter Süverkrüp. – Dem Text wurde folgende Notiz vorangestellt: »Der Vietnam-Zyklus ist eine Folge von Songs, der Abdruck der Texte gibt nur die Hälfte dieser literarisch-musikalischen Arbeit wieder. Die Leser werden gebeten, sich bei der Lektüre zu vergegenwärtigen, daß es sich also nicht um Gedichte, sondern um Song-Texte handelt.« *Seite 449*

TÖRNE, VOLKER VON (1934-1980)
– »Einer äfft die Obrigkeit und klagt«. Erstveröffentlichung: »Fersengeld«. Berlin (Skriver) 1962. Hier aus: »Deutsche Teilung. Ein Lyrik-Lesebuch«. Hg. von Kurt Morawietz. Wiesbaden (Limes) 1966. S. 288. Auch in Volker von Törne: »Im Lande Vogelfrei«. © by Verlag Klaus Wagenbach, Berlin. *Seite 88*
– »Ankündigung des Paradieses«. Erstveröffentlichung: »Nachrichten über den Leviathan«. Stierstadt/Ts. (Eremiten-Presse) 1964. Unpag. Auch in Volker von Törne: »Im Lande Vogelfrei«. © by Verlag Klaus Wagenbach, Berlin. *Seite 296*

WALLRAFF, GÜNTER (* 1942)
»Im Akkord«. Erstveröffentlichung: »Wir brauchen dich. Als Arbeiter in deutschen Industriebetrieben«. München (Rütten &

Loening) 1966. S. 59-63. Auch in Günter Wallraff: »Reportagen 1963-1974«. © 1976, 1984, 1986 by Verlag Kiepenheuer & Witsch, Köln. *Seite 436*

WALSER, MARTIN (* 1927)
- »Eiche und Angora. Eine deutsche Chronik«. Uraufführung: Schiller-Theater, Berlin, 23.9.1962. Regie: Helmut Käutner. Erstveröffentlichung: Frankfurt/M. (Suhrkamp) 1962. Hier aus: Revidierte Fassung Frankfurt/M. (Suhrkamp) 1963. S. 22-27. © 1962, 1963 by Suhrkamp Verlag, Frankfurt/M. *Seite 103*
- »Das Einhorn. Roman«. Erstveröffentlichung: Frankfurt/M. (Suhrkamp) 1966. S. 135-141. © 1966 by Suhrkamp Verlag, Frankfurt/M. *Seite 390*

WEISS, PETER (1916-1982)
- »Abschied von den Eltern. Erzählung«. Erstveröffentlichung: Frankfurt/M. (Suhrkamp) 1961. Hier aus: Frankfurt/M. (Suhrkamp) 1964. S. 7-12. © 1961 by Suhrkamp Verlag, Frankfurt/M. *Seite 15*
- »Die Verfolgung und Ermordung Jean Paul Marats dargestellt durch die Schauspielgruppe des Hospizes zu Charenton unter Anleitung des Herrn de Sade. Drama in zwei Akten«. Uraufführung: Schiller-Theater, Berlin, 29.4.1964. Regie: Konrad Swinarski. Erstveröffentlichung: Frankfurt/M. (Suhrkamp) 1964. Hier aus: »Dramen I«. Frankfurt/M. (Suhrkamp) 1968. S. 250-255. © 1964 by Suhrkamp Verlag, Frankfurt/M. – Nach den Versen: »So sehn Sie mich in der gegenwärtigen Lage / immer noch vor einer offenen Frage« wird in der genannten Ausgabe angemerkt: »Dieser erste Teil des Epilogs, der in der ursprünglichen Fassung des Stücks enthalten war und zur Londoner Inszenierung von Peter Brook sowie zur Rostocker Inszenierung Hanns Anselm Pertens überarbeitet wurde, ist hier zum ersten Mal der Buchausgabe beigefügt worden.« *Seite 249*
- »Die Ermittlung. Oratorium in 11 Gesängen«. Uraufführung am 19.10.1965 auf 16 west- und ostdeutschen Bühnen. Erstveröffentlichung: Frankfurt/M. (Suhrkamp) 1965. Hier aus: »Dramen II«. Frankfurt/M. (Suhrkamp) 1968. S. 81-88. © 1965 by Suhrkamp Verlag, Frankfurt/M. *Seite 344*

WELLERSHOFF, DIETER (* 1925)
»Ein schöner Tag. Roman«. Erstveröffentlichung: Köln, Berlin (Kiepenheuer & Witsch) 1966. Hier aus: Frankfurt/M. (Fischer) 1981. S. 68-75. © 1966 by Verlag Kiepenheuer & Witsch, Köln. *Seite 430*

WEYRAUCH, WOLFGANG (1907-1980)
»Die Zerstörung der Fibeln«. Erstveröffentlichung: »Die Spur. Neue Gedichte«. Olten, Freiburg i.Br. (Walter) 1963. S. 37. © by Margot Weyrauch. *Seite 150*

WIENS, PAUL (1922-1982)
»Vermächtnis«. Erstveröffentlichung: »Auftakt 63«. Hg. vom Zentralrat der Freien Deutschen Jugend. Berlin (Verlag Neues Leben) 1963. S. 122. © by Maria Wiens. *Seite 150*

WOHMANN, GABRIELE (* 1932)
»Ich Sperber«. Erstveröffentlichung: »Erzählungen«. Ebenhausen (Langewiesche-Brandt) 1966. S. 86-89. © by Gabriele Wohmann. *Seite 420*

WOLF, CHRISTA (* 1929)
»Der geteilte Himmel. Erzählung«. Erstveröffentlichung: Halle (Mitteldeutscher Verlag) 1963. S. 248-256. © by Luchterhand Literaturverlag, München. *Seite 194*

WOLF, ROR (* 1932)
»Fortsetzung des Berichts«. Erstveröffentlichung: Frankfurt/M. (Suhrkamp) 1964. Hier aus: Frankfurt/M. (Suhrkamp) 1970. S. 11-17. © by Ror Wolf. *Seite 309*

WOLKEN, KARL ALFRED (* 1929)
»Beim Anblick des Himmels«. Erstveröffentlichung: »Merkur«. 1962. H. 12. S. 1128. © by Karl Alfred Wolken. *Seite 146*

ZWERENZ, GERHARD (* 1925)
»Auch ein Gebet wollte ich sprechen ...«. Erstveröffentlichung: »Heldengedenktag. Dreizehn Versuche in Prosa, eine ehrerbietige Haltung einzunehmen«. Bern, München (Scherz) 1964. S. 101-104. © by Gerhard Zwerenz. *Seite 245*

Heinrich Böll im dtv

»Man kann eine Grenze nur erkennen, wenn man sie zu überschreiten versucht.«
Heinrich Böll

Irisches Tagebuch
dtv 1

Zum Tee bei Dr. Borsig
Hörspiele
dtv 200

Ansichten eines Clowns
Roman · dtv 400

Wanderer, kommst du nach Spa...
Erzählungen · dtv 437

Der Zug war pünktlich
Erzählung · dtv 818

Wo warst du, Adam?
Roman · dtv 856

Billard um halb zehn
Roman · dtv 991

Die verlorene Ehre der Katharina Blum oder: Wie Gewalt entstehen und wohin sie führen kann
Erzählung · dtv 1150 und dtv großdruck 25001

Das Brot der frühen Jahre
Erzählung · dtv 1374

Ein Tag wie sonst
Hörspiele · dtv 1536

Haus ohne Hüter
Roman · dtv 1631

Du fährst zu oft nach Heidelberg und andere Erzählungen
dtv 1725

Fürsorgliche Belagerung
Roman · dtv 10001

Das Heinrich Böll Lesebuch
Herausgegeben von Viktor Böll
dtv 10031

Was soll aus dem Jungen bloß werden? Oder: Irgendwas mit Büchern
dtv 10169

Das Vermächtnis
Erzählung · dtv 10326

Die Verwundung und andere frühe Erzählungen
dtv 10472

Heinrich Böll im dtv

Frauen vor Flußlandschaft
Roman · dtv 11196

Eine deutsche Erinnerung
Interview mit René Wintzen
dtv 11385

Rom auf den ersten Blick
Landschaften · Städte · Reisen
dtv 11393

Nicht nur zur Weihnachtszeit
Erzählungen · dtv 11591

Unberechenbare Gäste
Erzählungen · dtv 11592

Entfernung von der Truppe
Erzählungen
dtv 11593

Gruppenbild mit Dame
Roman · dtv 12248

Die Hoffnung ist wie ein wildes Tier
Briefwechsel mit Ernst-Adolf Kunz 1945–1953
dtv 12300

In eigener und anderer Sache
Schriften und Reden 1952–1985
9 Bände in Kassette
dtv 5962
In Einzelbänden:
dtv 10601–10609

Heinrich Böll/ Heinrich Vormweg:
Weil die Stadt so fremd geworden ist...
dtv 10754

NiemandsLand
Kindheitserinnerungen an die Jahre 1945 bis 1949
Herausgegeben von Heinrich Böll
dtv 10787

Über Heinrich Böll:

Marcel Reich-Ranicki:
Mehr als ein Dichter
Über Heinrich Böll
dtv 11907

James H. Reid:
Heinrich Böll
Ein Zeuge seiner Zeit
dtv 4533